町並み保存運動の論理と帰結

小樽運河問題の社会学的分析

堀川三郎

東京大学出版会

WHY PLACE MATTERS:
A Sociological Study on
a Historic Preservation Movement
in Otaru, Japan, 1965–2016

Saburo HORIKAWA

University of Tokyo Press, 2018
ISBN 978-4-13-056114-3

はじめに

1984 年 3 月 27 日，小樽駅頭 22 時。それは私がはじめて〈フィールド〉へと足を踏み入れた瞬間であった。それが 33 年にも及ぶ長い調査研究になるとも知らず，私は残雪の小樽駅に降り立った。

その 11 ヶ月前の 1983 年 4 月，大学入学早々に私は都市社会学に興味を持ち始めたが，それはまだ朧げな興味に過ぎず，自らの関心を明晰に語ることができないでいた。そのこと自体，実にもどかしかったが，私にとってより大きな問題は，興味を持った都市社会学の講義ですら，その内容を「実感」できないことだった。

例えば，「住民運動」というものは，その地域社会に住む人びとにとっては一大事件であるはずだ。にもかかわらずその漢字 4 文字が表すリアリティを当時の私は感じ取れなかった。それは「階級闘争」や「構造機能主義」といった言葉と同じく，遠い世界の言葉のようだった。来る日もくる日も，講義は「実感」を欠いたまま進行していった。

私はこの閉塞状況を打破すべく，当時，都市社会学で頻繁に論じられていた神戸の丸山・真野地区を実際に自分の目で見て，現場のリアリティを「実感」しようと計画する。「書を捨て」るのではなく，「町へ出」て，現実がどのように「書」へと抽象化され作品化されていくのか，そのプロセスすべてを自分で経験してみようと考えたわけだ。一度そのプロセスを知ることができれば，4文字の漢字がどのようなリアリティを表現しようとしているのか，それを「実感」的に理解できるのではないか。それは私なりの「大学生活再生作戦」であった。

たまたま長兄にその計画を話したところ，「それならば，運河の保存問題で揺れている北海道小樽市がおもしろい」と告げられた。高校に進学する前の春休みに一度だけ，観光で訪ねた小樽ではあったが，それはごく短時間の訪問で，当時，町を二分するような「運河論争」が進行していたことなど，ほとんど知らなかった。長兄の話を聞くうちに，神戸でなくとも「実感」を得るという当初の目的に適うには違いないと，私は早春の小樽へと旅立つことにする。これが，30年以上にわたる調査の第一歩になったわけだが，小樽というフィールドとの出会いは，実はこのように単なる偶然だったことを，ここに告白しておかねばならない。

そしてその1984年3月27日，つてをたどって紹介された小樽の山口保氏と，小樽駅頭で出会う。当時，彼は小樽運河保存運動の中心を担うキーパーソンの一人であった。駅前から彼の車で残雪の小樽の町を走り，ものの数分で彼が経営していた喫茶店に着く。店の奥の小さな住まいに通された後，いくつもの缶ビールが空になり，いつしか朝刊を配達する音が聞こえてくるまで，山口氏は小樽の保存運動の現状について飽くことなく語り続けた。

とても情熱的だが極めて論理的でもある彼の語りに耳を傾けながら，私は考え込んでいた。彼はなぜ，「運河を保存せよ」と主張し続けるのだろうか。なぜ運河はそれほどまでに重要なのだろう。古いものを壊し，新しいものを建てることの何がいけないのだろう。一文の得にもならないのに，なぜ，かくも長きにわたって住民運動に参加し続けるのだろうか。そしてなぜ，小樽市行政は頑なに計画変更を拒むのだろうか。

解らない。でも，解りたい。いや，解らねばならない。私の目の前には，信念に基づいて「住民運動」や「まちづくり」，「保存」を実践する人がいて，こうして生きているのだ。自分の家の庭のことだけでなく，都市全体を何とかしようと，人々とぶつかり合いながらも，共同で何かを守り，創ろうとしているこの山口氏を理解できなければ，きっと社会学を学ぶ意味も意義も見出せないだろうと私は予感していた。なぜ保存するのか，是が非でも理解しなければならない —— こうして 1987 年のあの日，私の研究がゆっくりと，しかし確実に始まった。小樽が〈フィールド〉となり，私の小樽通いが始まった。

当時の山口氏の店は，さながら保存運動のミーティング・ルームで，以後，私はここに居候する形で「なぜ，運河を保存すべきだと主張しているのか」「保存運動に参加するにいたった動機は何か」といった運動参加者の主観的意味世界に照準して，自分なりに調査していくこととなった。山口氏の喫茶店に来店した人々を中心に，次第に彼らのネットワーク全体へ，そして行政にも調査対象を拡げていく。教員として「社会調査実習」科目を担当し始めた 1997 年以降は，運河周辺地区景観の定点観測といった新たな調査項目を追加して，今日も調査を継続中である。すでにいくつかの論稿を発表し学位論文にまとめてきた（堀川，1994a，1998b，2010，2011 など）が，そうした諸論稿も踏まえ，30 年余の収集データを読み込み，あの早春の小樽で出会った問い —— なぜ，保存するのか —— に自分なりの解答を出すことが，本書の目的である。

目次

凡　例

(1) 本書は，筆者が慶應義塾大学大学院社会学研究科に提出した博士学位請求論文がもとになっている。主に用いたデータは，著者自身によるフィールドワークで収集されたものである。

(2) 調査期間は，1984年3月から2016年9月までの33年間にわたる。調査の詳細については，巻末の「現地調査実施記録」に掲げた。

(3) 参照した文献は，本文中に「……である（堀川三郎，2013：65）」のように，「(著者名，発行年：頁名)」で示し，書誌情報は巻末の文献表にまとめて掲げた。基本的には日本社会学会『社会学評論スタイルガイド〔第2版〕』に準拠しているが，いくつかの点で独自の工夫・改良を行っている。新聞記事については，朝夕刊の別，版名（全国版，小樽市内版など）や掲載面（1面，14面など）までを記載することを原則としたが，古いものに関しては，掲載面などの情報が欠落しているものもある。

(4) 人名・組織名は，原則として実名を使用したが，プライバシー保護の必要上，仮名（架空の名称）を使用した場合もある。本人の承諾がある場合や，書籍・新聞・テレビなどで実名が広く知られている場合，または本人が実名で論稿等を発表している場合は，そのまま実名を用いた。本人が仮名を希望した場合および本人による草稿閲覧が叶わなかったものについては，仮名を使用している。その場合は，引用する資史料の中の実名も仮名に変更した。なお，学術論文の慣習にしたがい，敬称は省略した。

(5) ヒアリング（インタビュー）からの引用は，原則としてテープレコーダー（マクロカセットレコーダー，MDレコーダー，ICレコーダー）から忠実に文字に起したものに基づいて行った。ただし，言いよどみや「あのー」「えー」などは，文意や文脈を慎重に判断したうえで，適宜，省略している。省略や補足，傍点の付加などは，その都度，明記した。録音がない場合や，会議の傍聴や行事の観察等からの記述は，筆者のフィールドノーツの記載に拠った。

(6) 掲載した写真・図版は，注記のない限り，著者が撮影・作図したものである。

(7) 運動参加者や行政から提供された古い写真・図版の中には，撮影年月日といった基本情報や著作権に関する情報が欠落しているものもある。そうしたものの掲載にあたっては，慎重な考証のうえ，最大限の補訂を行い，それでもなお欠落ある場合は，その旨を注記して掲載した。

(8) 本文の記述は，主体毎の視点を重視している関係上，重要な事件・事象など，重複している箇所がある。しかし，各主体の記述の一体性を維持するため，あるいはその語りの文脈を踏まえる必要のため，あえて重複を厭わずに記述した。

町並み保存運動の論理と帰結

第1章

なぜ景観を保存するのか

問題の所在と分析の方法

1. なぜ保存するのか：問題の所在

「新しい」ということは常に善なのか。先ずはこう，問うてみよう。

「新製品が出た」と聞いたときのわれわれの反応は決まって肯定的なものである。それは技術革新によって，常に最新のものが最良のものになることを，われわれは知っているからだ。古いものは捨てられ，新製品へと更新されていく。同様に古い町並みも壊され，最新式のビルへと建て替えられていく。日本の町がこのようにして再開発されることを，われわれはよく知っている。つまり，新しさが善であることはわれわれにとっての常識だ。自明のこととして，誰も問い返したりはしない。

だから，「古い町並みを残せ」という「保存」運動に接する時，われわれは困惑せざるをえないことになる。なぜなら「保存せよ」という主張は，常識に真っ向から対立する，極めて非・常識的な主張だからだ。「あんな古い建物に一体何の価値があるのか」「新しいものはもっと善いのに，なぜ，古いものを保存しなければならないのか」という反応がそれを示していよう。開発は最新・最良の都市をもたらすが，保存はその対極にある。だから，「あなた方は開発を否定するのですか」「より良く生きようとする人びとの行為を否定するのですか」という激しい拒否反応が生起せざるをえない。開発と保存が，常に二項対立図式でとらえられてきた理由がここにある。

では，新しいことは善いことなのか。保存とは何を求めることなのか。保存という主張は何に基礎付けられているのか。それは個人の趣味の問題なのか。保存運動に参加する人びととは一体どのような人たちなのか。開発と保存は対立するものなのか。この二項対立図式を超えることはできるのか。そして何よりも，保存をめぐる対立は，社会の何を表象しているのか——本書は，こうした一連の問いが指し示す地点で成立する。詳細な事例研究を踏まえながら，「なぜ保存するのか」とそれに連なる問いに，社会学的に接近しようとすることが本書の目的である。

「はじめに」でも記したように，筆者は1984年早春来，上述のような関心にもとづいて，都市における「保存」というテーマについて研究を進めてきた。その核心は「都市における“変化”は社会的にどのようにコントロールされているのか」という問いに集約することが可能だ。

このことをもう少し説明しよう。再開発などによって都市景観が変化する際，強固な反対運動に出会う場合とそうでない場合とがあるように，都市は，その内部すべてが均一に変化しているわけではない。保存を求めて運動する人びとも，通常，都市のすべてを改変してはならないと主張しているわけではない。変化を全否定しているわけではないのだ。ということは，都市景観には「残すべき場所」と「破壊して再開発すべき場所」（あるいは「再開発してもよい場所」）という，意識上の区別が存在するということになる。その意識が，変化／不変化と，変化のあり方を掌っている。それらは明確に規定されている場合もあるが，非明示的な規範である場合もある。いずれにせよ，その都市の住民や行政にとって，当該都市環境の持つ意味は一枚岩ではなく，変化を許さない箇所から大きな変化を許容する箇所まで，グラデーションに富んでいる，ということだ。

では，それらはどのように区別されているのだろうか。変化はどのようにコントロールされていて，誰がどのようにコントロールしているのだろうか。単一の主体が一義的に変化を掌っているわけではあるまい。行政や社会運動といった異なるセクターのせめぎ合いの結果として，個々の景観が産み出されたり，取り壊されているはずである。このように，都市と保存を問うということは，「都市における“変化”は社会的にどのようにコントロールされているのか」という問いに集約的に表現しうるように思われる（堀川，2010a）。したがって本書は，都市環境の変化をめぐる社会学的研究であるということができる[1]。

しかし，この問いの「問い方」については，少なくとも以下の4点に留意が必要である。裏を返せば，この4点が本書の特徴を表していると言えるだろう。

第1に，「保存」を政治の一指標ととらえてはならない，ということがあげられる。もしも都市環境の変化やそれにまつわる保存運動を政治的・偶発的な事象ととらえるならば，それは「彼らはアカだ」と名指すような，ラベリングによる排除しかもたらさないだろう。変化の社会的コントロールそのものが政治現象であることは確かだが，政党支持（帰属）によって排除や包摂をしていくことは，ここでの筆者の問いを解答不能にしてしまう。市場の動向に応じて動き，なおかつ政党政治をも含み込んだ都市の変動が，市民社会（civil society）によっていかにコントロールされているのかを問おうとすることが本書の目指すところである。こうすることによって，伝統的な理解図式（例えば，保守／革新，旧住民／新住民）を超えて起動する保存運動の内実が理解可能となるだろう（堀川，1998b）。

第2点目は，「保存」を社会の共同性の水準で問う必要がある，という点である。都市空間は，都市計画法や建築基準法といった法制度によって外延をほぼ決定されるのであるから，制度の問題は極めて重要である。しかし，もしも単なる法制度の問題としてとらえるとしたら，問題が発生するのは「法律の不備があるから」であるとか，「当該開発行為は，法律に規定された正当な権利の行使であって，適法な行為である」という認識に閉じこめられていくことになるだろう。法制度が現実の都市空間において果たす役割は無視できないし，実際のところ，無視することは暴挙以外のなにものでもない。しかし，適法であることが常に住民にとって最も適切な開発行為を意味するわけではない。**適法であってなお反対されるような開発行為が繰り返されるのはなぜか**こそが問

[1]「変化する」ことを観察するだけでなく，その「変化の仕方」に数学的法則を見出すことが「関数」であるという言い方に倣えば，筆者の行ってきた研究は，「町並みの関数学」と言ってよいかもしれない。

われねばならないのであって，法技術の問題に矮小化してしまわないことが重要である（堀川，2001）。法制度は，社会的決定のひとつの要因であっても，すべてではない。保存か再開発かで紛争になっている現場は，問題を社会的な水準で問う必要があることを告げているように思われる。問題を法制度に回収してしまわずにあくまで社会的水準で問うこと。これが，筆者の研究のひとつの特徴であるといってよい（堀川，2010a）。

第3点目は，個人と社会の関係に係る論点だ。読者の中には「保存の問題は個人的な嗜好の問題なのではないか」と考える向きもいるだろう。「蔦の絡まるレンガ倉庫」と「重厚で黒光りする民家」のどちらが好きかと問われれば，それは個人的な好き嫌いの問題である。しかし，地域社会内の論争過程では，保存の意義について，個人の嗜好だけで他者を説得することは難しい。行政官僚機構にとってはなおのこと，「個人の嗜好」こそは最も忌避されるべき理由付けであろう。個人の好き嫌いを超えて，地域社会が納得しうる水準で問題が提起されてきたからこそ，保存運動は全国に野火のように拡がってきた[2]のではなかったか（観光資源保護財団編，1981；全国町並み保存連盟編，1999）。

しかし，これとは正反対の言説が流布している。曰く「景観に対する評価は多様で一義的に決めることができない」── このヴァリエーションとして「景観評価は一定していない」や「景観評価についてのコンセンサスは未だ形成されていない」といった言い方がある。この観点から見るなら，町並み保存運動を社会学的に取り上げることは困難で，意味がないということになる。なぜなら，評価が一定しないということは，とりもなおさず，評価が「個人的な嗜好の問題」であることを示しているからだ。

それは正しいのだろうか。筆者が注意を喚起したいのは，上の言説の背後仮説だ。「景観に対する評価は多様で一義的に決めることができない」という物言いの背後にある考え方は，「景観評価は客観的ではなく，極めて主観的なもの，個人の好き嫌いの問題だ」というものであろう。問題にすべきは，この背後仮説が前提とする思想であり，その妥当性である。ここでは実際の主張を見てみよう：

［2］ ジュリスト編集部編（1976，1977）に収録された各論稿も参照せよ。

景観に対する人々の評価は，同じ対象についてであっても，評価する人によって異なる判断が下されうる。ある人にとっての美しい建物は，別の人にとって不快な景観を生み出しているかもしれない。(中野・岡本・渡辺，2011：325；傍点引用者)

引用の傍点部分を，例えば「政策」や「首相」と置き換えてみるとどうなるだろうか。あるいは「芸術」「A氏」などと置き換えてもよい。いずれの場合も，意味内容として成立するだろう。ということは，評価の多様性や一義的決定の困難性は景観問題に固有の問題ではなく，およそ社会的な事象について広範に成立する事柄だということである。つまり評価の多様性や一義的決定の困難性という性質は，社会学が対象を分析する際に必ず遭遇する特質であって，それを理由に景観問題だけを貶価することは妥当ではない。むしろ景観保護問題もまた社会学の対象でありうることを示していると言いうるであろう。保存問題を「個人の趣味の問題に過ぎない」と貶価してしまう前に，その意義を社会的な水準で問うてみることが必要であるように思われる。ある社会問題が「個人の趣味の問題である」と個人化されていく社会的な編成をこそ，問うていく必要があるのだ。

第4に，都市環境と社会の関係性への着目が挙げられるだろう。われわれの生活は，環境という物質のなかで営まれている。環境が変化すれば，われわれの生活や社会関係も変化せざるをえない。あまりに自明であるがゆえに忘れられがちなこの論点，すなわち「社会の物質性」と「物質の社会性」をも視野に入れることが必要である（堀川，2011；若林，2012)。社会生活は決して真空中で営まれているわけではない。ある特定の都市環境という物理的布置関係の中で営まれるという意味で，社会は物質的である。同時に，われわれは自らのニーズや考えなどによって自然を改変し，人工物を製作して配置しているという意味で，物質は社会的存在でもある[3]。ひとたび建築されると，それはわれわれ

[3] 物質の社会性ということについて補足的説明をするなら，以下の佐藤健二の記述は実に示唆的である。すなわち，「カシ（樫）の木も真竹も育たずサツマイモもハダカ麦もつくれない，北緯四〇度以北の土地にツバキだけが森をなして，ところどころに繁茂している。内務省が保存のために『天然記念物』としたそうした北限のツバキのめずらしい風景は，むしろ『史跡記念物』という方が正しい。人が運び植え育て，あるいは伐り残していった結果だからである」

の社会生活の新たな前提へと組み入れられ，それに基づいて生活は変化していく。社会はモノを作り出すだけでなく，そのモノによって作り替えられもするのだ[4]。物理的な都市環境の変化がいかなる共同性関係の変化をもたらし，それが翻っていかに都市環境を改変していくのか。こうした「関係の二重性」をも考慮した分析が必要であるように思われる（堀川，1998a）。したがって本書では，問題を具体的な時空に位置づけ，環境と社会との相互関係をとらえようと試みる。なぜなら保存運動が残せと主張する当の景観自体の理解を欠いて，保存問題の全体像を理解することは困難だからだ。具体的には，建築学的な景観の定点観測手法[5]を採り入れ，それをも活用していく。社会学の伝統的なフィールドワークに基づいて入手された意識データを，実際の景観変動というハードについてのデータと重ね合わせて分析するところに本書の特徴がある。社会意識データと環境データとを重ねて分析することによって，都市環境と社会の関係性を描くことが可能となるだけでなく，両者のズレをも描けるだろう。本書は，それを解消すべきズレとするのではなく，そのズレ自体が読み解かれるべきものなのだという視点に立っている[6]。

以上の4点の特徴に見られるように，筆者の研究は「都市環境の変化はどのように社会的にコントロールされているか」，そして「都市を都市たらしめる

（佐藤，1994: 171；カッコも原文）。眼前にある自然の森ですら，自然にそこにあるのではなく，人びとの「実践の歴史」（佐藤，1994: 171）の結果としてそこにあるという意味で，極めて社会的な存在であると言えよう。

［4］かつて筆者はこの点について，「公共圏の物理的基礎」と書いて論じたことがある（堀川 2011: 54-57）。物理的実体だけに焦点をあてる素朴な実体（態）論を避けつつ，なおかつ記号性に還元し尽くせない点に着目するという方法的立場の表明であった。同趣旨の指摘として，若林幹夫のものを挙げておくことにしよう。「どんな意識や理念も，そしてどんな行為や関係や集団も，生きた身体としての人間が，自然環境に始まり現代都市のような巨大で複雑な人工環境にいたる物質的な環境を生きるなかで，抱かれ，なされ，形成され，存在してきた。……都市はそこに暮らす人々の行為や関係や集団や意識としてのみあるのではなく，城壁や道路や建物や交通機関やコミュニケーション・メディアといった“物”と共にあり，そうした“物”を使い，“物”に支えられることによって存在することが可能となる。……社会における物質性と，物質的なものの社会性は，『社会（学）を読む』ための，不可欠の観点のひとつである」（若林，2012: 135）。

［5］定点観測調査の概要については，本章第3節「方法・概念と調査データ」において説明する。

［6］環境の変化がすぐに意識に反映されるわけではない。往々にして意識はある一定の遅延をもって変化するか，極めて変化し難いと言いうるだろう。

図 1-1　小樽市の位置

ものとしての景観を保存すること」を対象とした社会学的研究であり，住民による，公共空間への関与の正統性獲得運動の社会学的解明であるということができる。それは，建築学や都市計画学が扱ってきた「町並み保存」「歴史的環境保存」というテーマを，都市社会学と環境社会学の視点と道具を用いてとらえ直すことを意味している。

2. 事例としての小樽運河保存問題

本書が対象とする事例研究は，すでに述べたように，「小樽運河保存問題」である。詳しくは第 3 章以降で扱うので，ここでは見通しをよくするために，対象事例の概要だけを記しておくことにしよう。

北海道小樽市は，明治期に急速に発展した港湾商業都市である（図 1-1）。北海道の行政の中枢である札幌の北西約 30 km にあって，小樽は流通と経済の中心地であった。問屋機能が集積し，石炭の積み出し港としても重要な位置を占めていた小樽には，日本銀行を含む 19 行が支店を構え，「北のウォール街」と呼ばれるほど，隆盛を極めていた。小樽運河が建設されたのもそのころなら，国内で3番目に鉄道が敷設されたのも，また，考現学の始祖・今和次郎が当時の最新流行ファッションの取材に訪れたのも，この小樽であった。小樽はこのとき，北海道経済の中心であり，日本の文化や風俗の先端都市のひとつでもあったのだ。

しかし，第2次世界大戦中の戦時統制による経済の札幌一極集中化，石炭から石油への燃料転換，苫小牧港の台頭などにより，戦後の小樽は衰退の一途を辿っていく。繁栄した小樽の中心にあった運河も寂れ，1960年代以降はヘドロの堆積する水面に，艀が疎らに舫うだけだった。小樽を語る際には，枕に必ず「斜陽の」と付けるのが常となっていった。

そこで，運河を埋め立てて6車線の道路を建設しようとする「道道臨港線」計画が持ち上がり，運河を残すべきか，埋めてしまうべきか，市を二分する大論争が起こる。これが，「運河論争」あるいは「運河戦争」とも呼ばれた「小樽運河保存問題」である。その中身を要約的に述べれば，小樽のシンボルであった小樽運河とその周囲の町並みを，幹線道路の建設のために埋め立てるか否かを争点にした，1973から84年にかけて展開された小樽市行政と運河保存運動との攻防である。

市当局の側からこの「戦争」を眺めれば，運河を埋め立てて幹線道路を建設することが経済再活性化するにあたっての最善の手段であり，保存運動の台頭によって，計画を思うように進めることができなかった，ということになるだろう。他方の保存運動から見たならば，幹線道路計画を推進するよりも，小樽固有の運河の保存・再生によって地域再活性化すべきだということであり，市に計画の変更を求めて対立していた。だから，小樽運河保存問題とは道路問題であったといってよい。

では，なぜ，「戦争」が引き起こされ，かくも長い対立をもたらしたのだろうか。こう問うとき，「道路問題」という把握の仕方では，この「戦争」を十全に語ったことにはならないことに気付かされる。なぜなら，道路建設計画の可否を争うことの深層に，都市再開発戦略をめぐる発想の相違が横たわっており，それが長期にわたる深刻な社会的対立をもたらしたように思われるからだ。

市側が主張する再開発戦略とは，時代遅れになった機能（艀−運河−倉庫という荷役形式）を，新しい時代の要請（道路によるトラック輸送形式）で置き換えていこうとする「スクラップ・アンド・ビルド」であった。機能的に古くなったものを取り壊して，新しい機能や技術を導入して再開発するという意味で，先に述べた常識的な発想の枠内にあった。

対する保存運動が常々主張していた「運河を潰したら，小樽が小樽でなくなってしまう」というキー・フレーズは，ナイーヴな表現ではあったものの，古いものをストックとして再活用する「都市のリハビリテーション」という運動理念を表していた。それは，古いものを残して都市のアイデンティティを守りつつ，中身を時代に合わせて緩やかに更新していくという「都市再生」の思想であったように思われる。

小樽運河問題とは，このように道路建設計画をめぐる紛争という形をとってはいたが，実は小樽という都市の変化を，どの方向へと水路づけ，どのようにコントロールしていくのかが問われていたのだ，と理解することができる。都市の変化を行政主導の開発政策に委ねるのか，それとも住民をも含み込んだ社会的合意によってコントロールしていくのか――小樽で展開された運河保存運動が，町並み保存やまちづくりという領域だけでなく，より広い「都市再開発」「都市ガヴァナンス」という文脈で注目されてきた根拠がここにある。

その後，保存運動側は埋め立て幅を縮小する変更案を市側から引き出したものの，方針をめぐる激しい内部対立の末，あっけなく崩壊し，「運河戦争」は終結した。現在の運河沿いの景観は，この変更計画案に沿って整備されたものである。

しかし，その「戦争」の意図せざる結果として小樽は全国的に有名になり，一時は観光入り込み数が年間970万人を超える一大観光都市になったのだった。小樽は，都市部における町並み保存運動の先駆例であるとともに，「観光開発の優等生」とも言うことができるだろう。

とはいえ，観光都市への急激な転換は，小樽の景観のみならず社会生活にも大きなインパクトを与えてきている。筆者が継続的に実施してきている町並み定点観測調査によれば，住民が保存を要求していた歴史的建造物が取り壊されて駐車場になったり，大幅に改修されて観光客向けの土産店や飲食店へと転用され，景観が大きく変貌している様子が浮かび上がってくる。歴史観光都市という看板とは裏腹に，小樽固有の歴史的景観が失われてきているのだ。こうした事態を受けて，かつての保存運動参画者は新たな動きを見せている。ある者は第三セクターでまちづくりに積極的に関わり，ある者は地道な地域活動に活路を見出し，またある者は市議会議員として保存運動の精神を議会へと繋ごうとしてきている。「運河戦争」は，決して過去形で語るべきものではない。

上述のように，小樽でのまちづくりの経験は決してプラスの面だけではなく，むしろ昨今の観光開発が抱える問題点をも雄弁に物語っている。ここで実際に生起し議論されてきたことは，住民によるまちの成長管理や，都市ガヴァナンスといったテーマそのものである。都市という公共財について，行政と住民はどのような対話の場を設け，変化を制御する新たな制度を構築していけるのか。そして，社会学という学問にいかなる理論的含意をもつのか。小樽は詳細な事例研究に値するといってよい。

3. 方法・概念と調査データ

では，好個の事例である小樽運河問題を分析しようとする本書にはいかなる特徴があるだろうか。実際にどのような概念を用い，いかなる調査方法で切り込んでいるのだろうか。前節での事例の概要を受け，ここでは筆者の研究方法と概念について説明しよう。筆者としては，下記の5点が重要であると考えている。

3.1 事例研究による歴史理論

第1に，本書が特定の問題への継続的事例調査による「歴史理論」であるという点であろう（高坂，1998）。あるいは舩橋晴俊の言い方に倣って，ある特定の社会事象について「『規則性の発見と説明』および『意味の発見』」（舩橋，2006: 6）を目指すものであり，かつ，原理論・一般基礎理論への途上という意味での「中範囲の理論」（ロバート・マートン）であるということもできる（Merton, 1968: 39-72；Sztompka, 1986；舩橋，2006 : 8）。保存という社会的事象がなぜ生起したのか，それは社会の何を表象し，いかなる意味を見出しうるのか——本書はこのような一連の問いに答えようとする。

すでに述べたように，本書は1984年からの継続調査にもとづく研究である。

期間の長さが質を保証するわけではないが，住民の運動過程を調査する際には，長期間にわたって調査することには，実に重大な意味がある。一部のマスコミ取材のように，問題の盛り上がった時期だけを取材し報道することは，その地域社会にとっての問題の位置づけを見誤らせる可能性があるからだ。抗議や運動，裁判といった類いのことは，地域社会の住民にとってみれば，極めて稀な出来事であろう。戦争がそうであるように，最後の手段として用いられるのが「運動」であり，「裁判」なのだ。綿々と続く「平時」を知らずに，ごく稀に出現する「戦時」としての住民運動だけを取材していても，住民が「平時」に身近な歴史的環境をどのように使いこなしているのかは見えてこない。「平時」における住民の環境意識が理解されるなら，「戦時」の意味もまた，より明確に理解されるだろう。

3.2　二項対立図式の超克と対抗的相補性

第2に，開発／保存の対立図式を踏まえながらも，その対立の過程で，どのように課題が共有されたり，深化されていったのかに焦点を合わせて分析していることがあげられる。二項対立図式は，文字通り「図式的」な理解しかもたらさないことが多々あるが，異なる2つの事柄の相違を明確に描き出すことには長けている。「図式的理解」と批判されながらも未だに消えて無くならないのは，こうした強みがあるからであろう。本書においても，二項対立図式で問題を描きつつも，それで終わらないための分析戦略を持っている。

敷衍するなら，事例の記述において，本書では，主体それぞれの立場から眺められた「問題」や「運河」に焦点を合わせて，同じ再開発地区を，保存運動や市行政がいかに異なった定義をしていたのかに着目する，ということだ。主体が外界を見る，その「まなざし」に留意する分析を目指そうとするものであり，同じ問題でも，どちらから眺めるかで違って見えてくるということを，**違って見えてきたままに描こうとする**試みと言い換えてもよい。さらに換言するなら，「小樽運河」のように大掛かりな土木工作物であっても，主体が異なれば，必ずしも同じもの，同じように意義付けられたものとは認識されていないということに着目し，それを安直に「客観的な事実」や平板な記述へと通約しないということだ。なぜなら，その認識の相違こそが再開発戦略や保存運動の論理構築上の大きな相違と断層とを生みだしたと考えられるからである。「なぜ，あんな時代遅れの運河を残せと言うのか，訳が解らない」，「どうして私たちの保存への想いを行政は解ってくれないのだろうか」という物言いは，いずれも自らのまなざしから見えてくるものだけに依拠しているがゆえに，他者の主張が理解できていないのだ。本書では，「主張された言説」，「言説を生み出した主体」，そして「その主体のまなざしの在り処」の3つの把握が目指される。

したがって，先ず第3章において最大公約数的な問題の推移を祖述する。いわば無機質で年表的な記述を行う。言い換えれば，変化を推し進めようとした主体と，それに抗って保存を主張した主体とを，最大公約数的に描かれた基準からの偏差として，それぞれの軌跡を描くことを目指すということだ。それをもとにして第4章から5章で具体的な分析が行われることになる。先に述べたように，運動と行政が同じ「運河再開発地区」をめぐって，いかに異なった定義づけを行っていたかを明確にするため，両者の展開過程を，章を分けて別々に検討することにする[7]。「神の視点」から問題の通史を描き，あたかもすべ

---

[7] こうした発想と構成は，ペドラーらによって示唆されたものを，筆者なりに独自に再構成したものである（Pedler et al., 1990）。この文献自体はイギリス・シェフィールド市マナー地区の失業対策プロジェクトの記録的性格の強いものであるが，そこにはいくつかの社会学的インプリケーションがあったと考えられる。全体は3部に分かれており，先ず第1部でペドラーらは，公式記録や議事録などから再構成した極めて機械的な出来事の推移（Diary of Events）を示し，その上でプロジェクトに関わった15人のインタヴューや語り（the Tales）を，ほぼ語られた言葉・構成そのままに掲載している（第2部；Pedler et al., 1990: 55–128）。最後に第3部として，ペドラーをはじめとするシェフィールド工科大学の研究者5人のコメント（Commentary）が付けられている。本書の最大の含意は，第2部のタイトルが“the Tales”と複数型で語られているのに対し，本全体を指す場合には“A Story”と単数型で語られ，しかもそれが本文中においても明らかに意識して使いわけられている点であろう（Pedler et al., 1990: 5）。ここでのペドラーらの意図と判断は，同じプロジェクトであっても関与する主体によってまったく異なったものとしてとらえられており，そうした異なる観点を積み上げることにより，当該プロジェクトの多元的な描写と分析・評価が一定程度可能となる，というものであった。しかし，こうした構成が「客観的」な「観察」をもたらすといったナイーヴな観点からではなく，解釈の多元性を確保しつつ将来の他のプロジェクトに教訓を残そうという実践的関心にもとづいている点を，見逃してはならないだろう（堀川，1994）。全体の流れはstoryであり，それは15のtalesという個々の経験の語り──それらは必ずしも予定調和的には展開せず，むしろ相互に矛盾したり対立している──の集積として成立しているということだ。なお，同様な観点から，環境に対して異なる哲学・思考をもつ人物に徹底したヒアリングを試み，その「語り」によって環

てを知り尽くし，答えを知っているかのごとく問題を分析するのではない。一定の基準で描かれた都市史――むろん，それは「神の視点」でもなければ自然科学的意味における「客観的」なものでもありえないが，一定の公準に基づいて綴られた分析上の準拠点として機能するものではある――を踏まえ，その上で各主体の生きた時間を，それぞれ辿り直すという記述方法である。基準として記述される「都市史」，開発を望んだ行政から眺められた「問題」，そしてそれに対抗して保存を唱えた運動側から眺め見た「問題」と，時間軸を3度遡ることになるこのような論文構成は冗長になる危険性を孕んではいるが，問題の全体構造を明らかにするための理論的工夫である。3つのまなざしを併置することにより，対象からある程度の距離をとることが可能となるメリットがあるし，異なる論理がぶつかっていく過程で何が得られ，何が失われていったのかまでが理解できるだろう。「行政の無理解」「住民のエゴ」といった言説に代表されるような，属性と立場を無批判に繋げて批判する類いの過ちを回避することができる[8]。

3.3　保存対象の二段階論

3番目の方法的特質は，建造環境の実体とその産出メカニズムの峻別である。保存対象の二段階論と言ってもよい。敷衍するなら，建物という物理的実体と，それを産み出したり維持している社会関係とを分けて考えるということだ。先にも触れたように，住民運動が保存せよと主張する建物自体を物理学的に解析してみたところで，そこに見出されるのは長年の風雨に曝されて腐食した金具であったり，経年変化した木材でしかない。木材や金具が複雑に組み合わさってもたらされる建物全体のアンサンブル的価値は，建築学が明らかにしてくれるだろう。その結果，建築史的価値や，その建築物の希少性によって保存すべ

境問題の対立構造にアプローチして成功している「作品」として，McPhee（1971）がある。また，社会運動論の文脈では梶田（1988）が重要である。玉野（2005）も参照せよ。

［8］言い換えれば，「対抗的相補性」概念（舩橋・舩橋，1976；梶田，1976a，1988）を念頭に分析を進めるということである。つまり，善悪二分論ではなく，両者の対立構造が何を産み出していったのかまでを含む，当該社会問題の全体構造を把握しようという指向だ。これは不毛なイデオロギー対立を回避し，より冷静に，社会学理論の彫琢や都市政策への教訓を得るために必要な事柄であると思われる。

きかどうかが決まってくる。その建築物自体がもつ特質による保存の根拠という意味で，これは建築物の本質主義的規定ということができよう。

しかし，ある建物を価値あるものとするのは，人間社会の側であり，それを可能にする社会関係の存在である。素晴らしいとされる建築の背後には，それを産み出した共同性が存在している。その地域社会内で採取できる石材や材料などを輸送・加工し，建物へと組み上げていく技術は言うまでもなく，そのような普請を可能とする富や社会組織，そしてそれを維持していく住まい手や地域住民組織の存在を忘れてはならない。建物自体と，それを産み出す／産み出した社会の共同性とを区別することによって，非本質主義的な規定の仕方が可能となってくるのではないか。ある建物や町並みに価値があるのは，人々が価値があると思っていることそれ自体に根拠があるから，すなわち，町並みに価値を認める人々の共同主観性のなかにこそ根拠があるということだ。急いで補足するなら，建築（史）学的研究が不要だなどと言っているわけではなく，建築（史）学的研究が明らかにしうる建物という物理的実体の価値論と，それを可能ならしめ，かつ，保存の意義を見出す人びとの社会意識と共同性とを峻別していくことにより，見えてくるものがあるのではないかという主張である。これが第 3 の特徴だ。

3.4 分析用具としての場所／空間

第 4 番目の方法的特質として，「場所」「空間」という概念の導入と，場所／空間の区別がある。これは対象認識の二元論と言い換えてもよい。諸特徴のなかでも特に重要と思われるので，論旨を明確にするために，あえて極端な仮定をおいて考えてみよう。それは以下のような仮想の問答である。

もし，保存運動参画者にむかって「道路建設のために運河は埋め立てる。その代わり，運河と同じ面積の代替地を用意するので，開発案を了承して欲しい」と言ったらどうなっていただろうか。答えは間違いなく「ノー」である。なぜなら，そもそもそれで「イエス」ならば，はじめから保存運動も論争も起こらなかったのだし，彼らは単純に同じ面積の土地をよそに確保できればそれでよいとは考えていなかった。彼らが求めていたのは広さや長さではなく，運河という実物とその景観だったからだ（堀川，2000c；Horikawa, 2006a）。保存運動は，面積に換算して補償されることを目指していたわけではない，ということであろう。

では，「道路建設のために運河は埋め立てる。その代わり，他の場所に運河と全く同じ景観を再現するので，開発案を了承して欲しい」と言ったらどうなっていただろうか[9]。恐らく，ここでも答えは「ノー」だ。全く同じ景観をどこか別の場所に再現することの意義は，運動ならずとも社会的に受け入れられるものとは思えないし，仮に実現されたとしても，それは小樽の発展の原点となったオリジナルな場所ではなく，建物自体も真正性（authenticity）を欠いている。小樽の礎を築いた本当の場所と本当の建物を欠くとしたら，やはりそれは「小樽が小樽でなくなってしまう」ことである。運動に参加した人たちはここでもやはり，「ノー」と答えると考えてよいだろう。

この仮想問答から見えてくるポイントは，運動側が運河を単なる面積に換算して考えず，何かそれ以上のものとしてとらえている，ということだ。ここから，私たちは，土地には二つの意味があるということを知ることになる。

第一の意味は〈空間〉としての土地だ（land as “space”）。個人の思い入れや歴史を含まず，土地をただ面積や体積として語るとき，それは〈空間〉である。都市計画法上の用語が，このよい例だ。無味無臭で透明な立方体は文脈や歴史といった「履歴」（桑子，1999）をもたず，したがって，互換性に富んでいる。その立方体に今，収容されている「私」の実家は，売買されて明日には誰か別人の家になりうるし，都市計画上の用途変更を行えば，それは道路にも工場にもなりうる。これが，ある土地を〈空間〉として認識するということである。

それに対して思い入れや記憶，歴史を含んだもの，あるいは個人の生活との関わりのなかで語られるような場合は，〈場所〉である（land as “place”）。これが第二の意味だ。故郷の実家を，例えば「94平方メートル」と書いただけでは表現しきれない「その土地の意味」について語るとき，それは〈場所〉であ

[9]　この仮想の問いかけは，あくまでも思考実験として呈示されているのだが，「運河戦争」では実際に問いかけられもした。〈道道臨港線〉計画の原案立案者の井上孝は「運河の倉庫の保存については，別の場所に運河公園を設置することを提案する」（井上，1981：44）と述べている。また，別の文献でも井上は「日本のどこかに，小樽運河公園を造ることが小樽運河を救う最善の方法である」（堀川・森下・柳田・PRAHAまちづくり情報センター編，1995：70から重引，傍点は引用者）と述べている。

るといえるだろう。それは「私」の生活史や家族の歴史が深く刻印され，地域社会の環境条件や習俗が一体となって融合し，常に「私」との関連において語られるものである。そこには「履歴」が書き込まれ，それは容易に消し去ることができないがゆえに，互換性は著しく低い。これが，ある土地を〈場所〉として認識するということだ。

ある土地は意味を捨象して市場でその権利を売買しうるが（〈空間〉としての土地），その土地自体を移動することはできない。土地は，その意味で常に固有性をもっており，意味や歴史，地理的固有性と不可分の関係にある（〈場所〉としての土地）。だから，土地とは，〈空間〉と〈場所〉の二面性を持つ存在である。では，このように〈空間〉と〈場所〉という概念を用いることの意味は何か。それは，保存をめぐる社会的コンフリクトがなぜ生じるのかを明らかにすることが可能となる点にあるのだと，筆者は考えている。

これも説明しよう。ある場所の保存をめぐって社会的な対立が生じたとき，どちらが正しいかではなく，なぜそのような対立が生じるにいたったかを問うべきであることに異存はないだろう。むしろ小樽の事例で問題となるのは，道路建設の必要性自体は，開発側と保存側の双方に等しく認識されていたが，運河地区の扱いをめぐって，長年の対立が起きたという事態である。同じ運河を見ていても，道路推進派はそこを「道路建設に利用可能な未利用地」，すなわち，無色透明な〈空間〉ととらえていた。一方の保存運動側は，同じ運河を自らのアイデンティティとの関係で語らねばならないような，意味の詰まった〈場所〉として把握していた。この〈空間〉／〈場所〉という概念を導入することによって，主体毎の「まなざし」の相違を描くことが可能となる[10]。その

［10］「場所」と「空間」という概念を用いることによって，同じように長く小樽に住み，同じように運河を眺めていたとしても，運河の意義や意味を必ずしも同じように受け取っているわけではないこと，つまり同じ物を見ても同じに受け取ってはいないという認識のズレを明らかにすることができる。同様に，運河を「住民として」眺めるのか，「行政官吏として」眺めるのかにも顕れてくるズレをも明らかにしうるだろう。公務員として小樽市役所で職務に従事していることが，その主体の認識に非常に大きな影響を及ぼすことは論を俟たない。しかし，そのような認識だけであるなら，行政に携わりながらも保存運動に参加していた人びとや，住民として道路建設促進を訴えて活動していた人びとのことを説明することはできない。「場所」と「空間」という概念を導入するからこそ，「住民＋〈場所〉」対「行政＋〈空間〉」という捉え方だけではなく，「住民＋〈空間〉」や「行政＋〈場所〉」という存在形態をも把握することが可能と

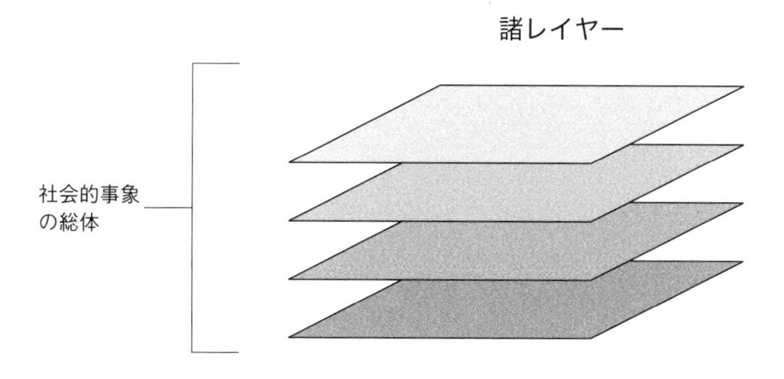

図1-2　レイヤーの概念図

結果，主張や行動戦略の相違がなぜもたらされたのかが理解可能となるのだ（堀川，1998a，1998b，2000c）。それぞれのアクターの対象に関する主観的意味規定を把握し記述していくことは，必要である以上に，社会学的分析の一つの可能性である。

3.5 「レイヤー」による分節化

最後に第5の方法的特質として，「レイヤー」概念があげられるだろう（堀川，2010a，2011）。レイヤーとは，ある一つの社会的紛争における論争の要素とその位相を表す。図1-2にもあるように，社会的紛争は通常，複数の主体間の多様で複雑な対立・論争を含んでおり，いくつかの主体や位相，局面の合成として立ち現れる。この多様な対立形態や論争の内容を，その語られた位相に即して理解するための概念装置がこのレイヤーである。レイヤーに分節化して論争を眺めるならば，ある要素（例えば，道路建設の可否）がいかなる社会的水準で議論されていたか，その語られた位相に即して理解することが可能となる。例えて言うなら，レイヤーとは透明な下敷きであり，その一枚一枚に異なる水準の社会的論争が書き込まれている。すべてのレイヤーが合わさった時，一つの社会的事象の総体が浮かび上がる。

このようにシンプルなレイヤーという概念ではあるが，これを導入するとい

なるのだ。

うことは，運河をめぐる対立を一つの平面すなわちレイヤーだけで考えるのではなく，幾層にも重なった異なる位相の集合体（諸レイヤーの集合体）として理解するということを意味する。こうすることにより，「運河が半分は残ったのだからよいのではないか」，「観光客が来るようになったから，あの運動には意味があった」といった言説になぜ小樽の人々が納得しないのか，理解が可能となる。問題の語りではなく，語られた位相を分節化することにより，諸主体の語りの特徴や対立の構造を高い解像度で描くことができる。「道路問題」という単一のレイヤーだけで理解している限り，都市の意思決定や思想を問うレイヤーをも含んでいた「小樽運河論争」は理解できないと言い換えてもよい。複雑で微細な襞をも感知するためにこそ，このレイヤー概念が導入されているのだ[11]。

上記5つの方法的特質は，保存を主張する人びとの価値意識を探求するための必然的帰結であるとともに，問題・紛争を通じて，不可視の「共存」の動態をあぶり出すという戦略でもある。

3.6 調査方法とデータ

では，具体的にどのような方法で調査を行ったのか。そして，何を資料としたのか。ここでは，読者が筆者の提示する分析を評価する際に必要な事項を概説することにしよう。

言うまでもなく，何をもって資料とするかは，対象領域や分析視角によって，当然，異なってくる。本書においても，すでに提示した分析視角に応じた形で調査が設計され，資料が収集・検討されている。以下では，本書の方法とデータの質について，社会学的手法と非社会学的手法とに大別して説明する。

---

[11] 類似の概念として「アリーナ」が想起されるだろう。アリーナ概念は論争が行われる場所・時空を指し，それ自体としては単数でも複数でもありうる。複数ある場合でも，アリーナ間は無関係で，相互に独立して存在することが暗黙に前提とされている。アジェンダが共有されず，対立している状況の分析に秀でているといえよう。他方のレイヤー概念は論争の要素を表しており，複数あることがあらかじめ想定されている。アリーナ概念とは異なり，あるレイヤーは全体の一要素を指し，それが相互に関連していること，積層していることが含意されている。微細な相違や，異なる社会集団がすれ違っていくような状況を描くことに長けているように思われる。

3.6.1　社会学的手法とデータ

本書の主題を探求するためには，個々の主体の「主観的世界」を主題化しなければならない（有末，1992, 1999；堀川，1998a；玉野，2005）。言い換えるなら，なぜ，住民がある物を保存せよと説き，ある物は保存の必要がないと言うのかは，物からだけでは理解することができない，ということである[12]。他人にとっては無価値な物でも，ある者にとっては保存すべき宝物であるといった事態は，当該主体がその対象物にどのような想いを抱いているのかという，「主観的意味世界」を経由しなければ理解できない。その世界においては，直線的な時間とは異なる，「降り積もる」ような時間観念をも把握しておかねばならないだろう（浜，2000, 2010；堀川，2010a）[13]。

そこで筆者は，1984年春以来，執筆時点までに47回の現地調査を実施し，小樽の人びとの認識を調査してきた。在樽期間は通算で275日を数える。また，それに加えて札幌市内や東京都区内での関係者へのヒアリングも行ってきている。

基本的には質的データを重視したインテンシヴなヒアリング[14]調査，市役所での公文書・統計書・議事録・各種陳情書類の閲覧，当時の新聞切り抜きデータベースの作成[15]と解析，景観の定点観測調査などを行ってきた（堀川，

---

[12]　すでに述べたように，対象となる建物の部材（例えば，瓦や柱，梁，レンガなど）をいくら顕微鏡で見たとしても，その画像は，保存すべきか否かを決して語りはしない。その観察結果を「保存すべき大切なものだ」とわれわれが認識するかどうかこそが問題だ，ということである。

[13]　浜日出夫は，映画『つみきのいえ』（加藤久仁生監督，2009年）を例に引きながら，「時間が場所と結びつき，また記憶が空間と結びつく，絶対的時間と絶対空間とは異なる，時間と空間のありよう」（浜，2010: 469）について論じている。そこで浜は，「『水平に流れ去る時間』とは別に『垂直に積み重なる時間』があること，それは記憶として沈殿している時間であること」（浜，2010: 469）を示している。浜（2000, 2002, 2007）も参照。

[14]　世に言う「インタビュー」や「聞き取り」とほぼ同義と考えてよいが，専門的には「半構造化された質的調査」である。

[15]　「運河論争」の全体像を把握するために，年表の作成は欠かせない。筆者は小樽商科大学経済研究所「小樽運河問題コレクション」所蔵の新聞切り抜きインデックスを利用して，筆者の現地調査開始以前の情報を補った。これは1979年から1985年までのほぼ7年間分，項目数にして4,000件以上の新聞切り抜き記事簡易データベースで，小樽商科大学の研究チームの依頼を受けて筆者が設計し，同大篠崎恒夫ゼミと共同で入力したものである。切り抜きは4つの異なる主体（北海道新聞小樽支局資料室，朝日新聞小樽通信局，保存運動参加者の森下満，そして小樽商工会議所）によって個別に集積されたスクラップブックを統合したものであり，運動と

1994a, 1998a, 2003)。その他の資料としては，小樽を題材とする小説や随筆，旅行ガイド，映画，音楽なども入手して検討した[16]。

「半構造化された質的調査」であるヒアリング調査は，被調査者に自らの思いの丈を語ってもらう調査手法である。被調査者の語りを中核に，当人のライフヒストリーや背景情報などを柔軟に聞き取ることがその中身である[17]。語りは，その人の語りたいことを自由に語ってもらうという意味では，構造化されていない調査方法であるが，そうした語りを位置づけたり，意義付ける際の補助情報を得るためにも，ライフヒストリーや背景情報をどのインフォーマント（被調査者）にも聞くという意味で，半構造化された調査法といえる。実際の調査場面では，半構造化された質問事項が契機となって，豊かな語りが始まることもたびたびである。

主要インフォーマントである山口保（たもつ），小川原格（ただし），佐々木興次郎（きょうじろう），それに「小樽運河を守る会」元会長の峯山冨美（故人）からのヒアリングを調査の中心に据え，ヒアリングの内容から知り得た他の運動参加者の方々に，やはり長時間のヒアリングを試みた（Rossi and Dentler, 1961；佐藤，1992→2006）。運河埋め立てを推進した側である小樽市役所の各部局はもとより，志村和雄・元市長（故人）からも繰り返し，詳細なヒアリングを行っている（堀川編，1999, 2000）。山口保や小川原格，故峯山の場合のように四半世紀にわたるものから，志村・

行政双方への偏りをある程度回避できていると思われる。データベースの利用を快諾して下さった篠崎恒夫教授（当時）と，資料室助手の今野茂代氏（当時）に記して感謝申し上げたい。年表という方法論については堀川（2015b）を参照。

［16］ いわゆるアンケート調査などの量的調査法を採用しなかった理由は，筆者の大学院進学時にはすでに保存運動は分裂して実質的に消散していたことに加え，本書の調査目的に合致しなかったからに過ぎない。

［17］ 1980年代以降，社会学的研究においては生活史研究の勃興や新たな調査技法の開発により，資料とされるものの幅が拡大されてきたと言ってよいだろう。より単純に言い表せば，方法論の拡大が資料概念の拡張をもたらしたということである。こうした流れのなかで，生活史やオーラル・ヒストリー等が注目され，今日では市民権をえたといってよい状況にあるといって差し支えない（中野編，1977；有末，1984, 2012；水野，1986；中野・桜井編，1995；政策研究院政策情報プロジェクト編，1998；御厨，2002；中野，2003；浜・有末・竹村編，2013）。また，調査という概念自体を拡張することによって，より幅広く社会調査史を捉えてゆこうとする研究も登場するに至っている（川合編，1989, 1991, 1994）。本書においても，ヒアリングによるデータを積極的に資料として利用し，保存運動参加者にとっての運河の意味づけの変遷過程を明らかにしようと試みる。

元市長のようにパネル調査的に複数回のヒアリングに協力して頂いたインフォーマントも多数いる。1〜2時間の比較的短時間のヒアリングまで加えると，インフォーマントの延人数はすでに膨大なものとなっている[18]。

ヒアリングは通常，インフォーマル・インタヴュー形式で行われ，極力インフォーマントの自由な発言に任せた（Pedler et al., 1990; Whyte, 1955）[19]。ヒアリングの場所は，自宅や職場，あるいは喫茶店，居酒屋，ときには入院先の病室など，被調査者の都合を優先して行われている。録音が可能であった場合は，録音テープ[20]から文字に起こし，テキスト化したものをコーディングして，分

---

［18］　保存運動に参加した者に限らず様々な立場や強度から運河問題に関わった人々にヒアリングをしてきているが，その人数は保存運動側と道路推進側とでは必ずしも同じではなく，結果的には保存運動側の方が多くなっている。また，保存運動内部でも，類型毎の人数にはばらつきがある。その理由として，体調不良，プライバシー確保のため，遠方への移住，身内の不幸などで協力する気になれない，時間が取れない，調査時点ですでに故人であった，そして調査拒否などがある。しかし，このヒアリング人数の多寡が，ただちに本書が偏っていて客観性がないということを意味するわけではない。本書の関心は先ずもって保存運動の論理であるから，保存運動側のヒアリングが多くなるのは当然である。さらに，原理的な差異があることにも留意したい。道路建設を唱えた行政機構は，職務として文書を残し，なおかつ，頻繁に人事異動があって「組織の記憶」（明石，2002: 139）が薄れがちであるため，当時の担当者の一部からヒアリングをしつつも，基本的には史資料を頼りにせざるをえない。これに対して，保存運動側にはそうした文書を残すための時間や人手，場所や組織がないことが普通である。したがって，運動に関わった当事者を探し出してヒアリングする他ないことになる。文書の欠落を補うという意味でも，ヒアリング人数が同数にならないことは，むしろ自然と言えるだろう。ちなみに，新幹線公害研究のひとつの到達点である舩橋・他（1985）は，地域住民側から合計60回，旧国鉄側から10回のヒアリングを行っているが，それも同様の事情からであると思われる。

［19］　ヒアリング調査の内実は，方法論的には「声価法」「テーマ法」「観察法」の3つに分類可能である（安田・原，1982: 1-26）。声価法は，最初のインフォーマントの話しの中に登場した人物を次のインフォーマントとする方法で，最初のインフォーマントに1人ないし複数人を紹介してもらい，範囲を拡げていく（Rossi and Dentler, 1961: 1-9）。こうした作業を繰り返す過程で運動のキー・パースンが誰であるのかを突き止め，なおかつヒアリングをすることが可能となる。同時に，運動内部のインフォーマルなサブ・グループの存在とその動向が把握できるというメリットがある。テーマ法は，特定のトピックやテーマ（例えば運動参加の動機等）について質問し，それぞれのインフォーマントの回答を他のものと比較検討することにより，当該インフォーマントの運動内部での立場，様々な運動局面に対する認識のズレなどを抽出することが可能となる。最後の観察法は，運動の会合を傍聴するなどを指す。この方法はそうした会合で運動参加者同士が織りなす相互行為（interaction）を観察することが可能となる。声価法によってキー・パースンと判断された人間が本当にそうなのかを判断したり，運動の意志決定過程とその方法（議決方法等）を知ることができるなどのメリットがある。

［20］　調査期間が30年以上にもわたるため，記録メディアもカセットテープからマイクロ・カセッ

析を行った。

しかし，インフォーマントとの接触時間が長くなればなるほど「現場への情緒的埋没」(奥田，1983：209) あるいは調査者の対象への「過剰同一化」によってデータの信頼性が問題となってくることがしばしば起こる。そこで筆者は，複数のデータを重ね合わせて個々のデータを位置づけ，文書資料や，運動とは無関係な第三者資料と突き合わせることにより，データの信頼性を確保しようと試みた。さらに，調査を通じて獲得された筆者の見解を「現場」である小樽に持ち帰り，かつてのインフォーマント，市役所の担当者や運動当事者の方々と討論してチェックを受ける機会を設け，筆者自身の立場を相対化するよう配慮した。主要なインフォーマントに全文を読んで頂いた上で，連日にわたる討論を行った (堀川，1989，1994a)。こうした経過を通じて，ある程度データの信頼性は確保できたと判断できるだろう (佐藤，2006)。

3.6.2 非社会学的手法の援用とそのデータ

こうした社会学的な調査研究法から得られたデータを仮に「ソフトデータ」と呼ぶとするなら，建築学的手法を援用した非社会学的手法のそれは「ハードデータ」と呼ぶことができるだろう。ソフトデータとこのハードデータとを重ね合わせて分析するところに本書の大きな特徴があることは，すでに述べた。

そのハードデータとは，小樽運河およびその周辺地区の定点観測によって得られたものである。基となった調査は，北海道大学工学部建築工学科居住地計画学教室（当時）のメンバーが1980年代から1990年代にかけて小樽港湾地区の建物を対象にして継続的に実施したパネル調査である。調査対象地区内の272棟（1992年当時）の外観と用途を調べた悉皆調査であった。1997年以来筆者は，この調査を引き継ぎ，法政大学社会学部の学生とともに，同一地区・同一建物を継続的に調査してきた（通称「建物調査」）。北海道大学に残されていた調査票を復元し，まったく同一のフォーマットで調査を継続することによって，ある地区の30年以上にわたる建築的変遷を明らかにしうるデータに成長してきた。保存運動がいかなる景観を残せと主張していたのか，その景観自

ト，MDディスク，そしてICメモリーへと変遷してきた。しかし，原音に忠実に文字に起こして分析するという基本に変わりはない。

体が記録されており，また，観光都市化が始まって以降，その景観がいかなる変化を被ってきたのかもまた，克明に記録されている。毎年9月のほぼ同時期に調査し，インタビューと写真撮影を実施している。1998年以降は，これに加えて，119店舗の商店街定点観測調査[21]も実施してきており，中心市街地の商店街の動向も把握できる体制となっている（通称「商店街調査」）。

もとより筆者は建築計画学の専門家ではないが，社会調査のトライアンギュレーションの一環として，こうした非社会学的手法も採り入れて調査研究を行ってきている[22]。データと解釈の主軸は言うまでもなく社会学である。それを補完し豊富化してくれる副次的手法として，この定点観測データは位置づけられるだろう。

いままで見てきたように，本書は，社会学的なフィールドワークで得られたデータを中心に，それを補完する関連学問の成果も採り入れながら実施されてきたハイブリッドなものといえる。

4. 先行研究の概観

では，「保存」という社会的事象はどのように研究されてきたのだろうか。本節では，先行研究を一瞥しておくことにしよう。先ず，調査事例である小樽についての先行研究を概括し（4.1項），それから歴史的環境保存というテーマに関する先行研究を振り返ろう（4.2項）。こうした先行研究を踏まえたうえで，本書の依拠する学的系譜について概説する（4.3項）。

---

[21]　1999年3月11日，小樽市内に「マイカル小樽」という超大型商業複合施設が開業した。これに先立って，小樽市内ではその設置認可をめぐり，論争となっていた。筆者は，「マイカル小樽」開店前と開店後の変化をとらえるべく，開店半年前の1998年9月に商店街の現況調査を実施し，以後，それを定点観測的に継続実施してきている。基本的には，「建物調査」の応用で，調査項目の一部が商店街向けに変更ないし新設されている。

[22]　なお，こうした定点観測調査の実施にあたっては，開始の段階で，北海道大学工学部建築工学科居住地計画学教室で調査を実際に担った人々に教えを乞い，実際に調査に同行していただき，指導を受けた。また，「商店街調査」の細かい調査項目についても，小樽市内の2つの商店街組合（小樽都通り商店街振興組合および小樽花園銀座商店街振興組合）の指導を受けて万全を期した。

4.1 対象地・小樽についての先行研究

保存運動やまちづくりに関わる当事者は，日々の活動に忙殺され，記録や文書を残すことが難しいのが一般的であり，小樽も例外ではない。ごく少数ながら存在している文献は，当事者が外部の理解や支援を調達しようとして書かれたものか，外部の研究者が自己の関心に基づいて，あるいは委託を受けて調査・研究したものの成果であるか，いずれかである。

前者のケース，すなわち当事者によるものとしては，小樽運河を守る会編（1977，1981），観光資源保護財団編（1979），小樽運河研究講座実行委員会編（1979，1981，1983），増田又喜（1980a，1980b，1982），佐々木興次郎編（1982），藤本哲哉（1985），川鱒実稀子（1986），篠崎恒夫編（1989）といったものが上げられる。

特に観光資源保護財団編（1979）の調査チームは，歴史を活かした都市計画研究の泰斗・西山夘三（京都大学〔当時〕）を団長としてはいたが，その下で調査，研究，執筆を実質的に行ったのは，当時〈北大三人組〉と呼ばれた保存運動の若手であったという意味で，当事者の手になるものである。小樽の歴史的展開を踏まえた上で運河港湾地区の建物の現況の悉皆調査を行い，小樽の都市機能の現状分析とそれに立脚した諸提言は，今日の水準から見ても十分に通用する質を備えている。しかし，「運河論争」当時は，保存派によって書かれたものととらえられ，その学問的意義が十分に検討されなかった。その他にも，〈北大三人組〉の一連の建築計画学的諸業績があるが，これらもいまだに繰り返し参照されている（石塚，1980，2004；森下・他，1983a，1983b；柳田・他，1983）。

文学の領域からの発言には，夏堀正元（1980，1992，1997）と小笠原克（1986a）がある。文学者の表現の場として，あるいは郷土という観点から，歴史的環境の重要性が情感豊かに説かれているが，両者ともに運動組織論的側面をも持っている点が興味深い。両者ともに小樽出身の文学者として，創作の源としての景観を守りたいという強い想いを持っていたが，だからこそ，文学的修辞ではなく，実際に保存を可能ならしめる運動論の提起に傾倒していったように思われる。

「運河論争」の終結後，運動を札幌から支援してきた者たちが《小樽運河を守る会》と協働してまとめた記録集は2分冊になる程の大部で，今日にいたるまで，小樽についての最もまとまった資料集である（小樽運河問題を考える会編，1986a，1986b）。2 分冊のうちの 1 冊，「資料篇」では，《守る会》やその後のリコール準備運動などの膨大な原資料から重要と思われるものを選定して収録してあり，新聞記事の切り抜きなども見ることができる。もう 1 冊の「歴史篇」は，《小樽運河を考える会》の代表であった小笠原克が編纂・執筆しており，当事者が運動の成立から分裂までをどのようにとらえていたのかを語る，貴重な資料といってよい。

運河保存問題に関する当事者による文献として最も有名なものと言えば，峰山冨美（1995b）[23]が上げられるだろう。これは，《小樽運河を守る会》元会長の手になる丁寧で真摯な運動回顧史である。特に注目されるのは，ライフヒストリーと運河との密接な関連である。峯山の転居や就職，結婚といった大きなライフイベントにおいて，小樽の都市環境，とりわけ運河が不可欠な舞台となっている。彼女自身の生活と不可分であり，ゆえに決定的に重要な影響を受けた存在として小樽運河が認識されていることを，峯山は素朴に，そして率直に，語っている。港湾施設でしかないはずの運河が，いかに人々の生活に組み込まれているのかを示す雄弁なテキストと言いうるだろう。

当事者のなかでも，大学研究者という立場にいた者の発言も興味深い。篠崎恒夫を代表とする科研費研究チームは，小樽運河問題を真正面から取り上げて報告書を刊行している（篠崎編，1989）。小樽の経済構造，とりわけ卸売り商業の構造変容や，運河保存への市民アンケートの集計など，運河問題を理解する上での基礎的事項が執筆者それぞれの観点から概説されているが，全体としては明確な焦点を結んではいない。篠崎恒夫編（1989）の貢献は，最初期の学際的取り組みであることと，本格的研究への基礎的 2 次資料の提供ということにあるように思われる。

では次に，運河保存派と対立していた道路推進派や市行政の側からの文献を一瞥しておこう。主なものとしては，神代方雅（1981），井上孝（1981），北海道住宅都市部都市整備課編（1989），渋谷睦三（1990），佐藤馨一（1990），西尾章

[23]　峯山の表記には揺れがある点に注意。1980 年代までは「峰」を多用していた彼女だが，晩年は「峯」を使っている。本報告書での表記は，原則的には「峯」に統一したが，文献名などでは，現物の表記に従った。

(1992)，飯田勝幸（1993)，小樽市史編纂委員会編（1995)，棚田誠哉（1996）などがあげられるのみである。

神代（1981）は，当時の担当行政官としての立場から書かれた港湾開発論であり，経済的側面を考慮すれば，運河の埋め立てと道路建設は当然だとの立場を崩さない。渋谷（1990)，西尾（1992)，そして棚田（1996）も，小樽市役所内部で運河問題に長年関わってこざるをえなかった立場から，当時の施策について回顧しているが，基本的には道路建設の必要性を再確認している。井上（1981）と飯田（1993）は，それぞれ〈道道臨港線〉の原計画と修正計画を立案した者による，自案の論理の開陳ともいうべき性格を有している。

北海道住宅都市部都市整備課編（1989）は北海道庁の担当部局からの，佐藤馨一（1990）は都市計画・土木工学の立場からの，それぞれの回顧で，そこでは〈道道臨港線〉計画案の必要性に加えて，土木工学的な技術革新，各方面への説得工作や担当責任者ゆえの心労，施工時の苦労とそれを乗り越えて完成させたチームワークが称揚されている。

小樽市史編纂室の手になる『小樽市史』第9巻は，それまでほとんど運河問題について言及しなかった市の姿勢[24]から一転して，多くのページを割いて運河問題を取り上げている（小樽市史編纂委員会編，1995)。市史という性格から，運河問題の論評や評価は一切なされてはいないが，行政内部に集積された関係文書を総動員しての記述は貴重である[25]。史資料の取り扱いに歴史学的厳密さが欠けており，一般的な資料取り扱いという水準でも慎重さが不足している部分が散見されるが，この問題についての市側の対応を概観するうえで欠かすことのできない基礎資料であることは間違いない。

それでは，後者のもの，すなわち非当事者による著作はどうであろうか。

10年以上にわたって展開された運河保存運動は，当然，ジャーナリズムの注目するところとなり，ジャーナリストの手になる運河問題関連の先行業績も

---

[24] 小樽市教育委員会の編纂・発行する副教材『わたしたちの小樽』には，運河問題や保存運動についての記述が一切ない（小樽市社会科副読本編集委員会編，1982，1992)。市側発行文書でほとんど唯一，運動に言及しているといえるものは，志村市政を回顧した，市政の歩み編纂委員会編（1988）である。

[25] 筆者は調査の過程で，小樽市史編纂委員会が市役所内部の各部局から収集した膨大な史資料を閲覧することができた（小樽市史編纂委員会編，c.1994a，c.1994b)。

一定の蓄積がある。主要なものとしては，戸崎繁（1979），本間義人（1980），小田桐誠（1982），木原啓吉編（1983），進地三雄（1983，1983-1985），宮丸吉衛（1983，1984，1985），原田裕行（1986），大和田徹（1986-1988d），安東忩（1992），Hoffman（1995a-1996b），田村喜子（2009）などがあげられる。とりわけ進地（1983-1985）は，朝日新聞小樽通信局配属の記者として，運動当事者たちへの徹底した取材により書かれたものとして注目される。「時事問題としての運河問題」ではなく，当事者たちのライフヒストリーから世界観にいたるまで，ある意味では「生き様としての運河問題」を活写してきた連載記事であるといいうるだろう。行政側からは，進地記者の偏った見解に過ぎないといった批判が寄せられていたが，当事者の詳細なライフヒストリーなどは，本書の問題関心からは，2次資料として重要であるように思われる。田村喜子（2009）は，元ジャーナリストでノンフィクション・ライターの田村喜子の手になる，道路推進派へのドキュメントである。行政側の譲歩案を起草した飯田勝幸（北海道大学助教授〔当時〕）の側から運河問題を展望したものが皆無であったことを考えれば，貴重な作品である。

次に研究者，すなわち非当事者は，小樽運河問題をどのように見てきただろうか。

先に挙げたジャーナリストによるものと比べると，ごく限られた先行研究が見出されるのみである。以下にそのいくつかを示しておこう。

環境経済学から言及しているものに宮本憲一（1989），地域経済論からの金倉忠夫（1986）と脇田武光（1993），都市行政学からは田村明（1999），地理学からは荒巻孚（1987），地方政治の歴史的研究としての清水昭典（1990），社会教育論の立場からは佐藤一子（1998），近代港湾都市と土地所有の観点からの岡本・日本の港町研究会（2008），近代土木遺産という観点からの伊東孝（2000）などがあげられる。大部分は運河問題が終結した後の1980年代終盤から1990年代にかけての研究であり，程度の差こそあれ，運河問題の総括という要素が含まれているのが特徴である。運河保存運動の分裂・崩壊を受けて，「運河全面保存は成し遂げられなかったが，結果的に小樽が観光都市として蘇った功績を忘れるべきではない」といった主張が基調をなしている。同時に，小樽は観光開発の成功例なのであり，巨視的に振り返ってみるなら，運動は「負けた」のではなく，大きな成果を上げたというべきなのではないか――上の先行研究に見られる，もう一つのトーンがこれである。

はたしてこうした評価は正しいのか。かつての運動当事者たちはどのように自己総括しているのだろうか。そもそも，何をもって成功と評価するのか。こうした一連の問いには，本書がその全体をもって解答していくことになるわけだが，その前にここでは，社会学者たちがどのように研究してきたのかについて見ておくことにしよう。

端的に言うなら，他の社会諸科学と同様に，先行研究は極めて少ない。筆者のものを除けば，管見では西山八重子（1993），大山信義（2001），内藤辰美らの社会移動研究会（2005），内藤辰美（2015），内藤辰美・佐久間美穂（2017）などが僅かに見出されるのみである。

西山八重子（1993）は，社会学において小樽の事例を取り上げた最初期のものに属するが，自らが展開する市民参加論の傍証のひとつとして，小樽運河の保存運動に言及しているに過ぎず，十分な密度のある記述・分析とはなっていない。大山（2001）もほぼ同様である。社会移動研究会（2005）は，必ずしも運河保存運動やその後のまちづくりを主な対象にしているわけではないが，小樽という都市の展開過程を粘り強く精査している点が特徴的である。内藤・佐久間（2017）には運河問題への記述があるものの，補論という位置づけにとどまっている。

このように，社会学はほとんど小樽の保存運動やまちづくりを研究対象としてこなかったといわざるをえない。先行研究として取り上げようとすると，それらは大抵，建築学か都市計画学領域のものである。というより，従来の保存研究といえば，それはほぼ建築計画学と都市計画学を意味していたというべき状況にあった。

4.2　歴史的環境保存問題の先行研究

では，保存するとはどういうことか，換言すれば，歴史的環境を保存しようとすることそれ自体を対象とした研究には，どのようなものがあったのか。ここで足早に概観しておくことにしよう。なお，ここで先行研究というとき，それは歴史的環境の保存問題それ自体，および保存を主張する人びとを扱ったものを意味している。

上でも述べたように，歴史的環境保存は主に建築計画学と都市計画学領域で行われてきたが，そうした研究は，建物自体に保存すべき価値があるか否か，よりよい都市生活の実現には建築物や公園をどのように適正に配置すべきか，のどちらかについての研究であるといってよいだろう。いずれもが大きな成果をあげてきたことは，疑う余地がない。代表的なものとしては，芦原義信（1979，1983），稲垣栄三（1984），西山夘三（1990），西村幸夫（1997b，2004），西村幸夫・他編（2003），陣内秀信編（2009）などがある。

しかし，都市環境にいかなる意味を付与し，それを愛でたり依拠しながら生活を送るという都市生活の「主観的意味世界」を経ずして，ある建造物の価値や適正な配置は論ずることが可能なのだろうか。ただちに補足するならば，これが社会学から建築計画学へ向けられた最もプリミティヴでナイーヴな批判であることは確かであるし，建築計画学や都市計画学の最も良質の部分は，こうした観点を決して踏まえていないわけではない。例えば，福川裕一は，「都市コミュニティの保全」について下記のように述べている。

> 重要なのは，「物理的な環境」と「都市コミュニティ」自体の相互規定関係である。どのような建物がどのように・どのような町並みを構成しているか（物理的な環境）と，そこにどのような社会関係が成立しているか（都市コミュニティ）は密接不可分である。（福川，2003: 122；括弧は原文）

引用を読めば，都市計画研究を専門とする福川が，物理的環境と都市コミュニティが不可分の関係にあること，したがってコミュニティを守るために建造物を保存するということがあることを，正確に理解していることが解るだろう。

にもかかわらず，先の批判が一定程度有効であるように思われるのは，建築計画学や都市計画学が，「物を建てる」という技術から自由ではないという制約があるからだ[26]。何らかの形で地域社会の合意を調達して建物を建てなけ

---

[26]　黒川紀章や磯崎新，安藤忠雄がしばしばしたように，建築家はクライアントや実現可能性がまったくなくとも，計画や構想を立てて公表することがある。なぜなら，計画案の提示が，建築や社会の現状への批判的機能を果たすからであるし，仮に実現されなくとも，計画案自体に意

れば，建築というプロジェクトは完遂しない。建てるというプロジェクトは，いかなる形をとるにせよ，最終的に建てねばならないのだ。「合意形成」が大きなテーマとなり，しばしば「壁」として計画家たちの前に立ちはだかるのはこのためである（石塚，2004）。

だが住民の立場から眺め返せば，問題はプロジェクトが完遂しないことではなく，自らにとってかけがえのない場所が守られるか否か，である[27]。「主観的意味世界」を金科玉条のように扱うべきでは決してないが，ある都市計画道路が何十年にもわたって強固な抵抗に出会うことの構造と意味を理解しようとするなら，住民にとっての「主観的意味世界」を経由することは欠かせないように思われる。

このようにして，社会学的な保存研究の必要性が理解できるのだが，実際には社会学領域での先行研究はごくわずかしか存在しない。

4.2.1　欧米における先行諸研究

最初に国外に目を向けてみよう。ルフェーブルやカステルなど，都市の理論的研究ながら歴史的環境保存問題にも大きな示唆を与えうるものと，集合的記憶論に連なるものを除けば（Lefebvre, 1972=1975; Castells, 1983; Halbwachs, 1950→1968=1989; Boyer, 1994; Zerubavel, 2003; Rosenfeld and Jaskot, eds., 2008），目に付くものといえば，Gans（1962; 1968), Weinberg（1979), Barthel（1996), Nolan and Buckman（1998）といったところである。ごく最近のものとしては，Cintron（2000），Siegenthaler（2004），Jordan（2006），Ren（2008），Zukin（2010），Barthel-Bouchier（2013），George（2013），Page（2016）などが挙げられるだろう。

都市計画の実務家・コンサルタントでもあった社会学者ガンス（Herbert J. Gans）は，参与観察法を駆使して，アメリカの再開発政策がいかにコミュニテ

義あることだと考えられていたからだ。しかし，そこでもやはり，「建てる」ことが強烈に意識されていると思われる。

[27]　こうした態度から，住民運動は往々にして「地域エゴ」あるいは「NIMBY 主義」（Not In My Backyard の略称；「私の裏庭だけはいやだ」主義）と批判される。しかし，まずもって地域住民が自らの利害を表明しない限り，他に「当事者」（中西・上野，2003）といえる人々も「表出回路」も存在しなくなることに留意すべきである。この点については，筆者が邦訳した Dunlap and Mertig, eds.（1992＝1993: 51-73）を参照のこと。

ィを分断していくのかを説得的に示している。特に Gans（1962）は，連邦主導の再開発政策――いわゆる「スラム・クリアランス」型再開発で，既存の建物を根こそぎ壊して新しいものへと建て替えていくことから，しばしば「連邦ブルドーザー」と呼ばれて批判された――への最も本質的な批判であった。社会学が都市政策にどのように関わることができるのか，ひとつのプロトタイプを示してくれているように思われる。しかしながら，歴史的環境という概念やテーマを潜在的に内包しながらも，それ自体を自覚的に考究したわけではなく，より大きな都市再開発というテーマでの大きな業績であったと評価すべきであろう。

その意味で，最も早い時期に保存運動自体を正面から主題としているのは Weinberg（1979）である。ワインバーグ（Nathan G. Weinberg）は，サウスカロライナ州チャールストンやボストン市ビーコンヒル地区，ジョージア州サヴァナ市などの重要な事例を取り上げるだけでなく，歴史的地区制度や開発権の移転制度などにも目配りをしている。その意味で，保存問題のメニューを一通りはカバーしていると言えるだろう。しかし，当時勃興しつつあったアメリカの保存運動（historic preservation movement）を取り上げて紹介しているとは言えても，十分に分析的であるとはいえないように思われる。なぜなら，社会学的概念を用いて対象を分析するというより，全米各地の実態をテーマ毎に配列し，最終的に結論として述べることが，以下のようなものであるからだ：

> 保存は歴史と建築の双方に関わっているが，それ以上に，未だに残されている昔の市民文化を保存することもまた，大切な任務なのである。（Weinberg, 1979: 217）

指摘されている内容自体が重要であることは間違いないが，保存運動の勃興が社会の何を表象しているのかといった観点は，残念ながら見出せない。最初期にこの領域に着目した先駆性のみが Weinberg（1979）の功績であるとするのが適切だろう。

むしろ筆者は，Weinberg（1979）から 17 年後に刊行された Barthel（1996）こそが，実質的な最初の先行研究であると考えている。なぜなら，バーセル

(Diane L. Barthel)[28]は，「ナショナル・トラスト」(the National Trust for Places of Historic Interest or Natural Beauty; NT) に代表されるイギリスの保存運動とアメリカの運動 (the National Trust for Historic Preservation; NTHP) の実態や制度を十分に踏まえた上で，両者を対比させ，その類似点や相違点を通じて米英比較社会論を展開しているからだ。物理的実体物である建築の保存や破壊を，社会がどのように認識し意味付けていくのか，そしてそれが社会によっていかに異なった形で受容・展開されていくのかを一貫して主題としているという意味で，社会学的・歴史的環境保存研究の嚆矢と言いうるように思われる。

バーセルはもともと，ある宗教コミューンの研究からキャリアをスタートさせている。彼女のデビュー作は，アイオワ州の片田舎・アマナ (Amana) に入植した，ドイツ系敬虔主義セクトの歴史的変遷の詳細な研究であった (Barthel, 1984)。アメリカの物質主義，コマーシャリズムを拒否し，神の教えに忠実に生きようとしたコミューンは，苦悩の末に「大転換」(the "Great Change") を行い，アメリカの現実と折り合いをつけていく (Barthel, 1984: 63-118)。その過程でアマナは，自分たちの村の生活様式や建物がツーリズム，すなわち観光産業の資源になりうることを発見する。そこでアマナという共同体は，組織的に保存に取り組んでいくことになる。著者バーセルはここにいたって，保存という社会的行為に関心を寄せ，その研究が，Barthel (1989) などを経て，この Barthel (1996) に結実したわけだ。このようにしてみると，歴史的環境保存の社会学的研究の源流は，Barthel (1984) の第 15 章であったと言っても過言ではないだろう。デビュー作の最終章のテーマが，後の著作の誕生を予告していることはよくあることだが，これはその好例である (Barthel, 1984: 159-169)。

Barthel (1996) の中心的概念は，「演出されたシンボリック・コミュニティ」(Staged Symbolic Communities; SSCs) である。これはノスタルジックに想起される昔のコミュニティの表象であり，冒頭の staged は，「上演された」「脚色された」「設定された」というニュアンスを伴った，日本語への訳出が困難な言葉である。いずれにせよ，その意味するところは，ごく自然にそこに存在するものではなく，ある強力な意図によって設定され，上演される表象のコミュニティを

[28] Barthel は，後に Barthel-Bouchier と改姓しているので，文献探索時には注意が必要である。

指している。Barthelが念頭においている実例は，独立以前のアメリカのコミュニティを村ごとそっくり保存して再生した，ヴァージニア州の「コロニアル・ウィリアムスバーグ」(the Colonial Williamsburg; Williamsburg, VA)[29]や「新世界」を開拓した人々の村を再現したマサチューセッツ州の「プリマス・プランテーション」(Plimoth Plantation; Plymouth, MA)[30]である。むろん，彼女の研究の出発点をなしたアマナも，SSCsのひとつだ。

この概念は，Gerald SuttlesやAlbert Hunter, Ralf Dahrendorfらのコミュニティ論やユートピア論を下敷きにしているという (Dahrendorf, 1968; Suttles, 1972; Hunter, 1974; Barthel, 1996: 35ff.)。ダーレンドルフの言うところのユートピアの特徴を踏まえ，バーセルはSSCsの特徴を，下記の4つであるとする (Barthel, 1996: 37-48)：

(1) 非歴史性 (ahistoricity)
(2) 社会的な合意の存在による道徳的秩序 (social consensus)
(3) 循環的アクティビティ (repetitive activity)
(4) 他のコミュニティからの時間・空間的な隔離 (isolation)

こうした特徴を持ったSSCsは，「コロニアル・ウィリアムスバーグ」のように再建されたものであれ，実在する特定の歴史的コミュニティを参照しているわけではない一般的 (generic) な想像上の再構築物であれ，歴史的保存を行っているコミュニティに当てはまる，とバーセルはいう。来る日も来る日も，ウ

[29] アメリカ・ヴァージニア州ウィリアムスバーグにあるNPO「ウィリアムスバーグ財団」(the Colonial Williamsburg Foundation) が所有・運営する野外博物館で，町をまるごと買い取って保存し，18世紀（すなわちアメリカ合衆国独立以前の姿）に修復したもの。1926年，地元の教会 (Bruton Parish Church) のグッドウィン師 (the Reverend Dr. W.A.R. Goodwin) が構想し，ロックフェラー2世 (John D. Rockefeller, Jr.) が資金を提供した。建物は厳密な時代考証によって修復・復元され，そこで働く財団職員は皆，当時の服装と言葉を話し，観光客に接している。Coffman (1998), Greenspan (2002) を参照。

[30] マサチューセッツ州プリマスにある，NPOが運営する野外歴史博物館。1949年にホーンブロワー2世 (Henry Hornblower II) によって始められた。1620年に英国から後にマサチューセッツ州プリマスとなるこの地にやってきたメイフラワー号の複製船を目玉として，17世紀の建物・生活・船舶を再現し，教育的レクリエーションを提供している。http://www.plimoth.org を参照。

ィリアムスバーグでは独立宣言以前の人々の営みが繰り返され，そこでの出来事は決して現代へとは接合されない独自の時間を生きている。観光客はそれを見て往時をしのび，そしてまた，「現代」の時間へと帰っていくが，残されたウィリアムスバーグは，一日を経たはずであるにもかかわらず，翌朝，また同じことが繰り返されていく。

バーセルの分析は，見せもの的観光地批判へと早上がりするのではなく，むしろ保存されたコミュニティ（つまりSSCs）が，現代の郊外住宅地の建て方の原理と通底しているのではないかという，ひとつの現代社会批判であった。さらに重要なことは，社会学的にはSSCsはコミュニティではないが，ウィリアムスバーグを訪ねてくる観光客からすれば，自分が住んでいるコミュニティよりもSSCsの方がよほど「本物の」コミュニティに思われる，という皮肉，あるいはパラドックスの存在である。

つまり，バーセルの主張は，SSCsがますますわれわれ現代の文化的景観（cultural landscape）の重要な特徴となっており，ユートピア・イメージを呈示するだけでなく，現代社会にイデオロギー的な目的をも提供している，ということである。保存されたコミュニティ，すなわちひとつのSSCsをイデオロギーとして批判することが目指されていると解釈することができるだろう。

しかし，「それはイデオロギーだ」と批判するだけでよいわけではあるまい。その指摘の重要性を認め，またSSCsという概念の有効性を一定程度認めつつも，筆者には，その農村コミュニティ的出自が懸念される。繰り返すが，Barthel（1996）は，アマナという，農村部に立地するコミューンをベースに構築されてきたがゆえの実証性を持っている。だからこそ，同書で取り上げられる他の諸事例——テーマパークや野外博物館，「シェイカー・ヴィレッジ」のような宗教コミューン——の分析も極めて説得的なのだ。

しかし，大都市における歴史的環境は，非歴史性や循環的な行為，隔離といった特徴を持つことがあらかじめ排除されている。小樽の事例を見るだけでも，都市部における保存には，新たな理論的枠組みが要請されているように思えてならない。換言するなら，Barthel（1996）の分析図式は，大都市での保存問題には適用が難しく，かえって都市部での保存問題を見え難くしているのではないかと思われる。その意味で，筆者の研究は，Barthel（1996）に学びつつも，都市部での保存事例を基に展開される点に意義があるといえよう。

次に取り上げるのは，Nolan and Buckman（1998）である。この研究は，2つの保存物件の保存の仕方の違いに着目しての比較研究である。近接して立地する2つの保存物件――アメリカ合衆国第3代大統領トーマス・ジェファーソン（Thomas Jefferson）の住んだ「モンティチェロ」（Monticello）と，第4代大統領ジェイムズ・マディソン（James Madison）の住んだ「モンペリエ」（Montpelier）――の「保存の論理」の相違を，保存・修復を担当する人々にインタビューしながら明らかにしている。歴史的環境保存の問題に内在的に迫ろうとする研究であることは評価に値するが，両者を分析する概念としての「モダン／ポストモダン」は，さらなる彫琢が必要であるように思われる。

Cintron（2000）は，学位論文としてまとめられたものの，未だ公刊はされていない。しかし，イギリスのナショナル・トラストを真正面から取り上げて分析している労作であり，注目されてしかるべき業績である。シントロン（Leslie Gwen Cintron）は，過去100年間のナショナル・トラストの資産目録を丹念に追う中から，組織目標の変化を跡付けていく。保存のために入手した資産が逆に組織の目標やミッションを再規定し，そのことがさらに，「保存すべきイギリスの遺産」を実質的に規定していく，という組織変化の論理と「イギリス的遺産」という概念の生成を明らかにしている。筆者も，保存運動組織の組織文化への着目という視点から多くを学んでいる。

さらに，Jordan（2006）は，第2次世界大戦後のドイツにおける保存の論理の詳細な事例研究をもとに，社会の記憶のあり方について探究する。ナチス・ドイツの忌まわしい記憶を残すことだけでなく，ある事象を記憶する／忘却することは，いかなるメカニズムでなされていくのか。それに応じて，何が保存対象として選ばれ，何が忘却すべきものとして闇に葬られていくのか――ジョーダン（Jennifer A. Jordan）が問おうとしているのはこうした問いである。それは，記憶と保存をめぐる優れた社会学的先行研究に位置づけられるように思われる。都市の変化も決して一枚岩ではなく，社会的に，“変化すべき場所／変化させずに保存すべき場所”というように選択されていくのだという点は，筆者の問題関心とも深く響きあうものだ。

このように，保存をするとはどういうことかを明らかにしようとする社会学的な営みは，欧米においては徐々に形成されてきつつある，と言えるだろう。別言すれば，都市と場所の生産といった理論はあるが，更新が当たり前の都市における保存運動を真正面から，自覚的に捉えようとする社会学的営みは，今，ようやく立ち上がりつつある，ということである。

4.2.2 日本における先行諸研究

では，日本国内の研究状況はどうであろうか。上述の国外状況と等しく，筆者の一連の小樽研究を除けば，散発的に先行研究が見出されるのみである。

日本における社会学的な歴史的環境保存研究の嚆矢は，堀川三郎（1989, 1990）を除けば，藤田弘夫による論文「都市の共同性と町並み」（藤田，1998）であろう[31]。表題からも解るように，都市社会学的水脈に棹さす論稿であり，2000年代になって主流になる環境社会学的な歴史的環境保存研究とは異なっている。藤田は，欧米の町並み規制と日本のそれとを比較し，なぜ日本の町並みがかくも醜いのかという問いに解答しようと試みる。藤田の解は，当該社会における「公」と「私」の位置づけの違いに求めるべきだというものであった。すなわち，「私」が「公」よりも強い欧米では，「公」の土地は「私」に酷使されてしまう危険性があるために，保存的規制をかけて保護する必要があるのだという。逆に，日本の場合は極端に「公」が強く，「私」たちは自らの土地・家屋にしがみついて防衛せざるをえない，だから「公」による私的所有への規制を極度に忌避し，町並みの統一感といったものに一切協力しない体制ができあがったとする。藤田によれば，醜い町並みこそ，そうした体制の顕れであった。

つまり藤田（1998）は，町並みを軸にした比較社会論であり，日本の町並みがばらばらであることを説明しようとしていることからも，社会学分野における先駆的な研究の一つであることは間違いないだろう。個別運動事例を超えて社会の編成原理をあぶり出すその語り口は非常に説得的であり，重要な貢献であることに議論の余地はない。

---

[31] この論文の原形は，雑誌『創文』に掲載された1994年の小論（藤田，1994）にまで遡ることができる。それは1995年に改訂増補され（藤田，1995），さらに1998年の論文へと成長してきた。最終的には，藤田（2003）の中の一章にまとめられている。

しかし，藤田の分析はいつも極めて静的である。例えば city や region という語の起源をラテン語にまで遡って説き起こしたり，文化によって産み出されると説明したり，いずれにせよ，そこにはそのような構造があるのだとするのが，藤田に特徴的な説明形式である。すべてを構造に還元して説明するとき，現状に不満を持って変革しようとする人々は，果たして視界に入っていたのだろうか。地元住民の運動過程を注視してきた筆者としては，藤田の一連の著作に多くを学びつつも，「なぜ保存するのか」「変化はどのように社会によってコントロールされているのか」という動的な観点の重要性を強調しておきたい。

藤田（1998）は短い一論文であったが，片桐新自編（2000）は，はじめて「歴史的環境の社会学」を表題に掲げて真正面から議論しようとした単行本である。筆者も参画した同書では，明日香村，京都，鞆の浦，小樽，郡上八幡といった村／都市での保存についてのみならず，いわゆる「負の遺産」の保存や，死者を弔うこと／埋葬することまでもが論じられている。そうした諸事例の社会学的分析を通じて，歴史的環境を保存するという社会的営みの意味を見出していこうとした意欲的な一書である。著者間に見られる不一致や，主題・手法のばらつきも，新たな研究領域が生れ出ずる際によく見られることであって，本質的な瑕疵ではない。編者の片桐も言うように，「残念ながら社会学では十分に取り上げられてきたとはいいがたい」（片桐編，2000：17）状況の中で，「歴史的環境の社会学」がとにかくも船出したことの意義は，計り知れないものがあるというべきであろう[32]。

博物館学の批判的捉え直しを行う過程で，歴史的環境保存の社会学に貢献しているのが，荻野昌弘編（2002）である。編者の荻野は，現代は「あらゆるものが文化遺産となりうる時代」であることを踏まえ，「保存することに意味や，あらゆるものを保存しようとする現代の集合的な意思そのもののゆくえを解き明かしたい」（荻野編，2002：ii）と述べて，同書の目的を端的に位置づけている。そのために使用されるのが「博物館学的欲望」なる概念だ。このことからも明確に理解されるように，何かを保存し，展示しようとする博物館学的な知のあり方を問おうとした労作である。例えば，「都市コミュニティの活性化戦略と

---

［32］　なお，最近の労作に森久聡（2016）がある。

しての保存」といったテーマからは一定の距離があるものの，博物館学のみならず，歴史的環境保存の社会学にとっても，示唆に富む研究である。

以上の概観を小括しておこう。

4.1項で見たように，小樽での保存運動に関する研究は，研究どころか，基礎的資料も十分に存在していない状況にある。小樽の事例自体を扱うことの意義に加えて，その資料の発掘と整理，そしてそれに基づく密度の高い事例研究が求められている。その意味で，33年間にわたるインテンシヴな調査に基づく本書には固有の価値があることがただちに理解されよう。

続く4.2項で概観したように，歴史的環境保存というテーマに関する先行研究も，十分に蓄積されてきていない状況がある。様々な社会問題に関連して言及されるということと，「開発に対抗しながら保存を主張する人々が存在するということは，一体，社会のどのような変化を示しているのか」を考究することは，イコールではない。後者の，いわば「都市と保存」というテーマを真正面から扱う研究こそが，今，求められているのだ。

4.3　本書の位置づけ

先行研究は極めて少ない，というのがここまでの考察であった。ならば，筆者の研究は，学史的にどのような知的系譜に位置づけられるのだろうか。

4.3.1　第1の系譜：都市コミュニティ論

本書の主要な対象は，都市の歴史的環境保存運動である。それは，都市コミュニティの担い手たちによる，自らの生活環境の保存運動であり，反開発運動である。したがって，本書は，まずもって，都市社会学における都市コミュニティ論の系譜に位置づけられるといえるだろう。

すでに堀川（1998b）においても論じたが，戦後日本の都市社会学は，「住むこと」をベースに住民運動論を展開し戦後都市開発へ抵抗してきた。例えば，代表的な論者である似田貝香門は，住民の「住むこと」の論理（使用価値）と，資本による都市の私的占有の論理（余剰価値）との対立こそが都市問題であるととらえ，「住むこと」の論理に依拠して都市空間の公共的奪回を構想していた（松原・似田貝編，1976: 331–396）。ここで似田貝が依拠する「住むこと」という概念は，「住む」こととの対比において把握されている。似田貝は，単なる住機能の充足のみを指す「住む」ことと，地域社会での共同性をも含みこんだ概念である「住むこと」とを区別し，以前のように地域空間が自動的に「住むこと」をもたらすわけではなく，郊外一戸建て住宅やマンションの一画をローンで購入し，はるか彼方の都心部へと長距離通勤を強いられ，何らその地域社会に関与も貢献もできない状態（すなわち「住む」こと）に執着することしかできない都市状況を描き出す。都心回帰の傾向が顕著になってきた現在も，基本的な構図に変更の必要はないだろう。

一方，理論的立場を異にする奥田道大も，ほぼ同じような現代都市における居住の危機を指摘する。奥田は都市を，業務空間化する「都市」の系と，住民の「住むこと」に基礎をおく「地域」の系とが重層したものとして把握し，「都市」の系が「地域」の系を駆逐してゆく過程こそが都市問題であると規定する。そして地域の側から都市に対抗する住民運動に，新たな「コミュニティ」の具体的可能態を見出そうとしていた（奥田，1993: 33-61）。敷衍するなら，大都市の中心部が業務空間にモノカルチャー化されてゆき，その結果，「ノーマンズ・ランド」化してしまうことに問題を見出し，都市と地域という 2 つの系が重層していてこそコミュニティなのだという主張が，奥田の著作における通奏低音である。

こうした議論は，本書で扱う歴史的環境保存運動の分析にも適合的である。コンクリートの箱ではなく，代々受け継いできた家や景観の中で生活したいと訴える保存運動は，生物学的な意味でただ生存しているという「住む」状態ではなく，まさに地域社会内における共同性をも含み込んだかたちで「住むこと」を求める運動であったと言い換えることができるからだ。

しかし，ここでは，似田貝と奥田らの論理の構成に注意してみよう。似田貝を始めとする多くの都市社会学者は，再開発計画を実質的に補完する役割を果たしてきた都市計画に，「住むこと」を根拠に対抗してゆく住民運動，そして彼らが依拠する「生活空間」を対置し，都市計画のあり方を批判した。非場所的で抽象的な「使用価値」「空間」という用語に明らかなように，似田貝や奥田らが想起していた「住むこと」「地域」とは，取り替え可能な居住空間だったのではないかと思われる。その背景には「どこであろうと，とにかくある地域に住むからには……」という，すぐれて戦後近代化論的な「普遍的市民」像があった。代々住み続けてきた農村を離れ，大都市郊外の新興住宅地に移り住んできた新規来住層は，封建的な地域秩序から脱離し，新たな居住地で「市民」としてふるまうことが期待されていた。封建的な人間関係を脱離した／すべき彼ら「市民」が，公害問題や郊外住宅地でのインフラ未整備を前にして運動を立ちあげるとき，それが「『住むこと』にこだわる抵抗力」(佐藤，1993: 166) を根拠とした住民運動という形態をとったことは，改めて述べるまでもない。したがってここで確認すべきことは，都市の近代的大改造を前にした対抗の論理が，「住むこと」に使われるべき「空間」という抽象的概念だったのだ，ということである。高度経済成長期の国土の激変過程の中で，こうした主張と論理は大きな意味を持っていた。そこには戦後日本の社会学が論じなければならなかった課題と「敵」がよく示されているとも言えるかもしれない。

しかし「『住むこと』にこだわる抵抗力」が空間一般における話ではなく，固有名詞付きの空間の場合は，個々の環境条件を考慮しないわけにはいかなくなってくる。そこでは地域風土や歴史的な記憶といったものが考慮されざるをえない。つまり生活空間は，都市計画が措定するような取り替え可能で均質な「空間」(space) ではなく「場所」(place) なのだということだ (堀川，1998b, 2000c, 2010)。

上述を前提にすると，「運河を潰したら，小樽が小樽ではなくなってしまう」といった土地や場所への執着は，戦後日本の社会学，とりわけ都市社会学的研究においては「封建的なもの」として相対的に軽視されてきたのではないだろうか。「郷土愛」といったような「場所性」へのこだわりは後景に退き，戦後民主主義の系論では近代的な市民が構築すべき「公共性」「市民的原理」こそが重要課題として議論されてきたのだ。歴史的環境保存運動が提起していた中核的論点は，「空間」という概念へと抽象化されてゆく過程で削ぎ落とされてきた，都市空間の「場所性」への問いだった。町並み保存運動はこの場所性を今一度前景へと呼び戻そうとする問いかけである。

敷衍するなら，「どこでもよいから『住むこと』に関する問題」と「ここに住み続けることに関する問題」とは決してイコールではない。都市計画に回収されない個別具体的な環境を守ること，すなわち空間の固有性への問題提起こそが保存運動の重要な論点のひとつであった。大都市郊外の新興住宅地に移り住んできた新規来住層の二世，三世が地域の運動に関わり始めた今，場所にこだわることが地域の環境保護の重要な戦略となり，その「場所性」をもって都市計画に抵抗しなければいけないということこそ，現代日本の状況をよく表している。

このように本書は，戦後日本の都市社会学，とりわけ都市コミュニティ論や藤田弘夫の成果を受け継ぎつつ，展開される。その際，すでに上で縷々述べたように，抽象的な「空間」「市民」といった用語ではなく，メディアを経由しない「場所の力」に導かれた共同性，物の直接性に基礎付けられた社会運動に着目しながら分析を行うことになるであろう。端的に述べるなら，本書は，都市社会学の系譜を批判的に継承しようとする，ということだ。

4.3.2　第2の系譜：環境社会学

しかし本書は，上述の都市社会学にのみ依拠しているわけではない。同様に深い影響を受けているものは，環境社会学という学問系譜である。それはなぜか。

すでに1.2節でも触れておいたが，本書が，都市環境と社会の関係性に着目するからである。われわれの都市生活は，環境という物質の制約から離れることは極めて難しい。社会は，社会的であると同時に，実に物質的である。また，社会的に産み出される数多ある物質にはわれわれの社会が映し出されているという意味において，物質もまた，社会的であるといえよう。

こうした論点を，社会学は伝統的に等閑視してきた。われわれの社会関係が物理的環境の変化によって大きく改変されてしまうのなら，その環境自体を，社会学の変数として取り込まねばいけないのではないか——これが1970年代以降に勃興してきた環境社会学の初発の問題関心であった（Catton and Dunlap, 1978a, 1978b）。これが本書の問題関心と深く響き合うことは，もはや多言を要しまい。だからこそ，本書は環境社会学に依拠する。

環境社会学という学問分野の誕生を宣言したダンラップとキャットンらは，従来の社会学が技術発展を信奉し，人間の活動を特別視している「人間特例主義パラダイム」（Human Exceptionalism［Exemptionalism］Paradigm；HEP）に基づいていると批判する。「人間は特別な存在だから多少の環境破壊はやむをえない，破壊したとしても，技術発展で環境問題はいずれ克服できる」というのが従来の社会学に潜む世界観だと彼らは批判した。そして，人間の活動を特別視せず，環境を有意味な変数として分析に取り込んだ「新たな環境パラダイム」（New Environmental Paradigm; NEP）による社会学，すなわち「環境社会学」（Environmental Sociology）の樹立を提唱し，「HEP から NEP へ」の移行を訴えていた（Dunlap and Catton, 1979）。

しかし，そもそも社会関係の学として制度化してきた社会学は，本能論と環境決定論との対決から生まれてきたものである。人間の行為を何でも「それは本能だ」と説明する本能論に対しては「行為の大部分は後天的に学習されるのだ」と反論し，また，人間の行為を何でも「周囲の環境がそうさせているのだ」と説明する環境決定論に対しては，社会学は「人間はそのように完全に受け身な存在ではなく，主体的に行為するのだ」と批判してきた。だから，環境を変数として取り扱わないというのは，社会学が努力を怠っていたからではなく，むしろ当初からの基本戦略だったとも考えることができる。当然ながら，ダンラップとキャットンは，激しい批判に曝されていく。その論争史をここで詳しく展開する紙幅はないが，ダンラップらの批判が社会学のパラダイム変革を迫ろうとする高度に抽象的なものであったこと，したがって，実証研究を導出するような水準の議論を伴っていなかったことの 2 点を確認しておこう。

パラダイム論争であった「HEP-NEP 論争」は，明白な決着がついたというよりも，環境問題を社会学も積極的に扱うべきであるという一種の警告としてのみ機能し，既存パラダイムの中の一要素に溶かし込まれていったというのが実情であろう。ダンラップ本人が，「HEP-NEP 論争」の歴史的使命は果たされたと総括するにいたり（Dunlap, 1997, 2010），学説史的には，この論争は過去のものとなりつつある（満田，1995；藤村，1996；谷口，1998）。

しかし，ダンラップらの主張は，「社会の物質性」と「物質の社会性」に関しての問題提起と読み直すことができるのではないだろうか。ここでもう一度，本書が依拠する事例に立ち戻って考えておこう。

小樽市で保存運動の現場に飛び込んで調査を開始したころ，ある運動参画者から，つぎのような面白いエピソードを聞いた。曰く，小樽運河の保存を訴えてきたが一向に支持が広がらない。そこで運河を会場にしたイベント「ポートフェスティバル」を企画し，一般市民に運河の価値を知ってもらおうとしたが，地位もお金もない若者のイベントに協力してくれる者などいなかった。行きつけの喫茶店でどうにも実現へのめどが立たないと落ち込んでいた時，仲間の一人が企画の中止を提案した。これ以上がんばっても無理だ，もう止めよう。そう話がまとまりかけた時，別の一人がぽつりと言った。「止めるにしてもさ，最後に，もう一度だけ，運河に行って話そうか」。深夜の艀に移った彼らは，しばしの沈黙の後，「やっぱり運河はいいなぁ」，「ここで思いっきり音を出したら気持ちいいべや」，「こんな広い空の下で飲めたら最高だよな」と語り出した。暗い喫茶店の片隅で紫煙とともに話していた時とは打って変わって，星空の下，世紀を超えて静かに佇む倉庫群を眺めながら，もう一度企画実現を目指して死力を尽くすことを誓い合う —— そんなエピソードである[33]。

むろんこれは，同じ話でも窓のない部屋で話すのと，広々とした運河沿いで潮風に吹かれながら話すのとでは結果が異なってくる，といった類いのありきたりのことを示しているだけではない。

このエピソードのポイントは，むしろ，運河保存を訴える彼ら自身がこうした体験を通して改めて環境の持つ力の大きさを体で納得し，保存の意味と意義とを再確信するにいたった，ということだろう。実際に身を置いてみて，その環境が自らに働き掛けてくるその力の大きさに，彼ら自身が驚いたということだ。

さらに重要なことは，彼ら自身がこの体験を「環境の教育力」[34]という言葉で表現したことだ。環境がすべてを規定するわけではないが（企画継続を誓ったのは，彼らの主体的選択だった），すべてを主体の意思に還元してしまうこ

---

[33]　1978 年 7 月，「ポート」は実際に開催され，約 10 万人を超す人出で賑わい，大きな話題となった。以後，1994 年 8 月に終焉するまで，全 17 回開催された。詳細については第 5 章を参照せよ。

[34]　この概念および用語は，「保存運動のシンクタンク」とも「北大三人組」とも呼ばれた，3 人の卓越した建築・都市計画学の院生，柳田良造，森下満，石塚雅明によってつくられたものである。運動参加者の保存の論理の解明に焦点をあわせる本書では十分に扱えないが，記憶されるべき量と質をもった概念であることは間違いないように思われる。石塚・柳田・森下（1982），柳田・石塚・森下（1984）など，一連の研究を参照。

とに躊躇せざるをえないほどに，あの小樽運河という環境は影響力を持っていた——1980年代にはすでにこのように微妙なニュアンスを「環境の教育力」という言葉に結晶化したのだった。彼らは，「環境の教育力」に無頓着な道路計画に反対していたという意味で，保存運動の要点を一言で的確に要約していた。

社会学は，このエピソードと「環境の教育力」という言葉にどう向き合うのか。HEP-NEP論争はすでに過去のものとされているが，新たな理論の模索過程で，環境がわれわれに与える作用の重さと意味は十全に主題化され，語られてきているだろうか。町並みを残すことに執着する人々の心性と運動過程は余すところなく語られてきただろうか。社会関係水準に照準する社会学にとって，このようにわれわれに直に働き掛けてくる環境の力はどのように語られるべきなのか。学史的意味では過去のものとされたこの問いは，はたして本当に過去のものなのか（堀川，2008b; 2017a）。これが本書を主導する問いであり，また同時に環境社会学に位置づけられる所以でもある。

したがって本書は，「人はなぜ保存するのか」，「社会の物質性とは何か」といった一連の問いを通じて，「都市環境とは何か」という問いを先行研究とは異なる視点から考察する。「小樽運河問題」という個別具体的な事例を徹底して分析することを通して，「保存という事象自体の社会学的考察」を行うということだ。小樽へと視点を集中させていくことによって既存理論や政策の問題点を見出し，小樽から新たな解を模索することが可能なのではないか。これが筆者の目論みである。

5. 本書の構成

以下では，本章に続く各章の概要・要点を記すことにしよう（図1-3 全体構成図）。

第2章「対象としての歴史的環境：町並み保存運動の勃興とその意味」では，戦後日本の町並み保存運動の生成と展開が概観され，運動がなぜ保存せよと主張していたのか，それはいかなる意味をもっていたのかが検討される。運動と法制度の通史的概観は，懐古趣味的な運動ではなく，むしろ日本の都市計画制

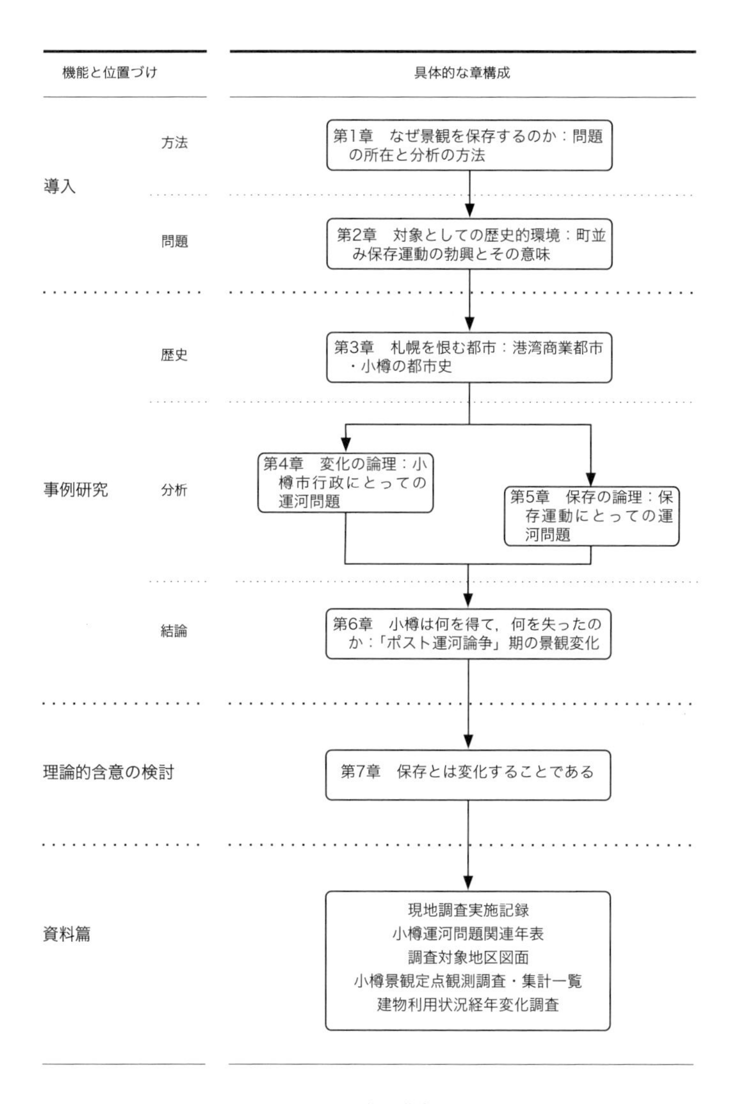

機能と位置づけ
具体的な章構成
導入
方法
第1章　なぜ景観を保存するのか：問題の所在と分析の方法
問題
第2章　対象としての歴史的環境：町並み保存運動の勃興とその意味
事例研究
歴史
第3章　札幌を恨む都市：港湾商業都市・小樽の都市史
分析
第4章　変化の論理：小樽市行政にとっての運河問題
第5章　保存の論理：保存運動にとっての運河問題
結論
第6章　小樽は何を得て，何を失ったのか：「ポスト運河論争」期の景観変化
理論的含意の検討
第7章　保存とは変化することである
資料篇
現地調査実施記録
小樽運河問題関連年表
調査対象地区図面
小樽景観定点観測調査・集計一覧
建物利用状況経年変化調査

図1-3　全体構成図

度に対しての真正面からのアンチテーゼであったことが明らかにされる。

第2章で景観とその保存運動の位置づけがなされたことを受け，続く第3章から第6章にかけてが，小樽の事例研究である。具体的には，この第3章「札幌を恨む都市：港湾商業都市・小樽の都市史」で小樽の都市史を詳述する中から，なぜ札幌を恨み続けるのか，なぜ運河埋め立てを伴う「再活性化」が課題として浮上したのか，が明らかにされるだろう。換言すれば，1970年代以降の「運河論争」が起こった歴史的過程が明確にされることになる。

小樽という都市の歴史を踏まえた次の課題は，「運河論争」自体の詳細な分析である。その際に筆者は，変化をめぐって諸主体がいかなる相互行為を行い，その結果としていかなる社会的帰結がもたらされたかを記述していこうと思う。変化をめぐる2つの正反対の反応，すなわち「保存」と「開発」を，それを担ったエージェント毎に振り返ってみる，ということだ。「保存」のエージェントは，言うまでもなく，保存運動である。「開発」を推進したエージェントは行政だ。第4章から5章では，両者の対立関係を，それぞれが辿った「生きられた時間」[35]にもとづいて読み解いていくことが目指される。その際の基準点となるものが，第3章の記述である。

先ず，第4章「変化の論理：小樽市行政にとっての運河問題」では，「変化のエージェント」としての行政当局の開発の論理を分析する。具体的には，行政にとって運河と運河論争がどのように意味付けられていたかを詳細に跡付ける。この作業は，「行政は愚かだ」といった安易な官僚批判に与せず，行政が持っていた固有の原理と論理を解明し，なぜ運河を埋めようとしたのか，その政策の内在的理解をもたらしてくれるはずだ。

第4章と対をなす第5章「保存の論理：保存運動にとっての運河問題」では「保存のエージェント」としての保存運動が詳しく分析される。保存運動にとって運河はどう意味付けられ，住民のアイデンティティになっていたかを解明する，本書のハイライト部をなしている。やはりここでも，住民運動への安易

[35] ここで「生きられた」(lived) と書くのは，現在—過去の対比（過去形としての用法）と，抽象—具象の対比（受け身形としての用法）との二重の意味を含むからである。抽象的で無時制の時間や都市ではなく，生身の人間によって実際に「生きられた」具体的な記述から帰納的に論じていくことが含意されているということだ。

な共感を戒め，彼らの主張と行動を「レイヤー」に切り分けて跡付けるなかから，参加者を４つの類型に分け，それぞれの論理とせめぎ合いを描き出す。その結果，保存という最も保守的な用語を冠した彼らの運動が，実は極めて前衛的なものであったことがくっきりと浮かび上がってくることになる。保存は，その名に反してラディカルだったのだ。

第６章「小樽は何を得て，何を失ったのか：「ポスト運河論争」期の景観変化」においては，「運河論争」の結果，景観がどうなったのかを検討し，都市環境問題やその政策への意義と示唆を引きだそうと試みる。過去の建築学的調査データを発掘し，その継続調査によって得られた景観変化の定点観測データも活用しながら，観光開発のインパクトを実証的に検証し，「観光開発のパラドクス」の論理構造を明らかにする。

以上の「事例研究篇」を踏まえて，第７章「保存とは変化することである」では，事例の理論的含意が検討され，全体のまとめを行う。事例のまとめという意味では，保存運動の主張していた「保存の論理」を解明し，それが現代都市計画の問題点を突くものであることを描く。そしてこの「保存の論理」が従来の「開発か保存か」という問い方の問題性を示し，保存運動は住民本位の自律的な変化のコントロールを求めていたことが示される。端的に言うなら，保存運動の主張は，「保存とは変化することである」という逆説的表現となる。こうした分析が，都市空間制御の新たな展望への第一歩を示唆していることを描き，あわせて都市社会学と環境社会学の理論へいかに寄与したかがまとめられ，論を閉じる。末尾には年表などの資料を付して，読者の参考に供した。

第2章

対象としての歴史的環境

町並み保存運動の勃興とその意味

1. 対象としての景観

高度成長期を経てポスト「バブル経済」期に至るここ50-60年間の間に，われわれは未曾有の景観変化を経験してきた。試みにヴェネツィアの100年前の写真を現在と比べて見てもほとんど外観上は変化がないのとは対照的に (Franzoi and Smith, 1993=1994)，わずか60年前の東京は異国といってもよいほどに現状とは異なる景観である (田沼編，1990；加藤，1999)。

しかし，変化があったのは，なにも都市の景観だけではない。1980年代後半の「バブル経済」期に問題となった「地上げ」によって，馴れ親しんだ町の眺めが一変し，オフィスビルやマンション建設のために住民は移転を余儀なくされていった。にもかかわらず，バブル崩壊によってその後に建った建物は空室ばかりで働く人や住む人がいなくなってしまったり，開発計画が止まり，使われるあてのない茫漠とした空き地が「塩漬け」になっていたりする。都市空間から人も仕事も排除してしまうという意味において，これは都市の存在そのものに関わる問題である。「バブル経済」は土地をそこで働いたり住み憩うという日常生活の舞台ではなく，投機の対象としてしまったのだ。景観の変化は，その最もわかりやすい表現に他ならない。

こうした未曽有の景観変化を前にして，慣れ親しんだ景観を守ろうとする運動が生起した。それは町並み保存運動と呼ばれたり，場合によってはナショナル・トラスト運動と呼ばれたりしたが，大枠では，景観保存を目的とした運動[1]で，1960年代以降，急速に台頭してきたものである（全国町並み保存連盟編，1999）。小樽の事例の分析の前に，景観の変化がなぜ問題となるのか，なぜ保存運動が勃興してきたのかを社会学的に考察してみることにしよう。

「社会学的に」という点については，前章で前触れ的に述べたことに加え，ここで直ちに若干の説明を加える必要があるだろう。なぜなら，景観保存といった領域は，建築学や都市計画学，地理学といった「理系」の扱うべき領域だと考えられてきたからだ。なぜ，社会学なのか。社会学に何ができるのか。

巨大な問いだが，ここではまず，下記のように簡潔に答えることができるように思われる。すなわち，景観は地理学や自然科学が扱う対象である以上に，社会学が扱うべき対象である。なぜなら，同じ都市景観を眺めていても，その景観美についての評価は，評価をするその人や集団のもつ歴史—社会的コンテクストによって異なってくるからだ。言い換えれば，対象となる景観の認識過程を，歴史—社会的コンテクストや社会関係との関連によって理解しようとする時，景観は社会学的対象として浮かび上がってくる，ということである。

しかし，そのように把握しようとすると，景観問題は途端にある種の困難を抱え込んでしまうことになる。

まず，景観問題の何が「問題」なのだろうか。議論の対象となっている個々の建物は合法的・適法的に建てられたもので，しかも中にはデザインが秀逸なものもある。優れたデザインで法に適った建物。そこに「問題」は見当たらない。景観を構成する個々の建物に着目するなら，それは合法・適法な建築物である。いくら景観変化を嘆こうが，それは「問題」とはなりえない。このことから，個々の建物の問題ではなく，むしろそうした個々の建物が集まって織りなす「全体としての景観」が問題になっている，ということが了解される。

---

［1］こうした運動はその名称も多様で，「守る会」「残す会」「保護運動」あるいは「保存運動」と名乗るものなどが存在している。また，後述するように法制度や行政も，1945年までは「保存」の語が使われ，1945年以降は一貫して「保護」が使用されている。こうした多様な用法に配慮して，ここでは厳密に区別せず，「保存」と「保護」をほぼ同義のものとしておく。

つぎに，景観の主観的解釈が問題になってくる。前章でも触れたように，全く同じ景観を見ても主観的解釈によって一義的な評価が難しいと思われている点が，景観を考えることを難しくさせている。結果として「結局は個人の主観だ」，「個人の好みの問題だから，文句を言われても困る」として，問題化されずに終わることがしばしばである（日本弁護士連合会公害対策・環境保全委員会編，1995）。社会学的に問おうとすると，対象となる「問題」を措定する前に，この合法性と主観性という2つのハードルを越えねばならないのだ。

合法性と主観性――景観問題を考える際にクリアすべきこの2つのポイントは，そのまま景観の保存を求める運動にとっても乗り越えなくてはならない「壁」であった。多くの景観保護運動は「観光開発」で越えようとして苦闘してきたが（大河編，1997；松村編，1997），ナショナル・トラスト運動は，争点となっている景観を自ら「所有」してしまうことによって，その「壁」を越えようとした。越え方は異なるが，いずれも景観の保存を求め，ともにこの「壁」と苦闘してきたという意味で，保存運動として一括しうる存在であった。

ここではこの2つの「壁」を手がかりに「なぜ，町並みといった景観が問題となるのか」，そして「なぜ，町並み保存運動が勃興してきたのか」について考えてみたいと思う。それは法制度の概観や保存運動の展開，実際の都市デザイン原理の解読を通して，社会学的に論じる方途を探ることにほかならない。

2. 保存制度の被写界深度：都市計画と文化財保護

「これは合法的な建物だから，とやかく言われる筋合いはない」といった言い方に典型的なように，景観保護運動は「合法性」の壁にぶつかることが避けられない。そこで問題となるのは「多くの住民が問題視する再開発プロジェクトや建築物などが，どうして合法なのか」という問いであり，また「景観を守るための法律は整備されているのだろうか」という点である。

後者の「法律は整備されているのか」と問うならば，もちろん答えはイエスである。われわれには都市計画法と文化財保護法という2つの法体系があるからだ。

先ず，都市計画の系を見てみよう。都市計画という法体系の根幹は，市場原理で売買され流通する土地・空間を，計画的にコントロールしようとするものである。具体的には，都市空間をいくつかの地区にゾーニングし，俗に言う「色，線，数値」によって土地の利用をコントロールする仕組みである。

しかし，過去一貫した容積率の緩和や消極的規定のみの規制法で「望ましい地区像」を提示してはいないものであること，住民が計画策定過程に十全に位置づけられていないことなどの問題点が指摘されている（五十嵐，1991）。特に重要なのは，過大な容積率指定が商業化圧力を生み，結果として住宅が駆逐されてしまうことである。さらに，「土地の私的所有」と「原則的建築自由」を前提にするため，都市計画が規制に乗り出すのは「公共の福祉のため」という例外的な場面で介入するに過ぎない点である。これが「絶対的所有権」と呼ばれる所以である。景観保存は，所有者の意向抜きには成り立たないのだ。

では，日本の都市計画法体系は何を保護してきたのだろうか。この問いについて考えるとき，つぎの2つの引用を併せて読むことは実に興味深い：

> ……270もの〔都市・土地関連の〕法律が，すべて機能していて（あるいは機能したからこそ），なおかつ土地問題が発生しているということが決定的に重要なのである。いいかえれば，土地問題は完全に合法現象なのであり，……欠陥がすべて埋められたとしても，なおかつ地価高騰が発生するということがそもそもの大論点といえよう。（五十嵐，1991：292；（　）内は原文，〔　〕内の補足は引用者）

> ……都市計画に関連しては，約200もの法律があるといわれている。だがこうした山ほどの法律にもかかわらず，実のところ日本の土地利用は欧米と比べて，比較にならないほど規制がゆるい。……〔略〕……。日本の都市の地価は人々の生活をあざ笑うかのように高い。しかしその日本で，現在何が問題となっているかといえば，何と土地の値下がりなのである。土地が何に使われているのかを，これほど明確に示していることもないだろう。（藤田，1994：15–17；傍点原文）

2つの引用文は共通して，土地問題とは，既存の法律が機能していてなお生起していることを指摘している。必要な法の欠落によって土地問題がもたらされているのなら，その欠落を埋めればよいが，上述が指摘するのは，むしろ逆の事態である。法の欠落ではなく，すでに過剰なほどに存在している，というのだ。これは「270もの法が束になっても守れない景観の変動」と考えるよりも，むしろ西村幸夫の述べるように「近代都市計画法制は一貫して歴史的町並みを否定してきたのであ」り，「それがまさしく都市計画家の考える『近代化』だった」(西村，1997b: 163) ととらえるべきことを示唆している。都市計画法制は，生産財あるいは資産として土地を運用することを合法とし，日常生活空間を保護するという機能はほとんど果たしてこなかったと言わざるをえない (五十嵐・小川，1993)。だから「これは合法的な建物だから，他人にとやかく言われる筋合いはない」といった言い方は，極めて正しいのだ。

もちろん，こうしたリスクを回避する方策がなかったわけではない。なぜなら，都市は，空間的にも物理的にも，農村とは異なる場所である。多種多様な主体がきわめて近接した状態で高密度に空間を利用・共用し，しかも住居，工場，商店，オフィスなどといった，まったく異なる用途が混在している。夜勤明けで寝ようとしている人の隣の家で，早起きの老人が朝食をつくり，そのまた隣の家では町工場の機械がゆるゆると回転をはじめる。昼過ぎに掃除洗濯を終えた主婦が幼稚園児の帰路を案ずる頃，大学生がもさもさと起き出してくる——多様な主体による多様な空間利用は，予定調和的なハーモニーを奏でるどころか，むしろ相互に矛盾する空間利用が引き起こすコンフリクトに充ち満ちている。だから，リスクを予め回避したり調整する方策が欠かせない。

こうした都市的空間利用の矛盾が引き起こすコンフリクトは，例えば建築紛争という形で顕在化する。建築紛争という事態が指し示すもの，それこそ，都市的土地利用がもたらす固有の困難である。建築紛争が起きてしまった場合，個々の建築行為の影響をめぐって，関係する諸主体間での調整が行われることになるが，もっとも根底的な条件としての住居の日照確保を訴える周辺住民と，投資を回収し収益を上げうる高層マンションを建設・販売しようとする企業活動は，通常は対立・衝突してしまうことになる。なぜなら，依然として「開発促進型都市計画」が背景にあることに加えて (五十嵐・小川，1993)，個々の建築行為の影響評価が「私的見解」「好みの問題」「受忍の範囲内」という位相で受け止められてしまいがちだからである。市役所に訴え出ても「その建築計画は合法なので，市としては建築確認申請を認めざるをえない」という合法性の壁に直面し，周辺住民は打つ手を失い，沈黙させられていくことになる（堀川，2001）。

こうした一連の建築紛争については，曲がりなりにも「日照権」という住民側の主張が認められ，一定の紛争解決のスキームが形成されてきた。もっとも，それは一連の建築紛争や公害問題を経験した住民たちが徐々に形成・提唱してきた「環境権」という思想のごく一部に過ぎない。現在にいたる判例では，差し止め請求権として認められたものは，人格権を除けば，日照権のみである。逆言すれば，個々の建築紛争を解決するための対抗手段として社会的に受け入れられて機能しているのは，ほとんど日照権のみという状況にある，ということであろう。

曲がりなりにも獲得した日照権という「武器」ではあっても，それは個々の敷地を超えて機能するわけではないし，そもそも，その敷地を縁どる都市全体の土地利用の誘導や規制，空間のマネジメントという課題については無力というほかない。ここにまちづくりという枠組みで取り組むべき根拠があったといえるだろう。

敷衍するなら，1960 年代の高度成長期，大都市周辺部で急速に進行したスプロールおよびそれに伴う建築紛争を解決するため，住民運動の必死の訴えを背景に持つ地方自治体によって展開されたのがいわゆる「指導要綱行政」であった。1967 年の「川西市住宅地造成事業に関する指導要綱」，翌 1968 年の横浜市「宅地開発指導要綱」がその先駆となったものである。強制力のない任意の規制であること，一定の開発負担の要請は違憲の可能性があること，議会の議決がない行政内部ルールであることなどの弱点を抱えていたものの，水道給水や道路の使用許可など，自治体の許認可権を資源としたまちづくり行政であったといえよう。少なくとも 1980 年代初頭まで，この「指導要綱行政」は一定の機能と役割を果たしたといえるように思われる。

しかし，1980 年代中盤以降，「指導要綱」は裁判所でその根拠を問われ始め，法的根拠を持たない「指導要綱」による土地利用規制などは違憲であるとの判例が確立してくる。俗にいう「横出し上積み規制」が違憲であるとされ，全国各地の「指導要綱行政」は後退を余儀なくされていく。実際，住民の訴えを聞いて建築確認を認可しないでいるなら，建築業者から提訴され，市側が敗訴することが増加していったから，それはむしろ当然の成り行きであったと言うべきである。

そこで，開発に抵抗する自治体や住民運動は，「指導要綱」に「デュー・プロセス」（法の適正な手続き）を与えて「条例」化して対抗しようとするようになる。1990 年代初頭に登場してきた各地の条例 —— 例えば，湯布院「潤いのある町づくり条例」（1990 年），世田谷区「住宅条例」（1990 年），それに掛川市「生涯学習まちづくり土地条例」（1991 年）など —— は，「指導要綱行政」から「まちづくり条例」への展開を指し示している（五十嵐・小川，1993）。

だが，それでも問題は解決しない。議会の議決と「デュー・プロセス」を経た「条例」であるといっても，依然としてその制定は「法律の範囲内」や「国法との整合性」といった法技術的制約を負わされており，しかも財産権への制限をかけることに裁判所の判例は否定的である。開発促進的な都市計画法制と，「要綱行政」および「まちづくり条例」とが抱えている制約を考慮するなら，景観保存をめぐる紛争は，回避できないどころか，こうした法制度自体が紛争の原因そのものになっている可能性すら否定できないように思われる。だから都市計画の系は景観を保護しない。むしろ，西村（1997b）も言うように，景観の刷新をこそ促進していると言うべきであろう。

では，もうひとつの系譜である文化財保護法の系はどうだろうか。

1868 年に発布された「神仏判然の令」によって「廃仏毀釈」「旧物破壊」の風潮が生まれ，多くの社寺が破壊されたり，古美術品が海外に流出することが頻発した（木原，1982: 2–10）。こうした事態に対応するため，1871 年 5 月，「古器旧物ヲ保全セシム」の太政官布告が出されることになる。通称「古器旧物保存方」と呼ばれているものだが，これが近代日本における一連の文化財保護行政への序曲であった。厳密に言うとこの時の保存法制は，「廃仏毀釈」によって立ち行かなくなっていた社寺という組織の維持を目指したものであった（西村，1984）。保存の対象は組織であり，組織が良好に維持されれば，「旧物破壊」や海外への売却も阻止できると考えたからだ。その後，保存の基準として「歴史ノ證徵」（1880 年 7 月の「古社寺保存内規」）という考え方が採用されていくにつれ，貴重な物・建築物が保存の対象となっていく。もっとも，1895（明治 28）

年7月の「古社寺保存金出願規則」(内務省令第7号) においては「歴代ノ皇室皇族……ニ深厚ノ由緒アル物」(『法令全書』明治28年第7号, pp. 67-68) へと転換し, 保存法制は天皇制に関連付けられていくことになった。端的に表現するなら, それは「史蹟」から「聖蹟」への転回であったと言いうるだろう。その後, 制度は「古社寺保存法」(1897年) を経て,「国宝保存法」(1929年) へと繋がっていく (清水, 2013)。

ここで指摘すべきは, 保存対象の特徴である。第1に指摘されるのは, そのエリーティズムだ。戦前の「国宝」は貴重で希少な「優品」か, 上でも述べたような皇室関連のもの (「聖蹟」) のみが選定されており, 民家などは対象外[2]であった。第2の特徴は, 保存対象が「点」であったことである。「優品」を保存するということであって, その物が置かれた環境や周囲の景観というものは考慮されてはいなかった, ということである。保存のための制度が何にピントを合わせて保護しているのかを如実に示している点であろう。そのピントの被写界深度は極めて浅く, 優品にしか合わさってはいなかったというべきである。

上の特徴は, そのまま, 戦後日本の目指すべき保護行政のネガ像であり, ネガを反転させようと成立したのが, 1950年の「文化財保護法」である (稲垣, 1984 ; 堀川, 1991b ; 松本, 1997)。しかし, 依然として保存対象が「点」であることには変わりがなかった。

そうした問題を受け, 1975年に「文化財保護法」が改正され,「伝統的建造物群保存地区」制度 (「伝建地区」制度) が創設され,「面」的広がりを保存指定できるようになった[3]。また, 1996年には「登録文化財」制度が導入されている (片桐編, 2000: 1-23)。だが,「重伝建地区」も地元の合意に基づく選定のため, 地元が保存でまとまって申請をしない限り, 選定されない。「保存か開発か」で地元が割れている場合は, 申請ができないし, かりに割れていなくとも, 申請へ向けての一丸となった取り組みがなければならないという意味で,

[2] 例外として, 今和次郎らによって行われた民間の民家調査活動があったが, 基本的には優品のみの保存体系であったといわざるをえない。西村 (1984), 堀川 (1991b) を参照せよ。

[3] 「伝統的建造物群保存地区」は地元の市町村が指定する。国は, 市町村からの申出を受けて,「我が国にとって価値が高いと判断したもの」を「重要伝統的建造物群保存地区」(一般に略称として「重伝建地区」と呼ばれている) に選定する, という二段構えの制度となっている。

ハードルは高い。「重伝建地区」は全国でまだ43道府県94市町村114地区（合計面積約3,877.2 ha）に過ぎない[4]。また，高地価のために都市部での選定は困難で過疎地域で歴史的建造物がまとまって残存している地区に限られる，といった問題も指摘されている。したがって国土の大部分は文化財保護法制の対象外，ということなのだ。さらに，かりに文化財に指定されたとすると，都市計画の対象から除外され，文化財保護の枠組みで保存するということになる。ここでのポイントは，文化財の系で保存するということは貴重なものだけを都市計画の系から適用除外する，いわばスポット的に抜き出して保存するということなのであり，裏を返せば，都市計画はデフォルトで開発促進なのだということを意味する。

考えてみれば，こうした面的広がりをもった対象のコントロールこそ，都市計画が分担すべき領域である。しかし，上に見たように，都市計画は依然として「開発促進型」で，「ストックのリハビリテーション型」にはなっていない（五十嵐・小川，1993）。ごく普通の景観は，したがって，二重の意味で保存対象から漏れてきた。都市計画法制度からもこぼれ落ち，「文化財」という優品主義からも「重伝建地区」制度からも疎外されてきた，ということだ。

再び「景観を守るための法律は整備されているのだろうか」と問うなら，法制度は存在するものの，町並みといった景観はどちらの系——都市計画と文化財保護という2つの法体系——からもこぼれ落ちてしまっている，と答えざるをえない。2つの系の被写界深度からはずれてしまっているということだ。そしてここに，景観保存運動が台頭する理由が存在すると思われる。社会制度からこぼれ落ちてしまうが，そこには確かに保存運動という形をとった共同性が発現している——これを社会学的分析対象としないとしたら，社会学者は何を分析するのだろうか。

3. 文化としての町並み

いままで観てきたように，現在の日本における制度的対応では，問題の解決

［4］　この数字は，文化庁のウェブサイトによる2017年2月23日現在のものである（http://www.bunka.go.jp/seisaku/bunkazai/shokai/hozonchiku/judenken_ichiran.html; 2017年7月21日取得）。

は困難であるように思われる。また，だからこそ，社会学的分析が要請されるわけなのだが，ここでいったん，歴史的に遡行して，過去の日本にどんな解決策があったのかを考えてみることにしよう。それはノスタルジックに「過去へ戻れ」と主張するためではなく，自明視されがちな現状を相対化する一戦略である。異なる時代を通して現状を相対化することによってもたらされるものは，現状の持つ問題点やその解決策への端緒を展望する可能性である。

参照するのは，日本の都市史研究である。近年の都市史研究の成果は，近代化以前の日本には様々な空間制御の技法があったことを教えてくれている（西川，1994；高橋・吉田編，1989）。また，建築史学や都市計画学も，同様の技法の存在を報告してくれている（例えば，上田・土屋編，1975；観光資源保護財団編，1981など）。こうした技法は本質的に統治者のグランドデザインによる封建的・身分制的な土地配分システムであり，われわれが戻れるものではないし立ち戻るべきものでもない。むしろここで注目すべきは，近代化以前の日本の都市には，身分制的な土地配分システムの枠内という限界を持ちながらも，住民自身による狭い敷地のなかで共に住まうための規範・ノウハウが蓄積され有機的空間秩序が成立していたことを，両者が鮮やかに描き出している点である。筆者が着目するのは，この住民による有機的空間秩序のあり様である。

そこで参照されるのが，問題を未然に防止する，あるいは解決のひとつのプロトコルとしての「伝統的町家システム」と，それによって形成された「町並み」，そしてそれを守ろうとする保存運動の実践である。身の処し方や解決の手順が人々に共有され，かつそれらが人々と制度に内面化されて特段の意識をしなくても遂行可能になっている（なった）ものを文化と呼ぶならば，町家システムとその町並みを文化ととらえることができるはずである。歴史的な町並みをノスタルジックに賛美するのではなく，都市的な土地・空間利用がもたらす固有の困難に対処する文化として読み解き，現代の都市を再考する――「文化としての町並み」という用語には，このような含意がある。

以下では，「古い」あるいは「ローカルな」と貶められてきた空間制御システムに着目し，そこに隠された有機的な空間秩序を解読してみることにする。換言すれば，保存を「変化をコントロールするひとつの方法」（Gratz, 1989=1993: 224）ととらえるということである。

3.1　建物と敷地：川越における建て方の作法

では，「伝統的町家システム」とは何なのか。ここでは，川越に残る蔵造りの町家を例に，建物と敷地の関係に着目して考えてみることにしよう。

埼玉県川越市は，その昔，江戸の北の護りとしての重要な役割を担っていた都市である。このことは，1457（長禄元）年，太田道真・道灌によって江戸城の出城的性格を持つ川越城が築かれ，1590（天正18）年には川越藩が置かれたことにも見てとれる。経済的には，新河岸川の改修整備によって開かれた江戸―川越間の舟運によって，川越藩は物資の集散地として繁栄を極めた。城下に蔵が立ち並ぶ活気溢れる様が「小江戸」などと呼ばれたのもこの頃である。

今日の川越を考えるうえで重要なことは，1638（寛永15）年と1893（明治26）年の二度の大火である。前者は，皮肉にも，藩の繁栄を決定づける松平伊豆守信綱による城下町「再開発」の契機となった点で重要であった。後者は，耐火建築としての蔵造りの建設を促進することになり，これが今日，観光名所になるほど有名になった川越一番街の重厚な蔵の町並みのルーツである。

川越の蔵は，一般の蔵よりもはるかに装飾的であり，鬼瓦や屋根にいたっては建物との均整を欠くほどに豪勢である。これは，大火後の復興に際して川越商人が，強いあこがれの対象であった江戸・東京の大店の様子を参考に蔵を再建したもので，その強いあこがれの故に，江戸の大店よりも大店らしい蔵になったのだといわれている。伝統的といわれる蔵の町並みが，江戸期ではなく，実は明治中期の建造であることに奇異の感を持つ読者もいるだろうが，すでに，川越の様子を伝える歴史的環境になっているといってよい。1999年4月には「伝建地区」に指定され（同年12月に「重伝建地区」に選定），関東圏に残る貴重な歴史的環境の代表格のひとつである。

しかし，今日まで残存するこの川越独自の蔵造り店舗を，その独自の形態や歴史性，希少性だけで評価してしまってはいけない。文化としての町並みという観点からここで注目すべきは，小江戸・川越での建物と敷地の関係，言い換えれば「建て方の作法」である。

1970年代以降，川越では市内に計画されたマンション建設反対等を契機に各種の調査や研究が行われていたが（荒牧，2003；福川，2003），そのうちのひとつである「デザインコード調査」で明らかにされてきたのは，一番街の蔵造り

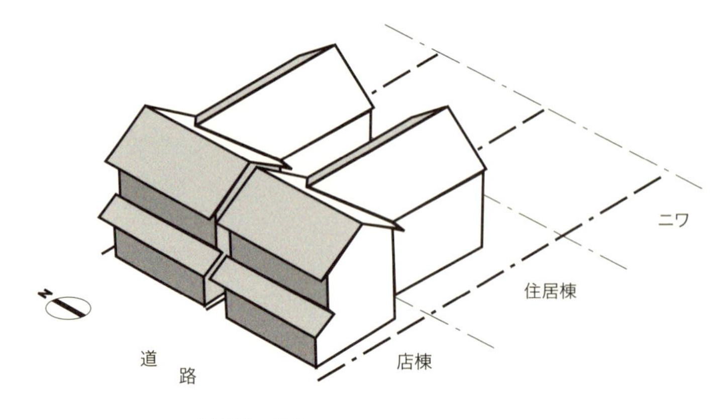

(1)道路に接する
(2)庇がある
(3)隣同士が接する
(4)2階壁面が1階壁面より後退
(5)屋根は平入り，ただし角地は入母屋
(6)屋根勾配がほぼ一定
(7)角地以外では左右対称な正面
(8)裏側に窓〔は〕なく，道路が主たる採光源

図 2-1　川越における蔵造り町家の建築的特徴（概念図）

（備考）川越一番街商店街活性化モデル事業推進委員会編（1986）および福川裕一（2003）を参考に，堀川が作図。列挙した特徴の記述は，前者をもとに〔　〕内を堀川が補足した。

店舗が，一見ばらばらに建てられているようでいて，実は一定のルールに則って建てられているということである（川越一番街商店街活性化モデル事業推進委員会編，1986；川越一番街町並み委員会編，1988）。

図 2-1 をもとに説明しよう。各店舗は店部分は平入りで建てられ，その後ろに建つ居住部分は店と 90 度で直交し，その奥に「ニワ」とよばれるスペースが続く。これが川越の蔵造り町家の典型である（福川，2003）。図 2-1 中の 8 つの「特徴」をもった町家は，大きな店舗スペースを確保することができるとともに，居住棟の南側には周囲を建物に囲まれた静かな日だまりスペースができ，日照と通風とともにプライバシーも保つことが可能となっている。つまり，道路から見ると平入り 2 階建ての蔵が切れ目なく連続する町並み景観が，その裏には日陰になることのない静かな空間が，それぞれ実現するということである。細長い敷地という悪条件下で，商売とプライベートな生活部分を上手に接合し

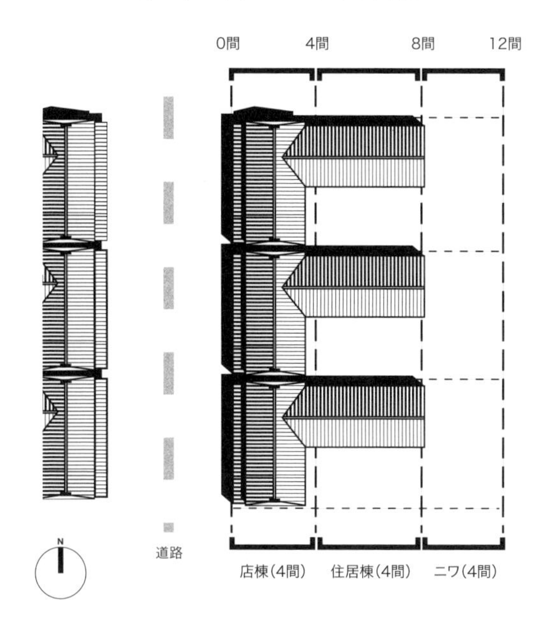

図 2-2　川越における町家の「作法」(概念図)

(備考) 川越一番街商店街活性化モデル事業推進委員会編 (1986) および福川裕一 (2003) を参考に，堀川が作図。

たプランであるといってよいだろう。

しかし，最も注目されるのは，個々の建物とその敷地の関係である。図 2-2 に見られるように，個々の敷地は道路側から奥に向かって「店棟」「住居棟」「ニワ」の3つのゾーン（スペース）に区分されており，しかも各ゾーンの奥行きが4間で統一されている（川越一番街商店街活性化モデル事業推進委員会編，1986：151-169；福川，2003：140-143）。これを川越の人々に倣って「四間・四間・四間ルール」と呼ぶとすると，一体，このルールは，何を目指し，何を意味しているのだろうか。

改めて図 2-2 を見てみると，各ゾーンが4間であるという長さの問題というより，それぞれの敷地に建つ建物の位置を揃えることに主眼があることに気づくだろう。鰻の寝床のように間口が狭く奥行きが長い敷地のなかで，たとえば，ある建主が慎重に場所を考慮してニワを配したとしても，南隣がそこに2階建ての蔵を建ててしまえば，日照は得られない。熟慮の末の計画も空しく，日の当たらないニワが横たわるだけとなってしまう。このように，個々の敷地内で実現可能な良好な環境とは極めて限定的なものでしかないこと，そして隣人の意思決定に左右されてしまうほど脆弱なものでしかないといわざるをえない。これが都市生活におけるリスクの内実だ。

ここでようやく「四間・四間・四間ルール」の意味が了解できる。つまりこれは，店棟，住居棟，ニワ，それぞれの位置を揃えることによって，日常生活環境の急変動によるリスクを回避し，個々の敷地だけでは実現不可能な良好な環境を街区単位で実現しようとするためのものなのである。換言すれば，これは個々の建物を制御する敷地利用原則であり，自らの環境の質を，他者の意思決定に左右されないようにするための仕組みである。一つの敷地だけを見ていては見えてこないが，連続する一街区単位で見てみると明らかになってくる「建て方の作法」といってよい。個々の建物やニワは，それぞれの私有物であると同時に当該街区の環境条件を良好に保つための「共同装置」でもある，ということなのだ（堀川，1998a）。町家の細部にはこのように，個々の建物，敷地，そして街区とを整合的につなぐ住まい方・建て方の作法が巧妙に仕組まれており，それらは長年の住まい手による実践のなかで蓄積・継承されてきている（堀川，1998b）。

上述を逆に見れば，川越をはじめとして多くの都市で，どうして町家が潰れていくのかが理解できる。多くの場合，町家の崩壊過程は次のような過程を経る（福川・西村，1981；堀川，1998b）：

(1) 増築などのため，ある家が庭を潰して家を建てる
(2) 日照・通風が遮られ，隣接家屋の環境条件が悪化する
(3) 隣接する家の住人は市役所などに苦情を申し立てるが，合法建築物であることを理由に却下される
(4) 隣接する家の住人は，環境条件の回復を目指して，対抗的な建築行為に及び，庭に家を建てる
(5) その結果，さらに隣の家の環境条件が悪化し，同様の過程の進行によって伝統的町家が消滅する

ルールを逸脱して建てられた最初の一軒が，上述2番目以降の諸過程を引き寄せてしまい，町家は急速に失われていくスパイラルへと突入する[5]。明らかに，川越のルールは上の過程の1番目を予防しようとするものだ。つまり，川越の「四間・四間・四間ルール」には，都市的集住によるリスク回避の方策が埋め込まれている，ということができる。

では，この「四間・四間・四間ルール」は具体的にどのような効力を発揮するのだろうか。たとえば，川越の蔵に，新たに誰かが転入してくるときのことを考えてみよう。

新規参入してくる者は，当該建物だけでなく，両隣の家業や周囲の町並みを見て，購入を決断し転入してくるのが普通である。一方，その地所の両隣の既存住民からすれば，既存の住環境が悪化しないかが最大の懸念となるはずだ。「もし，隣に越してくる人が，蔵を壊して4階建ての鉄筋コンクリートビルを建ててしまったら，わが家の日照はどうなってしまうのか」，と。しかし，上述のルールが実際に共有されているならば，このような懸念を杞憂に終わらせることが可能となる。なぜなら，住み手が変化しても，あるいは／そして建物自体が更新されたとしても，新規参入者側からみれば，不動産を購入したときの前提となった環境条件が保たれているからであるし，既存住民側から見れば，現況がほぼ維持されることを意味するからだ。「四間・四間・四間ルール」は，双方の将来を台なしにしないためのガイドラインとして機能することが理解できるだろう。

しかし，直ちに注意しておかねばならない点は，このルールが個性や多様性の展開を阻害するわけではない，ということだ。敷衍すれば，この「四間・四間・四間ルール」が「秩序と多様性の両立」（福川，2003: 130）を図るものであり，個々の建築物はサイズ・形態ともに多様性と個性が保障されうるということである。実際の川越の町並みを見ればわかるように，決して画一的な町並みになっていたり，すでに示した2つの概念図のように同一意匠・同一容積で建てることが強制されているわけではない。むしろ，蔵造りであることと「四

［5］　こうしたスパイラルは，社会学的には「社会的ジレンマ」と表現して分析することができる（船橋，1989；海野，1993）。しかし，私見では，町並み崩壊過程の記述には有効な概念ではあるが，町並み保存問題のその他の局面では，異なる概念装置が必要と思われる。

間・四間・四間ルール」を遵守してさえいれば，それぞれの好みの意匠でよいのだ。したがって，このルールによってもたらされる町並みは，様式や意匠が揃っているが，よく見ると住み手のニーズや好みを反映して多様な建物が建っているという，「統一的多様性」（井口，2002: 26；山崎，2002: 136-137）とでも表現すべきものである[6]。その要点は，「ほんの少しの不自由を引き受けることによって手に入る，より大きな自由」である。これはとりもなおさず，土地利用に共同性があることを示している。

3.2　敷地と街区：環境の相互保障システムとしての町家

ここでは，福川裕一と西村幸夫による奈良市での分析に依拠して，伝統的な関西型の町家を例にとろう（福川・西村，1981）。川越と同様に，町家は都市内部に高密度で居住するため，敷地は細長い「うなぎの寝床」型の敷地をとり各戸が道路に接している。このことによって側面には一切開口部をとることができなくなるので，かわりに前面の道路空間と裏手の中庭または裏庭（坪庭）とを上手に組み合わせて通風や採光[7]を確保している（福川・西村，1981: 72-75）。さらに主屋の奥行きを一定にして裏庭の位置を隣家と合わせることにより，庭は横方向に連続した空間となる（図 2-3）。個々の敷地にとっては小さな坪庭でも，全体として見ればそれは風の通り道であり，日差しの誘導路となる。つまり，こうすることで「単独の建物では維持し難い環境条件」が，町家の「連携によって各戸に保障される」（福川・西村，1981: 72）ことになるのだ。お互いに連携した方が皆が得をするような作法――共通の建築規範――が，ここでも存

[6] これは，かつて吉阪隆正が「個はそれぞれの独自性を発揮しながら，集団とうまく調和を保っている」ような都市住宅計画案に「不連続統一体」（discontinuous unity）あるいは「不連続体統一」（discontinuous continuity）という言葉を与えて語ろうとしたことと軌を一にしていると思われる。吉阪（1975）を参照のこと。

[7] 町家は奥行きが深くて部屋が暗くなりがちなので，明かり取りのために坪庭を設けることが一般的だ。さらにこの坪庭は母屋と離れとのプライバシー確保の役目や，便所と居室の分離といった機能も果たしている。また，暑い夏を快適に過ごすための秘策すら隠されている。真夏の午後，この坪庭に打水をすると庭の表面が冷やされ，日差しに焼かれた玄関前の路面と微妙な温度差が生まれる。その温度差が畳の上を滑るような風を生み出すのだ。都市全体が無風で蒸し暑くとも，町家の畳の上では微かながら風が吹いていることになる。坪庭と打水によるこの風の「創出」こそ，住まい手による実践的な町家の夏の過ごし方と言わずにはいられない。

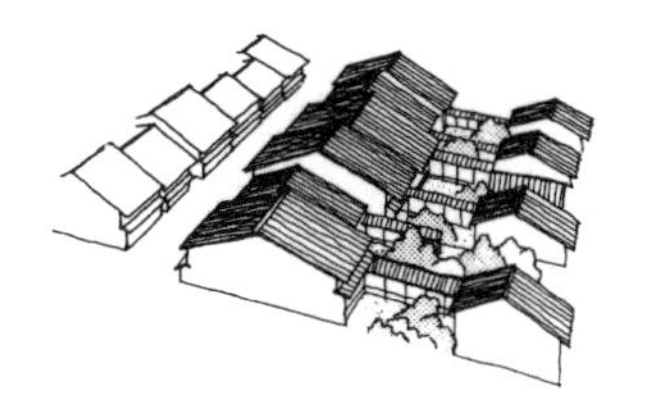

図 2-3　町家と坪庭：有機的空間秩序
（出典）福川・西村（1981: 79）。

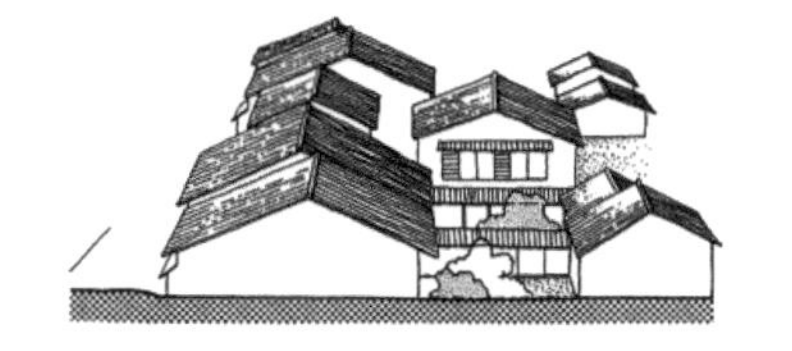

図 2-4　町家秩序の崩壊
（出典）福川・西村（1981: 79）。

在しているといえよう（福川・西村，1981）。坪庭は，個々の私有物であると同時に地域の環境条件を良好に保つための「共同装置」でもあったわけだ（堀川，1998a）。

したがって，もし裏庭が連続する空間に増築をしたりすると，町家が全体として維持していた環境条件は崩れ，各戸は対抗的な手段で自らの採光・通風を確保せざるをえなくなる。こうして町家は加速度的に崩壊していってしまう（図 2-4）。

以上のように，狭く細長い敷地という条件に最も良く適応するプランとして，町家は形成・定着してきたのであり，「個々の建築が共通の規範を守ることによって，稠密な集住を義務づけられた市街地空間の中で生じがちな建築間の矛盾を回避し，環境条件を相互に保障しあっている」（福川・西村，1981: 74）のだ。逆に言えば，封建的地割に囲い込まれた住民が，その与えられた制約内で可能な限り良好な環境条件を確保し，かつ一定程度の建築意匠上の自由を享受しようとしてつくりあげた一つの技法であり，秩序であった（堀川，1998b）[8]。

では，個々の敷地から，街区単位へと土地の利用を制御してきたローカル・ルールは，都市全体に対してはどう対処するのだろうか。都市全体に跨ったルールはあるのだろうか。つぎでは，本書の主題である北海道小樽市の事例で考えてみることにしよう。

---

［8］　もっともこうしたシステムは，共同体による個の抑圧といった側面と紙一重である。周知の通り，戦後日本の社会科学の重要な論点として共同体の呪縛からの個の解放があった。ここでは町家システムが一定の機能を果たしつつも，極めて両義的な性格をもっていることを指摘するにとどめておこう。

3.3 街区と都市：小樽における都市デザイン

小樽についてはすでに若干のことを第1章で述べたし，第3章では詳しく述べることになるので，ここでの議論をわかり易くするために，必要な範囲内でごく簡単に説明しておこう。

明治の一時期には主要都銀19行が集まり，「北のウォール街」と呼ばれるほど隆盛を極めた小樽は海岸線近くまで山並みが迫り，平たん地が少なく，したがって町は坂の上，山の斜面へと発展していった。小樽が「運河のある町」というだけではなく，「坂の町」とも呼ばれているのはこのためである。急勾配の坂の上に登れば，市内どこからでも，港と船，運河，石造倉庫，艀などを眺めることができ，まさに運河と港はこの町のシンボル，ランドマークとなって市民に親しまれているといってよい。

明治期，町の発展にしたがって入港する船の数も増加していく。そこで，増加する港湾荷役のため，小樽は「運河」を建設する。今日の小樽観光の目玉である運河，そして本書の主題である運河は，こうして建設された。

上述のように，小樽に繁栄をもたらした運河港湾地区の景観は，木骨石造倉庫群が運河に面して並ぶ，他に類を見ないものである。そこに見出される「デザイン原理」は，以下のようなものである：

(1) 外壁材が札幌近郊で産出される軟石である
(2) 棟高が8〜12 mの範囲内に収まっている
(3) にもかかわらず，軒高がほぼ5〜6 mで一定していて横のラインが揃う
(4) 屋根勾配が五寸と一定している
(5) 切妻屋根であること
(6) 前に運河水面，後ろにサービス道路である「出抜小路」がある
(観光資源保護財団編，1979: 140–141をもとに堀川が作成)

こうした原理が，緩やかなカーブを描く約1キロの運河沿いに，まるで鋸の歯を横たえたような切妻屋根がリズミカルに並び，それが水面に逆さまに映る小樽独特の景観を産み出している。川越同様，ここにも独自の様式が存在しているといってよい（図2-5)。

図 2-5　小樽・石造倉庫のデザイン原理
（出典）観光資源保護財団編（1979: 140-141; 図 9-13)。ただし，図中の註記のみ拡大した。

ここで注目すべきは，個々の倉庫が決して単体として存在しているのではなく，港や運河，艀などと一体となったシステムを構成しているということだ。それはどういうことか。一旦ここで，艀荷役の手順を簡単に説明しておこう。まず，入港した船から艀に移された積荷は，運河へと運ばれる。つぎに，港湾労働者が肩に荷物を担いで艀から運河沿いの倉庫に運び込む。倉庫裏の出抜小路からは，取引された荷物が，大八車やトラックなどで道内各地へと運ばれていく――このようにして荷物や人の動線が錯綜しないように工夫され，運河と倉庫は市街地と港湾システムを繋ぐ界面（インターフェイス）として機能している。つまり，港，運河，倉庫，出抜小路は一体のものであり，有機的連関があったといえるのだ（堀川，1998b，2001)。

この小樽の有機的なシステムから見えてくるのは，個々の敷地や街区を全体につなげていくための智慧と工夫である。動線が錯綜しないように考えられ，個々の建物のデザイン上の自由は保障されながらもゆるやかな全体的統一が図られる。ここには「お互いに連携した方が皆が得をするような作法――共通の建築規範――が存在している」（堀川，1998a: 138）ということができる。ここでの重要なポイントは，個人の好き嫌いではなく，そうした「好み」を超えて通用する都市の住まい方，建て方の作法があったということだ。

明治以降の急速な近代化のなかで，もはや私たちはこうした伝統的作法にだけ依拠するわけにはいかない。様式の桎梏を恐れ，新たなルールを希求するほかにない（西村，1997b)。

しかし，今まで見てきたように，都市計画法の系も文化財保存（保護）法の系も，どちらも町並みをその被写界深度に収めてはいない。二重の意味で保存対象から除外されてきたのだ。

制度からこぼれ落ちるということは，法制度に抵触しないということであり，抵触していない以上，それは合法であることになる。これは，積極的にあるべき都市の姿を提示せずに，禁止事項のみを列挙する都市計画法体系と同様の構造である。しかし，川越の事例が指し示してくれているように，「法に触れていないから合法だ」ではなく，住民の間の規範こそを問題にすべきであるといえるだろう。また，川越や奈良，小樽の都市デザインは，好き嫌いという主観性で町がつくられているのではなく，住民が好き嫌いを言うことができるベースをつくる作法がすでに存在していたことを示している。好き嫌いを言えるような土台，インフラを整備する作法があった，ということだ。町並みといった景観が，制度からこぼれ落ち，作法が省みられないこと ── 町並み保存を求める運動は，こうした流れに抗おうとして生起してきたように思われる。

4. 都市生活と生活環境変動のリスク

では，伝統的な作法ではなく，景観や町並みをその視界には収めぬ現代の法技術の下でどのような問題が起き，なぜ運動が起こらざるをえないのか，ひとつの思考実験をして考えてみよう。それはたとえば，つぎのような状況である。吟味を重ね熟慮の末に購入した住宅 ── それは生涯賃金の過半を投入し，今後30年にわたってローンを払い続けることによってようやく入手可能になるものである ── が，急に目の前に建った高層マンションの影響で，日照や眺望がほとんどなくなってしまった，という事態である（五十嵐・小川，1993；日本弁護士連合会公害対策・環境保全委員会編，1995）。

これは当たり前の事象であろうか。それとも都市生活上のよくあるリスクのひとつだろうか。もし，これが都市生活のリスクとして**想起されなかった**のならば，それはこうした事態がリスクではなく，むしろ都市では当然のことと考えられているからに違いない。疫病や災害，食料不足などのように外部から都市を脅かす「危険」への対処については，「一定の対策を講じるべきである」といったコンセンサスを得ることは相対的に容易だろうが，高層マンションのもたらす悪影響は，都市生活に内在的なもの，言い換えれば「都市の利便性を取る以上，仕方のないこと」，「合法的な建築行為だから」，「受忍限度内だから」，そして「不動産の選定と購入は自己責任だから」という言葉で説明され，都市生活の当たり前の一側面として語られてきたのではなかったか。あるいはマンションを購入することができる恵まれた者の贅沢な悩みだと揶揄されるだけで，同情されるどころか非難されるかもしれない。都市は常に変化すべきものと考えられており（Holleran, 1998），変化にリスクは付き物だととらえられている。

しかし，上で述べたマンション建設の悪影響を「都市の利便性」などといった観点で相殺してしまう前に，都市生活におけるリスク ── 日常生活環境の急変動によるリスクと言い換えてもよい ── について考えておかねばならないと思われる。それはなぜか。

高層マンションの建設といった建築行為は，建築基準法や都市計画法をはじめとする幾多の法制度によって規制されている。そして，言うまでもなく，建築基準法や都市計画法は，不動産市場での根底的ルールである。それらが，ある日突然に「規制緩和」され，以前は不法とされた建築物が明日からは合法的なものとして堂々と建設されるという事態は，予測・対策をとることがきわめて困難であり，またその結果が深刻かつ不可逆的である。株投資であるなら，リスク・ヘッジするために，複数の銘柄に分散して投資することも可能であろうが，住居はきわめて高額な「商品」でもあり，通常，買い換えたり，複数所有してリスクを分散しておくことは不可能だ。だから，何らかの規制や予防の枠組みがないかぎり，他者の意思決定によってもたらされる町並みの急激な変動は，周辺居住者にとって致命的なリスクとなる。そして，こうした事態は，不動産の所有／非所有に関わりなく，現在の日本の都市に居住しているかぎり，どこでも，誰にでもついてまわる問題だろう。

このことは，例えば藤田弘夫（2005）が「豊かな社会の貧しい住環境」の節で論じている。藤田は日本の都市が乱雑になる原因のひとつを，土地に対する「私権」の大きさに求めている（藤田，2005：21–24）。私権と公共性が対立概念としてとらえられている日本では，私権にしがみつくことしか「私」を守る方途はありえず，したがって公共性が豊かに発展しなかった，と論じている。この藤田の指摘を受けるなら，高層マンション建設による日常生活環境の急変動というものは，まさに起こるべくして起こるリスクであるといってよいだろう。

であるなら，なぜわれわれは，こうしたリスクをリスクとして想起しなかったのだろうか――こう問う地点にこそ，筆者が本章，そして本書全体で問題としたいものが横たわっている。すなわち，こうした都市生活のリスクが広範に生起し，われわれの都市生活の質や，都市で育まれてきた文化の内実を大きく変えてきているにもかかわらず，そのことが自明視されているがゆえに問題化されていないことである。都市の変化がもたらす深刻な影響が，問題化されないことの問題性を論じたいということだ。しばし「絶対的所有権」と言われるように，大きな力を持つ「私権」がやることに他人は手が出せない以上，都市環境の急変動は制御できない，だから都市は常に変化し，その悪影響は必要悪として我慢するより他にないのだ――深刻なリスクを伴う都市の変化を自明視せず，むしろそうした流れに抗ってきた人々の実践をとらえていこうとすることが，本書の目指すところである。

5. 町並み保存運動の勃興とその意味

5.1 日本における町並み保存運動の展開

前節で見たように，町並みといった「日常景観」は法制度によって守られるどころか，むしろ壊して建て替えられるべきものとして把握されていた。結果として列島規模で進行する景観の喪失を前に，1960 年代以降，景観保護運動が台頭してくる。地域に固有の景観を守ろうとする地域住民による自発的な運動，それが町並み保存運動と呼ばれる一連の運動である（環境文化研究所編，1978；観光資源保護財団編，1981；全国町並み保存連盟編，1999；片桐編，2000；西村・埒編，2007）。

町並み保存運動の起源を語ることは容易ではないが，1964 年の鎌倉から語ることが一般的である（木原，1982）。この年，鎌倉・鶴岡八幡宮裏山の宅地開発計画を契機に「鎌倉風致保存連盟」が結成され，鶴岡八幡宮の歴史的景観の保護への機運が高まっていった。町並み保存運動の最初期のものとして記憶される事例であった。

翌 1965 年にはユネスコ主催の「京都奈良伝統文化財保存シンポジウム」が開催され，年の明けた 1966 年には古都法（正式には「古都における歴史的風土の保存に関する特別措置法」，昭和 41〔1966〕年 1 月 13 日法律第 1 号）が公布されている。これを受けて，京都，奈良，鎌倉，斑鳩においてそれぞれ歴史的風土保存区域を定める条例が制定されている。特に鎌倉では鶴岡八幡宮裏の宅地造成反対の運動の成功によって，一気に条例制定までこぎ着けている。これらの地区はいずれも伝統的な建築物が群として存在しており，急激な工業化・人口の増加，そして生活様式の変化によって，「虫食い」的に取り壊されたり，近代的なカラートタン屋根の建築に取って代わられつつあった。緊急にその対策が必要とされた結果としての条例制定であった訳である（石川，1981: 23–25）。しかし，いずれも全国的に有名な地区で，その意味では条例制定についてのコンセンサスも得られやすかった点が，このような早い時期の条例制定を結果しているのである。

一方，こうした行政側からの動きとは別に町並み保存運動が生起していたことは注目に値する。1966 年，木曽の旧妻籠宿の住民が「資料保存会」を結成，1968 年には「妻籠を愛する会」が発足する。同じ年には岐阜県白川村も「白川郷合掌家屋保存組合」を結成して保存に動き出している。また，奈良県の今井町も 1971 年に「今井町保存会」を作って町並みの保護のために住民が集まり始めていた。こうした事例は先に挙げた京都等とは異なり，過疎化のために廃村寸前の，言わば発展の「周辺」地区で生じたといえよう。

妻籠の場合，旧中仙道時代の宿場町として栄えたが，鉄道からも自動車道からも見離された隔絶の里であった。町村合併のために廃村寸前の状況で，村の再興のためには何かをせざるをえなかったのである。住民間の長い討議の末，妻籠の住民は歴史的な古い建物を「売らない，貸さない，壊さない」という有名な「妻籠憲章」を制定した。これは，「残すことが開発すること」という「保存的再開発」の精神を端的に表現したものと考えてよい。「保存」とは建物を全くそのままで残す凍結保存を，「再開発」と言えば「スクラップ・アンド・ビルド」を指していた当時，バイパス建設等に手を出さず，保存することによって観光開発を再興のステップにしようとしたのである。また，村役場と住民の中のキー・パーソンとが運動を主導しそれを行政がバック・アップする態勢であったということも特記すべき特徴であった。「観光開発」という単語が日常化してはいなかったこの時期の妻籠の先駆性は驚きに値しよう（木原，

1982: 104-119；George, 2013）。

太田博太郎（東京大学工学部教授：当時）の紹介もあって全国的に知られるようになった妻籠には，観光客が押し寄せるようになる。その成功ぶりは，「守ることが真の開発である」とのモットーとともに他の地域にも影響を与えた。同じ木曽の奈良井宿や北海道の小樽市，福岡近郊の柳川，奈良の今井町等にも運動理念やノウハウが伝えられている。こうした情報交換は運動間の交流という形でなされたが，中でも1970年に結成された「全国歴史的風土保存連盟」（以下，「全歴風連」と略記）は重要な存在であった。先の鎌倉の鶴岡八幡宮の裏山を守る運動を担ったメンバーが全国に呼び掛けて結成したものだが，各地の運動や町並みの実態がダイレクトに意見交換される場ができたわけで，「弟分」として1974年に発足する「全国町並み保存連盟」（以下，「町並み連盟」と略記）とともに民間サイドのナショナルセンター的な役割を果たしてきている。両者とも，全国規模のシンポジウムやゼミナールを開催し（「全国町並みゼミ」），日本建築学会や各地の行政とも足並みをあわせることもある。この点，すなわち行政と運動が協力して町並み保存に立ち向かうという構造は，完全に民間団体であるイギリスのナショナル・トラスト運動とは大きく異なる点である[9]。

この2つの動きを踏まえ，国の行政も新たな対応を見せてくる。1968年には文化庁が設置され，直ちに明治洋風建築の調査を始めているし，既に触れたが，運輸省の外郭団体として財団法人観光資源保護財団（通称：日本ナショナル・トラスト）が設置され，1971年には環境庁が設置されている。また，この時期には多くの住民の運動も結成されている。一例を挙げれば，1972年の「いかるがを愛する会」と《小樽運河を守る会》，1973年には「有松町づくりの会」，「長崎・中島川を守る会」，「大平宿をのこす会」等が産声を上げている。そして1975年，文化庁を中心に準備が進められていた文化財保護法の改定が行われたことはすでに触れた。この改定のポイントは，文化財の定義の拡張にあった。その法文を簡単に見てみよう：

---

［9］ 日本版ナショナル・トラストとして発足した観光資源保護財団が，国土交通省（旧運輸省）の外郭団体であることが，それを象徴的に示している。

第二条　この法律で「文化財」とは，次に掲げるものをいう。

……〔略〕……

五　周囲の環境と一体をなして歴史的風致を形成している伝統的な建造物群で価値の高いもの（以下「伝統的建造物群」という。）

（文化財保護法第2条第5項）

1975年の改定で新設されたこの第5項によって，従来「点」ないし「個」としての文化財の単体保護から，「面」ないし「群」としての保護へと概念が拡張されたのである。これは，明治期からの保存行政における一つの画期をなす転換であったと評価することができる。こうして新設された「伝統的建造物群」保存制度は，文化財保護法施行令，都市計画法，建築基準法，屋外広告物法と連動して「伝建保存地区」を選定し保護することが可能となった。文化財関係の法令には「指定」という手法が多く見られるが，すでに先述のように，この「伝建保存地区」については市町村からの申請で認定される「選定」方式に改められている点も，大きな変更点であった。

文化財保護法の改定以降，1976年には多くの市町村で条例が制定されている。秋田県の角館町，京都市，白川村，萩市，日南市等がその一例である。1977年には文化庁と建設省とが合同で「歴史的環境保全市街地整備」に向けての調査を開始しているが，この作業は，1979年の建設省「全国町並みリスト」作成へと引き継がれる。この年にはさらに多くの市町村で「伝建保存地区」保存条例が制定されている。有名な例としては，金沢市，高山市，弘前市等がある。

しかし，この時期の大きな出来事として，第1回の「全国町並みゼミ」（主催＝全国町並み保存連盟）が有松町と足助町で行われたことであろう。足助では1975年に「足助の町並みを守る会」が結成されて，観光開発への道を模索し始めていた。「町並み連盟」に参加したことから全国的にも有名になってきていたが，「凍結保存」と町全体の発展をめぐって運動は苦難の時期を迎えていた。朝日新聞記者として，全国の町並み保存運動を精力的に取材していた石川忠臣は，当時の様子を以下のように報告している：

> 運動の中から，「観光客のために住みにくさをがまんして，ファサードだけを保存しても意味がない」「町並み地区だけが良くなっても，町全体が幸せにならなければ……」といったような住民の疑問が続出したのだ。（石川，1981: 27 中段）

こうした疑問を抱えていた足助で第 1 回の「町並みゼミ」が開かれ，町並み保存の運動理論についての討議が活発に行われている。最大の論点は，町並み保存運動の「主体」は誰か，という点であったという。再び石川の論述を聞こう：

> ……第 1 回ゼミでは，町並み保存運動の主体は「住民であり，自治体であり，それに協力する専門家である」（『有松・足助宣言』から）と，三者の役割を明確にした。（石川，1981: 29 上段；（　）内の補足も原文）

ここに報告されている『宣言』では，激しい公害問題の展開のなかで「作為阻止」や「作為要求」という型で住民運動と国の行政が厳しい対立を続けていた当時，住民と行政が手を繋ぎ，専門家と協力しつつ保存を進める，ということが確認されている。その方向性は，「作為要求型」と「作為阻止型」（西尾勝，1975a）では捉えることができないものとなってきていた。

さらに翌年（1979 年）の第 2 回「町並みゼミ」（於：近江八幡）においては，保存によって観光開発を図るという妻籠方式だけではなく，「各地それぞれの個性と状況に適した多様性があることが確認された」（石川，1981: 29 上段）という。確かに集団移住をして廃村となった村を非住民が共同作業で再現しようとする大平宿の事例など，妻籠とは異なる運動が登場してきた。

しかし，この時期に近代建築の保存運動と町並み保存運動が合流している点が重要である。妻籠に代表されるような近代以前の建築や集落を保存するだけではなく，近代以降に建設された建築物をも保存することも，町並み保存運動の範囲に含まれることとなったのである。典型的には明治期の港湾地区の保存を目指す「函館の歴史的風土を守る会」や大阪・中之島を守る運動等が挙げられよう。本書の主題である小樽市色内の運河周辺地区の保存を主張した《小樽運河を守る会》もここに含まれる。事実，第3回の「町並みゼミ」は小樽市と函館市で開催されている（石塚，1980；観光資源保護財団編，1981）。

こうした歴史的展開のなかで，町並み保存運動は，地域社会に固有の景観としての歴史的町並みの保存を訴えてきた。なぜなら，町並みはその地域社会に固有の条件や歴史の集合的表現であり，また地域社会はまさにその形によって生きられるのだと彼らは主張しているからだ。町並みの改変は，それによって生きる地域社会の生活をも改変してしまうのであり[10]，だからこそ，保存されなくてはならないとの主張であった。

冒頭の2つの「壁」に立ち戻るなら，町並み保存運動が含意していたのは，次の2点だろう。

第1の合法性の壁に関しては，総体としての景観の保存を訴えていた。個々の建物に分解してしまえば合法的であるのは当然であり，かつ合法的であっても決して問題は解決しない。だから個々の建築という要素ひとつひとつに分解してしまうのではなく，個と全体の矛盾を超克していかに“優れた”「全体としての景観」を達成するかという問題として語ろうとしていたのだ。町並みという表現が，それを端的に物語っている。

第2の主観性の壁については，「個人の好み＝多様で律しようがない」という水準で議論してはならないと訴えてきた。むしろ地域社会の歴史を受け継ぐためや住み続けられるための方法として保存を語ってきたように思われる。

つまり町並み保存という問題は，町並みという景観をわれわれがどう評価し位置づけてゆくのか，歴史が重層的に蓄積したストックとしての現在をどう評価し，今後いかなる都市・地域をつくっていくのかという，われわれの思想の問題である（Castells, 1983: 215-217；堀川，2000b, 2000c）。だからそこで問題となるのは「都市は誰のためにあるのか」という都市空間の公共性の考え方の問題であり，具体的な争点として顕現してくるのは，住民の生活実践の中に蓄積してきた住まい方のノウハウや場所性，はては地域社会の記憶といったものがスクラップ・アンド・ビルド型再開発によって一瞬にして跡形もなく破壊されてい

---

［10］桑子敏雄が「風景をつくりかえることは，同時にその風景を生きる自己をつくりかえることである」（桑子，1999: 99）というときの「風景」は，本書における「景観」「町並み」と同義と考えてよいと思われる。

くこと[11]の問題性であった。町並み保存運動の台頭は，依然として続く成長促進型都市経営への問題提起である。個々の建物の変動を個人的あるいは私的な問題とせず，都市景観の問題，さらには「都市の思想」として把握しようとすることが，町並み保存運動の含意であったと思われる。

「重伝建地区」や「登録文化財」制度，さらには景観保護法の制定など，1980年代から2000年代にかけて一定程度の法制度的支援を得ることができたとはいえ，依然としてこうした町並み保存運動が支持を獲得するためには，保存の効果やそのための戦略を示さねばならなかった。

では，そこにはどんな戦略が存在したのだろうか。そこで模索された戦略は，おおまかに分ければ，「観光開発の資源として保存する」ことと「対象自体を所有して保存する」ことのふたつであったと思われる。以下，項を改めて順に論じよう。

5.2 観光開発の資源としての景観

第1番目の観光開発という戦略は，端的に言えば，高度成長期に失われつつあった歴史的な建築物を保存することにより，観光の町として再興させてゆくことである。人口の急激な増加（あるいは過疎化）や工業化を経験していた当時の日本にとって，なお残存する町並みは，帰るべき心のふるさとであったと言えるかもしれない。

その意味でこの時期に妻籠宿が先進事例となったのは偶然ではない。妻籠はもとより他の地区の町並みも，基本的には高度成長期の発展や開発から取り残され，意図せずして残った町並みだったからである。その条件をプラスに変えるためにはどうすればよいのか。すでに述べたように，そこで生まれてきた考え方が，「保存的再開発」である。妻籠では，過疎に悩む地域の住民にとっても行政にとっても村の再興は緊急の課題として認識されており，しかも，もともと宿場町として発展した妻籠宿にしてみれば，「観光」は伝統的な地場産業であった。妻籠宿にとって「観光開発」という戦略の選択は，他に資源がないという意味で唯一の選択肢であったと同時に，地場産業というストックがあっ

[11] たとえば桑子は「近代は，それ以前の空間の意味の否定と廃棄の上に成立してきたといってもよい」（桑子，1999: 77）と述べ，「空間の履歴」の抹消による国土改変過程を批判している。

たという意味において合理的な選択でもあったといえるだろう。

この妻籠での成功は全国の過疎村落に大きな啓示を与えたが，そこには問題も内包されていた。それは開発の中身が常に観光客の動向に左右される，受け身の開発であった点である。妻籠を訪れる観光客が見ようとしてくるものは明治以前の「宿場町・妻籠」の姿であり，昔の日本人が送っていたであろう伝統的な生活様式――それは多分に観光客の側が勝手に思念するイメージとしての伝統的な生活様式である――であった。したがって，観光開発を指向するかぎり，妻籠の町並みにクーラーの室外機や銀色に輝くアルミサッシといった現代的なるものがあってはならないのだ。多くの地域で「誰のために保存するのか」，「保存をする目的は何か」という問いが繰り返されてきたのは，このジレンマのためである。多くの地域で得られた解答は，妻籠同様，「地域社会に住み続けてゆくための観光開発」であった。稀少資源としての町並みをもとに「観光開発」をしようとしていた過疎村落――町並み保存とはまずもってこうしたものであったということができる。

5.3　所有による保護：トラスト運動の生成と展開

一方，第2番目の「所有する」という戦略は，「守りたい」「保存したい」という対象そのものを買い取って，その所有権をもって保護してゆこうとするものだ。

前項で述べた観光開発は，マーケット・メカニズムにのる形での，いわば「受け身」の開発であった。言い換えれば，保存という投資が，観光市場という市場メカニズムの中でペイするものしか保存できない（あるいはしない）ということである。著名な歴史的建築物で，レストランやお土産物屋といった観光施設に転用できるものにしか，保存の途は開かれていないといっても過言ではない。そうした「銘柄建築」でもなく，あるいは「重伝建地区」程のまとまりもない場合は，壊されていく運命が待っていた。

それならいっそのこと，自分たちで買い取って保存してしまおうという考えがトラスト運動への契機である。保存運動の多くは，自分の土地や建物ではなく，むしろ他人の所有物や，公共建築・公有水面といった公共空間の保存を訴えていた。どちらも，自分たちに所有権のないものであり，だからこそ発言が許されず，関与することを拒否されてきていたことに注意しよう。町並み保存運動というものが，非所有者による他人の所有物への影響力の行使であるとするなら，所有権こそは，町並み保存運動にとっての最も手強い敵手のひとつであったのだ。なぜなら保存せずに開発しようという意志を持った所有者に，非所有者が保存を働き掛けることは極めて困難であり，ゆえに多くの保存運動はあえなく敗退してきたからである[12]。

だから，その所有権の強さ――所有者であるなら，公共の福祉に反したり違法でないかぎり何でも許されるという意味で，「絶対的所有権」あるいは「強い所有権」と呼ぶことができる――を逆手にとろうとしたのが，トラスト運動である。だから，教育・啓蒙活動を行う環境教育運動団体や，議員に対するロビー活動によって景観保全を達成しようとする圧力団体的運動とは異なっている。

トラスト運動はまず，自らを国民や地域住民から景観保護を信託された受託者と位置づける。勝手な土地購入ではなく，景観保護を願う国民との信託関係にもとづいて土地や建物を所有し，維持・管理することによって景観保全を図るというのが，トラスト運動の方法論だ。現在までに，欧米諸国を中心に数多くのトラスト運動が展開されているが，起源となったものはイギリスのものである[13]。

周知のようにイギリスでは，二度にわたって土地の「囲い込み」(enclosure) が起こっているが，18 世紀後半からの「第 2 次囲い込み」では，多くの開放耕地・共有地が「囲い込」まれて消滅していった。人口増にともない生産性の向上が要請されていた当時，新たな農業技術には不適合な開放耕地制（open-field system）を廃し，耕地を集中させて農業を大規模化してゆくことが必要で

[12] 鎌倉の景観破壊を嘆きつつ，大佛次郎は「土地に対する所有権を彼ら〔「外から入って来た土地業者」を指す〕が持っている。防ぐ手段がない。他人にどう見えようが勝手に処分出来る自由がある」(村上編，1996: 234；〔 〕内の補足は引用者）と述べている。所有権の強さを的確に言い当てている一文である。

[13] イギリスのナショナル・トラスト運動の詳細については，Fedden (1974=1984)，木原 (1982, 1984), Murphy (1987)，Gaze (1988)，西村 (1988, 1997b)，原実 (1989)，藤田治彦 (1994)，向井 (1995)，村上編 (1996)，加藤・野村編 (1997)，水野 (1998)，塩路 (1999)，堀川 (2000b, 2001) などを参照。

あったからだ。地主の請願を受けた議員立法による合法的囲い込みは広範に進行し，1801年には「一般囲い込み法」も制定され，イングランドとウェールズの多くの開放耕地・共有地が囲い込まれていったと言われている。こうした流れのなかで，1865年，共有地の使用権や通行権を守ろうとする「共有地保存協会」が設立された。これは共有地保存運動のスタートではあったが，「一般囲い込み法」という法的後ろ楯を持った囲い込みには有効に対抗することができなかった。また，運動には法人格がないのでそもそも土地を取得することができない，という限界を持っていた。

そこで土地・資産を保有することのできる運動組織が模索され，1895年，「ナショナル・トラスト」（the National Trust for Places of Historic Interest or Natural Beauty; 歴史的名勝および自然的景勝地のためのナショナル・トラスト）が設立された。長い正式名称にもあるとおり，保全の対象とされていたものは自然景観のみならず，歴史的建造物や史跡も含まれていた。当初，会社法による非営利法人格を取得して土地の買い取りを進めていたナショナル・トラストは，1907年には「ナショナル・トラスト法」によって「独自の法をもつトラスト」となり，「譲渡不能」を宣言する権利を手にするにいたった。こうしてナショナル・トラストは，今日では巨大な資産保有団体へと成長し，その後各地に散在している地域毎の環境保全運動を全国レヴェルで位置づけてゆく基軸団体としての性格を強めてきている（西村，1997b: 32-80）。

では，日本の場合はどうであろうか。

すでに触れたように，日本各地で展開されていた町並み保存運動や自然環境保護運動の参画者らは，所有権という強敵の前にあえなく敗退してきていた。大佛次郎によって日本に紹介されたイギリスのナショナル・トラスト運動は，そんな彼らにとって有効な運動戦略として，徐々に広まっていった（村上編，1996: 232-250；木原，1984→1992→1998: 24-34）。具体例は，すでに触れた鎌倉鶴岡八幡宮の裏山にある御谷を守ろうとした「鎌倉風致保存会」（木原，1982；原実，1989），和歌山県田辺市での天神崎の買い取りを進めた「天神崎の自然を大切にする会」（外山編，1995），北海道斜里郡斜里町の「100平方メートル運動」（木原，1984→1992→1998）などが挙げられるだろう。行政とも協力しながら進めるか否かの相違はあるが，いずれも基本的には自発的な住民・市民が土地・資産を買い上げて景観保全を図ろうとしていることに変わりはない。

しかし，欧米の成長管理型都市計画とは異なり，依然として開発促進型の土地政策や公共事業に依存した政治体質，高い地価などの障壁をもつ日本の場合は，イギリスに見られるほどの成果を挙げてはいない。NPO／NGO 制度が整備されてきたとはいえ，現在の日本の税制では困難が多い。現在までに成功してきている事例は，都市部の町並みではなく，いずれも過疎地域や自然景観，原生林等といった地価の低い場所のみである。したがって，人口が集中している大都市圏においては高地価のために，保存は極めて難しい。東京といった「中心地区」における保存は悲観的な状況にある。都市としての「勢い」とも言うべき圧倒的開発圧力を持つ東京の都心部においては，いかに地価と容積率とに見合った建築物を建てるかが主要な問題点にならざるをえないからである[14]。

以上の概観は，「観光開発」と「トラスト」という戦略が，必ずしも芳しい成果をあげているわけではないことを示している。本書で扱う小樽の事例と運動は前者，つまり「観光開発」によって「壁」を乗り越えようとした事例[15]であり，農村部ではなく都市部での，しかも近代化遺産を保存しようとした運動であった。それがどのような論理で，いかに運動を展開してきたかは，後の章で詳しく検討することになる。

6. 景観問題と社会学

川越と小樽の事例を経由して，われわれは敷地から都市全体までをつなぐ都市デザインへとたどり着いた。そして都市デザインというものが，「最先端の

［14］ たとえば奥田道大は，佃・月島といった既存コミュニティを対岸に持ち，外国人居留地としての歴史と遺構を抱えていた築地明石町の再開発プロジェクト「大川端リバーシティ」について，「これまで〔再開発プロジェクト〕関係者からの説明を受けてきたが，所詮は〈高地価〉に見合う〈容積率〉の工夫による積木細工の話であって，ランドスケープ上の都市デザイン，環境デザインの用意があったとは，到底思えない」(奥田，1989: 74 頁；〈 〉は原文，〔 〕内の補足は引用者）と述べている。

［15］ 小樽運河保存運動でも倉庫の買い取りを目指すトラスト運動が展開されたことがあったが，莫大な買い取り額を前にあえなく撤退を余儀なくされている。その経緯は，堀川（2001）で詳しく論じている。

建築」といった位相ではなく，住民の生活実践の中に蓄積されてきた住まい方のノウハウや〈場所〉性を，どのように都市全体の有機的連関へと組み上げていくのかという位相でこそ語られるべきものであることに思いいたる。川越で見た個々の敷地を制御するものから，小樽における都市の全体のデザインにいたるまで，中央集権的に制御される都市計画行政とは異なる，あるいは市場によってのみ動かされる都市の開発とは異なる，住まい手によるローカルな空間制御システムの存在を，われわれは見てきた。換言すれば，私権と私権の対立を調停しようとしない日本の都市計画に対置されうる，私権と公共性とを接合する技としての町並みを，われわれは見てきたのだ。そこからは，私権と私権との対立・紛争を個々人にのみ帰責させて一切関与せず，結果として，土地開発に暗黙の承認を与える日本の都市計画法制の問題点が浮き彫りになってきたように思われる。個々の建物の変動の影響を個人的な好みの問題とせず，公共性をもった都市をどう創るのかという「都市の思想」として把握しようとすることが，町並み保存運動の重要な含意であった。

川越の蔵造りの町並みが，一定の範域に収まりつつも，決して没個性を帰結していなかったように，あるいは個性の異なる小コミュニティが運河を媒介に海とつながっていた小樽の事例が示していたように，自由を制限することなく，どれだけ建築自由の産み出すリスクを軽減・回避できるか——これが都市デザインの課題だ，ということができる。その際，早くも1960年代から，ローカルながら敷地から都市まで整序する伝統的な作法に学びつつ，そこから新たな都市再生をと主張していた日本の町並み保存運動の先見性は高く評価されうるし，それは本書の問題意識からも再評価されるべき内容を持っていた。町並み保存運動は，「個々の建物の法的適合性を問う」という問い方自体の問題性を指摘していたように思われる。適法であってなお問題となる都市の景観と，法制度の隙間に落とし込まれ，変化を前に取り壊されていく町並みという建造環境の総体を省みよと告げていた。さらに景観を，好き嫌いという主観の位相で問うことの問題性を告発していた。川越や小樽の例が示すように，最低限の規範が共有することにより，個々の建築には大きな自由が与えられるという意味で，文化としての町並みは，好き嫌いを言えるようにするための基礎インフラになりうるものなのかもしれない。それはとりもなおさず，都市における自由と公共性を考えることにほかならない。町並みという景観保護の問題を，保存運動に着目して研究することが必要な理由が，ここにある。社会学にとっても，町並みという歴史的環境は研究対象になりうるのだ。

第3章

札幌を恨む都市

港湾商業都市・小樽の都市史

1. あるつぶやき

小樽の歴史的環境を軸にした「まちづくり」を分析するにあたって，まずは小樽という都市自体の歴史を振り返ってみることが必要である。社会問題が，突如，真空中で生起するわけではないように，本書が主に考察対象とする1970年代以降の小樽の動向も，小樽固有の環境と歴史によって準備されてきているからだ。したがって本章は，第4章以降の分析への序曲である。

しかし，その序曲は，やや物騒な物言いからはじまる。

> オレは今でもそう思ってます，ふかぁーいところで札幌〔を〕恨んでますよ，このまち〔小樽〕の心情としては。ありますよ，〔札幌に対する〕コンプレックスっていうのかね。(1998年9月4日，小樽市内での赤間元へのインタビュー；〔　〕内の補足は引用者)

小樽経済界で観光開発に関わっていた赤間元（はじめ）は，現在，札幌に住みながらも，かつて大学生として生活し，その後職場のあるまちにもなった小樽を深く愛し，みずからを「小樽人」と考えている。よそ者の論評ではなく，小樽人による「自己分析」として彼は，「小樽は札幌を恨んでいる」と言うのだ（堀川・江上，2002：104–106）。なぜ，小樽は札幌を恨むにいたったのだろうか。それはいつのころからだろうか。そして，恨みはいかなる過程でもたらされたのだろうか。

“札幌を恨む都市”── この発言は，小樽という都市の長い交響曲の序曲にふさわしく，小樽の構造的変化とそれに伴う市民感情を端的に物語っているように思われる。以下ではこの「恨み」を解明することを通して，港湾商業都市・小樽の盛衰を描くことにしよう。

2. 小樽市の概要と史的時期区分

北海道小樽市は，後志（しりべし）地方の北端，札幌の北西約 30 km に位置する港町である（図 3-1）。北東が石狩湾に開け，岩壁によって波から守られた天然の良港であった。海岸沿いの低地は狭く，後ろ三方を山に囲まれている（図 3-2）。この地形的特徴を例えていうなら，コンサートホールの扇形に広がる客席のように，急な斜面が海に向かって降り，ちょうどコンサートホールのステージにあたる位置に，港が横たわっている，ということになろう。したがって斜面に展開した市街地のどこからでも海と港が見えることになる。その港には多くの北前船が入り，さらに時代が下っては外国貨物船が入港し，小樽発展の礎を築いた。海産物の集散市場を形成した函館とは対照的に，小樽は石炭や魚肥の移出，問屋機能の集積，豆類を中心とした農産物の集散市場を形成し，港湾商業都市として成長してきたといってよい（深瀬，2003；中西，2013）。

「小樽」の地名は，アイヌ語の「オタルナイ」（砂浜の中の川，の意味）に由来する。海沿いの低湿地の砂浜に，幾つかの川が海へと注ぐ地形からつけられた地名である。古文献・古地図では「おたるない」（あるいは「オタルナイ」「ヲタルナイ」）と綴られていた。1635（寛永 12）年ころには，「しくつし」（今日の小樽市祝津（しゅくつ）町）が「当時有名な蝦夷部落として既に知られていた」（小樽市，1958：63）という。松前藩治下の享保年間（1716–36 年）には近江商人によって請負場所が開かれ，賑わいを見せはじめていた。その後の「おたるない」は松前藩統治と徳川幕府直轄地という 2 つの体制を繰り返しながらも，

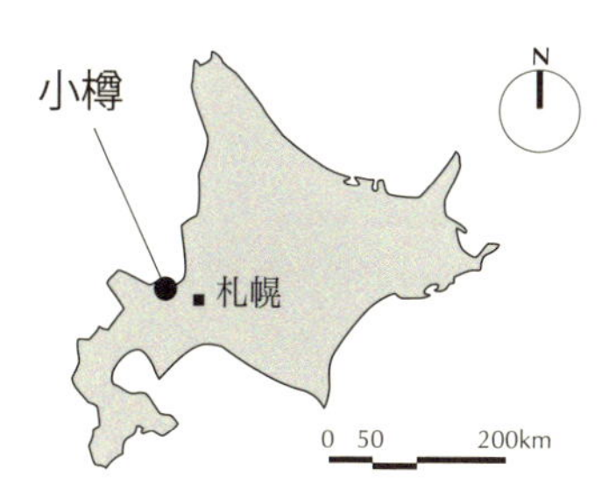

図 3-1　小樽の位置

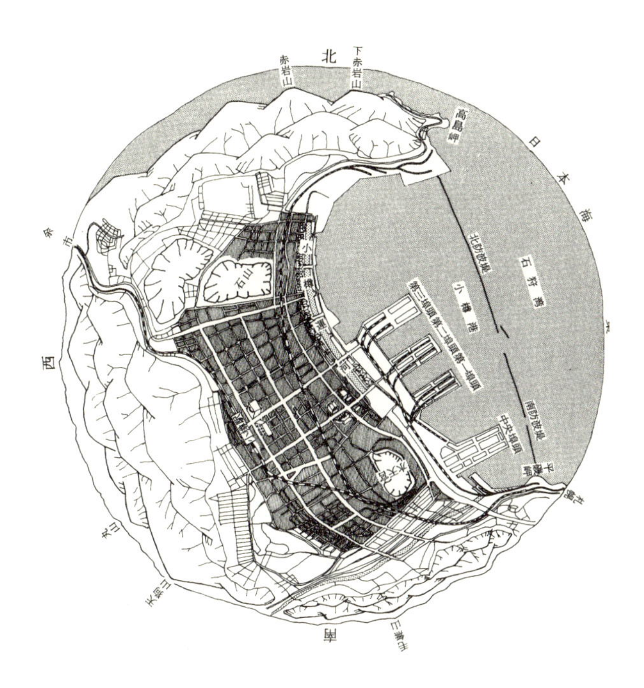

図 3-2　小樽の地形魚眼図（c. 1978 年）
（出典）観光資源保護財団編（1979: 14）。

「小樽場所」，「高島場所」と呼ばれる交易拠点となっていた。

ここでいう「場所」とは，領地に田地を持たない松前藩に固有の制度で，アイヌとの交易を許された知行地を指す。田地を持たず，したがって家臣の俸給を直接支払うことが困難であった松前藩では，藩がその領内の一区画を家臣に知行地として与え，家臣はその知行地内でアイヌらと交渉・交易をなし，その利益を自らのものとさせることによって俸給に代えるという制度であった。1789-1800年ごろ，すなわち寛政年間には場所は「西蝦夷地四十二ヵ所，東蝦夷地四十一ヵ所，合計八十三ヵ所を数えた」（小樽市，1958: 55-56）といわれている。当時盛んであった鮭漁・鰊漁（あるいは「追鰊」と呼ばれた出稼ぎ鰊漁）の交易が行われていた「小樽場所」や「高島場所」も，そうした場所のひとつであった。

幕府は，ロシアの南下を受けての北方警備や樺太開発のため，小樽を直轄することになる。1865（慶応元）年には「おたるない」が村並に改められ，蝦夷地が北海道と改称された1869（明治2）年には「小樽」とその名を変えている。さらに村並になってからわずか5年後の1870（明治3）年には町並となった。こうして，「砂浜の中の川」のひとつであった勝納川周辺の市街地化が始まることになった。

ここまでの時期を小樽の前史ないし黎明期[1]とし，以下では観光資源保護財団編（1979: 14-25）を参考にしながら，つぎに示す独自の全9期の区分を用いて概観することにしよう：

第1期　「札幌の外港」期（1868-1885年）
第2期　「発展・拡張」期（1886-1898年）
第3期　「絶頂―政争」期（1899-1921年）
第4期　「港湾再編」期（1922-1939年）
第5期　「統制経済」期（1940-1945年）

[1] 先住民としてのアイヌの歴史を考えれば，前史あるいは黎明期という名称は適切ではない。それは和人からみた開発の歴史でしかないからだ。しかし，小樽市内にアイヌ先住民時代の遺構はほとんど見出されず，またアイヌの視点からの小樽史を綴る歴史学的文献も極めて少ないことから，本書では，アイヌの視点からの叙述をするだけの準備がない。以下の記述には，このような一定の限界があることをあらかじめ記しておかねばならない。

第6期　「斜陽のまち」期（1946-1966年）
第7期　「運河戦争」期（1967-1984年）
第8期　「観光都市としての展開」期（1985-2001年）
第9期　「終わりの始まり」期（2002年-現在）

一般的な小樽市史の理解では，第6期と第7期を区切るのは，新しい都市計画法が公布された1968（昭和43）年であろう。しかし，本書の主題である小樽運河をめぐるまちづくりや保存運動の展開を詳細に検討するために，ここでは，運河を埋め立てて道路を建設するという「道道臨港線」計画が計画決定をみた1966（昭和41）年を区切りとしておく。また，運河保存運動が分裂・崩壊して一応の区切りを迎えたと見なされる1985年以降を第8期として概観することにする（観光資源保護財団編，1979；新川，1986；小笠原，1986a）。さらに，観光入り込み数が減少に転じた2002年以降を第9期として，「ポスト運河論争」期の動向を記述することにしよう。したがって，ここでの時期区分と名称，そして概観は，一般的な小樽史の理解とは異なって，「運河論争」とその後のまちづくりに特化した，特殊な視点での概観ということになる。

3. 港湾都市から観光都市へ：小樽の都市史

3.1　第1期：「札幌の外港」期（1868-1885年）

1869（明治2）年の札幌への開拓使本府設置によって，一交易場所に過ぎなかった小樽は，「札幌の外港」として位置づけられることになった。わずか5文字ではあるが，小樽にとってそれは実に大きな意味を持っていた。

たしかに小樽の持つ2つの条件――1873年の幌内炭山の発見，対樺太貿易における近接性――がその後の小樽の発展にとって重要であったことは事実であろう。しかし，函館，小樽の双方にとって，より決定的であったのは，北海道開拓の行政・政治の中心をなす開拓使の本府として，札幌が選ばれたということである。札幌に新設される本府の建設自体が小樽経済への追い風になったことは言うまでもないが，特筆すべきは，札幌と小樽の関係である。両者の関係は，札幌に結節機能を持つ機関が集中配備され，それを補完する港湾機能が小樽に配置されるという関係にあり，近代日本の都市開発の作法に忠実なものであった，ということだ。言い換えれば，集中的な開発・整備によって中枢管理機能を持った都市を育成しつつも，そうした都市を直接貿易港として諸国に開かず，外港を媒介にして間接的に開くという手法である。京都と神戸港，東京と横浜港といったように，経済，行政，政治をこのような地理的・機能的セットで配置することが当時の日本の中枢都市開発の戦略であったということである[2]。したがって，「札幌の外港」という5文字が意味していたことは，開拓使の拠点として，函館ではなく「札幌―小樽」のラインが選ばれたということであり，その結果，小樽は単なる一交易場所から中核的港湾商業都市へと政策的に開発されていったのである。ある北海道庁文書は，小樽港についてつぎのように書く：

> ……明治四年北海道開拓使本廳の札幌に置かるゝや同地〔札幌〕との海陸運輸の接續を本港〔小樽港〕に需めたるを以て爾来本港の發展著しきを加ふるに至れり……〔以下略〕……。（北海道廳土木部港灣課，1931：13；〔　〕内の注記は引用者）

札幌の「海陸運輸」を一手に引き受けることになった小樽は，道内の物資集散基地として，また石炭の積み出し港として，「發展著しきを加」えてきた。幌内炭の積み出し効率化のため，1877年には手宮桟橋が設置され，1880年には鉄道が開設されていく[3]。この鉄道設置は道内では初めて，全国でも3番目であったという事実が，明治政府と開拓使にとっての小樽の位置づけを雄弁に

［2］ 東京湾が遠浅で大型船舶が入港できないという技術的理由があったことは確かであるが，京都―神戸港―神戸高商（神戸大学の前身），東京―横浜港―東京高商（一橋大学の前身），札幌―小樽港―小樽高商（小樽商科大学の前身）というセットでとらえると，ここでの筆者の記述の意図がよりよく見てとれるだろう。近代日本における高等商業―ビジネス教育の源流とその展開過程については，橘木（2012）を参照。

［3］『開拓使事業報告 第二編』によれば，「〔［明治］九年〕十月高島郡手宮海岸ハ小樽郡小樽港ノ一部ニシテ近岸水浅ク船舶貨物積卸ニ便ナラス因テ更ニ埠頭ヲ築ク其工事概略左ノ如シ……〔中略〕……。〔［明治］十三年〕八月後志国高島郡手宮従前ノ埠頭ヲ横断シ長二百四間ノ桟橋ヲ設ク」（大蔵省，1885→1983：835–839；〔　〕内の補足は引用者）となっており，埠頭の工事自体は1877（明治10）年12月に，桟橋・波止場は1880（明治13）年8月に，それぞれ竣工している。

物語っている。

しかし，札幌—小樽の目覚ましい発展にも拘わらず，依然として函館が道内第1位の都市であったことをここで確認しておく必要があろう。周知のように1882（明治15）年以降の北海道は，蝦夷から松前藩の時代の中心地であった函館をもとにした函館県，行政の展開する場所として選ばれた札幌を中心とした札幌県，それ以外の旧東蝦夷地を受け継ぐ根室県，そして炭坑・鉄道・工場などの官営事業を担う北海道事業管理局（農商務省管轄）という「3県1局」体制下にあった。官営都市・札幌は，繁栄の礎は築かれたもののいまだ発展途上にあり，外港として将来を有望視されていた小樽も，その名を冠した行政区分が登場する程までには発展していなかったのだった。

3.2　第2期：「発展・拡張」期（1886-1898年）

北海道庁設置（1886年）から区制へと移行するまでのこの時期は，著しい発展と埋め立て事業とに特徴づけられる（図3-3，図3-4）。

第1の特徴は，人口の増加である。表3-1に見られるとおり，人口はこの12年間で3.59倍もの伸びを見せ，函館につぐ道内第2位の人口を持ったことになる。また，移出入額で函館を凌ぐようになるのも，この時期である（観光資源保護財団編，1979: 17L）。これを受けて小樽港は，1889（明治22）年に特別輸出港に，1894（明治27）年には特別貿易港に指定されるにいたる（稲吉，2014: 96-100）。こうした港勢の急速な伸びは，幌内炭の積み出しや石狩原野の開拓に関わる物資の輸送需要

表3-1　小樽の人口変化の推移（1868-1898年）

年	総人口（人）
1868	2,230
1869	2,611
1870	3,169
1871	4,020
1872	4,242
1873	4,552
1874	4,849
1875	5,176
1876	5,533
1877	6,170
1878	7,341
1879	8,301
1880	9,551
1881	10,634
1882	12,783
1883	13,264
1884	12,078
1885	12,822
1886	15,882
1887	15,461
1888	18,788
1889	20,162
1890	21,383
1891	26,597
1892	31,472
1893	34,259
1894	39,644
1895	46,982
1896	50,717
1897	54,966
1898	56,961

（備考）高畑（1899:xii）の「小樽市街戸口表」から「現在人員」という項目のみを掲げた。
（出典）高畑（1899: xii）。

図 3-3　手宮付近から見た

（出典）小樽區役所（1911 : 3）。

が大きく影響していたと考えられる。

道庁時代第 2 の特徴である海岸の埋め立ては，小樽の平坦地不足を解消し，急伸長する港湾機能需要への対策として実施されたもので，1889（明治 22）年にはオコバチ川〜手宮町間の海岸 1,000 余間，面積にして 38,000 坪の埋め立て工事が竣工，1891（明治 24）年には砂崎町〜有幌町間の面積約 9,000 坪の埋め立て工事が竣工，道庁時代合計で約 47,000 坪の海面が埋め立てられている（観光資源保護財団編，1979 : 16-17）。また，1891（明治 24）年には，南浜町と有幌町の双方に公共舟入澗が設置された。言い換えれば，現在の色内大通り（いろないおおどお）以東の海側の土地は，殆ど全て埋め立てによって造成されたものだということである。こうした埋め立てによる土地拡張，度重なった大火，港湾機能による繁栄とを通じて，市街地の中心は次第に勝納川周辺から北へと移動し，堺町，港町，北浜町，南浜町が新たな中心商業地区となっていく（高畑，1899 : 209-210；観光資源保護財団編，1979 : 16-17；岡本哲志・日本の港町研究会，2008）。

3. 3　第 3 期：「絶頂—政争」期（1899-1921 年）

急速な発展を遂げた小樽は，1899（明治 32）年に入って区制を敷き，札幌，函館と並んで一つの自治体を構成するまでになる。日露戦争の勝利と樺太の領有，第 1 次世界大戦による穀物取引の活発化，拓殖 15 年計画に基づく物資の集散など，活気づく日本海貿易の最重要拠点として，小樽はその絶頂期にあった。

樺太の領有は対樺太移出入の拠点港としての小樽の地位を引き上げたし，第 1 次世界大戦によるヨーロッパ市場の混迷は，道内産豆類・雑穀類の世界市場

小樽港（1892〔明治25〕年頃）

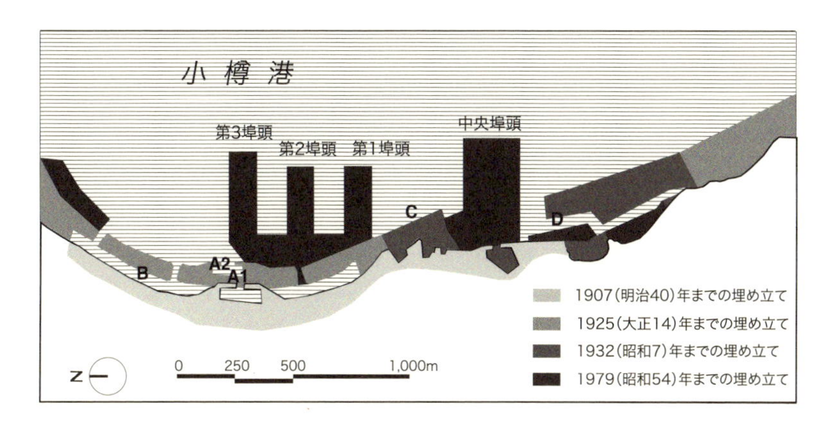

図3-4　小樽運河埋め立てと海岸線の変遷（1907-79年）
（凡例）A1＝最初期の船入澗　A2＝運河建設直後の船入澗　B＝運河　C＝堺町岸壁　D＝第2期運河
（備考）観光資源保護財団編（1979: 17-21）をもとに堀川が作図。

での優位をもたらし，一時は小樽がヨーロッパの相場を左右するとまでいわれたという。銀行も日本銀行小樽支店をはじめ全部で19行が集まり，1916（大正5）年には，小樽地区の銀行預金総額の対全道構成比率は函館を抜いてトップになった（観光資源保護財団編，1979: 18L）[4]。1906（明治39）年の日本銀行の営業報告はいう：

近来運輸交通の発達に依り形勢一変貨物集散の小樽港に由るもの年年増加し

［4］同じ時期，札幌が10行，函館には16行の銀行本支店があったという（観光資源保護財団編，1979: 18R）。

> 今や同港は北海道中第一の要港となるに至れり因て〔明治 39 年〕八月中小樽出張所を改めて支店と為し之を小樽支店と称し同時に函館なる北海道支店を出張所として……〔以下略〕……。(「明治三十九年日本銀行営業報告」, 函館市史編纂室編, 1987: 22 より重引 ;〔 〕内の補足は引用者, 他は原文ママ)

引用に端的に見られるように，トップの座は函館から小樽へと移ったのであり，小樽は間違いなく，北海道経済の中心となっていた。

この時期を特徴づけることといえば，第 1 期築港工事による北防波堤の完成と，営業倉庫数の大幅な伸びである。小樽港の入港船舶総数は，1900（明治 33）年が 2,817 隻（入港総 t 数 856,954 t)，1921（大正 10）年で 4,857 隻 (4,768,515 t）であるから，20 年の間に入港船舶数で 1.7 倍，総トン数で 5.56 倍となっている (渡辺，1974: 312–314)。また，倉庫に関していえば，1900（明治 33）年時点で 161 棟（床面積 10,650 坪）だったものが，1921（大正 10）年には 218 棟（22,419 坪）と急増している (観光資源保護財団編，1979: 18L)。北海道の商圏を二分して競り合ってきた函館港と小樽港であったが，港勢という点でも，すでに小樽港の優位が決定的になったといってよいだろう。1899（明治 32）年に刊行された『小樽港史』も，小樽の将来は有望であると楽観的にこう記す：

> 小樽港湾は既に埠頭，波止場及舟入場築造成り稍港湾の体裁をなすに至りしも一朝激浪怒濤に遭遇せは往々破損し且船舶の破損流失の虞あるを以て政府は明治二十九年より工費予算額二百十八万円を以て築港工事に着手し十ヶ年を以て竣工を期す此工事成るの暁は現時に比し船舶の碇泊安全にして亦多数の船艦を港内に入るゝを得へし且近時船渠会社設立の出願中なれは海運の発達も予期すへく将来開港場となすの準備整ふと云ふへし立てよ小樽港民汝の前途有望なり。(高畑，1899: 170 ; 旧字は新字に直したが，仮名遣いは原文ママ)

引用文中にもあるように，「汝の前途有望なり」という状況であったとはいえ，それを盤石のものとするためには，天然の良港といわれた小樽の港を，さらに大型船舶が天候に左右されずに入出港可能な近代的な港にしなければならなかった。「一朝激浪怒濤に遭遇せは往々破損し且船舶の破損流失の虞」を払拭しなければいけなかったのだと言い換えてもよい。

確かに当時の小樽港にはいくつかの問題点があった。それは波浪対策の防波堤が十分でないこと，荷捌き用の土地の不足であり，狭隘な船だまりであり，艀などの荷役に必要な接岸場所の不足であった。近代的な港湾に変身するためには，こうした諸問題を解決することが必要だったのだ。したがって，小樽にとって小樽港の整備は重要な課題を構成していたということができる。

史料を見れば，当時の港湾整備での最重要課題として意識されていたものが防波堤と運河の築造であったことがみてとれる。上の引用文中の「一朝激浪怒濤に遭遇せは……」の部分は防波堤の必要性が強く意識されていたことを傍証している。

しかし，本章が小樽の都市史を綴るうえで後者の運河に特に着目するのは，小樽区営埋め立て工事のなかで登場する小樽運河が，その後の小樽の衰退の一因になるという意味で極めて重要であるからだ。防波堤は歴史に名を残す名防波堤として100年を経た今日も現役だが，一方の運河には，後述するように，「政争」の歴史と，さらには皮肉な歴史が待ち受けていた。以下，その建設経過を追ってみよう。

小樽では，早くから増え続ける入港船舶数に対応するための運河が計画されてきたが，その小樽運河が初めて計画書上に登場するのは，1903（明治36）年に公にされた『小樽港修築設計説明書』の第2章第4節乙項においてである：

> 本港ニ於ケル普通貨物ノ一半ハ艀船ニ拠リ積卸サセルヲ得サル理由ハ前章ニ於テ詳説セリ已ニ艀船ヲ用ユル以上ハ艀船ト倉庫ノ間ニ在リテ荷捌ヲ容易ナラシムル物揚場ナカルヘカラス……〔中略〕……北浜町及港町ニ於ケル船入場ノ沿岸ニ設クル物揚場ハ啻ニ狭隘ニシテ艀船ニ依ルヘキ総テノ貨物ヲ積卸スル事能ハサルノミナラス多数ノ倉庫ニ接続セシムルコト能ハスシテ其不便ヲ感スルコト甚シキヲ以テ南北浜町ニ於ケル現時ノ海岸ニ沿ヒ前記両船入場ニ接続スル所ノ運河ヲ築キ其西岸ニ於テハ共同物揚場ヲ設ケ其東岸ニ於テハ倉庫主ニ対シ私設物揚場ヲ設クルコトヲ許シ以テ運河両岸ノ倉庫ヲシテ直チニ貨物ヲ艀船ニ積

卸スルヲ得サシムルモノナリ……〔後略〕……。（小樽市，1963: 568 からの重引）

上の引用を読み下すには，まず，当時の荷役形態を知っておかねばならない。当時の荷役は，まず，入港した本船から積荷が艀に移され，岸壁やそこに設置された船だまりへと運ばれる。つぎに，港湾労働者が肩に荷物を担いで艀から岸壁沿いの倉庫に運び込む。商談のまとまった倉庫内の荷物は，裏の出抜小路（でぬきこうじ）から大八車やトラックなどで北海道内各地へと運ばれて行く――つまり艀荷役とは，港，艀，倉庫，出抜小路を一体として使用する 1 つのシステムであり，相互に有機的連関をもっていたのだ（堀川，2005）。だが，荷役に要する時間はそのまま停泊料や人足の手間賃という形で船主のコストとなるため，迅速な荷役に対応し，かつそれを促進する港湾インフラが必要とされていたわけだ（図 3-5，図 3-6）。

当時の荷役状況をこのように理解するなら，先の引用文が，1890 年代以降増加を続ける港湾荷役業務に対応するため，開削運河ではなく沖合埋立式の運河を設置し，接岸可能な岸壁を増加させ，「多数ノ倉庫ニ接続」することによって「運河両岸ノ倉庫ヲシテ直チニ貨物ヲ艀船ニ積卸」し可能にすることを目指していたことが明解に読み取れる。「運河ヲ築キ」の表現に明らかなように，既存の陸地を掘り込んで運河とする「掘り込み式」ではなく，既存の陸地の沖合いに埋立地を造成し，その埋立地と陸地との間を運河とする方式が採用された。なぜなら，この方式を採ることにより，運河の両側に倉庫を配置できること，手狭になっている港湾地区の土地を削らなくてすむ，という 2 点の長所があったからと思われる。運河は 1914（大正 3）年 8 月に着工し，9 年の歳月を経て 1923（大正 12）年 9 月に竣工する。つまり，艀荷役システムに新たに運河というパーツを組み込んだ，「艀―運河荷役システム」へと発展させていったのであり，運河とそれを取り巻く倉庫群は，小樽の繁栄を担った新システムの最重要パーツであった，といえるだろう。

では，計画から着工，そして完成までに実に 20 年もかかっているのはなぜだろうか。

小樽区民の申請により小樽区が行う区営事業による第 1 期埋め立て工事は，発展する小樽経済を反映し，様々な利害が衝突して竣工まで長期間を要した。

図3-5　「小樽倉庫」(1890-94年建造) と船入澗の艀 (1911〔明治44〕年頃)
(出典) 小樽區役所 (1911: 11)。

図3-6　小樽市街の様子 (1911〔明治44〕年頃)
(出典) 小樽區役所 (1911: 4)。

実際，計画が実施に移されるまでに何度も設計変更が行われている。遠藤明久は以下のように述べる：

> ……小樽は運河を巡って三度，大変なモメ方をしているわけです。最初は区営埋立と北炭との境界線。二度めは，運河式か原案のふ頭式か。最後に革新クラブの修正案の三度です。この三度とも，政界，財界，区民全体をまき込んだ，大変な争いだった様です。（遠藤・森山，1979: 27L，原文ママ）

引用文中で言及された第1回目の「政争」は，小樽の有力炭鉱会社で半官半民であった北海道炭鉱鉄道会社（後の炭鉱汽船株式会社）の埋め立て事業と小樽区営埋め立て事業とが，競合する埋め立て海域の境界線を巡って争われたものである。1904年に一応和解して，工事が進められることとなった。

第1回目の「政争」が境界争いであったのに対して，第2回目の「政争」は，埋め立て工事に付帯する荷役機能に関する工事をめぐるもので，その修築方法を巡る論争・対立であった。港湾施設に対処する港湾整備を急ぐという基本点は共有されていたものの，埠頭方式か運河方式かで意見は割れ，紛糾する。それぞれの方式には異なる得失があり，また関係業者にとってもそれぞれの方式に異なる利害が張り付いていたからだ。

ここでいう埠頭方式とは，海岸線から直角に延ばした埠頭に直接本船を接岸させて荷役を行う方式のことを指す。水深の深い所まで届く長い埠頭を建設すれば，本船が直接接岸でき，艀への積み替えが不要になる点が大きな利点である。対する運河方式とは，艀荷役を効率化するための方法で，波浪に強く，より多くの倉庫を立地できる点が特徴だ。

当時，札幌農学校の助教（今でいう准教授）で，小樽の顧問技師を務めていた広井勇の提案で，第2の「政争」は運河式でまとまることとなった[5]。当時を伝える史料は，その過程をつぎのように述べる：

---

［5］ 近年の港湾史研究や広井勇研究の進展は，当時の広井が実際に最も配慮せざるをえなかったのは，広井自らが指揮した先の防波堤工事で雇われ，その後も小樽港で労働に従事していた大量の港湾労働者の雇用問題であったことを示唆しているが（一例として，廣井勇・伊藤長右衛門両先生胸像帰還実行委員会編，1999を参照），ここではこれ以上は踏み込まない。神代・他（2011）も参照。

> 本邦築港界の權威者であり小樽區の顧問技師たる廣井工學博士が……〔中略〕……當小樽港は取扱貨物の種類及び荷造方法より考察するに差當り運河式により艀船を利用した方が便利であると言ふ意見を発表したので區は其説に從ひ既定設計の埠頭岸壁式を運河式に變更して明治四十二年十一月更に第三回の認可申請をした。(小樽商工會議所編，1928: 5，原文ママ)

引用文から，小樽港湾計画における広井勇の果たした役割と影響力の大きさをうかがい知ることができるが，ポイントは，小樽港特有の「取扱貨物の種類及び荷造方法」を考慮すると，「差當り運河式により艀船を利用した方が便利である」との理由づけで運河方式が採用されたことである[6]。

こうして小樽運河は1914（大正3）年3月27日に認可，同年8月に着工することとなった。しかし，その後の選挙で多数党となった「革新クラブ」が，再び埠頭式を主張して小樽区会はまたもや紛糾することになる。これが第3の「政争」である。しかし，区長の転出，工事の進行による既成事実の積み上げによって，この埠頭方式案は立ち消えとなり，1923（大正12）年9月，運河はついに竣工した。

以上の経緯から，小樽は伝統的に「政争の町」と呼ばれてきた。また，この時の紛争を，本書が対象とする1970年代以降の運河問題との対比で「第1次運河戦争」と呼ぶ場合もある。

いずれにせよ，結果として，小樽港には艀―運河荷役システムが完成するこ

［6］『小樽市史』第2巻は，『小樽区営埋立ノ概要』(小樽区役所) を収録してこの一連の経緯を説明しているが，そこには下記のような記述がある：「明治四十年十二月二十八日前記条件ニ基キ埠頭岸壁式トモ称ス可キ設計ヲ建テ認可ヲ申請シ明治四十一年六月三十日其筋ノ許可ヲ得シト雖モ本区顧問技師広井工学博士欧米各国港湾ノ視察ヲ遂ケ明治四十二年七月廿一日来樽，小樽区役所ニ於テ講演ヲセラレタル処ニ依レハ本港ニ於ケル貨物ノ種類並荷造ノ方法ヨリ観ルトキハ埠頭岸壁ニ依リ貨物積卸ヲ為ス方法ハ他日ニ譲リ艀舟ヲ利用スルノ便利ナルニ依リ既定設計ハ之レヲ変更シ運河式ノ利アルコトヲ唱導セラレタリ，茲ニ於テカ区会ハ之レニ同意シ運河式設計ヲ可決シ明治四十二年十二月三十日是レカ出願ヲナシタリ，其後多少ノ曲折アリト雖モ，運河式設計ニ対シ大正三年三月二十七日内務省港湾調査会ノ決議ヲ経テ……〔以下略〕……」(小樽市，1963: 577)。「埠頭岸壁ニ依リ貨物積卸ヲ為ス方法ハ他日ニ譲リ」の部分と，本文中で引用した「差當り運河式」とを重ねて読むならば，広井が段階的港湾整備を考えていたと思われること，港湾労働者の雇用問題にも配慮していた可能性があることの2点が推測されるが，これも本章の課題をはるかに越えた歴史学的探究課題であり，ここでは示唆するにとどめよう。

ととなった。荷物や人の動線が錯綜しないように工夫され，運河と倉庫は市街地と港湾荷役を繋ぐ界面（インターフェイス）として機能していた。

ここで注目すべきは，ほぼこの時期に，戦後の小樽を形づくる要素が生成されてきたといってよいことである。つまり，活発な港とその荷揚げをする岸壁と倉庫，倉庫裏で積荷を運び出す出抜小路，隣接する色内の問屋街，そうした港湾経済を支える銀行街（「北のウォール街」），である。1900年代初頭に，運河の機能とその両岸への倉庫の配置など，戦後小樽の都市の骨格がすでにはっきりと形成されていたことになるが，同時にこれが，後々の小樽の発展の制約条件になっていくことは，第4期以降に次第に明らかになってくるだろう。

3.4 第4期：「港湾再編」期（1922-1939年）

1922（大正11）年，小樽はついに市制を敷き，翌1923年には上で述べた小樽運河が竣工する。小樽はその絶頂期を謳歌していた（図3-7，図3-8）。

上述の三度の「政争」を経て完成した運河は，全長1.3 km，幅40 m，水深2.4 mであった。これらの諸元は，荷を満載した艀が両岸に接岸しても，なおかつ運河の中央を艀が自由に移動できるように採用されたものである。再び渡辺（1974: 312-314）のデータによるならば，小樽港における入港総数および総トン数の最高実績は，それぞれ1924（大正13）年の6,248隻，1929（昭和4）年の11,769,983 tであり，この記録は，以後一度も更新されたことがない。換言するなら，運河が小樽港の経済的発展を牽引したというよりも，運河は小樽港最盛期の最後の6年を遅ればせながら支えていたに過ぎない，ということである。旅行ガイドブックに限らず，「運河が小樽の発展をもたらした」といった主旨の記述を見かけるが，上述から，こうした記述には一定の留保が必要である。むしろ，札幌の外港としての政策的位置付けと，対樺太などの日本海貿易の最重要拠点であった小樽港の相対的優位こそが小樽に繁栄をもたらし，その繁栄が運河建設や，防波堤[7]のように100年後にも現役で機能し続けるような

---

［7］ 外港としての位置づけと，広井勇設計による「北防波堤」（1897年5月起工，1908年竣工；通称第1期工事）とが相まって小樽港は大いに発展していくことになるので，ここで言う防波堤は，厳密に言うなら，伊藤長右衛門による第2期工事で建設された「南防波堤および島防波堤」（1908年起工，1921年竣工）を指す。

図3-7　小樽港と港内停泊中の夥しい数の船舶（昭和初期）
（出典）『山に海に恵まれたる商港の小樽市』（16枚組絵はがき），昭和初期刊，筆者蔵。

図3-8　小樽柳川（現・梁川）商店街の賑わい（昭和初期）
（出典）『山に海に恵まれたる商港の小樽市』（16枚組絵はがき），昭和初期刊，筆者蔵。

修築工事を可能にさせた，と言うべきであろう。運河は小樽に繁栄をもたらした牽引車ではなく，小樽繁栄の結果として産み出された果実であったのだ。そして，果実がようやく実った時，小樽をめぐる状況はすでに大きく暗転しはじめていた。

その意味で，1924（大正13）年の青函連絡船航路の開設による貨車輸送が開始されたことは，小樽経済衰退化への序曲のひとつであったといえるだろう（豊島，1986: 65-67）。なぜなら，それは物流・荷役形態の基本的趨勢が大きく変わろうとしていたことを示しているからだ。時代は確実に，鉄道・トラックによる陸送と，大型船舶が直接接岸してクレーンで積み下ろしをする埠頭岸壁式荷役へと変化してきていた。艀と人夫に頼る荷役は時間がかかり，したがってコストのかかる方法であることは，すでに述べた。1923（大正12）年8月，「小樽港に於ての感想」という演題で講演した工学博士・丹羽鋤彦も次のように述べている：

……成程小樽港では總ての荷役に艀を使用して居る。今日世界の商港と云ふものは艀で荷役するのは變則であります。……〔中略〕……艀で荷役する事は破損するとか濡れると云ふ虞れがあって不安全であるから之を避けて成るべく船を桟橋に着けるとか繋船壁に横着けにして荷役すると云ふのが今日世界の大勢

であります。(小樽市役所，1926: 24-25)[8]

ここで丹羽ははっきりと艀荷役は「変則」であり，世界の趨勢はすでに完全に埠頭方式にあると述べている。確かに丹羽の言うとおり，埠頭に接岸しクレーンを使って速やかに積み下ろし，埠頭に乗り入れる港湾鉄道による輸送ないしは接続道路によるトラック輸送に接続させる荷役型式の方が，はるかに効率的であることは，明白である。

こうした港湾荷役の基本トレンドの変化に対応すべく，小樽も対策に乗り出す。例えば，第2期拓殖計画の一環として，小樽港の第2期埋め立て工事が1928年に着工され，1932（昭和7）年に完成したことがあげられる。この工事は，堺町から勝納川河口にかけての海岸線を埋め立てて「本船」が直接接岸できるようにしようというもので，これが現在の堺町岸壁である。さらに1937（昭和12）年にはこの堺町岸壁の北側に第1埠頭が竣工する。いずれも荷役の効率化と，競合する他の港湾への対策として造成されたものであったが，これによって運河の役割は相対的に小さくならざるをえなくなった。艀を利用した荷役から埠頭接岸荷役への変化が，運河を前時代のものとしてしまい，さらに埠頭建設によって運河の前時代性が決定的になってしまう――こうした展開を，『小樽運河史』を著した渡辺も「ハシケ荷役の終息と共に運河はその機能を停止したのである」（渡辺，1979: 118；原文ママ）と端的に述べている。この時期を「港湾再編」期と名付けた理由もここにある。繁栄を極めた小樽港によって要請され産み出された小樽運河が，その同じ小樽港の荷役型式合理化過程において葬り去られようとしていたということは，記憶されておいてよい。

とはいえ，小樽の発展期を支えたのは地元資本が中心であり，札幌や東京の大手資本は比較的少なかったし，依然として石炭の移出は活発に続いていた。したがってすぐに小樽経済が衰退していくわけではなかったが，上に述べた物流・荷役形態の変化は，静かに，そして確実に，小樽に影を落としていった。

[8] 「本年八月本道に於て港灣協会第三回総会を開催せられ斯界の權威者が多數來道せられて本道港灣を實地に視察せられ且つ其の名論卓說に接する機會を得ることになった……〔中略〕……。本書は小樽港御視察の便宜を圖るため……〔中略〕……編纂したものであります」（小樽市役所，1926：巻頭の「緒言」）との記述が，この書の性格を端的に物語っている。

3.5　第5期：「統制経済」期（1940-1945年）

第2次世界大戦に入ると，経済活動を国の管理下におき，計画に基づいて運営しようという戦時統制経済体制が導入される。この体制自体は日本経済の全体を覆うものであり，その意味ではどの都市もその影響を被ったわけだが，小樽にとっては非常に深刻な影響をもたらしたと言わざるをえない。それはなぜだろうか。

統制物資を統括する官営機関は，政治の中心としての札幌に設置され，小樽はその主導権を握ることができなかった点が，第2次世界大戦後の札幌優位体制を決定づけたと言えるだろう。また，小樽の卸売商にとっての大打撃は，統制品目の扱いが組合に任されたことである。これにより商品を奪われた卸商は非統制品目を扱い始めたが，休業や廃業に追い込まれた商店も多かったという（観光資源保護財団編，1979：21L）。つまり小樽は，政策によって自らの最も強い機能を強制的に札幌に移転させられるという深刻な経済構造の大転換を，極めて短期間のうちに経験させられたということである。統制経済体制の導入は，戦前期小樽の経済的優位構造を改変してあまりあるものがあり，小樽はこの時以降，長い下り坂を降りて行かねばならなかった。

ここで注意しておきたい点は，戦時統制経済体制によって小樽が失ったものの大きさもさることながら，そのことによって利した者が誰だったか，ということである。改めて言うまでもなく，戦時統制経済によって経済機能の集積が図られた札幌こそ，この新体制の恩恵を被った都市である。官営都市，あるいは行政の府としての札幌は，これを契機に経済中枢としての地位をも手に入れたからだ。つまり小樽は，札幌の隆盛と共に衰退したまちなのである。小樽の衰退と札幌の発展は同じ硬貨の裏表であり，本章冒頭に示した赤間の発言――「ふかぁーいところで札幌〔を〕恨んでますよ，このまち〔小樽〕の心情としては」――は，こうした小樽経済の衰退史を，簡潔ながら巧みに表現しているように思われる。北海道開拓の重要な部分を担った都市であるという小樽人の自負と誇りは，戦時統制経済をひとつの契機として裏切られていき，その行き場のない怒りと昔日の想いは，札幌への静かな「恨み」として表現されていたのだ。

3.6　第6期：「斜陽のまち」期（1946-1966年）

第2次世界大戦の敗戦により，多くの都市は衰退を経験したが，国全体としては「戦後復興から高度経済成長へ」という復興のストーリーがあった。では，国水準ではなく，都市・小樽という水準で見た場合はどうであったろうか。

まず，この時期の小樽を人口の面から見てみると，表3-2のように，かろうじて増加を保ってはいるものの，その増加率も年毎に少なくなり，1965（昭和40）年にはついに減少へと転ずる。長い下り坂を降りはじめたとはいえ，小樽は黄金時代の蓄積で日々を凌ぎ，高度経済成長期までは何とか持ちこたえていたといってよい。

つぎに小樽経済の中心である港湾貨物の取り扱い量の推移を表3-3で見るならば，1960年が大きな転換点であったことがわかる。経済基調が下向きになったとはいえ，1960年まではかろうじて石炭移出の伸びのため，小樽港全体で17.9%の伸びを示している。つまりここでも「小樽港は，高度経済成長が開始されるまでは，港勢を拡大していた」（金倉，1986: 93）ということができる。

上述の2つの指標を重ね合わせれば，戦後小樽経済の画期は1960から65年にあったということができるだろう。鰊漁では「鰊御殿」を，豆相場を支配した時代には「豆成り金」を，金融では「北のウォール街」と呼ばれた金融街を，多くの問屋が集中し大いに賑わった色内大通りを，啄木や伊藤整へと連なる文

表3-2　小樽市人口5年ごとの増加率（1925-1975年）

年	人口（人）	増加率（%）
1925	134,469	—
1930	144,887	8
1935	153,587	6
1940	164,282	7
1950	178,330	9
1955	188,448	6
1960	198,511	5
1965	196,771	−0.9
1970	191,856	−2.5
1975	184,406	−3.9

（備考）各年国勢調査から作表したもの。
（出典）星野（1986: 6，表4）．ただし，増加率の四捨五入の誤りを修正した。

表3-3　小樽港取扱貨物の変化（1939-1984年）

	伸び率					構成比 (%)				
	輸出	輸入	移出	移入	合計	輸出	輸入	移出	移入	合計
1939年	100.0	100.0	100.0	100.0	100.0	11.6	1.6	67.4	19.6	100.0
1960年	45.4	352.2	130.3	99.3	117.9	4.4	4.9	74.2	16.5	100.0
1970–74年平均	21.6	1,195.5	48.6	163.8	86.7	2.9	22.4	37.6	37.1	100.0
1975–79年平均	11.3	1,144.8	24.1	176.1	70.6	1.8	26.4	22.9	48.9	100.0
1980–84年平均	11.1	849.3	16.5	191.0	63.6	2.0	21.7	17.5	58.8	100.0

（備考）フェリー貨物を除き，『小樽港統計年報』1985年版から集計。
（出典）金倉（1986: 92，表1)。

学の隆盛を，小樽はその最盛期の富を背景に産み出してきた。時の最新風俗を活写すべく，「考現学」を旗印に銀座で路上観察を行った今和次郎が，わざわざ訪ねて調査をするほどに蓄積された都市的魅力を，小樽は持っていた（堀川，1998a，2001：170)。しかし，そうした黄金期の蓄積による繁栄も，この期を境に沈んでいくことになる。以後，小樽が語られる際には，必ず，枕詞のように「斜陽のまち」という言葉が付けられるようになっていく。

では，この第6期における衰退の原因は何だったのだろうか。言い換えれば，すでに述べてきた戦時統制経済による問屋機能の喪失と旧式な港湾荷役方式による港湾競争力の相対的低下の他に，どのような衰退の原因があっただろうか。

第1にあげられるのは，高度成長期以降，日本の燃料の主力が石炭から石油へ転換したことである。石炭移送に大幅に依存していた小樽の経済は，石油への燃料構造転換と共に大きく傾かざるをえなかったのである。1960年以降，小樽港の取り扱い貨物量も，一貫して減少していく（表3-3)。

第2に，ヨーロッパや樺太などの貿易相手国の喪失により，小樽港の重要性が相対的に低下したことがあげられる。これは輸出入ないし移出入の品目の変化であるとともに，流通ルートの変化でもあったことが重要である。北前船が栄えた時代は，日本海航路が重要な流通幹線であったが，今や太平洋航路が優位に立ち，したがって北海道内でも太平洋側の港湾が急速に港勢を伸ばしていた。1962年の苫小牧港の開港は，日本海側に位置する小樽港の衰退を決定づけ，結果的に「商都小樽の経済をささえてきた雑穀商，海産商の卸商」も，こうした「流通システムの大きな変化により，いずれも没落・衰退の道を歩んでいった」（観光資源保護財団編，1979：21R）のである。そうした趨勢を端的に物語

図 3-9　1976 年の小樽運河の様子

（出典）国土地理院空中写真「小樽」（1976 年 8 月撮影・原版縮尺 8000 分の 1）・CHO-76-3 C4B-21

るのが，銀行の流出であろう。財閥解体により，小樽経済の中心に位置した三井物産も解体され，多くの資本も合併，改称，札幌への移転等で流出し，1921（大正 10）年には 19 行あった銀行が，1960（昭和 35）年には 13 行にまで減少してしまう。

第 3 に，戦前好調だった鰊漁の不振をあげておかねばなるまい。後背地に十分なサイズの工業地帯を持たぬ小樽にとって，主力産業である商業とともに重要だったのは，漁業である。しかし，未曽有の好漁に沸いた鰊漁も，鰊の回游経路の変化により，不漁が続き，ついにはほとんど獲れなくなってしまう。やがて北海道からほとんどの鰊漁が消えていった[9]。

このようにして，高度経済成長による発展・開発から取り残された小樽は，運河や石造倉庫群というかつて小樽が繁栄した時代の歴史的環境を，意図せずして残すことになったのである。敷衍するならば，幸運にも戦災を免れたこれらの歴史的環境は，港湾都市としての発展からも，市街地再開発からも見捨てられ，かといって市の経済には取り壊す資力すらもなく，ただ打ち捨てられて

［9］　40 年近い空白を経て，現在では小樽の海に鰊漁が復活しており，産卵期には「群来（くき）」（産卵のため，鰊の大群が浜付近に到来することをいう）も観察されている。毎年，ある程度の漁獲があるものの，最盛期のそれには遠く及ばない。

いたのだ。運河や石造倉庫群は，残そうとして残ったのではなく，ただ単に，残ってしまったに過ぎない。

こうした状況下，当時の小樽市にとっての行政上の課題は都市経済の再興であり，小樽繁栄の礎を築いた港湾地区の再開発が進められることになった。より具体的には，主力になりつつあった自動車貨物輸送に対応可能な港湾機能・設備の整備，すなわち，太平洋側で港勢を伸ばしつつある諸港に対抗すべく，埠頭岸壁による荷役型式への転換が目指された。また，それと同時に，増大する市内通過交通への対処と札幌・道央圏との交通ネットワークによる接合化が目指されていた。小樽を衰退させるにいたった新たな時代に直面し，小樽は自らの都市構造を，時代に合わせて大きく改変していくことを目指したと言い換えてもよい。

前者は，港湾の再開発，あるいは再整備という課題であった。運河荷役から埠頭荷役への転換と，トラック物流への転換という時代の趨勢に対応した再開発が求められていた。そこで新たな時代の港湾荷役方法に対応すべく，新たに第2，第3，色内（いろない），勝納（かつない）の各埠頭の建設，トランスポーター，ニューマチック・アンローダー，コンテナ・ヤード等の建設・整備が計画されていく。こうした設備の近代化によって苫小牧港等の競合する太平洋側の諸港湾に対抗し，なおかつ，新たに計画されていた「石狩湾新港」[10]にも対抗しようとしていたのである。皮肉にも，長い「政争」を経てようやく造られた艀―運河荷役システムが，いまや小樽再生にとっては「お荷物」だった。運河は時代遅れの遺物であり，再開発によって消えていくべきものと考えられていた。運河がどのように扱われていくことになるかは後述するとして，結果的に，1950（昭和25）年には第2埠頭が竣工し，1967（昭和42）年には第3埠頭も竣工した。これで小樽港内に3つの埠頭が並ぶことになったことを，ここでは確認しておこう。

後者の道路整備は，市内の交通システム整備という性格を孕みながらも，港湾地区と一体の新たな流通システム整備計画といってよかろう。その具体的な計画として現れたのが，札樽（さっそん）バイパスの建設と「道道臨港線」[11]の建設であっ

[10]　石狩湾新港については，小樽開発建設部小樽港湾建設事務所編（1987），石狩湾新港史編集委員会編（1991），および菊地（2012）を参照。

[11]　1966（昭和41）年8月25日，建設省告示2912号。正式名称としては「都市計画道路3. 2. 4

た（篠崎編，1989：4-6）。両計画のルーツは1961年の「札幌地方総合計画」にあり，翌1962年の「小樽市産業振興基本構想」においても継承された。札樽バイパスの方は他地域との接合化に寄与するものとして立案され，他方，「道道臨港線」は増大する市内通過交通の処理と同時に，貨物トラックを小樽港に引き付けようという港湾整備の一環をも担っていたと考えられる。

本書において主要なテーマをなす「道道臨港線」に関して言えば，1966年7月，井上孝教授（東京大学・当時）を委員長とする「小樽市総合都市計画策定委員会」において「道道臨港線」計画案が立案され，翌8月には建設大臣の認可を受けて着工している（篠崎編，1989：5；小笠原，1986a）。こうして小樽経済の再生を賭けた大規模プロジェクトが動き出した。当時の小樽商工会議所も市民も，こうした一連のプロジェクトのもたらすであろう経済効果には関心を寄せても，それらが一体いかなる環境変化を地域社会にもたらすのかには，全くといっていいほど無関心であった。「道道臨港線」が小樽運河を埋め立てて建設されることに，誰も気にとめていなかったのである。

以上から確認できることは，小樽が港湾商業都市として発展し，流通やエネルギー革命を経た後，大幅な衰退を経験した都市であったということだ。海運も漁業も卸売も衰退した小樽は，再生のきっかけを港湾の再活性化と道路建設とに求めたのである。「道道臨港線」計画への無関心は，あるいは計画や「発展」への市民の暗黙の承認であったかもしれない。

3.7　第7期：「運河戦争」期（1967-1984年）

1960から65年を画期に衰退した小樽では，1967年以降，「食品，繊維商社，都市銀行の撤退」が集中的に起こり，「卸売商店数では，昭和35年-45年〔1960-70年〕の10年間に226社の減少」（篠崎編，1989：3；〔　〕内の補足は引用者）を経験することになる。「港湾商業都市」としての小樽の威光は，もはや過去のものとなってしまった。

当然，市経済の活性化が引き続き課題となっていたわけだが，小樽市当局や市民にとってそれは「再活性化」であった。道内の経済中枢を担ったという自

臨港線」であるが，本書においては，通称である「道道臨港線」を使用した。

負と歴史，そして，それだからこその札幌への「恨み」は，緊急の市政課題のワーディングを単なる「活性化」ではなく，「再活性化」と言わしめたのだ。

前項ですでにみたように，その「再活性化」の具体的な中身として小樽市が選択したのは，港湾の近代化と，運河を埋め立てて6車線の幹線道路を建設するという計画，すなわち「道道臨港線」計画であった。港湾の近代化とは，埠頭建設で荷役を効率化することによって他港との競争に勝つことであり，埠頭建設で使命を終える運河を埋め立てて道路とし，トラック物流化に対応することを意味していた。当時の都市政策や道路行政では，それは定石といってよいほどに一般的な手法であった。

しかし，「道道臨港線」の工事が運河南端にさしかかると，一部の住民は驚いて反対の声をあげ始める。運河南端にあって，ギザギザ屋根の独特の景観で親しまれていた有幌（ありほろ）倉庫群が取り壊された1973年，《小樽運河を守る会》が結成され，保存運動が起動した。本書の最大のテーマであるこの保存運動は，このようにして発足したのだった。この運動については後の章で詳述することになるので，ここではおおまかな見取り図が描ける程度の概略を記し，読者の便宜に供することにしよう。

この会は，思想・信条や立場を超えて「かけがえのない運河を残す」ことを目的とした約20人の住民でスタートした保存運動である。後に，この《守る会》を母体に経済界など幅広い層を巻き込んだ《小樽運河百人委員会》が組織され，運動は大きく成長を遂げていく。支持を拡大し次第に行政当局と対立を深めていくことになり，論争は10年以上にも及んだ。

保存運動は当初，「凍結保存」，つまり「運河は小樽っ子の心のふるさと」なのだから一切の手を加えることなく完全に保存することを主張していたが，行政との論争の過程で，運河を「まちづくり」の重要な資源として保存せよと唱えはじめる。それは「好事家の手慰み」や「懐古趣味」「老人の古いもの好き」で保存するのではなく，むしろ運河と周囲の石造倉庫群を「観光資源」ととらえ直し，観光都市として再生すべきだとの主張であったと理解することができる。図式化するなら，「凍結保存から“まちづくり”へ」ということになろう。

運動は市や道庁に陳情を繰り返し行うが，国庫補助金を受けている公共事業を中途で中止することはできないとする行政当局の回答は変わらず，運動は次

図 3-10　石造倉庫の扉に残る古い「雁印バケツ」の広告
（撮影）筆者，1984 年 3 月。

図 3-11　「北海製罐倉庫」（1923 年建造）とカッターボート
（撮影）筆者，2006 年 9 月。

第に衰退していく。「反対運動」という行政への対立的トーンを持つかぎり，地域の保守層は関わろうとはしなかったからだ。

そこで提起されてきたのが「観光開発」という保存の論理である。遺された歴史的環境を古くて不便なものととらえるのではなく，「観光資源」と位置づけ，その資源を活用すれば観光産業を通じて開発が可能になる，だからこそ保存するのだ，歴史的環境は観光開発の「元本」であるがゆえに保存すべきなのだ――新しく定義し直された保存の論理は，このようにして開発規制的トーンと反体制的トーンとを同時に脱色し，保存によって開発が可能なのだという論理を示すにいたったのである。

「観光開発」という，よりソフトな保存の論理を採用することによって，保存運動は一般市民の間で急速に支持を拡大していくことになった。凍結保存とは異なって，観光「開発」ならば地元保守経済層にも参画の余地が生まれたからであるし，一般市民にとってみればそれはイデオロギー抜きの極めてプラグマティックな保存の論理だったからだ。一般市民からの支持を背景に運動は勢いを取り戻し，市当局は交渉相手として無視しえなくなっていく。運動の政治的発言力の増大によって，両者間の論争も次第に激しさを増していった。1979年，運動はついに，埋め立て幅を半分に縮小した折衷案ともいうべき「変更計画案」を市当局から引き出すことに成功する。変更案の内実は，一定程度運河を残しながらも，「道道臨港線」は予定通りに建設するというもので，保存運動にとっては決して承服できるものではなかったが，それでも市側の譲歩を引き出したことは，市内外に驚きをもって迎えられた。

ところが，こうした保存運動の急成長が，政党や観光関連企業など様々な利害の流入を招来し，「変更計画案」を市当局から引き出していたにもかかわらず，運動は1984年秋，内部対立からあっけなく分裂・瓦解してしまう。最終的に運河は「変更計画案」の通り半分が埋め立てられ，6車線の道路が完成した。今日見られる運河沿いの景観は，このような経緯を経てきたのである（図3-12）。皮肉なことに，こうした論争によって小樽運河は一躍全国的に有名になり，ピーク時には年間900万人以上が訪れる小樽観光の目玉となっている（表3-4）。

表3-4　小樽市観光客入り込み数の推移（1962-2015年度）

（単位：千人）

年度	入り込み数	年度	入り込み数
1962	1,551	1989	3,845
1963	1,327	1990	4,362
1964	1,394	1991	4,933
1965	1,870	1992	5,374
1966	2,169	1993	5,086
1967	2,269	1994	5,860
1968	2,253	1995	5,624
1969	2,257	1996	5,511
1970	2,297	1997	6,064
1971	2,339	1998	6,656
1972	2,381	1999	9,729
1973	2,411	2000	8,593
1974	2,442	2001	8,933
1975	2,342	2002	8,476
1976	2,383	2003	8,002
1977	2,377	2004	7,540
1978	2,483	2005	7,560
1979	2,453	2006	7,696
1980	2,438	2007	7,405
1981	2,437	2008	7,144
1982	2,662	2009	6,871
1983	2,562	2010	6,677
1984	3,392	2011	6,036
1985	2,724	2012	6,599
1986	2,733	2013	7,107
1987	2,945	2014	7,447
1988	3,400	2015	7,949

（出典）小樽市経済部観光課「観光入り込み客数の推移」各年度版をもとに筆者が集計・作表。

したがって，この1967-1984年という時期は，衰退しきってしまった小樽が，港湾開発と道路建設といった「土建体制」で再起を図るのか，それとも主力産業を観光へと転換し，「観光都市」として再起を図るのかの選択をめぐる，もうひとつの「政争」――「運河戦争」は4度目の政争と言えるだろう――の時期

図 3-12　小樽運河，散策路，そして道道臨港線
（撮影）筆者，2006 年 9 月。

であったととらえることができる。

3. 8　第 8 期：「観光都市としての展開」期（1985-2001 年）

1985 年以降は，「港湾商業都市・小樽」が「観光都市・小樽」へと展開していく時期であった。保存運動の分裂・崩壊以後，「道道臨港線」建設工事は順調に進捗し，1986 年には竣工し，供用が開始された。全国の都市ランキングで危うく最下位になりそうなこともあった小樽市は，1980 年代中盤以降，今度は「観光のまち」として，あるいは「レトロな町並みのまち」「ロマンとノスタルジーのまち」として注目を浴びていくようになる。活きのよい寿司も小樽を有名にするのに貢献したが，全国紙でもたびたび報道された運河保存問題が期せずして小樽運河を有名にしたし，運動分裂によって「運河戦争」が終焉したことも，観光業界のキャンペーンには好都合であったからだ。

表 3-4 にも明らかなように，年間 900 万人の観光客が訪れる小樽の知名度と人気を見れば，もはや函館や札幌と比べても遜色のない観光地である。小樽を語る際に必ずつけられていた「斜陽のまち」という「枕言葉」も，この時期から使われなくなっていく。

しかしながら，ここで注意しておかねばならないのは，「観光都市」として再生させていくという方向性が，市当局や市民によって積極的に選び取られたというよりも，論争と対立過程の「意図せざる結果」として産み落とされ，既定路線となっていったという点であろう。前節でもみたように，10年以上にわたる対立に関わった諸主体は，分裂・崩壊の過程で疲弊し，歴史の表舞台から身を引いてしまっていた。その後の小樽の観光都市化は，いわばこうした諸主体が不在の舞台で，既成事実として展開してきた。運河港湾地区に雨後の筍のように林立し始めたお土産店などは保存運動や「運河論争」とは無関係な業者であること，また，圧倒的な数の観光入り込み数がありながら，小樽市役所内には背骨となる観光政策も，十分な体制の観光担当部署もない時期が数年以上も続いたことが，「意図せざる結果」による，にわかづくりの観光地であることをよく示している。

こうした無規制な観光開発には，小樽市民からの反発や危惧も多く，いかに地元主導で観光開発を管理していくかが，大きな行政課題となっていく。また，歴史的建造物の取り壊しの進行や，保存地区に隣接して建築された高層マンション問題も，小樽にとっては大きな課題であったといえよう（図3-13～図3-16）。

そこで大規模なショッピングモールを市内に誘致する計画が提起されるが，この問題を契機に，旧保存運動の一部のメンバーも再び動き出す。なぜなら，全国展開する大規模チェーン店が立地することは，曲がりなりにも定まってきていた「観光都市・小樽」というまちづくり路線とは正反対なものであったからだ。全国どこにいても，同じように大量の品物を安価に購入可能なチェーン店の目指しているものと，保存運動の目指していた，小樽にしかない歴史的環境を軸にした住民本位のまちづくりとは，水と油ほどに異なっている。

動き出した元保存運動のメンバーは，「運河論争」期には繰り返し「歴史的環境をベースにしたまちづくりを」と主張していたが，今度は単なる保存運動から，商店街政策や交通政策とも連動した対案提起が求められていた。ある者は新たな反対運動を組織し，またある者は提訴して法のルールによる解決を指向したが，元保存運動の主要メンバーは，新たな方法を追求し始める。それは市役所内部や第3セクターの役職を通じて市の政策に一定の影響力・発言力を行使しようとしたり，自ら市議会議員になって議会を通じて自らのまちづくり理念を実現しようとするなど，行政当局との関係を一定程度保ちながら政策提

図 3-13　歴史的建造物とマンション
（撮影）筆者，2006 年 9 月。

図 3-14　堺町の「お土産観光」
（撮影）筆者，2008 年 9 月。

図 3-15　坂の街と老人：超高齢化が進む小樽
（撮影）筆者，2009 年 9 月。

図 3-16　出船・港・マンション：観光化の光と影
（撮影）筆者，2009 年 9 月。

言をするという方法である。“20代の若者の外野からの反対運動”から，“50代の「熟年」世代の内野と外野を結びながらの運動”へ──この時期の小樽は，「保存派」と言われる人びとが再びまちづくりに関わり始めた時期と言ってよい。

こうした元「保存派」の突き上げを受け，小樽市政は港湾政策の改訂を行いつつも，観光まちづくり施策を打ち出していく。そこでの基本的な含意は，小樽の歴史性を活かした形での開発を，というものであった。明示的なものであれ暗黙のものであれ，小樽という都市の「売り」は，もはや港湾荷役ではなく，歴史を持った「町並み」そのものなのだということが，その内実である。市が制定したデザイン・コードを住民が守り，一定の秩序を持った町並みにすることは，小樽市民に収入を約束する集合財を維持・形成することだと理解されてきた。自主的に小樽風の自宅を新築する事例も実際に存在している。別言すれば，町並みを構成する個々の建物は，「ノスタルジック」な「石造倉庫風」なデザインを採用して新築・改築・補修がなされてきた，ということだ。歴史的建造物の外装を観光資源として利用しつつも，内装は新たな目的にあわせて大幅に更新して使用する──少なくともこれが1990年代以降の基本的なデザイン・トレンドであったことは，後の章で論じるように，筆者の景観調査のデータが雄弁に語ってくれている。換言すれば，長年にわたって展開された「運河戦争」を，行政も市民もこのように理解したということである。

結果的に，小樽市は空前の観光ブームに沸くこととなった。最盛期の年間観光客入り込み数が972万人──人口14万人を下回る一地方都市にとって，これは破格の数値である。港湾都市としての矜恃を持ち続けてきた旧主立層も，観光都市として生きている現状を認めざるをえなくなる数値であった。と同時に，小樽を外部から観察し論評するマスコミや研究者には，「観光開発の優等生」であることを示す数値でもあった。「斜陽の港湾都市・小樽」は，「運河戦争」をきっかけに，「観光都市・小樽」へと華麗に変身し，不死鳥のごとく蘇ったのだ。1960年以降の小樽の歴史は，一般にはこのように理解され，喧伝されてきた[12]。

---

[12]　そうであるがゆえに，「運河戦争」での「傷」や，末期に展開された誹謗中傷合戦は忘却され，語られずにきている。そして誹謗中傷合戦の合間に繰り返し問われた「都市をどう生きるの

3.9　第9期：「終わりの始まり」期（2002年-現在）

2002年を画期とするのは，この年以降，小樽の観光入り込み数は一貫して減少していくからである。観光都市・小樽にとっての生命線である観光客が減少し続けていることは，ひとつの画期をなすと言うべきであろう。

すでに述べたように，観光客入り込み数のピークは，1999年度の972万人であった。1962年度から1965年度までが100万人台，1966年度から1983年度までは200万人台で推移してきたことを考えると，改めて，972万という入り込み数がいかに大きな数字であるかが理解できる。

しかし，その数字も翌2000年度には859万人へと減少する。2001年度には一旦，893万人とわずかに増加するものの，2002年度以降は一貫して減少していった。2011年の東日本大震災でも，観光客は激減した。2012年度以降，観光客入り込み数は回復傾向にあるものの，いわゆる「インバウンド」，すなわち海外からの観光客が大半で，国内観光客離れの傾向は否定しがたい。

このことを，小樽の「寿司屋は潰れない」という「寿司屋神話」が崩壊して実際に潰れ始めたこと，「寿司の町」から「スイーツの町」へという変化，「K社からL社へ」という観光の中心を担う地域リーダーの交替といった事項とあわせて解釈してみるとき，そこには小樽観光の「終わりの始まり」，すなわち小樽の「過疎都市」化の傾向が見えてきているのではないかと思われる（堀川，2012a）。特に，観光の中核を担う産業が，地場産業であったガラス製造・販売業から，必ずしも小樽という地域に根ざしていないスイーツという菓子業へと移行しつつあることは，地域の固有性と歴史性を旨としてきた小樽の歴史的まちづくりとは正反対のベクトルをもったものである点に注意が必要である。

現在の小樽は，このように運河戦争の教訓をいかに引き継ぎながら，人口減少と町並みの喪失に対処していくかが問われている段階にあると言えるだろう。

か」，「なぜ保存なのか」，「なぜ道路建設なのか」，「公共事業の見直しはいかに可能か」といった問いもまた，忘却されてきた。もし語られることがあるとするなら，それは常に，華麗なる都市再生にとっての「必要悪」としてわずかに言及されるだけであった。「運河戦争」の教訓は，「華麗なる都市再生」という語りに塗りこめられ，活かされずにいると言わざるをえない。本書がこの事例の分析を企てるのは，そのような忘却に抗うためでもある。

4.「終わりの始まり」と「第2章」

以上，小樽市の歴史的展開を全9期に分けて概観してきたが，その過程で明らかにされてきたことは，札幌の外港として位置づけられ発展した小樽が，その後どのような盛衰を経験してきたか，それが「恨み」となってどのような再開発を指向させたか，その再開発をめぐっていかなる運動展開があったか，そして華麗なる観光都市は今いかなる状態にあるのか，であった。

かつて道路建設による再活性化計画をめぐって闘った小樽は，結果として観光都市として再生した。そしていま，小樽は，既成事実として進行してきた観光都市化を自らのものとして再構成するのか，ショッピングモールの誘致や高層マンションの建設などといった他の開発戦略へとシフトしていくのかの選択をめぐって闘いつつあるといってよい。したがって，小樽が今現在，経験しつつある新たな局面とは，運河保存問題を契機に議論されてきた，ストックとしての歴史的環境をどのように位置づけていくのか，「終わりの始まり」に抗していかに都市を再興していくかをめぐる闘いの「第2章」なのである[13]。

では，小樽の「恨み」と「第1章」の闘いは，小樽の人びとにどのように経験されたのだろうか。ひとつの「基準」ないし「準拠点」として綴られたこの都市史は，人びとにいかに「生きられた」（玉野，1997）のだろうか。そこには喜怒哀楽のみならず，開発や保存へと動かざるを得ない構造的・主体的論理があったに違いない。次章以降では，開発という形で変化を担った主体の論理を第4章で，保存を担った主体の生きられた時空とその論理については第5章で取り扱い，「生きられた」小樽を見ていくことにしよう。

---

[13]　言うまでもなく，「第1章」は運河の保存／埋め立てをめぐる社会的対立を指す。その意味で，現段階は「第2章」なのだということができるだろう。小樽のまちづくりを章のアナロジーで語る話法は，保存運動自身のものである。事実，1996年8月20日，小樽市内で開催されたシンポジウムは，「小樽まちづくり運動・第2章——明日に向かって」と題されていた。小樽シンポジウム実行委員会編（2009: 49）を参照。

第4章

変化の論理

小樽市行政にとっての運河問題

1. 変化を担ったのは誰か

港湾商業都市として発展し，流通やエネルギー革命を経た後，大幅な衰退を経験した小樽は，再生のきっかけを港湾の再活性化と道路建設とに求め，札幌と連携した地域開発の道を模索していた。

港湾再整備と道路建設は，どちらも「公共事業」であり，莫大な予算と土木工事とを要する。その前提は，道路・港湾建設に関わる産業への公共投資が，間接的な需要も含めて，市経済全般へとその効果を波及させていくというものであり，またまさにそのことによって，公共事業への投資は正当化されていた。高度経済成長期の日本を支えた地域振興策はこうした「公共事業の波及効果」パラダイムを広く共有していたといってよい。小樽もまた，例外ではなかった。

では，こうした地域振興策をもって小樽運河という具体的な景観を変化させようとした主体は誰で，いかなる「変化の論理」をもっていたのだろうか。率先して変化を唱導し，運河の埋め立てを進めようとしたのは誰だったのだろうか。また，その動きに反対し，町の景観を変化させずに保存しようとしていた主体は誰で，いかなる「保存の論理」をもっていたのだろうか。前者については本章で，後者については第5章で見てゆくことにするが，いずれにせよ，この「道道臨港線」計画こそが，その後の長い「小樽運河論争」の出発点になっていたことは間違いない。

今日のように歴史的環境を保存し，再利用することが意識されるようになるはるか以前，変化は善きものをもたらすと考えられていた。本書第1章でも述べたように，新しいものは善であり，高機能で高性能であると信じられていた。例えば1960年代前半の日本にとって「新型が発売される」という言辞は，ただ単に製品の販売スケジュールを告知するものでは到底ありえず，変化がもたらされ，それに期待し，それに心躍らせていたはずだ。「東京オリンピック」という言葉のもつ意味と響きが，1964年と2020年とでは決定的に異なっているように，1960年代は，未だ素朴に変化や進歩，新しさを信じ期待することができた時空であったように思われる。だから，変化を担った者は誰かと問うならば，少なくとも，論理的には変化を望んだ者すべてということになる。

しかし，その時代の風潮の中で変化を待ち望むことを，最広義では「変化を担った者である」と言いうるが，それは実効性に乏しいカテゴリーだ。実際に大規模な公共事業を計画・立案・実施可能なエージェントといえば，それは小樽市行政当局と市議会議員，そして彼らを支持する業界団体であるということになる。彼らを選挙で支えた市民も論理的には含まれるだろうが，エージェントを支えるサポーターというべきであろう。したがって，「変化」を担った主体をひとまずは行政当局と，それを強力に側面支援した利益団体等[1]と定義しておいてよい。担い方には濃淡があり，市民も担い手ではあるが，ここでは，より中心的な役割を担った市行政を中心的に取り扱うことにする。

2.「道路用地」としての運河：〈道道臨港線〉計画の初期段階

小樽市行政当局によって立案された再建へのシナリオの中心は，港湾地区の整備による港勢の盛り返しと，新たな幹線道路の建設によって産業基盤の整備を図ること，の2点であった（新谷編，1987: 66-67）。変化の担い手は，港湾都市としての再起と，発展の中心地・札幌との連接化を指向したということである。

[1] こうした諸団体の例としては，倉庫業界や運送業界が組織化した「道道臨港線建設促進期成会」や，町内会上層部によって主導された，地区毎の「期成会」などが挙げられる。

港勢を盛り上げるためには，老朽化した港湾施設，とりわけ荷役施設を刷新することが不可欠であると考えられていた。時間と人手を要する艀荷役から，はるかに効率的な接岸荷役とトラック物流へと転換する必要がある。また，港湾は広大な消費地と繋がっていなければならない。トラックで札幌という優良な後背地（ヒンターランド）に接続するためには道路が不可欠だ。この 2 点は相互に相まって，〈道道臨港線〉という道路建設への強い要請として立ち現れてくることになる。荷役方式の変更は運河を無用の長物とし，しかもその無用の長物は道路にうってつけの形状の土地であった。

こうした方向性がはじめて計画に登場してくるのが 1961 年 9 月の「札幌地方総合計画」である。さらに具体的な開発案として，1962 年の「小樽市産業振興基本構想」において札幌―小樽間に「札樽工業団地」と「高速産業幹線道路」の建設が提案されるにいたる（篠崎編，1989: 5）。ここでの道路建設の提案は 1964 年の「道央新産業都市建設基本計画」においてはそれぞれ「札樽バイパス」，「小樽バイパス」と呼ばれ，1966 年には「札樽自動車道」，「小樽臨港線」として正式に都市計画決定されたのである（表 4-1）。「札樽自動車道」は札幌や他の道央圏都市とを結ぶ市外幹線道路であり，それに接続する市内受け入れ道路として後者の「小樽臨港線」が位置づけられていた。

1965 年度から翌 66 年度にかけて，小樽市議会や予算特別委員会で〈道道臨港線〉のもととなった「小樽バイパス」が議題として取り上げられるが，この時点ではまだ，大きな政治課題とはなっていない。荷役・流通形態の変化に伴って不要となった運河を埋め立てて建設すること，市の予算ではなく道と国の予算で進める意向であること，都市計画審議会で審議中であるから計画案は公表できない，などが答弁されたに過ぎなかった（小樽市議会，1966: 108–109）。例えば，1966（昭和 41）年 3 月 10 日，市議会予算特別委員会では，以下のようなやり取りがなされている：

大原：審議会できまるまで分からない，発表できないというが，〔小樽港線が〕100 パーセント〔青果物市場に〕かかるということははっきりしている。道，国の段階では，コースはもうきまっていて幅員の問題だけだということらしい。なぜかくすのか疑問だ。

表 4-1 〈道道臨港線〉計画の策定過程

年月日	事項	各主体の動き		備考
		小樽市	北海道	
1966（昭和41）年5月19日	北海道都計審への計画街路の変更および追加の付議通知			建設省北第124号
1966（昭和41）年7月25日	建設省北第124号，議案第5号として付議される			「北海道都市計画地方審議会長町村金五」名文書
1966（昭和41）年8月25日	従来の路線を廃止し，道路幅員等を改めて決定		都市計画変更告示（建設省告示第2912号）	
1972（昭和47）年7月7日	番号の変更		都市計画変更告示	
1972（昭和47）年7月20日		第17回都計審（諮問，答申）		15:06-17:00
1972（昭和47）年8月18日	一部幅員の拡幅変更（中央埠頭線の追加）		都市計画変更告示	
1979（昭和54）年10月22日		第43回都計審（報告-1）		10:00-12:30。一日で終わらず，２日間にわたって開催
1979（昭和54）年11月13日		第43回都計審（報告-2）		13:30-18:30
1979（昭和54）年12月4日		原案を北海道に提出		
1980（昭和55）年7月30日			小樽市長へ意見聴取	
1980（昭和55）年8月5日		第47回都計審（諮問，答申-1）		13:30-17:10。２日間にわたって開催
1980（昭和55）年8月7日		第48回都計審（諮問，答申-2）		11:00-13:00
1980（昭和55）年9月20日	一部幅員の拡幅変更（運河区間）		都市計画変更告示（北海道告示第2361号）	
1981（昭和56）年8月10日	一部幅員の拡幅変更（稲北交差点付近）		都市計画変更告示	
1986（昭和61）年5月15日	区域の変更（ポケットパークの新設）		都市計画変更告示	
1986（昭和61）年5月8日				道道臨港線部分開通
1988（昭和63）年10月				道道臨港線全線竣工

（資料） 下記の資料等をもとに，筆者が作表した。
（1）2010年8月24日付けで筆者が小樽市長宛に行った公文書開示請求の結果
（2）2010年9月3日付けで筆者が北海道知事宛に行った公文書開示請求の結果
（3）小樽市建設部都市計画課「3.2.4号臨港線に係る都市計画審議会等開催経緯について」（2010年9月6日，公文書一部開示決定通知書（樽建計第78号）添付書類
（備考） 表中の「都計審」は「小樽市都市計画審議会」を指す。

土木部長：かくしてはいない。一地方の吏員として，きまっていないものをここを通るのではないかというようなことは言えない。6月まで待ってほしい。

市長：正直に言えば私自身ルートを知らない。道道に昇格したものが基本的になる。一部あるいは都市計画上変更するかも知れないと聞いている。市，道の技術者，建設省，〔北海道？〕開発庁の意見を入れ，最善の道ができると思う。この事業には，都市計画ということに主体性をおかなければならない。(「昭和41年〔第1回定例〕予算特別委員会会議録 (2)」〔昭和41年3月10日〕での答弁の一部，昭和41年予算決算特別委員会会議録〔登録番号134〕より引用；〔　〕内の補足は引用者)

市長すらも「私自身ルートを知らない」が，「都市計画ということに主体性をおかなければならない」と事業推進の意義を述べている。今日的見地からは違和感のある答弁であるが，この時代の都市計画審議会の情報の非公開ぶりを考えれば，さして驚くには当たらない，ごく通常のものと考えるのが妥当である。

では，〈道道臨港線〉は小樽市にとってどのような意義を持つ計画だと認識されていたのだろうか。1966年7月の市議会予算特別委員会での答弁に，それがはっきり見てとれる：

高橋：……〔略〕……。本年6月，東大都市工学科の井上〔孝〕教授が〔昭和〕60年度をめどとして，小樽市の総合都市計画図，特に交通対策を中心としたものを発表した。その答申はどう受けとめているか。

土木部長：……〔略〕……。井上教授の報告書は秋までに出ることになっているが，その中に最も重要である交通計画が含まれている。それが指摘のてんである〔ママ〕。結論は，小樽港を利用しての経済活動に基づいて発生する交通は現在は大部分は国道を中心にして札樽間をつないでいる。……〔略〕……駅前から産業会館前までの一日の交通量はおよそ36,000台，稲北交番付近は24,000台，産業会館から東側は33,000台を越す。これで能力一ぱいである。そこで昭和60年頃の交通量をまとめた結果，これらの台数をはるかにオーバーするということである。したがって，これに代わるべき幹線をつくらなければ小樽の交通は麻痺し，産業活動も麻痺状態に陥るという説明である。そこでこの「代わるべき幹線」は海岸線におろしてやらざるを得ない。……〔略〕……。この事業計画は6月末に建設大臣から事業認可をもらっている。道道であるから道と国が協議し道が手続きした。また都市計画事業であるから法的手続きについては，都市計画審議会を通過しなければならない。これが7月下旬である。それが通って官報告示が8月上旬である。いつ頃まで完成させるかということについては，札樽バイパスと関係のある道路であるから，これが完成するまでに中央橋付近からバイパスに乗り入れできるようにしたいという意気込みである。道も，3分の1の□□〔単費？〕を出してやるのであるが，そういう意気込みでいこうということである。……〔略〕……。また本年とりあえずの目的は，国鉄線から若松線の間のできる可能性のあるものからやりたいというのが道の意向である。市費の持ち出しについては，国の補助が3分の2，道路□□〔事業？〕者である道が3分の1を出すので市の負担は一銭もない。但し関連的に関係は出てくるが市費を投入してやる道路の性格ではない。（「昭和41年〔第2回定例〕予算特別委員会会議録（3）」〔昭和41年7月8日〕での答弁の一部，昭和41年予算決算特別委員会会議録〔登録番号134〕より引用；〔　〕内の補足は引用者）

将来の交通量予測を考えれば，唯一の幹線である国道5号線の能力を超えてしまうので，「代わるべき幹線」が必要だということになる。引用に見られる「代わるべき幹線」が〈道道臨港線〉を指すことは明らかであり，「海岸線におろしてやらざるを得ない」の箇所は，まさに水辺である運河を埋め立てて用地とすることを意味していた。当時の小樽市政にとって市内の深刻な交通渋滞の解消と将来の交通量増加への対処が大きな関心事であったことがわかる。これについては，後年，志村和雄・元市長が簡潔に要点をまとめて語っているので，ここに引用しておこう：

小樽はいわば，自然発生的に成長してきた町だという風なことで，この交通体系を見るというと，この国道5号のほかに，どうしてももう一本海岸〔に〕，もう一本，幹線道路が必要であると。もう一本，幹線道路を作って，そして，2本の幹線道路があって，……〔略〕……いわゆる梯子型のそういう交通体系を作ろうということなんですよ。それでは新しく作ろうとする幹線道路というものは，どういう性格のものでなければならないかと〔いうと〕，役目は3つあるんですよね。ひとつは，こういう市内の交通渋滞を緩和するという役目がひとつ。それから，これ港湾地域ですからねぇ，……〔略〕……港湾と背後地域を結ぶ輸送機能を高める，そういう風な町で，道路でなければならない。さらに，札幌方面から来て，小樽に用事はないんだけれども，小樽を通り抜けて余市とか〔に〕行くという，いわゆる通過交通，通過交通の一部を処理するという，こういう3つの役割を持った道路でなければならない，ということなんですよ。それで，昭和41〔1966〕年に，都市計画決定した幹線道路，これですね〔図面で示す〕。(1998年9月3日，小樽市内での志村和雄・元市長へのヒアリング；〔　〕内の補足は引用者)

前述の土木部長とこの志村の説明を合わせれば，〈道道臨港線〉が持つ3つの機能によって「交通」も「産業活動も麻痺状態に陥る」ことを回避することが可能となり，かつそれは「市の負担は一銭もない」事業であるということになる。当時の市の財政状況を考えれば，喫緊の政策課題を国と道の補助金によってクリアできることは極めて重要であった。逆に言えば，国と道の補助がなければ道路整備はできないのであり，だから市はこの好機を逃さぬよう「都市計画ということに主体性をお」くべきだと考えていた。

また，小樽の都市計画および〈道道臨港線〉計画の原案を井上孝（当時東京大学教授；後に横浜国立大学教授へ転出）に依託した経緯については，「井の中の蛙」にならないようにとの説明がなされている：

都市計画課長：……〔略〕……，ただ現在のように総合的な地域開発計画，北海道総合開発計画，国の広域都市計画との関連，あるいは交通機関の発達等を考えた場合，都市改造が一地方自治体だけにとどまらず広域的なものに拡がりつつある。それらを的確に把握できる中央の人としては〔東京大学の〕井上〔孝〕教室あるいは東大の交通研究室があげられる。市が委託した井上教室にしても，バックに都市学会があり，その都市学会

> の意向も相当に組み込まれている。地元の人が一番地元のことを知っている〔という島津議員の〕，このご意見についてもそのとおりだが，ただ地元の人が地元のことをやる場合，表現は悪いですが「井の中の蛙」的になって総合的な判断を誤る憂いもある。そういうことのないようにかじをとってもらいたいということである。そこで専門家に委託した格好になっているが，委託に際しても市の都市計画課からいろいろ将来の計画を説明し，あるいは道庁などからもいろいろと助言をしていただいている。（「昭和41年〔第2回定例〕予算特別委員会会議録（6）」〔1966年10月15日〕での答弁の一部，昭和41年予算決算特別委員会会議録〔登録番号134〕より引用；〔　〕内の補足は引用者）

「『井の中の蛙』的になって総合的な判断を誤る憂い」があるので，広域的な課題を「的確に把握できる中央の人として」東京大学の井上孝が選ばれたと都市計画課長は説明する。財政力の弱い地方自治体にとって国からの補助金を受給するチャンスを逃さぬためには，こうした中央とのチャンネルは命綱であったとすら言えるだろう。他に目立った反対もなく，最終的には「小樽市総合都市計画策定委員会」の計画案（通称「井上プラン」）が都市計画決定される。

このように，市民が計画に無関心でいたこともあり，立案・策定時には原計画に対する見るべき論争はなかった。まさに「計画決定以後の数年間は市民の反対運動もなく，計画は順調に進行して」（新谷編，1987: 71）いたのである（図4-1〜図4-3）。

では，以上のような経緯で計画決定された〈道道臨港線〉が，なぜ「運河」を埋め立てて建設するように決定されたのだろうか。先の引用にもあったように，なぜ「海岸線におろしてやらざるを得ない」ことになったのだろうか。

当初の〈道道臨港線〉計画は，「小樽市総合都市計画策定委員会」の交通量予測に立脚していた。その予測によれば，1985年段階で1日当たりの市内交通量は9万台であるとされ，したがってその交通量に見合ったものとして6車線道路の建設が不可欠であるとされていた[2]。当時，この「策定委員会」の委

［2］　この委員会の報告では，6車線道路の上に高架式道路の建設も同時に提案されていたが，最終的に高架式道路部分の提案は立ち消えとなり，立案化されるにはいたらなかった。

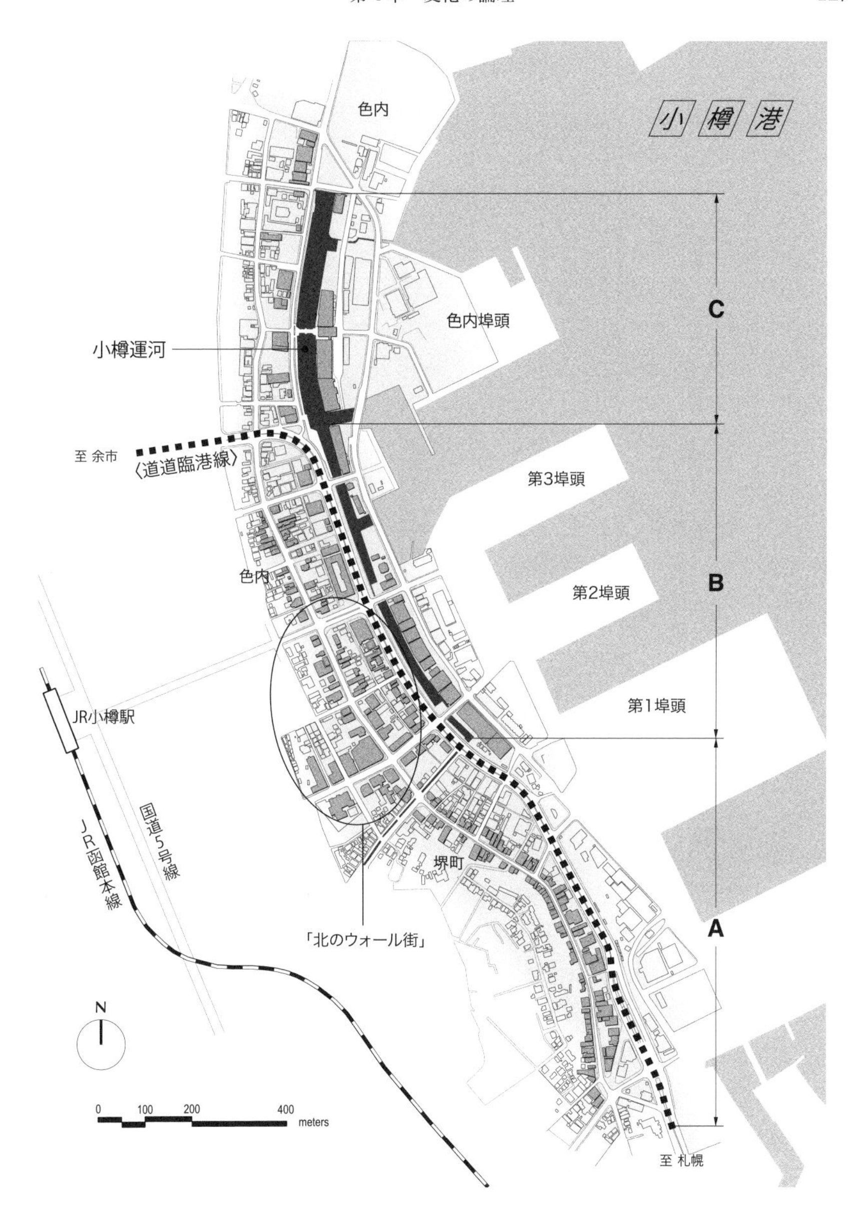

図 4-1　小樽運河周辺地区と〈道道臨港線〉

（凡例）　A＝1973 年までに完成した部分；B＝1973-84 年まで論争の対象となった部分；C＝当初幅で残っている部分（北浜）。

図 4-2　上空から見た小樽運河周辺地区（1975 年 5 月）
（出典）小笠原（1986a: 10）。

図 4-3　寂れた小樽運河（1975 年秋）
（出典）当時札幌在住の J. H. 氏から提供されたスライドによる。

員長を務めていた井上孝は，「私の原計画は，道路のあり方について，将来の可能性も含めて，充分なスペースをとることを基本」（井上，1981: 44）としており，平地の少ない小樽市内に道路を建設するには，すでに機能を終えていた運河が最適地である，とする。市発行のパンフレットにしたがえば，「運河はハシケ荷役の主人公」だったが，「国道の他に幹線道路が必要となり，その位置を検討した結果，ハシケ荷役が衰える情勢にあることから，運河の一部を道路とする臨港線が計画され」（小樽市土木部，c.1986: 2；原文ママ）たのである。

さらに，原計画立案に参加した新谷洋二の率いた研究グループの報告書『交通計画における予測の事後評価に関する研究』（1987年）によれば，「港湾地区に隣接する倉庫群や運河部を通過するルートは，当時の運河や倉庫の利用状況と」「歴史的建造物に対する当時の一般的な考え方に基づくならば，最も実現可能性が高くかつ最も妥当な路線選定であった」（新谷編，1987: 71）ということになる。「当時の運河や倉庫の利用状況」という遠回しの表現ながら，すでに運河が不要になったものとして語られていることに注意しよう（図4-4〜図4-6）。このことから，再活性化を切望していた小樽市にとって，艀荷役の時代が終わり不要になった運河地区は，まとまった規模を持つ「道路建設用地」として位置づけられていたことが理解できる。

では，その妥当性の根拠とは何であったのか。当時を回顧する市側文書は，「行政としての考え方」について，端的にこう語る：

> 港湾貨物の輸送の流れ（トラック輸送の増大）の変化に対応できる港湾と市街地に近い場所は，運河部分以外は考えられない。今まで運河そのものも，交通の手段として存在してきた。そして，今度は道路としての使命をもつのである。工事に当たっては支障となる建築物がないから事業施行も容易である。それが，行政としての考え方であった。（市政の歩み編集委員会，1988: 200-201；（　）内の補足は原文，傍点は引用者）

「今まで運河そのものも，交通の手段として存在してきた」のだから，「今度は道路としての使命をもつ」のだという表現は，端的に運河は交通手段だと考えていたことを示している。ある交通手段が時代遅れになったなら，それを更

図 4-4　「北海製罐」屋上より俯瞰した小樽運河（1975 年秋）
（出典）当時札幌在住の J. H. 氏から提供されたスライドによる。

図 4-5　「北海製罐」と朽ち果てた船が沈んだままの小樽運河（1975 年秋）
（出典）当時札幌在住の J. H. 氏から提供されたスライドによる。

図4-6　小樽運河で艀から釣りを楽しむ市民（1975年秋）
（出典）当時札幌在住のJ. H. 氏から提供されたスライドによる。

新して新たな時代の新たな手段として利用するのだ，という考え方である。

また，「支障となる建築物がない」の表現に明らかなように，既存建築物の移転や補償があるかないかが大きな関心事であった。これは通常の公共事業と変わらない。補償費用の負担や移転手続きが不要であることが，運河が最適地であるという判断の根拠であった。なぜなら運河は公有水面であり，すでに市が実質的に所有している土地であるからだ。水面に建築物はなく，したがって移転補償も不要である。合理的な判断と言ってよいだろう。

さらに「事業施行も容易」の部分からは，「予算」がもうひとつの争点であったことがうかがえる。これもすでに述べたように，膨大な予算を要する道路計画を，市独自の予算で実施するのか，市の負担なしに道や国の予算で行うのかは大きな論点であった。都市計画を変更することは「現在までの施行済の工事費に対する国庫補助金の返還という事態が起こる。新ルートにした場合，諸手続き終了後の予算獲得は容易なことではない」し，「一たん決定した方針をくつがえすことは，小樽市行政への不信につながり，今後の諸事業に影響がでることになる」（市政の歩み編集委員会，1988: 214）ので，計画の変更や中止は不可能であるとして退けている。ここで注意すべき点は，変更に応じられない理由が，すでに市独自の判断だけで変更できるものではなく，また，今後の補助金獲得に影響が出る，という点にあったことである。

特に後者は重要だ。今後の補助金獲得に「影響」が出るという「予期」が，小樽市行政当局の照準点であったことが示されているからだ。また，同じ小樽という町に住んではいても，市役所で働く人々の意識とそれに伴う行為は，この「予期」に制約されていたということにも，留意する必要がある。一例として，小樽市議会建設常任委員会での質疑応答を挙げておこう：

> ルートを変更した場合，国が予算を簡単につけてくれるかどうか疑問だ。国や道が手を引くことも考えられると危惧している。（「建設常任委員会会議録」『自昭和50年3月至昭和54年4月建設常任委員会会議録（2）』〔登録番号403号〕，1978年6月5日，高橋議員の発言）

この発言には，予算受給の可否，そして国と道が撤退することによって事業自体が立ち消えになってしまう「危惧」が簡潔に表明されている。

以上をまとめるならば，（1）運河地区はすでに機能を終えた無用の長物であり，また，（2）公有水面であるがゆえに比較的簡便に開発が可能な用地であり，さらに（3）道の予算と国庫補助金によって建設でき，市費を使わずに済む，ということになろう。一言で表現するなら，変化を担った主要な主体としての小樽市行政にとって，運河地区は「事業施行が容易な道路用地」であった。

3.「道路」から「運河公園」へ

しかし，1971–1973年にかけての有幌町の倉庫群取り壊しを契機に《小樽運河を守る会》が結成され，保存運動がスタートし盛り上がりを見せてくるようになると，市の対応にも変化が表れる。無風状態のなかで，粛々と工事を進めていくということでは済まされなくなってきたからだ。

保存運動の台頭に加え，2度のオイルショックを経て〈道道臨港線〉工事が滞り，一向に進捗しない状況にあったこともあり，市側は1978年から北海道大学工学部飯田勝幸研究室に変更案の構想をまとめることを委託し，でき上がった変更計画案（「飯田構想案」）を翌1979年6月に公表する（小樽市・北大飯田研究室，1979）。変更案と言っても，運河を埋め立てて道路を建設することに変わりはなかったが，ここには市側の運河地区認識の変化と運動への反論が現れてきているという意味で重要だが，先ずは，なぜ，この変更案が出てきたのか，その一連の過程をおさえておくことにしよう。

1974年2月15日，市議会工営常任委員会において市側は，《小樽運河を守る会》から出された保存の陳情について審議し，その中で《守る会》の代案に反論している。この日，保存の陳情（陳情第161号）を提出した越崎宗一・《守る会》会長が趣旨説明を行い，その後，質疑応答がなされた。そこでは改めて〈道道臨港線〉計画の概要と根拠が説明されている：

委員長：陳情第161号に対する見解を聞きたい。

牧野：志村助役に代案を手渡したということであるが，庁内ではどのような打ち合わせが行なわれているか。

土木部長：志村助役から運河を守る会の代案をもらった。これは技術上の問題なので私が検討を行なった。臨港線の道路計画の立案について簡単に説明すると，従来，小樽市の道路状況は，国道5号線が市内中心部を貫通し，札幌・余市方面に接続，又，海岸と直角方向に走っている市内の路線，いわゆる中央通線，浅草通線，入船線等が国道に連絡し，国道5号線は都市間交通と都市内交通が交錯集中し，市街地の交通は飽和状態になっていた。このため，将来における交通量の増大，小樽港の整備拡充に伴う交通処理等のため，小樽市の交通計画について抜本的対策をたてるべく東京大学工学部都市工学科の井上〔孝〕研究室に依頼し，〔昭和〕42年3月小樽市総合都市計画書が策定された。小樽市の将来の交通需要に対処するため，臨港線が現ルートで早期に完成することがいかに重要であるかをこの計画書に基づき簡単に説明する。昭和60年を目標に交通需要はどうなるか，そしてどのような交通パターンで行なわれるか，さらに道路網における交通量はどうなるかが問題である。……〔略〕……。次に昭和60年の計画目標値はどのようになるかというと，トリップ数は22万トリップ，自動車保有台数は37,000台と想定される。この分析結果からみて，小樽市の将来の道路の性格はどのようになるか考えてみると，将来は国道と臨港線の2線が都市幹線道路となり，いわゆるはしご状の交通パターンとなることが想定される。現在の交通パターンは国道5号線をバックボーンとしているが，昭和60年に予想される交通需要を現在の交通パターンどうり〔ママ〕に行なおうとすれば，国道〔5号線〕を8車線に拡幅するなどしなければ難しい。しかし，国道は都心部を走っており大幅な拡幅は難しい。現在の国道の拡幅にしても計画決定は4車線なので，やはり将来は臨港線が小樽市の都市幹線道路となり，国道5号線は，それを補佐する地区内幹線道路とならなければ昭和60年の需要に対処できない。又，構造的には，小樽市の発生交通量の多いのは市街地の中心部であり，縦の線と都市幹線道路の接続を密にして有機的に結び付けなければならないので，臨港線は平面道路であることが必要で，バイパス，高速道路ということでは昭和60年の小樽市の交通需要〔予測〕に対処できない。(「工営常任委員会会議録」『自昭和46年至昭和49年工営常任委員会会議録』〔登録番号157号〕，1974年2月15日；〔　〕内の補足は引用者)

土木部長の答弁では，原計画通りでなければ「昭和60年の小樽市の交通需要に対処できない」ことが強調されている。通過交通を捌くだけではなく，既存道路と「の接続を密にして有機的に結び付けなければならない」からというのが，その理由であった。その上で，保存運動から提出された「代案」への回答がなされる：

〔土木部長：〕次に運河を守る会から出された3案の代案に対する見解を述べてみたい。……〔略〕……。第1案の地下線については志村助役から渡された図面は1万分の1の見取り図程度のものであり，詳細がわからないので推測の域を出ないが，……〔略〕……これでいくと隧道は6車線，幅員　25〜30 m，延長1 K〔＝km〕400 mぐらいとなって，建物移転だけを考えても国道5号線を8車線にする以上の困難性がある。さらに本通線からアプローチをかける，又，終点の国道からアプローチをかけることになると，市道の2，3本は接断〔切断？〕されて交通できなくなる。……〔略〕……。第2案の臨港線高架計画については，港頭地区〔埠頭地区か？〕の倉庫，その他一般建物の移転問題がおきる〔から，よろしくない〕。又，港内の一部を高架橋にする計画であるが，臨港線は小樽市の都市幹線であって，浅草線等の縦の路線と緊密に連絡する必要があり，交通パターン上〔第 2 案は〕考えられない。第 3 案の臨港赤岩バイパス計画についてであるが，臨港線は都市内交通，都市間交通の将来需要に対処するために計画されている一般道路で，バイパスではない。この〔第〕3 案は，たとえば観光道路であるとか小樽市内の各幹線に連絡する環状線というように別の角度で検討すべき道路ではないか。

武田：いま説明されたことは土木部長の見解か，他の部課と連携をとり総合的な検討はされたのか。

土木部長：土木部長〔として〕の見解でもあり，市の見解でもあると理解願いたい。他の部課とは話し合いをしていない。ただ，43 年度から 52 年度までの小樽市総合計画の中に簡単ではあるがこのことに触れており，私がいま説明したことは，これと何ら変わりない。

牧野：小樽市として一つの見解が出たなら，今後市民に対してどのように周知させていくのか。

土木部長：工営常任委員会に説明することが先決で，その後 PR を検討していきたいと考えていた。

盛岡：運河を守る運動は広範な市民運動になりつつあるが，ただ，市ができないと言っているだけでは市民との間に断層が広がるだけである。何らかのかたちでもっと市民と対話を重ねるべきではないか。

土木部長：〔1973 年＝昭和 48 年〕11 月 19 日の朝日新聞ではじめて報道されたが，12 月早々に藤森〔茂男〕さんに会い，市の基本的な考え方を説明した。今後の問題としては，できるだけ早い機会に越崎〔宗一〕会長に会って説明し，理解を得たいと考えている。市民に対する PR についてももう少し検討させてほしい。

盛岡：8 年前に計画決定されているという理由付けは市民運動に対応できないと思うがどうか。

土木部長：したがって，そのことについては，先ほどの説明でも全然触れていない。

武田：土木部長任せではなく，市の総合的な検討が必要だと思う。先ほどの越崎会長の説明では，60 年時点にとらわれず，20 年，30 年先のことも考えているし，又，単に技術的な問題だけではなく，文化遺産を守るという次元の違う発想のもとに提起されている問題だ。こういったことを念頭に入れて検討すべきである。

土木部長：交通問題はステップを踏みながら計画していくべきだろうと思う。

……〔略〕……。

委員長：会議に諮り，付託案件はすべて継続審査と決定する。閉議を宣す。

（「工営常任委員会会議録」『自昭和 46 年至昭和 49 年工営常任委員会会議録』〔登録番号 157 号〕，1974 年 2 月 15 日；〔　〕内の補足は引用者）

土木部長の答弁に見られるように，「代案」はいずれも不適切であり，原案が最適案であることを主張している。第 3 案などは，計画の目的から逸脱しており，代案ですらないと，にべもない。また，他の部課との折衝が行われていないことは，この時点の市行政にとっては，あくまで交通問題，土木や都市計画上の技術問題であったことを示している。その意味で〔は〕，市側にとってこれは「運河問題」ではなく，まだ単なる「臨港線問題」でしかなかったと言い換えてもよい。また，「8 年前に計画決定されているという理由付け」で対話を拒否するのではなく（「そのことについては，先ほどの説明でも全然触れていない」），むしろ丁寧に説明をして理解を得ようという態度を維持していることに注意しよう。対話を拒むどころか，すでに決定済みの計画について対話をしていた，ということである。

しかし，保存運動が急速に台頭してくるにつれ，市側の態度も硬化してくる。《守る会》は「運河ポスター展」を市内デパートで開催し，道の教育委員会も運河と周囲の石造倉庫群を調査することを「指導」してくるに至り，問題を早期に決着せねばならなくなってくる。その年の暮れも押し詰まった 12 月 23 日，工営常任委員会は決断を下した：

再開　午後 11 時 51 分

委員長：委員会を再開いたします。（会議室騒然，発言する者多し）

小林：付託案件を直ちに採決の動議を提出する。

委員長：動議賛成の方起立。可否同数，私は可決です。陳情 161 は不採択，陳情 165，170，203，209 採択に賛成者起立を求める。可否同数，私は陳情 161 不採択，その他採択です。議案 23 可決，請願 196 採択，請願 20，陳情 224 一部採択，その他継続に異議なしと認める（会議室騒然，発言する者多し）

散会する。（「工営常任委員会会議録」『自昭和 46 年至昭和 49 年工営常任委員会会議録』〔登録番号 157 号〕，1974 年 12 月 23 日；〔　〕内の補足は引用者）[3]

市庁舎新館の第 3 委員会室で開催されたこの日の工営常任委員会は，午後 1 時 30 分に開会し，閉会したのが午後 11 時 52 分という，長丁場の委員会であった。意見調整のために午後 4 時 45 分に休憩に入り，断続的に協議が行われていたが，間もなく日付が変わろうかという午後 11 時 51 分に再開された。再開宣言の直後に，採決を求める動議が出されて可決，それを受けて直ちに付託された陳情すべての採決が行われた。保存を求める陳情第 161 号は不採択とされ，臨港線建設促進の陳情が採択された。再開から散会宣言まで，わずか 1 分であった。《守る会》は「強行採決」だとして激しく反発した。年が明けた 1975 年，《守る会》は道議会や道教育委員会に働きかけ，小樽市内では自らの正式な設立総会を開催するなどして，保存に向けた積極的な動きを強めていく。

これに対抗して，道路建設促進派は陳情攻勢に出る。1975 年 12 月の建設常任委員会[4]には，建設促進を求める 2 本の陳情（陳情第 95〜96 号）が出されている：

島野：運河を守る会との接触はどうなっているか。

開発部長：3 定〔第 3 回定例議会〕後は 1 回話し合っている。話は平行線である。私どもとしては，より具体的に守る会と話し合いたいということで，できれば年内にも会う機会をつくりたいと考えている。

島野：運河保存について，部長の個人的な見解はどうか。

開発部長：個人的な見解としては，残せるなら残したいと考える。ただ，あの

---

[3]　議事録の末尾には「会議録署名員」の欄があり，通常は委員長とその他に 2 名の議員が署名しているが，この回に限って，署名が一切ない。採決のやり方やその結果と，この異例の状態との間に何か関係があるかどうかは推測の域を出ない。

[4]　工営常任委員会は，1975 年 1 月からその名称を「建設常任委員会」に変更している。

地区は都市計画法上臨港地区の指定を受けており，小樽の発展のためには運河を埋めざるを得ない。（「建設常任委員会会議録（50.4 定）」『自昭和50年3月至昭和54年4月建設常任委員会会議録（1）』〔登録番号402号〕，1975年12月19日；〔 〕内の補足は引用者）

陳情を審議する際に，個人的見解も含めて質問された開発部長は，「小樽の発展のためには運河を埋めざるを得ない」と答えている。「小樽の発展のため」という目標は，「残せるなら残したい」という個人的見解を凌駕している。

1975年8月以降，運河問題は，運河とその周辺地区の景観等の調査をするか否かで紛糾する。市と《守る会》は調査の可否やその項目，どのような体制で行うかをめぐって断続的に話し合いを続けていくが，解決の糸口は見えてこない状況にあった：

島野：運河を守る会とはどのような話し合いになっているか。
開発部長：今年〔＝1976年〕に入ってから2度話し合っているが，守る会の主張は，運河を残すことを前提にしなくてもいいから，まず調査を先行すべきだという考え方である。
島野：市としては，技術調査を受けられないというだけの材料を揃えてプッシュしなければ進展しないのではないか。
開発部長：指摘のとおりである。ただ，調査についてもお互いに危惧している面がある。というのは，調査をすれば残せということになるのではないかというのと，調査しても残せということにならないのではないかということで意見が食い違っている。その辺もう少し話をしてみなければならない。（「建設常任委員会会議録（51. 1 定）」『自昭和50年3月至昭和54年4月建設常任委員会会議録（1）』〔登録番号402号〕，1976年3月25日；〔 〕内の補足は引用者）

市側の「危惧」とは「調査をすれば残せということになるのではないか」というものであり，反対に《守る会》にとっての「危惧」は「調査しても残せということにならないのではないか」であった。ラグビーのスクラムのように，あるいは相撲の取り組みのように，自らに有利な組み方になるように牽制し睨み合って硬直化している状況であったといってよい。

市は話し合いを継続するが，建設促進の陳情が多数寄せられたことを重視し（1977 年 3 月 22 日），次第に工事の遅延や休止がもたらすであろう結果を危惧し始め（1977 年 7 月 22 日），それも引き金となって，《守る会》との合同調査を断念することになっていく（1978 年 6 月 5 日）。その経過を，議事録がよく語ってくれているので，3 つを続けて引用しよう：

島野：今後の対処のし方，守る会とのその後の話し合いの経過はどうか。

開発部長：……〔略〕……。臨港線の問題については，守る会と市の側で調査を行なうことは合意したが，守る会の組織的な問題かと思うが，次回でこのように進めようということで合意しても，次のときはまた変わるということで，調査そのものが進展しない。われわれの基本的な考えとしては，道路を早くつくることからいえば，臨港線を現在のルート以外につくれるかどうか，この問題にしぼって調査を進めることを，次回の準備委員会から話をしていきたい。原案以外に臨港線ができないということが理解されれば，それは多少時間がかかってもいいのではないかと思っているので，そういう考え方で当たっ〔て〕いきたい。

島野：今度小樽の経済界から促進の陳情が出ているが，これをどのように受けとめているか。

開発部長：市民の多数の声は，臨港線の早期建設を願っているということは承知している。今回 21 件に及ぶ多数の方の陳情を受けたことは，なお，切実な問題として受けとめている。守る会とは申し合わせの線に添って〔ママ〕，早期に調査をしていくようにしたい。（「建設常任委員会会議録」『自昭和 50 年 3 月至昭和 54 年 4 月建設常任委員会会議録（1）』〔登録番号 402 号〕，1977 年 3 月 22 日；〔　〕内の補足は引用者）

佐々木：臨港線道路の早期完成についての見通しと道に対してどのような予算要求をしているか。

土木部長：現在の道の見解では，運河までは早く工事をして後は 1 年でも 2 年でも工事ができないということになれば中止或いは休止となる。そうなると，その後関係者の合意が成立し運河を埋めるからと工事再開を要請しても道路予算の関係上至難である。そういうことで予算付けの面の配慮からスローダウンするしかないのではないか。そういうことであれば道の方に単年度ごとの予算の増額を要望しても難かしい。一日も早く運河の問題を解決することが肝要であり守る会と交渉していく。

佐々木：中止或いは休止となると大問題なので，精力的に守る会と話し合い，早期完成にむかって最大限の努力をしてほしい。その点についての道の考え方はどうか。

土木部長：運河を守る会が，調査準備委員会における市との相違点であった調査に関する考え方，メンバーの構成等を一方的に発表し，記者会見をしたことについて，真剣に我々と合意を得ながらやっていく気があるのかと強い不信の念を抱いている。早急に調査準備委員会を開いて信頼関係を回復できるかどうか考えたい。その見通しがつかない時は市独自でもやりたい。その場合の調査は，道路・運河・建物の3つがあるが，道路が運河を通る以外に変更可能かどうかを早急につめて，運河を通る以外にないとの結論に達し，守る会・市民大多数の合意が得られれば，それをひとつの事実として道に予算要求できると思う。……〔略〕……。(「建設常任委員会会議録（52. 2定)」『自昭和50年3月至昭和54年4月建設常任委員会会議録（1)』〔登録番号402号〕，1977年7月22日)

委員長：開議宣告。……〔略〕……。臨港線の代替案の検討結果について理事者より報告の申し出があるので，これを許可する。

土木部長：本年1定〔第1回定例議会〕において運河調査費を提案した際，審議の中でいろいろ指摘があり，最終的に市長から“臨港線のルートについては引続き検討する”旨の答弁があり，それに基づいて検討した結果を報告する。代替案は1定で審議してもらった案以外に土木工学的にも都市計画的にも考えられないとの結論に達した。別紙“臨港線代替案の検討”により報告。

……〔略〕……。

横尾：これで代替案については全て検討したということか。それとも一段階として検討したということか。

土木部長：考えられるルートについては，全て網羅した。少しでも現実に近いということで検討に値するルートはこれ以外にないと思う。

……〔略〕……。

本間：臨港線道路を決定した当時の考え方と，現在の文化的価値という考え方とはかなり隔たりがある。守る会の構成もかなりかわったようだし，調査するにしても，もう 1 回話し合ってはどうか。

土木部長：道路の必要性については計画の発足した昭和 41 年当時となんら変化はない。臨港線は小樽の交通渋滞を解消するためのネックになると思う。いろいろ検討してきたが，その結果運河を埋めて道路にせざるをえないということだ。小樽市の今後の経済発展からみて，道路交通の渋滞の解消をどうするかということでつめようと，守る会と何回も話し合いをしたが明確な説明がなかったとか言って，守る会側が避けていると思っている。

本間：守る会とこのような状態のままで進めていくと問題をあとに残す。もう 1 回話し合って，お互いに理解し合った中で進めてほしい。

助役：過去の経緯のように，市としては努力して話を進めてきたが，打ち切らざるを得なくなった。守る会との合同調査はしない。守る会側で話を聞いてくれというのなら十分考える。

高橋：市としては考えられるルートについては検討を一応おわったことになるのか。

土木部長：そのとおりだ。

……〔略〕……。

高橋：今回の報告で道路の規模とか建設上の問題はかなり浮きぼりにされた。今後どうすればいいかについては我々になりに〔我々なりに〕判断できる。結局つくるということならば，1 日も早く完成するにはどうあるべきかという観点に立って市民の真摯な願望にこたえるようにしていくべきだ。ルートを変更した場合，国が予算を簡単につけてくれるかどうか疑問だ。国や道が手を引くことも考えられると危惧している。

土木部長：原案のルート以外には代替えとしては適当なルートはない。原案でいくと，運河は埋め立てをすることになり，それができないとすれば臨港線事業は中止となる。そうなれば今後の小樽市の交通渋滞に対する責任はもてない。（「建設常任委員会会議録」『自昭和 50 年 3 月至昭和 54 年 4 月建設常任委員会会議録（2）』〔登録番号 403 号〕，1978 年 6 月 5 日；〔　〕内の補足は引用者）

1977年3月22日の委員会では，《守る会》の態度への不信感が表明され，「今回21件に及ぶ多数の方の陳情を受けたことは，なお，切実な問題として受けとめている」と述べて，建設促進の市民の意思を受け止めたいとする。しかし，同年7月の委員会では，「1年でも2年でも工事ができないということになれば中止或いは休止とな」ってしまい，もしそうなれば，仮に運河埋め立ての合意がなされ「工事再開を要請しても道路予算の関係上至難である」との見通しが語られている。市当局にとっては，「予算付けの面の配慮から」工事が休止になってしまうことは何としても避けねばならないのであり，その意味では「スローダウンする」ことを検討するのもやぶさかでないとまで語っている。3つ目の引用，すなわち1978年6月5日の委員会席上では，「考えられるルートについては，全て網羅した」が，「原案のルート以外には代替えとしては適当なルートはない」との結論が示されている。さらに市助役が「市としては努力して話を進めてきたが，打ち切らざるを得なくなった。守る会との合同調査はしない」と言明するにいたる。強行採決の後もまだ粘り強く話し合いを続けてきたが，もうこれ以上は話し合えないとの宣言であった。

いうまでもなく，その宣言の背景にあったのは，先に引用した「ルートを変更した場合，国が予算を簡単につけてくれるかどうか疑問だ。国や道が手を引くことも考えられると危惧している」という補助金受給の可否の問題であり，〈道道臨港線〉計画が「できないとすれば臨港線事業は中止となる。そうなれば今後の小樽市の交通渋滞に対する責任はもてない」という理事者側の強い危機感であった。

ここで考えねばいけないことは，なぜ，小樽市政はかくも粘り強く対話を続けてきたのか，ということであろう。強行採決を経てなお，話し合いを続け，この後見るように，〈道道臨港線〉計画の変更計画案を提起することになっていく。そこでも，対話は続いていく。なぜ，打ち切り宣言を出してなお，対話を続けていったのだろうか。

そこには2つの理由があったように思われる。1つには，途中から市長に就任して陣頭指揮を取った志村和雄市長の基本方針があった。2つ目の理由は，保存運動の盛り上がりによって，市側は対話を続けざるをえなかった，ということである。

第1点目は，市長の対話重視の方針である。「私，市長〔を〕12年間やったけど，『運河に始まり，運河に終わった12年』というふうに思っています」(1997年9月4日，小樽市内での志村和雄へのヒアリング；〔　〕内の補足は引用者）と語る志村は，コンセンサス形成の重要性を力説する：

新しい都市景観を作ろうということで，私としては〔道路建設との〕最大〔限〕の両立をしているつもりなんです。そういうことで〔が〕ベストな方法であると。もともと私はコンセンサスというものに対してどういう考えを持っているかというと，いろんな事業をやっていくうえで住民とのコンセンサスが必要であるということは言うまでもない。しかし事業によっては，特に大事業になればなるほど，100パーセント住民の合意を得ることは困難である，難しい。であればどうするか。コンセンサスを得るためにどれだけの努力をしたか，それが大事だというのが私のコンセンサスに対する考え方です。私としてはそのコンセンサスを得るための最大の努力をしたというのがありますので，〔臨港線建設については〕既定方針でやるという考えでいるわけですから，……〔略〕……。(1997年9月4日，小樽市内での志村和雄へのヒアリング；〔　〕内の補足は引用者)

仮に100%のコンセンサスを得られなかったとしても，行政としては「コンセンサスを得るためにどれだけの努力をしたか」こそが大事だ，「私としてはそのコンセンサスを得るための最大の努力をした」と，志村は言う。だから「強行採決」とされる事項などについては，以下のように語っている：

「守る会」の側からは，「市は一方的に話し合いを打ち切った」という風なことで，えー，〔市の〕事務当局に対して強く抗議をしてきました。しかし，事務当局としては，やるべきことはずっとやってきたわけですからねぇ……〔略〕……。(1998年9月3日，小樽市内での志村和雄へのヒアリング；〔　〕内の補足は引用者)

やるべきことをやってきたので，「市は一方的に話し合いを打ち切った」という批判はあたらない，と考えていることがわかる。市長のこうした判断に基づいて，市は話し合いを継続していたといってよかろう。

しかし，より大きなファクターは，第2点目の保存運動の盛り上がりであったように思われる。例えば，北海道教育委員会による小樽市教育委員会への小樽運河問題に関しての状況聴取（1975年2月），道議会による《守る会》の陳情の採択（1975年2月），《守る会》の正式発足（1975年6月），小樽商科大学の実施した運河問題に関する意識調査で46%の住民が運河保存に賛成，反対は27%であったとの結果公表（1977年9月），島本虎三衆院議員による国会質問で，保存賛成の立場から小樽運河問題が取り上げられたこと（1978年5月），急逝した越崎宗一の跡を受けて峯山冨美が《守る会》会長に就任したこと（1978年5月），保存派論客の重鎮であった西山夘三（京大教授）を団長とした観光資源保護財団の調査チームが編成され，小樽に調査に入ったこと（1978年6〜8月），札幌で《小樽運河を考える会》が発足，保存派によって開催された「ポート・フェスティバル」に10万人の人出があったこと（1978年7月），小笠原貞子議員の参議院予算委員会での質問（1979年3月）などがあげられるだろう。こうした一連の出来事は，小樽市内に加え，道，国レヴェルへと問題が波及しはじめていたことを示しており，それらが市側に変更計画を検討することを促したといってよい。保存を求める世論は，確実に高まっており，市側は対話を続け，何とか合意を取り付けて事業を進捗させなければならない状況にあったと考えるのが妥当である。

ここで特に注意すべきは，小樽市の外側から，運河の文化的価値を認める発言がなされ始めていたことだろう。1975（昭和50）年の文化財保護法の一部改正によって「伝統的建造物群保存地区制度」（1975年7月法律第49号第5章の2，第83条の2，他）が導入されるなど，町並みの保存は少しずつ追い風を受けるようになってきていた。北海道教育委員会や文化庁，あるいは日本の教育・文化財行政を指揮・監督する文部大臣の見解は，その政治的力という意味では，市内の市民が騒ぐのとは大きく異なる。保存運動の盛り上がりに加えて，いわば「外圧」がかかってきていたのだ。

例えば，1978年7月13日の北海道議会では，舟山広治議員（社会党）の質問に対し，中川利若教育長が以下のように答弁している：

> ○教育長中川利若君　（登壇）（発言する者あり）舟山議員のお尋ねにお答えします。小樽市の石造倉庫群と運河は，小樽の港が北海道の産業経済発展に果たしてきた歴史を物語るものであり，その景観，たたずまいに文化的価値があるものと考えております。……〔略〕……。私どもといたしましては，従来から小樽市とは種々意見交換を行なってきたのでありますが，何と申しましても，文化財保護法に基づく伝統的建造物保存という問題は他の単独の文化財保存と異なり，その町並みの存在する地元市町村及び土地，建物等の所有者の意向が決定的要素を持っていることから，当該市町村の判断に〔を〕またなければならないという立場にありますので，なおしばらく〔小樽〕市の態度を見守る必要があると思います。(昭和53年度北海道議会第2定例議会（一般質問）議事録，1978年7月13日：218-219；〔　〕内の補足は引用者)

何気なく読めてしまう答弁だが，道教育委員会の公式見解として「小樽市の石造倉庫群と運河」「の景観，たたずまいに文化的価値がある」ことが言明されていることが，まずもって重要である。さらに，中川教育長発言の後段，すなわち「その町並みの存在する地元市町村及び土地，建物等の所有者の意向が決定的要素を持っている」から小樽「市の態度を見守る必要がある」の部分は，地元小樽のコンセンサスが決定的に重要であるから，道は見守るという説明である。文化的価値があるので見守っている――それは保存運動とよく話し合って合意を得よという，道議会から小樽市に向けられた政治的メッセージであった。

そのメッセージは，さらに高い地点からも投げ掛けられて，小樽市は追い込まれていく。今度のメッセージは，参議院予算委員会からのそれである：

> ○小笠原貞子君　……〔略〕……私はこの運河と石造倉庫群を何としても守っていきたいという立場から，これからお伺いするわけでございますが，……〔略〕……。これ〔運河問題〕はまさに日本の文化財保護行政から言っても大事な問題じゃないかと，そう思うわけです。そして，……

〔略〕……これは一地方自治体の問題ということではございませんで，もっと大局的な立場からの処理を必要とする段階〔に〕いまきたと思うんです。いろいろお伺いいたしましたけれども，まあ本格的な学術調査というようなことはまだしていただいていないわけなんでございます。そこで，まずこの文化的遺産であるという，重要だということを，文化庁としても当然いままでもおっしゃっていました。その点は〔ここでもう一度〕はっきりさせていただくことと，それから……〔略〕……。

○政府委員（吉久勝美君）　先生〔が〕ただいま御指摘の，小樽運河，倉庫群の文化財的価値につきましては，私どもといたしましても，先生と全く同様に考えているわけでございます。……〔略〕……昭和 50 年に非常に価値のあるものであるというような判断のもとに，小樽市に調査をするように指導いたしまして，……〔略〕……。

○小笠原貞子君　端的にお答えいただきたいんですけれども，たとえば，〔小樽〕市の方で住民なんかともコンセンサスができて，保存地区としての指定の申請がされるというような場合は，当然〔,〕重要伝統的建造物群保存地区という立場で指定するというふうにお考えになっていただいているかどうか。時間がございませんので，〔指定する意思が〕あるかないか，一言でどうぞ。

○政府委員（吉久勝美君）　その点につきましては大いにあるわけでございます。

……〔略〕……

○国務大臣〔文部大臣〕（内藤誉三郎君）　……〔略〕……。あの運河と倉庫一体ですから，この文化財を失うことは，これは日本の偉大な〔ママ〕損失だと思う。……〔略〕……。問題は地元ですよね。地元の人の理解と協力を得なければいけないから，私も必要があれば地元へ〔小樽へ〕行って，皆さんにお話ししてお願いもしてみたいと思います。文化庁と一緒になって，建設省に協力をお願いしたいと思っています。（「第 87 回国会参議院予算委員会第 4 分科会会議録第 1 号」，昭和 54〔1979〕年 3 月 28 日：15-18；〔　〕内の補足は引用者）

1979 年 3 月 28 日に開かれた参議院予算委員会での小笠原貞子議員（共産党）の端的な質問にうながされ，政府委員も簡潔に答えている。運河とその周囲の石造倉庫群には文化財的価値があること，申請があれば重要伝統的建造物群保存地区に指定する意向が「大いにある」こと，の2点が重要である。さらに文部大臣・内藤誉三郎は，「あの運河と倉庫」は文化財であり，「この文化財を失うことは，これは日本の偉大な〔ママ〕損失だと思う」と答弁している。道議会よりもはるかに踏み込んだメッセージが，参議院および文部大臣から寄せられたことになる。小樽市行政にとって，これらを無視するという選択肢はありえなかった。国が「重要伝統的建造物群保存地区」に指定する意向を持っている地区を，地元小樽が勝手に改変してしまうということは，一地方自治体にとっては余りにも代償が大き過ぎるからだ。

事実，同年11月13日に開かれた小樽市の都市計画審議会の席上でも，文化庁の意向がひとつの争点となっていた：

■■：都市計画法に基づく基礎調査ですが，……〔略〕……当時〔昭和〕47年に調査した時に，運河と石造倉庫群はどういうようになっているか。今のように文化的価値があるという事を，文化庁がはっきりと認めているというような事態ではなかったはずです。その時，調査で運河や石造倉庫群は，どのように位置づけされていましたか。

……〔略〕……。

会長：その基礎調査をやった時に，どのような位置づけになったかということですね。

■■：運河と石造倉庫だけでいいのです。

都市計画課長：いわゆる建物の分類の中では，商業とか住宅とか工業というものがありますが，この中の都市運営施設〔ママ〕の中の，いわゆる倉庫とか工場とかいうとらえ方で，実態を把握している。

■■：今，問題になっている運河や石造倉庫群の，文化的な価値を評価する観点から調査はなされていないのですね。だから図面の上に，ここの営業倉庫はこういうふうになっている，そこに色を塗っただけでしょう。ただこういう倉庫がありますと。だから〔昭和〕47年の調査というのは，今多くの人達が期待している運河や石造倉庫群の，文化的価値をどうするのかという事については，一切考慮されていない，というのは〔が〕この調査にのぞんだ当時の道の態度だった。（「第44回都市計画審議会記録」昭和54〔1979〕年11月13日；発言者氏名の黒塗り〔■〕は，小樽市が情報開示に際して塗ったもの；〔 〕内の補足は引用者)[5]

この議員は，1972年の調査時点では運河などの文化的価値を調査する視点が存在しておらず，文化庁がその価値を認めた今（1979年時点）となっては，その観点を付加して再度調査を実施しなければいけないはずだ，にもかかわらず，市と道はそれを実施せずに計画を進めようとしていて納得出来ない，と責め立てていると理解することができる。文化庁の見解が，この議員の発言の政治的効力の源泉であることは言うまでもない。かように，参院予算委員会での発言は小樽に対してインパクトを持っていたのだ。

今まで述べてきた2つの理由から，〈道道臨港線〉計画を一刻も早く執行・完了したくとも，小樽市は保存派と対話を続けていかざるを得ない状況に置かれていたと考えられる。

では，最後に「飯田構想案」の中身と，それをめぐる社会過程を見ていくことにしよう。

「飯田構想案」はまず，運河港湾地区を「古く老朽がはげしく，新しい活力により再び生きかえることを強く望まれている」地区ととらえ，そのためには「市民が求めている道路計画とこの地区の歴史的遺産のそ生〔ママ〕とを新しい次元で結びつけ」る必要があるものの，それが「死んだ博物館となってはあまり意味をもた」ないと述べ，運河をそのまま保存する必要はないとしている(小樽市・北大飯田研究室，1979：10)。「死んだ博物館……」の部分は「運河全面保存」を主張していた運動側への反論であると考えてよい。また，「市民が求めている道路計画」の表現は，〈道道臨港線〉計画が多数の市民のニーズに沿ったものであることを改めて示唆することによって，保存運動をマージナライズ

[5] 筆者は，2010年8月24日に小樽市都市計画審議会会議録の開示請求を行い，9月6日に開示され写しの交付を受けた。審議会が開催されてから31年（開示時点）を経過しているこの会議録を，小樽市長は発言委員の氏名をすべて非開示とした（公文書一部開示決定通知書〔樽建計第78号〕，平成22〔2010〕年9月6日付)。公務としてパブリックな空間である審議会でなされた発言を，しかも30年以上経過してなお非開示にすることは，学術研究に及ぼす重大な悪影響のみならず，市行政の説明責任という観点からも極めて深刻な問題があると言わざるをえない。

しようとするものであった。言い換えるなら，運動参加者以外の一般「市民」から要望のある道路建設によって，老朽化した運河地区を再開発することこそ意味がある，という主張である。したがって道路建設が不可能となる運河の「全面保存」などは到底，選択肢にはなりえず，道路は予定どおり建設されなければならないことになる。変化を担う主体にとって，こうした「変化」は，なされねばならぬ変化であったのだ。

しかし，同時にこの引用箇所は，それまで運河を「交通の手段」とだけとらえてきた市当局が，保存運動との交渉プロセスを通して，小樽の「歴史的遺産」であると認めざるをえなくなってきていたことをも示している。実際，「飯田構想案」には，当初計画案と違って，「ユニークな雰囲気をもった空間」「小樽の記念的都市空間」「歴史的文化的価値」といった言葉が頻繁に登場する（小樽市・北大飯田研究室，1979: 5–10）。

では，この「飯田構想案」の掲げる，道路建設と「歴史的遺産」との「新しい次元」での「結びつけ」方とは何だったのだろうか。「構想案」の示す「環境整備計画のダイヤグラム」によれば，運河と周辺の石造倉庫群とを「運河公園」として整備し散策路などを設置し，さらに色内埠頭公園や出抜小路の整備，ポート・タワーの建設などが提案されている。こうした「絵」から，「構想」の目指すところは，依然として国庫補助と道費による道路建設を中軸にしつつも（表4-2），「運河公園」を核にした観光産業，都市型工業，商業の再活性化であるといってよい（小樽市・北大飯田研究室，1979: 11–24）。

つまり，保存運動の存在を考慮して作成されたこの「飯田構想案」は，(1) 運河の埋め立て幅を縮小し，道路を山側に寄せて運河を一部残す，(2) 運河沿いに散策路を設置して，運河および周辺地区を「運河公園」として整備する，の2点の変更を原計画に加えるものとなっていたのである（図4-7）。

「飯田構想案」は，すぐさま，市の建設常任委員会に諮られた：

委員長：開議宣告。……〔略〕……。「小樽運河とその周辺地区環境整備構想」について，理事者より報告の申し出があるのでこれを許可する。

土木部長：昨年〔1978年〕7月に依頼していた北大・飯田助教授の構想がまとまったので報告する。従来から用いていた運河公園構想という名称は，

表 4-2　運河周辺地区整備事業費の内訳

（単位：100 万円）

事業内訳	出所内訳			合　計
	国庫補助	道費	市費	
臨港線道路整備	3,200	1,900	0	5,100
臨港線散策路整備	0	0	93	93
運河北端部道路整備	144	0	164	308
出浜橋の修復	0	0	25	25
出抜小路の整備	160	0	160	320
駐車場の整備	0	0	18	18
沈砂池の設置	65	0	136	201
沈砂池浚渫	0	0	268	268
運河浚渫	407	0	813	1,220
護岸整備	1,060	0	441	1,501
記念館の整備	129	64	111	304
都市公園の設置	1,180	0	2,120	3,300
色内埠頭公園の設置	214	0	379	593
出所別合計	6,559	1,964	4,728	13,251

（出典）小樽市土木部（1992）から，筆者が集計して作表。

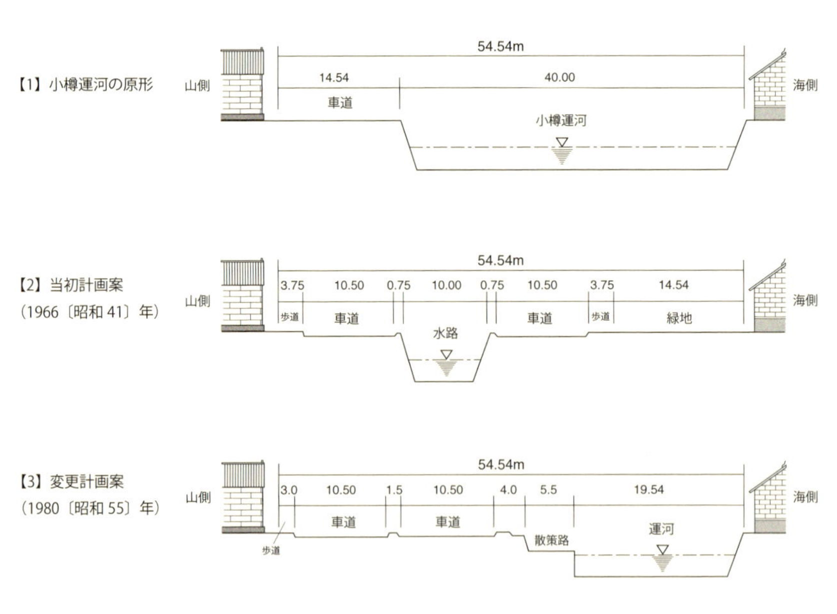

図 4-7　〈道道臨港線〉変更計画案の断面図

（出典）小樽市土木部（c. 1986: 6）を参考に著者作図；単位＝メートル（m）。

都市計画公園的なものにとらわれ限定された印象を与えるので今回から名称を変更する。この構想をたたき台として関係者の意見を充分に聴取しながら実施計画をつめていきたい。実施年次，資金等は今後の課題である。……〔略〕……。

委員長：これより質疑にはいる。

……〔略〕……。

土木部長：臨港線の建設は市の計画どおりやりたい。整備構想については時間をかけてつめたい。

高階：この地域に 6 車線が走るというのが，最大の問題点である。臨港線の建設がどんどん先行していくというのは現在までの経過からいってもおかしいのではないか。

土木部長：運河をのこして臨港線を通せないかということで検討し，この結論に達したもので，道路計画の面では不完全なものだが，保存派に歩み寄った考えで進めている。

高階：文化庁の意向はどうか。

土木部長：できるだけ現在のかたちで保存することが望ましいが，地元の意向が最も重要だろうということである。

高階：全市的な立場で検討する審議会をつくってはどうか。

土木部長：道路問題が最重要であり，道路の必要性をまず認めて，その後残った部分をどう保存するかについて道路と切り離して検討するということならばいいと思う。

……〔略〕……。

土木部長：運河をさけて道路はできないという結論に達したので，さらに説明して理解を得たい。合意については，この問題に関心のある団体には直接説明し，広く市民には“広報おたる”を通じて周知するが，最終的には市長や議会の意志で決めることになる。

武田：この構想は，若干修正したかもしれないが，基本的には市の原案に基づいてできたものである。また，昨年 11 月に“広報おたる臨時号”を発行したが，一方的な意見を掲載しており，こういう方法で市民の正しい理解を得られるのか。

土木部長：今回の構想は運河を最大限のこすということで市の原案とは全く違う。広報には，保存派の意見や，村松教授の意見も掲載しており，片寄った押付けをしないように十分配慮している。

武田：運河をさけて道路はつくれないというが，技術も進んでおり，他の方法も考えられるのではないか。保存派の意見は，あくまでも運河を現在の幅員のままでのこすことが，たたずまいを保つということであり，半分のこしたからいいというものではないのではないか。

土木部長：この案でいっても，従来の景観はかなりのこる。（「建設常任委員会会議録」『自昭和54年5月至昭和58年4月建設常任委員会会議録（1）』〔登録番号432号〕，1979年6月29日；〔　〕内の補足は引用者）

「運河公園」という名称が誤解を招くとの理由で，以後，この構想案は「小樽運河とその周辺地区環境整備構想」という名称が正式なものとされていくが，一般的には，依然として「運河公園構想」ないし「飯田構想案」と呼ばれていた。引用にもあるように，市としてはこの「環境整備構想」では「道路計画の面では不完全」になるという犠牲まで払って「保存派に歩み寄った考えで進めている」と答弁している。その上で再度，「運河をさけて道路はできないという結論に達した」ことを述べ，この変更案がいわば最終版であるとする（「今回の構想は運河を最大限のこすということで市の原案とは全く違う」）。もちろん，保存運動側は納得はせず，「この構想は，若干修正したかもしれないが」，「運河を現在の幅員のままでのこすことが，たたずまいを保つということであり，半分のこしたからいいというものではない」と批判する。議論は相変わらず平行線を辿っていた。

先にも引用した1979年11月13日に開かれた市の第44回都市計画審議会は，午後1時30分から午後6時40分までの長いものとなったが，北海道の都市計画審議会に原案を送致する際に，反対意見を付帯すべきだと主張する保存派委員と，それは必要ないとする理事者側との攻防が延々と続いている。つまり，大半は議事運営に対する駆け引きであり，実質的な審議がなされたとは言い難い。最終的に議事は打ち切られ，原案は承認された（「第44回都市計画審議会記録」昭和54〔1979〕年11月13日）。

同年12月，承認された市都市計画変更案が道に提出され，翌1980年9月に都市計画変更の認可が告示された（北海道告示2361号；北海道住宅都市部都市整備課監修，1989: 28–30, 65–70, 77–79）。その後は，市総務常任委員会での審議（1981年5月），公有水面の埋め立て申請（1981年6月）[6]，市議会本会議での埋め立て決議（1982年3月），公有水面埋め立て認可（1982年9月）といった一連の行政手続きがなされていく。運河を埋め立てて道路を造るための行政手続きは，このように紆余曲折を経ながらも進捗していったわけだが，裏を返せば，これ以降は行政ではなく，政治の領域でのぶつかり合いとなっていったということである。

1983年に入り，商工会議所首脳の「埋め立て見直し」発言，《小樽運河百人委員会》の結成（9月12日），小樽青年会議所の保存決議（10月18日），《百人委》による98,000の保存要望署名の提出（11月19日）と保存派の動きは活発化していくが，いずれも，法定手続きなどではなく，より直截な保存を求める政治的動きであった。翌1984年は，運河問題にとって画期をなす年であり，最後は「五者会談」による政治折衝によって事態の打開が目指されていた。実質的な調停役として横路孝弘・道知事から指名をされたのは，小樽出身の新谷昌明であった：

> まあ，ちょっとあまり人の腹の中はわかりませんけれども，これはやっぱりいろんなとこから〔横路〕知事んとこに要請があったと思うんですね。これは特に，社会党の知事だったんですから，特にやはり革新サイドのっていいますか，保存サイドからの要請っていうのが強かったんだと思いますね。で，そのときにですね，ちょうど私はですね，公益の管理者っていうのをやってたんですよ。……〔略〕……まあ比較的ヒマな，……〔略〕……，まあその責任者で，市町村の中では水道事業管理者とかね，おりますけれども，そういう現場の仕事の責任者っていう，こういう立場だったんですね。全く運河に関係なかったんですよ。それで知事も，いろいろ考えたんだと思うんですけれども，私にですね，この問題ひとつ手伝ってくれんかっていう話になりましてね，それでまあ，小樽，生まれ故郷の小樽のためだから，いろんなそんな動きもあります，動きっていいますかね，そんな動きがあったわけですからね，こりゃまあそうだな

［6］ 申請の後，図面等にミスがあったことが発覚しているので，実際に審査され認可されたものは，1982年8月に出された再申請時のものであった。

ーと思って，ということで，まあ，承諾をしたわけですよ。……〔略〕……。まあ，その前に伏線がありましてね，その4月頃ですからまあ知事が当選して1年くらいたったときで〔す〕けれども，知事〔が〕ちょっと小樽に行くんで秘書課からですね，ぜひに私についてってほしいっていうことだから，……〔略〕……まあっていうんでついてきたらっていう話はあるんですね。……〔略〕……私は〔小樽の〕生まれ育ちだから，知り合いが多いから。大体，賛成，反対の人で，若い人は知りませんけども，年輩の人はみんなわかってますからね。(1999年8月31日，小樽市内での新谷昌明へのヒアリング；〔　〕内の補足は引用者)

横路は，小樽の人と町をよく知った新谷を連れて小樽を視察し，志村とも相談して，「五者会談」に備えていたのだった。志村・元市長も以下のように語っている：

あの，〔質問の〕6番〔目〕。「運河問題最後の局面で行われた五者会談では，横路知事と，新谷昌明氏が，調停役としてテーブルにつかれました。彼らとはどんな話をなされましたか？　可能な範囲内で会談のときの様子を教えてください」ということですが，うーん，この「五者会談」を設けることについて，それについては，知事とは，何回か話し合い，協議はしました。しかし，五者会談開催後は，知事とか，新谷さんとは，個別の話ってものはしていません。それはあくまでも，会談の場で，発言する，〔の〕であって，〔会談場所以外では〕してませんし，知事や新谷さんのほうから，あのー，個別に，会談のことについて，どうだったああだったということも話ありません。(1999年9月6日，小樽市内での志村和雄へのヒアリング；〔　〕内の補足は引用者)

引用から，会談の場の設定に関しての打ち合わせはあったが，内容については，会談の席でのみ話し合われ，打開のための協議は，すでに市レベルではなく，より上位の政治で行われていた様子がうかがえる。

「五者会談」での調停は難航し，ついに既定方針通りに運河を埋め立てて〈道道臨港線〉を建設するという政治的決断がなされたことは，前章ですでに見たとおりである。その「成果」について，新谷はつぎのように語っている：

運河を含めて港湾もさらに利用していこうと，活用していこうということについての合意をもってですね，〔「五者会談」は〕幕を閉じることにしたわけです。ま，それはね，私があの，生まれ育ちの人間としてですね，また，そこにずっと五回出席をした立場としてですね，非常に貴重なことであったなーという気がいたします。（1999年8月31日，小樽市内での新谷昌明へのヒアリング；〔　〕内の補足は引用者）

さらに新谷は，長年の論争があったからこそ，特別な予算がついたと言う：

〔臨港線道路は〕道の事業なんですけれども，建設省も道もですね，これだけやっぱり反対なりですね，賛成なりあった事業だから，できるだけグレードの高いものにしようってことで，特別ね，当時つかないような予算もつけて，贅沢につくってるんですよ。（1999年8月31日，小樽市内での新谷昌明へのヒアリング；〔　〕内の補足は引用者）

こうした関係者の努力や特別な予算措置などにより，〈道道臨港線〉工事や運河沿いの散策路では「グレードの高い」工事[7]が行われ，小樽は観光都市として蘇っていくことになる：

港湾も非常に厳しい状況である，それから企業誘致にいたっては，ま，全国的にそうですけども，厳しいと。まあ観光がいちばん善戦してるっていいますかね。だから私が就任したときはですね，小樽が観光都市だなんてですね，〔認識を〕持ってる人はいなかったんじゃないですかね。大体，観光都市の中に小樽は入れられてなかったですから。（1999年8月31日，小樽市内での新谷昌明へのヒアリング；〔　〕内の補足は引用者）

「小樽が観光都市だなんて」という状態から，「観光がいちばん善戦して」いる今へとつながってきていることが語られている。

以上の推移を振り返るなら，当初「事業施行が容易な道路用地」としてとらえられていた運河地区は，保存運動との対抗関係のなかで「道路」と「運河公

［7］ 田村喜子（2009: 149–152）にも，同趣旨の記述がある。

園」建設のための用地と見做されることになった。先の言い方に倣って図式的に表現するならば，「事業施行が容易な道路用地」から，「道路＋都市公園用地へ」という変化であったと要約できるだろう。

4. 非連続の連続：変化を担った主体の論理

策定時に特に異論もなく，政治課題にもならなかった〈道道臨港線〉計画は，札幌側から工事が開始されていた。異論もなく無風で議会を通過し，正式な手続きを経て決定された計画であるから，それはまったく当然のことである。したがって，予算執行が開始された後の住民運動からの反対は，当初は無視してよいものと思われていた。

しかし，先に見たように，文化庁も小樽運河とその周辺に立地する石造倉庫群を国の「重要伝統的建造物群保存地区」に指定する意向まで持っていた。したがって，オイル・ショックによる臨港線工事の停滞が続けば，埋め立て反対運動の影響力が大きくなり，工事進行に影響が出ることが懸念され始めたといってよい。1975年以降の事態の進行は，小樽市役所にとって決して歓迎できるものではなかったように思われる。だから一定の歩み寄りをして合意を得られるように努力する。その過程で，単なる「道路用地」という認識から「都市公園」へ変化していった――「しかし，なぜ」と，ここで問うてみなければならない。なぜ市行政は運動側に一定の譲歩を示したのか。保存運動に譲歩しながらも，なぜ，小樽市政は頑ななまでに〈道道臨港線〉の建設にこだわったのだろうか。

もう一度，時計の針を戻して，1979（昭和54）年の小樽市建設常任委員会での市側の答弁を見てみよう。当時の土木部長は，席上，つぎのように述べている：

> 土木部長：私の〔道道臨港線建設の〕考えは当初から一貫して変わっていないが，その後の状況を勘案して譲歩したもので，ぎりぎりの案である。
> （「建設常任委員会会議録」『自昭和54年5月至昭和58年4月建設常任委員会会議録（1）』〔登録番号432号〕，1979年6月29日，市土木部長

の答弁；〔　〕内の補足は引用者）

引用中の「その後の状況」こそ，先に挙げた文化財保護法改正以降の一連の出来事を指していると考えて間違いない。市内での保存運動の盛り上がりも当然，含まれていよう。

また，同じ建設常任委員会で，土木部長は以下のようにも答弁している：

> 土木部長：合意を得るために，市も歩み寄ったのだから，保存派にも歩み寄ってほしい。これ以上市に歩み寄れというのは，逆に保存派の押し付けではないかと思う。（「建設常任委員会会議録」『自昭和54年5月至昭和58年4月建設常任委員会会議録（1）』〔登録番号432号〕，1979年6月29日，市土木部長の答弁）

引用からも明確なように，計画の部分変更をして「歩み寄った」のは「合意を得るため」の政治的譲歩であり，道路建設の内容自体の「考えは当初から一貫して変わっていない」ことになる。「合意を得るため」に一定の譲歩をしても，根幹である運河の埋め立てによる道路建設は頑として譲らないとするこの態度は，どこからくるのか。「しかし，なぜ」とここで問う所以である。

ここでもまた，市長・志村和雄の意向が決定的な役割を果たしていたように思われる。先にも触れたように，彼はコンセンサスを得るために「どれだけの努力をしたか」が大切だとしていた。だが，ここでの問いに答えるためには，志村が大切にしていた，もうひとつの信条を見ておかねばならない。先ず，志村の語るところを聴こう：

> 〔市は一方的に話し合いを打ち切ったという〕抗議を受けても少しも動揺しなかったと，事務当局の連中はそういう風に言っています。……〔略〕……。問題は，そういう〔抗議を実際に受ける事務局〕担当者もさることながら，トップとしてどういうことを心掛けなければならないかということが，私は非常に，大きな問題があると思うんですよ，トップとしてね。でー，私はね，かつて，戦争のときにね，兵隊に行ってきました。当時，北大を出ましてね，予備学生

っていう制度があって，試験を受けて，予備学生に応募するというと，えー，4ヶ月間，基礎訓練を受けて，それから後4ヶ月間は実科を受けて，わずか8ヶ月でもって海軍少尉になるんですよ。そして当時，私はね，海軍少尉に入官して，台湾の，高雄航空基地というところ，航空隊があるところですが〔，そこに配属されました。〕……〔略〕……。ほんとの筋金の入らない海軍少尉だからね，……〔略〕……，私の部下には，いわゆる海軍っつうところは，下士官，これがまたねぇ，えー，神様といわれるほどねぇ，すべての問題に〔精通している奴がいるんだ〕，砲術なら砲術，手旗なら手旗，いろんな神様がいるほど，そんな人ばっかりですよ。……〔略〕……その下にはまた，兵隊がいるということで，〔そういう〕連中からしてみれば，「なんだ，あんなんやつは」〔という感じだったに違いない〕……〔略〕……。いざ，戦争〔戦闘〕になってねぇ，B29あたりがねぇ，ダァーっと来て，爆弾を落としていきますとねぇ，とにかくその下士官と兵隊連中がねぇ……。危なくなってくると，そのパッとその，普段バカにしているわけではないんだろうけども，〔それでも〕若ーい，士官である私の顔をね，見るんですよ，パッと，一瞬。これは私だけではなしに，他の連中みんなそういう経験をしたそうですが。ということは，やはり，普段はいいけれども，困難に直面したときに部下に不安とか動揺を与えないような，そういう，態度っていうものを，持ち続けることが大事だなぁと，いう風に思っております。これは何も，兵隊だけじゃなしに，役所でもそうだし，会社だって，おんなじだと思うんですよ。会社だってもう，解散の危機，存亡の危機に関するときに，そこの社長がうろちょろ，うろちょろしてたんではねぇ，とても部下もついてこないだろうし，そういう意味では何事をするにも，トップとしての，心掛けということが大事だと。困難に直面したときに，部下に不安とか動揺を与えないような態度を身につけることが，まずひとつ。それから自分の意志や考え方を，部下に明確に知らせる〔こ〕と。何〔を〕言ってんだかわからないようなことじゃなしに，自分の方針はこうだ，考え方はこうだと，こういう風にやれと，いう風な，ま，トップダウンということでしょうね。……〔略〕……。と同時に，軍隊の言葉で言えば，「指揮官先頭」ってやつよ。指揮官が後ろのほうにいて，「やれやれやれやれ」〔と〕言っても駄目であって，指揮官がやっぱ先頭に立ってやるという風なことを，痛切に感じました。
(1998年9月3日，小樽市内での志村和雄へのヒアリング；〔　〕内の補足は引用者)

軍隊経験者の体験談であると同時に，その体験がもたらした彼の信条の在処をよく伝えている語りである。「筋金の入らない海軍少尉」という卑下した表現は，筋金入りの下士官を指揮せねばならないという苦い経験の存在を示している。そこで学び取られたリーダーとしての心構えは，「指揮官先頭」の「トップダウン」，「困難に直面したときに部下に不安とか動揺を与えないような態度」で市政にあたるということであった。志村の在職中のあだ名が「頑固おやじ」「熊」[8]であったことは，伊達ではなかったであろう。指揮官としての自分が決断し，部下にはそれを明快に示して毅然とした態度を貫くことが，トップとしての責任であると考えていたと理解してよい。それは筋を通すとも言い換えられよう：

> それから，もうひとつはねぇ，これねぇ，電報。これ〔昭和〕59年の2月4日なんだけどねぇ。「今後とも，筋のとおった行政を期待しています。市長がんばれ，若手道職員有志」って，これは，道職員の有志だから。(1999年9月6日，小樽市内での志村和雄へのヒアリング；〔　〕内の補足は引用者)

若手の道庁職員からの激励の電報を紹介する形で，志村は「筋のとおった」市政を貫いてきたという市長の矜恃を示している。

しかも志村には，信任を得た上での市政執行であったとの思いがあった：

> 〔《百人委》は〕9万8千人という，市民の，住民の，過半数の署名があって，その人達が保存を望んでいるんだ，こういうこと盛んに主張する，どこに行っても主張するんですよ。新聞には，そういうふうに発表するって言うんだ。どうもわたしはねぇ，その一，署名というものに対して，疑義があった。なぜかというと，これは，昭和58〔1983〕年の問題ですからね，その昭和58年の4月には，選挙があって，わたしは，臨港線〔計画〕は既定方針通り進めますよということを言って，そして支持をうけて，当選してきてるんです。当時，5万何千票だったかな〔53,903票〕，もらって当選してきている。それが，半年

[8] NHK札幌制作のドキュメンタリー「【北の挑戦者たち・第1回】よみがえれ運河の街：小樽を二分した大論争」(2002年4月5日20:00-20:45放映）を参照。

もしないうちにね，こんなに，大きくね，市民の意見が変わるのかと，わたし，非常に疑義があったんで……〔略〕……。(1999年9月6日，小樽市内での志村和雄へのヒアリング；〔 〕内の補足は引用者)

志村はここで「臨港線は既定方針通り進めますよということを言って，そして支持をうけて，当選してきて」いる以上，自分には市民からの信任があるのだと主張している。彼の信条にしたがえば，方針を明確にして信任を得たのだから，あとは「不安とか動揺を与えないような態度」を貫く必要がある。まして，計画の中途変更は今後の補助金受給に深刻な影響を与えるかもしれないこと（「工事再開を要請しても道路予算の関係上至難である」との見通し）を危惧していた志村にしてみれば，補助金の道筋を途切れさせないことが行政としての最重要な原則──「行政の根幹」──であると考えていた：

筆者：……〔略〕……，運河問題の一番最後の局面で，峯山さんが市役所の前で待ってらして，志村さんが登庁されてきたときに手を合わせて「最後のお願いです，〔運河の保存を〕よろしくお願いします」〔と言われた時〕，その時に「『行政の根幹』に関わることだから，それは出来ないんだよ」とお答えになったと峯山さんからうかがったことがあるんですが，それは本当にそういうふうに〔言われたのですか〕。

志村：いや。それは違うな。峯山さんが私の家に来たことがあるんですよ。

筆者：そうですか。

志村：うん。役所とか，みんながいる前では話せないからね，家に来てもらいました。いろんな運河問題を話したり町のことを話したりしましたけど。「行政の根幹に関わることだ」という言葉はいろんなところで使いました。

筆者：それはどういった意味合いなんでしょうか。

志村：これは思いつきやなんか簡単に決めたもんじゃないよ，ここにくるまではいろんなことをして，最終的にここに到達したものであって，そんないい加減な気持ちでいい加減なことをして，そういう一つの決定したものではないと，それを簡単に変えるということは「行政の根幹」に関わることである，こういうことです。(1997年9月4日，小樽市内での志村

和雄へのヒアリング；〔　〕内の補足は引用者）

筆者の質問に答えて志村は，〈道道臨港線〉計画の推進という決定は「いい加減なことをして，そういう一つの決定したものではない」のであって，「それを簡単に変えるということは『行政の根幹』に関わること」だと言う。「行政の根幹」とは，だから，行政組織が審議を積み重ねて「最終的に」「到達したもの」の継続性を保障することを意味している。道や国との折衝の最終的な成果として獲得される補助金がなければ道路整備ができない小樽市政を預かる者として，「簡単に変える」ことはあってはならないのだというのが，志村の態度であり信条であったことが理解できる。ゆえに「行政の根幹」を守るために必要とあらば，志村は一定の「歩み寄り」をも辞さなかった：

> 「守る会」〔の一参加者〕としては，あるいは，内心ではね，内心では，ここまでやったんだから，もういいのではないかなと思っていた人もいたかもわかんない。うん。だけど，そういう「守る会」全体としては，全面保存でなきゃだめだと，一歩も，出てないですよ。お互いに歩み寄ると，こっちにしてみれば「俺は歩み寄ったよ」と考えたんだけど，向こう〔守る会〕は，結果的に言うと歩み寄ってない。〔そう〕いうかたち。〔事態は〕こういうふうになります。
> （1999年9月6日，小樽市内での志村和雄へのヒアリング；〔　〕内の補足は引用者）

「こっちにしてみれば『俺は歩み寄ったよ』と考えたんだけど，向こうは，結果的に言うと歩み寄ってない」の部分が端的に示しているように，歩み寄ったにも関わらず，《守る会》の側は歩み寄ってはくれなかったと志村は考えていた。保存運動に譲歩しながらも，小樽市政が頑ななまでに〈道道臨港線〉の建設にこだわったことの背景には，以上のような市長・志村和雄の信条と方針があったからだと思われる。

ここまで見てきたように，変化を担った主体とは，運河地区の再開発に直接的・間接的に関わる諸主体であったといってよい。小樽市内の渋滞緩和のために新たな道路が不可欠であると考えた市民，港湾機能の高度化のためには物流インフラとして道路が不可欠であると考えた市内経済界はもちろん，小樽市役所内の港湾部，土木部，都市計画課，港湾関係業界，建設業界といった利害を集約的に表出可能な主体も含まれることになる。小樽市役所内部では，港湾再整備を推進すべき立場にあった港湾部，それに道路工事など市内全域の土木工事全体を受け持ちとする土木部，都市計画道路の計画立案・策定をつかさどる立場にあった都市計画課が，主な道路建設推進側の主体であった。

こうした諸主体は，運河保存運動が臨港線計画に対峙してくる過程で，明確にその姿を現してきた。特に建設業界は，関連業界を垂直に組織化した「建設促進期成会」という任意団体からの陳情という形で，また市役所関係は，市役所から各町内会へという垂直的ルートによる各種陳情書，意見書，上申書という形によって，それぞれ表現されていた。例えば，札幌地区トラック協会小樽支部，小樽倉庫協会，小樽商工会議所内「小樽臨港線整備促進期成会」，小樽港湾振興会（いずれも 1980〔昭和 55〕年 7〜8 月提出）などから，「早期完成」を強く望む旨の意見書が提出されている。

こうした意見書および計画案，そして志村市政に通底する思考として指摘できることは何であろうか。

第 1 に指摘されるべきは，港湾の近代化が喫緊の政策課題とされていたことである。旧式の港湾荷役方式と物流形態を一刻も早く刷新して競合他港に対抗していくかは，戦後の小樽にとって，深刻な問題であり続けた。

第 2 の思考的特徴は，〈空間〉としての運河観であろう。そこには思い出，思い入れなどが入り込む余地はなく，無色透明な立方体，何かをそこに入れるべき「容器」としての把握形態である。そこには歴史が積み重なっていくというとらえ方は認められない。

上の第 2 点目のいわば当然の帰結としてもたらされるのが，第 3 点目の特徴である「再利用」ないしは「リセット」という思考である。「空間の再利用」と言い換えてもよいだろう。「運河論争」当時，多数提出された各種の陳情書も同様に，機能的に不要になったまたは時代遅れになった利用方法は，新たなものに取って代わられるべきもので，常に変化し時代のニーズに適合し続けることが肝要であると繰り返し説く[9]。換言すれば，「有幌倉庫は完全に経済機

［9］ 例えば，小樽運河地区再開発委員会委員長であり，かつ，小樽倉庫協会会長であった菅原春雄は，「臨港線のルートは，昭和 41 年に運河の一部を経由する今のルートを決め，港湾計画でも，

能を終えていたので壊してもよかった」のであり，運河論争時点でまだ現役であった他の倉庫にしても，「一部の〔保存を主張する〕人は〔倉庫の〕外観だけを云々するが，あれは経済活動の器だったので，そうした観点は困ったもんだった」（1993 年 3 月 18 日，小樽市港湾部港湾計画課長へのヒアリング，〔　〕内の補足は引用者）という経済機能の充足／不充足こそが判断基準であった，ということだ。経済機能を終えた空間は，別の機能に取って代わられるべきものなのである。先にも引用したように，「今まで運河そのものも，交通の手段として存在してきた。そして，今度は道路としての使命をもつの」（市政の歩み編集委員会, 1988: 200–201）だということになる。この引用の示すところは，運河は交通手段という機能を果たしてきたが，それが果たせなくなったからこそ，今度は機能的に等価な道路として再利用されるべきだという主張である。

第 4 の特徴は，公共事業の波及効果パラダイムを信奉していたということである。これはある意味では，戦後日本のある時期，広く共有されたパラダイムであったと言えるものであるが，とりわけ財政力に乏しい地方公共団体を取り仕切る立場の者からすれば，それは切実なものであったに違いない。小樽もこのパラダイムとは無縁ではいられなかったどころか，もっともこのパラダイムを信奉する必要があった。

最後の特徴，すなわち第 5 点目は，補助金受給に支障をきたすという予期を共有していたということだ。国と道の補助金をいかに獲得するかが政治家の最重要な評価基準であったとするなら（Curtis, 1971=1971），この点を無視することは現実的ではなかっただろう。ここで重要なのは，実際に補助金受給に支障をきたしたかどうかではなく，支障をきたすのではないかという「予期」が共有されていれば，それは社会的事実となっていく，という点である。事実ではなく予期によっても，人々の行為は制御されたり，自己規制されうることは，多くの社会学的古典が指摘する事柄である。小樽の場合，「行政の根幹」を守るためにという頑なな態度の背景には，この予期があったように思われる。

つまり，変化を担った主体に通底する思考とは，空間は常に更新され，必要

機能的に不要となった小樽運河は全部埋め立て，……〔略〕……」（「臨港線の早期完成と運河地区の再開発について」，1982 年 8 月，小樽運河地区再開発委員会委員長名によるレポート，p. 7，傍点は引用者）と述べている。

とあらばまっさらにした上で一からすべてを作り直し，まったく新たな形での再利用をする，というものであった。都市空間は，機能更新によって非連続なものとなり，かつ，そうした非連続が連続することを厭わない心性に基づいていた。以上が，「変化」を担った主体の論理であったと思われる。

第5章

保存の論理

保存運動にとっての運河問題

前章で見た「変化を担った主体の論理」に対峙し，運河地区の保存を訴えていた諸主体，すなわち「開発に抵抗し保存を主張した主体」の論理はどうであったろうか。以下では，その主要な主体である《小樽運河を守る会》を取り上げ，それらを便宜上，1973年から76年までを前期，1977年から84年までを後期，さらに1985年以降を「ポスト運河論争期」ととらえ，3期に分けて見ていくことにしよう。

1.「文化財」としての運河：運動前期の保存の論理（1973-1976年）

保存運動の前期は，運河を「文化財」として保存することを求めていた。政治的にならず，ただひたすら故郷を故郷たらしめている運河を守りたい——これが前期の大きな特徴であった。ここでは，運河保存運動の立ち上げから活動がほとんど停止しかける1973年から76年の時期を前期と位置づけ，運動の展開を概観してみることにする。

小樽出身で，東京の多摩美術大学を卒業後帰樽した藤森茂男は，市内の有幌石造倉庫群が壊されたことをきっかけに，何とかして小樽運河を守ろうと動き始める。近くで採れる軟石を貼った倉庫が，切妻屋根を連ねて建ち並ぶ有幌地区は，非常に特徴的な景観を成している。小樽の人々にとっては，昔からあるごく日常の景色であり，子供たちにしてみれば，いつもその前を通って運河や港に遊びに行っていた馴染みの風景である。藤森にとってもそれは故郷の景色そのものであった。その有幌倉庫群が取り壊される様を見て，故郷の景色がなくなっていく喪失感と，有幌の次の取り壊しが運河であることの危機感を感じていた。ましてや故郷・小樽の景色を絵筆で表現し，看板美術を生業としていた藤森にとってはなおのこと，慣れ親しんだ故郷の風景の喪失は，「小樽が小樽でなくなってしまう」ように感じられたという（小笠原，1986a: 48-65）。

食品卸売業「越崎商店」社長で郷土の歴史家として高名であった越崎宗一は，1961 年からは北海道文化財保護協会副会長を務め，1966 年からは小樽市文化財審議会会長などを歴任した，地元小樽の名望家層の一人であった。そんな彼にとっても，小樽発展の礎となった運河地区の激変は，堪え難いものと映っていた。藤森も越崎も，運河のすぐ目の前の有幌倉庫群が取り壊されてはじめて，〈道道臨港線〉計画が具体的にどのような変化をもたらすかを悟り，戦慄を覚えたのだった。

先ず，藤森が行動を起こし，1973 年 10 月に《小樽運河を守る会》の結成準備に取りかかる。藤森は市中の様々な人に声をかけてメンバーを集め，1973 年 12 月 4 日，《小樽運河を守る会》発起人会を発足させた。会長には，先の越崎宗一が選出され，事務局長には藤森自身が就任する（表 5-1）。1976 年までの《守る会》は，この 2 人が主要な原動力となっていた。

当時の運動参加者の証言によれば，この時期の運動を担った中核メンバーは約 24 人，男性が 16 人，女性が 8 人，20 歳代後半から 60 歳代までと幅広い。職業としては，郷土史家，学校教員，画家，大工，看板店経営，鉄工所経営，大学院生，喫茶店経営，新聞販売所勤務，専業主婦，などである[1]。先に述べた越崎と藤森の 2 人を，米谷祐司（事業部長），豊富智雄（組織部長），堀井俊雄（財政部長），千葉七郎（宣伝部長）がサポートする体制であった。

運動メンバーの中には左翼系の北海道教職員組合（北教組）に所属する人も

---

［1］ 1997 年 11 月 4 日，小樽市内での峯山冨美へのヒアリングによる。他の資料の中には，24 人ではなく 25 人とするものもあるが，設立当初はメンバーシップの定義や境界も曖昧な部分があり，完全に同定することは困難である。ここでは暫定的に 24 人としておく。

表 5-1　《小樽運河を守る会》の体制（1973 年設立当初）

役職名	氏名	職業・組織
会長	越崎宗一	郷土史家・越崎商店社長
事務局長	藤森茂男	看板美術・株式会社藤森
事業部長	米谷祐司	詩文家・『月刊おたる』発行人
宣伝部長	千葉七郎	画家
組織部長	豊富智雄	教員
財政部長	堀井俊雄	建築家

いれば，自民党支持の中小企業経営者層もいたという。基本的には友人・知人，そして親族（姉妹や母子）という関係性で運動参加をしており，発起人会を中心に，あとは「出てこられる人がやる」という組織体制であった。1974 年 1 月 20 日現在での発起人総数は 183 名で，そのうち文化・教育関係者が 82 名，一般市民が 101 名という構成である（小樽運河問題を考える会編，1986a: 31–32）が，これは友人・知人からの依頼による「名前貸し」を加えての数字であり，実際の人数は 10–25 人ということには変わりはなかったといって間違いない。

では，この時期の運動は何を目指し，何を主張していたのだろうか。運動はいかなる理念に導かれていたのか。運動を担った人びとは何を考えていたのだろうか。こうした一連の問いに答えるためには，保存運動最初期に策定された「会則原案」と，始発期に作成された『運動の手引き』とを資料に考察するのがよいように思われる。

「『小樽運河を守る会』会則原案」は，「この会は道々臨港線工事で埋め立てられようとしている『小樽運河』と石造倉庫群など，周辺の歴史的建造物を郷土の貴重な歴史的文化遺産として保存し」，「そのため関係当局に計画の変更要請をするなど目的達成のために必要な事業を行ないます」（小樽運河を守る会，1974: 8）としている。「必要な事業」とは，関係各方面に対する陳情と一般市民への啓蒙活動であった。

もうひとつの『運動の手引き』から，われわれは運動理念を読み取ることができる：

（二）「小樽運河を守る会」の精神
▽……〔略〕……。

▽思想・信条・職業・年齢・性別のちがいを問わず,「運河」とのかかわりあいや認識の有無,あるいは再開発の方法のいかんを問わず,たゞ一点,「かけがえのない運河を残す!」そのことだけに気持をよせる,全ての市民の,個人的な立場での参加を呼びかけます。(小樽運河を守る会,1974: 1;▽記号および傍点ともに原文)

「『運河』とのかかわりあい」は,運河地区での商売上のつながりや,〈道道臨港線〉工事に関係している業者であるかどうかといったことを指していると考えられる。つまり,政治的な立場を離れた「個人的な立場での参加」による「たゞ一点,『かけがえのない運河を残す!』そのことだけに気持をよせる」,「市民」の運動を目指していたのだった[2]。

引用文中で注目されるのは,「かけがえのない」「気持」などの,通常こうした文書には登場しない,ややもすると情緒的な用語であろう。このことは,同じ『運動の手引き』の別の箇所,運動の「原点」を記述している部分で,一層顕著である:

○「運河」を残そうとする市民の心には,やはり懐古的な情緒の面が少なからずあることは事実です。いや,ほとんどといってもいいでしょう。

なんともいえず「運河」はいい,埋められるのは,かわいそうだ……これは理くつをこえたものです。

……〔略〕……。

私たちの運動は,この「小樽っ子の郷土愛,その一人ひとりの心の底にひそむエネルギーを原点としている」といえます。(小樽運河を守る会,1974: 11;○記号は原文,傍点は引用者)

引用によれば,「理くつをこえた」「懐古的な情緒」としての「郷土愛」こそ

[2] 運動組織の生成段階からいっても,その力量からいっても,意志決定に関する細則や議決ルール等を厳密に規定しておく必要は,少なくともこの時期においては,ないと判断されていた。であるからこそ,「出てきた人で決める」という程度のものであったわけだ。もっとも,「『運河』とのかかわりあい……を問わず」,「個人的な立場」など,様々な党派利害について一応の配慮は見られるが,決して十分なものでなかったということは,運動の最終局面で明らかとなってくる。

が，《守る会》の「精神」であることがわかる。こうした《守る会》の「精神」の背景には，「政争の具にされたくない」という越崎や藤森の配慮があったという（小笠原，1986a）[3]。敷衍するなら，情緒的ともいえる用語群を使用することによって政党や政治運動とは距離を取り，穏健な文化運動として話し合いと陳情を行い，その中で運河の全面保存をはかろうとするものであったと考えてよい。彼らにとって保存運動はあくまで文化運動であり，政治運動ではなかった。

こうして出発した《守る会》は，翌日から稲垣市長（当時），市議会正副議長，各党の代表，地元選出の道議会議員，北海道土木現業所に対して陳情を行っている。またこの間，12月10日には市長・助役に，13日には土木現業所に対して，それぞれ《守る会》側の代案を提示している。当時の陳情内容を，以下の陳情書要旨が雄弁に物語っているので，少々長くなるが引用しよう：

> 陳情者〔住所省略〕
> 小樽運河を守る会会長 越崎 宗一
> 要旨
> ……〔略〕……。
>
> 運河を中心とする小樽港の息吹は，小樽に生き，また小樽を育ててきた幾世代にわたる市民の一人ひとりの生活と感情の中にとけこみ，たくましく再生しつつ，戦前，戦後を通じて，郷土小樽の史的形成に欠くべからざる重みをもって位置している。「運河」そのものの史的価値はむろんのこと，その周辺の特異な構築をみせる石造倉庫群は，全国にも他に比すべきもののないほどみごとなものであり，近年とみにその文化的重要性が認識され，数多くの専門家に研究調査され，折紙をつけられている。……〔略〕……。
>
> 私たちは運河のもつ現実的所産に加えて，精神的，文化的，観光価値は，まさに小樽独特のものであり，今後の小樽の発展をになう次の世代にとっても，また先人の偉業と労苦を学びながら，未来への勇気ある展望を切り開くひとつの道しるべとして受け継がれるべき大きな存在である。
>
> このような立場から，仮に時代の変化や開発の要請から小樽運河が消滅することは，それがいかに全部ではないとはいえ，はなはだ無念なことである。そ

---

［3］ 1993年3月16日，小樽市内での中一夫からのヒアリング。

の損失がもたらすであろう意味合いを，単に懐古的感情論として退けるわけにもいかない市民的大きな関心事である。もとより，私たちはふるさと小樽市発展のために必要な開発計画に反対するものではなく，港湾を重点とする地域開発には多くの期待を寄せ，そのための臨港道路の最も有効適切な建設には賛意をもつものである。

問題は，「小樽運河」は無用の長物とし，都市計画のじゃまものであって，運河を埋め立てることなしに開発は不可能であるという判断や計画である。その視点がほんとうに心ゆたかな多くの市民の共感と支持を得られるかどうか大きな疑問をもつ。

昭和四十二〔1967〕年臨港線計画決定の際は，市サイドから積極的な意向が寄せられなかったかに承っているが，遅ればせながら，いま一度「運河とその周辺」の存在意義を再認識し，設計変更の余地がないかどうか検討することは，大きな意義があると考える。私たちは，都市計画や臨港道路に反対するということではなく，百年のふるさと開発に大きく貢献したいと願い，老若男女，思想・信条を問わず，広く市民の結集を図りつつある。会は，運河を迂回する妙案と，残したあとの再開発計画など諸問題について，市民的立場から，より一層の研究を重ねるとともに情熱をもってこの運動に取り組む覚悟である。計画変更については，とりあえず図面で当会の代案を提出するが，再度計画審議の時と場を求められるよう陳情いたします。（「運河の保存方について」，工営委員会付託陳情第161号［1973年12月17日受理]，原文ママ，引用は小樽運河問題を考える会編〔1986a: 25-26〕による。〔 〕内の補足は引用者）

引用からも明らかなように，「私たち〔《守る会》〕は運河のもつ現実的所産に加えて，精神的，文化的，観光価値は，まさに小樽独特のものであり」，「受け継がれるべき大きな存在である」ととらえ，「問題は，『小樽運河』は無用の長物とし，都市計画のじゃまものであって，運河を埋め立てることなしに開発は不可能であるという判断や計画」であり，「その視点がほんとうに心ゆたかな多くの市民の共感と支持を得られるかどうか大きな疑問をもつ」（〔 〕内の補足は引用者）としている。つまり《守る会》は運河とその周辺地区とを一体のものであるととらえ，そこに「精神的，文化的，観光価値」を認める。したがって，そうした価値を持つ「小樽独特の」運河を「無用」であると位置づける市当局の〈道道臨港線〉計画に再考を要請していると要約できるだろう。

しかし，《守る会》が決して道路計画自体に「反対」しているわけではなく，そのルートの見直しを要求していた点に注意しておかなければならない。以下に「陳情第161号に対する提出者の趣旨説明」を引用しよう：

> 「休憩中に行なわれた陳情第161号に対する提出者の趣旨説明」
>
> ○小樽運河を守る会会長　越崎宗一氏
>
> 南浜から北浜までの運河は過去半世紀にわたり小樽のために経済的に尽くしてきた。北海道でも内地でもなかなかあれだけ大きい運河はない。私ども子供のときは運河はきれいで泳いだり，魚を釣ったりして非常によかったので，何とか運河をつぶさず残す方法がないか，そのような気持で，若干の人間が発起人となり，運河を守る会をつくった。
>
> 昨年〔1973年〕12月初め，市長に会って陳情したが，市長は，話はよくわかるが，昭和41年の港湾審議会ですでに決まっており，工事も進んでいるのでいまさらやめることはできないということであった。その際市長は，運河を埋めるなということはバイパスをつくるなということかという話があったので，われわれは欲ばりかもしれないが，運河を埋めずバイパスは別なところにもっていきたいと言ったところ，市長はちょっと考えられないということであった。……〔以下略〕……。(1974〔昭和49〕年2月15日，工営常任委員会での越崎宗一氏の発言，小樽市議会事務局所蔵「工営常任委員会会議録」『自昭和46年至昭和49年工営常任委員会会議録』〔登録番号157号〕より引用；引用文中の〔　〕内の補足および傍点は引用者)

「説明」を読めば，小樽市の発展の必要性とバイパス道路の必要性の2点は，市当局と《守る会》との双方に認識されていたということである。だからこそ《守る会》は，その当初から運河を埋め立てずに道路を建設可能な代替案を提起していた (小樽運河を守る会，1974: 5-6)。その「代替案」とは，以下の3案[4]であった (図5-1)：

[4]　この代替案の第3案には，細部が若干異なる2つのヴァリエーションがあり，厳密に言えば代替案は5つということになるが，ここでは《守る会》のパンフレットなどの原資料に拠って3つとしておく。

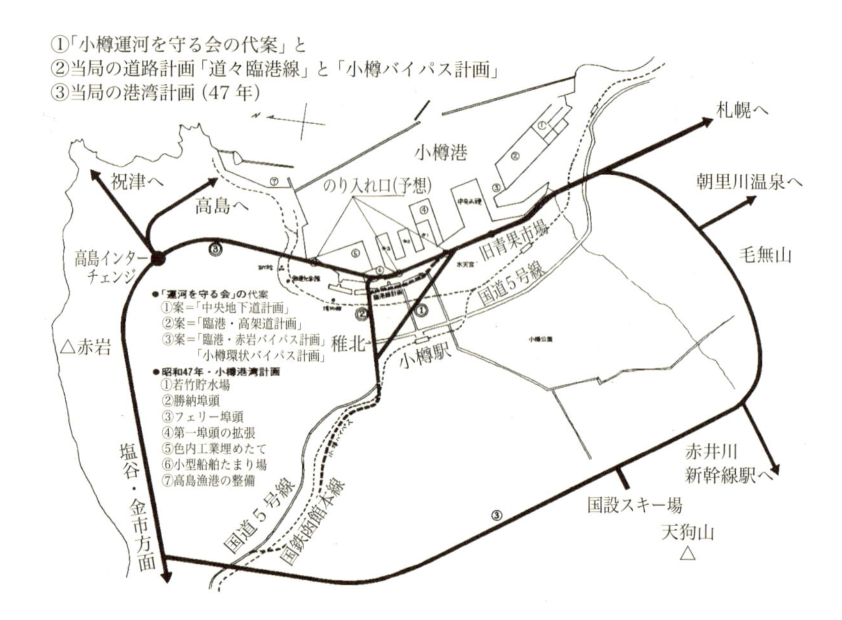

図 5-1 《小樽運河を守る会》による代替案

（出典）小樽運河問題を考える会編（1986a: 31）。ただし，図中の文字の一部を拡大した。

(1) 中心市街の地下をトンネルで抜ける「中央地下道計画」

(2) 埠頭の基部を通し，一部高架を含めて稲北交差点へと繋ぐ「臨港・高架道計画」

(3) 埠頭の基部を通し，高島・赤岩地区まで大きく迂回させる「臨港・赤岩バイパス計画」

陳情と 3 つの代替案を受けて稲垣裕市長（当時）は，以下のように語ったと報道された：

> これ〔《守る会》の陳情〕に対し，市長は「運河はできるだけ残したいと思うが，運河を埋めて道道臨港線をつくる計画はすでに決定しているし，周辺の石造倉庫と合わせて保存するにはばく大な金がかかる。道路の建設は小樽の死活問題で，港湾関係業者には『運河が小樽発展のネックになっており，全部埋

めてほしい』という声が強い」などと述べ，運河保存の難しさを指摘した。
(「運河問題十年の歩み」第1部第8回，『朝日新聞』道内版，1983年12月13日付，〔　〕内の補足は引用者)

基本的には，既に決定を見た通り〈道道臨港線〉を建設する意向に変わりがないことを示しており，代案も真剣に検討されたわけではなかった。さらに第4回小樽市定例市議会においても運河保存問題に関する陳情が審議されたが，市議会は結論を出さず，《守る会》の陳情を「継続審議」とし，閉会した。この段階では，《守る会》は市当局にとっては未だ重要な敵手であるとは認識されていないが，動き始めた保存運動の動向を一応見守っておこうとしていた，と考えてよいだろう。

陳情第161号が出され受理された後，翌1974年1月から3月にかけ，小樽倉庫協会と小樽商工会議所が〈道道臨港線〉の早期完成を求めて市議会に陳情書を提出して「反撃」を開始し，運河をめぐる道路派と運河保存派との陳情合戦が始まる[5]。市は，すでに札幌側から開始されていた工事を予定通り進めながら，運河問題情勢を見守っている段階にあったが，折からのオイル・ショックのあおりで建設工事が大幅に遅れていることを幸いに，《守る会》は積極的な街頭行動に出る。市内のデパート催事場において開かれた「大運河展」(1974年2月23〜26日)，街頭での演説会などはその一例である。

1974年4月16日には，以上のような動きを踏まえて，小樽青年会議所(JC) が「運河問題討論集会」を主催して，運河問題を全市に知らせるきっかけをつくった。市の助役と土木部長，《守る会》の会長と事務局長，それに一般市民をも加えた約100人が出席して2時間半にわたる討論を繰り広げたが，両者の主張は平行線を辿るのみであった（「運河問題十年の歩み」第1部第21回，

[5] この時期，小樽倉庫協会と小樽商工会議所が〈道道臨港線〉の早期完成を求めて市議会に陳情書を提出し，さらに運河や埠頭に近い堺町と色内港町の両町内会からも道路の早期完成を望む陳情書が提出されている（宮野編，1975: 27-29)。これ以降，道路建設派と運河保存派の双方からの陳情が繰り返されていくことになる。その様子を『朝日新聞』は「〔小樽〕市議会に提出された陳情・請願は，議会事務局によると，〔昭和〕48〔1973〕年末に小樽運河を守る会が結成されてから，〔昭和〕59〔1984〕年3月までに計77件を数える」(「運河問題十年の歩み」第2部第1回，『朝日新聞』道内版，1984年5月8日付，〔　〕内の補足は引用者）と報じている。

『朝日新聞』道内版，1984年1月14日付；小樽運河問題を考える会編，1986b：274)。この討論集会以降，最終局面を迎えるまで，青年会議所は明確な立場表明をついに一度もしなかった。

1974年5月から6月にかけて，《守る会》事務局長・藤森は，その後の運動展開を模索するため，〈町並み保存〉の先進地域といわれる倉敷や妻籠を訪れ，現地の人々との交流を行った。これは，文化財保護行政が「点から面へ」と変化しつつあった時期の，町並み保存運動先進地の動きとその原動力を肌で学ぼうとする「町並み行脚」であった（木原，1982：1-58)。自営業者ゆえに可能であった3週間にもわたるこの国内縦断の旅は，他の町並み保存運動との交流の先鞭を付けたということができる[6]。そして藤森は，旅の最後の1974年6月1日，東京の文化庁文化財保護建造物課を訪れて陳情し，その席上，運河とその周辺の石造倉庫群が優れた遺産であるとの国の見解を引き出している（小笠原，1986a：59, 101-103)：

……〔小樽市に対して，いくら運河の市民的価値を語っても〕らちがあかないものですから，文化庁へ行ったわけですよ。資料全部かついでいったわけですよ。そうすると驚くなかれ，文化庁の最大の実力者である伊藤伸男〔ママ，正しくは「延男」〕，文化財保護の建造物課長。……〔中略〕……。今年はじめて群としての本格調査をやってよろしいという予算がついたの。街並み保存の調査をしたいというね。それに伴なって，条令の改正も議員立法で進めている最中なんですよ。それでね，〔文化庁は〕全国にあたりをつけて歩いたんですよ。それで小樽にも見に来たんですけれど，その感触はいかがなるやということを〔僕は伊藤課長に〕聞いたわけですよ。そうしたら，極めて価値は高いということですよね。僕，びっくり仰天してしまいましてね。文化庁でさえ，はっきり言ってるわけですよね。(石塚雅明，1975：80；原文ママ，藤森の語りを文字起こししたもの。質問者は石塚雅明，〔　〕内の補足は引用者)

「文化庁でさえ」の部分には，外部の者，それも小樽から遠く離れた東京の

［6］その訪問先を訪問順に挙示すれば，大阪—神戸—倉敷—岡山—京都—奈良—三重県亀山—名古屋—岐阜県高山—長野県妻籠—名古屋—横浜—東京となる（「運河問題十年の歩み」第1部第22〜28回，『朝日新聞』道内版，1984年1月18〜26日付；小笠原，1986a：101-103)。

文化庁「でさえ」運河の価値を語っているのに，地元・小樽ではまったくそれが理解されていないという，藤森の苛立ちが顕れている。

宮野政雄編（1975）の「行脚」の記述も，上の藤森本人の弁を傍証している：

> 運河を守る会の藤森事務局長は〔1974年〕5月31日，リュックを背にした姿で文化庁をおとずれ，小樽運河の保存方を訴えたが，このとき，文化庁文化財保護部建造物課長の伊藤延男氏は「文化遺産として価値は高い。運河周辺の百棟もの石造倉庫群は日本一だ。道路をつくれば，これらはこわされてしまうだろう。法改正（個から面群へ）を待たずに調査を行ないたい。市から申請があれば直ちに予算をつける」と言ったという。（宮野編，1975: 30；（　）内の補足は原文，〔　〕内の補足は引用者）[7]

藤森が「リュック」姿であったのは，本人が「資料全部かついでいったわけですよ」と言うように，小樽の資料や保存の署名簿などを詰め込んで持ち歩いていたからだ[8]。引用に見られるように，運河景観は価値が高いという文化庁の見解を引き出したことが，この「行脚」の最大の成果であったわけだが，国には調査する意思も準備も整っていることを明らかにした点も見過ごせない。保存運動にとってこの見解は，国がそこまで言っているのに依然として小樽市は価値がないと言い張るのか，と市行政を攻める材料になりえるという意味で重要であった。だが同時に，「小樽運河問題」はあくまで地元小樽の問題であり，文化庁としては小樽市からの申請がない以上，調査等を始めることはできないという文化庁の姿勢は，小樽市に申請をさせるという課題を保存運動が自ら成し遂げねばならないということでもある。国は自動的に関与するわけでは

［7］宮野は，藤森の文化庁訪問を「5月31日」としているが，小笠原（1986a: 103）は「6月1日」としている。ただし，同じ小笠原（1986a: 59）では「昭和49年5月には藤森茂男事務局長が文化庁に陳情した」と書かれていて，矛盾している。そこで本書では，藤森本人から取材した朝日新聞・進地三雄記者の「6月1日」とする記述にしたがうこととする（「運河問題十年の歩み」第1部第28回，『朝日新聞』道内版，1984年1月26日付）。

［8］この記述は，「藤森さんは，リュックサックやふろしきに持ってきた資料，署名を『文化庁の床に広げた』という」（「運河問題十年の歩み」第1部第28回，『朝日新聞』道内版，1984年1月26日付）とも符合する。

ないということであり，保存運動にとっては，関与可能な場や機会を自ら作り出さねばならないことを意味していた。

とはいえ，国の見解は保存運動にとって大きな追い風であったことは間違いない。中央省庁の見解が報道される状況のなかで，小樽市当局も問題を静観しているわけにはいかなくなり，1974 年 12 月の市議会工営常任委員会は，《守る会》の保存陳情（既述の陳情第 161 号）の不採択を決議し，道路建設促進を求める陳情のみを採択した。運河保存を支持する野党は継続審議として十分に時間をかけることを主張したが，道路建設を推進する自民党側はすぐに結論を出すべきだとして対立していた。紛糾する同委員会は深夜までもつれこみ，休憩後のわずか 1 分で決議が下されるという異例の事態を迎えた。この工営委員会の決議が「強行採決」であったとの評価もある（小笠原，1986a: 86；「運河問題十年の歩み」第 2 部第 3 回，『朝日新聞』道内版，1984 年 5 月 10 日付）が，ここで重要な点は，問題を早期に片付けようとした稲垣市長（自民）側の動きであろう。保存運動が力をもった敵手に育ってしまう前に問題を片づけたい —— これが市長側の意向であった。

陳情を不採択にされた《守る会》は，今度は道路建設の事業主体である北海道議会に陳情書を提出し，1975 年 3 月に全会一致で採択される。それは一定の成果ではあるとはいえ，政治的に大きな力になったわけではなかった。なぜなら，北海道は事業主体ではあるが，小樽市の要請を受けて行われる公共事業である以上，地元のコンセンサスを尊重したいとの意向があり，結局，問題は地元次第という形となったからである。文化庁や道議会という外部の権威を利用して外堀から攻めるという運動のやり方は一定の効果をもったとはいえ，結局のところ，地元に差し戻されることになった。

1975 年 4 月，稲垣市長が引退するのに伴い市長選挙が行われた。稲垣市政で助役を務めた志村和雄（自民党推薦）と，《守る会》組織部長であった豊富智雄（社共推薦）との間で戦われた市長選では，「運河問題」は重要な争点とはならず，志村の圧勝に終わる。志村は，計画がすでに決定をみており，《守る会》も計画に反対しているわけではないとして，選挙期間中は「運河問題」への言及を避けていた。他方の豊富は，政争の具にしないという《守る会》の「精神」どおり，《守る会》からの推薦や支持を受けたわけではなかったが，運河保存を主張していた。争点がかみ合わない選挙戦は盛り上がりに欠け，選挙結果からは「運河問題」がいまだ最重要な政治問題とされてはいなかった，と判断するのが妥当である。

しかし，「保存の論理」という点で興味深いのは，この時点での運河地区の保存の必要性が常に「文化財」の延長上でイメージされていた点であろう。「懐古的な情緒」を喚起する運河地区は貴重だからいじらずにそのまま残せ——これが運動前期の保存の論理であり，レファレンスとして照準されていたのは文化財保護運動であった。会長の越崎が小樽市の文化財審議会会長を歴任していたからということだけでなく，運動開始当時，貴重なものを残そうとするときに真っ先に参照される枠組みが，文化財保護であったからでもある。だからこそ，藤森の「町並み行脚」の最終目的地は文化庁でなければならなかったのであり，《守る会》は文化財保護行政における調査を求めていたのだ。

選挙から2ヶ月後の1975年6月24日，徐々にではあるが会員数をふやしつつあった《守る会》は，市内で設立総会および文化集会を開き，正式に発足する。会側の発表では当日の出席者数は約100人，会員数は1,200人であった（小樽運河問題を考える会編，1986a：47-51）。会員数については，先にも述べたように「名前貸し」といったレヴェルのものも含まれていたが，これは運動に影響力を持たせるため，実態よりも運動を大きく見せる戦術であった[9]。

正式に発足した《守る会》は，市に対し保存か埋め立てかを再考するための総合的な調査を提案する。1975年8月，市理事者と《守る会》代表がこの調査に関して，第1回目の懇談会を持ったが，調査の実施形態や人選，果ては調査の前提をめぐって紛糾し，計7回の折衝にも拘わらず合意に達せず，1976年9月には打ち切られてしまう。自分たちの側に有利な調査体制をと双方が引かなかったがゆえ，合意にいたらず，調査自体が立ち消えになってしまった。陳情と懇談会による「話しあいによる解決」を望んでいた《守る会》は，以後，決め手を欠いて停滞してゆくことになる。事務局長の藤森の家業にも「陰湿な圧力」がかけられ始め（「運河問題十年の歩み」第1部第34回，『朝日新聞』道内版，

---

［9］　例えば，「市民運動もそういう意味では政治さ。10人の組織をいかに大きく見せるかが大事だったのさ，戦略的に」（1988年9月16日，小樽市内での山口保へのヒアリング）といった発言をあげておこう。

1984年2月3日付)，1976年6月末，藤森は事務局長を辞し，同じ年の10月19日には《守る会》会長の越崎が自殺する[10]。保存運動がらみのいやがらせでノイローゼ気味だったとも，ホテル経営のつまずきで落ち込んでいたとも言われているが，もはや真相はわからない。

しかし真相がどうであれ，会長の自殺と事務局長の辞任が運動に及ぼした影響は甚大で，「運動の中心メンバーが経済的しめつけで脱落するなどして昭和51〔1976〕年には運動が停止しかけるまでになる」(佐々木編，1983: 11；〔 〕内の補足は引用者)。初期の執行部に名を連ねた人々は，このころまでにはほぼ全員が運動から離れている。すでに計画決定されて7年以上が経過し，かつ予算が執行されつつある事業を相手にするという困難さもあって，文化財保護運動をひな形にした運動展開は新たな展望を切り開くことができず，打つ手を失い，停滞を余儀なくされていった。

この時期，すなわち保存運動前期の主張を端的に要約すれば，運河は貴重な「文化財」であり，郷土小樽のアイデンティティであるから，〈道道臨港線〉のルートを変更して，運河を全面保存すべきである，となるだろう。変化に抵抗する論理は，「文化財であるから」だったのである。

したがって，この時期の運動は問題を提起するにとどまり，市側からの譲歩等は一切引き出しえなかった。小樽運河とその周辺の〈町並み〉が，貴重で守るべき環境であるかどうかという実質的な論議はなされず，計画の再検討を要求する運動に対して，市側は「すでに決定ずみ」との手続き論に終始していた。運河の価値を心情的に語ろうとする保存運動と，価値云々以前に，すでに決定

［10］ 札幌から小樽の保存運動を応援し，《小樽運河を考える会》を率いていて内部事情に詳しかった小笠原克は「追討ちをかけるように，この年〔1976年〕の10月，会長の越崎宗一さんが自殺した。ホテル経営のつまずきでノイローゼにかかっていたといわれるが，《守る会》には大変なショックであった」(小笠原，1986a: 105) と書いている。朝日新聞の連載記事「運河問題十年の歩み」第2部第30回，1984年6月19日付記事も「自殺」と報じている。なお，田村喜子は「藤森が事務局長を辞任して間もなく死亡し，時をおかずに越崎が急死した。二人の死因が実は病死ではなく，自ら命を絶ったという噂は関係者のなかで語られていた」(田村喜子，2009: 96) としているが，死因とその時期は事実とまったく異なる。藤森が事務局長を辞したのは1976年，脳血栓などで3回も倒れながらも「運河画廊」を開設・経営し，講演直後に発作で倒れて亡くなったのは，越崎が亡くなってから11年後の1987年1月13日であった。以上から，「小樽運河再生のドキュメンタリー」と銘打たれた田村 (2009) の記述の信憑性には疑問が残る。

済みで予算執行中の事業であるとして変更に応じない小樽市——議論の位相を異にする両者は不可避的にすれ違っていかざるをえず，運動は十分な政治的対抗力をもつことはできなかった。問題は解決せぬまま，道路建設工事だけが静かに進められていった。

2.「観光資源」としての運河：運動後期の保存の論理（1977-1984年）

では，ほとんど停止しかけるにいたった運動のその後の展開はどうであったろうか。また，この時期の運動理念やメンバー構成で特徴的なことは何であったろうか。ここでは，1977年から84年を後期と位置づけ，運動側から見た「運河戦争」の展開を概観していくことにしよう。

先ずはこの時期，ごく一般の住民から見た「運河問題」とはどのようなものであったのだろうか。

当初，それは両義的な性格をもったものと言わねばならない。換言すれば，無関心か，臭気問題かのどちらかであったということだ。運河問題が長引くにつれ，問題化している場所としての認知度は高まっていった。その意味では，無関心ではなかったことになる。しかし，実際に運河をどうすべきかについては，運河をどのように経験しているかによって差異があり，小樽市民全体としてとらえると，両義的な性格をもっているように思われる。経済機能を十分に果たさなくなった運河という空間は，艀も出入りがほとんどなくなり，市民にとっての重要性は低下していった。古い船がうち捨てられて沈船と化し，市民も粗大ごみを夜陰に乗じて捨てていき，いつしか市のヘドロ浚渫も滞っていく。ごく一部の絵描きたちと，釣り人たちだけが立ち寄る場所になっていた。

無関心の結果として，運河問題は臭気問題でもあった。堆積したヘドロが発生させるメタンガスとその臭気は，運河の近くに住まう者や，そこで仕事をする者たちにとっては，深刻な「公害問題」であったわけだ。運河の目の前で働く人の証言を聞こう。「協和浜ビル」（1933〔昭和8〕年建築，鉄筋コンクリート造4階建，市指定歴史的建造物）という，運河に面して建つ事務所ビルで働く人の声である：

●——……〔略〕……。話しが変わりますが，現在，運河がつぶされるという話についてはどうですか。

○——これは，はっきりしています。私らとしては，運河としては，始まりなの。各河川から〔運河に〕集中的にゴミが流れてきて。小樽市とすれば，ドロあげ船で，2〜3 m ちかく掘り下げて，ドロ船でもって沖へなげてくる〔捨ててくる〕んだわ。それを，市が赤字々々のおりだから，そういうことをしなくなったんでしょう。そうすると，夏になるとメタンガスが底からうんでくる〔沸いてくる〕ものだから，この辺の住民みんな臭くて，閉口してるんだわ。

●——かなり臭いですか。

○——かなりどころではないわ。民家がこの通りにはそんなにないでしょう。だから，騒げないのであって，各民家であったんなら，とうにもう声がかかってつぶすか，埋めるかしてるでしょう。ハエは多いし，臭いし，とてもやりきれない。夜なんか，真夏など，寝ていてものどをやられてしまう。だから今，運河埋め立てということをさかんに唱えているでしょう。ああ，結構なことだと思っている。誰も反対する者，一人もいないワ。この通りには。一方では運河保存会だとか，結局，絵書さんだとかの反対もあるだろうけどさ。（石塚雅明，1975: 193；原文ママ，●は質問者である石塚雅明を，○は回答者を示す。〔　〕内の補足は引用者）

「この辺の住民みんな臭くて，閉口してるんだわ」というほどの臭気があるのだから，運河を埋め立てるべきであることは「はっきりしてい」る，という。しかし，運河から離れた山の手に住む者にとって臭気問題は，問題があることすら知られていない。計画決定されて 7 年以上にわたり何ら反対がなかったのは，この無関心と，臭気問題解決のためにはすぐに埋めるべしという住民の賛意があったからにほかならない。このように運河問題とは，運河の間近に住む者の切実な要求としての臭気問題対策と，運河を遠くから眺める者の願いとしての原風景保存という両義的性格をもったものであったように思われる。

しかし，《小樽運河を守る会》が結成され，陳情や署名活動が始まり，新聞報道が増えてくるにつけ，市民の意識にも変化が顕れてくる。では，市民はどの程度関心を示し，運河の埋め立てに反対であったのだろうか，賛成だったのだろうか。残念ながら，この時期の「運河問題」に対する市民意識を示すデータはほとんど残されていない。ここでは，唯一，筆者が入手したものを紹介することにしよう。

1977年6月，一般市民にとっての「運河問題」の意識構造を明らかにしようという調査が，小樽商科大学の有志学生が組織する「小樽経済史研究会」によって実施された。学部3年生7名の行った初歩的な意識調査ではあったが，管見では他に類するものがなく，この時期の一般市民の動向を知る上で非常に興味深い。

「小樽経済史研究会」調査の目的は，「小樽の経済中枢を担う役を終えた運河ではあるが，それが小樽市民の意識の中に，どのように定着しているかは非常に興味のある」点であり，したがってこの調査は「今まで明かにされたことのなかった」「小樽運河と，現在の市民との間の意識の繋がりを探る目的で行なわれた」（小樽運河を守る会編，1977：69）ものである。調査実施の詳細は以下の通りである：

・調査期間：1977年6月5日（日）〜6月19日（日）
・調査方法：戸別訪問によるヒアリング
　回答を調査員が記入（他計式）
・サンプル数：800世帯（有効回収率のデータ挙示なし）
・抽出方法：小樽市全域を15地区に分け，1地区当たり40〜80世帯を無作為抽出（各地区の人口比に従った）
・回答者の属性：全回答者のうち，6割が女性
　全回答者のうち，年齢40歳以上が7割強
・調査内容：5つの設問のみ

設問（1）「あなたは，小樽運河を知っていますか」
設問（2）「あなたは，小樽運河に行ったことがありますか」
設問（3）「あなたは，運河が道路になろうとしていることを知っていますか」
設問（4）「あなたは，運河が道路になることについてどう思いますか」
設問（5）「あなたの小樽に関する印象と意見をお聞かせ下さい」（自由回答）

（都市遺産研究所編，1977：69-75；「小樽運河46％が『残して』」『朝日新聞』小樽市内版，1977年9月9日付朝刊；「初の『運河意識調査』まとまる」『北海道新聞』小樽市内版，1977年9月9日付朝刊）

表 5-2 小樽経済史研究会の調査結果（設問 1〜3 までの集計）

設問(1)：あなたは，小樽運河を知っていますか	
はい	95
いいえ	5
設問(2)：あなたは，小樽運河に行ったことがありますか	
はい	80
いいえ	20
設問(3)：あなたは，運河が道路になろうとしていることを知っていますか	
はい	80
いいえ	20

（備考）小樽運河問題を考える会編（1977：69-75）。

回収率や有効回答数が不明であるという致命的な欠損があり，再分析はおろか，データの信頼性も判断しかねるが，現在では類例のない調査結果であることに鑑み，以下で結果を一瞥しておこう。

設問（1）では調査対象を認知しているかどうかが聞かれているが，95% の市民が知っていると回答しており，実際に運河まで足を運んだことがある人は 80% であった。問題の〈道道臨港線〉計画を知っているかどうかを尋ねる設問（3）に対し 80% の人が「知っている」と回答している。すでに述べたように，運河問題の認知度は高まっていたことが見て取れる（表 5-2）。

運河の埋め立て・道路化を支持するのか，それとも運河保存を支持するのかについては，全体の 46% が運河保存を支持しており，27% が道路建設を支持，残る 27% の人が「わからない」または「無関心」と回答している（都市遺産研究所編，1977：72）。

しかし，すでに述べたように調査方法の詳細や，回収率，有効回答数が不明であるため，ある一定の条件で調査した結果，このような比率の意見分布であったとしか言いようがなく，信頼性などは問いえない。それでも，これを報じた新聞記事を見る限り，この時期の小樽に投げかけた影響は大きかったと言えそうである（「"論争" に問題提起」『北海タイムス』，1977 年 9 月 9 日付朝刊）。

1977 年 10 月，志村市長は「運河についての調査は埋め立てを前提として市単独で行なう」と発言し，《守る会》の反発を招いた（小樽運河問題を考える会編，1986b: 275)。先にも述べたように，こうして市と《守る会》との合同調査は流れたが，翌月には《守る会》側は日本科学者会議北海道支部公害委員会，北海道大学建築史研究室，北海道大学都市遺産研究所，それに既述の小樽経済史研究会のバック・アップを受けて『小樽運河総合調査報告書：中間報告』を発行する（小樽運河を守る会編，1977)[11]。同じ11月，小樽商工会議所が中心となって〈小樽臨港線整備促進期成会〉を結成して反撃の足掛りとしていくが，《守る会》への支援も大きな広がりを見せてくる。1978年5月からは財団法人・観光資源保護財団が運河の調査を開始し，6月には札幌に《小樽運河問題を考える会》が結成されて道内の文化人が集まって《守る会》を支援することを決議している。さらに，7月には〈道道臨港線〉による立ち退きが予定されている稲北地区商店街に〈道道臨港線既定ルート案に絶対反対する住民の会〉が結成される。単なる陳情だけに終わらず，調査やその成果の出版といった形で世論に広く訴えはじめた保存運動は，もはや「文化財」というフレームを超え始めていた。

では，なぜ，それが可能となったのだろうか。

後期の運動を特徴づけるのは，何といっても外部からのメンバーの補給である。脱落した主要メンバーに代わって，当初副会長だった主婦の峯山冨美（当時60歳）が会長となり，さらに小樽以外での生活経験を持つ〈Uターン組〉と小樽以外からの〈流入組〉の参加をえて，《守る会》はにわかに活気づいていく。新しく加わった彼らは，一度抜け出した小樽という地域社会に様々な理由でもどり，あるいは流入してきた20〜30歳代の若者であった。

彼らの参加動機は，前期を担った層とは異なり，「われわれのような若者が小樽で生きていけるよう，若者にも仕事のある町にしたい」「小樽で生きる以上は，ここで『燃えられる』ことが欲しい」というものが多い。例えば，地元

[11]　A4判で手書き185頁の報告書で，発行は《小樽運河を守る会》であるが，奥付には「編集責任　都市遺産研究所」とのみ記されている。この報告書の序文には，村松貞次郎（東大工学部教授／当時，以下同様），吉阪隆正（早大理工学部教授），越野武（北大工学部助教授），長谷川堯（建築評論家），伊藤ていじ（工学院大学教授）といった，錚々たるメンバーが寄稿しており，後述するように，この時期の《守る会》の力量と拡がりとをよく示しているように思われる。

の有力者の家庭を飛び出しヨーロッパ放浪を経て帰ってきた佐々木一夫（通称，興次郎）や，蕎麦屋の二代目でありながら学生運動のリーダーとして東京で活動していた小川原格，学生運動に絶望し，外国移住を前にした国内旅行で何気なく立ち寄ったまま小樽に定住してしまった山口保など，その背景は様々だが，小樽という土地を自覚的に選んで生活しようとする点に共通点を見出すことは可能である。そうであるからこそ「住むからには燃えられる何か」が必要であり，意識的に地域社会に関わっていきたいという欲求が，運動参加の原因の一つとなりえたのである。「文化財保護」というひな形は，彼らにはもとから存在していなかった。

また山口と小川原に特徴的なように，彼らの学生運動の敗北経験が，一足飛びに国政を問題にするのではなく，人口規模からいって見通しのきく地域社会でのイシューに徹底的にこだわるなかから展望を見出そうという方向を指向させたといってよいだろう（堀川，1994a）。例えば，山口は自らの小樽への関わりを「国というレベルではなく，地方都市のレベルで何とか成果を，という取り組み方」と自己規定している[12]。

さらに，北海道大学工学部建築学科で同窓の，通称〈北大三人組〉の参加が決定的に重要であった。この若手建築・都市計画家3人（柳田良造，石塚雅明，森下満）は強力なシンク・タンクとして，行政と対等に渡り合える実力を運動に与えたということができる。たとえば彼らは，誰にでも理解可能な図面を描いて一般市民に保存の意図を伝えるだけではなく，道路構造令と〈道道臨港線〉計画との詳細な検討から両者の微細な齟齬を見出して計画が孕む問題点を論じるなど，都市計画行政の専門用語と運動の主張とを「翻訳」する役目を担っていた。以後，この〈北大三人組〉から国内外の〈町並み保存〉の最新情報が提供され，彼らの発表する論文や研究ノートを介して学界の大物たち――村松貞次郎（東大工学部教授／当時，以下同様），吉阪隆正（早大理工学部教授），長谷川堯（建築評論家），伊藤ていじ（鄭爾）（工学院大学教授），宮本憲一（大阪市立大学），篠塚昭次（早稲田大学）――や全国の有識者たちが《守る会》をバック・アップしていくという構図ができあがることになる。《守る会》は

［12］ 1996年8月31日，小樽市内での山口保および小川原格へのヒアリング時の山口の発言。

自らの思いを公共道路事業に対峙させるための「翻訳者」を得たのみならず，対峙するための情報や新たな実践例などの「栄養源」をも手に入れたことになる。これに先の峯山や〈Uターン組〉，〈流入組〉の活発な活動が加わり，小樽市内外の運動支持者は飛躍的に増大していく。したがって，全国各地の町並み保存運動と連絡を取りあいながら，新たな保存の論理を提唱し始めたこの時期は，前期とは質的に異なる運動展開があったと考える必要があろう。

1978年7月，〈北大三人組〉の提案に触発されて，〈Uターン組〉の数人が中心となり，《ポートフェスティバル・イン・オタル》という祭りを企画・実行した。地元の高校生・大学生らの若者が手弁当で集まり，企画から寄付集め，会場設営から警備，清掃までをやり切る，すべてが手作りの若者の祭りであった。地元の名もない若者たちの祭り企画に寄付をする者などほとんどなく，一時は企画をあきらめかけていたことは第1章でも触れた。だが，深夜の運河で話し合い，もう一度，死力を尽くしてがんばると誓ってから，運河沿いの道路使用許可を取り，運河に浮かぶ艀を野外ステージにするために，関係企業にお願いをしに行くなど，ゼロから手探り方途を見つけ出し，学校や仕事を終えて集まっては会議を開いて知恵を絞り，少しずつ，支持を増やしていく――高校の文化祭のような高揚感に包まれた準備過程を経て当日を迎える。当日の朝になっても本部テントではまだ準備作業を継続していたが，10万人もの人出に，実行委員会のスタッフ自身が驚いていたという（小笠原，1986a）[13]。

10万人もの来客数を達成した《ポートフェスティバル》のその後を語る前に，その組織原理に言及しておこう。なぜなら，極めて興味深い点があるからだ。《ポート》のスタッフが異口同音に語るのは，その「純粋アマチュアイズム」とでも呼ぶべきものだ。長年，《ポート》スタッフであった者たちの声を聴こう：

> 運河保存がどうのこうのっていうのではないんですよ。……〔中略〕……。〔《ポート》では〕友達というのもすごく大事にしてて，もう利害関係がまった

[13]　《ポートフェスティバル》の委員長も務めた小川原格も，NHK札幌「【北の挑戦者たち・第1回】よみがえれ運河の街」（2002年4月5日放送）において「スタッフ自身が驚いた」という趣旨の発言をしている。

くないですよ。やっぱり，ただ《ポート》をやりたいって利害でつながって，《ポート》やりたいってことでつながってますからね。仕事のことも関係ない。利害も関係ない。そういう友達がいっぱい出来ました。(2007年9月9日，小樽市内での太田政明へのヒアリング，〔　〕内の補足は引用者)

だってさ，お金の事の利害関係は絶対持たないし，で，商売の利害関係も第一，商売やっててもそこには絶対かぶせないし，だからなんの利害関係も無いから，純粋に人と付き合ってるだけだから。純粋なの，すごく，皆。なんの利害関係もないから。……〔中略〕……。利害関係がないと長く続かない，そういうのあるけど，純粋だからこそ，なんかこう，嘘のついていない，俺がなんかでかいこと言っても嘘に聞こえないわけよ。……〔中略〕……。裸の付き合いだねぇ，〔準備期間中はほとんど〕寝食一緒だもん，ずっと。(2011年9月10日，小樽市内での大橋哲へのヒアリング，〔　〕内の補足は引用者)

ここで指摘されるべきは2点である。第1点目は，その「非政治性」だ。太田の語りの冒頭にある「運河保存がどうのこうのっていうのではないんですよ」は，《ポート》が保存運動の祭りではなかったということだ。〈北大三人組〉の提案に触発されて《ポート》を企画した〈Uターン組〉の数人にとっては，間違いなく，保存運動の祭りではあったが，多くの若者を組織化するために，彼らは若者の祭り，広々とした運河を背景に思い切りロック演奏ができる祭りという自己規定を堅守していたからだ[14]。この「非政治性」が，中核メンバーのライフヒストリーに根ざす「反学生運動」的メンタリティーでもあったことは，本章5.4節で詳述しよう。

第2に指摘すべきは，そのアマチュアイズムだ。純粋ボランタリズムと呼び変えてもよいかもしれないこの特質は，大橋の「商売やっててもそこには絶対かぶせない」「なんの利害関係も無いから，純粋に人と付き合ってるだけだから」という語りによく現れている。「ただ《ポート》をやりたい」という「純粋」な思いで付き合い，嘘ではなく本音で付き合っていくことによって，祭り

[14] その姿勢を翻して明確に運河保存のアピールをしたのは，運河問題の最終局面である1983年8月28日であった。

を成功させる――《ポート》の「非政治性」は，だから「反学生運動」であると同時に「反ビジネス」的メンタリティーでもあったのだ。そこに戦後日本の社会運動の歴史的重層性を見出すことが可能である。

したがって，一見すると単なる地元若者のイベントに見えるこの企画には，「反政治」「反学生運動」，そして「反ビジネス」という3つのメンタリティーに裏打ちされていただけでなく，運河を保存することから小樽を再生させようとする彼らの運動理念が巧妙に仕込まれていたことに注意しよう。彼らの意図は，問題の渦中にある運河を市民にじかに見てもらうなかで，もう一度小樽について考え直そうというものである。運河地区に人々が集まりうること，したがってそこは憩いと商いとに絶好の場所であり，新しい「開発」の可能性を秘めていることを単純明快に示そうとするものだ。「保守―革新」といった従来の対立図式とは無関係な「イベント」を開催して現場に一般市民を引きつけ，運河のもつ潜在的なポテンシャルを実際に体感させることによって「運河保存」という目標への広範な支持・共感を調達しようという方法論であった。

彼ら自身は，こうした運動展開を「環境イベント型市民運動」と名付けているが（佐々木編，1983），運動前期の文化財イメージでの把握や陳情といった方法論と異なっていることは，もはや明らかである。生硬な論理でもなく，また「専門家」の説く「希少性」でもなく，明快なイメージをもって一般市民に保存の意義と可能性とを納得してもらおうとしたのであり，それはまた，彼らの学生運動の苦い敗北の経験から導かれた，ひとつの新しい表現でもあった。

これを今日風の表現に換言するならば，「パワーポイント」ではなく，現物による等身大の都市復興のプレゼンテーションであった，ということになろう。《ポートフェスティバル》に出店したひとつひとつの模擬店が，再活性化した小樽の水辺の賑わいを表していたのだ。「パワーポイント」ソフトのように，コンピューター上にシミュレートされた仮想現実ではなく，模擬店とはいえ，実際の店舗の出現によって都市復興の何たるかを「体感」してもらおうとした壮大な仕掛け――《ポートフェスティバル》の本質はここにあるように思われる（堀川，2009a, 2010a）。

1978年8月，《ポートフェスティバル》の成功を受け，《ポート》実行委員会のメンバーが中心となって《夢の街づくり実行委員会》（略称＝《夢街》）という組織が作られ，その機関紙として『ふぃぇすた・小樽』が創刊された。その創刊号に《夢街》の旗あげの弁が掲載されているが，それは運動後期の保存の論理を象徴的に表現している：

> まず私達は「発展」とか「開発」と言う名にかりたわが街・小樽の個性，文化，歴史的環境の取りこわし（破壊）のイメージからの脱却から開始しようとします。何故なら破壊の対象に一番に上げられるのが，わが街・小樽の個性，文化，歴史的環境を形成して来た物言わぬ歴史的建造物・遺産だからです。これら歴史的，文化的建造物・遺産と私達小樽人がどう対自〔ママ〕し問いかけるのかが重要なのです。……〔略〕……私たちは「保存主義者」ではない。わが街・小樽の歴史的・文化的環境の保存は従来の「文化財保護」のように，単に博物館的に保存するとか，凍結的に保存すると言うのではない。
>
> そこに人間が住んでいて，代々生活の場になっていた生活環境を生かす形で，価値をよみがえらせて行く，すなわち，「古い容器に盛り込まれた新しい活気ある内容」が重要なのです。……〔略〕……。私達は「古き良き容器（都市）に盛り込まれた新しい内容（街づくり人づくり）」の運動に立候補します。……〔以下略〕……。(『ふぃぇすた・小樽』創刊号，1978年12月所収，引用は小樽運河問題を考える会編，1986a: 222-223による)

前段では，「開発」という美名によって「破壊」が進む様を批判的に捉えようとする自分たちの姿勢が示され，「私達小樽人」が遺産とどう向き合っていくかが大切だと主張する。それは当然，遺産を破壊から守るべきであることを帰結するが，小樽の歴史的環境を「博物館的」「凍結的に保存する」ような「文化財保護」的な「保存主義者」とは，はっきり異なるのだと自らを規定している。そして後段では，歴史ある都市を再生する「街づくり人づくり」運動こそ，彼らの目指す運動であることを宣言している。それは「古き良き容器」である運河地区を凍結して全面保存すればそれでよいということを意味しない。言い換えるならば，運河地区の町並みの保存は最終的な目標ではなく，町並みの保存を通じての「まちづくり」であろう。したがって「古き良き容器」である小樽の歴史的ストックや既存のインフラストラクチャーを更新することによって再開発がなされるべきであって，「古き良き容器」を凍結保存することでも完全に破壊してしまうことでもない，という保存の論理であったと解釈することが可能である。逆に言えば，そうした既存の歴史的環境というストックを残しつつ行われる再開発こそ，彼らが描く「夢の街づくり」だったのである。

こうした保存の論理の転回＝展開は，運動に何をもたらしただろうか。そもそも，運河地区の凍結的全面保存を要求することは，市当局との全面対決を結果する。しかし運動が「観光資源としての運河」を強調し，保存することと運河地区の再開発とが矛盾しないのだと主張し始めると，市外の様々な人々のみならず[15]，市内の経済界にも運動を支持する余地が生じてきた。例えば，小樽商工会議所のトップ層は運河地区の再開発に出資・協力・援助をしてくれるものとして大手資本に協力を要請し始めていたが，1982年2月には正式に西武グループに協力を依頼している。背景には保存運動への支持が強まったことと，全国的な町並み保存への追風があったと考えられる。

話し合いは順調に進むかに見えたが，1982年9月，西武グループの堤清二代表が「小樽運河は全面保存をしてこそ価値がある」，「論争のある中へ西武が乗り込むことは，企業イメージにも反する」（「保存してこそ価値―堤・西武代表語る」『朝日新聞』道内版，1982年10月1日付）と発言し，〈道道臨港線〉が計画通り建設されるのならば協力できない旨を明らかにした。企業イメージを重要視する西武にとって，全面保存された運河地区で歴史的建造物を再利用して出店することは有力かつ魅力的な選択肢であったが，運河の埋め立てに加担したととられかねない形での小樽出店は論外だったのだ。

一貫して埋め立て・道路を主張する市長に対して協力体制をとっている商工会議所としては，公に保存を訴えるわけにはいかず，表面上は引き続き道路建

[15] 1978年9月には《小樽運河問題を考える旭川の会》が発足し，続く11月，今度は東京の文化人らが集まって《小樽運河問題を愛する会》が発足した。これで小樽の《守る会》，札幌と旭川の両《考える会》，そして東京の《愛する会》という4つの「会」が保存運動を展開し，これを《ポート》と《夢街》，そして『ふぃぇすた』がサポートするという構造ができたことになる。対する小樽市当局は，「運河と臨港線」と題した『広報おたる』臨時号の市内全戸配布（1978年11月17日），運河の埋め立て幅を3分の2に縮小した変更計画案の提出（「小樽運河とその周辺地区環境整備構想」，1979年6月；都市計画決定は1980年9月20日，北海道告示第2361号），市長による「小樽倉庫」の買い取り保存の意思表明（1981年3月）などを行っていく。なお，変更計画案の一般縦覧期間中に提出された埋め立て反対ないし計画の再検討を求める意見書は，1,300通あったという（村田，1983: 228）。

設を主張していた。しかし，上述のような西武の意向が明確になるにつれ，運河を全面保存した上で西武とタイアップして再開発ができないかと考える商工会議所内部の「経済人」[16]も出始める。いわゆる「隠れ保存派」である。この時期以降翌年の夏にかけて，商工会議所会頭と副会頭は秘密裏に志村市長に全面保存への転換を促しているが，「自民党の党議によって決定」されており「変更することは“行政の根幹”にかかわる」[17]として，市長の意志は変わらなかった（宮丸，1983）。

「このままでは外部資本導入のタイミングを失してしまう」と判断した商工会議所会頭は，1983年8月17日，「道路の早期完成を」という市長支持の方針から一転して，「運河の保存を」という要望声明を発表した[18]。

以上のように「地元財界も動いた」状況下，市内の商業者がそれに続いた。「小樽経済人有志」が「商工会議所首脳と勝手に連帯する市民の会」を名乗り，市長にアピールと署名を提出し，運河保存を訴えた（1983年8月24日）。後に「勝手連」と呼ばれるようになるこのグループの代表は，市内でアクセサリ

［16］ この「経済人」という用語は，運河保存運動初期の自己定義が「文化」領域にあったこととの対比で理解されるのが適当だ。非政治的な文化運動としての保存運動はしばしば，政治的・経済的要因といった現実を考慮しない「好事家の手慰み」ととらえられていた。したがって，この時期の小樽における「経済人」という呼び方は，単に属性を指すのではなく，現実を踏まえてなお，運河の保存を主張する人びとというニュアンスを伴う用語であったことに注意すべきであろう。

［17］ 1990年6月5日，小樽市内での山口保および佐々木興次郎からのヒアリングに基づく。

［18］ 商工会議所メンバーらは，声明発表の仕方やタイミングについて，より穏健なものを考えていたというが，秘密交渉過程を新聞に特ダネ報道されてしまったことを契機に，一気に転換するより他になかったというのが実情である。この経緯を，商工会議所副会頭の大野友暢はつぎのように語っている。「だけれども何とか市と話しあいをして，歴史的なものを残す方向へもっていきたい，小樽を再生させるにはそれしか方法がないということで，正副会頭が相談して決断したということです。ただこれが表沙汰になったら市長さんの立場がない，それで内々に打診した。それは8月6日。ところが8月16日，それが新聞に出て大騒ぎになってしまった。もちろん私達の考えは昨日今日変わったわけではない。前々から私どもは『守る会』の皆さんの話も聞いておって，どう考えてもそれは立派なものだと思っていた。……〔略〕……。それでやっと8月6日にお話ししたところ，市長さんは，いろいろなことは検討済で今のが最良なんだ，今もし変えるとすれば私は市長を降りなければならない，という話。私どもは，そういう固苦しいこと言わないで，世の中の流れも変わってるんだからもっと弾力的に判断してもらいたいと，……〔略〕……いい案があればもってきますからと申し上げて別れた」（宮丸吉衛［環境文化研究所所長，当時］による大野副会頭へのヒアリング，引用は宮丸〔1983: 55〕による）。

ーや貴金属を商う経営者・村上勝利（当時 39 歳）で，《守る会》とは一切関係がなかった。商工会議所首脳部の方針転換が，いまだ組織の総意として盤石のものではなく，首脳部だけの動きであると見て取った村上らは，その動きを小樽経済界全体の動きへと繋げていこうとしていたと理解することができる（「小樽の経済人有志　運河保存へ署名運動」『北海道新聞』〔朝刊〕市内版，1983 年 8 月 25 日付）。彼らはアピールで市側を牽制し，署名を集めることによって，商議所の一部の謀反ではなく，経済界のトレンドになっていくように水路づけようとしたのだ。

《守る会》は色めき立つ。市長の主要な支持基盤が保存に向けてかじを切ったのだし，経済界の一部が「勝手」に同じサイドに立ってくれることになったからだ。そこで《守る会》は幅広い市民・財界人・市内の商店主層，政党関係者などを含んだ拡大組織としての《小樽運河百人委員会》を発足させた（1983 年 9 月 12 日）。商工会議所の方針転換を契機に盛り上がった保存運動をさらに強力に展開するために，《守る会》や《考える会》等の諸団体が一堂に会することのできる運動組織をつくろうという趣旨であり，特に保守系の経済人の広範な参画を呼び掛けた点が大きな特徴であった。一部の好事家の保存趣味といった酔狂なものではなく，右から左まで，文化人から経済人までが参加する市内の大きな動きとして，運河保存はあるのだと示しうる組織を作ることこそ，この《百人委員会》設立の最大の目的であった。だから，「隠れ保存派」も参加しやすいよう，代表幹事には，《守る会》の峯山冨美会長や山口保らに加えて「勝手連」の村上勝利も選出された。今まで保存運動とは一切接点のなかった，言い換えれば市民運動の「実績」のなかった村上が代表幹事 5 名のうちの一人に選ばれたのは，経済人も保存に賛成なのだということをシンボリックに語りうるからにほかならない。結果的に会員には，市内の中小商工業者等を始め，多くの経済人が参画し，《守る会》の中心メンバーや《夢街》，《考える会》，それに小樽商大の教官も参画していた。

《百人委員会》は設立されてすぐに，運河保存を求める署名集めに取りかかる。会員が市内を隈なく分担して歩き，最終的に集めた保存要望署名は 98,000 名にものぼった。当時の人口 18 万人の小樽市において，これだけの署名が集められたことの意味は計り知れない。

市側はこの98,000の保存署名に敏感に反応する。署名は《百人委員会》が「任意」で始めたもので，審議会設置の条例制定を求めた直接請求署名とは異なり，法的根拠はない。言い換えるならば，たとえ18万の署名が集まったとしても，法律的には一切効力を持たないということである。にもかかわらず市当局は，選挙人名簿と照合して，市内在住で選挙権を保持する成人市民とそれ以外とに分類する作業を行った。市費による臨時アルバイトを雇用しての突貫作業の後，「有効」署名数は98,000には到底及ばないと主張したが，法的拘束力を持たない任意の署名に対する市側の神経質なまでの対応が，市側の焦りを物語っているといえよう。また，こうした対応が，かえって運動側にプラス要因として働いたといってよい。

署名の結果に気をよくした運動側は，「リコールをせざるを得ない」と発言して市当局側を牽制するにいたる（1984年1月）。「非政治的」であることを「精神」としてきた保存運動は，なぜ，リコール運動をも辞さないという地域政治過程そのものへと深入りしていったのだろうか。

市側と保存運動側との攻防が続く間も，道道臨港線工事は粛々と進行していた。なぜなら，正式な行政手続きを終えて予算が執行されている事業だったからだ。したがって運動側としては，一刻も早く市側から中止の決定ないしは譲歩を引き出さなければ，既成事実の積み重ねによって運動することの意味が失われてしまうという状況にあった。1982年12月には運河の底に堆積していたヘドロの固化工事が始まり，1983年11月には杭打ち（＝基礎工事）が開始されていた。待ったなしの状況にあった運動側にしてみれば，法的拘束力がなくとも，98,000の保存要望署名は起死回生の決定打のはずであった。しかし，過半数をも超える保存署名と商工会議所の方針転換にも拘わらず，志村市長は強硬に埋め立て・道路建設を主張し続けていた。何としても市長の動きを封じなければならない。「リコールもありうる」という「牽制球」は，このように日々進行する工事を背景として理解されなくてはならない[19]。1984年2月15日，《百人委員会》は緊急会議を開き，「リコール準備会」を結成することを正式に承認する。広範な勢力を結集した《百人委》であるからこそ，その組織で

［19］ 1989年12月3日，小樽市内での峯山冨美からのヒアリング。

リコールを闘おうとすれば，立場上，委員会を離れなければならなくなる会員もいることから，あくまで別組織として準備を始めるということが，この「リコール準備会」結成の意味と狙いであった[20]。牽制球は功を奏し，自民党小樽支部は「志村市政を守る会」を設立してリコール対策にあたることになる。さらに翌1984年3月には「道道小樽臨港線早期完成期成会」が結成されて，市長の援護体制も整う。

結成以来「非政治的」であることを「精神」としていた運動ではあったが，この時，明らかに，市当局にとって強力な「政治的敵手」となっていた。言い換えるなら，運河保存運動はもはや単なる「懐古的な」「文化運動」ではなく，地域政治過程における重要なアクターであり，地元経済界をも動員する強力な存在に成長していたのである。

であるからこそ，横路孝弘・北海道知事が調停に入り，保存・道路両派から5団体が参加して話し合う《五者会談》が開かれたのだと考えられる（1984年5月24日）。国も関与する「1984小樽博覧会」（1984年6月10日–8月26日）の開催を前に，その開催地において国政レベルにまで知れ渡るような紛争が起こって静まる見込みがないことに，国も，道路建設を実際に担う北海道も，解決に向けて何らかのアクションを起こす必要に迫られていた。一致団結して博覧会を成功させるべき地元が，市を2分する対立で揺れているなどということは，あってはならないことであるに違いない。1984年3月26日，水野清建設大臣が「小樽博覧会期間中，工事を一時凍結して話しあってみてはどうか」と発言し，事態の収拾を指示した。これを受けて，横路知事が仲介に入らざるをえなくなった，ということである。横路知事と道公営企業管理者の新谷昌明[21]の出席のもと，道路推進派の2名（志村和雄・小樽市長，菅原春雄・道道小樽臨港線早期完成促進期成会会長），運河保存派の3名（峯山冨美・《小樽運河を守る会》会長[22]，村上勝利・《小樽運河百人委員会》代表幹事，川合一

[20]　議事録によれば，「百人委員会としては，準備委員会をつくるという事だけは承認した。その他の一切の件については今後の討議事項である」（「2月15日緊急会議議事録」，1984年4月10日《小樽運河百人委員会》事務局発行，手書き7頁のp. 4）とされていた。つまり，準備委員会設立が正式承認事項であること，リコールの具体的始動時期や声明発表などの「一切の件について」は未決定かつ「今後の討議事項」であった。

[21]　新谷昌明は，後に小樽市長（3期12年；在任期間は1987–99年）となるその人である。

成・小樽商工会議所会頭）が出席して行われたことから，《五者会談》と言われている。小樽博覧会の舞台裏で，この「五者」によって土壇場の話し合いが行われていくことになる。

《守る会》の主要メンバーたちは，知事のセットした交渉の場である《五者会談》を蹴ってリコールに踏み切ることは，対話を拒み，ただ頑なに自らの主張を言い募るだけの勢力と見なされかねない，まして，小樽博覧会期間中に踏み切れば，小樽博失敗の原因をつくったと糾弾されかねない，それでは《守る会》側に不利になってしまうと考え，リコール運動を一時延期し対話に応じようとする（「小樽市長リコール 一週間以内に運動開始」『朝日新聞』市内版，1984年6月29日付)。保存に向けての対話を求めてきた運動にとって，知事のセットした対話の場を蹴ることは，対話の拒絶であり，一般市民からの支持を失わせかねない行為と判断されたのである。

しかし，村上らを始めとする《百人委員会》の一部のメンバーたちは，強硬にリコール運動の続行を主張し，《守る会》の峯山会長や石塚，山口たちを「日和見主義」として非難し始めた。村上の言い分は，峯山たちはリコール運動を示唆しておきながら，情勢を見極めるべきだと言うだけで，いざという時になっても一向に行動を起こさないからだ，というものであった。リコール，リコールと言っていたのはあなたたちではないか，それがいざやるべき時が来たら今度は待てとしか言わない，あなた方は一体，やる気があるのか，ポーズだけで，もとからリコールなど一切やる気がなかったのではないか――これが村上の主張である。峯山や山口は，対話の場が用意されたのにそれを蹴ることは，市民運動の作法としてはありえない，ギリギリまで対話の努力をし，それでもだめだった時にしかリコール運動は開始しえない，そうでなければ市民運動ではなく，ただの権力闘争になってしまうと反論したが，溝は埋まらなかった。何度も保存運動内部での話し合いが持たれたが，1984年6月28日，《百人委員会》での正式な決定を経ずに村上や森本光子ら数人が，ある政党関係者とともに突然「リコール実施」の記者会見を行った（「小樽運河百人委ついに市長リコール」『北海タイムス』1984年6月29日付)。村上は「直ちにリコールに踏み切

[22] 実際には，「小樽運河を守る会付」という形で，石塚雅明と山口保も出席している。

るかどうかについて意見がまとまらなかったが，〔リコール〕準備委員八人のうち五人が『早急に』との主張だったため，リコールに踏み切ることを決めた」（「小樽市長リコール 一週間以内に運動開始」『朝日新聞』市内版，1984年6月29日付）という。「直ちにリコールに踏み切るかどうかについて意見がまとまらなかった」にもかかわらず，村上は《百人委員会》リコール準備会世話人代表の名で記者会見している。つまり，記者会見で発表された内容は，リコール準備会としても《百人委員会》としても，正式に決定したものではなかったということになる。リコール準備会は別組織とはいえ，組織制度上も設立の経緯からしても，《百人委》の承認が不可欠であった。また，1984年2月15日の《百人委員会》緊急会議での議決（「一切の件については，今後の協議事項」）にも抵触している。「記者会見したのは村上さんら『早急に』と主張する人たちだけで，長く運河保存運動を続けてきた峰山さんらは姿を見せ」（「小樽市長リコール 一週間以内に運動開始」『朝日新聞』市内版，1984年6月29日付，峯山の「峰」は原文ママ）なかった事実も，正式な手続きを経ていない，一部のグループの動きであったことを傍証している。

村上会見の「一週間以内に運動開始」との言明は，すでに述べた「せざるをえない」という「牽制球」ではなく，実際にボールを投げると内外に公言したことを意味していた。そもそも政治における「牽制球」は，その球の質量や実態が明らかでなくヴェールに包まれているときに，その影響力を最大限に発揮する。対峙する主体が持つであろう「ものすごい球が飛んでくるかもしれない」という「恐れ」――「予期」と言い換えてもよい――こそが，バーゲニング・パワーの源泉なのだ。しかし，「投げる」と宣言した途端に，「何を」「どのように」投げるか，具体的な投球内容が問われることになる。このことは，自らを実態よりも大きく見せて影響力を維持しようとしてきた運動にとって，等身大の台所事情をさらけ出してしまうことを意味していた。それは，市当局に対してのバーゲニング・パワーの喪失を結果するかもしれない。リコールは，確実に勝てる場合を除き，バーゲニング・パワーを担保するものとして温存させておくべきである――峯山や山口，小川原らはこう考えて，一時延期を主張していたのだったと思われる。峯山はこの経緯を尋ねられた際，つぎのように語っている：

> リコールをせざるをえない。しますって言ってない。市長に会った時，リコールをせざるをえませんよ，10万の署名を認めないならば，リコールをせざるをえません。それは市民の意志を汲まないから，ということで，いいですか，そういうふうに市長には言ったわけ，いいですか。（1989年12月3日，小樽市内での峯山冨美からのヒアリング。強調した箇所〔傍点箇所〕も峯山自身による）

「せざるをえない」と「します」の相違にこだわり，繰り返し「いいですか」とその点を確認する様は，リコールの可能性を示唆することがバーゲニング・パワーの源泉であることを峯山が明確に自覚していたことを示して余りある。

その後，村上は，《百人委員会》の正式な決定を経ずに自分の独断で会見を行ったことを認める発言をしている。このように一部の人間が「リコール」を強行しようとして《百人委員会》を始めとする保存運動内部の足並みが乱れ，それ以前には問題とされてこなかった規約の不在や，《百人委員会》と《守る会》との関係等をめぐって対立が激化し，結果として志村市長のリコール運動は，実際に始まることなく，不発に終わる。《守る会》の牧歌的な規約は，ここにいたって紛争の種となってしまっていた。最後のチャンスを内部分裂のために逃してしまい，そのことが結果的に市民の支持層――特に保守層――を離反させた，と見ることができるだろう。

計画決定から7年も経ち，予算執行が始まっていた事業への反対という困難さに加えて保存運動の内紛も重なり，《五者会談》は全4回の会合を経て，既定方針どおりでいくことを確認して終了する（1984年8月18日）。知事自らの調停の場は，結局，合意を生み出すことはできなかった。《五者会談》を終わるにあたり横路知事が提案した事項は，今後の小樽経済の再活性化をめぐる計画案については《小樽活性化委員会》（仮称）という新組織を作り，運動側も参加して話し合う，石造倉庫群の保存・移転等について道が財政援助をする，というものであった（「知事提案」，『小樽市史』行政編資料綴り内の原本複写資料）。

村上は《小樽運河百人委員会》の代表幹事として，その場での回答を留保し，《百人委》に持ち帰って検討することとした。それを受けて《百人委》は，8月22日に小樽市内で総会を開き，《五者会談》後の対応について話し合った。「様々な議論」がなされたものの，すでに打つ手はなく，結局，下記のように

「会員から今後の方針に関する3つの提案」（1984年8月26日付「《小樽運河百人委員会》議長・篠崎恒夫および結城洋一郎」名文書）がなされた：

（1）百人委は解散し，今後会員は個人の立場で状況に対応する。
（2）百人委は存続し
　（A）リコール等の手段で市民の意思を問う。
　（B）百人委として活性化委員会に協力する。

（「総会開催のご案内——《百人委》存続の賛否について」，1984年8月26日付「《小樽運河百人委員会》議長・篠崎恒夫および結城洋一郎」名文書；引用は小樽運河問題を考える会編，1986a: 520下段より）

《百人委》は設立会員に，この3つの提案に対して，1984年8月31日必着で回答するよう求めている。《五者会談》後の《百人委》はどこへ行くのか。市民もマスコミも，固唾を呑んで見守っている状況であった。

もう一方の《守る会》は，《五者会談》6日後の8月24日夜，市民会館会議室で《守る会》幹事会を開き，その席上，峯山が「運河を守れなかった責任」を取る形で会長を辞任し，同時に《守る会》会員も辞めている（「小樽運河を守る会 峰山会長が辞任」『朝日新聞』市内版，1984年8月25日付，峯山の「峰」は原文ママ)。運河保存運動後期の象徴的存在だった峯山の引責辞任は，保存運動内部の分裂が決定的であることを印象づけ，一般市民にとってはここで，「勝負あった」と映ったに違いない。

1984年9月1日夕刻，《百人委員会》は「今後の委員会」をめぐって会議を開いた（於「道新ホール」)[23]。しかし，会議は冒頭の決算報告から紛糾する。先の3提案に対する会員からの回答が最重要の議題であるのにもかかわらず，その前段階の事務報告からすでに紛糾したのだ。会計係から出された会計報告の仕方が，先ず，議論になっている：

[23]　運動前期は，積極的に情報をマスコミなどに公開していたが，内部分裂が激化する後期になると，次第に非公開会議が多くなってきていた。この《百人委員会》最終会議も非公開とされたが，傍聴を許可されたのは進地三雄記者（朝日新聞小樽通信局；当時）と筆者の2名のみであった。《百人委員会》最終会議に関する本書の記述は，この際の筆者自身のフィールドノーツおよび後日入手した手書きの速記録に基づいている。

村上：事務局長，代表幹事の知らないうちに報告を出すのはおかしい。
（森本，飯田氏，同調）
山口（K）：……〔略〕……。事務局長の知らないことをこの場で話すのはよくない。
飯田：事務局長の目を通してから会計報告すべきだ。
山口保：会計報告は平田，自分，小笠原，内山でやった。
結城：これまでの会の運営のやり方を踏襲した。これまでそれを認めてきたのに，今になって手続き論議が出てくるのは不思議でならない。
笠井：結局，内部対立を冒頭からもち出しているにすぎないではないか。会の運営論をやるよりも，会の存続のかかっている問題を真剣に〔議論〕しなくちゃならないはずだ。この手続きがどうこういうより，それを認めるしかないではないか。
飯田：私は会を混乱させるためにいるんじゃない。
（1984年9月1日，《小樽運河百人委員会》速記録，B4判手書き全4頁，p. 1左段；〔　〕内の補足は引用者）

最初に村上が会計報告のあり方に疑義を提起し，数人が同調する。従来，会計係が全体会議に報告し，そこで議論してきたのが《百人委》のやり方であったが，ここでは，それが問題とされている。だから「これまでそれを認めてきたのに，今になって手続き論議が出てくるのは不思議」だということになる。

この紛糾を理解する鍵は，やはり「リコール不発」事件である。会計報告を論難している数人は，独断でリコール実施宣言の会見をしたグループであり，それに答える側は，リコール慎重論派であった。言い換えれば，「リコール不発」事件によってもたらされた分裂が，ここでも大きな溝をなしていて，依然としてリコール実施にこだわる前者と，「リコール不発」事件が運河保存を難しくしてしまったとの認識を持ち，ある意味ではリコール派の責任を問いたい心情であった後者との対立であった[24]。「結局，内部対立を冒頭からもち出し

[24]　後者，すなわちリコール慎重派のこの主張は，具体的には「相も変わらぬ『党派利害』によって十数年の〔保存〕運動の最大局面が無残に潰されたのです」（「再び『町並み保存の教科書』と呼ばれる『まちづくり運動』の再構築を目指して」，引用は小樽運河問題を考える会編，1986a: 500上段より；〔　〕内の補足および傍点は引用者）という形で表現されている。

ているにすぎない」という発言は，会計報告をめぐる論難が大きな溝の具体的表現であることを指摘しているように思われる。

会計報告がやっとのことで承認された後，短い休憩をはさんで，会の存続が話し合われた。事務局の集計が読み上げられ，大半が解散に賛成であることが初めて会員に示された：

〔百人委設立〕当初100人中（脱会者3名）　回答59
〔解散に〕賛成41，反対8，保留7，無効3
(1984年9月1日，《小樽運河百人委員会》速記録，B4判手書き全4頁，p.2中段；〔　〕内の補足は引用者)[25]

この結果を受け，会議はさらに紛糾する。引用が長くなるが，対立構造が非常によく表れているので，見てみよう。初めて集計結果を知らされた参加者たちは，その結果に動揺しながら，自らの立場と，なぜそのような意思表示をするに至ったのか，その背景を語り始める：

森田：私は〔解散に〕反対に○をつけ，〔今日の会で〕意見が分かれるようなら解散と意見を書いた。当初は市民の支持を受けていたが，6／28のリコール声明以降，市民の支持は失われ，運河〔問題〕は決着がついたと思っている。これまでの運動はムダとは思わない。活性化委に保存派が出て私もその後押しをしたい。今後の運動は各自の判断でやるとして声明を出し，解散すればいいと思う。

山口保：私はハガキを出さず〔今日ここに来たが〕，この場で返事したい。解散を主張する。この会は，従来の保存派の枠を拡げたが，結果的には内部不統一，運営の不備があって，会は市民の支持をえられなくなった。五者会談は，運河についてはコンセンサスをえられなかったが，活性化委に参画する形で全面保存を訴えていきたい。〔たとえ〕解散しなくても私は脱会します。

下沢：解散した方がいい。

[25]　無効票の理由は，消印なし1票，指定葉書ではなく普通葉書を使用1票，締め切りに間に合わなかったもの1票であり，賛否という意味では，賛成2票，反対1票であった。

やり水：私は百人委にはまだ役割があると思うので，〔百人委という組織は〕残った方がいいと思う。知事は埋めるといって工事も発注されているが，まだがんばる道はある。例えば知事にむけて直接請求する道もある。我々は知事にむけて全面保存を訴えていく方がいい。

森田：知事が最終的にあのような判断を下したのは，我々がそのような情況しか，小樽博の工事凍結期間中につくれなかったということであったと思う。ムダなリコール声明がなければ情況はもっと違っていたはずだ。今，ここで知事を責めてもしようがない。それはどっかの政党でやればいい。

石塚(？)：今の発言はおかしい。森田さん自身が最初にリコールやれやれといったではないか。

笠井：私自身は〔百人委〕創立メンバーではないので態度保留の立場できた。〔ハガキで〕解散に賛成した人も，すっきりして〔ここにやって〕きたのではないと思う。しかし，今日の冒頭の〔決算報告をめぐる〕議論や，今出たような意見をきくと解散やむなしという気がする。知事に対する行動も，この状況ではやれない。大人気なく，監査報告に対してもあんな議論をするようでは。

佐々木興次郎：百人委成立当初は，マチ作りがあったが今は憎悪しかない。解散やむなし。

谷：前回，3つの提案があったが活性化委に百人委として参加していくのはおかしいと思う。私はやめたい人はやめていいと思う。私はのこる。解散というのは市民運動〔には適さないので，《百人委員会》〕は解散すべきではない。

飯田：活性化委は妥協の産物であり，筋書き通り行ったことだと思う。結局，市民運動は政治に利用されたのだ。マスコミの中立性も疑わざるをえない。リコールについては〔何人かの人たちの意見や態度は〕途中で見事に変わっていった。真剣に考えてた人たちが悪者にされた。私はやはり，地道に全面保存の立場で存続させてほしいと思う。

山口保：リコールについても総括が別〔ママ〕れている。私や峯山さん，森田さんはリコール準備委の中で反対したが，私は5月よりずっとリコールしかないと思っていた。しかし内部であの形式を生んでしまった。横路知事のあの結論は残念だが基本的に我々の運動があれをうみ出したという反省にたって今后の運動の新たな展開に全力を注ぎたい。しかし，2

ヶ月もリコールをめぐって総括しているが認識が一致しなかった。解散しかない

峯山：過去について，弁解も何もいわない。しかし，アンケートの結果をきいて驚いている。この厳しい現実を我々がどうとらえるかだが，この流れの中で会の存続をはかるのは不可能と思う。新しい出発が必要だ。

山口：私も今回はハガキの返事を出さなかった。それは事務局を担当した者として，会議にあまりでてこなかった人の意見をきかなければ判断できないと考えたからだ。今日の会議には期待をしてきたのだが，笠井氏もいったように会の冒頭からああいう話し合い〔会計報告への疑義を指す〕に時間をさかれるのをみて，のぞみはたちきれた。解散に賛成します。

森本：私は政治に対する憎しみを感じる。わずかでもいい，百人委は続けるべきだと思う。

下沢：百人委は一旦うち切るべきだ。やりたい人は別組織をつくればいい。

やり水：今解散することは知事の埋め立てを承認することになる。承認する人はやめればいい。私はリコールを叫んでリコールをつぶし，5者会談がひらかれれば知事ペースにのり〔，背景に〕何か筋書きがあったとしか思えない。

柿本：今の発言をきいても解散するしかない。

下沢：百人委を存続してものこる見通しはあるのか？　存続しても一部の人の隠れ蓑に利用されるだけだ。活性化委にのぞみをかけるべきだ。

やり水：あなたはそう思っても，活性化委は埋め立てを前提としている。

村上：アンケート結果についていえば解散に賛成した内3名が意見の転換を私の方に連絡してきた。

山口（K)：5者会談に入る為に村上おろしを一部の人がやっている。5者会談に入る時点でこの運動をおさえてくれというような話があった。守る会の代表が5者会談の席で同意は〔を？〕してしまったのは納得できない。

山口保：それは6.28リコール声明以后のことじゃないのか？　6.28以降ならそれは当然だ。

山口（K)：会の代表として5者会談の時に妥協したのは絶対おかしい。

内山：1年前の設立総会の時に争いはしたくないということで話しあった。しかし今のような論議はそれをうらぎっている。私はこんな会に百人委の名前を使ってほしくない。解散を要求する。

村上：まだ活性化委の輪郭すらできてないのに，解散というのは市民に対する愚ろうだ。

下沢：今の論はおかしい。活性化委と百人委は関係ない。

塚本：まだ〔運河埋め立て工事の〕入札も終わってない段階で，行政に負けたからといって解散すべきでない。

結城：僕はハガキには保留〔と書いて出した〕。これだけやってきて全面保存はできない，それで解散していいのかという気はする。活性化委にもバラ色の夢はもてない。しかしこの場にでてきて思ったのは，こんな論議をする会が何をやれるんですか？　手続きを無視してリコールをやったから情況が変換したと思っている。しかし，ここしかないからがんばってきた。そしてここにくるまで何かできないかと考えてきたが，たかだか10数名がのこって百人委の名を冠して何をするというのか？　そして解散を主張する人間に対して批判をするだけではその人たちとあつまって何もできるわけない。新しい会をつくることができない人たちが単に存続を主張しているにすぎない。

柿本：この場で結論を出さずに代表幹事に一任してはどうか。

結城：今日は決をとることにしているので〔，異議があるならその旨の〕動議を出してほしい。

□□（2字判読不能）：この会には不信感が漂っているので解散すべきだ。採決してください。

結城：動議ありませんか？

□田（1字判読不能）・谷・森本：採決できめるのは反対〔。〕

結城：それは意見として聞いておきます。動議がなければ採択します。

□□（2字判読不能）：動議 ここで採決して，そのあと代表幹事で決定してほしい。

〈賛成多数で動議可決〉

賛成17反対0保留0残りは棄権（1984年9月1日，《小樽運河百人委員会》速記録，B4判手書き全4頁，pp. 2-4；〔　〕内の補足は引用者。なお，明らかに簡略表記を用いている箇所〔例えば，棄権→キケン，リコール→R〕については，正字に直した部分がある）

長い引用からは，「リコール不発」事件によってもたらされた分裂が，ここではより明確に，そしてより深刻な形で展開されていることが理解できる。

リコール慎重派の「当初は市民の支持を受けていたが，6／28のリコール声明以降，市民の支持は失われ，運河〔問題〕は決着がついたと思っている」，「この会は，従来の保存派の枠を拡げたが，結果的には内部不統一，運営の不備があって，会は市民の支持をえられなくなった」，「ムダなリコール声明がなければ情況はもっと違っていたはずだ」との発言は，いずれも，決定を経ずに為されたリコール声明とそれをめぐる内部分裂が決定的な敗因になっていることを指摘する。「2ヶ月もリコールをめぐって総括しているが認識が一致しなかった」ことは，《百人委》内部に修復し難い溝が存在していたことを示していると同時に，「相も変わらぬ『党派利害』」によって市民運動が「潰された」（「再び『町並み保存の教科書』と呼ばれる『まちづくり運動』の再構築を目指して」，引用は小樽運河問題を考える会編，1986a：500上段より）という認識をも示していた。だからこそ「横路知事のあの結論は残念だが基本的に我々の運動があれをうみ出したという反省」（傍点引用者）という表現に見られるように，政党利害を乗り越えた市民運動を展開できなかった事実をも含めた総体としての反省なくして「今后の運動の新たな展開」はありえず，だからこそ解散が必要であると主張している。換言するなら，リコール強行事件に関わった者たちに反省を促すとともに，それを防げなかった自分たちの力量をも反省した上でなければ再出発はありえないとの主張である。その具体的な表現が，《百人委》の解散であった。

これに対して，リコールを推し進めた側のグループからは「市民運動は解散すべきではない」，「政治に対する憎しみを感じる。わずかでもいい，百人委は続けるべきだと思う」といった《百人委員会》存続への意見が表明され，解散賛成派，すなわちリコール慎重派への批判がそれに続く。例えば「リコールについては途中で見事に変わっていった。真剣に考えてた人たちが悪者にされた」，「リコールを叫んでリコールをつぶし，5者会談がひらかれれば知事ペースにのり何か筋書きがあったとしか思えない」，「5者会談に入る為に村上おろしを一部の人がやっている」がその具体的表現である。「リコールを叫んで」いた人たちは「途中で見事に変わ」り，「リコールをつぶし」てしまった。その結果，自分たちのように「真剣に考えてた人たちが悪者にされ」，そればかりか「5者会談に入る為に村上おろしを一部の人がやっている」。その背景には「何か筋書きがあったとしか思えない」と，リコール慎重派が政治的密約によって事を進め，運河埋め立てに賛成するという妥協をし，五者会談に入ろうとしていることを仄めかしている。党派的利害を持ち込んだとの批判に対抗して，彼らは，政治的密約で事を進めている一部グループによって運動は分裂させられたのだと反論したことになる。議論は最後までかみ合うことがなかった。

1984年9月1日の夜，最終的には賛成多数で《百人委員会》の解散が議決されたとする慎重派と，解散ではないと主張するリコール強硬派の村上勝利らは，その後は対話することなく，お互いに別々の道を歩んでいくことになった。双方の主張がいかなるものであれ，運河保存の途が完全に断たれた今となっては，《小樽運河百人委員会》のみならず《小樽運河を守る会》もその存在意義と基盤を実質的に失っていた。

しかし，《守る会》の一部のメンバーは，《小樽活性化委員会》に参加することは運河埋め立てに同意したことを意味するとして，峯山と石塚を「除名」したうえで，「もう一度原点である『運河全面保存』に立ち戻って」運動を展開する旨を明らかにした（小樽運河問題を考える会，1986a: 524ff.）。さらに，1984年11月，道知事の提案により設置された《小樽市活性化委員会》[26]が開かれると，分裂後の《守る会》はこの《活性化委員会》発足に対して抗議声明を出している：

> ……〔略〕……。
>
> 知事裁定の第二点は「小樽活性化委員会」なる提案である。しかし，我々は，これに何らの価値をも認めることはできない。なぜなら，運河の埋め立てか，

[26] 《小樽市活性化委員会》のメンバーは，藤井栄一（小樽商科大学学長），志村和雄（小樽市長），久野光朗（小樽商大教授），篠崎恒夫（小樽商大教授），川合一成（小樽商工会議所会頭），大野友暢（小樽商工会議所副会頭），山吹政一（自民党小樽支部長），菅原春雄（道道臨港線早期完成促進期成会会長），峯山冨美（小樽運河を守る会前会長），山口保（小樽運河百人委員会事務局付），石塚雅明（小樽運河を守る会前企画部長），佐々木興次郎（夢の街づくり実行委員会委員長），石井伸和（ポートフェスティバル実行委員会委員長），佐藤広亮（小樽観光協会会長），山本一博（小樽青年会議所次期理事長）の15名で，北海道はオブザーバーとして参加した。座長には藤井が選出されている。なお，同委員会の事務局は，小樽商工会議所に置かれた（小樽運河問題を考える会編，1986a: 533）。

保存かという小樽の活性化にとって最も重要な点をあえて避けて，小樽の活性化を論ずるということは，根源的な矛盾であるからである。……〔略〕……。

このようなエセ活性化委員会は，ただちにやめるべきである。小樽運河を守る会は，当初からの主張である小樽運河全面保存を礎として，真の意味での小樽の活性化を目指して，今後も粘り強い市民運動を展開していく。

昭和59〔1984〕年11月19日

小樽運河を守る会 会長代行　北村聡司子

事務局長代行　佐藤純一

(「『小樽活性化委員会』発足に抗議する声明」，引用は小樽運河問題を考える会編，1986a: 532–533より；〔　〕内の補足および傍点は引用者)[27]

《百人委》以後，「まちづくり」をキー・ワードに《活性化委員会》へと参加していった峯山，石塚，山口とは対照的に，上の引用文中にでてくる会長代行の北村聡司子や，当初から《守る会》に参加していた森本光子，それに事務局長代行の佐藤純一らは「運河全面保存」をキー・ワードとしていた。この「運河全面保存」グループは，先述のように運動の出発点に立ち返って運河の全面保存を求める声明を出す一方で，《五者会談》および《活性化委員会》に参加したメンバーが道路推進派と「妥協」して埋め立てを了承したのだ，と主張していた。

しかし，下記のように，1984（昭和59）年8月27日付北海道庁住宅都市部長から建設省都市局長宛に出された官庁間文書を見るかぎり，そうした「運河全面保存」グループの主張を裏付ける根拠は見出せない：

建設省都市局長殿

北海道住宅都市部長

3. 2. 4 道々小樽臨港線事業について

[27]《百人委》存続を主張したメンバーは再度，《守る会》のもとに集まり，新たな役員体制の下で再出発しようとしたが，1984年11月19日付のこの抗議声明文を最後に，活動実態はなくなっていった。

本道の都市計画道路の整備につきましては，平素より格別の御配慮を賜り厚くお礼申し上げます。

さて，かねてより貴職をはじめ関係の方々の御高配を賜っております標記事業につきましては，今後計画に沿って進めることといたしましたので，よろしくお願い申し上げます。

なお，現在に至る経緯につきましては下記のとおりでございます。

記

1　建設大臣と知事との間で，小樽市のコンセンサスを深めるとともに，小樽博覧会開催中の混乱を避けるため，その間の工事を見合わせることについて意見が一致した。

2　知事は，本体工事を見合わすとともにコンセンサスを得るため，本事業の賛否を表明している小樽市長，道々臨港線建設促進期成会会長，小樽商工会議所会頭，小樽運河を守る会会長及び小樽運河百人委員会代表幹事の五者に対し，同一のテーブルについての話し合いを要請し，道が調整役となって五者会談が開催された。

3　会談は5月24日，6月15日，8月17日及び8月18日の4回開催され，本事業計画についての賛否の考え方を含め，小樽の街の活性化について議論された。しかし，現計画の運河の一部埋め立てについては，合意に達しなかったが，小樽の街の再生・活性化の拠点として港湾・運河地区の開発を図る必要性については，共通した認識が得られた。知事は，歴史的建造物の保存整備，港湾・運河地区の再開発等の検討を進めるため五者会談のメンバーを含む小樽活性化委員会（仮称）の設置を提案し，そこで成案を得た計画の推進には財政面を含めて積極的に支援することとし，五者会談を終了した。

4　この提案に対し，小樽市長，道々小樽臨港線建設促進期成会会長及び小樽商工会議所会頭は賛意を表明したが，小樽運河を守る会会長及び小樽運河百人委員会代表幹事は，各々の団体で検討することとし，態度を保留した。なお，百人委員会は〔8月〕22日に総会を，また，守る会は〔8月〕24日に幹事会を開催したが，ともに結論は出ていない。

5　8月18日五者会談及び8月26日小樽博覧会が終了したことから，道としては〔昭和〕61年3月の運河部の完成期限及び本年度事業の完了に向け，9月7日に護岸工〔事〕を発注し，さらに今後予定工事を順次発注することとしている。

（1984〔昭和59〕年8月27日付北海道庁住宅都市部長発建設省都市局長宛の官庁間文書の全文，B5判道庁箋に手書き全6頁；〔　〕内の補足および傍点は引用者）

引用が明快に示すように，小樽運河の埋め立て／保存に関しては最後まで対立が続き，ついに合意にはいたらなかった。「埋め立てについては，合意に達しなかった」し，保存運動側から出席した峯山や石塚は「小樽活性化委員会」設置の提案についてすら，「態度を留保し」ていた。事務局長代行佐藤純一らが主張するように，峯山や石塚が「妥協した」「裏切った」と結論することは妥当ではなく，峯山らは最後まで運河の全面保存を主張し続けていた，というべきである。これを裏付けるように，《五者会談》の司会・調停役として道庁側から出席した新谷昌明（後の小樽市長）も，峯山は「心の強い人で全面保存の主張を譲らなかった。今の形での決着はつらかったと思う」（『北海道新聞』2010年12月30日〔朝刊〕付，小樽市内16版，25面；傍点引用者）と述べている。小樽運河の全面保存をめぐり，《五者会談》は決裂したのだ。

しかし，ここで最も重要なのは，保存派内部でのこうした対立の中に，「まちづくり」と「運河全面保存」という非常に対照的な2つの保存の論理をはっきりと読み取ることができる，ということであろう。

「運河全面保存」は，すなわち運河を丸ごと残すということであり，現状をいわば凍結して保存することを意味する。保存が最終目的であり，変化を否定しているといっても過言ではない。

それに対して「まちづくり」は，むしろ一定の枠内での変化を認めつつ，住民本位のまちのコントロールを目指しているように考えられる。保存は「手段」であって，小樽に固有の景観や歴史を失わないよう，変化を制御できる仕組み作りを射程にいれた運動理念であったととらえてよい。無条件ではないにせよ，一定程度の変化が容認されうる点が，「運河全面保存」派と対照的である。したがって，《五者会談》で運河保存が実現できないことになった時点で，「運河全面保存」派には《活性化委員会》に参加する余地も意味もなかった。対する「まちづくり」派にとっては，運河保存を勝ち取れなかったとはいえ，運河問題で獲得した対小樽市行政へのまちづくりに関する発言力を行使することのできる重要なポジションであったといえるだろう。

小樽運河の保存運動は，埋め立ての可否をめぐる最終局面で分裂したのみならず，かつての仲間を非難し始め，一般市民からの支持を急速に失う。誹謗中傷に曝され，運動参加者たちは「辞める」とさえ言うこともなく，ひっそりと，それぞれの生活や仕事へと帰っていった。その道行きは，「運河戦争」が終焉したことを静かに告げていた。

3. まちづくりの基点としての運河：「ポスト運河論争」期のまちづくり（1985-2013年）

保存運動のなかの「まちづくり」派を加えての《活性化委員会》は，20回の本委員会と6回の小委員会を開き，報告書をまとめるにいたる（小樽活性化委員会，1987）。報告書は，歴史的景観を活かした「『交・遊』の水辺」と，ガラス工芸や伝統的な職人の技を活かす「『技・芸』の町」という2つの再開発テーマを提起している。特に再活性化が最重要な課題である港湾計画においては，石狩湾新港とは異なる独自の展開の方向性を提示している。提示されたアイディアの多くは諸外国の港湾都市再開発の事例を引きつつ，数多くのスケッチとともに描かれ，非常に具体性のある計画提言であったと判断できよう。主要な論議部分には，〈北大三人組〉のうちの一人で《百人委員会》企画部長だった石塚雅明の「ウォーターフロント」を活用した〈まちづくり〉構想と，それを誰もが視覚的・具体的に検討しうるコンピューター・グラフィックスが導入されるなど，旧《守る会》メンバーの積極的な「計画過程への参画」として，記憶されておいてよい。

では，《活性化委員会》の提起した構想案はその後どうなったのだろうか。

結論を先取りするなら，この構想案は，一切，顧みられることがなかった。1987年1月に活性化委員会の最終報告書が発表されたが，そのわずか3ヶ月後の市長選挙で新谷昌明・新市長が誕生している。小樽運河問題に明け暮れたとも言える志村市長は市長選挙に出馬せず，政界を引退する。つまり志村市政の最後期に出された報告書は，新市政には引き継がれなかった。1985年10月に「まちづくり」派の市民が設立した《小樽再生フォーラム》は，この《活性化委員会》構想案の実現を改めて市長に要求しているのはそのためだったが(1989年9月)，小樽市ではなく道知事によって設置された委員会であり，かつまた，法律上の根拠を持たぬ委員会の提案は，その後の市政の中に位置づけを持ちえなかったといわざるをえない。

とはいえ，1987年11月，市の新しい総合計画策定のために〈小樽市総合計画審議会〉が設置され，その一環として〈まちづくり市民懇談会〉（通称〈まち懇〉）を発足させ，さらに「小樽の歴史と自然を生かしたまちづくり景観条例」を公布・施行（1992年4月1日）するなど，都市計画や再開発に関して小樽市の行政にも徐々に変化が現れたということは，可能であろう。

しかし，かつて運動に参画した者たちにとって，運動分裂後の10年間は，いわば「沈黙の10年」とでもいうべき時期であった。運動分裂後も修復できぬ人間関係に悩み，そして運動参加によっておろそかになっていたそれぞれの生業に再び専念していかねばならない時期だったからだ。先にも述べたように，「運河全面保存」派の活動は1984年11月19日付の活性化委への抗議声明文を最後に消滅した。「まちづくり」派は1985年10月に「小樽再生フォーラム」を結成し峯山らもメンバーとなったが，シンポジウムの開催，運河問題の関係者の話を聞く会，まち歩きの会などを開催するにとどまっていた。

ここで留意しておく必要があるのは，この「沈黙の10年」が，決して静かなものではなく，中心市街地の再開発に揺れた10年，小樽観光ブームの10年でもあったことである。運動経験者の沈黙とは対照的に，市内外の観光業者が多数，堺町や運河沿いに進出し，市内はにぎやかになっていく。しかし，本書第6章で詳述するように，運河周辺地区の「観光ブーム」とは裏腹に，多くの歴史的建造物が倒壊したり，取り壊されて駐車場に利用されるなど，かつて保存か否かが争点となった景観自体が失われてきているのが現状である（明円・他，1993；堀川，2000c，2010a；堀川・深谷編，2013）。こうした「観光ブーム」は加熱した投機の様相さえ示していたが，この時期の小樽市には観光政策と呼びうるものはほとんどなく，業者の出店を審査・誘導する体制はなかったといって間違いない。かつての運動参加者にとって，それは「土産物観光」「浮き草観光」あるいは「出島観光」と批判されるべきものであった。

しかし，「土産物観光」と批判するにせよ，市の《活性化委員会》解散後は，所属すべき運動団体もなく，年間900万人を超える観光客が訪ねる一大観光都市への転換という大きな流れの中で，なす術もなく傍観せざるをえなかったというのが実情であろう。一方の市役所側にしても，問題を生じさせないよう，あるいは問題を長期化させないよう，細心の注意を払いながら行政を進めざるをえなくなってきていた。例えば，市民からの提言や市民委員会の委員公募などでは，慎重な人選が求められていたという。運動参加者がかつて表現したように，運河問題は「のどに刺さった棘」[28]として，運動参加者にも小樽市役所にとっても，触れがたく癒しがたい記憶であった。

また，小樽の中心市街地にも再開発計画が起こり，景観に大きな変化が起こった10年でもあった。1999年3月，小樽築港ヤード跡地に開店した「マイカル小樽」をめぐって，ふたたび小樽では論争が沸き起こった。小樽の地元商業者を守るためにも，小樽らしい景観を守るためにも，「マイカル」のような巨大商業施設を誘致すべきではないと主張する人々と，市民の利便性向上のためにもぜひ誘致すべきだとする人々との対立であった（森久，2002）。

しかし，この「小樽築港ヤード問題」（あるいは「マイカル問題」）の論争は，かつての「運河論争」ほどには盛り上がらなかったと言わねばならない。それはなぜか。

「築港ヤード問題」は，「運河論争」とは異なる時代の，異なるイシューではあったものの，そこにはやはり「運河論争」の遺産が見出せる。「運河論争」時代，運動参加者たちは支持拡大のために市内を隈なく歩き回ったが，中心市街地の商業者層（端的に言うなら商店街の商店主たち）はいつもきまって冷淡であったという。運動への参加や支持の表明は，得意先との関係を難しくしてしまう可能性がある。自らの「商売」を考えた際，保存か埋め立てかの明確な意思表示をすることは，大きなリスクを伴うからだ。市内の商業者層は，目前で運動する者たちとは手を組まず，傍観していたのだった。

保存運動に参加した者たちや，それを支持して協力していた者たちからすれば，それは「見殺しにされた」という感覚であったという。市当局を相手取って闘い，同じ「小樽っ子」同士が連帯できず，「見殺しにされた」経緯があっ

[28] 小川原格および山口保の表現。

たからこそ，中心市街地の商業者によって担われたマイカル出店反対運動は，かつてのまちづくり派からも全面保存派からも，協力をえることができなかった。まちづくり派の人々は，手助けも助言もせずに，ただ沈黙していた。そこには「俺たちのことを助けてくれなかったのに，助けてくれっていうのは虫が良過ぎないか」という心情が否定し難く存在していた。ましてや商店主としての経営努力・自助努力もせずに，大型店の出店から商店街を守れと主張するのは，商店街のエゴではないか，まちづくりという公共的課題ではなく自分たちの利益のためだけの運動ではないか——このような冷ややかな目の中で，「築港ヤード問題」は盛り上がることなく，1999年，「マイカル小樽」は開店を迎えたのだった。「運河問題」の闘われ方が，「築港ヤード問題」の論争構造を規定してしまったといえるだろう。

「築港ヤード問題」と「小樽観光ブーム」の10年を「沈黙の10年」として過ごした後，元運動参加者たちは，観光開発の現状への問題提起をすべく，徐々にまちづくりへの関わりを再開しようとするが，分裂によって生じた亀裂は容易には埋めがたく，運動の再構築は困難を極めた。

それでも一部の人々は，市の観光関連団体といった半官半民の組織の中で徐々にポジションを確保して，そこでの活動と発言を通じてまちづくりに関わっていくことになる。例えば，山口保と小川原格の「小樽観光誘致促進協議会」への主要メンバーとしての参画，佐々木興次郎の「小樽観光協会」事務局長への就任[29]，といった具体例が挙げられよう。

しかし，こうした半官半民組織を通じての発言は，観光振興策という枠内で，あるいは観光に引きつけて，小樽という都市のありようについて発言していくという制約を抱え込まざるをえない。発生した問題について臨機応変に対応する運動と決定的に異なっているのはこの点であったし，観光関連業界の意見調整のなかで，発言の主旨が十分にいかせないという限界も認識されてくるようになる。

そこで，かつて運動の参謀役として腕を振るった山口は，小樽市議選に出馬し，行政内部からの変革へと挑戦する。激しい選挙戦の後，2003年4月28日，

［29］　本章執筆の時点では，三者とも任期を終え，すでに辞任している。

山口は当選する。1973年以降の運河保存問題の歴史のなかで，保存運動が初めて議員を誕生させた瞬間だった[30]。山口はその後，2007年4月の統一地方選で再選，そして2011年4月に三選を果たし，市議として全3期を全うして引退している。このように小樽は，巻町などの住民投票（中澤，2005）で見えてきた住民投票という制度の限界を見据えた上での，市議会をも舞台にした新たなまちづくり運動を展開するにいたった。

しかし，人口の減少と超高齢化の進行，まちづくり人材の枯渇など，小樽は今，「過疎化」しつつある都市となってきている。現在の小樽は，このように運河戦争の教訓をいかに引き継ぎながら，人口減少と町並みの喪失に対処していくかが問われている段階にあると言えるだろう。「終わりの始まり」は，懸念ではなく，すでに実際に始まっている。今は，過疎化する都市として，それにいかに対処していくかが問われつつあるというべきである（堀川・深谷編，2013；堀川・松山編，2016, 2017）。

4. 運動参加者とは誰か：参加者のライフ・ヒストリーと類型

保存運動に参加した人々とは一体，どのような人たちであったのだろうか。彼らはどのような経緯で運動に係わり，どのように闘ったのだろう。自らの得にもならない手弁当の運動を行い得たのはなぜだったのだろうか。「保存運動」という集合的主体を分析の単位にしていては，こうした問いには答えられない。

また，すでに述べたように保存運動には，大枠では2つの対照的な保存理念に沿って，2つのグループが存在していた。ひとつは「運河全面保存」に固執したグループで，もう一方は運河を核にした観光開発を提案したグループであった。そのどちらも，政治的には保革両方を含んでいた。なぜ，保革両方を含んだ運動が10年以上にわたって存続したのだろうか。なぜ，ともに運動をすることができたのだろうか。運動のヘゲモニーは，なぜ，いかにして別のグループへと移ったのだろうか。このように問うと，やはり保存運動という組織を分析単位にしていては，保存運動の内実を理解できないことが明らかになって

[30] 運動を担った者が市議になったのはこれが初めてであり，すでに市議であった者が保存を主張したり保存運動を支持するのとは異なっている。

くる。

以下では，個人のレヴェルまでブレークダウンしてライフ・ヒストリーと運動参加の経緯などを明らかにしてみたい[31]。それを類型化することによって，運動前期から後期の展開＝転回がなぜもたらされたのか，そのダイナミズムを分析することができるはずだ。

では，運動参加者を分類・類型化するには，いかなる変数に着目するのがよいだろうか。

運動参加者の語りを聞くなかで，筆者には下記の4つの変数が重要であるように思われる（堀川，2007, 2010a）：

ローカリティ指向性（Locality-oriented; LOC）
ノスタルジー指向性（Nostalgia-oriented; NOS）
変化に対する許容度（Tolerance to change; CNG）
政治的態度（Political attitude; POA）

ローカリティ指向性（LOC）とは，その地域固有の文化や景観を重要視しているかどうかである。小樽に固有の景観や資源をこそ保存すべきで，全国展開するチェーン店のように，どこにでもあるものには無関心ないし否定的な心性を意味している。＋（プラス）は「地域指向性あり」，－（マイナス）が「なし」を表している。徹底したローカリティ指向はその地域社会に固有な町並み景観の保存を求める運動を帰結するであろうし，反対にローカリティ指向がない場合は，他の何か別の運動論理との関係で有意味な場合に限って，保存

[31] この点は，分析単位の問題（運動か個人か）のみならず，分析のモード，様式の問題でもある。筆者がここで試みるのは，法則的因果関係の定立を目指す「論理－科学的」（paradigmatic）ではなく，いわば一回性の事象の理解を目指す「物語的」（narrative）な様式による分析である。その説明としては，以下の鈴木智之（2013）のものが簡潔にして核心をついているように思われる。「行為の原因について『論理－科学的モード』によって説明することは可能である。しかしそれは，個々の場面で行為の動機を理解することとは質の違う認識作業になってしまう。“交際相手に浮気をされた女性の十人のうちの四人は，別れることを決意している”というような命題を語ることと，“彼が浮気をしたので，私は別れる”と語ることとは，全く異なる形式の発話である。多くの場合に，私たちが日常的におこなっている一回ごとの出来事に関する理解は，後者，すなわち『物語モード』によってなされている」（鈴木，2013: 144）。

運動への参加がなされることになる。俗な言い方で表現しなおすなら，ローカリティ指向性は，運動の「呉越同舟」状態を切り分けて理解するうえで重要な変数である。

次のノスタルジー指向性（NOS）は，運動の論理の根底にあるものが，懐古趣味的心性，すなわちノスタルジックに過去を懐かしむものであるかどうかを示す。懐かしい，ぜひ残しておきたいという心性が認められるものは＋，それがないものが－である。この変数が重要であるのは，運動と行政との界面で起こる政治的過程を理解するためには欠かせないように思われるからだ。保存運動には多かれ少なかれ，ノスタルジックに過去を懐かしむ心性がつきまとう（Barthel, 1984, 1996；堀川，1989, 1990, 1994a）。しかし，ノスタルジーは，行政官僚制と相いれない。行政組織にとってみれば，このノスタルジックな心性ほど扱いに困るものはないだろう。M. ウェーバーを引くまでもなく，行政官僚は情ではなく，法や規則に基づいて行為しなければならないからだ。したがって運動側にとっては，自らのノスタルジーをいかに行政官僚制が応対可能なものへと翻訳ないし通訳していけるかどうかが成否を分けるということになる。ノスタルジーは，保存運動の成功を測るひとつのメルクマールである。

変化に対する許容度（CNG）とは，変化をどこまで許容するか，変化に寛容であるかという変数である。＋が「変化に寛容である」ことを示し，－が「変化への許容度が低い」，すなわち変化を許さず，拒絶する指向性をもつことを表している。本書の基本的視座からも明らかなように，この変数を考察に加味することにより，保存運動の内実が詳しく分析可能となる。言い換えれば，同じ「保存」という用語で語られてはいても，この変化に対する許容度を経由してみれば，グラデーションの存在とそれぞれの論理が見えてくる。保存の論理は一枚岩ではないのだ。この変数に着目することによって，凍結保存から動的保存まで，多様な保存の論理のグラデーションが解明されうるように思われる。

政治的態度（POA）とは，交渉の過程において顕在的対立をも厭わないか（－），それとも協調的であることを旨とするか（＋）を表すもので，当該個人の政治的所属や帰属を表すわけではない。所属する，あるいは支持する政党が何であるかではなく，むしろ，市当局との交渉において対立をも辞さず，自らの主張を押し通そうとするのか，それとも陳情や人脈を使っての内々の打診など，対立を顕在化させない方向で交渉するのか，という交渉態度を指す。規模の小さい地域社会においては，こうした交渉時の態度や配慮が運動の支持に大きな影響を与えるであろうし，陳情への議会の対応も，内容以前にいかなる経緯や経路，さらにはいかなる「物言い」でなされたかが決定的要因になることすらある。同一内容の陳情であっても，有力者に内々に打診して事を荒立てないのと，有力者への事前相談なく陳情してオープンな政治過程に委ねてしまうのとでは，議員や議会，あるいは官僚たちの反応は異なってきてしまう。「身内の恥をさらした」「頭越しのやり方」といった非難は，そうした反応の具体的な姿だ。規模の小さい自治体ではなおさらだろう。あるいは，近代民主主義にとっての基本的な用語である「権利」「義務」といった「物言い」を使うこと自体が反発を生み，行政組織の防衛的な態度を帰結することも，よく観察される（明石，2002）。理念としての官僚制では起こりえない反応ではあるが，経験的には頻繁に観測される事象であり，政治的態度を変数として取り扱う必要性がここにある。

M. カステル（Castells, 1983）の指標構成や分析方法に倣って，運河保存運動参加者を上の筆者独自の 4 変数で分類すると，参加主体は下記の 4 類型に分けられるように思われる：

(1) 耽美派
(2) 純粋保存派
(3) まちづくり派
(4) 伝統的左翼運動派

それぞれの類型については以下ですぐに説明するとして，先の「2 つの対照的な保存理念に沿って，2 つのグループ」に当てはめると，「運河全面保存」を掲げていたグループは，「耽美派」と「伝統的左翼運動派」であり，運河を核にした観光開発を提案したグループは，「まちづくり派」ということに注意しておこう。内部対立をするにいたった「運河全面保存」グループと「まちづくり派」グループとを繋ぐ役目をはたしたのが，峯山に代表される「純粋保存派」であった。

以下では，この4類型のそれぞれの特徴を記述するのみならず，それを担った人物のライフ・ヒストリーをも描いていくことにしよう（吉川，2001a）。抽象的で無人称的な運動参加者像ではなく，生身の人間によって「生きられた」運動を描いていくことにしたい（有末，1992；鬼頭，1996；玉野，1997；鬼頭編，1999）。「主体の意味世界」に照準する本書にとって，主体の想いや思い出，あるいはそれをとらえる思考の枠組みを理解することは決定的に重要である。同じ運河という水面に注がれた様々な「まなざし」の意味を理解しなければ，かくも長期間にわたって闘われ，全国のお手本ともなった小樽運河保存運動を理解することは到底できないだろう。運動に集まってきた異なる水脈を腑分けし，それぞれの水脈を生きた生身の人間の意味付けを理解すること――本節が目指すのはこれだ[32]。

4.1 耽美派

第1のグループは「耽美派」である。彼らこそ，運河保存運動を起ち上げた最初の市民であった。彼らは，自らのアイデンティティの拠り所として運河をとらえており，政治という舞台ではなく，文化財保存という枠組みでの問題の処理を念頭においていたといってよい。そのことは，文化財保存運動をレファレンスとして，陳情を主な活動としていたことからも明らかである。いわば純粋に運河地区の景観を愛し，その姿の保存を願っていた人々である。現状の変更を一切認めない「凍結保存」を主張し，崩れゆく寂れた運河の景観にある種

[32] いわゆる「量的調査」の第一人者である吉川徹も，自著『学歴社会のローカル・トラック』（吉川，2001a）について語るなかで，「ミクロでダイナミックな社会関係を探る作業においては，質問紙調査では限界があることを思い知らされた。この局面では，量的データはやはり一瞬の『断面図』しか見せてくれない」（吉川，2001b: 108上段）のであって，「『質』は『量』を淘汰してしまう」（吉川，2001b: 109下段）こともあるのだ，と述べている。これは，質的データが優っているとの主張ではまったくなく，むしろ両手法の特質とその得失とを述べていると理解すべきである。また，ここで重要な論点は，量的調査のエキスパートをもってしても，異時点でとらえられた「一瞬の『断面図』」をつないで理解するためには，質的データ，それもライフ・ヒストリーのようなデータが欠かせないと痛感している，ということであろう。本書に引き寄せて言えば，保存運動のように「ミクロでダイナミックな社会関係」を理解するためには，「一瞬の『断面図』」がなぜ変動していくのかを説明するための質的データが不可欠である，ということになる。本書がライフ・ヒストリーを重視する理由がここにある。

の美すら感じ取っていた。郷土愛と自己確認，そして廃虚に美を見出すディレッタントな心性といった要素こそ，彼らが「耽美派」と名付けられる根拠である。

しかし，その運河景観が彼ら「耽美派」にとっていかに重要であるのかについて，彼らは「郷土愛」「かけがえのない」「小樽が小樽でなくなってしまう」といった表現を超えて他者に対して語ることがなかった。ここでの論点は，そうした語法が「情緒的か否か」ではなく，ましてや意義の高低ではない。むしろ，運河景観はそのようにしか表現できぬほどに基底的かつ身体的な空間体験であったがゆえに，それを対自化して語ることが困難であったのであり，結果として，後述の「まちづくり派」グループに運動のヘゲモニーを奪われていった，ということである。自らが愛する小樽固有の運河景観を，固有のものとして語り続けたこのグループに分類される人々は，先に挙げた越崎宗一初代会長，初代事務局長・藤森茂男，運河紙芝居の上演を通じて保存を訴え続けた中一夫と松岡つとむの二人組などが挙げられよう。彼らは文化が主戦場であると考えていたが，後述する純粋保存派のようにまったく政治に関与しないわけではなかった。しかし，政治への関与は，陳情や議員への要請，署名活動といった穏健なものに限定されていたことが重要な特徴である。

では，「耽美派」はいかなる人物によって担われていたのだろうか。ここでは，藤森茂男を見てみよう。

ライフ・ヒストリー（1）
藤森茂男：運河保存運動の先駆者

1936年，小樽に生まれた藤森茂男[33]は，1897（明治30）年創業の老舗看板屋「藤森勉強堂」の末っ子であった。早くから画才を発揮した彼は，1954年，多摩美術大学に入学する。1958年には卒業し，小樽に戻って兄とともに家業である「看板屋」，すなわち宣伝・広告会社を継ぐ。画家というよりはデザイ

[33]　藤森茂男は1987年，49歳で早世しており，筆者は直接取材することがかなわなかった。したがって，ここでは茂子夫人への取材と，各種の文書・証言資料とによって描いていくことにする。特に，後に〈北大三人組〉のひとりとして活躍する石塚雅明の卒論でのインタビュー（石塚，1975）は貴重な歴史的証言である。また，堀井（2009）にも多くを教えられた。

ナーであった彼は，広告美術や宣伝企画の分野で頭角を現していく。美大を卒業したその年には，作品が「北海道博覧会」のポスターに採用されたし，日本宣伝美術会に出品した観光ポスターが連続で入選している（堀井，2009: 136-137）。小樽生まれの小樽育ち，大学出たてで入選したポスターの主題も「冬の小樽」と「雪の小樽」。「小樽博覧会」（1958年開催）や「潮まつり」のプランニングにも関わっていた藤森と小樽は，切っても切れない関係にあった。

藤森は，ある日，有幌倉庫が取り壊される現場を目撃し，とにかく何かをして，運河を守らねばいけないと思うにいたる：

> 昨年〔1972年〕の夏に，小樽の絵書どもが「運河展」をやったんですよ。それは「さよなら運河」という事でしょ。言うなれば，消えていく運河よ，さようなら，という展覧会でしょ。それで頭に来ちゃったわけさ。で，有幌の倉庫もメッチャクッチャに壊されて，私らを立ち上がらせる原動力になったんですよ。……〔中略〕……。このままだまっていられるかという事で十名，〔1973年〕11月21日に集めたわけですよね。（石塚雅明，1975: 76；原文ママ，〔　〕内の補足は引用者）

語りから，運河で絵筆を取っていた画家たち（「絵書ども」）の埋め立てを前提とした認識（「消えていく運河よ，さようなら」）への反発・反感と，藤森自身が描いてきた有幌倉庫の取り壊しとが，《守る会》設立の理由であったことがわかる。

そこから「ガムシャラのように見えて思慮深い自称“看板屋”の若大将の，知情意兼備の奮戦健闘がこうして始まった」（小笠原，1986a: 99；原文ママ）。会長に越崎宗一（郷土史家），事業部長に米谷祐司（詩文家），宣伝部長に千葉七郎（画家），組織部長に豊富智雄（教員），財政部長に堀井俊雄（建築家），そして事務局長に藤森自身が就く。この体制で《小樽運河を守る会》が1973年に設立されたことは，すでに見たとおりである。

「守る会」の結成後から，すぐに市長や議会に陳情を行い，精力的な活動が展開されたが，その中心は藤森であったという。その情熱的な取り組みを最も象徴的に語るのが，全国の町並み保存運動の先進事例を学ぶため，自費で半月にも及んだ「町並み行脚」(小笠原，1986a: 101-103) だろう。妻籠，神戸，倉敷，岡山，京都，奈良，亀山，高山などを巡り，運河を残そうとすることの意味と，その実際的手法を学ぶための旅であった。1974 (昭和49) 年6月1日，「行脚」最後の訪問地・東京の文化庁で，運河と倉庫群は「価値が高い」との見解を引き出すなど，大きな成果をあげる。後に保存運動の中心的役割を果たすことになる山口保は，藤森との出会いとその働きぶりをはっきりと記憶していた：

> 33年前，昭和51〔1976〕年10月，はじめて，藤森茂男氏と言う，強烈な個性とその情熱に出会った。小樽運河こそ小樽そのものだ。埋めてしまえば街そのものが滅ぶ。何が何でも残す。気迫だった。……〔略〕……。今でこそ明治以降の近代建築や土木遺構が見直され，残すべき価値として，広く認知されているものの，当時はようやく注目され始めたばかりの頃だったと思う。文化庁にかけあい，道庁に出向き訴え，藤森さんは事務局長として，まさに，奮闘されていた。……〔略〕……。藤森さんたちは若者たちを主人公にすべく，縁の下の力持ちに徹した。……〔略〕……。〔私は〕藤森ウイルスに感染したまま，うなされるばかりである。
>
> 山口保「運河保存の先駆者」(堀井，2009: 91；〔　〕内の補足は引用者)

このように，「気迫」をもって運動に邁進する藤森を，山口は「運河保存の先駆者」と位置づけ，「藤森ウイルスに感染したまま，うなされるばかり」という表現を借りて，我が身への影響の強さを吐露している。藤森と同じ高校の1年後輩であった佐藤公亮も「〔藤森の〕運河保存に対する想いはひどく強いものがあった。闘志を剥き出しにしていた。運河のあたりの絵を盛んに描き，とにかく遺さねばならん，と。運河保存運動の立役者というべきだろう」(堀井，2009: 94；〔　〕内の補足は引用者) と述べている。小樽運河を「何が何でも残す」と「ガムシャラ」に突き進み，「闘志を剥き出しにして」「気迫」をもっていた男 —— 証言から浮かび上がるのは，そんな藤森茂男像である。

では，なぜ，それほど闘志をたぎらせてまで運河を残さねばいけないのか。若き日の石塚に問われた藤森は，つぎのように答える：

ただ一点かけがえのない運河を残すと，非常に抽象的なんですけれど，ほんとにこれしかないんですよね，運河を守る会というのは。ですから，運河の港湾上の認識の有無，そういった事には一切関係なくですね，運河は好きだと，それだから残しておいた方がいか〔い？〕べということね。（石塚，1975: 75；〔 〕内の補足は引用者）

「運河の港湾上の認識の有無」は，港湾再開発計画上の位置づけや現在の港勢といったことを指していると思われるので，そういった政治経済上の問題とは無関係に，とにかく「運河は好きだ」という思いだけで残したいのだということであろう。ノスタルジー指向は極めて強く，NOS 変数は「＋＋」となる。また，保存への固い意思は，CNG 変数が「－」であることを示していよう。

藤森は続けて言う：

私は文化財というのが，国の指定の文化財であろうが，〔北海〕道の指定の文化財であろうが，関係ないと〔思う〕。本当に小樽市民がね，ここいいと。小樽っ子にとってここはいいと。そう思う市民指定の文化価値ね。それが必要だと。ま，僕らの会の精神の根っ子というのもきわめていけばそこにつきるわけですが。（石塚，1975: 80；〔 〕内の補足は引用者）

ふるさと開発のために市長が立ち上がる時ですよ。でもやり方はなるべくなまぐさくなく，文化的にやる必要があると。文化的な市民運動が，文化運動といいたくないのね。〔あえて言うなら〕文化的市民運動かね，こういう性格づけは，顕示していきたいと思います。（石塚，1975: 87；〔 〕内の補足は引用者）

ふたつの引用を読めば，「小樽っ子にとってここはいい」というものこそが「文化財」であり，だからこそ残したいのだ，そしてそれは「なるべくなまぐさくなく」「文化的市民運動」として展開されるべきだ，という彼の主張がよく理解できるだろう。それはまた，「運動を政争の具にされたくない」という会長の越崎宗一の思いとも一致していた。このことから，POA 変数は「＋」であろう。

またそれは，藤森が起草の中心を担った「運動の手引き」の記述（小樽運河を守る会，1974：1）ともぴたりと符合する内容である。このことは，会の事務局長として事務を取り仕切るだけではなく，藤森が運動方針を決定する中心を担っていたことを示している。

しかし，より重要と思われる理由は，藤森が「デジナーレの精神」に基づいて行動していたということだ。では，「デジナーレの精神」とは一体，何か。堀井清孝（2009）の説明を聞こう：

> そんな茂男が，ある本に書かれていたラテン語の「デジナーレ」という言葉に出会うことになる。「デジナーレ」とは“一般的な人間生活の中で，物事を予測し，それに具体的に対処する”という意味で，デザインの語源となる言葉だ。茂男はこの言葉を学び，「目の前がぱっと明るくなったような気がした」と話している。……〔略〕……。デザインは丸，三角，四角の形ではなく，「極めて自分の生活に率直に対処し，物事を予測する」。これこそがデザインであり，茂男が小樽でデザイナーとして「デジナーレの精神」で，生きていこうとその時，決心したのである。（堀井，2009：137）

堀井（2009）の説明をもとにすれば，藤森は「丸，三角，四角の形」といった机上のデザイン性ではなく，自らの生活に根付いている運河が埋め立てられることに「率直に対処」することこそがデザイナーの本義であるととらえていた。茂子夫人の「茂男さんがこの頃〔文化庁の見解を引き出した1974年頃〕から自分だけのわがままでなく，小樽市民みんなの幸せになることを考えはじめました」（堀井，2009：138；〔　〕内の補足は引用者）と述べていることと合わせて解釈するなら，藤森は〈道道臨港線〉計画が「小樽市民」にもたらす帰結を「予測」し，それが「みんなの幸せに」ならないと判断したからこそ，運河を残すべきであると考え，運動を始めたのだ。そして，「デジナーレ」こそがデザイナーのあるべき姿と見定めて，地域社会の生活に寄り添ったデザイン活動を志していった。自ら立ち上がって運動することが，小樽に生きるデザイナーの使命であるとさえ考えていたからこそ，「何が何でも残す」と「闘志を剝き出しにして」，保存運動を推し進めていったように思われる。だから，LOC変数は「＋」ということになる。

そんな「デジナーレ」の精神をもった藤森だったが，それだからこそ道路推進派からマークされ，運動から脱離することを余儀なくされてしまう。《小樽運河を守る会》も正式に設立総会を開き，議会陳情や総合調査をいかに実施するかで市側とのつば競り合いが続くなか，藤森は小樽経済界の重立層から「北海ホテルのロビーに呼び出され，『5分以内に運動を辞めると言わないなら，会社に金は出さないぞ』と言われ，帰宅後，号泣しました。私も号泣しました」[34]。市内で看板やイベントのデザイン・準備などを請け負っている藤森の家業にとっては，選択の余地などなかった。拒否することは，そのまま倒産を意味するからだ。こうして1976年6月，藤森は不本意ながら，事務局長を辞した[35]。先に引用した「運動の中心メンバーが経済的しめつけで脱落」（佐々木編，1983: 11）したとの記述は，まさにこの藤森の一件を指していた。以後，藤森は運河保存運動の表舞台からは姿を消す。運河問題の動向を密かに注視しながらも，家業と病気療養とに専念していった。

このことは，藤森が「転向」したことを意味しない。むしろ藤森は，運河への変わらぬ想いを抱きながらも，地域社会のしがらみで運動できないでいた，と理解するのが適切だろう。例えば，次のエピソードは，藤森の変わらぬ姿勢をよく示しているだろう。運河の杭打ちが開始された日，守る会会長の峯山冨美は，運河に架かる橋の上で泣きながら中止を訴えていた。もちろん，藤森は現場にはいなかったが，その晩，テレビのニュースで「目撃」することになる。その時の藤森の様子を，長女・五月が綴った一文がある：

> 昭和58〔1983〕年11月12日，テレビで運河埋め立て杭打ち開始のニュースを見た父は怒りのあまり悔し泣きしたかと思うと大きなキャンバスに向かい殴り書きするようにコンテを走らせました。その夜，私共家族が見たものは父

---

［34］ 2000年9月5日，小樽市内での藤森茂子氏へのヒアリング。

［35］ 藤森自身の体調不良（脳血栓）も事務局長辞任の原因のひとつであることは確かだが，小笠原（1986a: 104–105）にも類似の記述があり，さらに峯山も「藤森事務局長の降板はご自身の健康上のこともあったと思うが，自営の仕事に行政・財界からの圧力がかかっての経営の困難では，と取り沙汰された。真意のほどはわからなかったが，少々の健康上のことで運動から降りるとは思えなかった。彼の情熱を思い出しては納得のいかぬことであった」（峰山，1995b: 48）と書いている。佐々木編（1983）や市中の複数のヒアリングを総合すると，家業への経済的圧力が主要な原因のひとつであったことは否定できない。

の執念で真っ赤に塗られた「赤い運河」でした。様々な想いを込めて描きためた絵の中で，これほどまでに自分の感情をさらけ出した作品は見当たりません。

藤森五月「父　藤森茂男」(堀井，2009: 154；〔　〕内の補足は引用者)

茂子夫人も，筆者のインタビューに，「〔小樽運河の〕取り壊しのニュースを聞いたときに，一日で描いたもの」で，「赤には悲しさと悔しさが込められていた」[36]と語っている。運河を描いた絵を真っ赤に塗ることで，運河を埋め立てようとする行政に対しての怒りと，運河を失うことの無念さを表現しようとした，ということだろう。したがって，この赤い色は，芸術的効果を狙ってのものというより，半ば衝動的に選ばれた，率直な心情の吐露であったように思われる。

体調不良でも変わらず，激しい心情を持つ藤森は，1983年ごろから運河保存運動にもう一度係わり始める。商工会議所会頭が埋め立てを見直して運河保存を求める旨を発言し，《小樽運河百人委員会》のリコール準備活動が行われ始めたころだ。自らが興した保存運動が，自身の不在の間に意に染まぬ展開を見せていたことを，藤森は公然と批判し，《守る会》の組織改革と《百人委員会》との関係を整理することを主張した。また，越崎・初代会長の後を継いだ峯山にスポットがあたるのに比して，自らの功績が顧みられないことも藤森にとっては納得のいかないことであった。

復帰した藤森は，総会での決定を経ずに「役員会」を設置したり事務局長代行を任命するなど，改革に乗り出す。しかし，藤森の不在期間を担った人々の方針や実績を認めないこうした行動は，大きな反発を受けることになる。運動をスタートさせ，運河の価値を市民にアピールした功績は誰もが認めるところであったが，「再登場」以後の藤森の行動や発言は，峯山会長らには受け入れられなかった[37]。

自らが深く愛していた運河の原風景を失っただけでなく，自らが産み育てた運動から冷たくあしらわれたことに藤森は怒り，それはいつしか，対立した者

[36]　2000年9月5日，小樽市内での藤森茂子氏へのヒアリング；〔　〕内の補足は引用者。

[37]　藤森の復帰後の行動や発言，そしてそれらへの反応については，「運河問題十年の歩み」第3部第31-44回，『朝日新聞』道内版，1984年11月29日-12月22日付に詳しい。

たちへの憎悪となっていった：

> 茂男さんがつくった運動なのに，自分がやったように言う。〔運河保存運動が〕注目されたり，なにか受賞しても電話してくるわけでもない。「人が財産」と常々言っていた茂男さんは，生前，「一人だけ絶対許せない人がいる。それは峯山だ」と言っていた。(2000年9月5日，小樽市内「運河画廊」での藤森茂子へのヒアリング；〔　〕内の補足は引用者)

このような強い憎悪の念は，徹頭徹尾，藤森は運河を保存すべきと考え，保存運動を自らのものと考えていたがゆえであったろう。

道半ばで「脱落」を余儀なくされ，最後は決して思いが満たされたわけではなかったとはいえ，藤森は運河の保存を最初に訴え，運動の基礎を創り上げたパイオニアであった。まちづくり派への指向を持ち，実際に山口保などのまちづくり派を育てたことも彼の大きな功績であったが，藤森が「耽美派」に分類される理由は，彼が保存すべき「理屈」を明晰には語りえなかったからだ。藤森自身も認めるように，「理くつをこえた」「懐古的な情緒」としての「郷土愛」というノスタルジー指向こそ，藤森にとっての保存の原点であった。したがって，藤森のライフ・ヒストリーと運動への参画は，保存運動の最初期に位置づけられるように思われる。

4.2　純粋保存派

「純粋保存派」が第2のグループである。彼らは，徹頭徹尾，政治と経済から距離を取り，「小樽っ子」の運河への心情のみを語ることで，地付きの中・高齢者を中心に，常に一定の支持を集めていた。政治的無関心な運動スタンスは内外から批判にさらされてきたものの，単純に保存しか語らぬ点が，逆に保守層にも一定程度のアピールをしたと解釈してよいだろう。早世した初代「運河を守る会」会長・越崎の後を受けた二代目会長・峯山冨美は，このグループの最も象徴的な存在であった。峯山は小樽内では敬虔なクリスチャンとして知られており，実際のところ，所属する教会の長老として尊敬を集めていた。こうした彼女のイメージも相まって，「ための運動」や左翼運動，あるいは利益のみを求めていながらそれを隠して行われる運動とはまったく異なる運動なのだという認識が形成されていった。

このように政治や経済を超越した位置からの一貫した発言は，多様な利害が錯綜する運動内部を統合する機能を発揮し，長期間にわたって運動を支えてきたように思われる。無色透明で無邪気ですらあったからこそ多様な思惑の受け皿となって運動をひとつに統合していたということであろう。呉越同舟の運動内部を統合する枢軸こそが，この「純粋保存派」であった。

ライフ・ヒストリー（2）
峯山冨美：「故郷は近くにありて守るもの」

小樽運河保存運動といえば峯山冨美と言われるほど，彼女は運動を象徴する存在であった。60歳になってから運動に参加し，以後，一貫して運河をはじめとする歴史的環境をベースにしたまちづくりを，と主張していた。

1914（大正3）年6月，2人姉妹の姉として北海道虻田郡真狩村に生れた峯山は，1924（大正13）年3月，家族の転居とともに小樽に移り住む。真狩村の静かでのどかな生活からは想像もできないような活気溢れる小樽に，彼女は魅せられていく。1931（昭和6）年に庁立小樽高等女学校補習師範科を卒業し，三菱商事に入社，女性としては地元採用第1号であった。夫は高校教諭で，後に北海道文化財研究所長を務め，札幌医科大学で教壇にも立っていた著名な考古学者・峯山巌（いわお）である。夫の伊達高校赴任のため，11年間，小樽を離れて伊達に暮らしたが，1955年[38]に再び小樽に戻り，一時期，小樽市立北手宮小学校の教壇に立っていた。峯山のキリスト教入信は，伊達にいた1944（昭和19）年のことであった。1973（昭和48）年から《小樽運河を守る会》に参加し，初代会長・越崎宗一の急逝後の1978（昭和53）年から会長を務めた。1984（昭和59）年に，「運河を守ることが出来なかった責任を取る」と述べて会長を辞任し，以後，「小樽再生フォーラム」顧問として活動する。2008年には，

［38］　峯山はインタビューなどでは「12年間」と述べているが，峰山（1995b）によれば，彼女は1944年に小樽から伊達に移り，1955年に帰樽している（峰山，1995b: 23）。他の文献（小樽シンポジウム実行委員会編，2009: 6）の記述も同様である。年表的に事実を突き合わせていくと，11年間が正しいように思われる。しかし，ヒアリング・データは語ったままを文字起こししており，峯山自身の語り言葉の通り，「12年間」のままとしておいた。

その長年のまちづくり活動に対して「日本建築学会文化賞」を贈られたが，2010年12月28日，保存運動の仲間に看取られる中，逝去。享年96歳であった[39]。

のどかな真狩村に生まれ，学校の教師であった厳格な父に育てられた峯山は，もの静かな「優等生」であったという（峰山，1995b: 20）。後に勤務した北手宮小学校の教え子たちが「あんなに温和しかった先生」（峰山，1995b: 77；ママ）と回想するような人柄であった。

そんな「温和」な峯山が，なぜ，10年にもわたって保存運動に奔走したのだろうか。なぜ，吹雪をものともせずに東京へ飛び，建設大臣や自治大臣に直談判するような行動力を発揮したのだろうか。

この疑問を解くためには，峯山が小樽に二度，出会っていることを理解せねばならない。彼女にとって，繁栄期の小樽と衰退した小樽の両方を自身の目で見て経験していたことが決定的に重要であったということだ：

> 初めて小樽の土を踏んだのは，大正13〔1924〕年なわけ。大正13〔1924〕年に私は小樽の土を踏んだの。で，大正13〔1924〕年っていうのは運河が出来た，完成した翌年でしたの。だから私は，小学校の2年生で小樽の土を踏んだんだけど，小樽の町というのの逞しさっていうか，いきいきしているっていう，私〔は〕農村で生まれましたから，小樽〔の〕町〔へ〕来たら，もうびっくりするくらいの。町歩いている人なんて，活気に満ちてて忙しいでしょ。だからもう，すごく動いているわけね。でバス降りがある，車がある，というような状況で，小樽ってのは，生きてる町ってこんな町なのかなと。その時は子供だったから思わなかったけれども，私は後になって，ああ，あれがまさに生きてる町だと思った。なぜ，生きてる町っていうかっていうと，後で死んだような小樽の町を見るから。あの時は生きていたなぁと思うんですよ。そして私が小学校をここで卒業して，勤めたのが三菱商事ってところに勤めた。三菱商事ってのは，私が入った時は，私は地元で第一号で入ったわけよ，女職員でね。

[39] 峯山逝去の報は，東海道新幹線の車内テロップでも流され（たまたま乗車していて目撃した，大倉季久〔桃山学院大学准教授〕の報告による），翌日の新聞紙面では全国紙3紙のすべてが記事を掲載した。峯山がいかに全国的に有名な保存運動家であったかを象徴的に語るエピソードであるといえよう。

で，本社からも大学出てたのが，ぞっくりいる。ばぁぁっといる。それは商いをするために，三菱の会社で商事会社〔三菱商事を指す〕があって，雑穀でも石炭でも油でも，道内で売る仕事よ。そこに私が勤めたわけ。もう朝から電話がひっきりなしよ。網走だとか道内の周辺からみんな注文があって，対応に追われてるってような有り様なの。そして，あれ〔三菱商事の建物〕はたまたま運河の側にありますから。……〔略〕……。だから私なんか，勤めのお昼なんか出ていくと，もうそれは，港には防波堤がある，防波堤の中に船はびっしりよ。もう，舳先をすりあうようにしてる。そしてその本船から，艀という大きな船に荷物を積んで，その積んだ艀が運河に入ってくる。運河から今度道路を隔てた石造倉庫にみんな荷揚げするの。……〔略〕……。そういうふうな町でした。それから，港がそういう風になり，船の出入れが盛んになると，そこにいろんなお店が出来てくでしょ，商活動が。入舟町の問屋町ってのはもう，全道から仕入れに来る人達，そこの入舟町にびっしり人が入ってましたね。……〔略〕……，小樽の町のすごさっていったらなかったね。でも，東京だってそうだったからね。私は小樽しか知らないから小樽が良いと思ったのかもしれませんけれども，今から考えると，そういう町であったという事なの。それがそれほどの経済力を持ち，格調高い暮らしが有りましたよね。唄をやったりとか，格調高かったと思うね。その町に私は女学校出て10年いたの。ところが，うちの都合で私は伊達ってところへ移ったの。もう行きたくなくて。私小樽が好きだから，小樽を離れるのが嫌で嫌で，残念だけどしょうがなくて行って，何とか小樽に帰りたい，帰りたいと思って，12年たって昭和30〔1955〕年に小樽に帰ってきたの。帰ってきて小樽湾のあそこに行ったら，船が一艘も入っていないの。私が始めに来た時もう満船だったの，防波堤の中も。〔でも，帰ってきてみたら〕船が一艘も入っていないんだから。びっくりしましたよ。その12年の間に。そして銀行がみんな引き上げてんの。いなくなってんの。空き家になってんの。残ったのは，3つか4つしかなかった。廻船店なんて，みんな店閉めちゃってんの。だから，問屋町もみんなシャッター下りてんの。ただただ驚くばかりでしたね。……〔略〕……。私なんか帰ってきたくて帰ってきた〔のに〕，小樽のそんなような状態だったので非常にショックでしたね。(1997年9月1日，小樽市内での峯山冨美へのヒアリング；〔　〕内の補足は引用者)

引用にみられるように，峯山は活気溢れる小樽の町に魅了され，「小樽が好きだから，小樽を離れるのが嫌で嫌で」というほどであった。LOC 変数と NOS 変数が「＋」であることに議論の余地はない。しかし，恋い焦がれてようやく戻った小樽は，もはや昔の繁栄を極めた町ではなく，寂れてしまっており，峯山は「非常にショックで」あった。日々の生活のなかで徐々に衰退していくのを経験していたのではなく，小樽を離れていたがゆえに，より劇的な形で小樽の衰退を肌で知ったのだった。小樽との二度の出会いが，重要であったというのは，この意味においてである。峯山自身も，以下のように語っている：

> もうあの生き生きとした街がどこに行ったかというように〔小樽は寂れてしまっていた〕。わたしは盛んな時とだめな時と二度，〔小樽を〕見てるわけ。(1999 年 9 月 2 日，小樽市内での峯山冨美へのヒアリング；〔　〕内の補足と傍点は引用者)

二度の出会いで小樽の変化を痛感し，二度目の出会いが峯山を保存運動に参加させていく。本人はつぎのように回想する：

> 小樽という町で育った私は，とにかくこの町が好きだった。12 年ぶりで帰ってきたとき，あまりにも変わり果てた町の姿に胸を打たれた。過去を懐かしむ郷愁というよりはもっと強い衝撃を受けた。人っ子一人通っていない運河周辺，雑草が生えている艀が放置され，ヘドロのたまった運河に錆びた倉庫が影を落としている。たまらなかった。
>
> そんなときにこの運河を埋めて道路にするという話が持ち上がった。そのショックが，全くの一市民でしかない私の心を揺り動かしたのであった。理論とか理由とかはさておいて，とにかく運河を守ろうという素朴な気持ちであったと思う。(峰山，1995b: 167-168)

ショックを受けた峯山が「理論とか理由とかはさておいて，とにかく運河を守ろうという素朴な気持ち」から，運河保存運動に参加していく様が，よくわかる。

では，なぜ運河を残すのか。峯山にとって，その「理論とか理由」は何であったのか。峯山は古いから残すのではない，と考えていたようだ：

……その〔保存〕運動を 10 年間続けました。それはなぜなのだろう。もう手続が済んでいるということがわかりながら申していたわけです。

それは〔その理由は〕，一つには，運河は小樽の湾の海岸線に沿って弧を描いています。そして，鈍色の倉庫群がそれを繋げるように並んでいるその景観は，確かにすばらしく，映画になったり，文学に取り上げられたり，テレビの舞台になったり，絵になることはしょっちゅうでした。しかし，それだから〔保存せよ〕というのではなく，また，建築学会明治建築小委員会が，日本の中でぜひ残したいまち並みが三つあるということで，一つはグラバー邸，二つ目は神戸異人館通，三つ目は小樽の運河と倉庫のあるまち並みだという，お墨つきがありました。でも，私たちが運河保存に立ち上がったのは，そのどれでもないのです。では，何かといいますと，小樽市民にとってこの場所はどういう意味を持っているのかということが決め手になることでした。（小樽シンポジウム実行委員会編，2009: 32；〔　〕内の補足は引用者）

引用から明らかなように，「絵になる」からでも，「建築学会明治建築小委員会」の「お墨つきがあ」ったからでもなく，「小樽市民にとってこの場所はどういう意味を持っているのかということが」保存運動にとっての「決め手」であったという[40]。したがって峯山にとっての保存の第 1 の理由は，古いから残すのではなく，そこに住む者にとって価値があるから残すのだ，ということである。

と同時に，峯山が再三再四語ってきたのは，「地域に生きる」という第 2 の保存の論理である。峯山の主著（峰山，1995b）のタイトルにもなっている「地域に生きる」とは，何を意味しているのか。本人の語りを聴こう：

それで，一体私達は，私 10 年だよ，運河やって 10 年。終わってから 10 年〔インタビュー時点の 1997 年において〕，まだ運河に関わってんの，こだわっ

[40]　峯山は別の場所でも「町並み保存運動の人びとのいう，古いから，珍しいから残すのではない，その町にとってかけがえのないものだから残す」（峰山，1995b: 171）のだと書いている。

てんの。何故私こんなに運河にこだわるかということを，ちょっと話させて。それはね，運河は小樽の最盛期の時に，あそこで3,000人の人たちが汗水流して，人夫の人達が働いて，そのおかげ，そのおかげ，3,000人の豆選りの人たちがあそこで働いて。働きはあそこだったの。町の中じゃなかった。あそこが小樽の町を作った原点なわけ。原点。だからあそこは，小樽にとっての心臓部。心臓部。小樽町の心臓部。あそこから，心臓の鼓動が小樽に広がって行ったのよ。そして小樽の町が出来ていった。……〔略〕……。あそこの運河と倉庫のあれが無かったら小樽の町はないんですよ。……〔略〕……。原点はあそこなの。で，町というものは，今住んでいる皆さん，みんな，それぞれの町に住んでいるんだけど，そこのとこだけ見てたら駄目だと思うのね。……〔略〕……。今まで生きてる私達はそうした過去の人の営みをしっかりとらえて，……〔略〕……，自分たちの世代のさらにそこに新しい文化を増し加えていって，そして次代の人にその文化を移していく伝導，伝えていく，伝承する。そういうことがね，「町に生きる」ことなんだよ。私はそれを「地域」と言ってるわけ。「地域に生きる」とはそういうことだと思うわけよ。私は。だから運動するのよ。(1997年9月1日，小樽市内での峯山冨美へのヒアリング；〔　〕内の補足は引用者)

熱のこもった語りで強調されているのは，「過去の人の営み」を無視してはいけないということだ[41]。この観点は，後年の語りで，より一層，明快な表現となって語られている：

今，生きてる私たちっていうのはね，そういう昔の，この町に〔で〕精一杯働いてくれた人たちの思いを今，受け止めてね，そしてこの町はどんな町なのかっていうことをまず知らなきゃ，知らないと運動はできないよ。どんな町かをちゃんと知って，そして「そうなんだ」という確信を持って，次の世代，これからの未来の人たちにそれを受け継いでいく。だから町というのは，過去，現在，未来，その人たちの共同に〔で〕つくるものが町なんですよ。(2007年9月11日，小樽市内での峯山冨美へのヒアリング；〔　〕内の補足は引用者)

[41] そして，未だに「過去の人の営み」の上に現在があるということが実現されていないと考えるからこそ，「終わってから10年，まだ運河に関わってんの，こだわってんの」「だから運動するのよ」との発言が生まれてくるのだと思われる。

峯山は端的に，町は「過去，現在，未来」の共同作品なのだと喝破する[42]。ならば，現在世代が勝手に町を改変することは罷りならぬ。これが彼女の第2の保存の論理である。小樽の原点を守り，現在世代の近視眼的な利害だけで町をいじってはならない，という考えだ。そして，過去の世代の「思い」や文化を「受け止め」，学び，そして「未来の人たちにそれを受け継いでいく」ことがなされなければいけないと峯山は考えていた。別言するなら，その町の原点を守り，「確信を持って」「これからの未来の人たちにそれを受け継いでいく」，「『地域に生きる』とはそういうことだ」。運河保存運動をすると次第に自分の町について深く知ることになり，運河を守ることが実は小樽という町を守ることだと徐々に気がついていく過程（西村・埒編，2007: 35）が語られている，と考えてよい。それは懐古趣味ではなく，過去と現在を踏まえたうえでの，未来への投企でもあった：

> 後を振り返ることは消極的な懐古趣味にとられがちであるが，それは違う。過去の人びとの営みを知ることによって，将来，未来に対してのビジョンが根のあるものとして描かれよう。その意味からいうならば，過去は未来の指標にもなり得るのである。（峰山，1995b: 170-171）

峯山は，こうした保存運動を，地域住民が主体となって行うべきだと考えていたようだ。彼女のキャッチフレーズともなっていた「ふるさとは　近くにありて　守るもの」が，その証左である。言うまでもなく，これは「ふるさとは遠くにありて　おもうもの」のもじりであるが，そこには「遠く」で「おもう」と，「近く」で「守る」という明快な対比があることに注意したい[43]。近くにいる，すなわち地域の住民が主体になるのだという端的な宣言である。

だからこそ，政党政治に頼らず，市民運動という立場を堅持しようとしていたように思われる。本人は，つぎのように語っている：

---

[42]　西村・埒編（2007: 34）にも同様の発言がある。

[43]　彼女の著作には「ふるさとは　遠くにありて　おもうもの／そして　ふるさとは　近くにありて守るもの」（峰山，1995b: 177）と書かれている。

　運動っていうのはね，……あの，……市民運動というものはね，ある政党に偏ったらダメなの。市民運動ってのは，いろんな各党に関わりのあるような人達が〔参加して〕来るわけでしょ？　だから，政党になんにも関係のないでいようとする人達も来るわけでしょ？　その運動の主体がね，共産党とか社会党とか，自民党とか一党につながってしまったらね，そしたら，あたし，市民運動の性格を失うと思うの。で，その頃ね，ほんとに正直言って共産党の方々，ほんっとに〔運河問題を〕よく調べた。調べてた。それから，ほんっとによく運動もしてた。だから本来ならば，共産党の，その熱心さにね，私も同調してやっていけば良かったんだけども，私はそうはしなかったの。そうすることは市民運動の性格を変えてしまうと思って，私はそこを徹底的に，各党と同じ立場〔同じ距離〕にいたの。同じ立場にもいたんだけど，私の主人〔峯山巖〕の教え子〔の一人〕が社会党の代議士だったのよ。で，この人も一生懸命やってくれたもんだから，「峰山さんは社会党だから共産党〔のことを〕嫌って〔いるのではないか〕」とかって言われたけれど，私はそうではない。各党と同じ立場に，色のつかない運動をしたいっていうね，その気持ちでやってきた。
(1998年9月3日，小樽市内での峯山冨美へのヒアリング；〔　〕内の補足は引用者)

　様々な立場の人が集まる運動だからこそ，ある特定の政党に偏することなく，住民ないし市民の立場で参加し運動することが肝要だと，峯山は考えていた[44]。引用にもあるように，他の政党はもとより，熱心に保存問題に取り組んでいた共産党とも，峯山は手を結ぶことはなかった[45]。

　こうした峯山の思想と行動は，彼女の夫と産みの母の理解と協力なくしては成り立たなかった：

筆者：運動を始めたのは60過ぎてからで。その時まだご主人の巌さんはお元気でいらっしゃったわけですよね。ご主人は運動に対してご理解はあったんですか？
峯山：大いにありましたね。〔初代会長が亡くなった後，会長に推されて〕私は会長になんてなりたくない。やれない。逃げ回ってたの。そしたら，

[44]　さらに峯山は，「市民運動は，『相手を潰して，勝った，負けた』という形ではダメだ」(1984年3月30日，小樽市内での峯山冨美へのヒアリング) とも語っている。
[45]　その意思にも係わらず運動が内部分裂していく様は，すでに述べたのでここでは繰り返さない。

「お前，本当に運河を残したいなら，そんなことでいいのか。次の人が見つかる〔までの〕間だけでもいいからやりなさい」。ね？　それから「町並みゼミ」〔全国町並み保存連盟の年次大会〕に行くとね，あの当時飛行機賃が高いからね，ホテルに泊まったりするから12，3万〔円〕かかったの，一回行けば。私，何にも働けないでしょ。一銭もお金，働けないから。来年は行かないでおこうかなって思ってたの。だから〔主人は〕「何言ってる」って，毎年ちゃんと私の旅費を出してくれるの。だから東京行くと東京の人は，「毎年出てくる峯山さんよりも，毎年あなたを出す旦那さんのほうが上手だよ」って。(笑)（2007年9月11日，小樽市内での峯山冨美へのヒアリング；〔　〕内の補足は引用者）

さらに夫の巌だけでなく，峯山を産み育てた母のサポートも大きな役割と意味をもっていた。少々長くなるが，運動に奔走する峯山の日常を垣間見られる貴重な記述なので，「母のおもいで」と題されたパンフレットから引用してみよう：

八十五歳になった母をひとりで住まわせておくことはやはり不安であった。私は母をひきとることにした。……〔略〕……。／やがて小樽での〔母の〕生活が始まった。／その頃，娘の私は運河問題で東奔西走している最中であった。〔伊達で〕ひとり暮らしの静かな日々をおくっていた母にとって，私の家庭生活はあまりにも目まぐるしい生活であった。／まず母にとっての驚きは，温和しく，物静かに育ててきた娘が，市に対し，道，国に対し抗議し，街頭に立ち，集会でのアッピールをする。その変貌ぶりに目を見はった。そして席のあたたまる間もなく飛び歩く娘の姿に驚き悲しんだ。／しかしその母が，一年生活を共にする間に，意識が変わっていった。／小樽にとって，運河は埋め立て道路をつくるよりは，これを保存して次の世代にうけつぐべきだ。それが今，この町に生きている私共の責任だという考えが，母にも納得できた。／母はそこで自分なりに何とか娘に協力せねばと思ったらしい。今まで消極的に娘に世話をかけないで生きねばと思ったことが，積極的に娘に役にたつことを考えるようになった。／八十六歳の母にも新しい目的が生まれた。／ほとんど毎日のように外出する私の手の届かぬところを補うべく，主人の身のまわりもこまかく気を配ってくれた。……〔略〕……。／さらに母は新聞を丹念に読んでくれた。／忙しい私は，大文字で書かれる記事を追い，スクラップした。母は小文字で書かれた運河問題に関する記事，市民の声などを示してくれた。それは私の見逃してはならないものであり，どれほど助かったかしれない。／……〔略〕……。／昨年〔1984年〕一月十五日の夜，急に水野建設大臣に十万〔人〕の署名をもって上京することにきまった。翌十六日朝一番の飛行機でたつことになった。そんな時，母は主人の出張の時もそうであるが，朝四時から目をさまして，何くれとなく気を使って〔遣って〕送ってくれた。／その日も駅にいって切符を買おうとして，ちり紙に包んで，母としてはひと月分の小遣いが，そのまま私の知らぬまにハンドバッグに入っていた。／運河を守る運動というのはそうたやすいものではなかった。外側でも内側でも，はげしいやりとりがなされた。心身ともにすり減って家に帰ると，私はどっと疲れが出た。／母は〔私が〕どんなに遅く帰っても待っていてくれた。母はそのときの私の顔色をみると，その日の私の苦しみを察してくれた。／黙って母はあついお茶をいれ，好物の甘いお菓子を出してくれた。九十歳の母親と，七十歳の娘との会話に言葉はいらなかった。／あついお茶がのどを通っていき，母の顔をみていると，私の心は和んで，またやる勇気が出てきたのであった。／その母が忽然と逝った。……〔略〕……。／世の母のすべてがそうであるように，母もすべてを与えて世を去った。（峰山，1985: 3-6；〔 〕内の補足は引用者）

引用からは，「温和しく，物静かに育ててきた娘が」いかに「変貌」したか，「ほとんど毎日のように外出」し「市に対し，道，国に対し抗議し，街頭に立ち，集会でのアッピールをする」かたわら，「大文字で書かれる記事」も「小文字で書かれた」「市民の声」も見逃さず，丹念に「追」う生活が見えてくる。

しかし，すでに見たように，運河保存運動は内部分裂から崩壊し，全面保存は成らなかった。この事実を踏まえ，峯山は自らの運動の「成果」を，どう考えていたのだろうか。社会調査実習の学生の直截な問いに，峯山も率直に答える：

学生：あの，すみません。さきほど運河〔が〕半分埋め立てられたお話をされてたんですけど，峯山さんご自身は，運河が半分埋め立てられたことについてあれでよかったのか，それとも全面的に保存してほしかったのかっていうのは……〔いかがでしょうか〕。

峯山：全面的。全面的に保存してほしかった。決して半分で満足なんかしてない。やっぱりね，運河はね，幅40メートルあってこそ運河。あれは運河でない。それはもうハッキリと言える[46]。

学生：それで今，運河が半分保存されて，観光地化しても，全面的に保存した方がよくなるというお考えですか。

峯山：運河を守るんだから，全面守るの。それが本当だ。半分だからいいという妥協はしません。うーん。ただ私がね，この運動で感じたことは，運河の幅が半分になった辛さと市民が9万8千も運河を守ろうと考えてくれたことと，よくぞ，9万8千の人が思ってくれた。そのことのほうが重大なの，私。そのほうが重大よ。運河の幅の問題でなくて，市民の意識がこのまちはこんなまちだったんだ。こんないいまちだったのに今まで気が付かないで暮らしていたと気が付いた，そのことのほうが私はもっと大事なの。（2007年9月11日，小樽市内での峯山冨美へのヒアリング；〔　〕内の補足は引用者）

「運河の幅の問題でなく」，まちに対する「市民の意識」の変化こそがより「大事」なものだという。別のヒアリングでも，峯山は言う：

〔北海道小樽〕桜陽高校の生徒は水質検査をさせてくれって，水質検査をやってくれとかね。やっぱりその学校その学校の生徒らしい取り組み方でね，運河保存運動に関わってくれたのは，私は，もう，行政が〔運河を〕省みもしないときにそういう市民の学生生徒が思い立ってくれたということは，非常に私にとっては喜びで，これが運動かな，運動やった甲斐があるなと自分で思いました。……〔略〕……。運河やって一番良かったのは，価値観の変化。小樽の人

[46]　別のヒアリングにおいて峯山は「私はあれ，運河でないと言っているのは……運河ってのは艀がこう，縦に繋がんなかったら，あれ，運河でないもん。そうでしょ。あんな幅半分になったら〔運河の保存や再生などではなく，むしろ〕『新しい水辺の創出』って言ってんの，私たちは。……〔略〕……。運河というのは，艀がこう廻らなくちゃ運河でないんだもの。だから，今，北〔浜〕の方の450メーター〔の部分〕だけが幅40メーターで残ってる。あれが運河です。よいですか。あとは〔幅が〕半分になってんのは，運河でないの」（1997年9月1日；〔　〕内の補足は引用者）と述べている。

たちも市長さんたちもみんなヘドロのたまった臭い運河〔を〕埋めたら綺麗になっていいんじゃないかっていう感じしか，なかったですからね。それが，「いやそうではないんだ。これは小樽の街にとってかけがえのない物なんだ」っていう意識を持ちましたからね。それが最高の，私は，成功と言えば運動の成果と言うことかな，そう思っていますね。で，それは『小樽市史』の中にはないかもしれないけど，市民の意識の中にあることが，よっぽど値打ちがある，価値があると思ってるからね。(1999年9月2日，小樽市内での峯山冨美へのヒアリング；〔　〕内の補足は引用者)

運河が「『小樽の街にとってかけがえのない物なんだ』っていう意識」を市民が持ったことこそが「運動の成果」であると言う。それは純粋に運動を続けてきた峯山にとって成果であるとともに，「喜び」でもあった。

峯山の言う「地域に生きる」という思想とは，地域固有の環境条件とともに生きるということであり，また，死者とこれから生まれくる人も含めた時間軸の中に自分を位置づけて「今」を考えるということであるに違いない。

峯山のライフ・ヒストリーを振り返ると，変化を否定し，運河を全面保存したいとの強い意思を感じることができるという意味ではCNG変数は「−」，全面的対立にいたらぬよう，対話を通じての解決にこだわったという意味でPOA変数は「＋」であったといえるように思われる。しかし，長い運河論争の過程を経て，また，自らの運動人生を振り返る著述の中から，徐々に変化への許容度と政治的対立への配慮を変化させてきたことも，また，見てとることができるだろう。

4.3　まちづくり派

第3グループは「まちづくり派」である。彼らは，運河を核にした観光開発を提案していた。その多くを「純粋保存派」と共有しながらも，保存の論理という点では異なっていた。つまり，最終目的として保存を純粋に求める「純粋保存派」とは違って，保存は地域社会の再活性化のための一手段と位置付けられていた。別言すれば，心情的には運河をそのまま保存したいが，地域で広範な支持を得て運河全面保存を勝ち取るためには，「保存的開発」ないし「観光開発」といった経済的展望をもった運動理念を提起しなければ，運河はおろか運動さえも守れないとの冷徹な認識が背景にあった，ということである。

この「まちづくり派」を構成していた人々は，保存運動後期の中心を担った者たちで，運河地区の景観保存を核にした「都市再生」「観光開発」「まちづくり」を主張していたグループである。彼らは，「運河全面保存」を出発点にしながらも，それを超える論理と表現を獲得し，運動のヘゲモニーをも手中に収めていく。即自的に運河の「かけがえのなさ」を語るだけではなく，むしろ「保存の経済学」「都市再生の一手法としての観光開発」を語り始める[47]。〈北大三人組〉と呼ばれた若き都市プランナーたち，〈小樽三人組〉とも呼ばれた山口保，小川原格，佐々木興次郎などがこのグループに分類される。こうした主張が地元経済界や保守層をも広範に動員し，運動が大きな盛り上がりをみせていったことはすでに見たとおりである。「まちづくり派」が，運河という小樽に固有な景観を守ろうとするときに，その固有性のみならず，より広範に語りうる普遍的な説明を目指していたこと，そしてそれが，運動のヘゲモニー掌握をもたらした，ということに注目しておこう。

しかし，ここでより重要な点は，普遍的な説明を指向した彼らが，普遍的な言語として，「市民」といった戦後民主主義における普遍的市民像に一足飛びに収斂するのではなく，あくまで，運河という固有の景観と切れずにいたことである。この点は，戦後の住民運動を議論した似田貝香門や，戦後民主主義という潮流のなかでのコミュニティの変遷と具体的可能態を論じた奥田道大のコミュニティ論とは，決定的に異なる点であったように思われる（堀川，1998b）。言い方を変えるなら，運動には歴史的重層性があるということだ。かつての安保反対運動や学生運動などと同じ轍は踏まないという運動主体の文字通り主体的な選択が，新たな運動戦略や展開をもたらしている。歴史的経緯は単なる前史ではなく，現在の運動を織り上げる重要な一糸であり，それが効いているがゆえの運動展開なのである。

---

[47]　このように，郷土愛のシンボル的存在である運河を，経済や開発と結びつけて保存を語ることには，運動初期を担ったメンバーからは多くの対抗を受け，かつ，運動後期を担った彼ら自身にも，当初，ためらいがあったという（1988年9月13日，小樽市内での山口保へのヒアリング）。

ライフ・ヒストリー（3）
山口保：運動家から市議会議員へ

1947（昭和22）年，岐阜県益田郡金山町の材木屋に生まれた山口保は，1975（昭和50）年12月14日，雪の降る夜に，小樽に降り立った（当時28歳）。以後，彼は小樽に住み，喫茶店や木彫工房を経営しながら保存運動に係わり，子どもを育て，小樽で生きてきた。小樽市議会議員を3期務め，現在はもとの木彫工房を経営している。

山口の保存運動との関わりを理解するためには，日本の学生運動とヨーロッパの市民社会についての理解が欠かせない。岐山高校在学中から立命館大学法学部を中退する1970年まで，彼は学生運動に身を投じていた。

> 僕は高校の時から学生運動をやってましたけど。僕は，兄貴がね，安保をやっていましたから，多少そういう意味ではその兄貴の影響を受けて本を読んだりしたんですよ。（1998年9月4日，小樽市内での山口保へのヒアリング）

彼は，岐山高校の長髪禁止の校則に反発して運動を起こし，2年間の粘り強い「闘争」の結果，髪形の自由を勝ち取ったという。自ら動いて異議申し立てを行い，現状を変えていくことができる──このように感じることができる「出発点」がこの高校時代の運動であった。振り返って，彼は語る：

> やはり社会の不合理っていうか，みんな〔高校生くらいになると〕正義感を持つわけですから。そこが出発点だと思うんですよ，やっぱり。でいろんな知識がつくよね。おかしいと思うことが出るよね，で，おかしいと思うことを見逃していくとね，どっかでごまかしていかんといけんよね，自分の気持ちを。そういうのができないっていうか，みんな本当は思うんやけど溜まるんですよ。恨みが溜まってたり。例えば神戸であったやん，前に「校門圧死事件」とか，あったでしょう。遅刻したばっかりに〔校〕門，閉められてさ。あのときに僕は高校で暴動が起こると思ったよ。それがおきんかったよな，なんでおきなかったかという，どうもやっぱりあれ内申書とかあるのかなぁ，上〔の学校へ〕行くのに不利になるとか。そういうふうに基本的に管理，管理って，僕ら〔の世代〕からずっと管理されてきてるんだけど。結局，〔神戸の高校生たちは〕

> 自分たちで何も言えなかったんだなあ。感情はあったと思うよ，友達もいたやろうしね，その人と親しくしている〔た〕。だれもそんなことをみんなの気持ちを代弁したり組織してそういうものを変えようとかね，なるかなと思うが結局ならへんかったけど。社会はもっと単純で，正しいことは正しいって，みんな〔が〕言ってね，間違っていたら直そうっていうのが正しいと，僕は思うんやけどね。どうもそうなっていない。単純なことなんですよ。僕は，ちょっと〔話しを〕戻しちゃうけど，そういうふうに変えていかないと変わらないんだという実感を僕は思ったんです。で，大学に入ってすごくセクトはあったんです。なんとか中核派だとか革マル派だとかね。最後の全学連があったんですよ，「三派全学連」とか言ってね。確かに日本がね，曖昧なんですよ，日米安保条約ですとか，「非核3原則」とか言いながら核〔を〕持ち込んだりとかね。要するに自衛隊だってそうでしょ，あんなもの，憲法からいったらアカンわけやなあ。持てるわけがないのに持つんだな。持つことは悪いことではないんだよ，けれども憲法を改憲解釈してね，要するに社会をごまかしてきたんだなあ。社会を〔に〕はっきり言っていかなければいかんよな，間違いは間違いって。……〔略〕……。要するに，基本的に身近かなところで不合理だと感じたことを発言していくこと，それが身近かなところから社会を変えていくことになると，今でも思っていますよ。（1998年9月4日，小樽市内での山口保へのヒアリング；〔　〕内の補足と傍点は引用者）

山口の論理は単純明快である。「間違っていたら直そうっていうのが正しい」社会のあり方であり，「正しいことは正しい」と言うことが大切だと言う。そして「身近かなところで不合理だと感じたことを発言していくこと，それが身近かなところから社会を変えていくことになる」。

しかし，彼の運動は，ある高校の校則を変えることはできたかもしれないが，より大きな社会の矛盾に対しては，彼の望む形に変えていくことはできなかったという。大学の学生運動はセクトが入り乱れて抗争し，彼は幻滅していく。いわゆる「ノンセクト・ラディカル」であった彼は，望む社会変革も手に入れられぬばかりか，運動することで変えていくという彼の「出発点」すら，セクトや教条主義によって阻害されていき，自らの価値観が崩壊していくのだった。1970年，立命館大学を4年で中退し，崩れた価値観をもう一度建て直すために，一人，フランスに渡り，そこから彼のヨーロッパ放浪の旅が始まった（1971年）。出発前に京都日仏学院でフランス語を学んで準備をしていたことが示すように，それは気軽な短期間の貧乏旅行ではなく，思い詰めた，自分を探し鍛え直す旅であった。

ヒッチハイクで移動し，行った先で仕事をして稼いで暮らし，そしてまたヒッチハイクで別の町へ。ストックホルムに向かう途中，とある公園の前で車を降ろされ，「チボリ」と呼ばれる移動遊園地の一座と出会う。彼らと話すうちに，ペンキ塗りのアルバイトとして働くこととなる。以後，スウェーデンに借りたアパートを拠点に，この旅廻り一座でペンキ塗りなどをしながら，ベルギー，フランスなどを中心にヨーロッパ各地を廻ることとなった。

そこで山口が見たものは，ヨーロッパの市民社会と，それに基づいた公共空間だった：

> 僕ね，むこう〔＝ヨーロッパ〕でね，色んな組織にいたの。例えばね，アナーキストの団体の中にいたしね，それから「第4インター」にもいたしね，俺。やっぱ「第4インター」とか，いわゆる日本の学生運動の組織と繋がりあるようなところは日本と一緒なのよ。もう，無茶苦茶，教条主義っていうかね，やっぱレーニンとかやっとるわけですよ。基本的にそういうイデオロギー論争やっとるわけ。でもね，アナーキストの所〔へ〕行ったら違うんだよな。すごい面白いんですよ。要するに，自分の生き方って言うか，政策を持ってるわけ。で例えば，合理的なことに税金〔が〕使われなかったら，その部分の税金払わないんですよ。そういうことやっとるの。で，電気〔を〕止められたりなんかしても平気なのよ。「俺が正しい」ってわけだな。（1998年9月4日，小樽市内での山口保へのヒアリング；〔　〕内の補足は引用者）

「自分の生き方」「政策を持って」いる自立した個人の存在に感銘を受け，社会の成り立ちの違いを感じていく[48]。そしてそれは，公共空間のあり方の違いにまで及んでいることを知る：

---

［48］ もちろん，山口はヨーロッパにおける個人主義をこのように単純かつ理想化してとらえているわけではない。しかし，ここでの注目点は，まだ20代の山口が，当時，このような実体験のなかでこのように感じていたことである。

特に公共施設なんかは，図書館なんか楽しくて仕方なかったな。年寄りは行っとるし，〔日本みたいに〕受験生なんか行っとりませんよ。お茶飲めるし〔夜の〕9時まで開いとるし，コーヒー，100円で飲めますよ。日向ぼっこしとる爺さんはいるしさ。パンも売ってますよ，サンドイッチ食べるしさ，で高校生なんか本なんか読みゃあせんから，それこそ今やったらCDやろうけど，当時だったらレコード〔を〕，ヘッドホンで一番入り口の所で聴いてましたよ。で，図書館なんて遊ぶところなんですよ。年寄りは喫茶店感覚でいっとるし，研究者は研究者でちゃんと奥でやる所があるし，若い奴は音楽聴きに行くわけだし。で，それで交流があるわけでしょ。街のど真ん中にあるんですよ，ちゃんと。一番来やすい所にちゃんとあるんですよ。（1998年9月4日，小樽市内での山口保へのヒアリング；〔　〕内の補足および傍点は引用者）

山口は，自立した個人が出会い，交流する公共空間があることだけでなく，その公共空間が市民に開かれた場所であるために，意図して「街のど真ん中」の「一番来やすい所にちゃんと」建てられていることにも感銘を受けている。あるべき公共施設が，あるべき所にある[49]ということが，当たり前になされていることへの信頼が，「ちゃんと」という表現が2回使われているところに表れている。これが後年の小樽での保存運動へと繋がっていくことになるのだが，ここでは，今しばらく，彼のライフ・ヒストリーを追おう。

1975年に帰国した山口は，習得した語学力をもとに，東京のスウェーデン大使館に隣接する「スウェーデン・センター」で働き始めるが，そこでのサラリーマン生活は，短期間に終わる：

要するに，光の反射が全部同じ方向なんだな，日本の都市っていうのは。んで，ガラスもそうやんか，な，壁面がそうやろ。たとえば石造りはそうじゃないだろ，自然の石だから光の屈折って違うんだよ。自然のものって，全部〔違

[49]　これは「アメニティ」と呼ばれる概念を指している。それは総体としての環境の快適性・調和性・適切性を指す包括的概念で，出自であるイギリスにおいてさえ，「感じることはできても定義することは難しい」と言われる。原語では“The right thing in the right place.”となり，「在るべきものが，在るべきところに在ること」と訳しうる。日本では「快適であること」に特化して受容され，原義が持っていた「当然，整備されていてしかるべきものを整備せよ」という現状批判的契機が失われていった点に注意が必要である。堀川（2012b）を参照。

うんや〕。樹木もそうやし，草なんかもそうだし，板もそうやろ，板壁なんかもそうやろ，な，〔ところが〕たとえばアルミサッシ，とかいうガラスとかいう住宅全部な，光の屈折が，光が全部吸収したりする素材じゃないし，なおかつ光を，反射を同じ方向にしたりするから，凄くなんていうか，恐怖感ではないけど，圧迫感がありました。そこがまず決定的な違いだと思ったな。（2007年9月8日，小樽市内での山口保へのヒアリング；〔　〕内の補足は引用者）[50]

かつて見たヨーロッパの都市と「決定的」に違って，「光の反射が全部同じ方向」の日本の都市に，山口は「圧迫感」を感じたという。そして日本の「都市〔と〕いうのはもうダメやと思っとったんですよ，正直言うと。汚いし」（1998年9月4日，小樽市内での山口保へのヒアリング；〔　〕内の補足は引用者）と考えて，カナダへの移民を決意することになる。一旦，岐阜のダム工事現場で溶接工として働いて技術を身に付け，カナダ移民の書類選考を無事に通過した（「運河問題十年の歩み」第2部第22回，『朝日新聞』道内版，1984年6月7日付）。翌1976年2月の最終手続きを前に，山口は日本を捉え直し，見納めにするため，国内旅行を敢行する。北海道から始めた旅の途中，彼は知り合いのいた小樽へと立ち寄るが，それが本項の冒頭に記した1975（昭和50）年12月14日であった。「忠臣蔵の討ち入りの日だったからよく覚えている。海がシケて，ウサギが跳ぶような荒れ方だった」（「運河問題十年の歩み」第2部第21回，『朝日新聞』道内版，1984年6月6日付）。その小樽の第一印象を，彼は次のように回想している：

駅も古くてね，みんな〔待合室の〕ストーブで，こうやっておっさんが防寒着きて，こうあたってるわけ。で，高校生もそれにまじってあたっとるわけ。そういう風景を見て，これはいいとこだなと思って。日本の風景もまだいいとこあるなって，それが第一印象だったな。〔駅を背に外を〕ぱっと見たらばーっと海が見えるわけですよ，駅から〔港まで〕坂ですから。波が飛んでるのが見えたんですよ。船が出てるわけなの。そんな普通ね，人口20万くらいの，当時20万切ってたんだけど，そういう風景を見てね，ここはいい街だなと思

[50] この引用は，山口の日本都市への評価を端的に語るものであり，筆者が指導した学生・峯岸麻衣も引用して論じている。堀川・森久編（2008a: 70–71）を参照。

ったんですよ。僕はね，日本もうだめだからカナダ〔に〕移民する手続きしとったんですよ。北海道〔へ〕来たのは，〔北海道はまだ〕来たことないんで，北海道から沖縄までいって半年かかっていって最終的に東京で〔移民の最終〕手続きして〔と〕，そういう段階だったわけ。最終面接して，ここ〔小樽〕につかまっちゃったんだな。ここ，魅力的だから，で，おったんですよ。部屋借りちゃったんだな。で，〔町中を〕色々回ってると，路地も面白いしね，なかなか生活感があってさ。（1998年9月4日，小樽市内での山口保へのヒアリング；〔　〕内の補足および傍点は引用者）

この発言を，先の「光の反射が全部同じ方向」と比べると，画一的で人々の生活が見えず「息苦しさ」を感じる東京と，個性的な風景があり「生活感があって」「面白い」小樽という対比があることが見て取れよう。

1976年，小樽市内の手宮地区に喫茶店「メリーゴーランド」[51]を開店し，次第に町に馴染んでいった山口は，運河をどのように見ていたのだろうか。小樽に移り住んで2年程経った1978年当時，「またきち」のペンネームで書かれた彼自身の回想を見てみよう：

まちがいなく，ここ〔運河〕は都会の中に，偶然にも残された最後の空き地であり，料金を取り忘れ柵をつけ忘れた最後の公園なんだとよろこんでいました。（「街角からのたより：メリーゴーランド店主・またきち」『雑歩 ZAP』第5号，1978年，p. 2；〔　〕内の補足および傍点は引用者）

山口にとって運河は，「料金を取り忘れ」た「最後の公園」であり，それが残っていることを「よろこんでい」たという。後年の回想でもその認識には変化がないが，より明快な表現が与えられている：

小樽〔で〕はみんな，じいさんがね，孫を自転車の後ろ乗っけてね，竿もしばってさ，自転車で海まで行ってよ，魚採っとるような風景があるわけ。運河

[51]　店名の「メリーゴーランド」は，彼がヨーロッパ放浪の際に出会い，ペンキ塗工として働いていた「チボリ」と呼ばれる移動遊園地にちなんで名付けられたという。枝川（1985: 12–13）も参照。

なんかは駅からたったの歩いて5分っていう所がね，広大な空き地になっとるわけよね。草，ぼうぼうだけど。そんなところ〔が他に〕，あるかって，ね。非常に，何か合理的じゃない〔か〕っていうか，もうすごく当時っていうのは10パーセント成長っていう〔高度〕経済の時代だったから，空き地があるわけがないっちゅうね，路地がどんどん消えてく，都会から空き地が消えていく。所有権のはっきりしてなかった，誰が使っても良いなんてところはどんどん消えていくっていう時だったから，〔あの場所の合理性を〕身にしみて感じたと思うんだけど。（1998年9月4日，小樽市内での山口保へのヒアリング；〔　〕内の補足と傍点は引用者）

運河は都市公園であり，市民誰もが気軽に水辺にアクセスできる親水空間であるという意味で，市民的合理性のある存在であったと，山口は語っている。彼の言う市民的「合理性」の語感は，官僚や行政機構にとっての合理性とは異なるものである。

このように山口は，運河を見出しつつあった。そして，その保存の必要性をも直感していたようである：

もともと港でこの街は出来たんやな。港っていうのはそういう意味で言うと，この街の礎みたいなものなんですよ。〔例えて言うと〕鎮守の森が村の中心で，森を壊した場合，〔その村の〕コミュニティは完璧に崩壊するよな。そういう意味で，港は〔小樽にとって〕非常に大事だと思ったわけ。

港と6車線の道路〔「道道臨港線」を指す〕で街が切れちゃうって状態になるんだな。それはバチがあたるっていう風に直感的に僕はそう思ったの。すごく良い地形の街なのに，ちょうどさ，この手のひらでここ〔掌〕の場所が海だよな，それで〔掌を取り囲む指を指しながら〕これはみんなこういう風にコミュニテイがあるわけ。小樽の場合は，北へ行くと「越後衆」って言って，新潟のほうのニシン採ったりする漁師が多いわけだな。……〔略〕……。で，街〔中〕の人は北陸のひとかたなの。商人なわけだな。……〔略〕……。そういう商人がここに住んでいるわけだな。

そうみると〔地区毎に住んでる人やその性格が〕違うんですよ。上手に，住み分けになっとるわけ。まぁ，〔実際には〕もっと細かくわかれてるんだけど。

そういうのが全部海につながってるのを，〔道路が〕全部切っちゃうんだよな。そういうのは街として面白くないっていうか，デザイン的に非常に恥ずかしいことだと思ったわけ，な。(1998年9月4日，小樽市内での山口保へのヒアリング；〔　〕内の補足および傍点は引用者)

挿入句が頻繁に入るために一見すると錯綜しているようにも思われるが，論旨を摑むことは容易だ。先ず山口の語りが明らかにするのは，運河が「鎮守の森」のようにコミュニティの中心であり，住民が自由に集う場所となっている，ということだろう。「料金を取り忘れ柵をつけ忘れた最後の公園」であり，大人が孫を連れて自由に過ごせる空間。小樽運河は，住民たちにこのように認識され，かつ，生きられていたことを，山口は見出していた。

しかし，彼の語りはそれだけを語っているわけではなく，もう一つ，重要なことを語りかけているように思われる。それは，運河という空間が，多様なコミュニティを調整する機能をも持ち合わせていた，ということである。山口も述べるように，小樽へ入植・移住してきた人々は，同郷の者たちが集まって小さなコミュニティを形成していた。それは階層や職能集団ともオーヴァーラップしていたであろう。そのようにモザイク状に棲み分けられていた個々のコミュニティ同士のつながりを調整する機能を，運河が持っていたということだ。漁師の住む海沿いの町内や，商人の住む中心部の町内といったように，「上手に，住み分けになっ」ていたが，それが「全部海につながって」いたと彼は言う。ここには，皆が同じ小樽市民として立てる場所としての水辺があり，海の手の「港湾システム」と，山の手の「都市生活システム」を上手につなげるものとしての運河――「界面(インターフェイス)」としての運河――とを見出すことができる。それは恐らく，住まわれた都市が長い時間をかけて創り上げてきた空間制御システム，言い換えれば都市デザインが存在していた，ということであるに違いない。山口は，そのデザインを壊してしまうことは「恥ずかしいこと」であり，「コミュニティは完璧に崩壊する」可能性がある，だから残さねばいけないのだという保存の根拠を感得していたことを，ここで確認しておこう。

そこで山口は，〈北大三人組〉と出会う。北海道大学工学部に学ぶ若き都市計画専攻の学生3人は，フォークソング・グループ「ポンポン船」を結成してライブ活動で頭角を現しつつあった山口の噂を聞きつけ，保存運動に参加してもらおうと，1976年10月初旬，彼の下宿を訪ねてきた。山口は当時を以下のように振り返っている：

> これ〔道路建設〕で経済が隆盛するなんて馬鹿なことはないっていうような。だからそう言うこといっとる奴がいるんだよな，僕の前にもさ。北大三人組がさ，小樽の人間でもないのに，まあ都市計画を専攻しとる人達だったんだけど，〔道道臨港線計画〕を止めさせましょうって，小樽の人じゃないのに騒いでたんだよ。で，僕はたまたま，まあ僕も小樽来て色々な活動してたんだけど，そういう奴がいるって僕のこと聞いて来たんですね。話をするうちに，じゃ僕も手伝いましょう，ということになって〔《守る会》に〕入ったんですよ。（1998年9月4日，小樽市内での山口保へのヒアリング；〔　〕内の補足は引用者）[52]

自分と同じ問題を感じ発言している仲間に出会い，山口は《小樽運河を守る会》に加入することになった。感得していた保存の根拠は，今度は明確な組織へと接続されていくこととなり，そしていつしか，彼自身が保存運動を牽引していくことになる。

山口は運動の中で，先に触れた藤森茂男（初代事務局長）に出会い，いかに保存運動を組織し，保存のための戦略を立てるかを学んでいく：

> あのね，僕，そのぉ，使われていないから不合理だなと思ったんじゃなくて，なんていうのかな，使われていないところがあるっていうのが僕にとっては良かったわけ。そういう所，なかったわけ。高度経済成長期の日本の中では小樽だけだったから，好きになったわけ。そん時に道路に変えるっていうから，それはおかしいと思ったんだよ。……〔略〕……。寂れた風景っていうかね，……あの原風景がいいだなんていう人が沢山いたわけ。絵描きなんかみんなそうだ

［52］ この日，具体的に彼らは何を話したのだろうか。朝日新聞の記事によれば，「石塚さんらは，……〔略〕……運河の保存運動について説明。山口さんは『都市におけるアメニティー（快適さ）を強調され，感激した』という」（「運河問題十年の歩み」第2部第32回，『朝日新聞』道内版，1984年6月21日付；（　）内の補足も原文）。なお，「小樽の人間でもないのに」「小樽の人じゃないのに騒いでたんだよ」と2回も言及されているところに，よそ者を排除しようとする当時の小樽社会の規範の強さが示されているように思われる。

な。寂れてそれこそ名前もわからない野草が一杯ね，花，咲いてさ，そういうちょっと朽ちかけた船が浮かんでてよ，で，ペンキのはげたような壁の倉庫があったりするもんだから非常に良いと。……〔略〕……。そういうのがノスタルジックですごくいいって。都会の人も来てたよ。写真撮る人も来てたり。僕はね，基本的にそういう意見には与しなかったわけ。それはそういうふうに残るかっていったら絶対残らないと思ったわけ。……〔略〕……。運動っていうのは，多数の人から「そうだね」って思われなければ成功しないでしょ。それ，僕よくわかってるわけ。学生運動してたし，その前に「長髪〔禁止反対〕」の運動もしてたからね。だからどうすれば残るかっていうのを次に運動で考えるわけでしょう。そうしたらもともと運河はきれいだったと。水辺って人間だけのものじゃないじゃない。魚だっているし，もともと魚もいて当たり前のところだよな。もともと海だったんだから。建ったときは石垣も綺麗だったんだよね。それが原風景なんだよ，本当言うと。そういうふうにすればいいと，そうすれば必ず人は来るだろうと。……〔略〕……。〔サンフランシスコの「ピア21」再開発で〕チョコレート工場がショッピングセンターに変わったり，ウオーターフロントの開発も外国であったんだからあれは小樽もいけるぞっていうふうには言うべと。で，絵も描くと。船が入らんで困っとると〔言うのなら〕，小樽をヨットハーバーにすればいいじゃないかと。札幌という大都会もあるんだから，いうことだな。で，そういう絵も描いたんですよ。〔でも〕僕ら正直言うと〔観光開発を主張することは〕不本意なところもあったわけ。それこそ日本で観光地化なんかしたら温泉盛り場観光みたいなのが主流なわけだから。センスの良い，本当にそういうようなもんが出来るのかと思ったよ。変な業者が一杯来るかもしれんと思ったけども，基本的にそういう風に言うことが大多数の支持を得る道だと。まして小樽のまちは戦前は札幌よりも人口多くてね，経済の中心地だったんだから。……〔略〕……。銀行の預金高にしても昭和25年くらいまでは全道トップだったんだからね。……〔略〕……。札幌に対する対抗心はものすごい，あったわけだし，要するに衰退して停滞している，〔だから〕なんとかしなければいけない，っていう意識があったわけだから。で，何かをチャンスにして小樽は再生できるっていうようなことをいえばね，支持も得られるって僕らは思ったわけ。運動的な観点から。で，道路つくるより儲かりますよって言わないとね。……〔略〕……。大体，皆〔＝倉庫所有者や地権者〕，道路できれば値が上がるだろうっていうことで道路を誘致すること，やってたわけでしょう，不動産屋も含めて。「そういうことじゃない」って，「道路作るよりも人を集めたほうがはるかに金になるよ」って，「これはなる」と〔言ったんだ〕。その，日本が高度成長のとき，みんな〔古い町並みを〕潰しちゃったんだから，小樽だけ残っている。〔高度成長に乗り〕遅れた分だけ残ってて過去の蓄積があるからって。そういうものが小樽の特色だから。「そういう特色を生かした小樽の町づくりをすりゃあいいんだよ」って，「そうすれば儲かりますよ」って，そういう風に言ったんだな。ただ単にこれは運動的な観点から言ったんであって，要するに僕らが心底そう思って，社会運動として本当に思っていったっていうか，ちょっと後ろめたい気持ちをもってね，戦術として選ばざるを得ないっていうんで言ったところはあるよ，本音言うと。（1998年9月4日，小樽市内での山口保へのヒアリング；〔　〕内の補足および傍点は引用者）

「朽ちかけた船が浮かんでて」「ペンキのはげたような壁の倉庫があったりする」景色こそが「ノスタルジックですごくいい」というディレッタントな心性では，運河は「絶対残らないと思」い，「そういう意見には与しなかった」と山口は述べている。「使われていないから不合理だなと思ったんじゃなくて」，むしろ「使われていないところがあるっていうのが僕にとっては良かった」と思っていた[53]とはいえ，残すための戦略としては，「儲かりますよ」という形で観光開発を言わねばならない。「戦術として選ばざるを得ないっていうんで言ったところはあるよ，本音言うと」の部分がそれを指している。だから「ただ単にこれは運動的な観点から言ったんであって」「僕らが心底そう思って」いたわけではなく「不本意なところもあった」。したがってこの長い語りで山口が言おうとしていることは，耽美派の論理には与しなかったこと（「基本的にそういう意見には与しなかったわけ」），小樽の原風景の回復を求めていたこと（「もともと運河はきれいだったと。……〔略〕……，それが原風景なんだよ」），運動戦略としての「観光開発」を主張していたこと（「だからどうすれば残るかっていうのを次に運動で考えるわけでしょう」），の3つがあるように思われる。

---

［53］ これは先に触れた市民的合理性のある空間利用ということであろう。敷衍するなら，「合理性」で埋め尽くされておらず，自らの裁量で使いこなす，飼い慣らすことのできる空間が残っていることこそが市民的には合理的である，ということである。

しかし，すでに見たように，保存運動は苦戦を強いられ，最後は自らの内紛で分裂してしまう。山口の提起した「戦略としての観光開発」は，いかなる困難に出会ったのだろうか。彼の戦術は，いかなる敵手に出会ったのか。参考になるのは，「アカ」と「行政の根幹」というキーワードである：

> 結局ね，〔マスコミや学者や無関心な市民が〕邪魔したの，市民運動の〔を〕な。市民運動いうたら，みんな，「〔あいつら〕アカや」〔と〕言うの。要するに「共産党だ」と。俺はそういうの関係ねぇよと。〔若いあんたらは〕わからんかもしれんけど，例えば何かそう〔運動などを〕やると，俺，共産党になっちゃうし〔されちゃうし〕，俺，共産党大嫌いだし，共産党も俺〔のこと〕大嫌いなんだよ。……〔略〕……。わかんないのよ，自民党の連中は。俺〔のことを〕共産党だと思うわけ。〔それで〕皆に言いふらすよな，「これはだめだ」と。でも運河の埋め立て，実際に反対しとるのは共産党しかないんですよ。俺ら〔＝《守る会》〕，陳情出すよな，そしたら共産党も出すよな，そしたら共産党になっちゃうわけよ，俺らも。だから俺らは共産党の言わないことを言わなければいかんのよ。……〔略〕……。共産党は「運河は歴史的建造物だから運河公園にしましょう」って言うわけだよね。「文化」を言ってればいいわけだよ，あいつら〔共産党〕は。じゃあ，〔それで運河は〕残るかって話だよな。市民はそう考えてへん。正しいかもしれんけど〔実際にどうやったら〕残るかって考えてるわけ，皆は。そうでしょ，だから俺らは「儲かりますよ」って言うしかない。共産党が一番不得意なところを言うしかないってことやな。で，「再開発」って言葉があるでしょう。「再開発は資本の論理だ」って共産党は言うわけ。〔それは〕違うと。「再開発は市民の側の論理でないといかんのだ」と俺らは言うのよ。（1998年9月4日，小樽市内での山口保へのヒアリング；〔　〕内の補足および傍点は引用者）

ここで具体的かつ赤裸々に語られているのは，「アカ」攻撃に抗していかに保存運動を闘うか，市民社会にいかに訴求するか，という課題である。共産党との差異を明確化するためには，「共産党の言わないことを言わなければいかん」。そして「共産党が一番不得意なところ」である「儲かりますよ」という観光開発を主張して，市民社会に訴求してきたつもりだと言う。それが予想を上回る市民の支持を得たことはすでにみた。

しかし，その先に待ちかまえていたのは，もう一つのキー・ワードである「行政の根幹」という強固な壁であった：

> 志村〔市長〕の『行政の根幹にかかわります』っていう発言が，すべてを象徴しとるわ。あいつらは下級官吏だっていう意識を持ってんだよ。だから国や〔北海〕道からもらった予算を返すなんてことは絶対，できなかったんだよ。赤字をつくらず，うまぁーく補助金を引き出したし，行政マンとしては優秀なんだ。自負も持っとるやろ。だから途中で返上するなんてことは，本当にあの世界じゃ『根幹』にかかわるんだな。その意味じゃ，国が地方をダメにしたんだよ。（1990年6月5日，小樽市内での佐々木興次郎・山口保へのヒアリング時の山口の発言；〔　〕内の補足は引用者）

> で，意地張ってあいつらは「行政の根幹にかかわる」って言ったんだよ，市長は。どういうことかっていうと，一回決めて補助金も入ったやつをやめますっていったら，これは行政失格だというんだよ。「あんたがた〔＝保存運動の面々〕，もしそれ〔＝公共事業の中途取り止め〕やったら補助金は返さないかんし，市の財政は破綻するよ。どうするの？」って言ったんだよ。「そんなことよりもっと将来のこと」って，俺は思ったんだよ。〔98,000筆の保存署名で〕脅かされたんだよ，彼らは。で，「行政の根幹に関わること」って〔反論して〕さ，「市民の将来の根幹に関わること」って〔いうことには〕ならないんだよな，あいつら〔の論理で〕は。「行政の制度はそうなってません」という一点張りやな。〔そうやって〕粘られましたよ。結局，彼らはそれを最後まで変えなかった。それだけ市民と行政の感覚には距離がある。（1998年9月4日，小樽市内での山口保へのヒアリング；〔　〕内の補足は引用者）

「アカ」攻撃を何とかかわしたとしても，今度は，第4章でも詳しく見た「行政の根幹」が立ちはだかってきたと山口は述べる。それは，公共事業の中途中止という判断をした場合，補助金を返還し，今後の補助金受給に支障を来すという懸念であった[54]。その強固な壁の前で攻めあぐんでいる最中，運動

[54] このことは，別言するならば，国の補助金行政が地元公共圏を決定的に左右する事態というこ

はヘゲモニー争いで好機を逃し，自滅していく。内部対立で人間関係が「壊れて」しまったあと，運河問題は沈黙の時期を迎えることになったが，その沈黙の期間を，山口は，以下のように回想している：

> 山口保：でもなぁ，興次郎，〔運動が〕終わってもこうやって分かってくれとる奴がいるから良かったと思うし，ツベコベ言わんと済むわけさ。いっろいろ噂流されたけど，一切，反論や言い訳してこなかったのは，連中と同じにされたくないのと，分かってる奴が2人〔＝佐々木興次郎と小川原格〕でもおるからさ。
> 佐々木興次郎：そりゃそうだ。（1990年6月5日，小樽市内での佐々木興次郎・山口保へのヒアリング；〔　〕内の補足は引用者）

「運河を売った男」「過激派」といった噂が市内を飛び交っていたが，それに「一切，反論や言い訳してこなかった」山口も，長い沈黙の時を経て，徐々にまちづくりに関わり始める。1988年のサマーフェスティバルの創設や，1997年の小樽観光誘致促進協議会への参加，1999年の「第1回小樽雪あかりの路」実行委員会事務局長などがそれである。運動崩壊後，観光客入り込み数が急増していくなかで，彼が「戦術として選ばざるを得ないっていうんで言ったところはあるよ」という「観光開発」は，まさに彼の眼前で事実として実現してしまっていた。沈黙を経てのまちづくりへの再関与は，その可能性と問題点とを見据えた上でのものであったと理解してよい。

観光開発の可能性という点では，増え続ける観光入り込み数があげられることに説明は不要だろう。では，問題点の方はどうか。

小樽港の貨物取り扱い量は一貫して減少し，観光入り込み数は逆に一貫して増加していたが，小樽市役所には観光を統括するセクションはなく，したがって観光政策もなかった。実態として港湾商業都市から観光都市へと転換したにも関わらず，観光は基幹産業として認識されていなかった[55]。山口はそこに

とができるかもしれない。地元にいながら判断基準は国政レヴェルに照準されているという事態が，地元公共圏を内部から掘り崩してしまうということだろう。本書第4章および堀川（2000c）を参照。

[55]　山口は「町並みがどうのこうのとは言いますよ。それは理念で言ってるんじゃなくて，それ以

問題点を見出し，1997年，組織再編にて誕生した新生「小樽観光誘致促進協議会」（略称「誘致協」）で，「調査研究部会」の副部会長となる：

> 小樽の観光，野放しで10年経ったんですよ。で，おいおいっていう間に100万から去年は600万人来たんやな。大観光都市になっちゃったわけですよ。で見てみると，完璧に「北一硝子」の周辺は，堺町は「北一」さんのコバンザメ商法でね，何でも蟹は売るわメロンは売るわなと，下品な店が出来まくると。で一応〔条例で〕網はかけたけど，建物の外観に関する網はかけたから変な建物はできんと。けど商売はなにやってもいいってことになっとりますから。だからまあ，僕はそういうことがおもしろう無いし，基本的にその点に〔自分の問題意識は〕あるわけで，〔現状では〕「出島観光」で他は知らんよということになっとりますから。何とか面的な広がりを持ったね，もっと情緒のある観光都市にしたいとは思っとるわけ。だからそれは僕だけ思ってもしょうがないからね，一応，観光に関する業者が一杯あるわけだから，そういう人たちが集まって，ほとんど入ってるんだけど，それと行政と観光協会っていうのがあるんだけどさ，そういう組織とまあ我々みたいな業者，俺〔自身は〕観光業者だと思ってないんだけどね。一応……〔略〕……入っとるんだけど。それで「観光誘致促進協議会」って組織をつくったわけ。それでキャンペーンだけしよったわけ，最初〔は〕。〔小樽に〕来てくださいよって。そういうことやってもしょうがないよと。それはそれでいいんだけど，やっぱり一回，観光をきっちり考えようやと。で，観光計画みたいなのを一回立てようやという風に，意見を出したわけね。で，「調査研究部会」っていうのを別に作って，僕は調査研究部会の〔で〕一回きっちり小樽の観光を分析しようやっていうので，報告書を，ま

前にそれ〔小樽の町並み〕が財産でしょって，で，観光も主要産業になってんでしょって」（2007年9月8日，小樽市内での山口保へのヒアリング；〔 〕内の補足は引用者）と語る。これを傍証するものとして，小樽観光協会の専務であった赤間元の「ここは港湾都市だったんだよね。で北前船から始まってさ石炭の積み出し港に至るまでずっと港湾で発達してきたと。国もそれをわかってさ，うんーとー，お金を入れてきたと〔いう歴史がある〕。そうすると，倉庫業者だとかさ運送業者だとか，そういう人たちが主流だったの。今でもそう思っていらっしゃる。倉庫の，こう，何とか業界っちゅう人たちは。だから，市役所で言うと，港湾部っちゅうのがすごく，なんか政治力があったりするの，今。でも観光が，〔小樽を〕外から見たら観光のまちでしょ。〔でも小樽の住民は〕そう思ってないんだよ。……〔略〕……。"観光なんてチャラチャラしたもので飯が食えるか"って言われたことがありました」（2007年9月12日，小樽市内での赤間元へのヒアリング；〔 〕内の補足は引用者）という発言がある。

あ皆で議論して作ったわけ，去年〔正確には，今年〕。対策も色々出てきたから，すべきこともね。で去年から事業計画を立ててやりましょうってことね。で，今僕は調査研究部会の副会長で，……〔略〕……。意外と僕も，行政と10年，あんだけ喧嘩しとったけど，ようやく仲良く輪の中入れてくれるし，話も聴いてくれるから。（1998年9月4日，小樽市内での山口保へのヒアリング；〔　〕内の補足は引用者）

引用にもあるように，「野放し」で推移してきた観光を基本に立ち返って議論していく場としての「誘致協」へ参画していった。そこで彼が注力したことは，実体として観光都市になっているということをデータで示し，観光政策の基本的方向性を打ち出すことであった。それは当然，かつての運河保存運動での活動の延長上にあるものだ。自ら主導的な役割を果たした「調査研究部会」の成果報告書『小樽観光を考える』（小樽観光誘致促進協議会調査研究部会編，1998）の中でも，彼は「小樽観光を振り返る：その原点の確認と課題」と題した論稿で，以下のように言う：

小樽は明治，大正，昭和初期の繁栄の時代を経て，他の街にはみられないほど多くの日本近代の都市遺産を持つことができ，そしてそれを残すことができた。

そのことが小樽観光の原点ではないだろうか。

……〔略〕……

観光関連だけが低成長時代の今も投資が続けられ，成長し続けているし，沈滞する小樽経済に計り知れない効果を与えていることは疑う余地がない。

それをどう全市的広がりに発展させていくことができるかは，今後10年の小樽の都市政策にかかっている。振り返れば，これまで10年の観光は勢いだけできたといえる。しかし，今後10年の小樽観光は，長期ビジョンなしには成功はおぼつかない。（小樽観光誘致促進協議会調査研究部会編，1998: 13）

繰り返す必要がないほどだが，「小樽観光の原点」は「多くの日本近代の都市遺産」を「残すことができた」ことであり，「勢いだけできた」観光ではなく，長期的なヴィジョンや観光戦略の必要性を説いている。

さらに山口は，自らの提言を実行していく道を歩み出す。「行政と 10 年，あんだけ喧嘩しとったけど，ようやく仲良く輪の中入れてくれるし，話も聴いてくれる」状態になったがゆえに可能となったわけだが，彼が中心的役割を果たした冬のイベント「小樽雪あかりの路」[56]もその一環であった。観光入り込み数が増えたとはいっても，それは夏の観光シーズンの話であって，秋から冬にかけては閑古鳥が鳴くような有り様であったという。「小樽雪あかりの路」は冬期の観光客誘致作戦であると同時に，小樽のコミュニティ再生への仕掛けでもあった[57]。

しかし，山口は運動の限界と第三セクターの曖昧なあり方に疑問を感じるようになる。運動では，例えば運河埋め立ての是非のように単一イシューのみしか扱えないし，情報開示の決定権は行政側にあり，運動側がいかに要求しようと，結局は行政の意向次第である。たった一枚の情報を開示させるために必要となるエネルギーを思えば，それは運動の一つの限界である。また，第三セクター的な位置取りで官と民をつなぐ「誘致協」や「雪あかりの路」のようなイ

---

[56] 1999 年から始まった冬のイベントで，小樽に縁の深い詩人・伊藤整の詩集『雪明りの路』（1926 年）に因んで命名された。準備段階で『北海道新聞』の記者にインタビューされた際，山口保は「小樽運河埋め立てに反対して，当時は小樽市にかみついていました。〔雪あかりの路〕実行委員会には当時の〔保存運動の〕メンバーも多くいます。あのころ僕たちは，運河を埋め立てて道路にするよりも運河を残した方が，人は集まるし経済的にも潤うと考えていました。今，その通りになり，観光は小樽経済のけん引力となっています。市も僕たちも『小樽を元気づけたい』という気持ちは一緒。運河保存運動から十年がたち，お互いが歩み寄って，今回のイベントに結びつきました。民間から出たアイデアを官がバックアップする良い関係になっていますよ」（「[日曜インタビュー] 山口保さん　冬のイベント　市民参加で街に活気を」『北海道新聞』1998 年 12 月 6 日付）と答えている。

[57] 開催の意図について，その企画書では「観光をはじめ活気がなくなる『冬』や暗く人気のない『夜』を何とかしたいという背景がある。……〔略〕……。様々な魅力が織りなす，温かく，懐かしい，人間的な雰囲気が多くの人を惹きつけて止まない『小樽情緒』であると考えるが，一面雪に覆われる冬こそ，また漆黒の戸張がおりる夜こそ，そういった小樽らしさが最大限に引き出される『時』であるという見方もできる。なぜなら，次のような個性的かつ協調的な灯を創ることができるからである。……〔略〕……『歴史や特質を生かす灯』『気持ちのこもった温かい灯』『繋がりのある灯』『皆で創る灯』。そして，そういった光環境こそ，視覚化された『小樽情緒』そのものと考える。従って，『派手』で『きらびやか』な祭りとは対照的に，『深み』や『きらめき』や『感動』を求めた冬祭りの創出を目指したい。そんな思いを込めて，『小樽雪あかりの路』と総称した」（小樽雪あかりの路実行委員会，c.1998: 5; 原文ママ）と述べられている。

ベントも，責任や権限は曖昧であり，やはり行政の意向に左右される部分が多分にある。「ようやく仲良く輪の中入れてくれる」状態になったからこそ実現されたイベントは，裏を返せば，関係が険悪な場合には開催が覚束ないということを意味していよう。

そこで山口は，2003年4月，小樽市議会議員へ挑戦し，初当選を果たした。出馬にあたっての抱負をみてみよう：

山口たもつの思い

……〔略〕……。／そして運河の保存運動を知りました。／運河や倉庫群の町並みは，小樽の誇りだと。／若者たちも続きました。／臭くて汚れた運河など埋めてしまえと言われた運河の艀にはビアホールを，斜陽の『まち』の象徴と言われた古びた倉庫では懐かしい映画を，伸び放題の草や投げられたゴミの山だった運河の土手は草を刈り，ゴミを片づけ，／素人の出店が200軒も並びました。／そして無数の人々が集まったのです。／ポートフェスティバル／それが小樽再生の始まりだったのだと思います。／名のない市民が強い意志を持ち，／真っ直ぐに発言し，責任をもって行動すれば／必ず街は動き変えられる，／……そして街は変わったのです。／今，この街小樽は，／日本中誰一人，知らない人はいないほどの観光都市に変貌しました。／しかし，私たちの『まちづくり』は成就したのでしょうか。／まだ入口にたったにすぎないのではないでしょうか。／市民や行政が一体となり，／街の将来を議論し，／互いが責任を持つ，／そういう「本当の市民社会の確立」こそが私たちの到達点だと私は信じます。／そして今ようやく観光は，／市民が主体となった組織が立ち上がり，行政が裏方となって支え，／様々な事業が出来るようになりました。／「参加のまちづくり」のシステムができあがりつつあるのです。／しかし，まだ課題は山積です。／教育や福祉や都市計画や交通計画，そういう分野での「住民参加」こそが／重要なのです。／新たな「小樽方式」とでも言えるような／たしかな「システム」，しくみを議論し／作り上げようではありませんか。／そしてそのプロデューサーとしての役割を担うことが出来るのは／私たちなのです。／私たちは時を経て今この社会の責任世代になりました。／私たちがこの小さな一地方都市で発言し続け，／責任を持って行動し続ければ必ずやこの国も変えられる，／そう私は信じます。／そして最後に，私がなぜ民主党の推薦を受けたのかと言うことです。／正直に言いまして私は自民党という柄ではありません。／しかし，民主党や連合に無条件で与するつもりもないのです。／私は連合を始めとする組合があまりにも内向きの組織であり続けたことが，／地域や国をダメにしているのだと考えてきました。／組合こそが市民社会の輪の中に入り，／目に見える具体的な社会貢献をはじめることが重要なのです。／市民一人では出来ないことが組織だからこそ出来ることがいくらでもあります。／私はその事を通じて民主党や連合が変われば自民党も変える力になる。／私はそこでも力を尽くしたいと思っています。（山口保「山口の立起の思い」，2003年2月22日付「山口たもつが行く！」ブログ掲載記事より，http://blog.livedoor.jp/yamaguchi_tamotsu_2005/archives/50036123.html，2017年7月27日閲覧・確認）

運河保存運動や「ポート」の成果をまず確認した後，山口は「私たちの『まちづくり』は成就したのでしょうか」と問う。彼の答えは「まだ入口にたったにすぎない」，なぜなら「市民や行政が一体となり，街の将来を議論し，互いが責任を持つ」ような「本当の市民社会の確立」が成されていないからだ。しかし，「市民が主体となった組織が立ち上がり，行政が裏方となって支え」るような「『参加のまちづくり』のシステムができあがりつつあ」り，「時を経て今この社会の責任世代にな」った私が，それをさらに推し進めるために市議という「プロデューサーとしての役割」を担いたい――山口の「立起の思い」はこのように要約することができるだろう。また，そこには彼の，運河問題のころからの積年の思いもあったであろう。時間は前後するが，運動の総括を尋ねられた山口は，かつて以下のように答えている：

俺たちゃあ，行政に負けたとは思っとらんからね。「まちづくり」に関しては，あれだけバシッと言ってきたんだからな。内容的には負けてませんよ。でも，やっぱり既存の政党に負けたんだよ。奴等は「こっちは運動のプロだから任せなさい」って言ったわけさ。それで言うこと聞かないから，おれたちを潰しにかかったのさ。うまぁーい具合に間を縫って運動やってきたのに，なぁ。戦略的に「経済」だ「観光」だって言ってきたけど，腹の中では既成政党の合間で，生活基盤の整備を訴えただけだったわけ。そうでしょう，あんた。社会資本の整備何てぇーのは国や市の行政があったりまえにやらにゃあ，あかんことでしょ。………やっぱり最後は政治に負けたんだ。市民が負けたんですよ。
(1989年11月29日，小樽市内での山口保へのヒアリング)

ここでは既存の政党の「合間」で「まちづくり」を地道に主張してきた自負と，最終的にはそうした既存政党の勢力地図内に引き込まれ，「保守―革新」という図式とは無関係であると運動側が考えていた問題が，その「保守―革新」という図式でのみ解釈・解決されてしまったことへの無念さが表出されている。「最後は政治に負けた」ことが，それに勝つために政治の舞台で闘うという選択をさせたと考えてよいだろう。また，「生活基盤整備を主張してきた」という部分が，「運河がどうしてもだめならば，港湾整備計画にターゲットを絞って『まちづくり』主体の再開発を迫るしかない」(1984年9月1日，《百人委員会》最終会議終了後，小樽市内での山口保，小川原格，佐々木興次郎へのヒアリング)[58]として《活性化委員会》に参加していった背景を雄弁に物語っていると同時に，後述する港湾計画策定のエピソードへと繋がっていく。

初の市議選出馬の戦略として山口は無所属で出馬するものの，議会で質問できる権利を確保するため，会派には所属する必要があると考えていた。市議としての実権を持つことにより，格段に情報にアクセスできるようになり，議員だからこそ進められるまちづくりがあると考えていた山口が，出馬にあたって民主党の推薦を受けたのはそのためであった。

議員になった山口は，景観のために駅前横断橋の撤去や，港湾地区への都市機能の導入などの施策を提言し，実現していく。ここでは，一例として，小樽港湾地区への都市機能の導入についてだけ見てみよう：

だから俺は，港は，基本的に都市機能も足したほうがいいですよって。今の，……〔略〕……都市計画だな，〔都市計画〕では港は出来ないの，そういうことは。神戸いったら埠頭にホテル〔が〕建ってるべや。あれ，都市計画で入れたんですよ。地区計画を変えたんですよ。港湾地域からはずしたんですよ。〔そ〕

[58]　運動の最後の局面で，運河の全面保存を執拗に主張する人々に対して「運河玉砕派」という名称が使用されたが，この引用に，「玉砕派」の主張と山口の主張との相違を明確に読み取ることができる。

したら建つんですよ，したら固定資産税入ってくる，な。俺はそういう風に，しなさいって，言ってるわけだ。な。んでマイカルはそうしたんだ。でもあんなとこ，……〔略〕……。あれは，あんなふうやってもあかんって俺いったんだけど，やっちゃったんだよな，大失敗，だからしちゃった。こっち側〔線路の北側〕が良いにきまってる。〔北側の〕辺りにいってみりゃわかる，小樽の街，ぜんぶ見えんのさ，夜景，街から港，バーと見えんのさ，〔だけど，マイカルのように〕あんなふうにしたら，海しか見えへんやんか。だから，北側をやんなさいって，僕ら提案したんだけど，みんな間違ってああして作っちゃったんだよ。(2007 年 9 月 8 日，小樽市内での山口保へのヒアリング；〔　〕内の補足は引用者)

経済的価値の高い港湾地区に，商業施設や居住機能を導入することができれば，港湾再開発という意味でも，水辺のまちづくりという意味でもよいのではないかというのが山口の発想で，実際に彼が議員になってから，より開かれた「港湾将来ビジョン懇談会」が設置され，第三埠頭に都市機能を導入することが正式に決定されている[59]。

このように，運河保存運動の中から一人の議員が誕生し，2007 年 4 月に再選，2011 年 4 月には三選された後，2015 年 4 月末日に 3 期 12 年の任期を全うして退任している。運動対市行政という図式から，市議会内部からのまちづくりへと展開してきたなかに，山口は位置していたということになるだろう。

ライフ・ヒストリー (4)

小川原格：店づくりと学生運動の接点で

小樽の蕎麦処「籔半（やぶはん）」店主の小川原昇（あきら）と妻・豊子のもとに，待望の長男・格が誕生したのは，1948 年 10 月のことであった。この小川原格が，本項の主人公である。

彼のライフ・ヒストリーを理解するキー・ワードは，受け継いだ「籔半」の「店づくり」と，「学生運動」の 2 つであろう。先代・昇を超える「店づくり」

[59] この一連の経過とその意義については，筆者が指導した実習学生・塩野史江が優れた分析を行っている。堀川・森久編（2009: 26-30）を参照のこと。

を目指す努力と，社会変革を目指す「学生運動」への熱情的取り組み——2本の線が交わるところで，小川原格のまちづくり運動が成立しているように思われるからだ。

第2次世界大戦中，ニューギニア戦線を一兵士として戦い，生還した小川原昇は，戦後，小樽労働基準監督署労災課長から「脱サラ」して，蕎麦屋を開業する[60]。店名の「籔半」は，東京は神田の名店「かんだ藪そば」で見習い修業をしたことに因み，「あの『やぶ』の，せめて半分まででも到達したい」という心意気を込めて名付けられたと言われている。1954年の開業以来繁盛していた「籔半」だったが，跡継ぎと目されていた長男・格は，小樽潮陵高校でラグビーに熱中し，店を手伝わされることはあっても，それは彼の将来イメージとは結びついてはいなかったという。また，後に運河保存運動の盟友となる山口保とは対照的に，高校までの小川原格はまったく学生運動には携わっていないどころか，父・昇は自民党系市議の選挙を仕切るなど，およそ革新系とはほど遠い家庭環境であった。

高校卒業が近づいてくると，具体的な進路選択を迫られる。店を継ぎたくないと思い始めた小川原は，跡継ぎからの逃走としての小樽脱出を模索する。その過程で，伯父の影響もあって建築を志し，一年の浪人の末，1968年4月に芝浦工業大学建築工学科に入学した。小川原は首尾よく，小樽脱出に成功したわけだ。

しかし，入学した芝浦工大は，学生運動の渦中にあった。ラグビーに明け暮れた高校生活と，「跡継ぎ」という重責に反抗するという青春的心性を生きてきた小川原は，入学を契機にして，一地方都市のうぶな若者から，社会問題に目を開かされた情熱的学生運動家へと急速に，そして大きく，変身していくことになる。本人の弁を聞こう：

あの，〔芝浦工大の〕受験要綱には定員60名って書いてあんですけども，入

[60]　以下の小川原格の大学除籍処分までのライフ・ヒストリーについては，本人が詳細に綴ったウェブサイトの記述を参考にしている。小川原格「小樽・蕎麦屋・籔半の 建築店舗 四代物語」，http://www.yabuhan.co.jp/yabuhan_2011/wp-content/031_01_yab_story_2010.html（2017/7/27 閲覧），を参照。

ってみると120名いるっちゅうね，「いったい俺は何番目なんだ」っちゅうね。〔そう〕いうような〔状態だった〕，まあ，どの大学もそうだ。ぼくら一番，人口ちゅうんですか，その世代として一番多い位置にいるわけですから。まあそういう騒然としたなかに，僕，大学に行くわけですね。で，バリケードをくぐって入学試験を受けるわけですね。入ったとき，入学式もバリケード〔が〕あるわけですよ。もう，僕みたいに非常に純でですね，あの田舎者のですね，美少年はですね〔笑〕，一発でハマるんですね。でー，三里塚でねぇ〔運動もやったし〕，おお〔そうだ，そういえば〕，王子に米軍の野戦病院があったんですよ。あの，山手線〔京浜東北線〕に王子っていう駅，あるでしょ。あそこに，米軍の野戦病院ていうのがありまして，そこにベトナムで負傷した兵士がみんな来るんですね。その王子野戦病院を拡張するちゅうんで，反対運動をやるのに毎日，デモ〔に〕行くんですね。で，ちょうど僕らは，田町にあの3，4年の校舎があって，埼玉県の大宮のもうひとつちょい先にですね，一般教養〔のキャンパス〕があるんですよ。しょっちゅう，その田町と大宮とを京浜東北〔線〕で通うわけですよ。みんな途中の，まんなかの王子で降りちゃうわけです。きょうは3年生と，先輩と，討論会あるって言われて，電車に乗っていくと，「王子で降りれ！」とこうなるわけですね。王子で討論会やるんだというわけですよ。行くともう，駅の周辺がワンワン〔騒然と〕なってますから，「みんな，がんばれ！」って言われて，ワーッて行くちゅうですね。……〔略〕……。んでぇ，まぁその，三里塚闘争ですとかね，沖縄の本土復帰闘争とか，それから部落解放闘争とか，それから……〔略〕……いわゆる出入国管理法案つうのがあるんですけども，それの改悪反対とかね，まあ，ありとあらゆる運動を，大学にいる7年8ヶ月でやりまして，で，最後は大学の生協をつくって，あのー〔それを〕軌道に乗せて，〔乗せた〕ところでもう完璧に，体を壊しちゃってね，カノジョに振られたってのもありますけども，あのー，消耗してですね，……〔略〕……。(1999年8月31日，小樽市内での小川原格へのヒアリング；〔　〕内の補足は引用者)

「美少年」であったかどうかはともかく，知り合いとて一人もいない東京の大学に入学し，寄る辺無い心持ちであった「田舎者」の「純」な青年が，一気に学生運動に巻き込まれ，「ハマ」っていく様子がよくわかる語りである。

ハマった小川原は，寝食を忘れて運動にのめり込んでいき，手当たり次第の乱読と口角泡を飛ばす討論とで自らを鍛えていった。芝浦工大の学生運動を振り返る『もうひとつの全共闘』（芝工大闘争史を語る会，2010）の中で彼は，当時の状況を次のように回想する：

> 田町の先輩たち〔と〕……〔略〕……そこで，ちょっとした討論になり，大学立法反対闘争からしか運動経験のない僕でしたが，次のような議論をしたように思います。
>
> 「いま，4つの拒否権[61]や民主化11項目などを頭から否定し，学生運動の息の根を止めようとする反動体制が着実に構築されようとしている。それに立ち向かうには，ありとあらゆる学内合法機関を掌握することによって闘争基盤を強化する方針が必要であって，第1次・第2次闘争が到達した『闘争の質』の論議などにうつつを抜かしている余裕はないはずだ」。
>
> 「芝浦工大闘争に勝利するために，どんなツールも使う。そのどこが悪いんだ。実際，第2次闘争を開始する時には自治会選挙をやり，山田委員長・野中副委員長を生み出している。そして11月の大衆団交が決裂するまでは，自治会で闘いをすすめて，そのうえで全学闘を結成している。自治会と全学闘は芝浦工大闘争の両輪なのだ」。……〔略〕……。「こういう議論をしている間にも，反動体制は着々と布石を打ってきている。闘争の組み直しをしないで放置すれば，4つの拒否権や民主化11項目までが完全に否定される大学立法体制が適用されたような大学になってしまう。それなのに，『ポツダム自治会終焉論』や『学生権力論』などの抽象議論をしていてよいのか。現に迫られている今の状況に，田町の先輩たちはどう闘おうとしているのか」。
>
> このようにすれ違いの論争でしたが，はじめて後輩が先輩に抗したわけです。
>
> （芝工大闘争史を語る会，2010: 199-201；〔　〕内の補足および註は引用者）

ここで芝浦工大の「全学闘」の歴史に深入りすることはできないが，それで

[61]「4つの拒否権」とは，(1) 予算・決算等に対する拒否権，(2) 教育上の決定に対する拒否権，(3) 人事の決定に対する拒否権，(4) 管理介入権，の4つを指す（芝工大闘争史を語る会，2010: 96-100）。このように，学生が大学の教育や運営に対して保持する権限のあり方としては極めてラディカルであるが，これについて論じることは，すでに本書の目的と範囲を超えている。内容の詳細および芝浦工大闘争史における位置づけなどについては，芝工大闘争史を語る会（2010）を参照せよ。

もこの引用から，大宮の教養課程キャンパスにいた小川原が，専門課程に学ぶ田町キャンパスの先輩たちを論破する実力をつけていたこと（「現に迫られている今の状況に，田町の先輩たちはどう闘おうとしているのか」），そして，目的達成のためにプラグマティックにものを捉えて考える視点（「どんなツールも使う。そのどこが悪いんだ」）を早くも持っていたことに着目しておこう。事実，実家「籔半」の手伝いで会計などの要領がよくわかっていることもあって，1970 年 5 月，小川原は芝工大自治会執行部の会計係に就任している。理想や理念だけでなく，実務をも踏まえている点が重要だ。以下に示すエピソードも，そうした彼のしたたかさを物語っていよう：

〔19〕71 年 5 月 5 日，朝の 4 時ごろ，刑事が私の下宿にやってきました。4 月 13 日の入学式ガイダンスの時にガードマンと衝突した「事件」の事後逮捕です。逃げ道はありません。下宿の大家さんはただおろおろするばかりです。一番の気がかりは，手元にある自治会会計の通帳と印鑑です。私は，家宅捜索には自分自身が立ち会うと言って，服を着替えた時とっさにブレザーのポケットに通帳と印鑑をしまい，そのあと「大のトイレに行きたい」と言ってそこに通帳と印鑑を隠しました。共同便所だったため，そこはガサ入れされなかったのです。

弁護士接見の時に通帳と印鑑の隠し場所を伝え，無事，自治会会計を守ることができました。自治会の会計を守る責任は，いつも私の頭から離れることはありませんでした。（芝工大闘争史を語る会，2010: 240–241；〔　〕内の補足は引用者）

スパイ映画を地で行くような機転と，責任感の強さが印象的である。

また，逮捕前年の 1970 年 6 月，隣家からの火災で「籔半」の店舗は全焼してしまう。実家焼失の報を受けた小川原格は急遽帰省し，短期間ながら，父・昇の店舗二代目再建に向けての東奔西走ぶりを見ていた：

第二次大戦でニューギニア戦地で食料不足やマラリアにかかりながら生還を果たした昇です。全焼などに打ちひしがれるどころか，家族・スタッフの心を奮い立たせ，再建の途につきます。昭和 29〔1954〕年から，裸一貫で蕎麦屋

> を開業し，その土地建物取得費用の銀行返済も終わろうかという頃に火災全焼の憂き目にあいながらそれを乗り越え，初代は新店舗で再建を果たします。
> 　長男・格は類焼し全焼したにもかかわらず，ひるむことなく突き進む先代の凄味を目の当たりにし，東京に戻るのでした。（小川原格「小樽・蕎麦屋・籔半の建築店舗 四代物語」，http://www.yabuhan.co.jp/yabuhan_2011/wp-content/031_01_yab_story_2010.html; 2017/7/27 閲覧）

再建の目処がたったところで帰京し，格はまた，運動にのめり込んでいくことになるが，ここで先代・昇の経営手腕や様々な仕事の段取りの付け方の「凄味」を学んだことが，後の重要な伏線となる。

運動は盛り上がりを増し，1971 年 6 月，小川原は釈放された後の学生大会では演説を行い，満場の喝采を浴びる：

> 　釈放された翌日が臨時学生大会でした。1 ヶ月も経っていないのに学内の雰囲気は一変していて，戦闘気分が充満していました。逮捕されていた間に一体何があったのかわからないほど大きな変化でした。逮捕中の報告をする間もなく，学内の詳しい話を聞く間もない状況でした。自分の頭がその事態のとてつもない変化に追いつくのに必死で，混乱につぐ混乱の連続でした。学生大会も，何を話してよいかわからないまま，無我夢中でアジデーションしていました。それでも大きな拍手がわきあがるので，「オレってこんなに大衆的な支持があったのか」，とうれしくなってしまいました。（芝工大闘争史を語る会，2010: 222-224）

小樽から上京した「田舎者」で「純」な青年は，この時にはすでに演説で満場の聴衆を惹き付けるまでになっていた。

そんな学生であったから，一般社会での就職願望もなければ，望んだところで就職先があろうはずもない。1973 年 4 月，小川原は芝浦工業大学生協・宣伝部に入社し，キャンパス内で仕事をしながら，運動を継続しようとする。とはいえ，全国に野火のように拡がった学生運動も次第に沈静化していき，展望のない日々を送らざるを得なかった。

実家を継ぐことなど念頭にはなかったが，「闘争」に明け暮れる無理な生活と場当たり的な食事，不摂生などがたたり，彼は十二指腸潰瘍を患う。7年8ヶ月にわたって在籍していた芝浦工大も除籍処分になり，1974年4月，とうとう彼は帰樽し，実家の「籔半」に入社することになる。大きな成果を得た学生運動の隆盛と，それが潰えていくプロセスの両方を目の当たりにした小川原は，体力を使い果たして，まさにボロボロの状態だった。社会変革への意識をたぎらせながらも，運動に醒めたまなざしを向け，実家のある小樽へと帰ってきた。それは何かを成し遂げてきたわけではない帰郷であり，何かが待っている帰郷でもなかった。

自宅療養の合間に蕎麦の出前をするものの，体力がなくてすぐにへばってしまっていたという。帰樽したころを振り返って，小川原は語る：

まぁさっきチラッと言ったけども，大学生協ではわが世の春を歌ってたわけですよ，ね。26,7〔歳〕で。一番生意気なころだよね。うん。大学出てないから，いや，社会的な経歴からいえば高卒なわけじゃないですか。7年8ヶ月通ってたって，除籍処分だから，ね。で，帰ってきて，さっき言った5万円の給料になって，ね。蕎麦屋の世界とか飲食の世界なんちゅうのは，「社長の息子だから，はいすぐ専務です」とか，ならないわけだよね。「出前から始めれ」くらいな。……〔略〕……。それで職人さんの市民権が出来るんだし。だから，「すぐ，蕎麦打ちしたい」っつったって，「ふざけるな，お前！」っちゅう世界があるわけですよ。で，自分の中では，その仕事としてはそういう中でどういう風に市民権をえるのかっちゅうな，戦いが〔あった〕。で，そのもう一方，対社会的には蕎麦屋の息子が跡継ぎに戻ってきたっていう評価なわけだから。外のほうが「次の社長」と見るわけでね，次の蕎麦屋のオヤジって見るわけだから。外の評価の方が高いわけでね，板場の評価よりも。板場〔で〕は〔俺は〕出前担ぎなんだから。このギャップがあるのを，かろうじて生協運動でそういう世界で生きてきたのが分かったので，俺はもったなと思ってるけどね。1つの〔理由としては〕。それから対社会的には，うん，そういう次の店主なんだっちゅう評価ではなくて，このまちで蕎麦屋としてやって，将来，主になってやってくのに，どういう仲間を求めるのかっちゅうね。どういう関係を，このまちに人と作るのかっていう。そういうのは猛烈な意識としてあったね。だから，自分と同じ匂いの奴を探そうとしたし。で，そのときにあったのが，

運河保存運動で。（2011年9月12日，小樽市内での小川原格へのヒアリング；〔　〕内の補足は引用者）

ここで重要な点は，「ギャップ」であろう。一方では「『社長の息子だから，はいすぐ専務です』とか，なら」ず，「出前から始め」，「市民権」を勝ち取っていくしかない世界があり，他方では「次の社長」としてチヤホヤされる世界がある。つまり，店内での評価（出前と皿洗い）よりも，店外での評価（次期社長）の方が高いという大きな「ギャップ」があり，その「ギャップ」を「かろうじて」耐えさせたのが，学生運動の経験であり，「生協運動」での経験であったという。

このように鬱屈した日々の中で，彼は「このまちで蕎麦屋」の「主になってやってくのに，どういう仲間を求めるのか」という「猛烈な意識」を持ち，「自分と同じ匂いの奴を探そうとし」ていた。自分自身の「店づくり」を意識しはじめたとき，以下の引用のように，彼は地域社会の中の自分の店という認識を持たざるを得なかった：

蕎麦屋一軒だけでの努力，個店の努力だけは限界がある，小樽という街自身を活気づけないと商売も展望を持てないと，二代目は「小樽運河からのまちづくり」に参加していったわけです。（小川原格「小樽・蕎麦屋・籔半の建築店舗四代物語」，http://www.yabuhan.co.jp/yabuhan_2011/wp-content/031_01_yab_story_2010.html, 2017/7/27 閲覧）

自らの店を地域社会の中に位置づけて考えることは，当たり前といえば当たり前であるが，彼がそのように思い至った背景には，下記のような事情もあったことに留意したい：

店の閑散とした有様に愕然とします。格が帰省し店の暖簾をくぐると，昼の繁忙時間はすぎていたとはいえ，スタッフが店のテーブルでピンポンをしていたのです。先代は三代目店舗オープン後は再び業界組合活動に舞い戻り，店を仕切るのは女将一人，板場・ホール全体を統括する司令塔が不在で，士気がたるみ，店をいくら新しくしただけではスタッフのプライドを持たせ得ず，というところに籔半は来ていたのです。……〔略〕……。ミーティングをしようとしても，「勤務時間内の会議なら良いが，仕事終了後の会議には残業代が出るのか？」「パートタイマーにミーティングに出なければならない義務はない」という，当時の遅れた意識のスタッフの反撃に遭い，斜陽のどん底のまちの無気力・無感動は蕎麦屋にも蔓延していたと気づかされます。（小川原格「小樽・蕎麦屋・籔半の建築店舗 四代物語」，http://www.yabuhan.co.jp/yabuhan_2011/wp-content/031_01_yab_story_2010.html，2017/7/27 閲覧）

「店のテーブルでピンポンをしてい」るような従業員が，店舗改革のためのミーティングについて「残業代が出るのか」と尋ねてくる状況に，小川原は「斜陽のどん底のまちの無気力・無感動」が籔半「にも蔓延していたと気づかされ」る。だからこそ，接客マニュアルを一から作り，従業員の意識改革をうながし，自分の目指す「店づくり」を推し進めていかねばならなかった。しかし，地域社会が沈滞していては，肝心の客が来ない。「小樽という街自身を活気づけないと商売も展望を持てない」との考えから，地域社会の動態へと目がいかざるをえなかったというわけだ。

こうして，「店づくり」という強い意識と，学生運動時代の「同じ匂い」を「探そう」という意識が，小川原を運河保存運動に出会わせた。「店づくり」と「学生運動」とは，こうして繋がっていく。この出会いの局面を，今しばらく，彼自身の言葉で振り返っておこう。

先ず，「同じ匂い」を探していくなかで，彼は「町並み保存」運動の存在に気がつく。1974 年ごろといえば，《小樽運河を守る会》が結成されて活動を開始し，運河問題が騒がれ始めていた時期にあたる：

町並みっつうのはその一，都市住民が，ね，自分のまちを，環境を問題にする，運動なんでないかと。……〔略〕……。「町並み保存」ていうのは，ほんとにそういうんだったら，都市の住民が，はじめて日本のこの一，都市政策に対して，声をあげたね，ま，何でもその頃はまだその一反乱だとかそういう言葉が好きだったけどさ，これは「反乱の萌芽」じゃねえかって，全共闘経験者〔の俺として〕は位置付けるわけですよ。（1999 年 8 月 31 日，小樽市内での小川

原格へのヒアリング；〔　〕内の補足は引用者）

このように，町並み保存運動の小川原格的「規定」は，都市政策に対する本邦初の「反乱の萌芽」というものであった。「反乱」という語彙といい，運動を時代の流れに位置づけて理解しようとする構えといい，それはいかにも学生運動のスタイルを踏襲したものであった。

しかし，何度も逮捕されるまでに激しく「闘って」きた小川原としては，町並み保存運動を手放しに評価していたわけではなく，むしろ，懐疑的なまなざしを保持していたようだ：

まあ，僕なんかどっちかちゅうと，その三里塚の空港反対の住民運動とか，北富士の演習場，米軍のね，実弾の演習場のオバサンたちの反対運動だとか，それから新潟の柏崎の反原発運動だとか，そういう住民運動にはどんどん行ったんですけども，町並み保存的なね，市民運動ちゅうのは初めて，帰って来て初めてだったんですね。でー，やっぱりそういう運動やってた分，「運河を守る会」の，いわゆる当時はその町並み保存運動っていう言葉しかなかったんですけども，これはほんとにそのー，小樽に帰ってきてね，こだわりを持って，蕎麦屋の修業をして，生きて行くんだけど，まあそれだけじゃつまらないなぁと，まちにこだわろうちゅうかね，……〔略〕……。もっとまちで生き生きねぇとして生きていきたいと，って時にそのまちにある運動として，俺がかかわっても面白いのかなっちゅうね。いろいろこう，その〔学生〕運動〔を〕経験してる分だけチェックするわけですよね。……〔略〕……。小樽の花園町の飲み屋街とかね，人と会ったりいろいろ話して，町並み保存運動ってなんなのう？なって考えるわけですね。やっぱりその源流は，反公害住民運動なんじゃないかなっていうふうに僕は思うわけですよ。源流はね。でー，確かに，町並み保存ちゅうのはストレートに反権力かっちゅうと，そうではなくて，その頃あった町並みゼミっていう組織……〔中略〕……〔は,〕そりゃもう，引退したオジサンたちが始める運動なんだよね。でぇその，歴史的な建物を保存して，やってくちゅうくらいで，それほど権力とぶつかるような運動じゃないわけですよね。小樽運河はちょっと違いましたけども。で，町並み保存てほんとにそのー，ゾクゾクするようなですね，運動なのかなっていうふうに〔疑問に〕思うわけで

すよ。(1999年8月31日，小樽市内での小川原格へのヒアリング；〔 〕内の補足は引用者)

「〔学生〕運動〔を〕経験してる分だけチェックするわけ」だが，彼の《守る会》への評価は両義的である。先の引用のように，反公害住民運動を源流に持つ「反乱の萌芽」なのではないかと評価する一方で，いわば老人の運動，権力とはぶつからない運動であるかもしれないともとらえていた。当時の小川原にとって「権力とぶつかるような運動じゃない」ということは，すなわち評価しえないものであったことは言うまでもない。

半信半疑のまま，彼は《守る会》への接近を試みる：

これは面白い，〔面白〕くなるかなと，絡みかたによっては。でも，どうも現在の「守る会」，その時，その当時のね，昭和50年段階の「守る会」〔には〕，絡みようないなって思うんすよね，僕は。で，1回参加したんだけど，たった15人くらいの世界なんだけど，一応，派閥〔が〕あるんですよ。峯山さんはね，こう飄々としてた存在なんだけど，そのー，副会長に女の方が二人いましてね，森本さんちゅうのと北村さんちゅう方がいらっしゃるんですけど，その，みんな自分の方につけちゃおうちゅうオバチャンたちばっかりなわけさ。で，「アンタ独身？」とかっつってね，〔独身だっ〕たらお見合いさせて，味方にしちゃおうっちゅう，こういうような感じなんですね。で，喫茶店に呼ばれたりするわけですよ，こっそりひとりで。「結婚したくないの」とかって聞かれるわけね。「結婚，したいけどさ」……。だからもう，そのレベルでしょ。〔話しの〕始まるのが。……〔略〕……。で，ガセーなぁと思うわけですよ。(1999年8月31日，小樽市内での小川原格へのヒアリング；〔 〕内の補足は引用者)

ここでも，再度，「ギャップ」があったことが見えてくる。ここでもう一度，小川原がいかなる学生運動を経験してきたかを想起しよう：

小樽に帰ってきたのが〔昭和〕50年。ですから，そういう〔学生〕運動を経験してるもんですから，そのー，「守る会」のようなですね，あのー，いわゆるそのー，市民運動ちゅうのに非常にこう……物足りないちゅうかね，まぁ，反権力っていうか，機動隊とぶつかったりですね，そういうことばっかりやってきたもんですから，……〔略〕……。（1999年8月31日，小樽市内での小川原格へのヒアリング；〔　〕内の補足は引用者）

自らの運動経験との落差から，《守る会》の活動を「物足りない」と感じている。さらに小川原は言う：

だけど俺はもっとも先鋭的な，先鋭的っていったら，自分じゃ思ってるけど，いわゆる反権力的な運動やってきているわけだから。勝つか負けるかの世界で生きてきてるわけだから。なんなんだー，この，ね，運河保存運動を見てさ，こんなしょぼくれた運動やってたらそれは，ね，〔道道臨港線の〕道路〔建設〕促進派に相手にされないし，赤のレッテルって，赤でないのに貼られてしまって，ますます孤立化されてしまうだけで。（2011年9月12日，小樽市内での小川原格へのヒアリング；〔　〕内の補足は引用者）

東京の運動で経験した運動と，《守る会》のガサさ（「ガセーなぁと思うわけですよ」）との「ギャップ」から，小川原は保存運動を「こんなしょぼくれた運動やってたら」「道路促進派に相手にされ」ず，「孤立化」していくだけだと切って捨てている。つまり，最初の「ギャップ」が自分自身の評価におけるギャップ（店外の評価＞店内の評価）であるなら，2番目のギャップは，運動の評価におけるそれ（学生運動＞《守る会》）であろう。このギャップへの態度から，POA変数が「－」であることが理解できよう。

では《守る会》を見限って，つぎにどうするのか。別の組織をつくろうと模索していた時期に，小川原は一人の若者・佐々木興次郎と出会う：

僕は一度，「守る会」とは別個の組織つくろうっちゅうことで，……〔略〕……佐々木興次郎さんちゅうのが昭和50年に，ちょうど僕が〔小樽に〕帰ってきた年の春に，今のお店〔喫茶「叫児楼（きょうじろう）」〕をオープンするんですね。スパゲッティ屋さんを。この，やっぱり匂うわけですよ。なんかコイツ，暗いなっつうかね。で，たいした話〔は〕しないんだけど，……〔略〕……〔僕の〕結婚式に招待状〔を〕出すと来るんですよ，蝶ネクタイ締めてね，タキシード着て。

> その頃そんなヤツ誰もいなかったんだけど。でー，おっコイツやっぱり俺に興味あるんだなと僕，思うわけですよね。で，どんどんどんどん話していっているうちに，その，興次郎君と同じ思いなんですね。興次郎君は，ヨーロッパ漂流して，いろんなまちを見て歩くんですけど，デジャブ感ちゅうか，どっかで見たことあるな，フランスの田舎歩いても，中古都市歩いても〔どこかで見たことがあるなと既視感を持っていた〕。で，ずーっとどこで見た景色なんだろう，なんだろうつって悩みながら日本に帰ってきて，ふと気がついたら〔あの景色は〕自分の故郷だったちゅうね。……で，ほれで札幌で修業して，小樽に自分の店を開くんだっちゅうのを夢にして働いて，今の店〔「叫児楼」〕を出したんですけど，その彼と二人で，そういう思いも彼はあるから，僕もなーんかね，ただ，その頃ぼくは毎日出前してたんですけども，半日，出前だけしたって，こったら〔こんな〕人生つまんねーなって思ってましてね，でー，小樽をもっと面白くするには小樽を研究しなきゃなんない，ちゅうんで「小樽研究会」ってのをつくるんですね。それは，北一硝子の社長さんがまだ国道〔5号線沿い〕で，小さな店をやってる頃でして，それに，〔小樽〕商大の篠崎先生ちゅう先生をまぁ一応，大学人として入れて，あと，今もいらっしゃいますけど小樽市の教育委員会にいる土屋さんちゅう，土屋周三さんていう……博物館の学芸員なんかやってた方，それに，あと4，5人ですね，入ってその，商工会議所の2階の会議室を占領したっつうか，借りまして，小樽の大地図を貼りましてね，1週間に1回，ここの建物はどういう建物なんだっちゅうことをやったんですけど，それしかやらないんですよね。認識運動にしかならんですよね。で，あーやっぱりつまらんなと，で，興次郎さんはやっぱり「守る会」だと，「守る会」に行きたい，と僕んとこ〔に〕相談に来るわけですよ。（1999年8月31日，小樽市内での小川原格へのヒアリング；〔　〕内の補足は引用者）

意気投合した小川原と佐々木は，「小樽研究会」なるものを旗揚げするものの，小樽市内の個別の建物の歴史をさらってお終いになってしまうことを，「認識運動にしかならん」から「あーやっぱりつまらん」とする。この手厳しい評価の背景に，運動という実践的運動の結果として何かを勝ち取るという学生運動のイメージがあったことは，もはや多言を要しない。

「小樽研究会」が手詰まりになるなかで佐々木興次郎は「『守る会』に行きた

い」と言い出すが，小川原はその路線では勝てないと判断して反対する：

> 行政のやってる路線は，しょぼくなった町をもっとしょぼくさせるだけにしか見えなかった。……〔略〕……一軒一軒個店のそば屋の一頑張りだけで，成立すんのかっちゅうのもあったし，町全体が良くなんねえと，僕らみたいな商売はね，だからそんな思いが全部輻湊して，〔僕は〕27〔歳〕で〔小樽に〕帰ってきて29で結婚するんだけども，そん時はもう，俺ん中でもぐちゃぐちゃしてる訳だ。ただはっきりしてたのは，「守る会」では突破出来ねぇと。うん，「守る会」の運動構造では。(2011年9月12日，小樽市内での小川原格へのヒアリング；〔　〕内の補足は引用者)

悩みながらも小川原は，孤立していた《守る会》「の運動構造では」「突破出来ねぇ」ということだけは「はっきりしてた」という。さらに小川原は言う：

> こいつらでは勝てないから，新しいまっさらな，〔市民の〕評価が好意的になるような，そういう運動をもう一度，別個で立ち上げる事で，少数派に転落した運動も引き上げる。っていうか，もう〔《守る会》は〕孤立化してるから，当時の市役所2,800人くらい職員〔が〕いて，「守る会」〔は〕15人くらいしかいなくて。……〔略〕……。ここに市民〔を〕，介在させないと勝てないっちゅうね。で，市民を介在させるには古いイメージ，まぁ固定されたイメージになってしまった「守る会」だけが〔では〕突破できねぇ。(2011年9月12日，小樽市内での小川原格へのヒアリング；〔　〕内の補足は引用者)

「古いイメージ」で「固定され」てしまっていた《守る会》では「勝てないから」，何か別の運動を立ち上げて，そこに「市民〔を〕，介在させていくべきだ，と戦略的に考え始めていた。

そこで小川原につぎの一手を用意させたのは，「倉敷アイビースクエア」という保存的再開発の成功事例[62]であり，もう一人の若者・山口保との出会い

---

[62]「倉敷アイビースクエア」は岡山県倉敷市本町にある旧倉敷紡績所（現在のクラボウ）のレンガ造倉庫（1889〔明治22〕年築）をホテルに再利用したもので，この種の「保存的再開発」としては先駆的なもの（木原啓吉，1982）であった。1974〔昭和49〕年5月に開業している。

だった：

やっぱりそのそういうなかで勉強しててですね，やっぱり，日本の町並み保存運動っていうのは，犬山市の「明治村」に見られるようなですね，「凍結的保存」ていいますか，北海道の開拓の村もそうですけども，壊されそうな建物を，そこでは〔現地では〕保存できませんので，一大，ね，村をつくってそこに全部移築すると。「帝国ホテル」のロビーとフロアだけを移築するだとか，そういうのがいっぱいあるわけですよね。でそういう保存方法じゃ，小樽のまち，やったって面白くないなと。で，その運河とか，あの場にあって，あの空間全部がこうね，ワンセットになって，それを単にその，観光客が「昔はこういう建物があったんだよ」っていうふうにして，博物館みたくしてみたって面白くねいなと。ちょうど僕は学生運動でいろいろ，全国の大学をオルグに飛び回る生活をしたことがありましてね，倉敷の「アイビースクエア」とかね，そういうのは見てるわけですよ。で，あーんな風にやったほうが面白いんじゃないの……〔略〕……。レンガ工場を若者の宿泊施設にしてるんですね，あそこね。……〔略〕……。あーれ小樽にもってきたら面白いんでないのって。それで，またそういうところに匂いをかぎつけられるのかですねぇ，北海道の地方新聞で，『北海道読書新聞』てのがあんですけども，……〔略〕……，その編集長が「おまえ，第1面全部やるから書けや」ちゅうんでね，第1面じゃねぇな，一番最後のページか。で，「じゃぁ，一発やってみるか」ちゅって書いてみたのが，「凍結保存からの決別」っちゅうですね，あのー，〔原稿〕だったんですね。とにかく，小樽のまちを，……〔略〕……建造物がたくさんある宝庫なんだと，でこれを，もっともっとうまく使ってですね，単に博物館的に見るんじゃなくて，そん中をその，宿泊施設にしたり，ね，工房をつくったり，なんだりしてやったら，もっともっとその生きた，ね，面白い使い方が出来るんでないかと。で，聖書に「古い皮袋に新しい酒を」ちゅうね，言葉があるんですけども，そのー，〔学生運動時代，警察に〕パクられた時に読んだ聖書に，そういうページがあったもんですから覚えてたんですけども，まあそれをアナロジー〔に〕して「古いまちに新しい活気ある内容」を植付けよう，育てようと，そういうふうにすれば小樽も，斜陽のどん底状態ちゅうね，克服できんでないかと，こういうふうなことを無謀にも書いたんですね。(1999年8月31日，小樽市内での小川原格へのヒアリング；〔　〕内の補足は引用者)

小川原はこの「アイビースクエア」の見聞から，「明治村」のように建物を別の場所に移築して保存する「凍結的保存」ではなく，時代にあわせた開発，人が集まって賑わいを産み出すような保存の在り方へのヒントを感じ取った[63]。その具体的表現が，『北海道読書新聞』の原稿であったわけだ。それは凍結保存から保存的活用（「古いまちに新しい活気ある内容」）へという，戦後日本の町並み保存の展開過程を的確に表現していて驚かされる。

この原稿が契機となって，小川原はもう一人のキー・パーソン・山口保に出会うことになる。仲介したのは，佐々木興次郎だ：

> で，それ〔「凍結保存からの決別」の執筆〕が，「守る会」に再接近するきっかけになりまして，〔佐々木興次郎が〕「小川原さんみたいこと言うやつが『守る会』にひとりいる」ちゅう。……その佐々木さんがね。……〔中略〕……，とにかく興次郎さんが〔山口保に〕「会え」ちゅうんで，〔それで〕会ったら一発でお互いハマってしまったんですね。ですからそれはもう，ほんとになんちゅうか，出会いちゅうか，偶然ちゅうか，ある新聞記者は「あざなえる縄のごとく，こういう市民運動ちゅうのは人と人とが出会ってね，人間関係が構築されて，運動主体になっていく」ような表現をした新聞記者さんがいるんですけども，まぁ本当にそうだったですね。……〔中略〕……。少数派に転落してしまった「守る会」運動を，どうやって裾野を広げていくのかっちゅうね，いうとこで悩んでるとこで，学生運動で，運動の組み立て方を分かってんのはそんなにいない，〔いな〕かったですから，これはお互い，いい関係ができたっちゅうんで，僕も，仲間がいると燃えるほうですから，「やるか」ちゅうことになってですね。それがその一，今では「例三」て言われますね。「例の三人組」を略して「例三」て言われるんですけども。小川原，山口，佐々木興次郎ちゅうですね，自分の名前を先に言っちゃだめだな。山口，佐々木，小川原と，〔そう〕いう関係になんですけども，……〔略〕……。（1999年8月31日，小樽市内

[63]　実はこの時期，小川原は結婚する（1977年11月）。新婦は沖縄の陽射し溢れるビーチでの新婚旅行を望んでいたが，新たな運動展開を模索中であった小川原は，ひとりで勝手に倉敷行を決めてしまう。言うまでもなく，それはかつて学生運動のオルグの日々に垣間見た「倉敷アイビースクエア」を視察するためであった。新婚旅行すらも視察にしてしまうところに，「ガムシャラな」藤森茂男の全国行脚を想起させるものがあるが，小川原が倉敷で，運河保存の展望やイメージを得たということは記憶されておいてよい。

での小川原格へのヒアリング；〔 〕内の補足は引用者）

学生運動を経験し「運動の組み立て方を分かって」いた山口保とは，「会ったら一発でお互いハマってしまった」というほどに意気投合する。佐々木興次郎と合わせて「小樽三人組」ないし「例の３人」の省略形である「例三（れいさん）」と呼ばれるような強くて深い関係性であった[64]。

「より合わされる縄のように」出会い，ともに運動に邁進することになった小川原らは，「アイビースクエア」などの先進事例を参考に，別個の運動を構想し，小樽運河の水辺に賑わいを産み出す仕掛けづくりに仲間たちと動き出そうとしていた：

> だから，それが「ポートフェスティバル」を仕掛けた。つまり若者の運動。で，若者の運動っていうと，なんとなくこう，マスコミは判官贔屓で，ね，まぁ応援はしなくても注目はしてくれる。で，若者の運動っていうのは，スポットライトが当たると若者はもっと張り切る。ね。だから，やっぱ若いやつで別に作るべー位な〔気持ちで始めた〕。（2011 年 9 月 12 日，小樽市内での小川原格へのヒアリング；〔 〕内の補足は引用者）

この「ポートフェスティバル」の開催は，先に触れた佐々木興次郎を中心とした「小樽三人組」の活躍によるところが大きいが，では，彼らはそれをどんな祭りだと考えていたのだろうか。小川原はつぎのように語ってくれる：

> まあ，そういう関係で，そのポートフェスティバルなんかをですね，参画して，僕は第 2 回の実行委員長やったりするんですけど。……〔中略〕……。単なるその若者の，飲んで，騒いで，はしゃぐイベントじゃなくて，ね，まちづくりをその，推進する，運河から，小樽運河保存運動，小樽運河の保存から始まる小樽の新しいまちづくりなんだと，いうそれを，イベントを通じてその表現

［64］ 引用内で言及されている新聞記事の表現で，筆者が確認できた表現は「より合わされる縄のようにかかわりを持つことになる」（「運河問題の十年」第 2 部第 24 回，『朝日新聞』小樽市内版，1984〔昭和 59〕年 6 月 9 日付）であり，執筆した記者は朝日新聞小樽通信局（当時）の進地三雄であった。

するんだと，ですからその400の出店をですね，運河にどういうテナントを配置するかっちゅうね，〔と〕いうそのひとつの小さな実験だったわけですよ。運河に店をやればこれだけ人が来るんだっちゅうね。〔そう〕いうことの〔を〕証明するためにやるわけですね。で，艀にビアホールつくったり，石造倉庫借りてセミナーやったり，寄席やったり。つまり，石造倉庫はそういうかたちにしてその集会場だとか，コミュニティー・センターだとか，それから，演劇場だとか，そういうのに使えばいいじゃないかと。それからその出店を，たったコンパネ1枚の出店を400並べることで，運河っつうのは単に歴史的環境だけじゃなくて人が集まって，賑わって，ね，賑わいが，経済的波及効果を生むんだというのの実験として，やったつもりなんだよね。（1999年8月31日，小樽市内での小川原格へのヒアリング；〔　〕内の補足は引用者）

語りが錯綜している部分があるが，以下の記述と合わせて考えれば，言わんとしていることは明白であろう：

これが，小樽の若者が，小樽運河保存運動へ参加していく契機となりました。若者たちだけでなく，多くの小樽市民が，声には出さないが，小樽運河を思っている，と。当時，アイデンティティという言葉は全く一般的でなく，そんな言葉があるとも知らず，ポートフェスティバルの若者達は，「小樽運河は，小樽人が小樽人たることの身の証し，パスポートだ」といい，連続開催を決めます。……〔略〕……。以降1994年（平成6年）第17回まで，毎年2日間で30万の来場者を得ます。

ポートフェスティバル。それは，観光という切り口で小樽運河周辺の環境が保存再生すると街の経済的ポテンシャルをこのように爆発的に高める可能性を秘めているということを実証したのです。小樽運河と周辺の歴史的環境は，そのような歴史的価値を秘める空間であることを実証した，パワーポイントなどの「もし……」などという仮想の話でなく，それを現実に実証したイベントだったのです。（小川原格「小樽・蕎麦屋・籔半の建築店舗 四代物語」，http://www.yabuhan.co.jp/yabuhan_2011/wp-content/031_01_yab_story_2010.html，2017/7/27閲覧）

引用にもあるように，「観光という切り口で小樽運河周辺の環境が保存再生すると街の経済的ポテンシャル」がどうなるのか，この「ポート」は「仮想の話ではなく」「現実に実証したイベント」であったという。だから，「小樽の『ポート』は，フリーマーケットの走り」などという理解はまったくの的外れである。

爆発的な人出に，「ポート」を開催した当の若者たちが驚いてしまう。これだけ反響のあったイベントを，たった一回で終わらせてよいのか。小川原は佐々木らとともに「小樽夢の街づくり実行委員会」を結成する：

> そういうことで始まったイベントなんだけど，そのイベントを1回で終わらせないために，継続してやっていくための実行組織が必要だってことで作られた組織が，「小樽夢の街づくり実行委員会」っていう，通称「夢街（ゆめまち）」っちゅう名前なんだけど，これを夢のまちづくりって時のまちづくりっちゅう思いはそこに俺らが，住んでいる人が，自分のまちの将来を，一人〔ひとりが〕将来像を持っていくようなまちにしようよと。自分のまちに対する自己決定権，市民自治なんていうけど，〔そんなものが今まで〕本当にあったのかと〔いう批判的精神がベースだ〕。有名なまちの頭上者〔ママ〕は審議会でやって，決めればそこで終わり的なものではなくて，市民一人一人がおらのまちは，おらの村はどうなったらいいのか，ということをね，一人一人が考えるまちになったら，とんでもない強いまちになるぞって。そういうことでこう名付けたんだよね。
> (2011年9月12日，小樽市内での小川原格へのヒアリング；〔　〕内の補足は引用者)

ポートから《夢街》へと展開する際の思想の中核は「自己決定権」「市民自治」であったことが見て取れる。しかし，1回限りのイベントと，継続的な組織とは，なにもかもが異なってくる。だから「ポート」は，すんなりと結成されたわけではなかった。むしろ結成されるまでのプロセスに，その後に繋がる思考法が醸成されてくる素地があったというべきである。先ずは，「まちづくり」という言葉との「出会い」をみた上で，「ポート」結成の背景にあった思考をみてみることにしよう：

> 町並み保存はあっても，まちづくりっちゅう言葉はなかった。……〔略〕……。

ひとことでこうバッていうのがアイデンティティだっちゅうのはもっともっと後で。まちづくりもそう。都市計画しかなかったわけだ，言葉としては。でも，都市計画っちゅうのはなんか官がやる，みんな都市計画なんてやだよねーぐらいな〔言葉だよな〕。で，そんときに『ジュリスト』の臨時増刊号で全国の住民運動の訴訟例が出てたんだよな。別冊，ジュリスト別冊で。で，この折り……この別冊の別冊付録で，全国の住民運動の判例集の要約版がこう付録みたいについてて，それを紀伊國屋〔書店小樽店〕で見てたら，ある判例集に「まちづくり」っちゅう言葉があった。もう，光り輝いてたよな，この言葉は。これだ！　って。（2011年9月12日，小樽市内での小川原格へのヒアリング；〔　〕内の補足は引用者）

ここで小川原が言及している書籍は，恐らく，ジュリスト編集部編（1977）のことを指している。いまでこそ日常会話にも登場する「まちづくり」という言葉も，当時の小川原にとっては（そして恐らくは大部分の人々にとっても），「光り輝いてた」。こうして，まちづくりという新しい言葉を見つけた小川原たちは，自らの組織にその言葉を導入する。だが，先にも述べたように，そのプロセスは簡単ではなかった。「ポート」の成功をどう理解するのかから始め，それを，どのような理念において恒常的な組織へ，そしてその先のまちづくりへと繋げていくのか。当時を振り返った小川原の記述を読もう。それは唐突に聞こえるかもしれないが，「ポート」結成の物語は，小樽から遠く離れた伊豆大島の災害の話から始まった：

伊豆大島の一番大きな町・元町が大火災（1965年）にあい壊滅的状態となり，政府は災害救助法を適用した。政府が災害直後の応急的な生活の支援策を提示しようとしたとき，島民が「いの一番」に望んだのは，そんな一方的支援策なんかじゃなかった。島民が皆で集まって話し合って出したのは，まず「自らの力で三原山の砂漠地帯に『水取り山』（＝溜め池）を建設する」と，いうことだった。

慢性的な水不足解消もあったが，住民が自力で建設する町民全体の「水とり山」〔ママ〕を作ること，それこそが，町民がどんな復興策よりもまず望んだことだった。できあがる「水とり山」をまず町民自身がイメージし，それに向かって，皆で纏まることで自力で建設するって。自らの力で水とり山をつくる，それは，自らの地域を，自らの手でつくり上げてゆく哲学であっただろうし，そもそも水とり山という場がもつ根源的な力を再発見することであっただろうし，他人の手による復興策ではなく，島民の手になるまちづくり，だったのだ。そこにあるのは，機械力より多くの雑多な人々の力であり，知識よりは知恵をつかい，速さよりは持続力であり，理性よりは情熱や思いだった。つまり，島民が「水とり山」という姿形に求めたものは，実は島民が纏まるためのシンボル性だったのじゃないか。

政府や災害の専門家達は，伊豆大島の島民がそんな溜め池づくりを求めるなんて想像もしてなかった。一方，政府が支援してくれるというメニューにたかるんじゃなく，皆が今こそまとまることを優先した島民の凄さがそこにある。

では，小樽の人にとっての水とり山ってなんなんだろうか。「小樽運河」こそが小樽市民の「水とり山」，……ではないか。それをポートフェスティバル自らが，明らかにしたんじゃ……ないのか。機能面で時代遅れの港湾設備から近代的道路になるより，これからの小樽のまちづくりをしていく僕らの依って立つ根っこが，小樽の「水とり山」・小樽運河なんじゃないのか……と。

なにせ，三〇年前に聞いた話。……〔中略〕……。が，とにかく，「水とり山」とはそんな話だった。その場にいたポートフェスティバルの若者は皆，その「水とり山」の話に圧倒された。その言葉に，夢街は組織された。私も魅了された。（「小樽夢街，そして水とり山」，もう一人の小樽蕎麦屋親爺の独り言 09/11/21, 2017 年 7 月 28 日閲覧；……は原文，〔　〕内の補足は引用者。「水とり山」「水取り山」の表記の揺れも原文のママ）

もはや何も付け加える必要のない文章であるが，《夢街》が組織化される過程で大島のエピソードが参照され，それが「他人の手による復興策ではなく，島民の手になるまちづくり」であったと喝破する。と同時に小川原たちは，個別利害よりも先に，「島民が纏まるためのシンボル」としての「水とり山」にこそ援助をと言い切った元町の住民の智慧と決断[65]に「圧倒された」。小樽運

［65］ 筆者は，この水取山のエピソードと元町の復興過程を調査するため，大島元町にて 2 回の調査を実施した（2010 年 2 月 24-26 日および 2011 年 3 月 10-12 日）。現地調査は，災害社会学の第一人者・大矢根淳教授（専修大学）の指導と，筆者のゼミの学生（山下貴子〔当時法政大学大学院修士課程〕および佐々木健太〔当時法政大学社会学部 4 年〕）の協力を得て実施された。

河こそが，自分たちにとっての「水とり山」であると確信した小川原らは，《夢街》を旗揚げし，小川原自身がその旗揚げの宣言文を執筆する[66]。小樽の市民がまとまるためのシンボルとしての運河，図らずも俺たちの「ポート」がそれを証明してしまったのではないか──第2回目の「ポート」実行委員長を務めたのは小川原だった。

しかし，運河の全面保存はならず，運動が分裂することはすでにみた。また観光ブームが爆発して，小樽は観光都市として900万人を超える環境客を集めるにいたったことも説明済みだ。観光都市・小樽の観光の質について，小川原の見立ては以下のようであった：

> 堺町，運河，この辺だけに600万の観光客が来て，完全に，観光出島化していると。長崎の出島みたいなね，観光出島になっちゃっている。でー，市民との交流は全くない。それからー，ろくな店がオープンしないと。……〔略〕……。で確かに〔オルゴール堂や石原裕次郎記念館などの〕立派な，お金のかかった施設もオープンするんですけども，コバンザメのように，ね，日本中どこにでもあるような，おみやげ屋がばらばらできてく。とりわけエイジェンシーとキャリアとね，くっついたエイジェンシー，そのエイジェンシーの資本によるおみやげ屋っつうのがそのー，ぐじゃぐじゃできるわけですよ。で，こういう安物土産観光が，ぼくらがね，小樽のまちの経済的な復興のための観光っていう言葉を言ったわけですけど，こんな観光を目指したのかいと。こういう問題が，やっぱりクローズアップされてくるわけですよね。それからー，そういうぼく

詳細は別稿を期したいが，小川原が提示する水取山のエピソードは，事実とは少々異なっているようである。しかし，本書で重要な点はこのエピソードの真偽ではなく，むしろそのようなエピソード理解が──たとえそれが誤解であったとしても──小樽の若者の結束にいかなる効果をもたらしたかであろう。間違っていようとなかろうと，その理解がもたらした効果こそがここでは重要だということだ。その意味では，「間違う力」「誤解する力」の可能性こそ，論じられるべきであろう。

[66]　「私たちは『保存主義者』ではない。わが街・小樽の歴史的・文化的環境の保存は従来の『文化財保護』のように，単に博物館的に保存するとか，凍結的に保存すると言うのではない。／そこに人間が住んでいて，代々生活の場になっていた生活環境を生かす形で，価値をよみがえらせて行く，すなわち，『古い容器に盛り込まれた新しい活気ある内容』が重要なのです。……〔中略〕……。私達は『古き良き容器（都市）に盛り込まれた新しい内容（街づくり人づくり）』の運動に立候補します。……〔以下略〕……。」（『ふぃぇすた・小樽』創刊号，1978年12月所収，引用は小樽運河問題を考える会編〔1986a: 222-223〕による）。

らが見るともう，ちょっとレベルが昔の万博観光，ね，農協観光と同じような観光の世界になってきてんでないかと。観光のイベントスケジュールに「ポートフェスティバル」も完璧に組み込まれていくわけですよね。（1999年8月31日，小樽市内での小川原格へのヒアリング；〔　〕内の補足は引用者）

「ぼくら」は「こんな観光を目指したのか」と自問せずにはいられないような低質な「安物土産観光」になってしまったと小川原は言う。と同時に彼は，「ポート」にも大きな変化が生じていたと指摘することも忘れない。観光の質を問う以上，「ポート」もまた，例外ではなかった：

〔「ポート」も〕17回もやるとそのー，ステージ組む大ベテランはいるし，ロック広場を仕切る大ベテランは出てくるし，……〔略〕……。で，そういう人たちはですね，まちの理念とか，まちづくりの理念とか語る前に，何回会議に出たかとかね，何回，そのお前は何本，足場を組んだかとかですね。こういうような構造に陥ってしまう。つまりその，まちへの思いや，ね，思い入れや，その自分のまちをどうしたらいいんだろうか，そのなかで自分はどういうふうに，何をしたらいいのかとかという論議ではなくて，その，祭りを開催することに一切が集約されていて，そこでどれだけ役割を果たしたかちゅうね，こういうようなことでそのスタッフの人間が評価されてしまうような，そういう傾向が一方で出てきたりするわけですよね。で，やはりその，決定的には……〔略〕……まちづくり志向の希薄化って言いますかね，〔と〕いうのがとどめだったと思うんですね。……〔略〕……，昔，最初の頃はですね，もう祭りが終わった途端ですね，秋口から翌年の準備をはじめて，ね，……〔略〕……。まちはどうしたらいいんだとかね。この建物が壊れそうだとかね。こういう，いい建物がなんか売られてしまうだとか。いろいろなどんどん出てきますね。〔実際に何も〕やれなくてもですね。あの古い建物をみんなでペンキ塗ろうじゃねえかとかね。やれなくても，とにかく論議だけはどんどんするわけですよ。そん中で自分のまちをひとつずつ対象化していくわけですね。で，そういうのが，もうなくなっちゃったんですね。もう15人でやって，祭り終わってしまうともう半年はもう何もしたくない，とこうなってしまうでしょ。解りますよ〔，その気持ち〕。ですから結局その，祭りと祭りのあいだのプロセスっていいますかね，継続性がなくなってって，だからもういろいろな要因が全部合わさって，開催することに意義があるちゅうことになってしまうわけですね。で，ぼくらびっくりするわけですよ。ぼくら，そのポートの初期世代は。そういう構造になってるっちゅうのが。……〔略〕……。まあそれで，これはもう，ここまで苦労してやって，何が意味あるイベントなんだちゅうことが，問題提起として出てくるわけですよね。(1999年8月31日，小樽市内での小川原格へのヒアリング；〔　〕内の補足は引用者)

役割が固定化し，回数の多い者が権威となり，「祭りを開催することに一切が集約されてい」く自己目的化の構造のなかで，いつしか「ポート」には「自分のまちをひとつずつ対象化していく」という「まちづくり志向の希薄化」が起こっていたという。だから小川原は，「ポート」の解散を提唱する：

〔今後の「ポート」をどうするかという話し合いを〕11月ぐらいから，ゴールデンウィーク直前まで約半年，近くやったんですね。まあそれで，ゴールデンウィーク直前に，ファイナル・ポートだというのを全員一致で一応決めるわけですね。ぼくは，そん時期に，「みんな一個人に戻れ」と言った。一旦。ね，今まではポートの誰々て言うとみんな評価してくれたけど。ね，個人の小川原，個人の山口，個人の某誰々某になれと，で，ほんとにも〔う〕一回新しいポートみたいなね，イベントが必要なら，もう一回再結集せやいいじゃねえかと。つまり，その代わり新しい理念と旗印をね，掲げて，やりゃいいと。「まちづくり第2章」をそこからまたスタートすりゃいいじゃねえかと。いうことで，みんな宿題だぞって言って，解散したんだけど，何年たったんすかねぇ，あれから。(1999年8月31日，小樽市内での小川原格へのヒアリング；〔　〕内の補足は引用者)

このような話し合いの結果として，「まちづくり志向」が「希薄化」した「ポート」は，1994（平成6）年7月，第17回目をもって終了した。「みんな一個人に戻れ」，「その代わり新しい理念と旗印を」掲げて，「『まちづくり第2章』をそこからまたスタートすりゃいいじゃねえか」という小川原の呼びかけは，運河保存運動という第1章の終幕宣言であり，同時に第2章を準備するものであったといってよい。

では，「第 2 章」はどのように展開されるのか。先ず小川原は，「落とし前」という言葉を使う：

> 活性化って言うとすぐ儲け，イコール儲けだけど，「にぎわい」っていうのは儲けじゃないんだって思ってるんだけどね，俺は。そういうのをほんとは観光として，……保存運動の時に観光を切り口とした新しいまちづくりっていうのを僕らが始めて，保存運動の中で。いろんな傾向がたくさんあったけれど，そんなかで俺らが言った意味の観光まちづくりっていう概念は，〔「儲け」ではなく「にぎわい」〕そういうことだったんだよな。だから，運河保存運動が敗北してもずっとやってきたし，落とし前をつけるという，まぁな，当時の若者的な表現というか，今使うと，ちょっと，62〔歳〕で使うと恥ずかしいけどよ。(2011 年 9 月 12 日，小樽市内での小川原格へのヒアリング；〔　〕内の補足は引用者)

運河保存運動の「敗北」後も，まちづくり運動に関わり続けるのは，活性化＝儲けを求めていたからではなく，人が集まって生きる「にぎわい」の復活を求めていたからだ。求めるまちづくりが実現できていないから，その「落とし前」をつけようと動いている——こうした自己認識をもとに「第 2 章」が展開されてくることを念頭においておこう：

> よくよく考えたら，〔旧国鉄手宮線は〕運河に匹敵するね，大近代化遺産じゃないか。一大日本の誇るべき近代化遺産でないかと。……〔略〕……。よし，次〔は〕運河保存運動のね，そのー，流れを引く，まちづくり市民運動派は，手宮線をどう活用するかというのを一発テーマにして，もう 1 回，新しいまちづくり運動を起こそうじゃねえかと。いうふうに，決めるんですよね。(1999 年 8 月 31 日，小樽市内での小川原格へのヒアリング；〔　〕内の補足は引用者)

日本で 3 番目に敷設された旧国鉄手宮線の保存と再利用が，「第 2 章」の対象となると彼らは決めたわけだが，その闘い方は「第 1 章」よりもさらに戦略的になっていた。すなわち，行政と対立するだけでなく，第 3 セクターや行政に入り込んで協働する，ということである：

都市デザイン課を生んだ運河保存運動が，ねぇ，今，局面〔を〕変えて，「手宮線」で「まち協」〔まちづくり協議会〕と，都市デザイン課でやりあってるとかね。こうまあ，うまくいったっちゅうことなのか〔も〕しんないですけど，でも，昔の行政と違って，情報もきちっと出しますし，ある意味でね。……〔略〕……。やっと今，出島観光を批判するのを，市役所のなかで会議できるちゅうね。……〔略〕……。こういう論議をガンガンガンガンやるわけですね。で，小樽はこれから何でメシ〔を〕食ってくのかっちゅう論議をするわけですよ。で，そうすると市の職員もね，保存派って融通きかなくて，断固と，なんでも反対してっつうふうにずっと思いこんで慎重な発言し，慎重に対応したほうがいいって構えちゃうわけですよねぇ。僕とか山口〔保〕なんてとりわけ行くと。も，ギンギンなって，絶対失言しないっちゅうね。言葉を選んでしゃべってたのが，そういう論議をしてると，ぜんぜんちゃうな，っていうようになってくるわけですね。(1999年8月31日，小樽市内での小川原格へのヒアリング；〔　〕内の補足は引用者)

保存運動の成果として，小樽市役所に「都市デザイン課」が設置され，行政と一緒に会議をして観光戦略について侃々諤々の議論をできるまでになった。その過程で，市役所側は「保存派って融通きかなくて」「なんでも反対して」いるものと思っていたが，いざ実際に議論し始めてみれば「ぜんぜんちゃうな」という印象へと変化し，対話が生まれてきているという[67]。

ここでは「第2章」には深入りはせず，「第1章」の焦点である，小川原にとっての運河保存の意味，保存の論理を見ていくことにしよう。

先ず小川原は，小樽市民にとって運河の持つ意味について，以下のように語っている：

当時よくあった国から補助金もらってきて，箱物，ハードウェアをいじって

[67]　POA変数としては，「運河戦争」期の「−」から，徐々に「＋」へと変化しつつあるといえるかもしれない。いずれにせよ，これは「運河論争」の具体的成果であることに疑問の余地はない。

それで，建設業界を潤して，建設業界が潤うと，町の末端産業も潤っていくと〔いう考え方〕。どの町もその路線を採用したわけだ。小樽は偶々それが道路だった〔だけの〕話のわけで。道路だったのが，市民運動をしたってこと。これがダムだったりなんだったりだったら，このまちづくり市民運動は起きたのかなっていう風に思うけど。それと運河がもつ意味，位置だよな。今で言えば「親水空間だ」〔なんて〕美しい言葉で言うけども，港と町に住んでる人が俺らの時代，かろうじて密接に絡み合ってた，関係性があった。だから「運河の町」じゃなかったんだよね，それまでは。「港小樽」という，物流港湾の町だった。「運河の町・小樽」なんて，運河保存運動の後から作った言葉で，「港小樽」ですよ。……〔略〕……，だから港ってのは，小樽市民にとっての大きな思いである。……〔略〕……。だから〔小樽は〕港としての展望は無いんだけれども，港，物流港湾で生きてきた町，っていう一種のノスタルジーというかね，思い。だから成り上がり札幌とは違うんだぐらいな。「バカヨロウ，今は札幌，威張ってるけど，小樽の港があるから札幌〔は〕ここまで〔に〕なったべや」ぐらいなことを皆で銭湯で，吠えてるって言うかさぁ。〔むしろ〕逆だって，札幌に無ぇもんいっぱいあるから，これからの時代に，戻られる町になるんだと。だけどそれが一度小樽を捨てて，外に出ないと分からないことだよね。小樽で〔に〕いて，小樽の町の良さを知って頑張るなんてのは中々〔できない〕，だって空気みたいな存在でしょ。昔から港，歴史的建造物があって，別に対象化するとか意識化するとか〔の必要がなく，その存在は〕空気みたいなもん。でもその価値を見いだすというのは，一度，極端に言えば小樽を捨てて，外に出て始めて，自分達の故郷が一度大学に来てみて自分の町の田舎臭さと，良さと，をもう一回再認識するのと同じでさぁ。(2011 年 9 月 12 日，小樽市内での小川原格へのヒアリング；〔　〕内の補足は引用者)

「港小樽」は「小樽市民にとって」は「大きな思い」であり，その港と市街地のインターフェイスに位置する小樽運河「がもつ意味」が決して軽いものではなかったという。運河だから運動が生起したのであって，ダム建設計画であったら運動は起きなかったのではないかと彼は言う（「これがダムだったりなんだったりだったら，このまちづくり市民運動は起きたのかな」）。本人が自ら述べるように（「一種のノスタルジーというかね，思い」），それだけ「港小樽」

や「運河」への思いがあるという意味で，NOS変数は「＋」である。

しかし，続けて彼は保存の論理を語り始めるが，その語りにはノスタルジーを跳ねのけるものが認められる。「一度小樽を捨てて，外に出」たことで，いわば再発見された「自分達の故郷」は，もはやノスタルジーの対象ではなく，選び取られた生活の場所であり，家族を養うために働く場所であるからだ：

> 例えば鉄道ファンを「鉄ちゃん」って言うけどさ，〔その言い方に倣えば，俺は〕「歴建ちゃん」になりたくなかったんだよ。歴史的建造物その物も確かに価値としてあるけども，それを活かさないと，活かして活用しないと町の勢いっちゅうかエネルギーっちゅうか，賑わいは取り戻せない。逆に賑わいを取り戻さないと古い物も残っていかないっちゅう，「鶏と卵」の論議になるんだよ。町のポテンシャルを上げないと余力は出てこない。そういう経済的余力が出ないと，古い建物や環境を残す経済的力もない。だけど残すことで経済的な発展を目指すんだっていうこの，メビウスの輪みたいなこの，ぐちゃぐちゃした論議があるわけだよ。この堂々巡りが11年，延々と続くわけだ。……〔略〕……。俺は「歴建おたく」でもないし，「廃墟マニア」でもねぇし，要はその時代時代でその地域に育った人が，生き生きとエネルギッシュにその町で生きていけるような町を目指した。その切り口が運河であり観光であったっていうだけの話で，もっと言えば市民が自分達の町の将来をひとりひとり将来像を持つ。そのためには議員や経済界に任せないで市民ひとりひとりが自分達の町について自己決定権を持つ。でそういう市民があってはじめて市民自治が成立して，行政に任せない，経済界に任せない。つまり「本当に『市民社会』って日本にあったのか？」なくらいの思いで始まった〔運動だった〕，根っこはだよ。そういう観点から言えば，商店街が形成されて，生き生きなって，町の元気の発信の基になることなんか，小川原のなかでは実に整合性のある〔話だ〕。山口〔保〕さんが市議会議員になる，〔佐々木〕興次郎さんが〔小樽〕観光協会の事務局長になって，今は観光業の喫茶で最も味のあるインフォメーションやってる。これは皆，「歴建マニア」でもなければ「運河マニア」でもなければ，皆町を，「町マニア」だな，どういう風に生き生きさせるのかと賑わいを持たせるのかと，それが脈々と続くような町になっていくのかっていう事をみんな思った。だから「まちづくり」という言葉に皆，結集したし。（2011年9月12

日，小樽市内での小川原格へのヒアリング；〔　〕内の補足は引用者）

「歴建ちゃん」「歴建おたく」「廃虚マニア」「歴建マニア」「運河マニア」と次々に変奏される言葉のその中核にある旋律は，ノスタルジックに歴史的建造物に執着したり，廃れゆく風景を愛でるような耽美派的心性とは違うのだという確固たる意思だ。「歴建ちゃん」ではなく，町のポテンシャルをあげねばだめなのだ，そのための切り口としての保存であり，観光なのだ，というのが小川原の主旋律である。さらに，「行政に任せない，経済界に任せない」で「市民ひとりひとりが自分達の町について自己決定権を持つ」ことを求めた運動だったという意味で，光り輝いていた「まちづくり」という「言葉に皆，結集したし」，その後の皆の行動も一貫しているのだという。NOS変数が「＋」だけでなく「－」をも併せ持っているというのは，このような意味においてである。

では，小川原はなぜ保存を主張したのだろうか。彼にとっての保存の論理とは何であったのか。最も大切な部分であるので，少々長くなるが，小川原自身の言葉を聞こう：

「湯布院モデル」っちゅうのがあるわけだよ。オフィスが真ん中にあって，ここにこう各〔部屋〕，離れ部屋があって。そうするとちょっと金のあるいろんな日本全国の温泉旅館は，いきなりでっかい旅館ぶっ潰して，その敷地に湯布院モデルでやってる。なぜかっていったら，一人4万〔円〕とれるから。ね，湯布院のそのー「玉の湯」とか「亀の湯別荘」とかビッグ3は一人4万くらいだから。ペアで，夫婦で行ったら8万。……〔略〕……。だけど，思想を真似できないわけだよ。事務棟と離れ座敷でやる〔という建築プラン〕，これはコピーできるけど。簡単なのは土産コーナー見ればわかるけど，「玉の湯」とか「亀の湯別荘」とかは，大分，湯布院，せいぜい隣町の別府，このくらいまでの地場産品の中の優秀な商品で，パッケージをそれ用に作らせて，高級感とね，湯布院だから買えるっていうパッケージにして並べてるから，こんなごたごたごたごたしたお土産コーナーじゃねぇわけだよ。……〔略〕……。でもそれはもう，そこに私の商品を納めれればブランド力上がるって思ってるわけだから，みんな懸命に，地場の人たちも，ね，「玉の湯」や「亀の湯」で採用されるようなパッケージング，もちろん中身の商品もそうだけど，そうやって頑張るわけさ。それが地域の地場産業のレベルをぐんぐん上げていく。つまり，リードした者がリードしただけで儲けるんじゃなくて，地域の人たちの地場産業のレベルをそうやって厳しく育てて上げてく。でもそれを，そんなシステムを真似しないから，ね，デザインはすごくいいんだけどお土産コーナーいくと「おい，これ，どこの『道の駅』よ」っていうね。……〔略〕……。つまりなんでもコピーをして食えてた日本観光だった。……〔略〕……。いや，俺はコピーが悪いって言わないよ。コピー，なんでも自分を磨いてくためにはコピーしなきゃだめなわけだから。だけどそのコピーしたものの本質をしっかりつかんで，で，小川原なら小川原的翻訳をして，ね……〔略〕……。農村でも見てきて，町のありようというか，町に住む人々の生活のあり方というか，そういうのを見てきて，小樽もそういう町〔湯布院のようなオリジナルを誇れる町〕になれるベースはあると。だけどそれを皆，マイナスに見てると。時代の役割は終わった運河，新しい近代港湾設備として，意味の無くなった港，高度集中集約型のビルディングがあるのに，古い建物。〔俺に言わせりゃ〕「バカ野郎，ちょっとまって。デティール見てみろ」ってさ，「こんなもん他所にはねぇぞ，造ろうと思ったってつくれねぇぞ」みたいな，「こんなのコピー出来ねえぞ，札幌で」って。
(2011年9月12日，小樽市内での小川原格へのヒアリング；〔　〕内の補足は引用者)

「湯布院モデル」についての小川原の具体的説明は，コピーではないオリジナルを，コピーするにせよ，その背景にある思想を理解し，その本質を磨いて我が物とせよという主張である。また小川原は，他所にはない，財力のある札幌ですらコピーできない，本物の町として小樽をとらえるべきであると説く。

さらに彼は，〈北大三人組〉の有名な概念・「環境の教育力」を引き合いに，なぜ運河にこだわり続け，その保存を主張し続けたのか，筆者と実習学生の質問に答えて，その根幹に触れる：

学生：すみません，話前後してしまうんですけれども，先ほど「環境の教育力」とおっしゃったと思うんですけど，小川原さんは保存運動の頃から係っていて，その頃の運河ってのを知っていると思うんですけど，その頃の運河と今の運河を比べて「環境の影響力」って，人に与える力っていうのは変わってきたんですかね？

小川原：鋭いな。それが一番嫌な質問だな。て〔いう〕か，今の運河は運河ではない。あれは水路だよ。だから皆さんが見てくれたのはかつての運河の二分の一，つまり今の散策路のある運河は，「環境の教育力」という概念と一致するのかというと，その言葉をつくった北大〔三人組〕のメンバーも躊躇うだろうな。あの，今，皆さんが見てくれてる運河は，北大の飯田先生っていうさ，当時北大の工学部の建築関係の先生だったわけ。その先生がつくった，保存運動と所謂行政との折り合いをつけるための仲介案だった。結局，運河保存運動はさかのぼって全面保存を追求して敗北したけれども，全面埋め立てでなくて，中間主義ってところで落ち着いたってのがな，結果なわけだ。だから一時，運河保存運動が終わった時，俺も色んな文章書いたけれども，「運河保存運動 11 年は壮大なるゼロだった」という格好良いタイトルもあれば，「半敗北半勝利だった」運河保存運動なんて言うフレーズもあれば，整理がつかないまま，色んな文書つくったけれどもさ，ただ間違いなく今の運河は歴史的な教育力を果たす機能があるのかと言われれば，ない。つまり中間主義の，保存派と埋め立て派の中間をとっただけで，あそこに思想はないな。……〔略〕……。

学生：それは今後時間が経ったとしても，また戻る，環境の教育力が戻るということはないんですか。

小川原：ない。間違ってもない。素材が違うしな。あのさぁ，俺，あんまり詩は作らねえんだけど，帰ってきたとき詩一つ作ったんだよ。「運河や，歴史的建造物っていうのは，根っこから生える，土の中から生えている」っちゅうような感じの詩を作ったんだけど。ねえ。要は，どれだけ運河や石造倉庫見てくれたかわからねえけど，あれって，ブルトーザーで作ったんでもねぇし，クレーンで作ったんでもねえんだよ。ね。全部，人の力で，人力だけで作ったんだよね。それがあって，初めて石造倉庫っちゅうのは，石造倉庫たる。だからもう，なんか，根っこから生えてきたような空間，建物。絶対〔に〕，近代的な建築，工事器具を許さない，拒否した。まあ，ちょっと，あんまり盛りすぎな言い方だけど。……〔略〕……。あんなピンコロ石がハイヒールで引っかかるようなピンコロ石である限り，石畳である限り，「歴史的環境の教育力」なんてのは成立しねえんでねえか。……〔略〕……。っていうか，今の工事では，そういう何百年も耐えるような工事はやらない，と俺は思う。そこが，さっきから述べているコピーではできない町，小樽の重みなんだよ。それは，札幌みたいな，ね，勢いと財力のある町だったら，小樽石造倉庫くらい，なんとも，すぐ作れる力をもっていると思う。だけど，それは，運河の石造倉庫ではなくて，コピーした石造倉庫だよな。で，単体のコピーはできても，さっき言った群として，エリアとして存在してきたこと〔はできない〕。……〔略〕……。運河がその資格をもつのは，元に戻ってからでねえかい。つまり，今の20メーター残っている運河じゃなくて，40メーターにならねえと。

筆者：その40メーターにも必然性があったってわけですよね。

小川原：あった。

筆者：その艀がちゃんと止まって，荷物を積んで。

小川原：積んで，もちろん，経済的な，港湾業者の合理性があったわけですよ。……〔略〕……。艀が，40メーターの水路だと，ちゃんと，方向転換して，垂直に岸壁について，残った水面で，艀がまた，そこを通過できる，っていう幅で40メーターっつうのがあったわけだけど。歴史的，あの，景観的に言うと，40メーターの運河っていうのは，両サイドが水面に映るんですよ。両サイドの建物が。山側の石造倉庫，海側の両方が水面に映る。ところが，20メートルだと，山側は映らない，道路だから。っていうことはどういうことかといったら，山の稜線も見えない状態。運河から小樽の山側にある背景の，山の稜線も，運河から見えない。つまり，町を見れない。だから，その一，建築的には，そういう，その，グランドデザイン的な，のでそういう問題もあるんだけど。まあ，そういうことも全部ひっくるめて，環境の教育力っちゅう概念はあると思うんだよね。(2011年9月12日，小樽市内での小川原格へのヒアリング；〔　〕内の補足は引用者)

「根っこから生えてきたような空間」こそ，「コピーではできない町，小樽の重み」であるとするその言葉と，今の運河景観に「環境の教育力」があるかとの問いに「間違ってもない」と躊躇なく断言する言葉から，LOC変数が「＋」であることは，もう説明の必要もなかろう。

では，小川原のいう「保存の論理」とは何か。それはとりもなおさず，変化についての許容度・CNG 変数を問うことでもある。「マイカル小樽」進出問題と旧国鉄手宮線跡の再活用問題に触れながら，小川原は熱弁を振るう：

> その，単に蕎麦屋とか，運動家とか，運動者とかそういうことじゃなくて，小樽に住む小川原ちゅう，そして運河保存運動やってきた小川原っつう，もう別にこう，そういう区分け僕のなかではもう全くないんだけども，そういう小川原としてみればね，あれ〔マイカル小樽〕は，もう絶対，小樽には似合わない。小樽の都市像を，壊すね，もの以外の何物でもない。僕はね，新しいものが出てくるちゅうことを全く否定してるわけじゃないんですよ。ですから，あの手宮線に走らせる LRT をね，わざわざレトロっぽく，しようなんつう気はひとつもないんだよね。んー，今，流行りの流線型の，超低床の，全面窓ガラスの……〔略〕……超最新，流行の，ヨーロッパで流行ってる，LRT を導入すべきだと僕は思ってるんですよ。古さと新しさが融合するのが，都市なんか絶対変化するんだから，ね，やっぱりそういうのの融合する，そういうことを飲み込めるのが都市のね，本来もった，エネルギッシュな姿だと思うんすね。
> (1999 年 8 月 31 日，小樽市内での小川原格へのヒアリング；〔 〕内の補足は引用者)

「わざわざレトロっぽく」しようなどという「気はひとつもない」どころか，旧国鉄手宮線跡地に走らせたいと考えていた LRT[68]車両は「ヨーロッパで流行ってる」「超最新」のものを導入すべきで，「新しいものが出てくるちゅうことを全く否定してるわけじゃない」と主張する。彼の保存の根拠が決して懐古趣味ではないことは解るとして，では，彼の言う保存の哲学では，古いものと新しいものとは，どのように融合しうるのだろうか。

> いや，町は変わるんだよ。うん。町っていうのは生き物で，留まってはいられないと思うんだよ。良い意味でも悪い意味でも。どんどん変わっていくし，人も世代としては変わっていくわけだよな。だから，変わったこと自身が問題

[68] LRT とは，Light Rail Transit の略で，旧市街地中心部などに導入される軽路面電車による次世代の軌道系交通システムを指す。

なんじゃなくて，どう主体が関わって，変わらせたのかのほうが大事なんだよ。関わらないことで，堕落的に変わっていくのか。変えられなくても抵抗して，現状維持したのか，それもわからないし。でも，こういうふうになりたくて，変えるようにがんばってる途中なのかも含めてさあ。俺は，変わらない町なんてないと思うんだよね。京都ですら。……〔略〕……。どんどん都市は変わっていく。変わらざるをえない。だけど，ほんとに思想をもって変えていくのか。つまり，さっき言った，一人一人が町の将来像をもって変えていくのか。そういう激烈な論争があっても良いと思うんだよ。なあ。反対，賛成があって良いと思う。でも，反対，賛成で激烈な論争をするだけ，反対派も賛成派も自分達の町の将来をかけてやってきた。運河保存もそうだと思うんだよ。そのレベルは別としてな。だから，普通，原発なんかそうだけど。原発反対と推進だと，推進が圧倒的に勝つんだけど，原発反対派の人たちが，その町で浮上することはありえないんだよな。潰される。運河保存運動っていうのは，潰させない，負けても潰させない運動をしたと俺は思っているわけ。だから今でも生きてるって言うんだよな，まちづくりが。(2011年9月12日，小樽市内での小川原格へのヒアリング；〔　〕内の補足は引用者)

「どんどん都市は変わっていく。変わらざるをえない。だけど，ほんとに思想をもって変えていくのか」，「変わったこと自身が問題なんじゃなくて，どう主体が関わって，変わらせたのかのほうが大事なんだ」と小川原は言い切る。変化の仕方が問題だという物言いは，変化を無条件に許容しているわけではなく，不可避の変化を前に，その変化の思想と，主体の関与を問おうとする態度を表していよう。「まちづくり派」のCNG変数が「＋」と「－」とを併せ持つのは，このような心性だからだ。半分に埋め立てられた運河空間が「保存派と埋め立て派の中間をとっただけ」のもので，「あそこに思想はない」と言う小川原が，保存運動から現在にいたるまで運動をし続けるのは，「どう主体が関わって，変わらせたのか」を自他に問うからだろう。そしてそれこそが，「今でも生きてる」小樽の「まちづくり」への，小川原格なりの「落とし前」の付け方なのであるに違いない。

このように「まちづくり派」には，生まれ育った我が町・小樽への郷愁（小川原）や，「日本の風景もまだいいとこあるなって，それが第一印象だったな」

(山口）というノスタルジックなまなざしが含まれていた。その意味ではNOS変数は「＋」である。だが，この「まちづくり派」が他と異なるのは，そのノスタルジーをも振り切る地域再生へのヴィジョンと戦略性である。「歴建ちゃん」「運河マニア」を忌避する心性（小川原）があるからこそ，NOS変数には「－」も同時に書き込まれねばならないように思われる。

このことはまた，CNG変数にも，LOC変数にもそのまま当てはまると言えるだろう。運河の全面保存を求めていたことは言うまでもないが，それは耽美派の求めていたようなディレッタントな心性からなされたものではなく，根っこから生えてきたようなオリジナルな場所としての運河を基点とした，自己決定を求める運動だったという自己規定は，ローカリティを重視し，変化に柔軟に対処する様を示していよう。だからLOC変数は「＋」であり，CNG変数は「＋－」となる。自らの目標実現のために，署名活動からリコールを示唆して政治的交渉力を担保していく様は，POA変数が「－」であったことを物語っている。

4.4 伝統的左翼運動派

最後のグループ，すなわち第4のグループを「伝統的左翼運動派」と名付けることにしよう。

しかし，まずはこの名称について説明せねばなるまい。なぜなら，多くの読者にとっては，「伝統的」と「左翼運動」とが矛盾しているように思われるに違いないからだ。結論からいうならば，戦後の左翼運動の伝統的スタイルを継承している運動，という意味であって，伝統を重んじる保守層の価値観を指し示しているわけではない。左翼運動のボキャブラリーを駆使しつつも，その枠内で展開していたという意味での，左翼内部で「伝統的」ということである。

では，具体的に，この「伝統的左翼運動派」なる第4グループはいかなるものだったのだろうか。彼らの発想および行動の際立った特徴は，運河保存問題を，政府や官僚機構との「闘い」の一環と位置付けていたことにある。それを逆から言い直せば，運河を保存することに固有の意義を見出していたというより，「体制」を「批判」するために，当時，個別具体的な問題として顕現していた小樽運河保存問題に関与していた，ということだ。その時の「ホットな問題」が運河問題から米空母寄港問題や近隣地域の原発問題へとシフトしていくにつれ，彼らも保存運動を離れ，反寄港運動・反原発運動へと活動の場を移していったことが，筆者のこの解釈を裏付けている。その時々に偶発的に顕れる問題に対して，自らの反体制的スタンスを示しうる限りにおいて関わる彼らが，保存運動内部で主流になりえなかったことは想像に難くない。なぜなら，反体制／体制といった枠組みとは無縁に小樽の景観の固有性，唯一性にのみ依拠しようとしていた保存運動とは，それは相いれない発想であるからだ。こうした事情に加えて，保守的な地域社会内での「アカ攻撃」の影響もあり，彼ら「伝統的左翼運動派」は運動の中核を担うことができなかった。運河問題終盤期，保存運動内部の議決・承認手続きを飛び越えての単独市長リコール運動の旗揚げとその挫折は，彼らのヘゲモニー奪取のための決起的行動であったととらえることができる。

ライフ・ヒストリー（5）
野呂定夫：反権力のまちづくり

小樽市役所に勤めながら運河保存運動に参加したのは，小樽生まれ小樽育ちの野呂定夫である。1950年9月に生まれ，1974年に入所以来，定年退職まで務めあげている。実家は小さな工場が建ち並ぶ小樽市南東部の真栄町にあり，彼の父もそうした工場のひとつで働く労働者であった。

繰り返すまでもなく市役所は，運河を埋め立てて〈道道臨港線〉の建設を方針としていた。その市役所内部から運動に参加した者は，筆者の調査で判明している限り2名であり，彼はそのうちの一人である。その意味では，実に興味深い人物の一人であるということは可能だが，その特殊性ばかりに目を向けてはならない。彼の運動への関わり方，スタンスにこそ着目したい。

野呂が運河保存運動に関わるはるか以前，彼の生活に大きな転機が訪れる。まずはそこから見てみよう：

> そういう社会に対しての目というか，考え方を持ち始めたのは，高校の3年生ぐらいからです。というのは……，それまでは，地元の……進学校といえるところにいたんですけども，一年生・二年生の当時は，テニス部に入っていま

> して，硬式のテニスをやっていたんですよ。……〔略〕……受験校ということもあって，二年の高体連が終わると，……後進に道を譲るという格好でやめるという格好になんたんですけど，二年生の秋ぐらいから何もすることがなくなりまして，……ぶらぶらというか，そういう風にしてたときにですね，ちょうど，同級の者が，「ベ平連」活動〔「ベトナムに平和を！　市民連合」の略称〕という，全国的規模の運動が，まあ，これは，類型ですると，セクト的な，まあ，名前は聞かれると，中核とか革マルとか，そういう派閥とは全然関係のない，市民レベルのノンセクトの運動，いわゆる，ベトナム反戦運動につながってくるんですけど，そこに関わっていた人間がいまして。ま，気の迷いといえば，気の迷いですけど，何もすることがありませんでしたから，誘いのままに，その日，小樽で開かれた集会に参加をしまして。ですから，非常に，目的をもって参加をしたわけではなくて，たまたま，そういう機会があって参加をしたんですけども，その日集会に参加をしまして，その，参加した人達のその意識のレベルと自分の社会に向ける目のですね，ま，落差に衝撃を受けたというか，そこで話されたことが何だったかということが，実は今でもおぼえてはいないんですけども，とにかくその，今でも覚えているのは，なんと，その同じ時代に生きていてですね，自分は，無見識というか認識を……が浅かったかという，新しい事実，現実をその集会の中で見せ付けられたというか，それから自分の人生観というか，その社会観というか，少しずつ変わってきまして，そして，それまでは先ほど申し上げたように，えー，スポーツ大好き人間でしたから，本を読むという機会が全然なくてですね，私のそれまでの人生の中で読んだという記憶のあるものは，恥ずかしながら，『鶴の恩返し』とかですね，『日本昔話』ぐらいしかないんですよ。……〔略〕……まあ，それですから，高校2年生の後半から3年生にかけて，ガラッと変わったという感じが，いまでも，まあ，あのときの出会いがなかったら，自分は今まで何をしてたんだろうという，うすら寒くなるような感じがありますよね。（1999年9月4日，小樽市内での野呂定夫へのヒアリング；〔　〕内の補足は引用者）

小樽市内の進学校でテニスに打ち込み，「本を読むという機会が全然な」かった「スポーツ大好き人間」が，ひょんなことから「小樽で開かれた」「ベ平連」の集会に参加する。そこで彼は，自分の認識の浅さを痛感する。「同じ時代に生きてい」ながら「社会に向ける目」がこうも違うものかと，若き日の野呂が愕然とする様がみえてくるような語りだ。それは確かに，人生観や社会への見方が「ガラッと変わ」るような体験であった。そこから野呂は読書青年へと変身する：

以来，友達からの刺激も受けまして，受験勉強をしなければならない時期に差し掛かったんですけど，まあ，受験勉強そっちのけで，それまで読んでもいなかった本を読み漁るという，ま，疑似的な文学青年になりつつあったんですよね。ま，お蔭様でそいうことですから，大学も受験はしましたけど1年失敗しまして，……〔略〕……。それで1年間浪人をすることになったんですけど。(1999年9月4日，小樽市内での野呂定夫へのヒアリング；〔　〕内の補足は引用者)

多くの読書青年が辿った道程のように，野呂もまた，入試に失敗して浪人する。しかし，その浪人時代の半分は，およそ受験生とはいえないものであったという：

ああ〔そういえば〕，浪人時代はですね，私は，〔結局〕北海道大学に入学したんですけどね，……〔略〕……，入学する前の年から，その「べ平連」の関係で，予備校に通うよりも，その1年間の高校を卒業した後の1年間は，北海道大学に通ったときのほうが多かったんです。……〔略〕……。ま，大学に入りますと，1年生2年生は，その当時，教養部でまず過ごすというとこだったんです。北大の北側のほうなんですけど，そこには，いろんなセクトの……〔略〕……占拠している教室がゴロゴロあったんですよ。……〔略〕……。一定っていうか，あんまり同じセクトに所属するっていう気持ちなかったもんですから，いろんなヘルメットの色の帽子をかぶって，帽子とかヘルメットをかぶって……。……〔略〕……。「国際反戦デー」という……。うー，全国的にでもですね，それが新左翼運動のメルクマークというか，ひとつの記念すべき日というか，これは，まあ，「べ平連」の活動では，まあ，大きい運動だったんですけど，……〔略〕……，ま，日本でも「10.21」ということで。で，そのとき私……，あの，機動隊に追われてですね，人とぶつかって骨折をしまして，で，それから，ちょっとその，戦線離脱というか，そういう状況で，ま，それからやっと受験勉強を始めたということではあるんですよ。(1999年9月4日，小樽

市内での野呂定夫へのヒアリング；〔 〕内の補足は引用者）

引用にみられるように，浪人生であるにもかかわらず，北大構内にあった学生運動の拠点に入り浸り，「国際反戦デー」では機動隊に追われる過程で骨折し，それが契機となって「やっと受験勉強を始めた」という有り様だった。

翌年春，野呂は晴れて北海道大学に入学したが，そこでは学生運動には関わらなかったという。出版社に就職希望であったがうまくいかず，さりとて大学院にいくこともままならず，結局，野呂は小樽市役所の試験を受け，1974 年に入所することとなった。ちょうど，運河保存運動が立ち上がり，注目を浴び始めたころである。

その時点での野呂の関心事は，むしろ市役所内の組合運動であったという：

> 大学へ入ってからは，特に学生運動というか運動に関わったというのはありません。大学〔を〕卒業して，小樽市役所に卒業と同時に入りまして，で，そのときにですね，組合活動のほうにも関心を向けまして，組合活動も，それからずっと続けるようになりまして，〔その〕中でですね，その，学生時代に学生運動に関わった残党的な人が小樽市役所に入ってきていたんですね。私も顔を合わせたことのある人が，私よりもっと前に〔市役所に〕入っていたり，僕の後に入って来たりして，で，そういう人達の中で，「現代史研究会」という，まあ，非常にでっち上げた名前で，現代の歴史を研究する会という「現代史研究会」という会を作りまして，で，これはですね，ま，反社会党，ま，当時社会党ですから，社会党であり，反共産党的であり，その当時の反組合……，その当時組合は，社会党が掌握してましたから，その当時の，組合の指導部にも，反発をすると〔いう性格の会でした〕。……〔略〕……。そのような存在で，ビラを出したりですね，ま，どちらにも，こう……当然その，市役所当局にも噛み付いていましたし，もう，周り全部敵という感じで，新聞を出したりして自分たちの意見を組合員に知らせると〔いうことなどをしていました〕。……〔略〕……，そこに入っていたのは，6，7 人しかいないんですけど……，えー，周りからはやはり，白い目で見られるという……〔略〕……。（1999 年 9 月 4 日，小樽市内での野呂定夫へのヒアリング；〔 〕内の補足は引用者）

入所した野呂は「現代史研究会」なる会を立ち上げ，労働組合の幹部にも，市役所当局の「どちらにも」「嚙み付いて」，「もう，周り全部敵という感じで，新聞を出したりして自分たちの意見を組合員に知らせる」活動をしていたという。当時を振り返って，野呂自身は自分について以下のように評する：

> あのー，結構，〔僕は〕市役所の中では真面目な職員では，全然なかったんですね。まぁ自分でいうのもあれなんですけど。(2007 年 9 月 12 日，小樽市内での野呂定夫へのヒアリング；〔　〕内の補足は引用者)

組合活動を勤務時間内に平然と行ったり，市役所の整備不良のドアによってメガネが壊されてしまった際に，その弁済を市役所幹部に迫ったりといった行動をしていたという (2007 年 9 月 12 日，小樽市内での野呂定夫へのヒアリング)。対立をも厭わずに自らの主張をするという意味で，POA 変数は「－」ということになるだろう。

では，その背景は何であったろうか：

> 僕は，うーん，間違ったことはしてないという，そういう変な強みっていうんですかね，強気な気持ちがありましたから。(1999 年 9 月 4 日，小樽市内での野呂定夫へのヒアリング)

「間違ったことはしてないという」「強気な気持ち」で行動し，それがもたらすであろう波紋や自身の出世への影響などは考慮しないでいたという。自分の考えに基づいて行動する際に，こそこそ隠れてやるのではなく，なかば確信犯的に表に立って行動する。その意味で「真面目な職員では，全然なかった」という。当然，彼は異例の人事を受けることになっていく：

> 資産税課には，僕は長くて 8 年いたんですね。……〔略〕……，〔僕は〕1974 年ですね，市役所に入っていますけども，……20 人ぐらい新任採用になって，で，その中でも 8 年同じ職場にいたというのも一人もいません。だいたいまあ，通常ですと，4 年ないし 5 年で動くということですけども。……〔略〕……。で，

> 前にお話しました通り，組合活動はやるわ，「現史研」,「現代史研究会」という会を作ってやってるわということでは，これはもう当局からすると，とんでもない奴だという〔ことになるわけです〕。……〔略〕……。ですから，やっぱり……，異動させられなかったんでしょうね，危なくて……。(1999年9月4日，小樽市内での野呂定夫へのヒアリング；〔 〕内の補足は引用者)

「危なくて」「異動させられな」い奴というレッテルを貼られた野呂であったが，一向に気にする風もなく，いやむしろ，レッテルを貼られたからこそ余計に無頓着になり，やりたいことをやるようになっていく：

> そのうちにですね，私自身は，組合活動にも，「現代史研究会」の動きにも満足をしなくなったというか，どうも自分の感覚と違うと，〔そう〕いう風に思ったのは，その後に出てくる，1980年ごろからの反核運動ですね。僕にしてみると，20代のホントに後半ごろ……，ま，その当時，あの，「テンフィート運動」といってね，……〔略〕……，一人一人が「テンフィート」のフィルムを買うお金を出し合って，反核映画を作ろうと〔いう運動があったんですよ〕。……〔略〕……。この「テンフィート運動」というのが出てきたのです。そういう動きを見てまして，私自身は共鳴をしたんです。ところが「現代史研究会」のメンバーは，「似非市民運動だ」ということで，〔「テンフィート運動」を〕否定をしていったとこからですね，私自身は，「現代史研究会」には入っていたんですけど，こう，少し距離を置くような形で，反核運動という，組合からも，職場からも離れた運動に，関わっていくようになって，まちで開かれる，反核をテーマにした運動，あるいは，映画の上映会などに関わっていくことになりました。(1999年9月4日，小樽市内での野呂定夫へのヒアリング；〔 〕内の補足は引用者)

組合活動への違和感だけでなく，自らが加わっていた「現代史研究会」に対しても違和感を持ち始めた野呂は，「10フィート買い取り運動」に参画し，その上映会などのため，「組合からも，職場からも離れた」地域に入り込んでいくことになる。折しも，米第七艦隊の艦船（「ブルーリッジ」）が入港するということで社会問題化した時期でもあり，野呂は熱心に活動に参加していく：

私もそれ〔テンフィート運動〕に賛同してやり始めたというのもあって，でそうこうしているうちにですね，第七艦隊の旗艦「ブルーリッジ号」という，これは核搭載の疑いありという，非常に〔疑いが〕強いという軍艦なんですけど，アメリカのね，それが小樽港に入るということがあってですねえ，私はその当時はもう飛んだり跳ねたりしてたというのもあったんですけども，もうとにかくその当時，核に対しても非常に市民の方の関心が強かったというのもあって……〔略〕……，〔その〕艦船を目の前にして反対運動をやったという，それが新聞に出たりしたもんですから，所内での評判は大変悪かったみたいです。(2007年9月12日，小樽市内での野呂定夫へのヒアリング；〔　〕内の補足は引用者)

市役所内の評判など意に介さぬ野呂の動きぶりがよくわかる語りだが，そうした活動の中で，彼は小樽運河の保存運動に出会うことになる：

1年ぐらいやってるときに，たまたま運河の保存運動をやってる人に出くわしたんですよ。で，そもそも，私は，もう，小樽生まれですから，あー，といってもだよ，小樽運河のところ来たっていうのは，見たというのは実は，ほとんど機会がなかったんですよ。で，僕が生まれたのは，小樽というと，あの，市外から，まあ，市外といえば市外ですけど，「真栄町」という……，まあ，後で小樽市の地図を見ていただければ……，えー，東西南北でいうと，こっちからもっと向こうの，少し離れたところからいうと，潮凌高校のふもとなんです。(1999年9月4日，小樽市内での野呂定夫へのヒアリング)

「たまたま運河の保存運動をやってる人に出くわした」ことから関わることになるのだが，意外にも，彼はそれまでほとんど小樽運河そのものを見ていないという。確かに，真栄町から市中心部にある運河までは遠い。しかし，理由はそうした物理的距離だけではなかった：

初めは，運河保存には，正直言った〔ら〕，興味というか関心を示しませんでした。……〔略〕……。まぁ，私に限らず，その当時の多くの小樽市民にとって〔運河〕はもう邪魔者というか，時代遅れの産物という，そんな受け止め

れ方をされてたと思いますね。(2007年9月12日，小樽市内での野呂定夫へのヒアリング；〔 〕内の補足は引用者)

運河は「時代遅れの産物という」「受け止められ方をされて」いたがゆえに，野呂もまた，他の市民同様，ほとんど「興味というか関心」はなかった。そんな彼が保存運動に関わるのは，最終局面に差しかかる5年程である：

で，その後に，それ〔たまたま運河の保存運動をやってる人に出くわしたこと〕も関係して小樽運河保存運動というのに関わるようになっていきます。でまぁ，保存運動に関わったのは都合5年くらいなるかと思うんですけど……〔略〕……。市がですね，運河を全面埋め立てして……〔略〕……臨港線という道路を作るというのが規定方針として出てました。まぁ，それを推進するというのが行政の役割ではあったんです。その推進する側の中の職員がですね，運河保存運動〔を〕やるということですから，これはちょっといくら職員であっても，まあ，いかがなものかという風に，一般の，私と一緒に仕事している人はそんなに気にするようではなかったのはありますけど，市のその当時の幹部の人達は「おー，〔野呂というのは〕どういう人物だ」ということでは，色んな意味で関心をもたれていたみたいです。私自身はあんまり関心なかったんですけど。(2007年9月12日，小樽市内での野呂定夫へのヒアリング；〔 〕内の補足は引用者)

相変わらず，上司からは警戒のまなざしを向けられているのに，彼自身は「あんまり関心なかったんですけど」と素っ気なく，確信犯的態度はここでも変わっていない。また，市役所からの運動参加ということで，露骨で具体的な差別はなかったという：

その運動の中で，運河に関わってきたと。で，先ほど名前の出た熊谷〔洋子〕さんという女性もその一人だったんです。で，熊谷さんは，実は小樽市役所に，その年の春に勤めてたんですね。ところが，〔私は彼女が〕市役所に勤めてるということは全然知らなかったんです。で，そのうち集会に出ているうちに，市役所なんだということがわかったんですね。ちょっとびっくりしましたけどね。で，私ひとり，私ぐらいだろうという風に思ってたもんですから，たまたまその，市役所に勤めるもう一人がいたというのは，心強くは思いました。で，……〔略〕……，市役所内部でですね，自分の立場っていうのが，どういう風に自分なりに認識して，他の人も，どういう風に自分を見てたかという，そういう点に関しては，……〔略〕……，後ろ指さされるというようなことはなかったんですけど。周りの人も，それ〔保存運動〕やってるからということで，職場の人がですね，私を，こう，話をするのを拒絶するとか，そういうことはなかったですね。ただ，ご存知の通り，市長自身が運河埋め立てということで，幹部も当然それに倣ってるということですから，職場の中で運河問題について話をするということはまずなかったですよね。あの，話題も出さなかったというか，なんて言うんでしょうかね，やはりそういう雰囲気が市役所の中にあったというか。いや，箝口令を敷いてるというわけじゃないですよ。（1999年9月4日，小樽市内での野呂定夫へのヒアリング；〔　〕内の補足は引用者）

市役所から運動に参加しているのは「私ぐらいだろうという風に思ってたもんですから」，同じ市役所から参加していた熊谷洋子の存在には「びっくり」すると同時に「もう一人がいたというのは，心強くは思いました」という。

では，運河をほとんど見たり訪ねたこともなく，したがって「無関心」だった野呂は，なぜ，運動に継続的に参加していったのだろうか。言い換えれば，彼にとっての保存の論理は何だったのだろうか。野呂にそのことを示すひとつのエピソードを語ってもらおう：

その当時ですね，運河周辺の清掃運動というのをやったんですね。ま，当然市のほうは，もう潰したいと思っている運河ですから，手をかけてですね，その周辺をきれいにするということはしてませんでしたから，雑草は生え放題ですし，ごみは落ち放題と。で，やはり，自分たちで運河を保存という風に訴えるなら，今の時からやれることはやろうということで，まずやれるなら，清掃活動をしようということで，一般市民にも当然呼びかけてやったんですけど。……〔略〕……。それ〔清掃活動〕は午後から始めまして，結構長いことやってましたね。日曜日でした。……〔略〕……。もう，10月か11月になりますと，こちら〔小樽〕のほうは，日が落ちるのが早くなってですね，4時くらいになると，もう夕焼けというか，日が落ちてくという感じなんです。で，私もこう誘われてやってはいるんですけど，その当時もう，清掃活動に参加してたんですけど，ほとんど，どっちかっていうと義理的な，誘われたから，人数もそんないないというんで，ま，こちらも協力するかと，反核運動もやってますから，うちのほうでも協力してもらってるんで，お互い様だなと言うぐらいの気持ちでいたんです。でですね，やってて，結構熱心にやってたんですけども，草刈が面白かったわけでも，ごみ拾いが面白かったわけでもないんですけども，4時くらいになってですね，ふっと，北海製罐のほうから向こう側の手宮の方面の山，ちょうどあちらのほうへ日暮れるんで，夕焼けまでいかないんですけど，赤っぽくなってるという黄昏というか，薄暮的な状態に。その風景をですね，ぱっと見たんですよ。周りみんな仕事して，要するに一休みする。その風景をですね，今でも忘れられないんですが，まあきざっぽく言うと，「胸を打つ」っと言うかね。……〔略〕……。そのときの運河が目の前にあって，北海製罐が右側にあって，奥に山があって，あかーくね，山がこう，北海製罐もすこーし赤くなって。それを見たときにね，こういう風景だったら残してもいいと思ったんです。もうね，神がかった感じでもあんだけど，いや，こういう風景は，絶対，小樽になきゃダメだと思ったんですよ。別に，なんていうんでしょうね，その後，観光材料につかえるとか，そんな不純な気持ちはなかったですよ。いや，こういう風景が持てるような，ゆとりのあるまちっというのは，住めるならいいじゃないかって思った。……〔略〕……。ま，それが，僕が運河の運動に，反核運動よりも深く関わっていったという，ホントのきっかけになったんじゃないかと思います。……ま，ですからその……風景の持つ，こう……今は「〔環境の〕教育力」とかですね，言い方をしますけど，インパクトというのが，そのとき初めて悟ったというか，悟らされたという感じがしましたね。（1999年9月4日，小樽市内での野呂定夫へのヒアリング；〔　〕内の補足は引用者）

長い語りであるが，言わんとしていることは理解可能だ。「反核運動」「のほうでも協力してもらってるんで，お互い様だなと言うぐらいの気持ちで」，なかば義理的に「誘われたから，人数もそんないないというんで，ま，こちらも協力するか」と運河清掃活動に参加した野呂は，その一休みの一瞬に「胸を打つ」風景に出会い，「こういう風景だったら残してもいいと思った」という。

さらに続けて「いや，こういう風景は，絶対，小樽になきゃダメだと思ったんですよ」とまで語る。無関心だった者が，「環境の教育力」によってまさに教育された瞬間の記述であるといえそうである。しかし，この語りには，ノスタルジックに昔を懐かしむ感性は認められないが，そう結論する前に，つぎの語りを聞いてみよう：

> ほんとに若気の至りといえばそれまでなんだけど，まぁ，僕はさっきも言ったように〔保存運動に参加したのは〕後発ですから，だからなんていうんですか，保存，運河の価値っていうことについては，いまいちはっきりわかった上で参加したわけではないんですよ。僕もさっきも言ったイメージ的なもので，こういう景観は残した方がいいんじゃないかというような，こう，ソフトな感じでしか切り替わりはしませんでしたから。だから僕も運動の理論付けというか，自分の認識の整理はそういう話での中で一つずつ獲得してったという訳になります。ちょうど「小樽運河講座」というのが開かれていましてね，そういう時に，僕はそんなに何回も出られなかったんですけど，何人かの方から，これはやっぱり環境問題でもありますし，色んなテーマが含まれている運動でもあるわけで，そういったものを一つずつ，こうなんていうんですか，噛み砕いていって，なぜ，今，運河の保存運動をしなければならないのかっていうことについても，問題を，問題の整理というか，自分たちの中で「あー，やっぱりそうだったんだ」と思っていたことの方が勇気付けられたというか自信を持ったというかそういうことだと思いますけどね。(2007年9月12日，小樽市内での野呂定夫へのヒアリング；〔　〕内の補足は引用者)

「いまいちはっきりわかった上で参加したわけではない」から，「一つずつ」「噛み砕いていって」，保存の理由を自分のものにしていこうと努力をしていたわけだが，こうした過程は，先の小川原格の「根っこから生えてきたような」と語る運河認識とは大きな隔たりがあるというべきであろう。また，「若気の至り」「イメージ的なもの」「ソフトな感じでしか切り替わりはしませんでした」といった用語には，峯山にとって運河が決定的なものとしてあったことと同じような切迫感は認められない。LOC変数もNOS変数も「−」であるのは，こうした理由があるからだ。

むしろ，野呂にとっては，時局の問題に関与する面白さが重要であったように思われる：

> 要するに「時間が残されていない」と「今，ここで動かなければ運河は絶対に残らない」というか，その気持ちは非常に強いのと，それからやっぱり，状況がほんとうに刻々と変化をしてたという，言葉はちょっとふさわしくないけど，そういう状況の中に自分の身を置いているという面白さはありましたよ。まぁ，もちろん自分ひとりでね，社会を動かしているわけでは当然ありませんけども，まぁ，一旦というか，そこに今，自分も関わってるんだという臨場感というかね，そういうものはありましたね。(2007年9月12日，小樽市内での野呂定夫へのヒアリング；〔　〕内の補足は引用者)

運河の保存運動に参加していたわけであるから「今，ここで動かなければ運河は絶対に残らない」と感じて奮闘することはごく自然なことであろう。その中で彼が「そういう状況の中に自分の身を置いているという面白さはありましたよ」「今，自分も関わってるんだという臨場感」と感じていることは重要である。「臨場感」のある時局の問題に「自分も関わってるんだ」という「面白さ」を味わっていたからこそ，彼は運河保存運動の最後の5年間に参加するだけでなく，保存運動と時期的に重複するかたちで米艦船「ブルーリッジ」号の小樽寄港反対運動や反核運動へと関与していく (2007年9月12日，小樽市内での野呂定夫へのヒアリング)。時局の問題に参加することに面白さを見出す心性は，徹頭徹尾，運河にこだわり，運河の保存運動にだけ関わっていた峯山のそれとは対照的である。「こういう風景は，絶対，小樽になきゃダメだ」という発言と，「間違ったことはしていないという」「強気な気持ち」の確信犯的な行動と併せて考えると，変化に関しての許容度，すなわちCNG変数もやはり「－」ということになるだろう。

運河の保存運動が内部分裂から崩壊していく最終局面で，野呂は運動から身を引くことになる：

> 36～37〔歳〕ぐらいのときにですね，もう，運河の保存運動も大方終息して

きて，もう私自身も，四分五裂した状態で運河の保存運動に関わるという気持ちが失せてきたところで，「現史研」，〔つまり〕「現代史研究会」の運動もちょっと，運河保存運動では一線を画したとこもありますから，……〔略〕……，組合のほうも，僕は執行部の役員というものに敢えてなりませんでしたから，特に親しかった方もいないですね。その当時，「現代史研究会」も組合もですね，ま，組合は最後にちょっと変わるんですけど，運河に関しては特にコメントをしないと〔いうスタンスだった〕。「現代史研究会」にとっては，運河の保存運動は，反核運動と同じ「似非市民運動」というように認識してましたから，そういうところに積極的に関わっている人間というのは除名するとまでいわれたんですよ。だけど，「現代史研究会」なんて6〜7人でやってる会で，除名もクソもあったもんじゃないですからね。(1999年9月4日，小樽市内での野呂定夫へのヒアリング；〔　〕内の補足は引用者)

引用にあるように，運動から身を引くだけでなく，「似非市民運動」である「運河の保存運動」「に積極的に関わっている人間というのは除名するとまでいわれ」ることになる。野呂に残ったのは「仕事」だった：

36〜7〔歳〕ぐらいの時にですね，ま，その……反核運動も，運河も，僕の中では一段落ついたときにですね，さて，どうしようなかと思ったときに，やっぱり仕事しかなかったんですよね。……〔中略〕……。やっぱり，拘束されている8時間なら8時間の内に，自分なりに仕事というのをどうやっていけるかなという風に思いだしたのが……そのころですね。……〔中略〕……。私としても，もう，30代の後半に向かってきて，なおかつ子供が3人いる……。そういう中で，まあ，その先のことを自分なりに考えたっていうことでしょうかね。ええ，「どうするんだ，これこのままやっていくのか」という感じで。(1999年9月4日，小樽市内での野呂定夫へのヒアリング；〔　〕内の補足は引用者)

運動を離れ，仕事に向き合わざるをえなくなった彼は，自分なりの目標を立て，それを完遂していくことになる：

やる気が〔に〕ならなかったら，ならなかったで十分やっていける職場でした。でも，それはね，やっぱさすがに自分としては生きている実感がないと思ったんで，自分なりに目標を立てたのが，その当時4月の時点で滞納の件数が600あったのを，ま，半分までいかないでも，半分近くまで減らしてやろうと，で，こーれはね（笑），すごい……自分で言うのもあれなんですけど，大変な仕事ではあるんですよ。……〔略〕……。それは，別に，そう宣言してやるものではありませんから，係長にも言わないで自分なりに単独で目標を作って始めたんですよ。で，1年間やってみて，半分になったら，いいよね，ま……こうゆうのは，僕，すぐ意地になるような方だから，自分でこう目標を立てるとね，意地になってやった方なんですよ。それはもう，かなり頑張りましたよ。もう，夏の暑いときも，みんなから，こう「喫茶店で休むか」って誘われても，「いや，僕，まだまわるから……」，ま，ちょっと嫌味的なね，やり方をしたときもありますけど，「やる」っと。それで，年度末に，翌年の3月でいったん〔会計〕締めますから，締めたときに，そしたら，誰が言わなくても係長が見ればはっきり分かるわけですよね。……〔略〕……，一人ずつ「外勤に行ってきます」といなくなっちゃって，たまたま，僕が一番〔出るのが〕遅くなって，そういうふうになったときに，係長から「ちょっと……」と呼ばれて，「頑張ったね」って言われたんですよ。その一言は効きましたね。うん，やっぱ，ちゃんと見てくれたんだと思ってね。……〔略〕……。仕事はこういう風にしてやっていけば，結構それなりに面白くなるんだと思ったの。自分で，あの……外からこう……命令されるとかね，そういう風に言われると多分，やらなかったかも知れない，自分なりに目標立てて，自分なりに取り組んでいって，それなりの成果が出てくるような，やり方をしていけば納税課の仕事って面白いなと思ったんですよ。世界は変わりましたね，やっぱり。うん。今まで，ホントに仕事に対して後ろ向きだった自分が，仕事にこう，うーん，やるように，まあ，自慢話みたくなっちゃうけど。（1999年9月4日，小樽市内での野呂定夫へのヒアリング；〔　〕内の補足は引用者）

こうして仕事の面白さに目覚め，彼は係長に昇格，そして小樽文学館副館長（課長職），経済部観光課長，観光振興室長を経て，経済部次長へと昇進していく。「万年ヒラ」でもおかしくなかった野呂は，人事的にいうなら，まさに奇跡的復活を遂げていくが，その原点がこの納税課での仕事の面白さの発見にあったといってよいだろう。そんな野呂は，自らの役人人生と保存運動の関わりを問われ，以下のように感想を漏らす：

皮肉なのは，僕が観光に来て，僕よりも早くに観光に携わってたのが〔蕎麦処〕「籔半」の小川原〔格〕とか山口〔保〕とかという名前で，そういう人達が観光の分野で新しい組織を作ったんですよ。それがね，「観光誘致促進協議会」ていう名前で，もうなくなっちゃったんです。今年〔＝2007 年〕，統合になっちゃって「観光協会」と統合になっちゃってもうなくなっちゃたんですけど，これは何を目的にしてやったかというと「観光協会」が今の小樽の観光状況に対応した動きが全然とれないから，じゃあ「観光協会」に変わってやるぞと作りましょうとまぁ，これはもう運河保存運動の延長みたいなものなんですね，意識はですよ，別に「運河保存運動の延長で組織作りました」とかは言ってませんよ，ただ意識としては小川原とか山口の意識はそういう感じ。で，新しい，これからの小樽は観光で生きるしかないというような判断の下に彼らは，別に根っから観光に関心があった訳ではないですし，小樽運河の保存運動やってて，残った運河が半分になっちゃった運河でその運河自体も……〔略〕……いい評価をしている訳ではないんですよ。……〔略〕……。だけどそういうことをやってきた人間がまた観光に関わるという，これはある意味，皮肉な話で，それの後追い的な形で私が観光の課長になったというのも，これまた歴史の皮肉さというかね。で，その残った半分〔に〕なっちゃった小樽運河も観光のシンボルとして，今，売りだす仕事をやってるという，これはだからちょっと関係者が集まると苦虫をつぶすような話になるんです。「なんで俺たち，こんなことやってんのだ」という話にはなっていますね。（2007 年 9 月 12 日，小樽市内での野呂定夫へのヒアリング；〔　〕内の補足は引用者）

では，その後の野呂は，運動に関わってはいないのだろうか。文学館副館長当時，学生の質問に答えて彼は言う：

野呂：その市民運動の中で知り合った人間関係ですよ。やっぱ，今もこれは，
　　　自分の財産だと思ってるんですけど。……〔略〕……。
……〔略〕……。
学生：野呂さんはそういうことで，まちづくりとか，方向は違いますけれど，

今のお仕事とは別に，何か〔運動は〕してるんでしょうか。

野呂：ないですね。ないです。はっきり言ってないです。でも，こういうことをやっている人達っていうのは，ま，腐れ縁的なこともあって，今でも話はします。今でも繋がってますよ。確かに，まちづくりの運動とか，そういうことには直接は関わっていませんけど，ま，関心は持ってます。ただね，これもね，ちょっと偉そうな言い方をしちゃうけど，たまたまこの文学館・美術館に来たんですけど，ここで展開できることが僕なりのまちづくりだと思ってるんですよ。(1999年9月4日，小樽市内での野呂定夫へのヒアリング；〔　〕内の補足は引用者)

保存運動で知り合った人間関係が財産という野呂だが，その後，市民運動に関わることはなかった。むしろ，文学館やその後の経済部観光振興室での仕事が，「僕なりのまちづくりだと思ってるんですよ」と語る。

高校時代に出会った社会運動と学生運動に触発され，組合運動や保存運動に関わってきた野呂は，その時々の時局の問題に反応して活動をしてきた。小樽運河の保存運動に関わったのも，そうした遍歴の中の「若気の至り」とも言うべき一局面であったように思われる。

5. 保存の論理と運動の構造

以上，保存の論理と，保存を担ったエージェントの内実とを見てきた。その過程で，そしてその結果として，何が見えてきただろうか。本章全体のまとめとして，ここで論点を整理しておくことにしよう。

先ず，保存運動はいかに展開しただろうか。

有幌倉庫群が取り壊されたことをきっかけに運河保存の運動が起動したが，その際の目標は，運河の全面保存であった。運河を埋めたら，小樽が小樽でなくなってしまうという危機感と郷土愛から生起してきた運動であれば，それは当然のことであったろう。

しかし，全面保存は変化を許さない。現状を凍結して，何も変わらない。何も変えられない。それでは新たな経済活動は不可能となり，その土地のポテンシャルはゼロとなる。凍結保存された「運河ではメシは食えない」から，初期の保存運動は経済界からも市民からも十分な支持をえられなかった。

そこで登場するのが「運河を核にしたまちづくり」という考え方だ。運河を時代の遺物としてではなく，観光開発にも有用な，地域の資源として捉え直すことによって，凍結保存の隘路を突破していこうとするものであった。基本は保存であるが，一定の変化を許容し，経済活動の余地がある「まちづくり」という考え方は，すでに見たように爆発的な支持をえた。図式的に表現するなら，こうした運動の推移は「凍結保存からまちづくりへ」と言いうるであろう。その主張を簡潔に要約するなら，(1) 運河は住民にとってかけがえのないアイデンティティであるから保存すべきだ，(2) したがって道路計画の中止ではなく変更を検討すべきだ，(3) 運河は道路用地ではなく観光開発の核になりうる資源ととらえるべきである，(4) 運河保存は「まちの博物館化」ではなく，欧米では主流になりつつある「まちづくり」にほかならない，の4点である。

この「凍結保存からまちづくりへ」という運動理念の変化が，運動のヘゲモニーを掌握する主体層の変化でもあったことに注意しよう。すなわち，市民の支持を十分に得ることができなかった保存運動初期は，「耽美派」と「伝統的左翼運動派」によって担われており，陳情と街頭署名といった戦略しか展開できなかった。左翼運動のボキャブラリーに依拠し，正しい主張をしている「我々」が不当に無視・抑圧されていることを熱心に説き，訴訟を通じて自らの正義を実現しようとしたのだ。それは，“全面的勝利か，さもなくば名誉ある死か”という二項対立で物事を直截に問う，戦後日本の左翼運動の心性そのものであった。

一方，市民の広範な支持を得て運動が政治的交渉力を獲得するにいたった保存運動後期にリーダーシップをとっていたのは，「純粋保存派」と「まちづくり派」であった。「純粋保存派」が広範な市民の純粋な郷土愛に訴えかけて支持を集め，さらに「まちづくり派」が戦略的まちづくり論の立場から「運河保存は再生への有力な一手段」と地元経済界の支持を取り付けていく――こうした二人三脚が，運動の最盛期をもたらしたことはすでに見た。むしろここで注目されるのは，「まちづくり派」の主張が一貫して「保存」ではあるが，その内実が異なってきている点である。「純粋保存派」や「耽美派」にもつながる

表 5-3　小樽運河保存運動と小樽市行政の展開過程

	第1期（1973-76）	第2期（1977-84）		第3期（1985~）
対象の計画	当初計画（建設省告示2912号）		修正計画（道告示2361号）	
道路建設の論理	道路用地としての運河		道路＋都市公園用地としての運河	
運動の担い手	耽美派＋伝統的左翼運動派 (a)	純粋保存派＋まちづくり派 (b)	(b) 主導のもと，(a) の巻き返し	——
中心的な組織体	《守る会》	《守る会》・《夢街》・《ポート》	《守る会》・《夢街》・《百人委》・《ポート》	《活性化委》・《再生フォーラム》
運動目標	運河全面保存（凍結保存）	まちづくり（動態保存）	(a): 全面保存, (b): まちづくり	(a): 全面保存運動の再建, (b):《活性化委》への参加
主張方法	陳情・話し合い	精緻な対案提示と再開発論争	署名・リコール	——
運河保存の論理	運河は小樽っ子のアイデンティティ	運河はまちづくりの中核的資源である	運河を核とした観光開発	「交・遊・技・芸」のまちづくり
政党との関係	排　除	排　除	(a) の一部が利用を試みる	——

表 5-4　小樽運河保存運動内部の 4 類型マトリクス

	LOC	NOS	CNG	POA
耽美派	＋	＋＋	−	−
純粋保存派	＋	＋	−	＋
まちづくり派	＋	＋−	＋−	−
伝統的左翼運動派	−	−	−	−

「凍結保存」から，一定程度の開発までは容認する，変化を住民主導でコントロールしようとする「保存的開発」へと変容してきていたということだ[69]。端的に言うなら，それは「変化の社会的コントロールを」[70]という主張であり，「保存とは変化である」という逆説的な主張へと展開したのだ，ということである。同じ「保存」という言葉が使われているがゆえに分りづらいが，これは保存理念の大きな転回であった。しかし，急速な保存運動の転回・拡大は，呉越同舟とでもいうべき事態を招来し，最終的に運動が分裂・崩壊していったことは，すでに読者も知る通りである（表 5-3）。

つぎに，保存運動に参加した者とは，誰だったのだろうか。ライフ・ヒスト

[69] 「市民ひとりひとりが自分達の町について自己決定権を持つ」ことを求めた運動だったという小川原格の発言（2011 年 9 月 12 日）を想起せよ。

[70] ここで「変化の社会的コントロール」とわざわざ言うことの意味は，それが「国家」や「官僚」,「法」や「計画」といった“制度”による規制ではなく，市民社会（シビル・ソサエティ）によるコントロールなのだという含意があるからだ。

リーという手法を使った分析からは，何が見えてきただろうか。

保存運動と言っても決して一枚岩ではなく，その内部には4つのグループがあり，ヘゲモニー争いをしていたことは，すぐ上で述べた通りである。それぞれのグループの詳細なライフ・ヒストリーの検討を通じて見えてきたことのひとつは，保存運動が「郷土愛」だけでは説明できないということだろう（表5-4）。

保存運動に参加する者たちは，運河を残したいと思う気持ちでは一致していたが，その背景や考え方，運動の仕方については多様で，皆がすっきりと一致していたわけではなかった。その4つのグループのうち，「伝統的左翼運動派」以外の3つは，ローカリティ指向性とノスタルジックな把握を特徴としていたことは，確かに「郷土愛」やそれにまつわる思い出が保存への大きな理由になっていたことを示してはいる。藤森や峯山が運河への熱い思いを繰り返し語り，それは理屈抜きに守るべきものであったが，小川原に言わせれば，生まれ故郷の運河に愛着があるとはいえ，「歴建おたく」でもなければ「廃虚マニア」でもなく，町のポテンシャルを挙げるための切り口としての観光開発こそなされるべきであると述べていた。「郷土愛」という一語にまとめてしまうと，こうした差異は見えなくなってしまう。LOC変数とNOS変数が重要であるという根拠であるとともに，CNG変数を介して「郷土愛」を分節化しなければいけない理由もここにある。「郷土愛」を共有していたとしても，変化に対する許容度の相違が，運動内部のヘゲモニーの移り変わりをもたらしたことが，第4節で縷々述べたライフ・ヒストリーからは見えてきたはずである。

さらに，豊饒な語りの中から見えてきたのは，戦後の社会運動，とりわけ学生運動が持った影響力の強さであった。藤森は，保存運動は市民運動として展開されるべきだとの持論を持っていたが，その背景には「政争の具にされたくない」という既存の運動との距離感覚があったことを示しているし，山口，小川原，野呂の3人とも，かつて関わった学生運動とは異なる展開を意識的に追究していたことでは共通していた。まったく政治や経済を語らずにいた「純粋保存派」の峯山ですら，政党との距離を保つことには留意していたという。ここには，よくありがちなノスタルジックな学生運動回顧観や学生運動の残党の参画といったものは見当たらず，不在であるというべきである。不在であるが，その轍を踏まないようにという形で大きな影響力を持つという意味では，学生運動は暗黙のレファレンスのひとつであった。それは触れてはならず，語ってもいけないものとして，そこにあった。今でこそ目新しくはないが，「ポート」のような新しい形態の運動が小樽の地から生まれ出た背景には，かつての学生運動のように抽象的な用語に早上がりせず，「小樽運河」という個別・具体的なものに拘り続けながら続けられた運動であったからだろう[71]。その意味では，小樽運河の保存運動もまた，戦後日本の社会運動の歴史的重層性のなかに位置づけて考えなければならないように思われる。こうした観点がえられたのも運動参画者のライフ・ヒストリーの効用であるだろう。

結論として，保存運動が主張していた保存の論理とは一体，いかなるものであったろうか。

「運河を埋めたら小樽が小樽でなくなってしまう」という彼らの語り口が端的に示すように，運河は確かにノスタルジーの対象であった。藤森が語るように，運河は理屈抜きに「小樽っ子にとってここはいい」のであり，運河は自らが生きてきた証であり，地域社会のシンボルであったといえるだろう。それゆえに保存運動は10年以上にもわたって持続し，60歳を超えた峯山が東奔西走し，藤森が涙ながらに「赤い運河」を描いたのだと思われる。地域住民にとっての運河の保存は，小樽に固有な〈場所〉の防衛であったといってよい。

しかし，保存運動は，都市環境が不断に変化するものであることへの冷徹な認識も忘れていなかった。「どんどん都市は変わっていく。変わらざるをえない」（小川原）が，だからといって，無規制な変化であってよいのか，小樽の再開発は小樽固有の歴史や景観に基づいて行われるべきだ，というのが，小樽運河保存運動が提起していた中核的論点であった。都市環境の場所性（placeness）を削ぎ落としてしまっていることは問題だ，都市の再生は場所性を起点としそれに基づいて行われるべきだと主張していたと言い換えてもよい。山口の「再開発は市民の側の論理でないといかんのだ」という発言も，小川原の「変わったこと自身が問題なんじゃなくて，どう主体が関わって，変わらせたのかのほうが大事なんだ」という物言いも，その証左である。運河保存運動

[71]「運河や，歴史的建造物っていうのは，根っこから生える，土の中から生えている」と歌った小川原の語りを想起せよ。

は，「保存」という用語とは裏腹に，「変化の社会的コントロール」を指向していたのだ。「変わらざるをえない」我が故郷・小樽を，自らの望む形に，望むスピードで実現できるようにすること —— これが保存運動が求めたことであったように思われる。

第6章

小樽は何を得て,何を失ったのか

「ポスト運河論争」期の景観変化

1. 変化の論理・保存の論理

前章までで，われわれは，都市景観の「変化」を促すエージェントと，「保存」を担ったエージェントとがどのような論理をもって動いていたかを見てきた。小樽の都市史を概観した第3章に続いて，第4章と第5章では運河論争に関わった両サイドの認識構造や論理を詳細に跡付け，検討してきた。そこで見えてきたことは，どのようなことだったろうか。本章の課題を明確にするためにも，前章までに見えてきた諸論点を先ずは簡潔に振り返っておくことにしよう。

1.1 変化を担った者たちの論理

運河を埋め立てて幹線道路の建設という「変化を担った側の論理」とは，下記のようなものであったとまとめることができる：

(1) 政策課題としての港湾近代化
(2)〈空間〉としての運河観
(3)「再利用」ないしは「リセット」という発想

(4) 公共事業の波及効果パラダイムを信奉
(5) 補助金受給に支障をきたすという予期を共有

すでに第3章までで縷々述べたように，小樽の経済再活性化のためには，港湾機能の再整備が急務であった。限られた平坦地しかないという小樽市の地理的条件は，ヒンターランドが狭小であるということに加えて，近代的港湾施設と主流になりつつあったトラック物流に必要な土地の不足をも意味していた。そうした急務の政策課題と環境条件が，〈空間〉としてとらえるまなざしと出会ったところに，〈道道臨港線〉計画が成立したといってよいだろう。運河をいかなる用途をも収容可能な透明な立法体，あらゆる意味付与過程から独立した抽象的なもの，したがって交換可能性の高い〈空間〉としてとらえたということだ。運河が〈空間〉であるなら，時の要請にしたがって「再利用」したり，「リセット」して全く別の形で利用することは，何ら問題はないことになる。変化を担った主体にとって，急務の「政策課題としての港湾近代化」と「〈空間〉としての運河観」は一対のセットとして受け入れられていた。

その「再利用」の仕方に関して強力な支持を与えたのが，第4点目の公共事業の経済効果波及パラダイムである。膨大な国費や道費を投下して行われる公共工事が直接的，間接的に市の経済に波及効果をもたらすというパラダイムは，変化を肯定する。〈空間〉は常に時代に即した最適な利用をされるべきであるという観点がこのパラダイムと結びつくとき，それは強力な開発イデオロギーを帰結する。

最後の第5点目は若干の説明が必要かもしれない。ここでの「予期」とは，小樽市当局が持っていた上位行政機関の意思決定についての予測を指す。〈道道臨港線〉計画を途中変更して予算を返上したとすると，中央政府からの将来の国庫補助金受給に支障をきたすのではないか——こうした予測が，現時点での自らの政策決定にある種の自己規制をかけさせ，政策を硬直化させてきたということだ。中央官庁に実際に尋ねる以前に，「一たん決定した方針をくつがえすことは，小樽市行政への不信につながり，今後の諸事業に影響がでる」(市政の歩み編集委員会，1988: 214) のではないかという「予期」こそ，小樽市に，計画変更という選択肢を閉じさせてしまったひとつの強力な要因であった[1]。

換言すれば，小樽市行政の準拠するフレームが，中央政府の国庫補助金行政であり，そのことが，既定方針通りに埋め立て工事を実施するという決定の重要な根拠になっていたのだ。変化を肯定する第1点目から第4点目までの論理は，この第5点目によって変化を担うエージェントとその政策を変化させにくくし，開発指向を永続化させる効果をもつにいたった。これが「変化を担った」側の論理である。

1.2　保存を担った者たちの論理

では，もう一方の「保存を担った側の論理」はどのようにまとめることができるだろうか。先と同様，下記のように要約可能である：

(1)〈場所〉としての運河観
(2)「文化財としての運河」（凍結保存）から「観光資源としての運河」（まちづくり）へ
(3) 既存ストックをベースにした住民主導の変化を主張

運河の埋め立て工事が進捗してきたことに端を発した運河保存運動は，運河をそのまま保存せよという「凍結保存」を主張して市当局と対峙してきた。しかし，経済活動の舞台であった運河を「文化財」のアナロジーでとらえることは，変化を完全に否定させることになり，ゆえに現実に生起する都市活動にはそぐわない。変化を認めない保存の論理は，運動を孤立させるだろう。そこで保存運動は「まちづくり」という動態的保存へと展開してゆかざるをえなくなるわけだが，その際，主張のプロトタイプは「文化財」ではなく，「観光資源としての運河」であった。観光資源として開発に活用可能であるという主張は，一方ではより広範な運動への支持を獲得させ，他方において運河およびその周辺地区の景観が一定程度保存されねばならない根拠にもなる。こうして，一定

［1］ 事実，地元の合意が取れていない事業であるとして，〈道道臨港線〉の予算は年々減少し，小樽市当局は「焦っていた」という。証言の一例として，例えば「【北の挑戦者たち・第1回】よみがえれ運河の街：小樽を二分した大論争」（NHK札幌制作，ディレクター＝須藤佑理，2002年4月5日〔金〕20:00–20:45放映）における志村和雄・元小樽市長および西尾章・元小樽市土木部長の発言を参照。

の変化を認めつつも，運河保存の主張は正当化されうると運動は考えたわけだ。

ここで顕著な特徴として指摘すべきは，「観光資源としての運河」という主張が，「住民主導の変化」という論点を内包していたということであろう。「凍結」ではなく「まちづくり」をという主張は，一定程度の改変を認めるという点で，変化を担う側から攻め込まれかねない脆い主張である。だからこそ，保存を担った主体は，住民主導による住民のための緩やかな変化（どう「変わらせたのか」，「再開発は市民の側の論理でないといかん」）こそが必要だと主張し，都市の変化にも対応可能な保存の論理を打ちだしたのだと解釈可能である。別言すれば，無際限な変化は容認されないこと，住民が変化をコントロール可能なこと，変化を許容するにしてもそれは急激な変化であってはならない，といった内容が含意されていたのである。こうした論理の展開の根底に，運河地区が「小樽っ子」にとってかけがえのない意味の詰まった〈場所〉であるという認識があったことは，もはや多言を要さない。開発に抵抗して保存を訴えた主体層の論理と内実は，このように記述できるものと考えられる。

2.「運河戦争」の対立構造：小樽は何を得たのか

つぎに問うべきは，なぜ「運河戦争」はかくも長い対立となったのか，その構造であり，それが小樽に何をもたらしたか，である。

市内を通る国道5号線の激しい渋滞解消のため道路建設が緊急の課題であることは，当時の市行政のみならず，広く市民にも理解されていたという。道路の必要性が共有されていたにもかかわらず，なぜ，かくも長く「戦争」が闘われ，今も「棘」が刺さったままなのだろうか。こう考えると，「運河論争は道路問題だった」という把握の仕方では，この「戦争」を十全に語ったことにはならないことに気づかされる。何か，もっと重要な点で行政と運動はすれ違っていたのではないか。以下では，3点にわたって，考察してみよう。それはすなわち，「運河戦争」の対立構造とその長期化の要因を探求することである。

2.1 空間と場所：運河のとらえ方

運河問題が深刻な社会的対立を惹起し，長きにわたって闘われた背景の1つに，運河をどのようにとらえていたか，主体による環境認識――言い換えれば「まなざし」――の相違があったように思われる。同じ運河という環境も，決してすべての主体に同一に見えていたわけではなかった，運河のように，きわめて単純明解だと思われる大掛かりな土木工作物であっても，住民の認識を経由することによって，必ずしも同じものとは認識されてはいないのだ。これを説明するために，第1章で説明した〈空間〉と〈場所〉という概念を使うことにしよう（堀川，1998b，2010a）。

〈空間〉（space）とは，環境を均質で誰にとっても同じ大きさの立方体として把握することである。〈空間〉は，いってみれば透明な箱であり，何にでもなりうるもので，たとえば都市計画上の用語がこれにあたる。それに対して〈場所〉（place）とは，その環境に関わる人々の価値観や付与された意味によって規定される。つまり，無色透明なものである〈空間〉とは異なり，不均質で意味の詰まった個別具体的な環境把握の仕方である。運河とその周辺環境をどちらでとらえていたかで，その後の戦略構想がまったく異なってきていたのだ，と考えられる。

この定義をもとに運河問題を振り返れば，市側が運河を〈空間〉と見なしていたことは容易に理解できよう。運河水面を終始一貫して道路建設用地としてとらえていたことが示すように，市当局にとって運河は時代遅れの港湾施設で，新たな機能に取って代わられるべきものであった。換言すれば，港湾地区という無色透明な箱の中身は，前時代には運河が充填されていたが，今度は道路が充填されるべきものとされた。

他方の保存運動は，「運河を埋めたら小樽が小樽でなくなってしまう」という語り口が示すように，運河は単に機能的な〈空間〉ではなく，彼らにとっては機能を超えたかけがえのない意味をもっている環境，すなわち〈場所〉であった。運河は自らが生きてきた証であり，運河地区の全面的な改変は〈場所〉の崩壊，アイデンティティの崩壊として経験されていたといえるだろう。その主張は，都市計画的な〈空間〉把握が，住民の想い出や，アイデンティティといった都市環境の〈場所性〉（placeness）を削ぎ落としてしまっていること，そして都市の再生は場所性に基づいて行われるべきだ，というものであった。また，〈場所〉としての運河景観とコミュニティの存立とは表裏一体なものであり，物理的な建造環境の喪失がコミュニティのあり方を左右してしまうからこそ，保存すべきだというものであったように思われる（西村・他編，2003: 121-155）。

だから，市当局と運動とのすれ違いは，まずもって主体の空間認識の相違，つまり空間／場所の相違に起因していたのではないか。言い換えれば，変化を担った主体と保存を担った主体を分けたのは，運河を〈空間〉と見るか，〈場所〉と見るか，という空間認識の差であり，これがすれ違いと長い対立を生み出したのではないかと思われる[2]。

2. 2 「保存とは変化することである」：保存のとらえ方

すれ違いの第2の原因は，「保存」という言葉のとらえ方，内実に関係する。

縷々述べてきたように，運動は住民にとっての〈場所〉を保存せよと訴えてきた。しかし，主体ごとに異なる〈場所〉の位置や意味，その重さを，都市計画がすべて考慮することは不可能だ。だから運動はすべてを残せと主張していたわけではない。むしろ彼らは，“変化すべきである”と主張していたように思われる。「保存」運動が「変化」を主張するという逆説――これはどういう意味だろうか。

運動が凍結保存から「まちづくり」へと保存の論理を展開させてきたことはすでに見たが，その「まちづくり」の主張には町並みの一定程度の改変が折り込まれていることに注意したい。古い歴史的建造物を美術館や喫茶店に改装することは，凍結的保存では不可能である。小樽に固有の景観を保存しつつ，現代の生活ニーズに合わせた改修を施していくには，住民らの納得のいく範囲内での改変が許容されなければ，クーラー1つ設置できないことになるからだ。だから変化を全否定するのではなく，“都市計画やその専門家ではなく，住民の望む形とスピードで，変化を自分たちの意思でコントロールできること”こそが運動の根幹的主張であった。《夢街》の宣言にある「私たちは『保存主義

［2］　こうした環境認識の仕方の相違は，さらに時間認識の相違をも伴っている。均質な〈空間〉は数直線上を不可逆的に流れる近代的時間観を必然的に内蔵しているのに対し，〈場所〉における時間は降り積もっていき，そこからある時点と〈場所〉が選択的に想起される，という特徴をもっているように思われる（Halbwachs,［1950］1968=1989; Lynch, 1972=1974；浜，2010）。なお，この点については，堀川（2010a）の執筆過程で浜日出夫氏に示唆を受けた。

者』ではない」「『古い容器に盛り込まれた新しい活気ある内容』が重要」（小樽運河問題を考える会編，1986a：222-223）という言葉が，その証左だ。凍結的保存を意味していた運動前期も，一定程度の改変を許容するようになった運動後期も，どちらも同じ「保存」の語が使われていることに注意が必要である。運動がややもすると後ろ向き（レトロスペクティブ）なこの語を使用し続けたのは，〈空間〉的再開発と対峙するという位置にあったからであろう（小樽シンポジウム実行委員会編，2009：59）。保存という用語の背景に「保存とは変化することである」という運動の主張があることを行政側がとらえ損ねていたからこそ，すれ違っていかざるをえなかったように思われる。

2.3　重層レイヤーとしての運河問題：問題のとらえ方

行政と運動がすれ違っていった理由は，前述で尽きているわけではない。用語や内容だけでなく，問題がどのような位相で話されていたかもまた，すれ違っていった理由を構成している。それはいかなる意味か。ここでは運河保存問題を幾つかのレイヤー ── 議論の位相 ── に分節化して考えてみよう（堀川，2010a，2011）[3]。

道路建設の可否が争われていたのだから，当然，「道路問題」というレイヤーが存在した。「運河問題は道路問題だ」という言い方が，正確ではないが間違っていないのは，問題前期ではこれが一番中心的なレイヤーであったからだ。

しかし，保存を求める運動からの問いかけには，それ以外のレイヤーが含意されていたように思われる。すでに決定済であった道路計画ではあったが，98,000筆の保存署名を集めた運動は誰が民意を代表しているのか，市側の再活性化政策に有効性があるのか，そして都市をどう生きるかという思想までも問うにいたる。すなわち，運動が問うた位相には，道路建設の可否だけでなく，決定の代表性・正当性，再開発戦略の妥当性，あるべき都市像，という3つの

［3］「レイヤー」概念については，第1章において説明したように，ある一つの社会的紛争における論争の要素とその位相を表す。レイヤーに分節化して論争を眺めるならば，ある要素（例えば，道路建設の可否）がいかなる社会的水準で議論されていたか，その語られた位相に即して理解することが可能となる。別言すれば，社会的紛争は通常，複数の主体間の多様で複雑な対立・論争を含んでいる。この多様な対立形態や論争の内容を，その語られた位相に即して理解するための概念装置がこのレイヤーである。

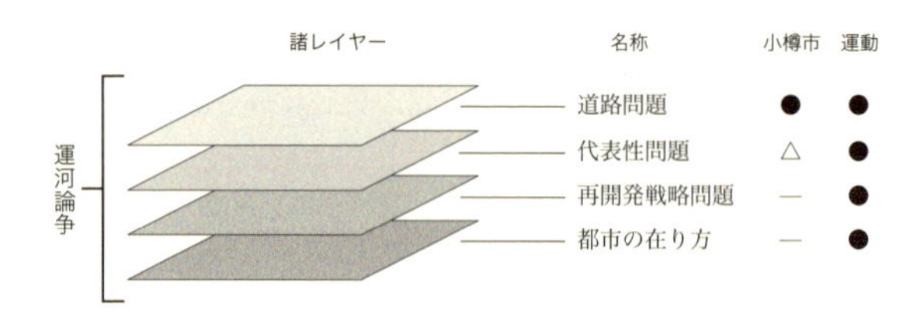

図 6-1　運河論争の多層レイヤー構造

レイヤーがあったのだ。このすべてのレイヤーを合わせて「運河問題」が構成されていると考えるべきであろう（図 6-1）。別言すれば，市側は単一レイヤーとして[4]，運動は多層レイヤーとして，それぞれ運河論争を理解していた。計画決定済の道路計画を再考し，住民による変化の社会的コントロールを求めていた運動は，ここでもまた，市側とすれ違っていく。

このように三重の意味ですれ違っていたからこそ，論争は長引いていかざるをえなかったように思われる（堀川，2010a）。

2.4　港湾都市から観光都市へ：小樽が得たもの

では，「運河戦争」の対立構造は，小樽に何をもたらしたのだろうか。長い対立によって，小樽は何を得たのか。

先ず第 1 に，長年の対立が，期せずして小樽と小樽運河の名前を全国に知らしめたことが挙げられるだろう。1984 年，運河問題が政治的には決着したが，それ以降，小樽市の観光入り込み数は上昇し続け，ピーク時には 900 万人を超えていた。人口 15 万人を切る一地方都市にとって，これは超弩級の数字である。振り返ってみれば，一握りの市民によって「運河を残せ」という声が上げられてから，論争の舞台は市議会から道議会，そして国会まで遡り，《守る会》会長の峯山冨美は，頻繁に NHK ニュースや『朝日新聞』などの全国メディアに登場し，著名な小説家や評論家（夏堀，1980，1992；村松，1986；丸谷・山崎，1987），芸術家（千葉七郎）も小樽を描いて注目を集めた。その意図せざる結

［4］ 98,000 筆の保存署名を「点検」した市側の対応は，「決定の代表性」レイヤーの生成と，そこでの論争を何としても忌避したいがゆえの行動であったと解釈可能だ。図 6-1 中の△の意味がこれである。

果として，衰退した港湾商業都市であった小樽は，注目される観光都市として復活し，抜群の知名度を誇るにいたったわけだ。

第2に，小樽のまちづくりの基本的方向性が定まったことも，「運河戦争」がもたらしたものである。長く大きな対立があったが，その対立の過程で，問題を語る位相が幾重にも深化されていったことは先に触れた。「運河論争」は一見すると，ただの道路建設問題に見えるが，上述のすれ違いの過程から見えてきたのは，市民の意向を誰が代弁しているのか，衰退したまちをいかなる方法で再生するのか，そしてわれわれはどのような都市を生きようとしているのかまでが争われていたということであった。つまり「運河論争」とはレイヤーすべての総体なのであって，小樽という都市の変化を，どの方向へと水路づけ，どのようにコントロールしていくのかが問われていたのだ，と理解することができる。

レイヤーの総体としての運河論争は，既存の景観を取り壊してから新たに何かを建設する「スクラップ・アンド・ビルド」戦略か，それともストックとして活用してゆく「リハビリテーション」戦略を取るのかを問うていた。換言すれば，都市の変化を行政主導の開発政策に委ねるのか，それとも住民をも含み込んだ社会的合意によってコントロールしていくのかという小樽の将来設計についての論争だったのである。

しかし，保存運動の内部分裂・崩壊により，あっけない幕切れとなったがゆえに，〈道道臨港線〉建設計画は，「スクラップ・アンド・ビルド」スタイルの道路建設に，保存派の主張を一部取り入れた「妥協案」ないし「折衷案」として実現された。したがって，「運河論争」終結の時点では，小樽の将来設計についての明快な展望が与えられずにいたことになる。

そこで，五者会談の過程で生まれた《小樽活性化委員会》(1984年設置）や，志村市長の後の新谷昌明市政（1987年当選）がその課題を担っていくこととなった。新谷市政は，「小樽まちづくり市民懇談会」(1988年1月設置)，「都市景観基本構想」の策定（1988年3月)，オリジナル幅で残っていた運河北端部へのガス灯や散策路の設置（1989年12月-1990年12月)，「小樽の歴史と自然を生かしたまちづくり景観条例」の制定と「都市デザイン課」の発足（ともに1992年4月）など，矢継ぎ早に景観行政を行っていく。新谷市政の政策基本線としては，歴史的ストックを生かした，小樽に固有の景観をベースにしたまちづくりという方向性であったといってよい。こうした方向性が打ち出され，曲がりなりにも定着していったのは，この「運河論争」が小樽の将来設計を問うたからであった。

同時に，社会的対立もまた残っている。これが第3点目の得たものといわねばならない。ともに保存運動を担った藤森と峯山の間には埋め難い溝ができてしまっていたし，リコール強硬派はその後孤立して，感情的対立は未だに尾を引いている。観光都市としての再生は，大きな代償を伴っていたということになろう[5]。

3. 景観変化を把握する枠組み

前節では，小樽は何を得たのかを概観した。つぎに問うべきは，運河論争の結果としてどのような景観がもたらされたのかという点である。問題や紛争は真空中で生起するわけではない。住民の生活世界のなかでの意味づけや主観的意味付与が基となって，社会的な行為がなされていくが，それはその町の歴史のなかで，しかも個別具体的な建造環境（built environment）のなかで生起するのだ。かつての運河景観が住民のアイデンティティの礎となり，その運河が埋め立てられてしまうという危機意識が基点となって台頭した運河保存運動が今の運河景観をもたらし，新しい運河空間が新たなアイデンティティの基礎になっていく――もし，このようなサイクルがあるとするなら，観光都市になった小樽の景観がどのように変化したのかも，あわせて問わねばなるまい。観光開発は，小樽の景観にいかなるインパクトを与え，その結果，小樽は何を失ったのだろうか。建築学の知見も援用しながら，以下で検討してみることにしよう。

［5］ 小川原格や山口保が「のどに刺さった棘」と表現するように，運河問題は市民と市役所との間にも影を落としてきたが，それはなにもネガティブな面だけではなく，行政施策をより透明なものへ，より説明責任を果たす方向で「監視」するというポジティブな側面があることにも留意する必要がある。

3.1　意図せざる結果としての観光開発

ピークで年間約900万人を超える観光客が訪れる一大観光都市となった小樽では，その観光客をターゲットに，歴史的建造物を改装してカフェにしたり，事務所をお土産店に転用する動きが盛んである。実際，堺町などでは多くの土産店が軒を連ねるにいたっている。この結果，地元住民の間では運河港湾地区の景観が大きく変貌したり，失われてきているという感覚が共有されていた。筆者によるインタビューにおいても，このことは多数の話者から繰り返し言及されてきている点である。第3〜5章で見たように，変化／保存をめぐる長い論争・対立の結果，斜陽都市から観光都市へと変貌した小樽は，歴史的ストックを保存して観光で生きてゆくという選択を実質的にしたと解釈できるわけだが，それならなぜ，住民は景観が大きく変貌したり失われてきているという感覚を頻繁に口にするのだろうか。意図せざる結果として急速に観光都市化した小樽の現在の景観は，一体，どうなっているのだろうか。観光開発は，地域に固有な〈場所〉にいかなるインパクトをもたらしたのだろうか――本節を導くのはこうした一連の問いである。

3.2　変化をとらえる：建築学から社会学へ

上の問いについて，どのような研究がなされてきただろうか。その問題意識と分析用具，そしてその到達点はどこにあったろうか。以下では，いささか遠回りのようにも思えるが，先行研究を一瞥しておくことにしよう。

3.2.1　先行研究としての建築学的調査

社会学者は自ら物理的環境や建築自体を調べはしない。だから，建造環境自体の変化を見ようとするなら，建築物を直接扱う建築学の先行研究を参照しなければならないことになる。

そこで筆者は，上述の問いを考えるに際して，過去に北海道大学工学部が実施した一連の建築学的調査に着目した。この一連の調査は，小樽市内の運河・色内・堺町地区に存在する200棟を超える建物がどう変化したかを，1981年，1986年，それに1992年の3回にわたって追跡調査したもので，正確には北海道大学工学部建築工学科居住地計画学研究室の3本の卒業論文と修士論文1本，

表 6-1　北大調査：論文名とその調査個票の保存状況

年度	種別	著者名・論文題名	個票
1981	卒業論文	浜田剛徳「歴史的環境の整備に関する研究：小樽市色内地区をケーススタディとして」	×
1986	卒業論文	松下重雄「歴史的町並みにおける景観整備手法に関する研究：小樽市色内通り・緑山手通りの場合」	×
1992	卒業論文	佐藤邦昭・佐伯聡之「小樽市運河周辺地区の町並み変化に関する研究」	△
	修士論文	明円孝一「小樽における景観の変容構造に関する研究：運河周辺地区をめぐって」	△
1993	学会誌論文	明円孝一・他「小樽の歴史的景観の変容構造に関する研究：運河・色内・堺町地区の場合」	--

（凡例）個票欄の記号は，それぞれ，×＝保存されておらず閲覧不可，△＝散逸してしまったため一部分のみ閲覧可能，-- ＝非該当，を意味する。

さらにこの修論をもとに書かれた学会報告論文 1 本の，合計 5 本がそれにあたる（以下，単に北大調査と呼ぶ）。

この北大調査は，表 6-1 にもあるように，1980 年代から 1990 年代にかけて小樽港湾地区の同一地区・同一建物に対して実施されてきたパネル調査である。これ以前にも幾本かの卒論・修論が存在しており，それらを含めるなら，運河論争最初期である 1970 年代からの変化が追跡可能となる[6]。したがって，この一連の調査データは，卒論・修論であるとはいえ，「道道臨港線」建設以前の今は失われた小樽運河周辺地区の景観を精査している第一級資料であるといってよい。

具体的な調査の内容は，小樽市内の特徴的な景観をもつ運河港湾地区（色内 1-3 丁目，港町，堺町）の建物すべてに番号を振り，一棟ごとに調査票を作成し，入り口での聴き取りと建物の現状確認，写真撮影をする，というものであった。調査の便宜上，調査対象全体を A から J までの 10 の地区に分け，A-J 地区全部で 272 棟（1992 年当時）を調べた悉皆（全数）調査である（図 6-2）。1970 年代の論文は例外だが，1980 年代以降は，先行研究の取り扱った建物と

［6］1970 年代終盤に執筆された卒業論文は，〈北大三人組〉のものである。これらの卒論は，保存運動の展開過程のみならず，その理念を跡付け，分析するのに不可欠な資料であるといえるだろう。しかし，ここでの定点観測的資料という意味では，運動参加者へのインタビューなどに焦点をおいた〈北大三人組〉卒論は，異なる視角と資料的意義を持っているように思われる。したがって，ここでは，先行研究には含めないこととする。

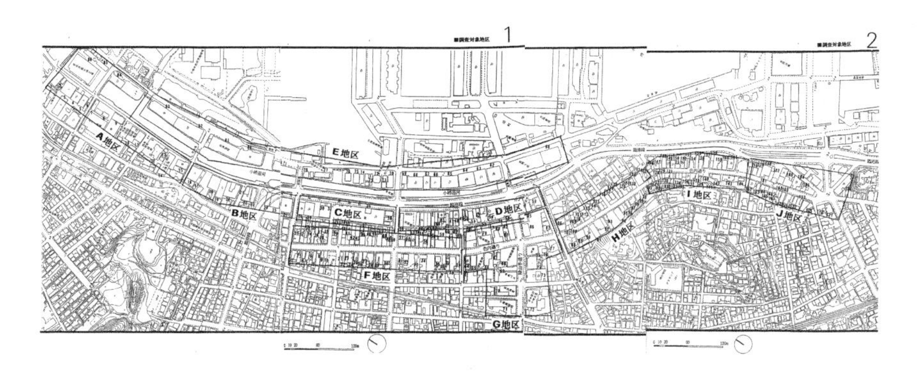

図6-2　明円孝一（1992）における調査対象地区
（出典）明円（1992: 8-9）を堀川がスキャン・縮小して合成。

その番号を踏まえて，常に同じ建物が繰り返し調査されてきている。カラー写真を直に貼り付けた調査個票は，構造や改造箇所，建築様式や部材についての詳細な調査項目と居住者・使用者の生の言葉までが書き取られていて，当該建築物の当時の状況を活写している。

しかし，上記の卒論・修論のベースとなった調査個票は，研究室に保存されていなかったり，あったとしても部分的に散逸してしまっていたりして，完全に再現することが不可能な状況にある。そうした制約があったため，この北大調査データの検討は，個票のセットからではなく，成果としての論文に掲載された集計データをもとに行われざるをえなかった。

このような制約を踏まえてもなお，この北大調査は参照する価値があるように思われる。なぜなら，管見では，同一地点・同一建物の継続追跡調査でこのように長期にわたる研究は，ほとんど見当たらないからだ。1981年度の卒論が1970年代終盤の調査成果をも踏まえていることを考えると，この北大調査がカバーする時間的スケールは，ほぼ20年という長さである。調査票に貼り付けられたカラー写真は色褪せてきているが，その資料的価値は色褪せるどころか，むしろ日ごとにその価値を増しているというべきだ。

なかでも，特に注目されるのは明円孝一の修士論文（明円，1992）である。北大調査の4本の論文のうち，唯一の修士論文である明円（1992）は，当然のことながら，小樽の港湾地区にある建築物の経年変化をとらえた貴重な業績であ

表6-2 明円（1992）における建物「外観変化」の定義

変化の有無	分類	定義（その具体例）
変化なし	変化なし・修理	・何も手が加えられていないもの ・建物を維持するための小規模な修理 （例：屋根の塗り替え，看板の設置・撤去）
変化あり	大幅改修・改造	・規模の大きい修理や改築・全面塗り替え・改修 （例：ファサードの改変，規模の大きい修理など）
	建て替え	・既存建築物を取り壊し，そこに新築したもの
	取り壊し	・既存建築物を取り壊し，何も建築物がないこと （例：空き地，駐車場）

（備考）明円（1992: 15）の記述を，堀川が要約して作表した。

る。浜田剛徳（1981）および松下重雄（1986）のデータと，1992年の現状とを比較しており，筆者の研究に重要な建造環境の変化データを提供してくれているという意味で基礎的重要性をもっていることは言うまでもない。十分に個票が閲覧できないという制約を抱えつつも，詳細な単純集計の表が付されていること，また，その内容と主張は，その後学会大会で報告され，学会誌に掲載されるにいたっている（明円・他，1993）ことから，主要な先行業績として検討すべきものと判断することができる。

しかし，この明円の修士論文には，ある種の「迷い」があるのではないか。端的に言えば，それは変化と景観変容とをうまく統合できなかった，ということではないだろうか。あるいは，何をもって変化とするかについて迷いがあったのではないか，と言い換えてもよい。ここでは，今しばらく，この明円論文（明円，1992）の行論を検討してみることにしよう。

明円の修士論文の目的は，小樽運河周辺地区の「変化の実態，背景を探求し，景観の変容していった構造を見つけ」（明円，1992: 2）ることにあった。より具体的には，「外観変化の実態」（同論文第1章）が考察され，続く同第2章で「建物用途の変容」が分析される。

同論文第1章における「変化」とは，表6-2に示された4種類であり，「建物内部の変化はここでは考慮にいれない」（明円，1992: 15）とされている。表6-2および「建物内部の変化はここでは考慮にいれない」（明円，1992: 15）という記述も加味して判断すると，ここでいう外観変化とは，文字通り，建築物のファサードの改変された程度によって変化／無変化が評価されている。したが

表6-3　明円（1992）における建物「用途」の分類

分類	具体例
一般に自由に行動のできない建物	・倉庫・工場など ・事務所，病院，銀行など
一般に自由に利用できるような建物	・小売り店舗，土産物販売など ・飲食店舗など ・ホテル ・博物館，美術館，ギャラリー，ホールなど
その他	・道路，舗道，オープンスペース ・駐車場，車庫 ・空き地 ・その他

（備考）明円（1992: 42）の記述を，堀川が要約して作表した。

って，建物の全体にわたる改装は「変化」であり，たとえば建物内部の浴室の改築は，その工事が外観に影響を及ぼさないかぎり，「変化なし」ということになる。つまり，建築物の物理的改変のうち，外観に関わる一定程度以上の改変を「変化」と定義しているということだ。

しかし，続く第2章では，「用途変化の実態」が主題化され，「ひとまず外観上の変化──見かけ上の変化をカッコにいれて，建物の用途がどのように変わったかを述べること」（明円，1992: 42）が中心となる。用途の変化を把握するため，明円は，表6-3のように建物の「用途」を3つに大分類している。

表6-3にある「一般に自由に行動のできない建物」という表現は，それ自体としては意味不明だが，下の「一般に自由に利用できるような建物」という表現と対比させてみるなら，当該建物の所有者・占有者以外がその建物内を自由に利用できない（あるいは，利用可能としても極めて限定された利用のみ）という意味と解してよかろう。したがって，ここでの分類の主眼は，建物へのパブリック・アクセスの有無である。

ところが，こうした興味深い分類も，つぎの言明によって論理的には問題を孕んでしまう。そしてこの問題こそ，明円論文にある種の「迷い」というべきものをもたらしているように思われる。以下，簡潔に説明しよう。

明円は「用途を替えるときの建物自体の変化──それを改造形態とすると」（明円，1992: 42），「転用」「建て替え」「取り壊し」の3つに類型化される，としている。「転用」は既存建物が異なる用途に供されるものを，「建て替え」は既存建物を取り壊して新たな建築物を建てることを，そして「取り壊し」は文字通り建物を取り壊してその後が駐車場や空き地になっていることを，それぞれ示している。

しかし，先の「ひとまず外観上の変化 ── 見かけ上の変化をカッコにいれて」と，ここでの「用途を替えるときの建物自体の変化 ── それを改造形態とする」という言明は矛盾する。外観上の変化を観ないという前者の方法的宣言は，後者の「改造形態」に着目するという言明と明らかに矛盾している，と言い換えてもよいだろう。建築物の外観という形態を観ないといっておいて，改造された建築物の形態に着目するというのは，明らかな論理の破綻である。

さらに言うなら，「転用」「建て替え」「取り壊し」の 3 類型は，明円が表 6-3 で分類した基準 ── 建物へのパブリック・アクセスの有無 ── を前提としなくても導き出すことが可能だ。換言すれば，表 6-3 の分類と「改造形態」とは，分類基準としては，論理的に無関係である。つまり，明円論文の第 2 章で「用途」に着目するという新機軸は，十分に論理整合的だとは言い難い，ということである。

では，明円（1992）は，上述の論理的破綻によって，参考にしたり何かを学ぶべきもののない論文として葬り去ってよいものなのだろうか。

そうではあるまい。論理上の問題点を正確に見据えた上で，ここではもう一度，明円が*なぜ*「*用途*」*の変化を取り上げて分析しようとしたのか*を再考してみよう。

明円は，建物の「用途」に着目するにあたって，「実際に一般的な改修・修繕，改造による『景観の変化』よりも，『用途の変化』によって『景観の変化』にもたらされる影響の方が大きく，より深く地区の変容を捉えられると考えられ，さらに大きな背景を探るひとつの手掛かりである」（明円，1992：42，原文ママ）として，用途変化を分析するにいたったとする。何気ない一文だが，私見では，ここでのポイントは，（1）建築の形態変化因を「一般的改修・修繕」と「用途転換」とに分けるということ，（2）そして変化の原因として用途転換を相対的に重視するということ，そして（3）用途転換のパターンの分析，の 3 点であるように思われる。この明円の主張を，小樽運河保存問題が一応の決着を見て，観光客が大量に入り込んできていた 1990 年代前半という時期に位置づけて考えてみるなら，用途転換による大規模な改造こそが，景観変容の主要因であったのではないかという，明示的には語られていないものの明円の明快なまなざしの在処を知ることができる。「観光ブーム」に乗って多くの建物が用途転換され，倉庫街や事務所，卸売業者が主に立地していた地区が，急速に観光地化してゆく「現実」を冷静にとらえて分析しようという明円の潜在的な問題意識こそが，彼の分析フレームを背後から規定していたように思われる。

したがって，その際に重視されたのが，ある年の用途が後年になってどのように転換されていったかを追跡する手法である。こうすることにより，急速に観光地化するという現象が，具体的にどのような用途変換を通して行われたか，どの地区が最も観光地化に「貢献」しているか，そのパターンが析出可能となる。論理の綻びを超えてなお学ぶべき明円（1992）の分析のポイントは，ここにこそあるように思われる。

事実，土地利用の変化を追跡するという点は，この修論をベースに後になって研究室全体で発表された明円・他（1993）に継承されている。もちろん，そこでは明円（1992）において見られた論理の破綻は周到に回避されている。むしろ，外観変化と土地用途転換とは等しく景観変容をもたらす諸要因として並置され，両者の間に因果連関などは想定されず，論文全体として景観変化の包括的な分析となっている。

より詳しく記述するなら，明円・他（1993）では，小樽の「歴史的環境の変貌実態」を6つ列挙し（同論文第2節），その背景と要因について分析して環境変貌の「構造」を描きだす（同第3節）という行論になっているといってよい。つまり，外観変化と土地利用の変化とは，「歴史的環境の変貌実態」を構成する6要素のひとつとして並置され，外観の変化は第1番目の「石造倉庫群の町並みの連続性の喪失」の項で，土地利用の変化については第3番目の「歴史的街区内の空洞化」の項で，それぞれ扱われている（明円・他，1993: 529–531）。結局のところ，小樽の景観変貌をとらえようとする一連の北大調査は，表6-4のような分析を提示するにいたった。

この表6-4に簡潔に示されているように，明円・他（1993）は，「道道臨港線」建設による町並みの連続性が断ち切られたこと，歴史的街区内の主要産業が衰退し，かわって観光産業が急速に台頭してきたことが，景観「変貌」の実

表 6-4　明円・他（1993）の提示する諸論点

■ 変貌実態
1. 石造倉庫群の町並みの連続性の喪失
2. 水辺と市民生活の係わりの疎遠化
3. 歴史的街区内の空洞化
4. 歩行者空間のアメニティの低下
5. 観光客の増加
6. 歴史的建物の再利用の増加
■ 背景・要因
1. 地区内主要産業の衰退による地区の不安定化
2. 「道道臨港線」建設・供用の直接・間接のインパクト
3. 観光客の増大と外部資本の投下という開発圧力
4. 急速な観光への機能転換
5. さまざまな面で環境全体が大きく変化

（備考）明円・他（1993）の記述をもとに，堀川が要約して作表した。

表 6-5　明円・他（1993）における建物現存数（率）：1986 年/1992 年

（単位：棟，％）

	全建物			歴史的建造物		
	棟数		現存率（％）	棟数		現存率（％）
	1986 年	1992 年		1986 年	1992 年	
運河地区	86	57	66%	45	26	58%
色内地区	85	72	85%	25	23	92%
堺町地区	99	90	91%	24	23	96%
全体	270	219	81%	94	72	77%

（出典）明円・他（1993: 529）所収の表 1 を，堀川が一部補足して引用した。
（備考）「現存率」とは，外観の変化・改造・改修などにかかわらず，当該建物が存立しているか，その残存比率を指す。本文中の説明を参照のこと。

表 6-6　明円・他（1993）における建物用途の変化：1986 年/1992 年

（単位：棟）

		以前（1986年の用途）							1992年合計（横計）
		倉庫・工場	事務所	小売店舗	飲食店	美術館等	駐車場・空地	その他	
現在（1992年の用途）	倉庫・工場	3	0	0	0	0	0	0	3
	事務所	1	8	0	0	0	0	0	9
	小売・土産物店	10	8	1	1	1	1	1	23
	飲食店	5	9	0	0	0	0	0	14
	美術館・ホテル等	4	2	0	0	0	0	2	8
	道路・歩道	2	2	0	1	0	0	1	6
	駐車場・空地	13	7	0	0	0	1	1	22
	その他	1	3	0	0	0	0	0	4
1986年合計（縦計）		39	39	1	2	1	2	5	

（出典）明円・他（1993: 531）所収の表 2 を，堀川が一部補足して引用した。

態であるとしている。その要因としては，特に「観光客の増大と外部資本の投下という開発圧力」と「急速な観光への機能転換」が重要な要因であると指摘している。明円論文（1992）の「迷い」は，こうして，明円・他（1993）において景観変化の要因分析として論理的に再整理されたのだ。

つまり，一連の北大調査の根底には，小樽における急速な観光開発が小樽固有の景観を失わせているのではないか，という問題意識があったように思われる。具体的な分析用具としては，運河港湾地区のパネル調査によって景観変貌を跡付け，それを建物の用途転換に着目して分析する，というものであった。そこで鍵となる分析用具（概念）が，建物の残存数に着目する「建物現存率」（表6-5）と，建物の「用途変化マトリクス」（表6-6）である。

前者は，当該地区の建物がどの程度残存しているかを測定したもので，改変の程度などを問わない。ファサードの改変の有無にかかわらず，当該建物の存立の有無のみが計測対象となっている。

後者は，建物用途の変化の内実を明らかにするもので，「x年におけるn棟の倉庫が，翌y年にはo棟になり，用途変更されたp棟は，駐車場へと変化している」といった分析を可能とする（表6-6）。シンプルなクロス集計ではあるが，これによって「急速な観光化」の実態が克明に描かれうることは，明円・他（1993）の大きな貢献というべきであろう。

3.2.2　本書における「変化」：社会学的な概念拡張と用法

筆者は，これまで見てきた一連の北大調査，とりわけ明円・他（1993）の分析視点と方法を基本的に継承し，その後の変化を独自の調査で追跡してきた。より正確に言い直せば，筆者は1997年夏以来，上の北大調査と同一の対象を定点観測的に追跡調査し，小樽の景観変化を明らかにしようと試みてきた。調査対象地区，個々の建物の番号ともに全く同一である（図6-3，表6-7）。

調査にあたっては，法政大学社会学部「社会調査実習」受講生[7]の献身的協力も得ながら，北大調査の調査票と同一のものを作成して使用し，調査項目もほぼ統一して実施した。写真撮影は，カメラ機種ごとの違いや分担作業のため

［7］より厳密に言うなら，学部実習生と実習OB/OGに加え，法政大学大学院社会学研究科および政策科学研究科の院生，さらには京都女子大学の学部生が協力した。

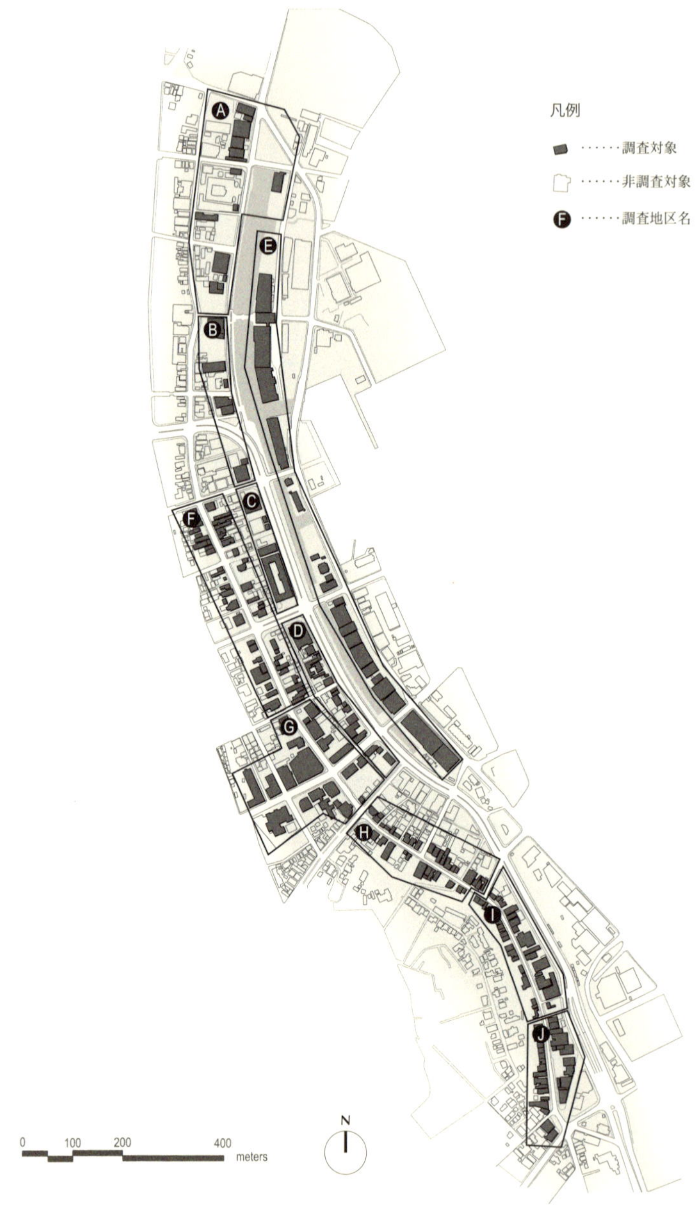

図 6-3　調査対象地区の全体

（備考）筆者作図。

表6-7　筆者による定点観測調査の概要（1997-2016年）

種別	地区	'97	'98	'99	'00	'01	'02	'03	'04¶	'05¶	'06	'07	'08	'09	'10	'11	'12	'13	'14	'15	'16
建物調査	A	○	○	○	□	□	□	□	‥	‥	□	○	○	□	□	○	○	□	□	○	○
	B	○	○	○	□	□	□	□	‥	‥	□	○	○	□	□	○	○	□	□	○	○
	C	○	○	○	□	□	□	□	‥	‥	□	○	○	□	□	○	○	□	□	○	○
	D	○	○	○	□	□	□	□	‥	‥	□	○	○	□	□	○	○	□	□	○	○
	E	○	○	○	□	□	□	□	‥	‥	□	○	○	□	□	○	○	□	□	○	○
	F	‥*	○	○	□	□	□	□	‥	‥	□	○	○	□	□	○	○	□	□	○	○
	G	‥*	○	○	□	□	□	□	‥	‥	□	○	○	□	□	○	○	□	□	○	○
	H	○	○	○	□	□	□	□	‥	‥	□	○	○	□	□	○	○	□	□	○	○
	I	○	○	○	□	□	□	□	‥	‥	□	○	○	□	□	○	○	□	□	○	○
	J	○	○	○	□	□	□	□	‥	‥	□	○	○	□	□	○	○	□	□	○	○
商店街調査	都通り	—#	○	○	□	□	□	□	‥	‥	□	○	○	□	□	○	○	□	□	○	○
	サンモール	—#	○	○	□	□	□	□	‥	‥	□	○	○	□	□	○	○	□	□	○	○

（備考）　□＝筆者による単独調査；　○＝社会調査実習を兼ねて実施他した調査.
＊人員不足で調査を実施できなかった地区.
＃商店街調査は1998年に開始した.
¶筆者の存外研究のため，調査を実施できなかった期間.

もあり，十分に統一は計られていない。しかし，北大グループによるその後の追跡調査が存在しないことを考えると，われわれの調査が唯一のデータといってよく，そのデータには一定の価値があるといってよいだろう。北大調査と筆者のデータをつなぎ合わせれば，ほぼ40年にわたる変化が追跡可能となる。

調査の具体的な実施方法は，筆者単独あるいは調査実習の学生と一緒に小樽市運河港湾地区の建物276棟余と中心市街地内の商店街116店舗を定点観測調査するという，労力が要るものの構成としてはじつにシンプルなものである[8]。しかし，このシンプルな構成には2つのポイントがある。「その場所で」（on site）ヒアリングをすること，「一棟ごとに実査すること」，という2つの仕組みだ。こうした仕組みが，建造環境（built environment）を媒介にして，特定の小地区の歴史を発掘することを可能としているように思われる（堀川，2000a, 2000c，2003；堀川編，1998, 1999, 2000；堀川・森久編，2008a，2009；堀川・深谷編，2012, 2013；堀川・松山編，2016，2017）。

第1は，「その場所で」（on site），すなわち現物を前にしたヒアリングである。現物のモノとしての力に触発されて滑らかに話される住民の方々の語りは，物理的係留点を持っている。抽象化された言辞ではなく，また，通俗化したあ

［8］北大調査では，商店街は調査されていない。これは，「マイカル小樽」出店問題に際して設計・実施された筆者のオリジナルの調査である。商店街調査の分析結果については，本書の目的と異なる部分があるので，別稿を記したい。

りきたりの地域史でもなく，具体的かつ研究室では予想もしなかった（できなかった）多様で豊かな語りを聞くことができる点が重要である。また，運動参加者のみならず当該地区住民全てにヒアリングすることから，運動参画者のみの語りに特化することを防ぐ助けになりうる。運動に参画する積極的な住民のみならず，日々の生活に追われる住民の語りが聞ける点が，極めて重要だ。調査票に書き込まれたこうした語りは，他の語りと比較対照されながら検証され，その中のいくつかのものは，その後のインタビューでの主要トピックへと組み上げられていく。調査実習を履修する学生諸氏の協力を得られた年度の調査時には，深夜にまでおよぶミーティングで，調査したその日のうちに全員の討論にかけられ，その含意や意義，継続して探索すべきテーマが内包されているかなどが議論された。

第2に，「一棟ごとに実査すること」である。すでに述べたように，北大調査の成果と形態を継承することから必然的にこうした調査形態を取ることになったのだが，ここには非常に大きな社会学的可能性が隠されている点を強調しておきたい。ゼンリン株式会社作成の住宅地図だけに頼るのではなく，自ら実査することによって，建物の形態や変更がよく見えてくることは言うまでもない。だが最大のメリットは，むしろ地域社会内でのうわさや評判，所有者の変更や地元企業の「台所事情」といった極めて微細な情報を入手できることである。それはともすると地域社会内のゴシップ話にも聞こえるのだが，その中から，ある喫茶店の経営者が変わったことによって常連客が去り，喫茶店の名前こそ同じであっても，客層や雰囲気が大きく変わってまったく別の店になったという方が適切だといった「変化」が明らかになってくる。あるいは，ある建物が建った経緯や，出資者の出身地の相違によって，その建物の評価が大きく異なってくること，すなわち建物の評価が建築自体によらず，社会的要因に強く規定されていることを明らかにしうるということである[9]。北大調査におけ

［9］ 例えば筆者が指導した実習学生・蔵本侑里恵の分析は，「小樽のために一肌脱ぐ」と屋台村を運河沿いに出店した札幌の菓子メーカーの事例を論じている。この会社が，実際には小樽の建築様式にもそぐわず，実存したこともない「ハリボテ」の「火の見櫓」を建てたことに小樽市民は肯定的評価を下したのとは対照的に，その横に建った全国洋服チェーン店には極めて厳しい批判を浴びせていることを報告している。蔵本は，小樽市の景観条例に合わせて設計変更をした洋服店の店舗を批判し，キッチュというべき火の見櫓を建てた菓子メーカーには好意的評

る建築学的な「変化」の概念からはこぼれ落ちてしまうこうした「変化」をすくい上げることこそ，筆者の社会学的な「変化」調査のひとつの核である。換言すれば，北大調査にみられる建築学的な変化概念によって計測されたものを，社会学的に概念拡張して分析するということになろう。それに伴って，本章においては，以前に報告した景観変化調査の集計および結果（堀川編，1998，1999，2000；堀川，2000a，2000c，2001；堀川・江上，2002；堀川・森久編，2008a，2009；堀川・深谷編，2012，2013）とは異なる方法で集計・分析することになるため，以前の結果と必ずしも一致しない。

以上を踏まえたうえで，ここでの分析は以下のように進められる。

先ず，定点観測で蓄積されたデータの単純集計をもとに，運河港湾地区の地区毎の特性分析を行う。これにより，保存運動が保存せよと主張していた対象が，どのような空間構造を持っているか（いたか），どのように変化しているか（きたか），その基本的トレンドが明らかにされるだろう。また，この分析は，本書第3章での歴史記述を再定義し，補完することになる。つぎに，「景観変化率」と「用途変化率」を比較検討しながら，さらに蓄積されたヒアリング・データも参照しながら，観光開発のインパクトがどのような形をとって顕現しているのかを考察する。その際，北大調査における建物の「用途変化マトリクス」分析を受け継ぎ，変化の実態を解明してゆく。これらの分析を踏まえ，つぎに観光開発と土地所有の歴史分析を試論的に導入して小樽の景観変化についてまとめることにしよう。最後に，観光開発のパラドクスについて論ずる。これによって，小樽運河問題の結果としての景観変化の論理の一端が解明されるはずである。

こうした一連の分析における特徴的な点を，ここで確認しておきたい。

第1には，ここでの分析には，北大調査における「建物現存率」は用いないという点である。繰り返しになるが，北大調査における「建物現存率」とは，建物が1年前と変わらずに残っているかどうかを，当該地区内の総棟数に占める比率で示したものだ。より厳密に定義するなら，*xx/yy* 年における「現存率」とは，改修・外観上の変化などにかかわらず，*xx* 年に存在した建造物が *yy* 年

価を下す小樽市民感情の矛盾を取り上げて論じている。こうした問題設定が可能となること自体が，社会学的な可能性の具体的様相である。堀川・森久編（2009: 44–46）を参照。

にも存立していたかどうかをもとに算出された比率である。建築物自体を対象とする建築学にとっては基礎的に重要な概念ではあっても，都市景観の変化を住民がどう認識し，その変動に呼応していかなる社会的過程を産み出すのかに照準する本書の目的にはそぐわない。また，後述するように，「現存率が高い」ということは「変化率が低い」ことを必ずしも意味しない。現存していることと変化とは別の定義だからである。変化に照準する筆者の立場からは，純粋に建築学的に構造物が存立しているか否かは，当面は問題とならないことから，ここでは用いないこととする[10]。

第2は，「変化」の中身である。本書では，その地区を一番知っているのは，そこに住み，働く人々であるとの立場を取る。ある特定の時間帯にのみ現場に赴き，対象の一瞬をいわば「切り取る」調査とは異なり，そこに暮らす住民は，同じ通りが昼と夜とでいかに様相が異なるか，近隣の人々の息遣い，ゴミの量から，一杯飲み屋に集まる客，近所の商店の品揃えから青空駐車の実態にいたるまでを熟知している（堀川，1998a）。実際のところ，長年にわたる住民からのヒアリングのなかで明らかになってきたのは，住民が地区内の変化に対して非常に敏感で，家族構成から土地の所有／非所有まで，実によく知っているということだ。そうしたヒアリングの中で，若干の外観の改装であっても地域の人々は同じ（すなわち，変化なし）ととらえるケースが見られた。建築学的に見れば改装されているにもかかわらず，変化はないと認識する住民の把握は，本書のような社会学的関心からは「変化なし」とカウントされることになる。このように，本書における「変化」概念は，社会学的に拡張され，かつ社会学的に用いられる，ということである。

以上の方法的特徴と留意点を念頭に，次節では，小樽における観光開発のインパクトを，景観調査のデータから分析していくことにしよう。

---

［10］ 言うまでもなく，このことは，明円・他（1993）の目的と文脈においてこの概念の持つ有効性を否定するわけでは一切ない。むしろ，明円・他（1993）における「建物現存率」概念は，歴史的建造物に分類されうるようなものでさえ取り壊されている小樽の実態を明確に示すために用いられている。したがって，本書の分析とは目的を異にしている，ということに過ぎない。

4. 観光開発のインパクト：小樽は何を失ったのか

4.1 「用途」から見えてくる地区特性

先ずは用途分類の地区別最大値集計表から，小樽の運河港湾地区がどのような空間構造を持っているか，そしてどのように変化してきたか，その基本的トレンドを解析することにしよう（表6-8，表6-9）。すでに述べたように，この分析は第3章での歴史記述を再定義し，補完することにもなるはずだ。

各地区の用途の最大値の推移をトレースしたものが表6-8である。こうすることにより，当該地区が主にどのような用途に用いられてきたかを描くことができる。当該年の最も多い用途がどのように変遷しているか・いないかによって，変化の基本的トレンドを見る，と言い換えてもよい。

A地区は，「1. 倉庫・工場」から「7. 駐車場・空き地・空家」，そして「8. その他」へと変化しており，倉庫・工場街から空地や公園を中心とした地区へと変化したことが明快に読み取れる。後に詳しく見るように，空家や公園（「運河公園」）などの増加は，この地区が空洞化したことを示していると思われる。

つづくB地区は，A地区とは対照的に，「1. 倉庫・工場」の数は半減したものの一貫して「1. 倉庫・工場」街である。しかし，2000年代以降は「7. 駐車場・空地・空家」が増加し，空洞化の様相を呈してきていることが注目される。

C地区は，倉庫街から土産物を販売する小売店舗街へと変貌してきているが，最終的には駐車場や空地が優位を占めるにいたり，やはり，地区の空洞化は覆いがたい状況にある。この地区には有名なオルゴールの土産物を販売する店舗がガラス工房などで多数の観光客を集客していたが，閉店して放置された大型倉庫などもあり，工場の活気も住人の気配もない地区となっている。変動の画期は1998年ごろであった。

D地区は，「2. 事務所」から「4. 飲食店」と「5. 美術館・ホテル」へと地区の顔を変えてきている。事務所街としての特徴はほとんど失われ，次第に美術館・ホテル街へと変化してきていることが理解できる。地区の性格を画する変動の時期は，2000年代後半である。

細長い形状のE地区は，「1. 倉庫・工場」と「2. 事務所」が大部分を占め，「仕事の町」という明確な地区特性をもっていたが，その後，半減する。1990

表 6-8　地区別用途の最大値（1986-2016 年）

地区	1986	1992	1998	2008	2016
A	1	7	7	8	8
B	1	1	1	7	7
C	1	3	3, 7	7	7
D	2	2	2, 5	3, 4, 5	5
E	1	1	1	7	7
F	2	2	2	3	7
G	2	2	2	2, 7	2, 7
H	2	2	3	3	3
I	2	1	3	3	3
J	2	2	3	3	3

表 6-9　小樽市運河港湾地区の地区別「用途」変化の推移：1986-2016 年

ブロック名	地区名	最も多い用途分類	変化の趨勢・内容		備考
			変化前（1986）	変化後（2016）	
運河地区	A	1→7→8	倉庫・工場街	空地・公園	空洞化
	B	1→7	倉庫・工場街		数は減少し，空家化が顕著
	C	1→3→3+7→7	倉庫・工場街	土産物小売店舗街	駐車場・空地の増大
	D	2→2+5→3+4+5→5	事務所街	美術館・ホテル街	事務所機能は激減，観光客向け店舗の増大
	E	1→4→7	倉庫・工場+事務所街	空地・飲食店街	地区南部に現役稼働する倉庫群
色内地区	F	2→3→7	事務所街	空地・観光客向け小売店舗街	駐車場・空地の増大，小売店舗とマンションの増加
	G	2→2,7	事務所街		美術館・ホテル，小売店舗，駐車場・空地も増加
堺町地区	H	2→3	事務所街	土産物小売店舗街	飲食店の激増
	I	2→1→3	事務所街	土産物小売店舗街	観光客向け小売店舗の激増，飲食店も増加
	J	2→3	事務所街	土産物小売店舗街	観光客向け小売店舗の激増，飲食店も増加

（凡例）　1：倉庫・工場　2：事務所　3：小売店　4：飲食店　5：美術館・ホテル　6：道路・歩道　7：駐車場・空地・空家　8：その他

年代終盤になって「4. 飲食店」が台頭してきたものの，閉店するものも現れ，現在は空き店舗化，駐車場化が進行している。地区南部には現役で稼働する倉庫があるものの，倉庫改造による飲食店街化のトレンドが凋落してきていることを読み取ることができる。いずれにせよ，仕事の町は観光客向けの地区へと変化したのだ。駐車場の急増が，それを傍証しているように思われる。

以上のA～E地区をまとめてブロック化して「運河地区」と呼ぶことができるだろう。商港小樽，あるいは本州との移出入および外国との貿易による物資の一大集散地としての機能を受け持った地区がこの「運河地区」で，ブロック内部では空洞化した地区と飲食店街化して観光地へと変貌したものとの二極分化を果たしているように思われる。

では，商港小樽の問屋街機能や金融街を形成していたF～G地区はどうだろうか。この2つをブロック化して「色内地区」と呼ぶなら，それを構成するふたつの地区はどのような変貌を経験してきたのだろうか。

F地区は，一貫して「2. 事務所」街（問屋街）だったが，「3. 小売店舗」も地区内に進出し，一定の比率を維持してきている。これは主に隣接する他地区へ流入する観光客をターゲットにした店舗の出店によるものと思われる。2000年代後半は「7. 駐車場・空地・空家」と，いくつかのマンションが増加している。マンションによる人口増加があったものの，2008年以降はそれを上回る空き家化，駐車場化が生起していることが注目される。

隣接するG地区は，かつて「北のウォール街」と呼ばれた小樽の金融街であり，調査データからも一貫して「2. 事務所」機能が優位であるが，「5. 美術館・ホテル」，「3. 小売店舗」，「7. 駐車場・空地・空家」も増加してきていることが注目される。大手銀行支店の撤退とあわせて考えると，かつての「北のウォール街」は観光客のお土産や宿泊をターゲットとした観光地へと変貌しつつあるといえるだろう。

地理的にも隣接し，かつ同じ一本の道路の両側に細長く展開するH～Jの3地区は，「堺町ブロック」とまとめることが適当だ。では，堺町地区の趨勢はどのようになっていただろうか。

H地区は，「2. 事務所」街から「3. 小売店舗」街へと変化を遂げたことがデータから読み取れる。前者の構成比は54%（1986年）から12%（2003年）と大幅減少しているのに対して，後者は37%（1997年）から47%（2003年）と増加の一途を辿っている。「4. 飲食店」を加えれば，実に地区の約7割が小売店舗と飲食店で占められていることになっている。駐車場の増加を加味すれば，観光客をターゲットとした地区への変貌は明らかだ。

I地区も，展開過程はほぼ同じであるといってよいだろう。1986年時点では，

「1. 倉庫・工場」と「2. 事務所」をあわせて75% であった「仕事の町」は，2003年にはわずかに15% まで減少し，それに比例して，「3. 小売店舗」と「4. 飲食店」の合計構成比は73% へと増加しているからだ。1990年代前半に一時期だけ「1. 倉庫・工場」が優位になったものの，それ以降は一貫して「3. 小売店舗」が優勢である，こうした観光客向け施設の急増は，主に駐車場の転用による再開発によるものであるといってよい。

最後のJ地区も，上述の2地区と同様に観光客向けの地区になってきていることが指摘できる。もともとは「2. 事務所」が大部分の「仕事の町」であったが，1998年以降，最も数の多い用途は「3. 小売店舗」で，それに「4. 飲食店」が続く。両者を合わせれば，構成比は77%（2003年）である。1986年段階で「1. 倉庫・工場」と「2. 事務所」をあわせて85% であったことを考えると，その変貌ぶりは，H〜I地区同様，驚くべきものがある。

以上を要約するなら，運河地区は，空洞化しつつも倉庫・工場街として存続している地区と観光客向けの地区とに二極分解し，色内地区は依然として事務所街として機能しつつも空地や駐車場といった空洞化要素を孕みつつ展開しており，堺町地区は観光客向けの小売店舗・飲食店街へと完全に様変わりした，ということになるだろう（表6-9）。「斜陽の町・小樽」は，「観光都市・小樽」になったのだ。

4.2 何が変化したのか：用途変化率・景観変化率の分析

つぎに，より具体的な変化の内実を明らかにしよう。先ずは用途変化率と景観変化率の推移を，特に観光化の流れの強かったと思われる1997年から2003年までを取り上げて比較してみることにする。

表6-10と表6-11とをみると，用途変化率と景観変化率にほとんど異同がない，すなわち，両者はほぼ同じ値域で推移していることが確認できる。これによって，先行研究の項でも述べたように，明円（1992）の暗黙の仮説――用途転換による改造こそが，景観変容の主要因であったのではないか――は，ほぼ支持されるのではないかと思われる。もちろん，この集計表のみでは統計学的に因果関係は議論できないし，意味ある検定が可能であるわけではないが，小樽という実際の場面に位置づけて考えれば，用途転換が景観変化を生み出して

表 6-10　小樽市運河地区における用途変化率の推移：地区ブロック別用途変化率の 6 時点比較（1997-2003 年）

（単位：棟，%）

			比較年次					
			97/98年	98/99年	99/00年	00/01年	01/02年	02/03年
運河地区	総棟数 (a1)		87	89	89	89	89	89
	変化した棟数	A	1	2	0	0	0	0
		B	1	2	1	0	1	1
		C	1	1	0	0	0	1
		D	1	1	0	2	2	1
		E	0	3	0	0	1	1
		計 (b1)	4	9	1	2	4	4
	用途変化率 (b1/a1)		**4.6%**	**10.1%**	**1.1%**	**2.2%**	**4.5%**	**4.5%**
色内地区	総棟数 (a2)		‥	‥	85	85	87	85
	変化した棟数	F	‥	‥	6	2	7	9
		G	‥	‥	2	1	1	4
		計 (b2)	‥	‥	8	3	8	13
	用途変化率 (b2/a2)		‥	‥	**9.4%**	**3.5%**	**9.2%**	**15.3%**
堺町地区	総棟数 (a3)		102	103	103	103	104	103
	変化した棟数	H	8	4	3	4	6	4
		I	1	1	3	4	2	5
		J	3	4	2	1	1	1
		計 (b3)	12	9	8	9	9	10
	用途変化率 (b3/a3)		**11.8%**	**8.7%**	**7.8%**	**8.7%**	**8.7%**	**9.7%**
全体変化率 ([b1+b2+b3]/[a1+a2+b3]			8.5%	9.4%	6.1%	5.1%	7.5%	9.7%

（備考）　1）「用途変化率」の定義については，本文を参照のこと．
2）「‥」は，非調査対象であったため，データが存在しないことを指す（1997-98年の色内地区〔FおよびG地区〕）
3）「全体変化率」のうち，1997-98年はF-G地区を除いて算出した（[b1+b3]/[a1+a3]）

（資料）　1）1997-1999年データ：1997～1999年度法政大学社会学部・社会調査実習での調査データ（堀川三郎編『小樽市における歴史的環境保存と観光開発』〔法政大学社会学部・社会調査実習報告書，第1巻～第3巻〕，1998～2000年，巻末資料）．
2）2000-2003年データ：2000～2003年度法政大学社会学部堀川研究室による上記1)の補足・追跡調査による調査データ．

いるといっても差し支えないといえるだろう。

しかしながら，両者の微細な差をここで考えておくことは重要である。別言すれば，用途変化と景観変化とが一致しないケース（「用途変化≠景観変化」）は，いかなる場合だろうか。調査結果一覧表をつぶさに眺めるなら，建て替え，商店が閉店して放置されるケース，小売店の閉店後を改装などをせずに在庫倉

表 6-11　小樽市運河地区における景観変化率の推移：地区ブロック別景観変化率の 6 時点比較（1997-2003 年）

（単位：棟，%）

			比較年次					
			97/98年	98/99年	99/00年	00/01年	01/02年	02/03年
運河地区	総棟数 (a1)		87	89	89	89	89	89
	変化した棟数	A	1	2	0	0	1	0
		B	1	0	1	0	1	1
		C	1	0	0	1	1	0
		D	1	0	0	2	2	1
		E	0	3	4	4	1	1
		計 (b1)	4	5	5	7	6	3
	景観変化率 (b1/a1)		**4.6%**	**5.6%**	**5.6%**	**7.9%**	**6.7%**	**3.4%**
色内地区	総棟数 (a2)		‥	‥	85	85	87	85
	変化した棟数	F	‥	‥	7	3	8	6
		G	‥	‥	1	1	1	1
		計 (b2)	‥	‥	8	4	9	7
	景観変化率 (b2/a2)		‥	‥	**9.4%**	**4.7%**	**10.3%**	**8.2%**
堺町地区	総棟数 (a3)		102	103	103	103	104	103
	変化した棟数	H	5	3	4	3	3	7
		I	2	2	5	4	2	5
		J	1	5	1	1	2	1
		計 (b3)	8	10	10	8	7	13
	景観変化率 (b3/a3)		**7.8%**	**9.7%**	**9.7%**	**7.8%**	**6.7%**	**12.6%**
全体変化率 ([b1+b2+b3]/[a1+a2+b3]			6.3%	7.8%	8.3%	6.9%	7.9%	8.3%

（備考）　1）「景観変化率」の定義については，本文を参照のこと．
2）「‥」は，非調査対象であったため，データが存在しないことを指す（1997-98年の色内地区〔FおよびG地区〕）
3）「全体変化率」のうち，1997-98年はF-G地区を除いて算出した（[b1+b3]/[a1+a3]）

（資料）　1）1997-1999年データ：1997～1999年度法政大学社会学部・社会調査実習での調査データ（堀川三郎編『小樽市における歴史的環境保存と観光開発』〔法政大学社会学部・社会調査実習報告書，第1巻～第3巻〕，1998～2000年，巻末資料）．
2）2000-2003年データ：2000～2003年度法政大学社会学部堀川研究室による上記1)の補足・追跡調査による調査データ．

庫として転用する場合，飲食店の更新（例：すし屋 A →すし屋 B，定食屋→すし屋），分割して新用途が加わったケースなどがあることに気がつくだろう。こうして，建築学的な意味での外観に変化がなくとも，地区としては空洞化しているといった変化が見えてきたことになる。すなわち，小樽では用途変化と景観変化がほぼ同じ程度で生起していること，用途転換が景観変化の大きな要

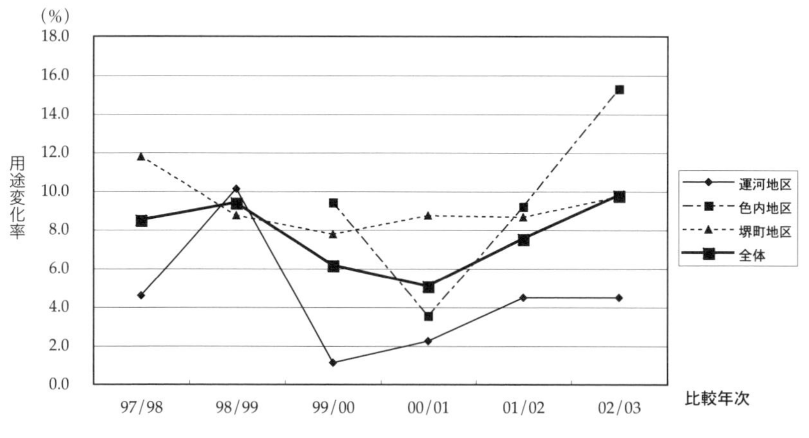

図 6-4　地区ブロック別用途変化率の推移（1997-2003 年）

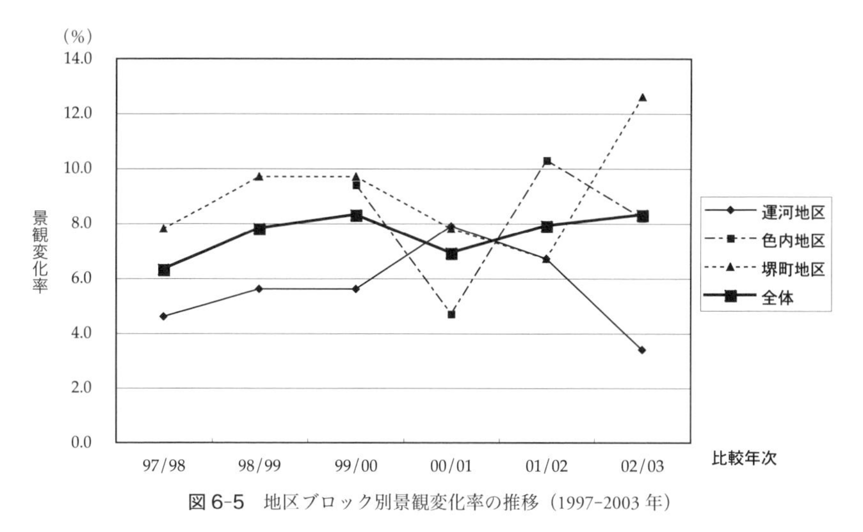

図 6-5　地区ブロック別景観変化率の推移（1997-2003 年）

因のひとつらしいこと，地区内の空家・空地化傾向が顕著なこと，が見えてきたということである。

　では，これをブロック別に見てみよう。用途変化率（図 6-4）では，全体平均を常に上回っているのは堺町地区であり，逆にほぼ常に下回っていたのは運河地区である。色内地区は 2000 年代に入ってからの用途変化が顕著である。ブロック別の景観変化率（図 6-5）を見てみるなら，全体平均をほぼ常に上回っているのは堺町地区であり，運河地区が下回っていることも，用途変化率の場合と同様だ。色内地区は変化の高低を繰り返している。これが意味することは何だろうか。

運河地区は，艀荷役の終焉とトラック物流の台頭，「道道臨港線」の建設による倉庫の取り壊し，倉庫の埠頭への移動といった要因で産業構造が激変した。倉庫が倉庫として機能しなくなり，放置され，やがて取り壊されていくという循環を経て，この地区は倉庫の約 3 分の 1 を失ったことになる。倉庫の切妻屋根が連なる小樽独特の景観は，失われてしまったといってよい（明円・他，1993）。ほとんど観光客が訪ねることのない運河北浜（A–C 地区）では，新規の土産店の出店もなければ，廃業になった倉庫の再利用もほとんど進んでいない。運河北端の「運河公園」の整備も完了した 2000 年代初頭，運河地区に大きな景観変化は起きていなかったことが，この景観変化率 3.4%，用途変化率 4.5% という数字から理解されよう。

F–G 地区からなる色内地区は問屋街，銀行街として形成されてきた。一貫して事務所街としての性格を保持しているのは，銀行などの大型建築物に行政や大手資本による改修などが入り，比較的，変動が少なかったからだと判断してよい。2001 年以降，用途変化率が上昇を続けていることは，観光客向けの転用事例が増加していることを指し示していると言えようが，小樽市の歴史的建造物に指定されている建築物が多く，転用による外観変動はそのことによって低く抑えられているように思われる。

「北一硝子」「ルタオ」といった全国的知名度の高い企業の店舗が立地する堺町地区は，1986 年以降，急激に観光客が集まることになり，それによって大きな変化を経験してきた地区である。やはり問屋機能の集中していた堺町には木造で小型の建築物が密集しており，それらはファサードの改修程度で土産物・物販店への転換が可能であることから，一気に観光化の波に洗われたと考えてよい。また，データは 2000 年代の小樽の景観変化の主要な舞台が堺町地区であることを物語っている。実際，フィールドワークや建物調査での聴き取りで得た「土産物屋が林立している」「土産物観光」「出島観光だ」といった地元住民の発言はほとんどすべて，この堺町地区を指していることが，それを裏付けていよう。実際に，小川原格も，「堺町，運河，この辺だけに 600 万

〔人；1999年当時〕の観光客が来て，完全に，観光出島化している」（1999年8月31日，小樽市内での小川原格へのヒアリング；〔　〕内の補足は引用者による）と述べている。大量の観光客が入り込み，短時間で「すし」と「土産物」を消費し，市民と接触なく帰ってゆく堺町を，長崎の出島になぞらえていること，そしてそれが極めてネガティブなものとして語られていることが印象的である。

こうした印象は，小川原一人の個人的感想ではない。小樽商工会議所の副会頭を経験し，その後保存運動に理解を示していった大野友暢も，次のように語っている：

> そして，ここ〔この通りを〕下がったオルゴール堂の向かいに「銀の鐘」かな，その向こうに回転寿司ってのができた。あれはもう本州の方がやってるんですけど。とにかく1回行って，地元の人は〔もう〕行かないですね。観光客は分からないから，ああなんかこれはいい格好だなって入ってね，飲んでみたり食べてみたり。それで，これなら〔こんな程度のすしなら〕と思うと，二度と食べに来ないし，二度と来ようって気にならないでしょ。そうしたらやっぱり，もっと小樽の観光を考えていかないと，どこにでもある観光，お土産，観光になってしまったらね，ダメじゃないかなと思ってますけどね。せっかくユニークな町ですから，ユニークな活用の方法を考えてほしいなと思いますけども。（1997年9月3日，小樽市内での大野友暢へのヒアリング；〔　〕内の補足は引用者による）

先の小川原の語りでは「観光出島化している」と同様の用法として「安物土産観光」（第5章参照）というものが出てくるが，ここで引用した元商工会議所副会頭・大野の「お土産観光」という用法も，ほぼ同じ意味あいと理解してよいだろう。

こうした「観光出島化」「お土産観光」への違和感は，例えばつぎのような語りにも現れてきている：

> 〔19〕90年はじめくらいに，観光が増えてくるにつれて，本当にこれはおかしい，という気持ちはあった……，もう，すごく違和感を感じましてですね，堺町とかもそうですけれども，小樽の〔元・保存運動のリーダーの〕峯山さん

> とか「なんかおかしいね，これは。こんなことじゃ，いけないわ」とか，しょっちゅう言ってましたけれども，ほんとに違和感，感じたんですよね。(1999年9月1日，札幌市内での柳田良造，石塚雅明，森下満へのヒアリング中の柳田の発言；〔 〕内の補足は引用者による)

小樽全体の観光化への違和感について語る中で，唯一，具体的に言及されている地区名が堺町であることが注目される。

こうした事態を，元運動のリーダーであり，かつ，観光誘致促進協議会のメンバーという形で引き続き小樽のまちづくりに関わり続ける山口保は，以下のように語る：

> 小樽の観光〔は，観光政策なしの〕野放しで10年経ったんですよ。で，おいおいっていう間に100万から去年〔1997年〕は600万人来たんやな。大観光都市になっちゃったわけですよ。で，見てみると，完璧に北一硝子の周辺は，堺町は，北一〔硝子〕さんの小判鮫商法でね，何でも蟹は売るわメロンは売るわなと，下品な店が出来まくると。で，一応，〔景観条例による規制の〕網はかけたけど，建物の外観に関する網はかけたから変な建物はできんと。けど，商売はなにやってもいいってことになっとりますから，だからまあ，僕はそういうことがおもしろう無いし，基本的にその点に〔問題点が〕あるわけで，出島観光で他はしらんよということになっとりますから。何とか面的な広がりを持ったね，もっとその情緒のある観光都市にしたい，とは思っとるわけ。(1998年9月4日，小樽市内での山口保へのヒアリング；〔 〕内の補足は引用者による)

ここでも，期せずして「出島観光」という用語が出てくること，そして具体的な地名として堺町がでてきていることが重要である。色内地区でも一定の用途変化があったにもかかわらずほとんど言及されないのは，恐らく，銀行・官庁建築が主流をなす「北のウォール街」では，市の歴史的建造物指定のかかったものが多く，景観変化が著しく制限されているからであると思われる。

では，用途はどのように変化していったのだろうか。明円・他(1993)にならって，変化マトリクスを作成して，具体的にどのような変化の内実があった

表6-12a　建物の「用途変化マトリクス」：1986/1992年（A-J 全地区）

（単位：件）

	1986年用途								1992年計
	倉庫・工場	事務所	小売	飲食	美術館・ホテル	道路・歩道	駐車場・空地	その他	（横計）
1992年用途 倉庫・工場	51	0	0	0	0	0	0	0	51
事務所	2	97	0	0	0	0	0	3	102
小売	11	14	22	0	0	0	1	3	51
飲食	5	5	0	4	0	0	0	1	15
美術館・ホテル	2	3	0	0	3	0	1	1	10
道路・歩道	2	2	0	1	0	0	0	1	6
駐車場・空地	14	15	1	0	0	0	4	0	34
その他	1	2	1	0	0	0	0	15	19
1986年計（縦計）	88	138	24	5	3	0	6	24	***288***

（資料）　1986年および92年データ：北海道大学工学部建築工学科居住地計画学講座が実施した悉皆調査（明円，1992；明円他，1993）を堀川が補訂したもの。

（備考）　1) 補訂・再集計したため，必ずしも合計（縦計，横計）は1992/98のそれと一致しない。

2) 複数用途がある場合は，下記のように集計した：

「飲食店」→「飲食店＋駐車場」：「飲食店→飲食店」1件，「飲食店→駐車場」1件としてカウント

「飲食店＋駐車場」→「飲食店＋駐車場」：「飲食店→飲食店」1件，「駐車場→駐車場」1件としてカウント

「飲食店＋駐車場」→「駐車場」：「飲食店→駐車場」1件，「駐車場→駐車場」1件としてカウント

3) 1986年に存在せず，その後建築されたものについては集計対象から除外したが，既存建物内の新設は対象に含めた。

のかを見てみることにしよう。

表6-12aは，北大調査の結果を筆者が補訂して作表したものである。1986年当時，138棟あった事務所のうち，1992年調査の時点で同じ事務所に用いられていたのは97棟であった。変化した41棟は，大部分が小売店舗（14棟）と駐車場・空地（15棟）へと変わっていったことが読み取れる。同様に，88棟あった倉庫・工場のうち，やはり大部分が小売店舗（11棟）と駐車場・空地（14棟）へと変わっている。その変化は，関係者のみがアクセスできる事務所・倉庫群のほぼ4分の1が，一般人のアクセス可能な小売商店と駐車場・空地へと変貌したことを示している。

表6-12bは，北大調査最後のデータとそれを継承した法政大学データによる変化マトリクスである。建物や店舗の増減があるので，必ずしも前表と数字が一致しない部分があるが，表を読み下してみよう。1992年当時に104棟あった事務所のうち，1998年調査時に同じ事務所に用いられていたのは65棟と，

表 6-12b 建物の「用途変化マトリクス」：1992/1998 年（A-J 全地区）

（単位：件）

	1992年用途 倉庫・工場	事務所	小売	飲食	美術館・ホテル	道路・歩道	駐車場・空地	その他	1998年計（横計）
1998年用途 倉庫・工場	30	2	3	0	0	0	0	0	35
事務所	1	65	2	0	0	1	4	1	74
小売	9	19	37	0	0	0	1	2	68
飲食	8	4	3	13	0	0	3	3	34
美術館・ホテル	1	0	2	0	10	0	2	0	15
道路・歩道	0	0	0	0	0	5	0	0	5
駐車場・空地	3	13	4	0	0	0	19	2	41
その他	2	1	0	1	0	0	0	11	15
1992年計（縦計）	54	104	51	14	10	6	29	19	***287***

（資料） 1992年データ：北海道大学工学部建築工学科居住地計画学講座が実施した悉皆調査（明円，1992；明円他，1993）を，堀川が補訂したもの。
1998年データ：法政大学社会学部「社会調査実習」（主宰＝堀川三郎；1997-1999年度）が実施した悉皆調査（堀川編，1999）の結果を，堀川が補訂・再集計して作表したもの。

（備考） 1) 補訂および物件増加のため，必ずしも合計（縦計，横計）は1986/92，1998/03のそれと一致しない。
2) 複数用途がある場合は，下記のように集計した：
「飲食店」→「飲食店＋駐車場」：「飲食店→飲食店」1件，「飲食店→駐車場」1件としてカウント
「飲食店＋駐車場」→「飲食店＋駐車場」：「飲食店→飲食店」1件，「駐車場→駐車場」1件としてカウント
「飲食店＋駐車場」→「駐車場」：「飲食店→駐車場」1件，「駐車場→駐車場」1件としてカウント
3) 1992年に存在せず，その後建築されたものについては集計対象から除外したが，既存建物内の新設は対象に含めた。

表 6-12c 建物の「用途変化マトリクス」：1998/2008 年（A-J 全地区）

（単位：件）

	1998年用途 倉庫・工場	事務所	小売	飲食	美術館・ホテル	道路・歩道	駐車場・空地	その他	2008年計（横計）
2008年用途 倉庫・工場	17	0	1	0	0	0	0	1	19
事務所	1	43	1	0	0	0	0	1	46
小売	7	13	58	6	0	0	8	2	94
飲食	5	8	3	27	2	0	8	3	56
美術館・ホテル	1	2	1	0	13	0	0	0	17
道路・歩道	0	0	0	0	0	4	0	0	4
駐車場・空地	8	7	6	5	2	2	24	1	55
その他	0	3	1	0	0	0	8	11	23
1998年計（縦計）	39	76	71	38	17	6	48	19	***314***

（資料） 1998年データ：法政大学社会学部「社会調査実習」（主宰＝堀川三郎；1997-1999年度）が実施した悉皆調査（堀川編，1999）の結果を，堀川が補訂・再集計して作表したもの。
2008年データ：法政大学社会学部堀川三郎研究室が実施した悉皆調査。

（備考） 1) 補訂および改装等による既設建物内での物件増加等があるため，合計（縦計，横計）は必ずしも1992/98のそれと一致しない
2) 1998年に存在せず，その後建築されたものについては集計対象から除外したが，既存建物内の新設は対象に含めた。

表6-12d　建物の「用途変化マトリクス」：2008/2016年（A-J全地区）

（単位：件）

		2008年用途								2016年計（横計）
		倉庫・工場	事務所	小売	飲食	美術館・ホテル	道路・歩道	駐車場・空地	その他	
2016年用途	倉庫・工場	17	0	0	0	0	0	0	0	17
	事務所	1	32	1	0	0	0	3	0	37
	小売	2	2	80	4	1	0	7	1	97
	飲食	0	1	7	50	2	0	4	0	64
	美術館・ホテル	0	0	1	0	13	0	1	0	15
	道路・歩道	0	0	0	0	0	4	0	0	4
	駐車場・空地	1	8	5	4	1	0	37	2	58
	その他	0	4	2	0	0	0	4	20	30
2008年計（縦計）		21	47	96	58	17	4	56	23	***322***

（資料）　2008年データ：法政大学社会学部堀川三郎研究室が実施した悉皆調査。
2016年データ：法政大学社会学部堀川三郎研究室が実施した悉皆調査。

（備考）　1) 補訂および改装等による既設建物内での物件増加等があるため，合計（縦計，横計）は必ずしも1998/2008のそれと一致しない。
2) 2008年に存在せず，その後建築されたものについては集計対象から除外したが，既存建物内の新設は対象に含めた。

ここでもほぼ半減しており，変化した39棟はやはり小売店舗（19棟）と駐車場・空地（13棟）へと変わっていった。54棟あった倉庫・工場は，9棟が小売店舗へ，8棟が飲食店といった用途へと変化している。具体的な変化箇所を見れば，これらの変化は観光客向け施設への転用であることは明らかである。

1998年と2008年とを比較した法政大学データによるマトリクスが表6-12cである。上と同様に表を読み下せば，1998年当時に76棟あった事務所は43棟を残すのみで，他は小売・飲食ないしは駐車場へと転用されている。倉庫や事務所が観光客向けの小売店・飲食店に転用され，それ以外は駐車場化されていくという基本的な趨勢に変化はないが，小売の増加が顕著で注意を引く。

変化マトリクス表の最後が表6-12dで，2008年から2016年への変化を示したものである。21棟まで減少していた倉庫・工場の変化は少なく，17棟が用途変更なく現存している一方で，駐車場や空き地などが小売店舗や飲食店，事務所へと転用されている動きが見てとれる。

既述の4つのヒアリング・データ，明円・他（1993）のデータ，景観変化率と用途変化率とを考えるなら，つぎのように小括することができるように思われる。

すなわち，1980年代の景観変容は主に運河地区と堺町地区で生起しており，色内地区には外観という意味では大きな変化はなかった。そして，運河・堺町地区での変容は，主に石造倉庫群の取り壊しによる駐車場化や，大幅改修による土産店化・飲食店化であった。また，1990年代後半の変化は運河地区，とりわけD-E地区で生起しており，2000年代以降の景観変容の「震源地」は堺町地区で，観光客を対象とした土産店化が著しいこと，小樽は「運河のまち」として観光ブームに沸いているにもかかわらず，観光資源である当の歴史的建造物の外観と用途が変化し，結果的に景観が大きく変化していることが特徴としてあげられるだろう。マトリクス表の分析からは，変化の中身が二極化しており，一方は観光客向けの土産店化・飲食店化の流れであり，他方は前者に付随するものとしての駐車場化・空地化の趨勢である。後者は，状況に応じて新たな店舗建設の種地となってきていた。いったんは減少したものの，2012年以降に盛り返した巨大な観光入り込み数が，こうした景観喪失傾向を見えにくくしているに過ぎない。

以上，見てきたように，本項での分析結果を端的に表現するなら，観光都市化した小樽の景観が，意外にも大きく変貌している様であったといってよいだろう。「運河と石造倉庫」という観光地・小樽のイメージとは裏腹に，倉庫は一貫して減少してきている。小樽固有の景観が失われていきつつあることを，この調査データは静かに，だが確かに，語っているのだ。

4.3　土地の来歴：観光開発と土地所有の変遷過程

前項までで小樽港湾地区における観光開発の趨勢が明らかになったとするなら，つぎに問わねばならないことは，観光開発に供された土地の来歴はどのようになっていたのかである。行政と住民運動が，運河周辺地区の景観をめぐって対立しているとき，その前提として，土地がどのように所有され，あるいは処分されているのかを踏まえずして，十全に変化を語ることは出来ないのではないかと思われるからだ（堀川，2008a）。

4.3.1　先行研究と社会学的可能性

都市の土地所有構造の実態調査から，都市問題や都市政策，あるいは都市の歴史を分析しようとする先行研究は，その必要性に反して意外に少ない。名武なつ紀も指摘するように，「日本における都市部の土地所有については，近世と高度成長期以降が主要な研究対象とされ，明治維新から戦後復興期までの展開に関しては数点の業績が残されているばかり」（名武，2007：4）であるのが現状だ。その理由は，日本経済史では都市部ではなく，農地が主要な研究対象であったこと，戦後の土地問題では大企業の土地取引にのみ関心が集中し土地所有構造全般は対象とならなかったこと，そして資料的制約があったこと，の3点があげられるだろう（名武，2007：4-5）。

数少ない先行業績の中で，筆者のように特定都市の景観変化とそれをめぐるガヴァナンスに関心を寄せる者にとって注目されるのは，東京大学社会科学研究所編（1952，1968），岡本哲志（2003），法政大学大学院エコ地域デザイン研究所・日本の港町研究会編（2005），名武（2007）といったいくつかの労作である。それぞれに扱う範囲や対象を異にするものの，いずれも土地の所有構造を実査や資料で精確に跡付け，都市がどのように変動してきたかの基礎的資料を提供する貴重な学的貢献であるということが可能である。物理的存在である建物と土地，そして両者を根底において規定する土地所有という制度に徹底的に内在してデータを積み上げることによって，活き活きと都市を描いていくことが，こうした諸業績の特徴であるといってよい。

先行研究の中身を具体的に見てみよう。

例えば，東京大学社会科学研究所編（1968）は，土地，建物，世帯の3つについて，先行する東京大学社会科学研究所編（1952）で取り上げた東京都台東区竹町内の小地区を事例とし，1948年から1964年までの合計4回にわたり地区内の悉皆（しっかい）調査を行っている。その結果，不在地主の構造や持家・借家の変遷が克明に記録され，地主と「間借人」がどのように分布し，その構造がやがてどのような再開発を帰結したのか，静かに浮かび上がらせている（東京大学社会科学研究所編，1968：3-24）。

また，岡本哲志の手になる東京・銀座の研究は，ヨーロッパ諸都市の規則的な町並みの秩序と日本の銀座の町並みの相違への着目がひとつの起点となっている。敷地と建物との関係が相対的に明確な西欧都市と比べ，規則性がないように見える銀座の空間を前にして，岡本は「『西洋とは違い，土地が日本の都市の空間を規定しているのではないか』という別の考え」（岡本，2003: 5）から，土地所有の変遷を徹底して追跡するにいたる。彼のその後の一連の都市研究はこうした関心から行われていく。岡本（2003）は，こうした観点から分析を始め，その結果として，例えば，1912 年頃に「銀座が水辺や大名屋敷のある武家地に向けられていた都市構成から，銀座通りを軸にした街へと大きく変化した」（岡本，2003: 89）のではないかと述べる。具体的な土地所有と移転を時系列に丹念にフォローしたからこそ，このような具体的記述が可能となることに改めて注意を喚起しておきたい（岡本，2003: 89-92）。「個別具体的なレベルで分析を進める意義は，未だ日本における都市部土地所有の展開に関しては，基礎的な事実関係すら明らかになっていない」（名武，2007: 2）とされる現在，例示した東京大学社会科学研究所編（1968）と岡本（2003）の先駆性は，注目に値する。

したがって筆者は，直接には東京大学社会科学研究所によってなされた 2 つの実証研究や，岡本（2003），名武なつ紀（2007）という透徹した先行研究に学びながら，小樽における土地の変遷を跡付けることを試みる。

社会学の側からこうした分析を行うことの意義は住民意識とそのズレを明らかにする可能性があるからだ。すでに見た 277 棟の建造物の定点観測によって得られた景観変化データと筆者の長年のヒアリング調査データとは，相補いながら，都市景観の変化を明快に語ってくれる。小樽の観光開発の足取りを明確に跡付ける土地所有データと，それと微妙なズレを見せる住民意識は，補正すべきズレ，あるいは誤差というより，**このズレ自体が何を語るのか**と問うべきポイントであろう。土地所有と住民意識のズレを「解読」しようとする戦略こそ，経済史や建築史には回収されない，社会学的研究の一つのあり方を示している。

4.3.2　対象地区とデータ

ここで対象とする地区は，市港湾部に位置する堺町地区（旧町名は「港町」）である。すでに見たように，もともと職住が混在した地区で，港湾商業都市・小樽において重要な役割を果たしてきた場所である。先に触れた定点観測によれば，この地区が最も建物変化率が高く，観光化圧力によって都市景観が大きく変化してきている。

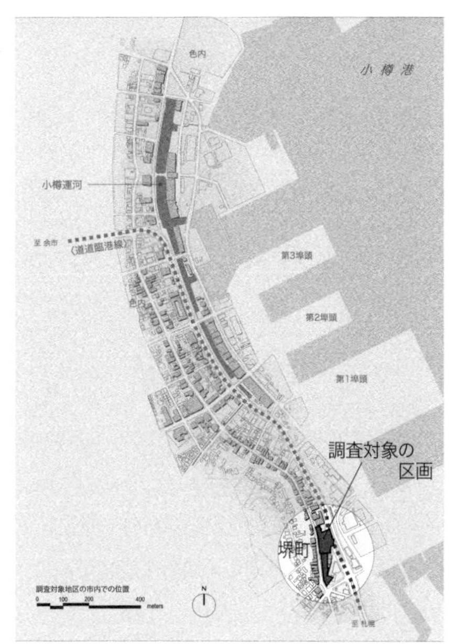

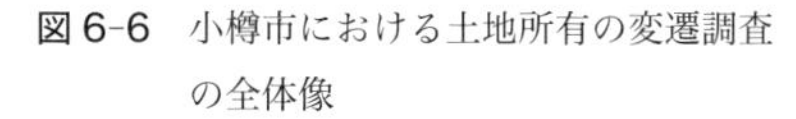
図6-6　小樽市における土地所有の変遷調査の全体像

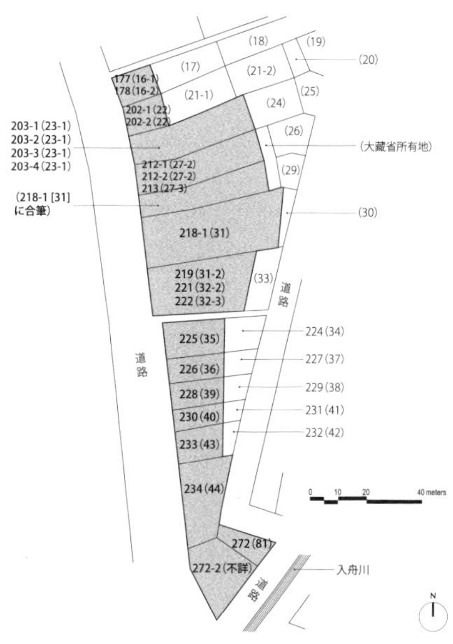

図6-7　土地所有の変遷調査：対象地区の詳細
(典拠)　札幌法務局小樽支援局備え付けの公図（「地図に準ずる図面」）をもとに，堀川が作図。
(備考)　公園は，尺貫法・旧所在・旧地番による表示。
(凡例)　数字は現行の地番を，(　) 内は旧地番を，それぞれ示す。「堺町225番」は，旧地番では「港町35番」となる。

では，土地所有構造から見たとき，この地区はどのようにして問屋の業務空間から観光客相手の商業空間へと変化してきたのだろうか。

筆者はまず基礎的作業として，当該地区の最南端にある「オルゴール堂」前交差点に接する一角の22筆の土地について歴史的変遷のデータを蒐集した（図6-6，図6-7）。データは，札幌法務局小樽支局における登記簿，閉鎖登記簿，土地台帳，および公図[11]の複写・閲覧によって入手した。また，当該地区の土地所有関係を示す歴史的資料として，長野啓太・丸藤宇三郎編（1916），丸藤宇三郎・若松貞朗編（1920），佐藤定編（1927）の3冊も活用した。これらは，

[11]　札幌法務局小樽支局において複写した1924年10月作成の図面による。ただし，1976年4月に新たに登記された堺町272-2番地は記載されていないため，これについては，地番図などで補って記載した。

土地の所有と移転を跡付ける上で貴重な手掛かりを与えてくれる。これにより，1889（明治22）年から1990年代までの一応の土地所有関係が把握されたことになる。その集計結果は，表6-13および表6-14に示した。

4.3.3　データと言説のズレ：都市神話としての外部資本

表6-13から直ちに読み取れることは，地区内の土地所有が，個人から法人所有へと変化してきているということだ。現在のところ，地区内22筆は，ほとんどすべて，法人所有である（cf. 表6-14の網掛部分）。

つぎに個人から法人へと所有権が移転した時期を見てみるならば，1920年代にひとつのピークがあり，もう一つは1940年代から60年代にかけてである。個人経営の小型商店や問屋の土地が，銀行や大きな法人の所有へと移転したことによるものと思われる。

法人所有になった土地は，その後地元有力企業へと集中し，観光産業関連が軒を連ねる地区へと変貌していく。地元有力企業・北一硝子は，22筆中，実に11筆を所有するにいたっている。この企業は主力のガラス製造・販売の他に，観光客向けのレストランや土産物店，体験ガラス工房などを開店させている。つまりこの地区が，問屋の業務空間から観光客相手の商業空間へと変化してきたということである。その土地取得時期は，1984年から86年がピークだ。これは，長く小樽を二分した「小樽運河問題」が終結し，小樽が観光都市として脚光を浴びた時期と一致している。「小樽観光元年」ともいえるこの時期から観光関連産業の動きが活発化し，観光入り込み数が激増していくわけだが，そうした動きの起点が，この土地所有権の移転からも傍証されているように思われる。

今度は，土地所有を地元／外部と区分けして集計すると，上と同様，地区の80％以上は地元企業によって所有されている（地元18筆，外部2筆，小樽市所有2筆）。法人所有化の内実は，地元資本への集約化だったのである。

しかし，筆者の定点観測調査の際に，あるいはインタビュー調査の際に頻繁に聞かれる嘆き――堺町は，もう，私たち市民のものではなくなってしまった，あそこで稼いでいるのは札幌や東京の外部資本だ――は，このデータと矛盾するのではないか。80％もの土地が地元資本の所有であり，その大半は地元小樽で創業した優良企業である北一硝子が所有しているという事実は，「『外部資本』が勝手に商売をして稼いでいる」という言説[12]とは，正反対である。にもかかわらず，こうした言説が真実として広く信じられている。この矛盾はどう理解したらよいのか。

真実と異なる物語が，いわば犯さざるべき聖なる物語として信じられているという意味で，これはまさに神話である[13]。だから，ここでは「堺町外部資本神話」と呼ぶことにしよう（堀川，2013a）。

では，なぜ「堺町外部資本神話」は成立したのか。その神話から，保存運動以後の小樽市民の意識の一端が読み取れるのではないか。

繰り返すが，小樽の観光開発の足取りを明確に跡付ける土地所有データと，それとズレを見せる住民意識は，補正すべきズレ（あるいは誤差）というより，このズレ自体が何を語るのか，解読すべき重要な論点を示している。神話を事実無根と断じるのではなく，むしろそこに表出されている地域社会の社会観を読み解くことが目指される，ということだ[14]。

その神話自体は，人々の意識水準だけでなく，広く社会的に共有され再生産され続けている。例えば『北海道新聞』も報じるように，堺町の業者は，ほとんどが市外・道外で，堺町で勝手な商売をして地域に責任を持っていないし，小樽の税収にもつながっていないとする。さらに「9割は市外資本」と記事中で明確に報じている（『北海道新聞』小樽市内版，2007年3月17日朝刊16版32面，および3月29日朝刊16版31面）。神話が存在することの証左である。

しかし，先に指摘したように，筆者による土地所有調査データから，8割は

---

[12]　さらに，地元で聞かれる嘆きには，まちづくりの労を取った者が相応の報償を受けてしかるべきなのに，それ以外の者が報償を受けていることへの反発が含まれているように思われる。こうしたセンチメントは，保存運動を担ったり支えた者たちには正統性があり，何もしなかった者には正統性がない，という強い規範意識の存在をうかがわせる。

[13]　神話の構成要件は，（1）事実であるかどうかではなく，真実であると見なされていること，（2）そしてそれが，真偽を問うてはならない「聖なる物語」である，の2点であろう。堀川（2013a）を参照。なお，筆者の指導した調査実習生の福留知佳もこの「堺町外部資本神話」について分析している。堀川・深谷編（2012: 59-78）も参照せよ。

[14]　以下に提示する議論のアイディアは筆者のものであるが，その彫琢には，筆者が主宰する社会調査実習での議論が大きく関わっている。共に議論をしてくれた2012年度実習T. A.の深谷直弘氏，それに履修学生の佐々木健太，向中野一樹の両氏に，記して感謝したい。

表 6-13 小樽市堺町地区における土地所有の変遷：

所在		地目	文献データにおける所有者				
旧地番	新地番		1916	1920	1927		
港町16-1	堺町177	宅地	山田吉兵衛(小樽)	山田吉兵衛(小樽)	株式会社北海道拓殖銀行(小樽)	山田吉兵衛(小樽・1899 [M32]・登記)	山田イシ(小樽・1909 [M42]・相
港町16-2	堺町178						
港町22-1	堺町202-1	宅地	和田東吉(小樽)	柿本作之助(函館)	小樽新聞株式会社(小樽)	和田末吉(小樽・1889 [M22]・売買)	和田東吉(小樽 1908 [M41]・相
	堺町202-2	宅地					
港町23	堺町203-1	宅地	吹田富蔵(小樽)	大野與三松(小樽)	株式会社北海道銀行(小樽)	吹田労吉(小樽・1895 [M28]・相続)	吹田富蔵(小樽 1911 [M44]・相
	堺町203-2						
	堺町203-3						
	堺町203-4						
港町27-2	堺町212-2	宅地	相馬哲平(函館)	相馬哲平(函館)	相馬哲平(函館)	相馬本店(函館・1948 [S23]・会社合併による登記)	島田源蔵(小樽 1949 [S24]・売
港町27-3	堺町213	宅地				相馬本店(函館・1948 [S23]・会社合併および分筆による登記)	嘉野繁治(小樽 1948 [S23]・所 権移転)
港町31-1	堺町218-1	宅地	木村円吉(小樽)	木村円吉(小樽)	木村円吉(小樽)	木村円吉(小樽・1902 [M35]・不明)	木村円吉(小樽 1964 [S39]・港 28番を合筆)
港町31-2	堺町219						
港町32-2	堺町221	宅地	藤山要吉(小樽)	藤山要吉(小樽)	藤山要吉(小樽)	藤山要一(小樽・1941 [S16]・相続)	小坂隆之助(小 樽・1951 [S26]・ 渡)
港町32-3	堺町222	宅地				藤山要一(小樽・1941 [S16]・相続)	村本清太郎(小 樽・1949 [S24]・ 買)
港町35	堺町225	宅地	第一銀行(小樽)	澁澤倉庫株式会社(東京)	澁澤倉庫株式会社(東京)	林良太郎(小樽・不明・不明)	大井□輝前(札 幌・1903 [M36] 買)
港町36	堺町226	宅地	足立敬次郎(小樽)	足立敬次郎(小樽)	足立敬次郎(小樽)	林良太郎(小樽・1893 [M26]・登記)	小町谷純(小樽 1903 [M36]・売
港町38	堺町228	宅地	足立敬次郎(小樽)	足立敬次郎(小樽)	足立敬次郎(小樽)	藤居準一(札幌・1939 [S14]・売買)	日藤株式会社 幌・1957 [S32]・ 買)
港町40	堺町230	宅地	佐藤松太郎(厚田郡)	佐藤松太郎(厚田郡)	佐藤正男(厚田郡)	大丸藤井株式会社(札幌・1947 [S22]・売買)	有限会社北一(樽・1984 [S59]・ 買)
港町43	堺町233	宅地	佐藤松太郎(厚田郡)	佐藤松太郎(厚田郡)	佐藤正男(厚田郡)	大丸藤井株式会社(札幌・1947 [S22]・売買)	有限会社北一(樽・1984 [S59]・ 買)
港町44	堺町234	宅地	本間菊十郎(不明)	香村英太郎(小樽)	香村英太郎(小樽)	株式会社荒田商会(小樽・1966 [S41]・売買)	三菱石油株式 社(東京・1969 [S44]・所有権移 請求権仮登記)
港町81	堺町272	雑種地	小樽区(小樽)	小樽区(小樽)	小樽市(小樽)	小樽市(不詳)	・・
	堺町272-2					小樽市(不詳・1976 [S51]・所有権保存)	・・

（資料） 登記簿・土地台帳データ: 札幌法務局小樽支局所蔵の登記簿，閉鎖登記簿，土地台帳，公図から，堀川が作表(2002～2003年度現地
文献データ: (1)長野啓太・丸藤宇三郎編〔1916〕『小樽區改正地番土地臺帳・小樽區土地連絡全図』(札幌: 丸藤測量事務所，pp.157-16
(3)佐藤定編〔1927〕『最新小樽市及郊外土地臺帳・最新小樽市及郊外土地實測連絡全圖』(小樽: 産業奨勵會，第1分冊pp.213-217)。

（備考） 所有権欄のかっこ内は，所有権者住所・原因年・所有権移転の事由をそれぞれ示す。

小樽市堺町 177〜272-2 番地

登記簿・土地台帳データによる所有者							
田吉兵衛（小 ·1914 [T3]·所 権移転？）	北海起業株式会社（小樽·1922 [T11]·売買？）	北海道拓殖銀行小樽支店（小樽·1925 [T14]·競落取得）	小倉株式会社（小樽·1966 [S41]·所有権移転；港町16-1，16-2に分筆）	‥	‥	‥	‥
			小倉株式会社（小樽·1966 [S41]·分筆により16-2）	今井産業株式会社（小樽·1974 [S49]·売買）	有限会社北一（小樽·1984 [S59]·売買）	‥	‥
本作之助（函 ·1919 [T8]·売 ）	小樽造船株式会社（不明·1922 [T11]·競落取得）	小樽新聞株式会社（小樽·1922 [T11]·所有権移転）	株式会社北海道銀行（小樽·1939 [S14]·権利混同による所有権移転）	株式会社北海道拓殖銀行（札幌·1945 [S20]·合併による権利移転）	今井産業株式会社（小樽·1974 [S49]·売買）	有限会社北一（小樽·1984 [S59]·売買）	有限会社北一（小樽·1985 [S60]·堺町202-1） 有限会社北一（小樽·1985 [S60]·202からの分筆により202-2）
野與三松（小 ·1918 [T7]·売 ）	株式会社北海道銀行（小樽·1927 [S2]·競落取得）	株式会社北海道拓殖銀行（札幌·1945 [S20]·合併による権利移転）	株式会社北海道拓殖銀行（札幌·1972 [S47]·合併による所有権登記；分筆により203-1）	‥	‥	‥	‥
			株式会社北海道拓殖銀行（札幌·1972 [S47]·合併による所有権登記；分筆により203-2）	株式会社整理回収銀行（東京·1999 [H11]·売買）	株式会社整理回収機構（東京·1999 [H11]·合併）	有限会社北一（小樽·2003 [H15]·売買）	‥
			株式会社北海道拓殖銀行（札幌·1972 [S47]·合併による所有権登記；分筆により203-3）	堺リヨ（小樽·1974 [S49]·売買）	有限会社北一（小樽·1986 [S61]·交換による所有権移転）	‥	‥
			株式会社北海道拓殖銀行（札幌·1972 [S47]·合併による所有権登記；分筆により203-4）	有限会社北一（小樽·1986 [S61]·交換による所有権移転）	‥	‥	‥
藤忠商事株式 社（大阪·1951 26]·売買）	谷黒商店（小樽·1957 [S32]·売買）	大橋物産株式会社（岐阜·1969 [S44]·売買）	小樽市（小樽·1969 [S44]·売買）	大橋物産株式会社（岐阜·1974 [S49]·分筆により堺町212-2）	‥	‥	‥
‥	‥	‥	‥	‥	‥	‥	‥
村円吉（小樽· 64 [S39]·分筆に り港町31-1）	有限会社北一（小樽·1983 [S58]·売買）	‥	‥	‥	‥	‥	‥
村円吉（小樽· 64 [S39]·分筆に り港町31-2）	日本梱包資材株式会社（東京·1964 [S39]·売買）	浅原健蔵（小樽·1977 [S52]·売買）	‥	‥	‥	‥	‥
坂あやこ·小坂 子（東京·1955? 30]·相続）	株式会社越崎商店（小樽·1957? [S32]·売買）	昭産商事株式会社（東京·1970 [S45]·会社合併）	有限会社北一（小樽·1999 [H11]·売買）	‥	‥	‥	‥
和石油株式会 （東京·1949 24]·売買）	みゆき商事株式会社（小樽·1958 [S33]·売買）	保全処分·仮差押（1981 [S56]·債権者＝京都·有限会社正木商店）	山甲奥野株式会社（小樽·1981 [S56]·売買）	‥	‥	‥	‥
藤又兵衛（小 ·1903 [M36]·売 ）	株式会社第一銀行小樽支店（小樽·1915 [T4]·所有権移転）	澁澤倉庫株式会社（東京·1916 [T5]·所有権移転）	高井信重（札幌·1939 [S14]·所有権移転）	北海製紙会社（小樽·1946 [S21]·売買）	日藤株式会社（札幌·1980 [S55]·売買）	‥	‥
立敬次郎（小 ·1906 [M39]·売 ）	足立堅一郎（小樽·1938 [S13]·相続）	藤居準一（札幌·1939 [S14]·売買）	日藤株式会社（札幌·1957 [S32]·売買）	‥	‥	‥	‥
‥	‥	‥	‥	‥	‥	‥	‥
‥	‥	‥	‥	‥	‥	‥	‥
‥	‥	‥	‥	‥	‥	‥	‥
式会社荒田商 （小樽·1998 10]·仮登記抹 ）	‥	‥	‥	‥	‥	‥	‥
‥	‥	‥	‥	‥	‥	‥	‥
‥	‥	‥	‥	‥	‥	‥	‥

よる）。
丸藤宇三郎·若松貞朗編〔1920〕『最新小樽區土地臺帳（附熊碓村高嶋村鹽谷村）·小樽區土地連絡全圖』（小樽：渡邊久太郎，pp.155-158）；

表6-14 小樽市堺町地区における土地所有の変遷：

所在		地目	M22	23	24	25	26	27	28	29	30	31	32	33	34	35	36	37	38	39	40	41	42	43	44
旧地番	新地番		1889	1890	1891	1892	1893	1894	1895	1896	1897	1898	1899	1900	1901	1902	1903	1904	1905	1906	1907	1908	1909	1910	1911
港町16-1	堺町177	宅地											□										○		
港町16-2	堺町178																								
港町22-1	堺町202-1	宅地	●																			○			
	堺町202-2	宅地																							
港町23	堺町203-1	宅地							○																○
	堺町203-2																								
	堺町203-3																								
	堺町203-4																								
港町27-2	堺町212-2	宅地																							
港町27-3	堺町213	宅地																							
港町31-1	堺町218-1	宅地														□									
港町31-2	堺町219																								
港町32-2	堺町221	宅地																							
港町32-3	堺町222	宅地																							
港町35	堺町225	宅地															●●								
港町36	堺町226	宅地					□										●			●					
港町38	堺町228	宅地																							
港町40	堺町230	宅地																							
港町43	堺町233	宅地																							
港町44	堺町234	宅地																							
港町81	堺町272	雑種地																							
	堺町272-2																								
		小計	1				1		1				1			1	3			1		1	1		1

(資料) 登記簿・土地台帳データ：札幌法務局小樽支局所蔵の登記簿，閉鎖登記簿，土地台帳，公図から，堀川が作表（2002-2003年度現地調査による）

(備考) (1)○＝相続，●＝売買，△＝所有権移転，□＝登記，※＝合筆，網掛部分＝法人所有

(2)小計欄は，所有権の移転をカウントしたもの。厳密に言えば，登記には所有権移転を伴わないケースもあるが，ここでは何かしらの事由があったと考え，一様に移転と

(3)縦横の小計欄は，カウント方法が異なるため，一致しない。一筆毎のカウントの場合，分筆前の移転を重複カウントしているが，年毎のカウントには，そのような重複はない

表6-14 小樽市堺町地区における土地所有の変遷：

所在		地目	21	22	23	24	25	26	27	28	29	30	31	32	33	34	35	36	37	38	39	40	41	42	43	44	45
旧地番	新地番		1946	1947	1948	1949	1950	1951	1952	1953	1954	1955	1956	1957	1958	1959	1960	1961	1962	1963	1964	1965	1966	1967	1968	1969	1970
港町16-1	堺町177	宅地																					△				
港町16-2	堺町178																						△				
港町22-1	堺町202-1	宅地																									
	堺町202-2	宅地																									
港町23	堺町203-1	宅地																									
	堺町203-2																										
	堺町203-3																										
	堺町203-4																										
港町27-2	堺町212-2	宅地			□	●		●						●												●●	
港町27-3	堺町213	宅地			□ △																						
港町31-1	堺町218-1	宅地																			※						
港町31-2	堺町219																				※●						
港町32-2	堺町221	宅地						△				○		●													△
港町32-3	堺町222	宅地				●●									●												
港町35	堺町225	宅地	●																								
港町36	堺町226	宅地												●													
港町38	堺町228	宅地												●													
港町40	堺町230	宅地		●																							
港町43	堺町233	宅地		●																							
港町44	堺町234	宅地																					●				
港町81	堺町272	雑種地																									
	堺町272-2																										
		小計	1	2	3	3		2				1		4	1						1		3			2	1

(資料) 登記簿・土地台帳データ：札幌法務局小樽支局所蔵の登記簿，閉鎖登記簿，土地台帳，公図から，堀川が作表（2002-2003年度現地調査による）。

(備考) (1)○＝相続，●＝売買，△＝所有権移転，□＝登記，※＝合筆，網掛部分＝法人所有

(2)小計欄は，所有権の移転をカウントしたもの。厳密に言えば，登記には所有権移転を伴わないケースもあるが，ここでは何かしらの事由があったと考え，一様に移転と見な

(3)縦横の小計欄は，カウント方法が異なるため，一致しない。一筆毎のカウントの場合，分筆前の移転を重複カウントしているが，年毎のカウントには，そのような重複はない。

所有権移転の時期一覧（その1）

2 1913	3 1914	4 1915	5 1916	6 1917	7 1918	8 1919	9 1920	10 1921	11 1922	12 1923	13 1924	14 1925	S元 1926	2 1927	3 1928	4 1929	5 1930	6 1931	7 1932	8 1933	9 1934	10 1935	11 1936	12 1937	13 1938	14 1939	15 1940	16 1941	17 1942	18 1943	19 1944	20 1945
	△								●			●																				
						●			●△																	△						△
					●									●																		△
																												○				
																												○				
		△	△																							△						
																									○	●						
																										●						
	1	1	1		1	1			3			1		1											1	4		2				2

し，カウントした。ただし，合筆・分筆のみの場合はカウントしなかった。

所有権移転の時期一覧（その2）

47 1972	48 1973	49 1974	50 1975	51 1976	52 1977	53 1978	54 1979	55 1980	56 1981	57 1982	58 1983	59 1984	60 1985	61 1986	62 1987	63 1988	H元 1989	2 1990	3 1991	4 1992	5 1993	6 1994	(1995	) 1996	9 1997	10 1998	11 1999	12 2000	13 2001	14 2002	15 2003	小計
																																6
		●										●																				)
		●										●																				9
△																																6
△																											●△				●	9
△		●												△																		)
△														△																		(
		△																														(
																																2
											●																					2
					●																											3
																											●					6
									△●																							6
								●																								)
																																6
																																2
												●																				2
												●																				2
																																1
																																0
				△																												1
4		4		1	1			1	2		1	4		2													3				1	48

カウントした。ただし，合筆・分筆のみの場合はカウントしなかった。

市内業者の所有であり，市外・道外は2割に満たないことが分かっている。さらに，筆者の主宰する「社会調査実習」での景観定点観測調査中に聞き取った市内／市外区分データを集計してみると，堺町における「小樽市内資本率」は，49% である（堀川・深谷編，2012: 66-67）。土地の8割は市内資本が所有し，その上で商売を営む業者の半分は，市内資本なのだ。したがって，「堺町の業者は，ほとんどが市外・道外で……」という認識は，実態とは乖離しており，根拠なく信じられているという意味で，やはり「神話」である。

では，なぜ，このような，事実に基づかない認識が維持されているのだろうか。

ひとつの解答は，「ドミナント・ストーリー」という視点である。これは筆者の主宰・指導する「社会調査実習」の2011年度履修生・福留知佳の提起した仮説である（堀川・深谷編，2012）。福留は，安村（2006）の「まちの物語」という概念を援用して，小樽における「まちの物語」――「ドミナント・ストーリー」と言い換えてもよい――は，今の小樽は「運河戦争」を経てもたらされたのであり，その「景観を守る市民」の努力によって現在の活況がある，という物語であるという（堀川・深谷編，2012: 68）。だから，小樽の歴史性を顧慮しない店舗デザインや商売の仕方，小樽とは無関係な商品構成などは，「まちの物語」に反するマイナー・ストーリーである。いかにマイナーではあっても，ドミナント・ストーリーに従わないこと自体が重大な違反と見なされ，ゆえに「外部」と名指しされて「市民」カテゴリーから排除されていく。「外部」という呼称は，堺町の人々に，ドミナント・ストーリーに従うか，従わずに非市民として生きるかのどちらかを迫る言説である。これが福留論文の骨子であると言えるだろう（堀川・深谷編，2012: 59-78）。

上述は一定程度の説得力はあるが，それですべて説明できたというわけにはいかないように思われる。「まちの物語」は，まちの歴史や来歴を語る際に，最もその効力を発揮する。しかし，「ドミナント・ストーリー」は，はたして「市民」／「非市民」という区分を惹起するというほどの強度をもつものとして機能するのだろうか。

筆者は，福留仮説を受容した上で，「負担と利益考量」仮説を補足的に追加することで，この神話は読み解けるのではないかと考える。「負担と利益考量」

仮説は，別言すれば「フリーライダー」仮説といえよう。それは，今日の観光都市・小樽の形成に寄与したか否かが，外部／内部を分ける基準になっているのではないか，というものだ。

アイディアの核心は，保存運動やその後のまちづくり，あるいは観光開発に係わらず（つまり労力を割いていないにも係わらず），堺町に出店して利益を得ている者たちが，「外部」と認識されているのではないか，という点にある。だから，この「外部」というカテゴリーは小樽市内／市外という行政的・地理的・税制上の区分ではなく，労力を割いたか否かで区切られる社会関係上の区分である。労力を割いたものこそが，出店する正統性（レジティマシー）をもっており，そうでないものは，いわば運河保存運動の成果や有名観光地という名声にフリーライドしていると見なされる，ということになる。「外部」は，だから蔑称である。

図式化するなら，負担を負った人々（A）と，負わなかった人々（B）の2種があり，後者はさらに，何もしない者（B-1）と，堺町で商売をして利益を得ている者（B-2）に分けられるだろう。「外部」と見なされる人々は，いうまでもなく，「B-2」カテゴリーの人々ということになる。

観光都市・小樽の来歴を語る上で，運河保存運動のドラマは最も中心的な要素である。それがドミナントな「まちの物語」を構成している。「外部神話」は，その物語に寄与しないばかりか，正統性なくまちの資源を使っている人々——B-2カテゴリーの人々——を指して用いられる，というのが，筆者の追説明である。

4.4　観光開発のパラドクス：景観変化の論理

ここまで，土地が法人所有となり，小売店舗化・土産物店舗化してゆくことにより，小樽の「観光資源」である景観自体が大きく変化してきていることを見てきたわけだが，こうした分析結果は，われわれにある種の奇異感を抱かせる。

ここでいう奇異感とは，観光都市になったにもかかわらず，景観は大きく変化し，失われてきているというパラドキシカルな事態を指す。観光を「売り」にする都市が，その「売り」である景観自体を失いつつあるということは，一体どうしたことだろう。それを「奇異」と呼ぶのがふさわしくなければ，「観光都市としての危機」と言ってよいだろう。小樽は，なぜ，自分で自分の首を絞めるようなことをしているのだろうか。「運河戦争では対立があったが，今はそのお陰で立派に観光都市として再生したのだ」というドミナント・ストーリーまでもが成立しているにもかかわらず，肝心の景観が失われつつあるというのは一体どうしたことか。ここでは，こうした問いに導かれて，景観変化の論理について考えてみたい。

観光業者の最大の関心事は集客である。彼らは観光客を一人でも多く集客しようとして，観光客としての最も典型的な行動パターンを，あるいは観光客という属性を最もよく体現した人々を想起（思念）する。そして，そのように想起（思念）された観光客（それが実在するかどうかはともかく）にとって理想的な観光施設・店舗であろうとして，あるいは最も彼らのニーズにあったものにしようとして，自らの施設店舗を整備することになるだろう。

ここに観光開発のパラドクスが生じることになる。すなわち，個々の店舗を観光客の目にアピールするためには，個々の店舗は最も観光客向けだと思われる店舗づくりを体現していなければいけない，そしてその「観光客向け」と思われる店づくりは，想起（思念）されているがゆえに一般的であり，したがって画一的であるということだ。換言するなら，観光客に最もよく訴求するためには，「観光客のニーズ」にそぐわない個々の店舗の個性は放棄され，個性はそのニーズに正確に沿う形で再構成されていく，ということである（Coontz, 1992: 61-62）[15]。敷衍すれば，観光客に訴求するためには，観光客のニーズという一般的想定を内面化し，観光地らしさのステレオタイプに寄り添わざるをえず，その過程で自店の個性の大半を喪失してしまう，ということだ（図6-8，図6-9）。

かつて筆者は，こうした過程を有名なO. ヘンリーの短編寓話「賢者の贈り物」（O. Henry, “The Gift of the Magi.” 1906）の物語構成になぞらえて説明したが（堀川・江上，2002: 113-114），ここでは若干の修正をしなければならない。

「賢者の贈り物」の場合は，相手へのプレゼントを購入するために，自らの

［15］ Coontz（1992）自体はフェミニズムについて論じたもので，景観を扱う本書とは議論の対象こそまったく異なるが，その論理構成には大いに学ぶところがあるように思われる。

最も大切なものを売り払う──夫・ジムは大切な金時計を売って妻・デラの美しい髪に似合う櫛を買うが，他方，デラは自慢だった髪を売り，ジムのためにプラチナの時計鎖を買う──自己犠牲の物語であった。しかし，この小樽での町並みの画一化過程の場合は，観光客のニーズという予期に基づき，それに自ら追随し，そのことで本来あったはずの自らのアイデンティティを消滅させてしまう，という逆説的な過程を指す。両者の相違は，「他者の行為への予期」である。観光客は何を欲するだろうかと考えて自らの店舗のあり方を改変していく小樽の場合，そこには他者の行為への予期が存在する。他方の「賢者の贈り物」には予期はなく，あるのは**予期せぬ**クライマックスばかりである。デラはジムが金時計を売り払うという行為を予期しておらず，ジムも，デラがあの美しく長い褐色の髪を切ることなど予想だにしていなかったからこそ，「賢者の贈り物」は印象的なエンディングを迎えるのだ。整理するなら，他者の予期を内面化することによって個性が失われ，町並みは画一化してしまうことが，ここでのメカニズムであるように思われる。

このように，他では見られない**ユニーク**な景観を見ようとして訪ね来る観光客が，実際には**最も画一化された**景観を眺

図 6-8　小樽市堺町における景観変化の一例（H 地区 94 番）

（備考）上から順に，1998 年 9 月，1999 年 9 月，2008 年 9 月，2009 年 9 月。

（撮影）すべて筆者。

図 6-9　H 地区 94 番の 2016 年

（備考）2016 年 9 月，筆者撮影。

めることになる――これがパラドクスの内実であり，われわれの持った奇異感の正体である。ここには，最も純粋な観光行動を体現する人々と，それにのみ純粋に応えようとする店舗群，という循環過程が成立することになる。

こうした循環過程は，具体的には以下のように進行し，自らを補強してゆくように思われる。まず，ある店舗が観光客向けに改装し，集客に成功する。例えばそれが地場の鮮魚ではなく，他所で捕獲されたカニを扱う店であっても，「成功した」という事実が循環過程のトリガーとして作用する。他の店舗経営者にとって仮にそれが納得のいかないものであったとしても，「観光客のニーズ」とそれを裏打ちする「成功例」とが，同様な店舗改修・経営戦略の採用への圧力として作用することになるからだ。

では，なぜ他の経営者は皆，押し並べて最初の「成功者」に追随するのだろうか。なぜ「ウチはそのような商売はしない」という店舗が出現せずに，パラドクスの循環へと巻き込まれていってしまうのだろうか。

これを経営者の意識の低さといったものに求めるのは，本書が最も忌避する説明形式である。ここで問題となるのは，多様な経営主体が押し並べて同様な戦略を採用するようになる構造の解明という課題であって，個々の経営者の倫理的糾弾ではないからだ。

年間900万人とも言われる小樽市の観光入り込み数は，他の経営戦略を考慮したり，市場のニッチをねらうインセンティヴを吹き飛ばして余りある。団体観光客の滞在時間の短さと一回限りの観光という現実を踏まえれば，目の前をそぞろ歩く大量の観光客は，今すぐに利益を得るべき巨大な市場である。長期的な戦略や地域社会における信用といったものとは無縁に，目前の観光客に訴求し，立ち寄ってほんの一品を買って貰えればよいということになる。そうした店舗——筆者の調査から，そうした店舗は変化の激しかった堺町に集中的に立地している——にとっての最重要課題は，建物の歴史性や真性性（オーセンティシティ），あるいは取扱品目のそれなどではなく，観光客に対して，いかに「観光客向け施設である」ということを示しうるか，である。彼らの店舗は一般の民家と間違われてはいけないし，ごく普通の日常生活品を扱う店舗に間違われてもいけない。なぜなら，それらは日常に属するものであって，非日常としての観光旅行とは無縁なもの，無縁でなければならないものだからである。わざわざ出かけた観光地で，自分の住まいの近辺にもあるものを買っても意味はない。むしろそうしたものを探し，買うこと自体から距離を取ることが，観光行動の本質のひとつであろう（Urry, 1990＝1995）。他所に出かけて，その地にしかない珍しいものを買う——ここにこそ観光の原形が見出される。観光は非日常なのだ。であるからこそ，小樽堺町に立地する店舗は，わかりやすい典型的な形態をもって“非日常であること”を示し，観光の対象であることを，観光客に瞬時に知らしめねばならないのだ。900万人の闖入者たちと近隣店舗の一成功例がもたらす圧力は，だから，大量の観光入り込みのある地域における合理的な経営戦略として選択されたものといわねばならないだろう。こうして，固有の歴史を持つ歴史的環境を観光客向けに売り込もうとすることが，どこの観光地にもあるような，最も画一的な店舗づくりを結果している，という先に説明したパラドクスを産み出すことになる。

厳しい対立と分裂という高いコストを払ってもたらされた「観光都市・小樽」は，結局のところ，何を失ったのか。もはや繰り返すまでもなかろう。皮肉なことに，小樽は，自らが守ろうと闘ってきた景観自体を失っているのだ。

5.「終わりの始まり」：失われた景観の公共性

観光のパラドクスが進行する小樽で何が失われてきているのか，それを前節で分析してきた。だが，読者はこう質問するかもしれない。「画一化が進行しているのなら，なぜ，小樽は飽きられて，観光客入り込み数が減少していかないのか」と。最後にこの点を検討しておくことにしよう。

小樽観光誘致促進協議会（略称：誘致協）の報告書（通称『観光ブルーブック』）は，以下のように，小樽における観光行動の特徴を指摘する。長いが引用しよう：

> 小樽への観光客入り込み数500万人のうち，70%が道央圏中心の道内客です。そのうち90%をリピーターが占めています。そして，30%の道外客を調べてみると，驚くことにその40%がやはりリピーターなのです。
>
> このように，全体入り込みの65%がリピーターであることからいろいろなことが考えられます。まず，リピーターは，「今回は，小樽のどこへ行って何をしようか」と考えます。つまり，運河，オルゴール，寿司といった単一拠点型というか，定番セットメニューというか（もちろん小樽観光の重要な代表であることは論を待たないのですが），それだけでは物足りなくなるということです。
>
> 旅行代理店の企画担当に聞いても，「次の新商品や新しい切り口の小樽をどんどんアピールしてください。小樽にはたくさん観光資源があるのだから，市内の観光ネットワークを作れるし，広域ネットワークで合わせ商品企画も作れるじゃないですか。今のままではそろそろ曲がり角ですね」ということなのです。
>
> 観光業界に，今，大きな地殻変動が起こっています。それは旅行の“パーソナル化”です。企画募集型の団体旅行が，市内のあるホテルでは前年の60%に激減しましたが，パーソナル型がその数字をカバーしました。
>
> 各旅行代理店も，「今後の主流はパーソナル型であることがはっきりした」として，エアとホテルを選んでもらって，移動も自由というフリーチョイス型商品を充実させてきています。（小樽観光誘致促進協議会編，1998: 1L）

ここで指摘されていることは2つだ。ひとつは小樽観光の観光客は複数回訪れる「リピーター」型観光が主流であること，もうひとつは「パーソナル」型の旅行形態が主流になった，ということである。つまり観光客は団体ではなく，一人ないし少人数のフリーチョイス型で，繰り返し小樽に訪ねてくる道内客（近郊客）である，ということだ。

この特徴と，先に指摘した観光開発のパラドクスとは矛盾しないだろうか。「パーソナル」旅行で来訪する「リピーター」は，なぜ，画一化が進行する小樽に繰り返し訪れるのだろうか。なぜ，小樽は飽きられて，観光客入り込み数が減少していかないのか。観光開発のパラドクスと，この誘致協の報告書の主張は矛盾しないのだろうか。

結論を先取りすれば，矛盾しない。

明円・他（1993）も指摘するように，小樽では1980年代後半以降，継続した資本投下によって，常に新しさがあった。「グラススシップ」，「裕次郎記念館」，「ほくれんふうど館」，「小樽ビール」，北一硝子の相次ぐ施設の開設，「オルゴール堂」や「海鳴楼」といった観光客を対象とした施設の開設，それに近年見られる菓子店（スイーツ）の流行がリピーターを継続させ，加えて近年の海外観光客の増加が観光開発のパラドクスを見えにくくしていたように思われる。その陰で，見えにくいながらも，静かに進行していたことこそ，小樽固有の町並みの喪失であった。新規投資があったからこそ，近郊客がリピーターとなり，中国を筆頭にした大量の海外からの観光客の訪問が，矛盾が顕現することを防いできたに過ぎないということである。

では，パーソナル型が今後の旅行・観光旅行の主形態となってきているのであれば，それは小樽の観光開発にも大きな影響をもたらすのではないか。誘致協の主査を務め，かつ小樽市内の最有力ホテルの支配人でもあった赤間元は，つぎのように語る：

> ……〔略〕……。で，僕，観光って言うのはね，究極的にはね，これ〔小樽観光誘致促進協議会編，1998〕にも書いたけれども，市民にとって誇るべき街を作ったときに，それが観光の素材になると思ってんの。で，観光っちゅうのはそこで暮らしてる人々の息遣いまでのぞきたくなるみたいな風に変わってくる

> と思うの。今まではあそこの景色がいいから見に行こうとかっちゅうけれども，もう終わったさ。それから，おみやげやさんいっぱいあるから，のぞいとこっちゅうよりも，より市民の暮らしに近づいてくんじゃないかな，僕なんかそうだね。海外いったときに市場みたいにさ，普通の暮らし，子供達がどこであそんでんのか見たいしさ，そう思わない？　……〔略〕……。
>
> それからなんちゅうの，誤解しねぇーでほしいのは，暮らしそのものを見るっちゅうのは真に毎日の暮らしそのものを見て面白いちゅうもんじゃないよね。自分の暮らしてる様と違うことを見て考えるんだよねぇ。でっ，それは，観光客が自分の足で自分の頭で発見してく事でね，だから面白がれる人と面白がれない人がいて，面白がれない人は，バス乗って，金魚鉢の向こうで金魚見てるよーな観光すればいいわけでね，でも〔そんな観光の仕方は〕絶滅してくだろーね。だから俺，観光客の側も実力いるなあ，と思ってさ。だから僕，〔いつも〕言ってんのはね，時代の変遷とともに人間の価値観が変わってく，そんな中で売れる物が変わってくっちゅうか，ね，なんでもブランドっちゅうのがとっても野暮ったく感じるようになってきたらね，成熟が進んでんの。（1998年9月4日，小樽市内での赤間元へのヒアリング；〔　〕内の補足は引用者）

自らの主張をオブラートに包むかのように，あえて砕けた物言いをしたり，「僕」「俺」といったニュアンスの異なる用語を頻繁に使い分けたりしながらの赤間の巧みな語りは，その骨子において，先の小樽観光誘致促進協議会編（1998）での主張と変わりない。

たとえば，「今まではあそこの景色がいいから見に行こうとかっちゅうけれども，もう終わったさ」の部分を，「バス乗って，金魚鉢の向こうで金魚見てるよーな観光すればいいわけでね，でも〔そんな観光の仕方は〕絶滅してくだろーね。だから俺，観光客の側も実力いるなあ，と思ってさ」とあわせて読んでみるとよい。そうすれば，“観光バスによる団体観光＝バスの窓越しに景色を眺めるだけの観光”は「もう終わ」り，「そこで暮らしてる人々の息遣い」を観光客自らが「自分の足で自分の頭で発見して」歩くものへと変わってゆく，という明快な主張であることが了解されよう。

こうした旅行形態の変化は，一体，観光都市・小樽に何をもたらしたのか。ここでもたらされたものは，必ずしも明るいシナリオではない。

新規投資が続いていた1990年代には潜在化していた景観の喪失と画一化が，2000年代に入って顕在化してくると，観光客入り込み数は減少に転じた。それは観光客離れが始まったことを意味していたが，集客を焦る店舗側には，先に前節で述べた景観改変の論理がより強く作用し，更なる画一化が進行することになる。その結果，飽きられて離反が加速していく。うまくニッチをつかんだ店舗以外は衰退していかざるをえないことになるだろう。堺町に顕著なように，既存の問屋街という性格を温存するどころかほぼ完全に払拭して観光に特化してきたがゆえに，こうした観光トレンドの激変に対応するだけの物的基礎が欠落しているからだ。ある特定の方向のみに集中して資本投下がなされ，物的施設・建築が構成されてきたがため，当該地域は単一の目的・ニーズにしか対応できないという意味において，これは「都市のモノカルチャー化」と言うべきであろう。余力のある資本は，早々と撤退し，残された企業にはもはや体力は残されておらず，その地域は放置され，やがて放棄されていく。それは，ヘドロが堆積し沈没した小舟が放置されていた1970年代初頭の小樽運河の景色そのものではないか。

新規投資で観光対象となる区域が拡大し続けていた1980年代後半以降は，こうした影は顕在化せずに済んできたが，今や，上のようなシナリオが現実に進行しているように思われる。そこには，すでに繰り返し述べたように，観光業者が観光客の「まなざし」を意識してそれに合わせていくことにより，町並みの特質自体が失われていくことになってしまうというプロセスがあったと考えられる。さらに，衰退化による地価下落によって，運河港湾地区にマンション建設の動きが活発化し，実際に景観保全地区に接する土地でマンションが建設されるに至っている。小樽の「顔」ともいうべき最も有名な「小樽倉庫」や「大家倉庫」の背後に，今やマンションが建っている（図6-10～図6-12）。2012年以降はいわゆる「インバウンド観光」ブームで観光客入り込み数が回復傾向にあるが，それは国内観光客に飽きられ減少した分を上回る海外からの観光客がいるからに過ぎない。

最後に本章のまとめをしておこう。運河保存運動の焦点は，言うまでもなく運河の保存であった。その運河は「港町・小樽」の原点である。だから，運河保存運動は，港町・小樽の保存運動であったといえるはずだ。その「原点」と

図 6-10 「小樽倉庫」とその背後に建つマンション群
(撮影) 筆者，2013 年 9 月。

図 6-11 「大家倉庫」のシンメトリカルなファサードと背後のマンション
(撮影) 筆者，2013 年 9 月。

図 6-12 運河北浜から見た「大家倉庫」とマンション群
(撮影) 筆者，2009 年 9 月。

いう言い方や，「運河は死んだ」という峯山らの物言い，あるいは「観光資源としての運河」という戦略の背景にある認識は，小樽経済の基礎的牽引力が運河と港であったというものだった。現在形ではなく，過去形としての原点，それがあったからこそ今日の小樽があるという認識――運河が過ぎ去ったものを表象しているという認識抜きには，保存対象としては措定されえない。過去のものとなったという危機感が運河保存を叫ばせていたのだから，運動参加者の意識とは裏腹に，運河を「守ろう！」というスローガンは，ある時代への“さようなら”の別名であった。かように，運河問題の「第1章」の本質は，運河の保存と運河を核としたまちづくりを求めたことにあったが，同時に「港湾商業都市・小樽」への終末宣言でもあったとも言えるだろう[16]。

1984年に「小樽運河戦争」が終結してから，小樽が観光都市化の途を歩んできたことは，周知のことである。保存を主張する保存運動と，それに対立して〈道道臨港線〉計画を進めようとしていた小樽市役所というふたつの主体は，運河論争の終結とともに，表舞台から退場し，紛争は「解決」したと見なされ，「運河戦争」の記憶は沈潜化していく。行政からすれば，以前と変わらず粛々と行政課題を執行していくだけのことであったし，内部分裂で人間関係がズタズタになってしまった運動関係者にとっては，それぞれの家庭や職場に専念し傷を癒していく他はなかった。その意味で，小樽の観光開発は「戦争」の当事者であった運動と行政を欠いた，民間観光業者主導のものであり，いわば留守になった表舞台に観光業者が参入し，市としての施策なしに，事実としての観光開発が先行していたと理解するのが適切である（堀川，2009a）。端的に表現するなら，「意図せざる観光化」「出来ちゃった観光」となるだろう。

しかし，10年近い沈黙を経て，かつての保存運動関係者が活動を再開するようになると，小樽市としての観光行政がなければいけないという議論が起こり始める。それは町場の声でもあったが，一定の強度をもった主張が，小樽観光協会からも出されてきた。それを担ったのは，かつて運河保存運動で活躍した「運河保存派」の人々であった。港湾都市として生きてきた小樽にとって，観光が主力産業になったという現状認識は困難であるばかりでなく，受け入れ

［16］　この言い方に倣えば，「第2章」の本質は，「観光都市・小樽」の内実とその質をめぐる社会的実践と対立であると言いうるだろう。

難いものでもあったろう。だからこそ小樽観光誘致促進協議会はデータをもとに，実態としての小樽経済はすでに観光都市であって，もはや港湾都市ではないことを明確に指摘した（小樽観光誘致促進協議会調査研究部会編，1998）。

そこで小樽市政は，港湾政策の改訂を行いつつも，観光まちづくり施策を打ち出していく。そこでの基本的な含意は，小樽の歴史性を活かした形での開発を，というものであった。明示的なものであれ暗黙のものであれ，小樽という都市の「売り」は，もはや港湾荷役ではなく，歴史を持った「町並み」そのものなのだということが，その内実である。市が制定したデザイン・コードを住民が守り，一定の秩序を持った町並みにすることは，小樽市民に収入を約束する集合財を維持・形成することだと理解されてきたのだ。自主的に小樽風の自宅を新築する事例も実際に存在している。別言すれば，町並みを構成する個々の建物は，「ノスタルジック」な「石造倉庫風」なデザインを採用して新築・改築・補修がなされてきた，ということだ。歴史的建造物の外装を観光資源として利用しつつも，内装は新たな目的にあわせて大幅に更新して使用する――少なくともこれが1990年代以降の基本的なデザイン・トレンドであったことは，すでに示した景観調査のデータが雄弁に語ってくれている。換言すれば，長年にわたって展開された「運河戦争」を，行政も市民もこのように理解したということである。

結果的に，小樽市は空前の観光ブームに沸くこととなった。最盛期には，年間観光客入り込み数が900万人を超えていた。人口14万人を下回る一地方都市にとって，これが破格の数値であることも繰り返すまでもなかろう。地元住民の生活空間は急速に観光に塗り込められていき（「都市のモノカルチャー化」），地元では「出島観光」「お土産観光」と揶揄されるにいたる。そうであっても，900万人という数字は，港湾都市としての矜持を持ち続けてきた旧主流層も，観光都市として生きている現状を認めざるをえなくなるものであった。と同時に，小樽を外部から観察し論評するマスコミや研究者には，「観光開発の優等生」であることを示す数値でもあった。「斜陽の港湾都市・小樽」は，「運河戦争」をきっかけに，「観光都市・小樽」へと華麗に変身し，不死鳥のごとく蘇った。1960年以降の小樽の歴史は，一般にはこのように理解され，喧伝されてきた。そうであるがゆえに，「運河戦争」での「傷」や，末期に展開された誹謗中傷合戦は忘却され，語られずにきている。傷や内部分裂の最中に繰り返し問われた「都市をどう生きるのか」「なぜ残すのか」「なぜ道路なのか」「公共事業の見直しはいかに可能か」といった問い ── 多様なレイヤー ── もまた，忘却されてきた。もし語られることがあるとするなら，それは常に，華麗なる都市再生にとっての必要悪としてわずかに言及されるだけであった。「運河戦争」の教訓は道路問題という単層レイヤーの語りに塗りこめられ，活かされずにいると言わざるをえない。今あるのは，「華麗なる都市再生」という物語だけだ。

しかし，筆者の景観定点観測データは，その成功物語の根幹に関わる新たな傾向を示しているように思われる。言い換えれば，「観光都市」としての繁栄の「終わり」が始まりつつあるのではないかというものだ（堀川・深谷編，2013: 14-16）。

敷衍しよう。2010年頃から，筆者のデータは小樽の観光開発の「終わりの始まり」とでもいうべき傾向を示している。なぜなら，小樽の地理的・歴史的文脈はおろか「歴史」と「ノスタルジック」な雰囲気をも考慮しない建物が徐々に増えてきているからである。洋服の量販店の進出やパチンコ店などの出店問題でデザインポリシーの問題は何度も議論になってきたが，2010年以降の傾向は，それ以前とは質的に異なっている。

第1に，観光とは無関係な業種の進出が争点となっていた従来の問題とは異なって，2010年以降の変化は，観光の中心地において，観光客をターゲットにしたお店が主体であることだ。異業種の問題ではなく，まさに観光の本丸において認められる変化であることが重要だ。

第2に，この変化が，従来のデザインポリシーあるいは景観の「文法」を顧慮せず，むしろ東京やニューヨークといった大都市にある「最先端」で「スタイリッシュ」な店構えを指向していることも，従来の景観変化とは大きく異なっている点である[17]。「小樽らしい歴史とノスタルジーを感じるお店」から「東京にありそうなモダンでスタイリッシュなお店」へと，町のデザイン原理が変化してきている，と言い換えてもよい（図6-13～図6-14）。新築されるある

［17］　この点に関しては，筆者が指導した社会調査実習生・藤原緑も論じている。堀川・深谷編（2012: 31-43）を参照。

図 6-13　小樽市堺町における景観「文法」変化（1）
（撮影）2015 年 9 月，筆者。

図 6-14　小樽市堺町における景観「文法」変化（2）
（撮影）2015 年 9 月，筆者。

建物のデザインの質について議論する際，従来問題となっていたことは，「小樽らしさ」がどこまで表現されているかであった。つまり，オンリーワンとしての「小樽らしさ」という物差しの上で，当該建物がどの目盛りにあたり，それが適切か否かが争われていたと言えるだろう。小樽市の都市景観行政サイドから見ればいかにその目盛りを上げるかが目標であり，施主からすればいかにコストを上げずに，何とか求められる目盛りに到達するかに苦労するということである。厳しいせめぎ合いがあるにせよ，その物差し上で議論するという構図自体は両者に共有されていた，ということが極めて重要である。

しかし，「東京にありそうなモダンでスタイリッシュなお店」への変化は，この物差し自体がもはや共有されていないということを示している。図6-13および6-14の建物は，小樽の倉庫建築に用いられる軟石を使用せず，小樽建築に特徴的な勾配の屋根に代わって陸屋根である。側面も磨りガラス，ステンレス，コンクリートなどを用いていてモダンな佇まいだ。いずれも運河問題以降の「文法」とは無縁な建築様式と言わざるを得ない[18]。

このことを，「寿司屋は潰れない」という「寿司屋神話」が崩壊して実際に潰れ始めたこと，「寿司の町」から「スイーツの町」へという変化，「北一硝子からルタオへ」という小樽観光の中心を担う主力企業の交替といった事項とあわせて解釈してみるとき，やはり，小樽観光の「終わりの始まり」が見えてきているように思われる（堀川・深谷編，2012；堀川・松山編，2016）。特に，観光の中核を担う産業が，地場産業であったガラス製造・販売業から，必ずしも小樽という地域に根ざしていないスイーツという菓子業へと移行しつつあることは，地域の固有性と歴史性を旨としてきた小樽の歴史的まちづくりとは正反対のベクトルをもったものである[19]。「運河問題」から意図せざる結果としての「出来ちゃった観光」，そして加熱する観光ブームによって地元住民の生活環境が疎外されていく「出島観光」へと展開した小樽の観光化は，曲がりなりにも定着していた「文法」から脱離しつつある[20]。景観に仮託されてきた公共性は，失われつつあるのだ。

上述は，小樽の観光開発のトレンドの変化という観点からの分析である。しかし，変化の兆しはそれだけではないように思われる。それは，観光開発の文法云々の話にとどまらず，観光都市としての位置づけそのものに関わる，より

---

［18］　本書第2章3.2項の記述および図2-5を参照せよ。

［19］　2014年のフィールドワークの際，「ルタオ」の店舗のひとつ「パトス」の呼び込みの店員が，「〔この「パトス」は〕ルタオ最大規模の店舗です」「これ，千歳空港でも売ってます」と連呼するのを聞いた（2014年9月5日，小樽市内堺町における観察。〔　〕内の補足は引用者）。これは品揃えの多さをアピールする量販店の戦略であり，固有性や希少性を強調する戦略とは異なる。小樽に固有なものを核とする，運河問題以来のまちづくりの「文法」が共有されなくなってきているという筆者の主張は，ここでも傍証されているように思われる。

［20］　近年，小樽にカジノを誘致しようという動きもこの「文法」逸脱と軌を一にしている。なぜなら，カジノは外界とは無縁に自己完結する遊興施設であり，地域固有の環境条件や歴史，地域社会のあり方とはまったく無縁の存在だからだ。全国で誘致合戦が繰り広げられていることが示すように，どこにでも立地しうる施設は，小樽の固有性を旨とするまちづくりとは正反対の極にある。資料篇の年表も参照せよ。

本質的なものである。それは，超高齢化という小樽の人口構成のみならず，観光客入り込み数の大幅減少，そして定住人口の減少という，都市の存続に関わる次元での話しだ。言い換えれば，あるインフォーマントの発言にもあったように，小樽は，もはや「過疎都市」なのではないか，という問いかけである。

読者は直ちに反論するかもしれない。「観光客の入り込みが500万人台にまで減ったとはいえ，それでもまだ500万は来ているのだし，『過疎』というのは寂れた農山村に使う言葉ではないのか」と。その反論の背景には，「華麗なる都市再生」という語りがあることは言うまでもない。

しかし，「小樽は，もはや過疎都市なのではないか」という問いかけには，少なくとも，(1) 人口学的意味における過疎化，(2) 観光資源の過疎化，(3) 運動主体の過疎化という3つの意味が内包されているはずだ。人口統計上，小樽市の人口は減少してきているので，広義には，過疎化していると言ってもよいだろう。第2の観光資源の過疎化は，筆者の定点観測データが示しているように，イメージとは裏腹に，歴史的建造物が年々失われてきていることを指す。さらに，先に指摘したデザイン「文法」の変化によって，観光資源としての歴史的町並みは，急速に過疎化していくことになるだろう。第3の意味は，「運河戦争」の記憶や教訓が忘却され，成功の語りに塗りこめられていくとするなら，運河を保存することの意義や意味，それを求める過程で深められた議論の蓄積もまた，過疎化し，次世代に継承されなくなってしまう，という意味である。

現在の小樽は，このように「運河戦争」の教訓をいかに引き継ぎながら，人口減少と町並みの喪失に対処していくかが問われている段階にあると言えるだろう。「終わりの始まり」は，懸念ではなく，すでに実際に始まっている。今は，過疎化する都市として，それにいかに対処していくかが問われつつあるというべきである。

本章を駆動してきた問いは，急速に観光都市化した小樽の現在の景観はどうなっているのか，観光開発はいかなる影響を与えたのか，であった。換言すれば，それは，「小樽は何を得て，何を失ったのか」を問うということであったように思う。定点観測データをも加えた分析から，小樽は自ら守ろうとしてきた景観によって「観光都市の優等生」にはなったが，観光の対象であるはずの景観自体が急速に失われはじめている，というものであった。観光都市化することによってかえって観光資源としての環境が失われてしまうパラドクスを，本章のデータは雄弁に物語っている。観光開発で蘇った小樽は，早くもポスト観光ブーム期を見据えた「まちづくり」を考えねばならない時期を迎えているといえるだろう。なぜなら，小樽の観光都市としての現状をどうとらえるにせよ，すでにそれはすべての小樽人の現実となっているからだ。観光都市として生き残るのか，それとも衰退し，かつてのように寂れた一地方都市へと戻ってしまうのか――小樽の景観は，公共性を失いつつあるとはいえ，もはや逃れられぬ現実としてすでにこの地の与件なのである。

　では，この小樽の事例からわれわれはいかなる理論的インプリケーションを得ることができるのか。本書全体の結論は，章を改めて検討することにしよう。

第７章

保存とは変化することである

1. 小樽へ／からのまなざし：小樽に何が起こったか

ここまで筆者のまなざしは，求心的・微視的に小樽運河保存運動の事例へと向かっていた。小樽へのまなざしから，何が見えてきたのか。ここではまず，その点をまとめておこう。

第3〜6章までの分析で，小樽が運河保存というイシューを闘いながら，何を目指してきたのかが明らかになったように思う。それは，一言で言ってしまうなら，「保存とは変化すること」であった。農山村を野外博物館的に凍結保存し，それを核とする観光開発的なあり方（Barthel, 1996; Barthel-Bouchier, 2001）とは異なり，変化することが善であり日常であると思われている都市において（Holleran, 1998），その変化の社会的コントロールをいかに市民社会サイド主導で行えるのか，それを先駆的かつ先鋭的に問うたのが，この小樽運河保存運動であった。

復習的な形で敷衍しよう。〈道道臨港線〉という道路建設計画の建設の可否が争われていたことの深層に，都市再開発をめぐる戦略や思想の相違があり，それが長期にわたる深刻な社会的対立をもたらしたように思われる。

「運河埋め立て—道路建設」を主張した市側の再開発戦略とは，時代遅れになった荷役形式（港—艀—運河—倉庫—出抜小路）を，道路によるトラック輸送という新たな時代の荷役形式に置き換えていこうとするものだった。古い機能を新たな機能で置き換えるという意味で，それは「スクラップ・アンド・ビルド」と呼ぶことができる。機能を終えて無用の長物になった運河は，だから壊され，その位置を新たな機能に譲らねばならないことになるのは当然のシナリオである。運河を，無色透明で交換可能な立方体，すなわち「空間」（land as "space"）と見なしている主体からすれば，それこそが最善の選択であった。一見すると，非イデオロギー的で公正無私に見える「空間」観も，近代都市計画という思想の一要素であり，ある意味では最もイデオロギー的であると言えるかもしれない。

一方，「運河を潰したら，小樽が小樽でなくなってしまう」という保存運動の叫びの中核には，古いものを壊すのではなくストックとして再活用する「都市のリハビリテーション」という再開発戦略があったように思われる。それが「場所」（land as "place"）観に支えられていることは，言うまでもない[1]。「都市のリハビリテーション」とは，古いものを残すことによって都市のアイデンティティを守りながら，中身を時代に合わせて緩やかに更新していくというイメージのものだ。市側の「スクラップ・アンド・ビルド」との対比で言うなら，「都市再生」の思想であったといえよう。運動理念の「凍結保存からまちづくりへ」という展開（変遷）過程は，運河をめぐる「場所」観と「空間」観との対立でもあった。

したがって運河保存運動は，上述の意味で，単なる道路建設をめぐる紛争ではなかった，というべきである。道路建設の可否という第1のレイヤーの下には，道路建設を基礎付ける開発の思想のレイヤーがあり，そのレイヤーのさらに下には，都市はどうあるべきか，都市をいかに生きるべきかというレイヤーもまた，存在していた。技術的・手続き的なものから思想のレベルまでのいくつものレイヤーの総体として，運河問題は顕現していたのだ（堀川，2009a,

［1］ 古い歴史的経過や，人々の「想い」などといったものを引きずっている「場所」は，実に怪しげで，イデオロギー的に見える。しかし，数多くの研究が明らかにしてくれるのは，「場所」的な空間把握が，実は最も普遍的な認識のあり方であったことだろう（芦原，1979, 1983；陣内，1985=1995, 1988, 1993；原広司，1987）。イデオロギー的に見えるのは，近代都市計画の前提を自明視しているからにほかならない。

2010a, 2011)。そこに住むものが，「どんな都市に生きたいのか」を基点にしてその都市の変化を自らコントロールしていくことへの運動的実践こそが，レイヤーの束として顕れてきた小樽運河問題の本質であった。

上述の結論は，別言すれば都市と公共圏というテーマを提起していたように思われる。足早に運動参加者の声を聴きながら，この問題を考えておこう。

小樽運河保存運動に当初から関わっていた小樽生まれ・小樽育ちの佐々木興次郎は，子ども時代を振り返りながら，運河がある種の番外地ないしは「誰でも行け」た場所であったと証言している（堀川，2005: 194-195)。

佐々木によれば，1950年代後半から1960年代にかけては，町ごとに強固な縄張があり，腕白少年たちはよその町の縄張を守ったり侵犯しながら遊んでいたという。しかし，運河のある港湾地区だけは，誰の縄張でもない特別な場所であったというのだ。証言を聴こう：

> それ〔縄張意識と他の町内への対抗意識〕が凄い，小樽は強いんですよ。例えば通り一本〔越えただけ〕で，もう，ダメなんですよね。行けないんですよ。……〔略〕……，だから行く時はもう徒党組んで行くんですよね。ワーと行くんですよ。……〔略〕……，そして捕まればもう幽閉されますからねえ。……〔略〕……，親が貰いに行かない限り，許してくれませんからね。……〔略〕……，〔そ〕して，唯一，そういうようなテリトリー〔縄張〕がない場所っていうのが，運河周辺，ま，今で言う港湾地区なんですね。……〔略〕……。これは誰に聞いてもそうでした。〔同じく小樽運河保存運動の中心人物であった〕小川原さんに聞いても港湾地区だけでは，テリトリー，ないんですよ。なしてかとゆうと，皆釣竿持ってね，そこに釣りに行くんですよ。それは誰でも行けたんですね。……〔略〕……，港だけが本当にテリトリーがなくて自由に遊べるんですね。んで，艀もそん時はねえ全然使われてなくて，艀の上で，「義経の八艘飛び」だとかやりましたし，それからまだ〔運河辺りの海水が〕比較的きれいな時〔だったの〕で潜って，ババ貝だとかねえ，……〔略〕……採ったり……〔略〕……。(1997年9月2日，小樽市内での佐々木興次郎へのヒアリング；〔　〕内の補足は引用者)

腕白少年たちの遊ぶ様が生き生きと蘇るような情景描写も興味深いが，ここでの焦点は，運河だけが子どもたちの縄張から独立した「誰でも行け」る所であったということである。

では，それは子どもたちだけの楽園だったのだろうか。すでに引用した山口保の証言は，1976年当時の運河が，大人も含めた「誰でも行け」る場所であったことを示している：

> 小樽〔で〕はみんな，じいさんがね，孫を自転車の後ろ乗っけてね，竿もしばってさ，自転車で海まで行ってよ，魚採っとるような風景があるわけ。運河なんかは駅からたったの歩いて5分っていう所がね，広大な空き地になっとるわけよね。草，ぼうぼうだけど。そんなところ〔が他に〕，あるかって，ね。非常に，何か合理的じゃない〔か〕っていうか，もうすごく当時っていうのは10パーセント成長っていう〔高度〕経済の時代だったから，空き地があるわけがないっちゅうね，路地がどんどん消えてく，都会から空き地が消えていく。所有権のはっきりしてなかった，誰が使っても良いなんてところはどんどん消えていくっていう時だったから，〔あの場所の合理性を〕身にしみて感じたと思うんだけど。（1998年9月4日，小樽市内での山口保へのヒアリング；〔　〕内の補足と傍点は引用者）

第5章でも詳しく見たように，この証言は，山口が小樽に来住し，運河保存運動に関わるようになる経緯を尋ねられた際のものだ。山口は，港に一般人が出入りできない他の港町と対比させながら，1976年当時の運河地区が，出入り自由の釣り堀であり，駅から5分という交通至便な場所に立地する都市公園であると感じた経緯が示されていると考えてよい。市が管理する運河・港湾地区が立ち入り禁止であるどころか，市民が自由に出入りして釣りや散策を楽しむ光景に，彼はある種の「市民的合理性」を感じとったのだ。港湾法や行政組織にとってのそれではなく，経済が疲弊して都市公園整備にお金をかけられるはずもない当時の小樽において，誰もが自由に集える公共スペースとして，運河は市民にとって合理的な存在だったのだ，という意味であろう。

さらに山口は，運河が異なる地区やその人々を繋ぐ界面（インターフェイス）となっていると言う。重要な語りなので，やはりこれも，もう一度引いておこう：

もともと港でこの街は出来たんやな。港っていうのはそういう意味で言うと，この街の礎みたいなものなんですよ。鎮守の森が村の中心で，森を壊した場合，コミュニティは完璧に崩壊するよな。そういう意味で，港は非常に大事だと思ったわけ。

港と6車線の道路〔運河保存問題の原因となった〈道道臨港線〉を指す〕で街が切れちゃうって状態になるんだな。それはバチがあたるっていう風に直感的に僕はそう思ったの。……〔略〕……。上手に住み分けになっとるわけ。……〔略〕……。そういうのが全部海につながってるのを，〔道路が〕全部切っちゃうんだよな。そういうのは街として面白くないっていうか，デザイン的に非常に恥ずかしいことだと思ったわけ，な。（1998年9月4日，小樽市内での山口保へのヒアリング；〔　〕内の補足は引用者）

山口は，運河が「鎮守の森」のようにコミュニティの中心であり，その周りに展開する市街地には多様な人々が住むと言う。それは「上手に住み分けになっ」ており，「全部海につながって」いたという。ここには，海の手の「港湾システム」と，山の手の「都市生活システム」を上手につなげる界面（インターフェイス）としての運河があったのだ。それは小樽の住民が長い時間をかけて創り上げてきた都市デザインである。誰か一人の計画に沿って粛々とつくられたわけではなく，「政争の町」と呼ばれるまでに開発方法を議論し，紆余曲折を経て出来上がってきた防波堤や港湾，埋め立て地，そして運河であったという意味で，小樽の住民による都市デザインであった。そして，このことが保存運動参加者に明確に意識され，保存の根拠とされていったことを，私たちは第5章で確認してきた。

このことは，都市デザインは「最先端の建築」などといった流行や知的潮流といった位相ではなく，住民の生活実践の中に蓄積されてきた住まい方のノウハウや〈場所〉性を，いかに都市全体へと有機的に組み上げていくのかという位相でこそ語られるべきものであるということを示している。小樽へのまなざしが見出したものこそ，中央集権的に制御される都市計画行政とは異なる「変化の社会的コントロール」が重要な課題であるということであったように思われる。

小樽運河保存運動における運動の理念とは，都市デザインを細かい技術的・美術的問題として語らず，むしろ「私たちが住みたいと思う都市とは，一体，いかなる都市か」という思想の問題としてとらえていることに大きな特徴があった。「都市とは，人々が安心してそのまちで暮らせるような処であるべきだ」という思想は，様々なリスクによって人々が住めなくなってしまうことを回避する方策を要求する。だからこそ，都市環境やその構造を急変動させない，住民主導のまちづくりを考えるべきだという保存運動の主張が出てくるのである。

都市における「広大な空き地」の重要性や，「海につながってる」コミュニティを「全部切っちゃう」ような都市のあり方を「デザイン的に非常に恥ずかしいことだ」と言い切る山口保や，小川原格の「根っこから生えてきたような空間」という言葉は，そのまま，現代日本の成長促進型都市経営と，所有権同士の対立や絶対的土地所有を調停しえない都市計画法制の告発である。個々の建物の変動の影響を個人的に帰責させて終わりにせず，公共圏としての都市をどう創るのかという「都市の思想」として把握しようとすることが，小樽をはじめとする日本の町並み保存運動の重要な含意であったと思われる。町並みなどの歴史的環境保存運動は，決して好事家の手慰みや趣味の運動ではない。それは現代の都市問題へとまっすぐ投げられた鋭利な批判であった。彼らの言葉は，甘ったるいノスタルジーを跳ね除けるような現実的で批判的思考に縁取られていて，好事家のそれとは明らかに異なっている。町並み保存運動は，都市と公共圏をテーマ化した社会的営為であったように思われる。

では，筆者のこれまでの小樽研究のファインディングスとは何であったろうか。ここで小括しておきたい。

先ず第1に，町並みは単なる建築物のみならず，地域社会に固有な環境条件に応じて編み出された「有機的空間秩序」の表現物でもあるということだ。建物は人によって住まわれ，意味を帯びてくる。「根っこから生えてきたような」有り様を，本書は明らかにしてきたはずだ。

第2に，町並みは，住民による都市の使用・管理のためのノウハウ，住みこなし方が蓄積されたものであることを見てきた。川越における敷地の作法，その敷地と街区とをつなぐ町家群の精巧な仕組み，そして街区群を都市へと組み上げていく小樽の都市デザインは，狭い敷地や坂の多い困難な地形的条件を，文字通り，住みこなしていく様を表している。

にもかかわらず，近代都市計画はこうした住民のミクロな使用・管理のためのノウハウを保護するというよりは，むしろ否定し破壊してきたように思われる。これが第３番目のファインディングスであろう。小樽もこうした課題を闘ってきた。

第４には，近代都市計画に対抗しようとした運動とその論理を明らかにしてきたといえるだろう。小樽での詳細な検討のなかで，対抗する論理として提起されたのが「保存」「保存的開発」「観光開発」「環境の教育力」といった概念であったことを見てきた。とりわけ重要なファインディングスは，この「保存」が変化を否定しないどころか，むしろ肯定していることであったろう。「保存とは変化すること」なのだ。変化が不可避である以上，自分たちの望む形で，しかも自分たちの望むスピードで変化させることを希求する心性に，彼らは「保存」という言葉を冠したが，それは圧倒的な開発圧力の前で，そのような後ろ向き（レトロスペクティブ）で防衛的な用語を使わざるをえなかったからに過ぎない。最も先鋭的な現代都市計画批判をする運動が，古い建物を保存せよという最も保守的な用語を使用していたのは，こうした構図があったからだ。筆者の言葉に翻訳すれば，「変化の社会的コントロール」ということになる。

このように保存運動を見てくると，彼らが求めた保存には２つの水準があったことが見えてくるはずだ。

第１に保存すべきものとして想定されていたものは，当然のことながら個々の建築物であった。それが凍結的保存ではなく，ある程度の改変を容認したうえでの保存であったことはすでに見た。改めて確認すべき点は，新たなまちづくりのベースになるべき物理的実体としての建築物群の保存がなければならない，という点であろう。

保存対象として第２に想起されていたものは，建築物によって「生きられた生活」であった。建築物群の背後にある生活も無規制な開発から守られなければ，「博物館的に保存」しても意味がない，「古い容器に盛り込まれた新しい活気ある内容」こそが大切なのだと，《夢の街づくり実行委員会》のマニフェストは訴えている。その「内容」を「生活」と読み替えることは可能であろう。「容器」（運河や建築物）を破壊されることは，自らの生活を破壊されることとして経験されたのであり，「小樽が小樽でなくなってしまう」という発言がなされたのだと理解できる。峯山冨美の言う「地域に生きる」こととは，小樽を小樽として生きるということだ。敷衍すれば，運河の保存運動は「建築物」と，その空間・景観を支え再生産する「生活」のふたつを保存しようとしていたと考えてよいだろう。図式的に表現するなら「自分達が運河を守る」ではなく，「“運河＝自分達の生活”を守る」へと変化してきたということだ。そしてこれこそが，「凍結保存からまちづくりへ」の内実であった。展開を経た後も，この小樽の保存運動が，あくまで運河という固有の環境にこだわり，戦後の社会学界を席巻した近代化論的なものとは異なって，「モノの直接性」に基礎付けられた運動であったことに留意しよう。形が変われば地域社会も変わってしまい，変わってしまった社会は新たな形によって生きられることになる――こうした社会と環境の二重の関係性の危機への表現が，「小樽が小樽でなくなってしまう」という発言であったと言い直してもよいだろう。小樽の保存運動は，記号性に還元し尽くせぬ社会の物質性の危機を表現していたのだ。

では，小樽もその一部をなす，1960 年代以降の日本の町並み保存運動とは，どのようなものであったと言えるだろうか。本書で見てきた範囲でいうなら，少なくとも下記の諸点を示したのではないかと思われる。

最初は，問い方についてだ。建築「単体」ではなく，「群として」（あるいは「都市として」）問うべきであることを，保存運動は訴えていた。このことは「町並み」の「並み」という「並び立つ様」を表す用語によく表されている。個々の建築に分解してしまえば，それぞれが合法的なものとなり，問題自体が雲散霧消し，問えなくなってしまう。適法でいてなおかつ発生する問題を問うためには，総体としての環境を問題にすべきだというのが，主張の核心であった。

第 2 に，「スクラップ・アンド・ビルド型」ではなく，「歴史的ストックのリハビリテーション」型まちづくりのプロトタイプを提示したことを挙げておこう。古くなれば壊して，まっさらにしてから新しいものを建てていく。連続性は断ち切られ，記憶さえも途切れていく。町並み保存運動は，伝統に回帰せよ，変化を否定せよと主張していたわけではない。むしろ，歴史的なストックを再利用しながら，連続性をある程度担保した変化を，と主張していたというのが真相であろう。

上の点は，第3点目にダイレクトに関わる。町並み保存運動は，その名前とは裏腹に，「保存」という用語を通じて「変化の社会的コントロール」の必要性を主張していたことを，本書は明らかにしてきた。換言すれば，それはガヴァナンスという課題を闘った運動であった，ということになろう。保存は変化を否定しない。むしろ，ある特定の変化の仕方——変えないように変えていく——を，と主張していたという意味で，「保存は変化」であったのだ。

第4には，地域の歴史的・エコロジカルな条件・規模に見合った開発をすべきだという，都市を計画する上での基本理念を提示したことが挙げられるように思う。小樽での小川原格や峯山冨美の語りにも仄見えたように，「町並み」の「並み」には，先に触れた「並び立つ」の意味に加えて，「身の丈に見合った」という「並み」，「人並みの」というニュアンスも含意されていたことに注意したい。

では，こうした保存運動の実践は，社会学理論，とりわけ都市社会学や環境社会学にいかなる示唆を与えるのだろうか。小樽へと向かったまなざしが，今度は小樽から何を見出すのか。節を改めて考えてみたい。

2. コミュニティ論へ／からのまなざし：都市社会学からの示唆と限界

第1章でも述べたように，1945年以降の日本の都市社会学を見てみると，そこでは常に居住，あるいはそこに住むということが議論の主柱になっていたことに気づかされる。

例えば，代表的な論者として，似田貝香門と奥田道大を挙げてみよう。理論的には正反対の立場に立つ両者だが，いずれも戦後日本の都市社会学・地域社会学を代表する論客であることに誰しも異論はないだろう。

似田貝香門の議論は，住民の「住むこと」の論理（使用価値）と，資本による都市の私的占有の論理（余剰価値）との対立こそが都市問題であるととらえることに大きな特徴がある。そこで似田貝は「住むこと」の論理に依拠して都市空間の公共的奪回を構想していた（松原・似田貝編，1976：331–396）。この「住むこと」という概念が，日常用語のそれとは異なり，「住む」こととの対比において把握されている点には注意を要する。似田貝は，単なる住機能の充足のみを指す「住む」ことと，地域社会での共同性をも含みこんだ概念である「住むこと」とを区別し，いわば生物学的に「住む」ことに執着せざるをえない現代の都市状況を析出しようとする。いうまでもなく似田貝は，現代都市における「住むこと」の恢復のため，「住む」ことの問題性を告発しているのだ。

他方，奥田道大も，ほぼ同じような現代都市における居住の危機を指摘するが，その理論的枠組みと概念は異なっている。

先ず奥田は，分析上，都市を2つに分類する。業務空間化する「都市」の系と，住民の「住むこと」に基礎をおく「地域」の系とがそれで，都市とは，その2つの系が重層したものであるとする。そして，「都市」の系が「地域」の系を駆逐してゆく過程こそが都市問題であると定義する。「地域」の側から「都市」の系の圧力に対抗する住民運動の実践に，都市問題を克服してもう一度，2つの系が重なった都市――奥田はそれを「コミュニティ」と呼んだ――の具体的可能態を見出そうとしていたように思われる（奥田，1993a: 33-61）。敷衍するなら，大都市の中心部が業務空間にモノカルチャー化されてしまうことに問題を見出し，「都市」と「地域」というふたつの系が重層していてこそコミュニティなのだという主張が，その後の奥田の著作に一貫した視座である（奥田，2000）。

こうした議論は，本書で扱った保存運動の分析にも当てはまる。代々受け継いできた家や景観の中で生活したいと訴える保存運動は，生物学的な意味でただ生存しているという「住む」状態ではなく，まさに地域社会内における共同性をも含み込んだかたちで「住むこと」を希求する運動であったとも言えるからだ。

しかし，ここで改めて，似田貝と奥田の論理の構成の仕方に注意してみることは重要かつ有用である。そこには戦後日本の社会学が論じなければならなかった課題と，その「敵」がよく示されているからだ。

似田貝やその他の論者は，「資本」という用語を使うかどうかは別として，開発促進型の都市計画に対して，そこに現に住む人々の生活を根拠に対抗してゆく住民運動，そして彼らが依拠する「生活空間」を対置して批判を展開してきたといってよい。「住民運動」という用語が一世を風靡したことがその証左だ。

だが，筆者が見るところ，非場所的で抽象的な用語としての「使用価値」「空間」に見られるように，当時の似田貝や奥田らが想起していた「住むこと」「地域」とは，近代主義的な地域，つまり，取り替え可能な居住空間だったのではないかと思われる。当時，ネガティブな含意をもたされていた「郷土愛」や「封建的な土地制度」ではなく，「どこであろうと，とにかくある地域に住むからには……」という，優れて戦後近代化論的な「普遍的市民」像が主体として想起され，そのような普遍的空間がストレートにイメージされていたのではないか。代々住み続けてきた農村を離れ，大都市郊外の新興住宅地に移り住んできた新規来住層は，封建的な地域秩序から脱離し，新たな居住地で「市民」としてふるまうことが，まさに期待されていた。封建的な人間関係を脱離した／すべき彼ら「市民」が，公害問題や郊外住宅地でのインフラ未整備を前にして運動を立ちあげるとき，それが「『住むこと』にこだわる抵抗力」(佐藤健二，1993: 166) を根拠とした住民運動という形態をとったことは，もはや改めて述べるまでもない。ここで確認すべきことは，都市の近代的大改造を前にした対抗の論理が，「郷土愛」や「封建的な土地制度」という用語ではなく，「住むこと」に使われるべき普遍的な「空間」だったのだ，ということである。高度経済成長期の国土の激変過程の中でこうした主張と論理は大きな意味を持っていた。開発に抗うために採用された用語は，古い体制を想起させる用語ではなく，普遍的でプラスの価値を帯びたものでなければならなかったからだ。

しかし，小樽をはじめとする町並み保存運動を詳細に見てきたわれわれの眼からすると，「『住むこと』にこだわる抵抗力」が「空間一般」における話なのか，固有名詞付きの場所なのかが重要な焦点になってこざるをえない。前者と近代化論は無矛盾に接合されうるが，後者の場合は，風土や地域の歴史的記憶といった個々の環境条件を考慮しないわけにはいかなくなってくる。すでに縷々述べてきたように，生活空間は，都市計画が措定するような取り替え可能で均質な「空間」(space) ではなく「場所」(place) なのだ。開発に抗う抵抗力，そしてその抵抗のあり方すらも，地域社会の固有の環境条件に依拠せざるをえないだろう。同じ運河と言っても，東京の汐浜運河と小樽の小樽運河とでは，構造や長さも違えば，地域社会における意味も異なっている。

もう一度小樽の事例を振り返ると，運河を守るといった類いの土地や場所への執着は，戦後日本の社会学，とりわけ都市社会学的研究においては「封建的なもの」として相対的に軽視されてきたように思われる。「郷土愛」といったような「場所性」へのこだわりは後景に退き，戦後民主主義の系論では近代的な市民が構築すべき「公共性」「市民的原理」こそが重要課題として議論されてきたのだ。町並み保存運動はこの場所性を今一度前景へと呼び戻そうとする問いかけである。敷衍するなら，「郷土愛」のようなこだわりを偏狭なナショナリズムと貶価してしまうのではなく，人々がどのような都市を生きたいのか，どのような存在として在りたいのかという「存在問題」の位相でとらえ返すということだ（植田今日子，2016：41-46）。戦後日本の住民運動は，「作為阻止型」と「作為要求型」の2類型で語られてきた（西尾勝，1975a）が，そのような2類型からこぼれ落ちてしまう「存在問題」の位相を前景化すべきであるという問いかけである。

社会学は，だから「場所性」を組み込んだ空間理論を構築しなければならない。論者によってはそれを「空間論的転回」（吉原，2002）と呼ぶだろうが，ル・コルビュジェ的な近代的「空間」で一元的に描かれてしまうものからの脱却が目指されているという点では変わりがない。

筆者の知的遺産相続リストには，だから都市社会学，とりわけコミュニティ論が大きな比率を占めている。似田貝，奥田の両研究者から学びとったことは計り知れない。さらに筆者は，シカゴ学派やW. F. ホワイト（Whyte, 1955），新都市社会学のカステルらに学びつつ（Castells, 1983），筆者独自の「空間」／「場所」という概念を導入し，さらに建築学・都市計画学，建築史学から学びつつ，「有機的空間秩序」概念を導入して分析を進めてきた。

その中で痛感するのは，都市社会学には，「歴史的環境」への着目が欠如していたということである。都市をめぐる社会運動にあれほど用意周到な関心を示してきた都市社会学は，なぜか町並み保存運動にはまったくといっていいほど，関心を示してこなかった。似田貝や奥田のように，一足飛びに普遍的な市民と抽象的な環境に行くまえに，あくまでコミュニティ内の個別具体的な環境にこだわり，何かを保存することを求める運動を注視し，それを分析することが必要ではないか。筆者の小樽研究が，都市社会学からの養分をもとに，環境社会学へと接近していかねばならなかった問題関心とは，このようなものであった。

3. 環境社会学へ／からのまなざし：環境社会学からの示唆と限界

1990年代に急速に台頭してきた領域に，環境社会学がある。すでに研究史を概観する論稿がいくつかあるので（飯島，1998，2001；堀川，1999，2012a；海野，2001；関，2005；堀川，2017a），詳細はそれらに任すことにして，筆者が環境社会学へと注目し，環境社会学から何を学んだかを説明しよう。

かつて筆者が書いたように，「振り返ってみるならば，日本の環境社会学研究は，ほとんどすべて『被害とは何か』という問いに縁取られてきた」（堀川，2012a: 7）。「被害とは何か」，あるいは「環境破壊に伴って発生する被害の総体とは何か」（堀川，2012a: 7）という問いに導かれて，飯島伸子の「被害構造論」，舩橋晴俊や長谷川公一らによる「受益圏・受苦圏論」，舩橋らによる「社会的ジレンマ論」といった概念や理論的立場が産み出されてきた（堀川，2017b）。筆者の知的遺産相続リストにもこうした諸方法は書き込まれ，血肉となってきたことは，改めて言うまでもない。

しかし，「被害」といった瞬間に見えなくなってしまう領域がある。例えば，近隣の騒音公害のように，問題があるのかどうかそのこと自体が争われるような事柄がそれにあたるだろう。「騒音だ，何とかしてくれ」「いや，これは騒音ではない」「実際に迷惑しているのだ」「そんなのは受忍限度内だ」……。そこで繰り広げられているのは，ある音をめぐって加害―被害関係が成立しているかどうかの対立であり，被害の内実を語る以前の段階で深刻な対立が生起している様である。つまり，「加害―被害関係を前提とした構造の分析よりも，むしろ加害―被害関係のあり方そのものを捉え直す視点が必要」（大門，2008: 156）となってくるのではないか，ということだ。

問題はそれにとどまらない。町並みの喪失を「被害」という言葉で問題化しようとすると，日照権といった権利の位相に回収されてしまう。第2章でも見たように，日照権以外では，十全に権利を認定され補償されることは極めて稀であり，結局のところ，合法性と主観性の壁の前で苦杯をなめさせられるのみである。「東日本大震災」を経た今，「被害」という言葉が環境社会学にとってかつてないほど重要であることは論を俟たないが（堀川，2012a），町並み保存という問題領域にとっては，十分に有効であるとはいえない。「被害」というより，存在自体が根こそぎにされるという危機感をどのように言語化していくかが問われている。筆者が本書で描いてきたことは，都市コミュニティのサステイナビリティーの条件の探索であり，都市環境の商品化・物象化のもたらす矛盾であった。

そこで注目されるのは，「生活環境主義」と「コモンズ論」であろう。

「生活環境主義」とは，「行政と住民との対立のなかで社会学者が見いだした，問題の立て方を水路づけしていく際の準拠点であり，人々を説得する論理」（関ほか，2009: 47）であるという。その際に生活環境主義が準拠するのは，「生活者」「居住者」の立場ではなく，その生活者の生活を基礎づける「経験的世界」の地平である（古川，1999b: 146）。もし，「生活者の立場」から考えるということになれば，当該地域社会内での立場の複数性に対処できなくなってしまうだろう。だから，「『居住者』の立場ではなく，『居住者の生活の立場』」，つまり「彼らの生活を保全する論理」に準拠して分析することが可能なのだという立場であり，方法宣言でもある（古川，2004）。

このような立論構成は，往々にして「肝心の『かかわっている人と社会からの観点』が抜けやすい」（関ほか，2009: 47）環境問題の現場にあって，環境を管理する主体としての「生活者」の定位とその正当性・正統性の明確化に貢献しているように思われる（鳥越・嘉田編，［1984］1991；鳥越編，1989；嘉田，1995, 2002；鳥越，1997；古川，2004）。議論が想定している「敵手」は，人間の手をいっさい加えてはならないとする「自然環境主義」と，環境問題は原則的に技術で解決できるとする「近代技術主義」の2つであった。中央省庁から降りてくる公共事業が地域社会に甚大な影響を及ぼしてきた近代化日本の歴史を振り返るとき，「居住者」「生活者」がなぜそれに反対したり賛成する主体性をもちえたのか，なぜ発言する資格があるのかを，生活環境主義は鋭くえぐり出してきたように思われる（嘉田，2012）。

琵琶湖周辺で行われてきた緻密で息の長いフィールドワークのように，生活環境主義者たちは，生活者たちが編み出してきた環境共存の技法を浮かび上がらせることに主要な関心があったといってよい（嘉田，1995；古川，2004)。深刻な身体被害を伴うような環境問題の現場で「被害」を明らかにするというよりは，地域の環境容量とうまくつきあって生きていくローカルな身体技法を書きとめていくことこそ，生活環境主義の真骨頂であったように思われる。裏を返せば，そうした生活様式の根底にある生活の地平から，公共事業などの開発計画を相対化しようとしてきたと言えるだろう。

しかし，生活環境主義は，出自である琵琶湖周辺に拡がる農村風景の刻印を強く受けている[2]。農業を行う集落，あるいは半農半漁の集落が，自らの生活を定点にして，いかに公共事業といった「自然破壊」としたたかに渡り合うかを描いてきた。そこには都市の喧騒も，職住が分離した郊外住宅地も，工場が連なる工業地帯も見出されない。小樽の事例を分析しようとするとき，生活環境主義の内部に，その場所を見出すことは難しい。

さらに，生活環境主義の理論的強調点が，生活の論理であることにも注意したい。説明のために，ここではあえて象徴的な言い方で説明してみよう。もしも「『生活環境主義』の主張をよく理解するために傍点を打つとしたら，どの用語に打つか」と問われたとするなら，どうなるだろうか。「居住者の生活の立場」に準拠するという方法論から言えば，おそらくその答えは「生活環境主義」とならざるを得まい。もし第2の強調点をも傍点で表すとすれば，積極的に自らのポジショナリティを宣言していることから，「生活環境主義」だ。打たれる傍点が，環境の上ではないことが重要だ。筆者が着目し，解き明かそうとしてきた環境と社会との応答関係，環境が失われることで変わっていかざるを得ない地域社会の様相は，生活環境主義においては後景化している。まして，「かたちがないものの保存」（足立，2010）を対象化するに至っては，小樽をはじめとする町並み保存問題は対象化が難しい。つまり，生活環境主義は，対象を形のないものや文化，伝統にまで拡張することによって新地平を切り開いたが，その過程は同時に建造環境の非対象化ではなかったか。言い伝えや昔話までが，

［2］　もちろん，筆者はここで出自を問題にしているわけではない。理論は，解こうと苦闘した対象や問題に対して優れた分解能を示すとともに，その刻印を強く受けもする。そしてその刻印は，それによって見え難くなってしまう死角ないしは不得意領域をも産み出してしまう。筆者がここで指摘するのは，こうした死角の存在であって，出自そのものではない。

私たちの「環境」に含まれ，それらは物理的環境と同等かそれ以上に私たちの社会や行動を規定するのだということを明らかにした功績は実に大きい。だが「社会の物質性」と「物質の社会性」に着目してそこから社会学を目指す本書からすると，環境の上に傍点を打つことができない生活環境主義は，歴史的環境保存問題からの撤退であるように思われる。多くを相続しながらも，筆者が決して生活環境主義者ではないことの所以である。

相続リストのなかで重要なもう一つの方法的立場は，コモンズ論である。近年，勢いをもってきた「コモンズ論」は，地域住民が共同して自然環境を維持・管理するその「担いの仕組み」を明らかにしてきた。

宮内泰介も述べるとおり，「コモンズ」のルーツの一つは，イギリスにおける歴史的な土地利用形態にあるが，これがナショナルトラスト運動を参照する必要のある筆者がコモンズ論に着目する理由のひとつともなっている（堀川，2001）。農牧民の長年の運動・交渉の果てに，大地主所有の土地にアクセス権・利用権をみとめさせたことが，コモンズの淵源だ。その中身は，共同管理・共同利用の仕組みと，その仕組みで利用される自然環境ということになる（宮内編，2006）。コモンズ論の主要な関心は，担いの仕組みを解明することによって，いかに自然環境を守っていくかという点にあるといいうるだろう。このようにとらえるならば，コモンズ論は所有と管理を軸に世界を眺めてきたことがわかる。世界のあちこちでいかに地域住民が土地を共同で管理してきたのか，その事例を記述するなかから，所有という土地—人間の関係を問うてきているからだ。近代的所有権が数多ある「所有」のヴァリエーションの１つでしかないことを，コモンズ論は示してくれている。

しかし，「担いの仕組み」は自動的に（あるいは予定調和的に）もたらされるわけではない。むしろ，多様な主体のなかで誰の権利が重んじられるべきかという価値づけのあり方をめぐる論争や，どのような権利行使の仕方が適切であると人々が判断しているかという，公共性とレジティマシー（正当性・正統性）という難問をくぐり抜けた末にようやく獲得されるものである（井上・宮内編，2001；井上，2004）。だから，コモンズ論が「公共性」論や「レジティマシー」論，さらには政策論へと展開してきたこともうなずける（宮内編，2006；宮内，2011）。

上述の特徴は，そのまま，コモンズ論の被害への向き合い方を規定していると思われる。「被害」よりは「担いの仕組み」に，「加害」よりは「所有の解きほぐし」に着目してきたことがコモンズ論の特徴であり，貢献であった。「環境問題」と「環境共存」という古典的図式で言うならば（飯島，2001），コモンズ論は，相対的に「共存」領域においてこそもち味を発揮してきたといってよい。筆者の研究との親和性も高い。筆者の「公共圏としての運河」という言い方も，「コモンズとしての運河」と言い換えてみることも，あるいは可能かもしれない。

しかし，筆者の「公共圏の物理的基礎」（堀川，2011：54-56）という用語法は，果たして違和感なくコモンズ論にフィットするだろうか。コモンズ論からも多くを学んできたにも関わらず，自らをコモンズ論者と呼べない理由は，ここにある。

4. 町並みの関数：歴史的環境保存の社会学へ向けて

都市社会学へと向かった筆者のまなざしは，つぎに環境社会学へと向かい，そして今，環境社会学からどこへ向かおうとしているのか。

第1章でも述べたように，ダンラップらのHEP-NEP論争はすでに過去のものとなった。しかし，筆者がこの小樽の事例と向き合う過程で見出したものは，環境がわれわれに与える作用の重さと意味であった。町並みを残すことに執着する人々の心性と運動過程は，好事家の手慰みでもノスタルジーでもなく，都市環境の変化を，いかに自らが制御していくのか，その社会的な回路を希求するものであったように思われる。従来の環境社会学において，果たしてそれは十全に主題化され，語られてきただろうか。社会関係水準に照準する社会学にとって，このようにわれわれに直に働き掛けてくる環境の力はどのように語られるべきなのか。つくりつくられるという二重の関係性をどのように扱うべきなのか。古くて新しい課題が，ここにある。筆者が「歴史的環境保存の社会学的研究」が要請されていると主張するのも，そのためだ。

この問題を考える一つの解き口は，すでに第1章において歴史的環境保存の社会学的研究の嚆矢として挙げた，Barthel（1996）である。この記念すべき一書の中心的概念は，「演出されたシンボリック・コミュニティ」(Staged Symbolic Communities; SSCs) である。バーセルは SSCs の特徴を，非歴史性 (ahistoricity)，社会的な合意の存在による道徳的秩序 (social consensus)，循環的アクティビティ (repetitive activity)，他のコミュニティからの時間・空間的な隔離 (isolation) の4つであるとした (Barthel, 1996: 37-48)。それは，ユートピアの概念に極めて近い (Dahrendorf, 1968: 107-108)。バーセルは，アメリカの野外博物館や歴史村といった SSCs がある種のユートピアであり，それらをイデオロギーとして批判しようとしていた。

その指摘は確かに重要であるが，やはりここでも，バーセル理論の適用範囲に疑問を持たざるを得ない。彼女の理論形成の原風景がアマナという宗教コミューンであり，ひとつの農村コミュニティであったことはすでに触れた。だからコロニアル・ウィリアムスバーグ (Colonial Williamsburg) のような農村的コミュニティの分析では非常に高い分解能を示すものの，都市における歴史的環境保存運動に適用することには，一定の留保が必要だろうと思われる。非歴史性や循環的な行為，隔離といった特徴を持つことがあらかじめ排除されている都市では，別立ての概念や論理が要請されるだろう。変化を否定する SSCs は，都市では通用しない。

小樽の事例が示すのは，むしろ変化を積極的に許容する都市保存運動のあり方だった。「保存とは変化することである」と要約しうる都市部における保存には，新たな理論的枠組みが要請されている。

生活環境主義がその研究対象を拡散してきたことに抗して，環境の再定位を図る必要があるだろう。始点としてのバーセル理論を批判的に継承しつつ，都市保存の論理の解明を行ったことが本書の歴史理論的貢献であった。また，筆者がすでに本書で試みたように，建築学的変化概念の社会学的展開を図り，物理的実態と社会意識のズレを読むことも有力な方法となりえよう。このことを要約的に言い換えれば，保存というレンズを通して，都市を都市たらしめている自画像とは何かを解明してきたということだ。都市環境の変化を社会的にいかにコントロールするのか。都市という公共財について，行政と住民はどのような対話の場を設け，変化を制御する新たな制度を構築していけるのか。その仕組みはどのように構想しうるのか。こうした一連の問いへの解答が，新たな都市社会学と環境社会学を組み上げていくことになるだろう。その新しい試みの一つとして，本書はある。その結論を松本康の言い方に倣って述べるなら（松本編，2014: 4-8），以下のようになるだろう。

何が保存を生み出すのか――急激で根底的な都市環境の変化が「保存」という反応を生み出したように思われる。有幌倉庫群の取り壊しが小樽の保存運動を起動したことを想起しよう。Barthel（1996）も言うように，産業化に対する反応であるといってよい。人々の生活は抽象的なものでなく，常に具体的であり，物理的な形をもって生きられる。その形の喪失は人生の喪失なのだということを，われわれは第5章で詳しく見てきた。

このようにして生み出された保存とは，どのような過程なのか――言ってみれば，本書全体がその答えである。保存は決して一枚岩ではなく，ノスタルジーをガソリンにして，いくつものレイヤーの積層したものとして闘われるのだということを，「時間と空間のなかで具体的に」（松本編，2014: 7；傍点原文），本書は描いてきたはずだ。

では，保存は何を生み出すのか――都市という建造環境に起こる不可避の変化を自らコントロールしようという自己決定意識を生み出したと答えたい。「保存とは変化することだ」という認識は，保存運動を闘うなかで見出されたものであった。小川原格の「変わったこと自身が問題なんじゃなくて，どう主体が関わって，変わらせたのかのほうが大事なんだ」という言葉にもあったように，「変化すること」が問題なのではなく，どのように変化させるかが問題なのだという認識こそ，保存によって生み出されたものである。本書は当事者たちのそうした認識の構造と，実際の都市建造環境の変化の関数を詳述してきたように思う。筆者はこうした研究を「歴史的環境保存の社会学」と呼び，都市環境と住民との相互関係を視野に入れた社会学の一分野として構想したいと考えている。

その意味で，筆者が取り組んできたこの小樽研究は，既存の社会学の限界と可能性とを示し，世界の各地で生まれつつある新しい理論枠組みとの交流の方向性を指し示しているように思われる。建築学的なデータを「ハード・データ」，ライフ・ヒストリーのようなデータを「ソフト・データ」と呼ぶなら，本書は「社会の物質性」と「物質の社会性」の両方に定位し，その両データを統合的に捉える試みであった。その試みはまだ始まったばかりで，綻びもあれば歪みもあるだろう。そうであってもこの本書が，歴史的環境保存の社会学の扉に立つ一番最初のプロトタイプであることに，違いはない。

おわりに

あとがきの類いは難しい。研究という長く曲がりくねった旅路のひとつの区切りに，気の利いた小文を認めるなぞ，至難の業である。ましてその旅路が33年にもわたる永きものであればなおさらだ。だが，そう書いて済む話でもないだろう。旅装を解く前に，私の旅路を振り返っておくことにしたい。

そもそも小樽に出会ったのは高校入学前の北海道旅行の時であった。一人で夜行列車と青函連絡船を乗り継ぎ，札幌で一人暮らしをしていた長兄のアパートに転がり込んだ「中学卒業旅行」。その時，半日ほど兄と歩いた小樽がこの町との出会いであったが，「運河論争」が繰り広げられていることなぞ私は知るよしもなく，無邪気な観光旅行に過ぎなかった。15歳の記憶に残った小樽は，暗い影のある港町であった。

高校在学中から社会学の文献を読み始め，卒業前にはすでに社会学を専攻することを志していた。中央大学文学部で社会学を学び始めた時には快感と嬉しさがあった。ようやく，待ちに待った社会学の勉強ができる――だが，それが失望へと変化していくのは時間の問題だった。「はじめに」でも書いたように，社会学的に問題を語る以前に，その問題を誰が問題と感じ，誰がそれを論じるのか，私にはその原点がよく見えていなかったから，講義という講義が空虚なものに聴こえたのだろう。あんなにも憧れた社会学が，少しも面白くない。私の大学生活はどうなってしまうのか。焦りと怒りの中で考えついたことは，実際の社会で起きる事象が問題と見なされ，どのような過程を経て教室で語られるようになっていくのかを，自分の眼と足で確認してくることだった。かくして私なりの「大学生活再生作戦」が実施された。それが運命の 1984 年 3 月 27 日をもたらし，30 年以上の時を経て本書へと結実したわけだ。

「作戦」を立案し実行したのは間違いなく私自身であったが，教え，導いてくださったのは，恩師たちである。彼らがいなければ，私はどこかであっけなく「戦死」していただろうし，そもそも「作戦」が実施されていたかも疑わしい。

私の初期の学的関心を受け止め，厳しく鍛えてくださったのは，故島崎稔先生だ。ある日，先生の研究室を訪ね，「都市社会学を本格的に勉強したいのですが，何を読んだらよいでしょうか」と相談した。「作戦」を練っている最中のことだったと記憶している。島崎先生は一言，「君の関心に相応しい文献を探しておくので，来週，研究室に来てください」と仰った。翌週，先生はたった 1 冊だけ，奥田道大『都市コミュニティの理論』（東京大学出版会，1983 年）を薦めてくださった。「1 週間で，1 冊だけ？」と訝る私に，先生は「この本は，読むに値する本です」とだけ仰った。本当にそれだけだった。

早速，『都市コミュニティの理論』を買い求め，読みふけることになっていく。なかでも，夢中になって読んだ神戸の丸山地区の住民運動の箇所は，「作戦」を実施するのに最適の地であるように思われた。「フィールドは神戸だ」と思い定めた勢いで，私は奥田道大先生に手紙を書き，授業へのモグリ聴講を願い出る。

あっけないほど簡単に聴講許可をいただき，喜び勇んで立教大学を訪れた。講義の後，先生は私をキャンパス近くの高級中華料理屋に連れていかれ，ご馳走してくださった。その席上，奥田先生は「なぜ，僕の授業なんかに来る気になったのですか？」と尋ねられた。一連の事情を説明すると，今度は訝しそうに「君に僕の本を薦めてくれたのは，あの島崎先生なのですか？」と問われた。なにやら驚きと懸念，懐疑のようなニュアンスが交じり合った，実に不可思議なトーンの問いかけであった。学界の人脈やら派閥といったことにまったく疎かった私ではあったが，それでも何かまずいことをしゃべってしまったことだけは理解できた。でも，もう後の祭りだ。腹を括って「はい，島崎先生です」とだけ答えると，しばらくの沈黙の後，奥田先生は語り始めた。

都市コミュニティに関して論稿を発表するたびに，マルクス主義社会学の立場から厳しく批判してくるのが島崎先生であること，反論にも徹底的に再批判がなされて，世間では犬猿の仲と言われている云々。だから，いわば敵軍の大将である島崎先生が，他方の大将である奥田先生の著書を薦めたという構図だったわけだ。島崎先生よりも年下であった奥田先生からすれば，島崎先生は仰ぎ見る重鎮と言うべき存在であり，その重鎮が自分の著作を学生に薦めていたということは，予想外であるだけでなく，名誉なことでもあったのだろう。独特のニュアンスをもった「あの島崎先生なのですか？」という質問は，そうした文脈のなかで発せられたものであったということが，鈍感な私にもようやく呑み込めた。聴講に押しかけた私は，マルクス主義社会学の重鎮・島崎がノン・マルクス都市社会学陣営の巨頭・奥田をリスペクトしていることを伝える伝令としての役割を果たしたことになる。

それにしても，島崎先生は批判めいたことを一切，仰らなかった。たとえ論敵の著作であっても，質の高いものは学生に薦める。そんな人格高潔な島崎先生に師事できたことを誇りに思う。また，奥田先生はそれから 2 年間，私に聴講を許してくださっただけでなく，毎回欠かさずに，昼食を食べながら都市社会学の理論とフィールドワークの作法を授けてくださった。両先生がご存命中に本書を上梓できなかったことが悔やまれるが，学部時代にこの両先生から学ぶ機会のあったことは，僥倖であった。

4 年生になってからは，友枝敏雄先生のゼミに所属し，厳しく鍛えられる日々が続いた。大学院進学を決意していたことを先生はすでにご存知で，他の学生と同じ課題をこなした上に，特別メニューをこなすことを求められた。私に社会調査の基礎が欠けているとみれば，その場ですぐに東京大学の盛山和夫先生に電話され，教養学部の授業を聴講できるよう取り計らってくださった。また，当時小樽へのコミットをはじめていたのだが卒業論文では「小樽については，一言も書かないこと」と厳命された。大学院に行くための基礎学力を徹底的につけることを最優先にすべきで，大学院に行けば，好きなだけ小樽について書くことができる。今，安易な事例分析などをして好からぬ癖をつけては，後になって伸びなくなってしまう —— 友枝先生のご指導のスタンスは明快かつブレがなかった。

友枝先生の九州大学へのご転出もあって，私は他大学の大学院へ進学することとなる。ドイツ語試験に躓いて 1 年間の浪人を余儀なくされたが，そんな私を拾って指導してくださったのが，慶應義塾大学の川合隆男先生であった。先生の院ゼミで，私は川合ゼミに集う精鋭達と出会うこととなる。なかでも竹村英樹氏（慶應義塾大学）と大矢根淳氏（専修大学）は，ご研究の中身だけでなく，その人格的魅力でも目を瞠るものがあった。その後 30 年間にわたり，私の小樽研究の意義を最も深く理解され，いかなるときもサポートしてくださったのは，このお二人である。

川合先生のご指導は，どちらかと言えば島崎先生に似ていた。余計なことは何一つおっしゃらず，厳しく本質を見つめておられた。ごくたまのコメントも，「まだ中途半端です。現場の人に認められるくらいの深さがなければいけません」という短くも厳しいものであった。しかし，就職のため論文を早く書きなさいとも，学界で旬のテーマをといった類いのことは，一切，言われた記憶がない。労多くしてなかなか成果が出ないフィールドワークに専念できたのは，このようにじっくりとフィールドと向き合うことを勧め，その成果が出るのをじっと待ち続けてくださる川合先生であったからなのだと，今にして思う。定年退職され，今は遠く山形で晴耕雨読の生活をしておられる川合先生に心からの感謝を捧げたい。

また，故藤田弘夫先生の学恩も忘れることができない。私の博士課程副指導教授として，いつも膨大な文献をご教示くださった。大学院ゼミが終わると，決まってキャンパス近くの定食屋「山田屋」で昼食をご一緒しながら延々と議論をして過ごした。そこで頂いたご助言すべてを，この論文に注ぎ込んだつもりである。藤田先生がご存命だったら，本書をどのようにお読みになられただろうか。

川合門下の大先輩・有末賢先生（慶應義塾大学）は，博士論文を早く出すよう，何度も励ましてくださっただけでなく，主査として審査してくださった。心からの感謝を申し上げたい。私がまだ修士の院生であったころ，有末ゼミ 1

期生のサブゼミを担当させていただいたことも懐かしい思い出だが，ゼミ生に教えるという経験は自分の社会学の核心を鍛え直すことでもあるのだと今では理解することができる。そんな機会をいただけたことにも感謝申し上げたい。

副査として博士論文を審査してくださった寺田良一先生（明治大学）と浜日出夫先生（慶應義塾大学）にも，感謝申し上げる。公開審査会でのお二人からの問いかけは，本書執筆におおいに役立った。実は，寺田先生の『社会学評論』に掲載された論文が，私にとって初めて読んだ同誌掲載の論稿であった。その意味では，志を立てた時に感銘をもって読んだ論文の著者に博士論文を審査していただけることは望外の幸せであった。論文を通じて多くを学ばせていただいていた浜先生は，私にとっては怖い存在であった。ジェントルな物腰とソフトなお声とは裏腹に，核心にすっと切り込む鋭さがあるからだったが，提出までの間，終始，励ましてくださった。

慶應義塾大学を離れてからは，学界の諸先生方に指導・叱咤激励を頂いた。Andrew Gordon（Harvard University），Timothy George（University of Rhode Island），鳥越皓之（早稲田大学名誉教授），玉野和志（東京都立大学），西村幸夫（東京大学），Diane Barthel-Bouchier（State University of New York, Stony Brook），長谷川公一（東北大学），片桐新自（関西大学），陣内秀信（法政大学），Jordan Sand（Georgetown University），Christopher Gerteis（SOAS, London），Peter Siegenthaler（Texas State University, San Marcos）の各先生には，記して感謝申し上げたく思う。また，本質を鋭く見抜き，常に的確なご助言を賜った舩橋晴俊先生（法政大学）は，2014 年 8 月に急逝された。曖昧に流れがちな私の話の中から，いつも驚くほどの明晰さをもって，理論の骨格を取り出して頭の整理を助けてくださった。執筆が行き詰まっている時，舩橋先生とお話すれば，必ずや打開策が見つかったものだ。本書をもはやお届けできないことは，痛恨の極みである。

こうした息の長い実証研究を行うことができたのは，公的および民間財団の研究助成金があったからでもある。本書も，こうした寛大なる研究助成の成果である。以下に列挙して謝意を表したい：

【文部科学省・科学研究費】

1994～1995 年度　特別研究員奨励費「近代日本における都市環境問題の発生

と展開」(研究代表者＝堀川三郎〔個人研究〕)

1997〜1998 年度　奨励研究 (A)「戦後日本における都市環境問題の発生構造に関する環境社会学的研究」(研究代表者＝堀川三郎〔個人研究〕)

2001〜2003 年度　基盤研究 (C-2)「都市再開発における景観保護問題の社会学的実証研究」(研究代表者＝堀川三郎〔個人研究〕)

2007〜2010 年度　基盤研究 (B)「都市ガヴァナンスの日米比較研究：『景観の公共性』に関する社会学的実証研究」(研究代表者＝堀川三郎〔個人研究〕)

2011〜2014 年度　基盤研究 (B)「景観の公共性に関する日米比較社会研究：建築保存から社会保存へ」(研究代表者＝堀川三郎〔個人研究〕)

2011 年度　基盤研究 (A)「都市環境における生活公共性に関する比較社会学的研究」(研究代表者＝田中重好；研究分担者＝堀川三郎・他)

【民間財団・その他の研究費】

1997 年度　法政大学特別研究助成金「戦後日本における歴史的環境保存事例の追跡調査」(研究代表者＝堀川三郎〔個人研究〕)

2001 年度　法政大学特別研究助成金「歴史的市街地における土地利用変化の社会学的研究」(研究代表者＝堀川三郎〔個人研究〕)

2004 年度　日本経済研究奨励財団研究助成金「“景観の公共性”における日米比較社会論：景観保存手法の相違に着目して」(研究代表者＝堀川三郎〔個人研究〕)

2006 年度　法政大学特別研究助成金「都市ガヴァナンスの日米比較社会研究」(研究代表者＝堀川三郎〔個人研究〕)

2007 年度　法政大学科研費連動研究助成金「『都市の記憶』の社会学的研究」(研究代表者＝堀川三郎〔個人研究〕)

2013 年度　第一生命財団調査研究助成金「アメリカにおける景観保護運動の社会学的研究とその日本の都市政策への示唆」(研究代表者＝堀川三郎〔個人研究〕)

また，2017 年度科学研究費補助金（研究成果公開促進費・学術図書，課題番号 17HP5188）によって，本書の刊行が可能となった。

こうした研究資金をもとに調査研究に専念できたのも，それを可能ならしめた諸研究教育機関のご配慮あったればこそであった。学生として在籍した中央大学文学部哲学科社会学専攻，慶應義塾大学大学院社会学研究科社会学専攻，それに研究者の卵であった私に機会を提供された日本学術振興会，そして研究者としての私をサポートしてくれた法政大学，慶應義塾大学，Harvard University にも感謝を申し上げたい。また，招聘講演・講義といった形で本書のアイディアの一部を報告し，洗練化する貴重な機会を提供してくれた Harvard University, State University of New York, Stony Brook および Sainsbury Institute for the Study of Japanese Arts and Cultures にも感謝している。

言うまでもなく，優秀でプロ精神に貫かれたライブラリアンの協力なくして本書はありえなかった。慶應義塾大学，中央大学，法政大学，小樽商科大学，北海道大学，東京大学，千葉大学，Harvard University の各図書館，都立中央図書館，国立国会図書館，東京市政調査会図書館，それに建築学会図書館，小樽市立図書館での資料探索は効率的であっただけでなく，実に心豊かなひとときでもあった。小樽市史編纂室では，特別に内部資料を閲覧することができた。1980 年代の朝日新聞記事の閲覧については，朝日新聞社・羽賀和紀記者の特別の計らいを受けた。記して感謝したい。

さらに，本務校・法政大学社会学部の同僚，事務課，学部資料室の諸氏ならびに法政大学研究開発センターの諸氏の丁寧なサポートなしには，本書に連なる一連の研究の遂行は恐らく不可能であったろう。特に学部の同僚は，自由闊達な議論と心憎いモラル・サポートをもって本書の完成を後押ししてくれた。執筆中，資料整理などを手伝ってくれた学生・院生（当時）の森久聡，大倉季久，鍋田芙紗子，田口由美，高橋真琴，山下貴子，楠知子，佐々木健太，向中野一樹，宇田和子，深谷直弘，小林愛希子，熊谷優，下大迫瞳，松山雄大，真鍋佳那子，高田実咲の各氏にも感謝したい。また，法政大学社会学部堀川ゼミナールおよび法政大学社会学部社会調査実習（堀川実習）の学生諸君の献身的なサポートにも，心からの「ありがとう」を。「他者に教えるということは，自らが深く学ぶことである」という格言の意味を，実感をもって理解させてくれたのは，他ならぬ彼らであった。

その他，お名前をあげればきりがないほど，実に多くの方々のサポートがあったからこそ，ここまでくることができたのだと思う。環境社会学会，都市社会学会，地域社会学会などの諸先生方のご助言は，この論文のそこかしこに活かされていることをもって，お礼の印とさせていただきたい。

かくしてでき上がった本書は，2014年2月に慶應義塾大学大学院社会学研究科に提出した博士論文に加筆修正をしたものである。博士論文は，私が過去に刊行したものをベースにしつつも，どの章も大幅な増補改訂，組み換えと合成を施した。したがって，実態としては新たな一書であるといっても過言ではない。ベースになったものの初出は，以下の通りである：

はじめに　書き下ろし
第1章　堀川編（2009），堀川（1998b）
第2章　堀川（1990; 2001; 2005）
第3章　堀川・江上（2002）
第4章　書き下ろし
第5章　堀川（1994a; 2007; 2010a; 2011）
第6章　堀川（2000c; 2008a; 2010a; 2011; 2013a）
第7章　堀川（2005; 2011; 2013b）
資料篇　堀川・松山編（2016; 2017）
おわりに　書き下ろし

本書の刊行にあたっては，延藤安弘先生（元千葉大学，元愛知産業大学教授）の一方ならぬご支援を頂いた。遠い昔，日本建築学会のシンポジウムで出会ってから，いつも変わらず応援をしてくださった。でき上がった博士論文をお送りしたところ，すぐに6頁にもわたるお手紙を頂いた。先生らしい実にユニークな直筆で「今，僕はこれをバッハの『ミサ曲ロ短調』を聴きながら書いています。なぜなら堀川論文はこの曲のように，快い緊張に貫かれて進んでいく」からだと書かれていた。筆が止まってしまった時には，決まってバッハを聴いて心を落ち着け，一文字ずつ書き綴ってきた私にとって，それはまったく思い掛けない一言であった。先生とは音楽の話しなど一言も交わしたことはなかったが，私の博士論文に，先生はバッハの旋律を聴き取ってくださったのだ。それは単なる偶然であったやもしれない。しかしそれは，書いたもので人と繋がっていけるという，まさに「書く人」の喜びそのものであった。続けて先生は，一刻も早く「しかるべくご本になさってください。その本の書評を，もしチャンスがあればやってみたい」と書かれ，東京大学出版会編集部の依田浩司氏に繋いでくださった。

大部の博士論文を読まれた依田氏は端的に「第５章に引き込まれました」。それからというもの，できるだけ原文を削らぬよう最大限の配慮をしてくださった。また依田氏とともに本書の基本設計から完成までをサポートしてくださった同編集部の後藤健介氏の存在も不可欠のものであった。最も重要な論点を見抜き，それを的確にデザインしていく後藤氏のお力には感嘆するばかりであった。後藤氏は，本文レイアウトからフォントの選定，装丁デザインまでも自分でやりたいという私のわがままを許容して下さったうえに，精興社と加藤光太郎デザイン事務所という第一級のサポート体制までを整えて下さった。

最もお世話になったのは，言うまでもなく小樽の町と人びとである。心からの感謝を捧げたい。プライバシー確保の観点から，実名をあげられない人々が多数いることが残念でならないが，小樽運河保存運動を担った参加者をはじめ，多くの小樽市民，小樽市行政に感謝を申し上げたいと思う。深夜にいたるまで，自宅で丁寧に運動の展開について語ってくださった方，物置から運動の直筆資料を探し出してくださった方，あるいは市役所で運河埋め立ての必然性とまちづくりの構想を情熱的に語ってくださった職員の方，資料閲覧のたびに何回も市役所の地下書庫へと足を運んでくださった方，訪ねるたびに仕事そっちのけで話してくださる方，入院中の病室でもインタビューに応じてくださった方，そして美味しい毛蟹やお酒の差し入れで景観定点観測調査を応援してくださった方……。私の脳裏には，こうした温かいサポートがはっきりと刻まれている。

温かいサポートは，おうおうにして内容への干渉をもたらす場合があるが，小樽ではまったく無用の心配であった。調査を始めたころ，私はインフォーマントにこう尋ねて廻った。「調査協力に心から感謝しています。私はいずれこの調査をもとにして論文を書くつもりですが，その時には，あなたの意に沿わない記述をすることになるかもしれません。事実の誤りについてはもちろん訂正いたしますが，事実の解釈は私自身のものなので，訂正や変更を求められてもできないと思います。それでもよろしいでしょうか」。この生真面目な問いを前に，小樽の人々はいつも決まって同じ顔をされた。「何を当たり前のことを言っているのだ，思いっきり調べて，思いっきり書くがいいさ」——温かいサポートが，類い稀な寛容さをも併せ持っていた小樽という町の懐の深さに感謝している。

お名前を挙げて感謝を捧げたいのは，とりわけ，次の方々である。大学1年生であった筆者をご自宅に快く迎え入れてくださった山口保氏，いつも朝まで討論におつき合い下さった小川原格氏，どんなに忙しくとも必ずインタビューに応じて下さった故峯山冨美氏，克明なメモを作って情熱的に語って下さった故志村和雄・元市長。こうした方々のご協力なくして本書は書きえなかった。小樽市役所の方々のご協力もまた，ここに特記されるべきものである。議会の答弁準備の最中であってすら，資料提供や質問に快く応じてくださったからだ。

同時に，いつも真心を込めて語ってくださった佐々木興次郎氏，冷静かつ明晰なお話でいつも私を導いて下さった〈北大三人組〉の皆様，すなわち柳田良造，石塚雅明，森下満の3氏にも，特別な感謝とお詫びを申し上げたい。彼らのお話を小樽保存運動史の中に正確に位置づけて本書に描き込むことは，残念ながら今の私の力不足で叶わなかった。「環境の教育力」という概念を提唱するなど，〈北大三人組〉の成し遂げてきたことは，小樽という一事例研究をはるかに越えて，日本の建築計画論，都市計画論にとっても再検討すべき偉業であるように思う。彼らの生き様と産み出された言葉についての分析は，残念ながら本書には収録できなかったが，それは重要でないからではなく，重要過ぎるからだということだろう。彼らについての分析は，他日を期したいと思っている。

小樽研究は今後も継続するものの，やはり，本書の刊行が一区切りであることは確かだ。もう一度，原点を見つめ直し，論理と言葉を研ぎ澄ましていくこと，そしてアメリカ・セントルイス市で進めている保存運動調査を踏まえた日米比較研究をすることが，次の課題となるだろう。

最後に，私事にわたるが，本研究を息長く見守ってくれた今は亡き両親，2人の兄，そして義父に感謝している。本書刊行を心待ちにしていた義母は，脱稿直前に逝ってしまった。彼ら全員のモラル・サポートなくして，この研究は続けられなかっただろうと思う。そして，学ぶことの根源的な喜びとは何かを教えてくれた息子・元と，文字通りいついかなる時も，筆者の心の支えとして導いてくれた妻・由樹子のふたりに，心の最も深い場所からの感謝の言葉をおくりたい。

いよいよ旅装を解く時が来た。妻と息子のもとへと還る時だ。今宵のビールはさぞ，美味かろう。

2017 年 8 月 31 日　法政大学多摩キャンパスの研究室にて

堀川三郎

文　献

阿部泰隆（1989）『国土開発と環境保全』日本評論社。
足達富士夫（1970）「地域景観の計画に関する研究」（京都大学工学部建築学科博士論文，全2冊，A4判，487頁）。
足達富士夫（1976）「歴史的環境の保全と修景」『開発と保全：自然・文化財・歴史的環境』（ジュリスト増刊総合特集4）：259-263，有斐閣。
足達富士夫（1979）「歴史的環境の保全と地域景観構想」『公害総点検と環境問題の行方』（ジュリスト増刊総合特集15）：268-272，有斐閣。
足達富士夫（1983）「『住まわるべき景観』と歴史的環境」『建築雑誌』1202：30-33，日本建築学会。
足達富士夫（1990）『北の住まいと町並み：もうひとつの生活空間』，札幌：北海道大学図書刊行会。
足達富士夫編（1995）『北海道農村住宅変貌史の研究』，札幌：北海道大学図書刊行会。
足達富士夫・小杉八朗編（1980）『歴史の町なみ　北海道・東北篇』（NHKブックスカラー版C8）日本放送出版協会。
安達健二（1978）『文化庁事始』（東書選書28）東京書籍。
足立重和（2010）『郡上八幡 伝統を生きる：地域社会の語りとリアリティ』新曜社。
安達与五郎氏追悼録刊行会編（1980）『安達与五郎追悼録』，小樽：安達与五郎氏追悼録刊行会。
愛知大学綜合郷土研究所編（1992）『景観から地域像をよむ』名著出版。
安島喜一（1997）『変革期の地方自治：住民参加とまちづくり』三省堂。
明石照久（2002）『自治体エスノグラフィー：地方自治体における組織変容と新たな職員像』（Law & Society Début Series 3）信山社。
秋元律郎（1975）「住民運動の諸形態」『住民運動』（現代のエスプリ93）：148-159，至誠堂。
天野正子（1996）『「生活者」とはだれか：自律的市民像の系譜』（中公新書1323）中央公論社。
アメニティ・ミーティング・ルーム編（1989）『アメニティを考える』未來社。
安東忩（1992）「小樽運河保存運動の遺産：若者が拓いた街づくりの未来」『月刊 Times』16-9：100-105，月刊タイムス社。
安藤元雄（1978）『居住点の思想：住民・運動・自治』晶文社。
青木仁（2000）『快適都市空間をつくる』（中公新書1540）中央公論社。
Appleyard, Donald（1981）*Livable Streets: Protected Neighborhood*. Berkeley, CA: University of California Press.
Appleyard, Donald, ed.（1979）*The Conservation of European Cities*. Cambridge, MA: MIT Press.
荒秀（1993）「景観法」『都市問題研究』510：62-86，都市問題研究会。
荒巻孚（1984）『北の港町小樽：都市の診断と小樽運河』古今書院。
荒巻孚（1987）『悲しきは小樽のまちよ：'86　小樽への苦言・直言：そして提言をまとめる』地

理想話会（B5判，36頁）。
荒牧澄多（2003）「市民組織による歴史的町並み景観保全の活動：『川越蔵の会』を事例に」『都市問題』94-7：77-92，東京市政調査会。
新谷昌明・峰山冨美（1993）「対談・人に見られると、街も綺麗になっていきますね」，『Tomorrow's』30：7-12，大日本土木株式会社企画室広報課。
荒山正彦・大城直樹編（1998）『空間から場所へ：地理学的想像力の探求』古今書院。
有末賢（1984）「生活研究とライフ・ヒストリー：生活史研究から」，川添登編『生活学へのアプローチ』（生活学叢書）：49-68，ドメス出版。
有末賢（1992）「下町の生活世界：重層的都市文化への生活史的アプローチ」，森岡清志・松本康編『生活・関係・文化』（都市社会学のフロンティア 2）：197-222，日本評論社。
有末賢（1999）『現代大都市の重層的構造：都市化社会における伝統と変容』（都市社会学研究叢書），京都：ミネルヴァ書房。
有末賢（2012）『生活史宣言：ライフヒストリーの社会学』慶應義塾大学出版会。
朝日新聞小樽通信局編（1979）『小樽：坂と歴史の港町』，札幌：新北海道教育新報社。
芦原義信（1979）『街並みの美学』岩波書店。
芦原義信（1983）『続・街並みの美学』岩波書店。
Barthel, Diane (1984) *Amana: From Pietist Sect to American Community.* Lincoln, NE: University of Nebraska Press.
Barthel, Diane (1989) "Historic Preservation: A Comparative Analysis." *Sociological Forum* 4-1: 87-105.
Barthel, Diane (1996) *Historic Preservation: Collective Memory and Historical Identity.* New Brunswick, NJ: Rutgers University Press.
Barthel-Bouchier, Diane (2001) "Authenticity and Identity: Theme-Parking the Amanas." *International Sociology* 16-2: 221-239.
Barthel-Bouchier, Diane (2013) *Cultural Heritage and the Challenge of Sustainability.* Walnut Creek, CA: Left Coast Press.
Bertaux, Daniel (1990) "Oral History Approaches to an International Social Movement." In: Else Øyen, ed., *Comparative Methodology: Theory and Practice in International Social Research*: 151-171, London: Sage.
Bertaux, Daniel, ed. (1990) *Biography and Society: The Life History Approach in the Social Sciences* (Sage Studies in International Sociology 23). Beverly Hills, CA: Sage.
Boyer, M. Christine (1994) *The City of Collective Memory: Its Historical Imagery and Architectural Entertainments.* Cambridge, MA: MIT Press.
文化庁編（1990）『集落町並みガイド：重要伝統的建造物群保存地区』第一法規。
文化庁編（2000）『歴史的集落・町並みの保存：重要伝統的建造物群保存地区ガイドブック』第一法規。
文化庁歴史的建造物調査研究会編（1998）『建物の見方・しらべ方：近代土木遺産の保存と活用』ぎょうせい。
文化財保存全国協議会編（1971）『文化遺産の危機と保存運動』青木書店。
ぶらんとマガジン社編（2013）『小樽昭和ノスタルジー：我が青春の街角へ』，札幌：ぶらんとマガジン社。

Castells, Manuel（1972）*La Question Urbaine*. Paris: Francois Maspero. →1977 Extended Edition.＝1984　山田操訳『都市問題：科学的理論と分析』恒星社厚生閣。

Castells, Manuel（1975）“Urban Sociology and Urban Politics: From a Critique to New Trends of Research.” *Comparative Urban Research* 3-1：原著ページ不明.＝1983　「都市社会学と都市政治：最近の研究動向への一批判」，奥田道大・広田康夫編訳『都市の理論のために：現代都市社会学の再検討』：3-15，多賀出版。

Castells, Manuel（1978）*City, Class and Power*（Sociology, Politics and Cities）. London: Macmillan.＝1989　石川淳志監訳『都市・階級・権力』（叢書ウニベルシタス 260）法政大学出版局。

Castells, Manuel（1983）*The City and the Grassroots: A Cross-Cultural Theory of Urban Social Movements*（California Series in Urban Development 2）. Berkeley, CA: University of California Press.

Cervellati, Pier Luigi（1976）“Conservazione/Centro Storico—Alibi culturali?: Dal piano alle realizzazioni per la vecchia citta e per i suoi abitanti.”＝1976　陣内秀信訳「保存／歴史的街区—文化的アリバイか？：古い町とその住民のための計画から実行へ」『都市住宅』7607：61-76，鹿島出版会。

地域社会学会編（2000）『キーワード地域社会学』ハーベスト社。

千喜良功（1982）『小樽運河：千喜良功写真集』，自費出版（札幌）。

知里真志保（1956）『地名アイヌ語小辞典』，札幌：北海道出版企画センター。→1984　復刻版。

庁内若手職員懇談会（フライデー・ドリーム）（1985）『ING：今，明日へ』，小樽：庁内若手職員懇談会（A4 判，16 頁）。

Cintron, Leslie Gwen（2000）“Preserving National Culture: The National Trust and the Framing of British National Heritage, 1895-2000.” Unpublished Ph.D. dissertation, Cambridge, MA: Harvard University.

Coontz, Stephanie（1992）*The Way We Never Were: American Families and the Nostalgia Trap*. New York, NY: Basic Books.

Curtis, Gerald L.（1971）*Election Campaigning, Japanese Style*. New York, NY: Columbia University Press.＝1971　山岡清二訳『代議士の誕生：日本式選挙運動の研究』サイマル出版会。

Dahl, Robert A.（1961）*Who Governs?: Democracy and Power in an American City*. New Haven, CT: Yale University Press.

Dahrendorf, Ralph（1968）“Out of Utopia: Toward a Reorientation of Sociological Analysis.” In: Dahrendorf, Ralph, *Essays in the Theory of Society*: 107-128, Stanford, CA: Stanford University Press.

大日本土木株式会社企画室広報課（1993）「時代の転換期にぶつかりあった波・小樽まちづくりの軌跡：定着させた都市の新しい価値観」，『Tomorrow’s』30：19-23，大日本土木株式会社企画室広報課。

大門信也（2008）「責任実践としての近隣騒音問題：『被害を訴えることの意味』の規範理論的考察」『環境社会学研究』14：155-169.

第 3 回全国町並みゼミ実行委員会編（1980）『あたらしい町自慢の創造を：第 3 回全国町並みゼミ』（資料集）第 3 回全国町並みゼミ実行委員会（B5 判，70 頁）。

土木学会編（1991）『港の景観設計』技報堂出版。

Dunlap, Riley E.（1997）“The Evolution of Environmental Sociology: A Brief History and Assessment of the

American Experience." In: Redclift, Michael, and Graham Woodgate, eds., *The International Handbook of Environmental Sociology*: 21-39, Cheltenham, UK: Edward Elgar.

Dunlap, Riley E.（2010）"The Maturation and Diversification of Environmental Sociology: From Constructivism and Realism to Agnosticism and Pragmatism." In: Redclift, Michael, and Graham Woodgate, eds., *The International Handbook of Environmental Sociology* [*2nd Edition*]: 15-32, Cheltenham, UK: Edward Elgar.

Dunlap, Riley E., and Angela G. Mertig, eds.（1992）*American Environmentalism: The U.S. Environmental Movement, 1970-1990*. New York, NY: Taylor and Francis.＝1993　満田久義・市川虎彦・堀川三郎・戸田清・柏谷至・寺田良一・池上甲一・安立清史訳『現代アメリカの環境主義：1970年から1990年の環境運動』，京都：ミネルヴァ書房。

枝川公一（1985）「小樽のメリーゴーランド」『てれとぴあ』269（1985/12）：10-14，NTT。

Emerson, Robert M., Rachel I. Fretz, and Linda L. Shaw（1995）*Writing Ethnographic Fieldnotes*. Chicago, IL: University of Chicago Press.＝1998　佐藤郁哉・好井裕明・山田富秋訳『方法としてのフィールドノート：現地取材から物語作成まで』新曜社。

遠藤明久・森山軍治郎（1979）「小樽運河の形成とその背景」，小樽運河研究講座実行委員会編（1979：23-33）。

延藤安弘（1990）『まちづくり読本：こんな町に住みたいナ』晶文社。

延藤安弘（1994）『創造的住まいづくり・まちづくり：集まって住む楽しさを知っていますか』（岩波ブックレット353）岩波書店。

延藤安弘（2001）『「まち育て」を育む：対話と協働のデザイン』東京大学出版会。

延藤安弘・熊本大学延藤研究室（1995）『これからの集合住宅づくり』晶文社。

榎本守恵（1981）『北海道の歴史』，札幌：北海道新聞社。

江下友三枝・越野武・角幸博（1994）「小樽市における歴史的建造物の再利用：その現状と使用者の意識」『日本建築学会北海道支部研究報告集』67：545-548，札幌：日本建築学会北海道支部。

Fedden, Robin（1974）*The National Trust: Past and Present*. London: Jonathan Cape.＝1984　四元忠博訳『ナショナル・トラスト：その歴史と現状』時潮社。

Finley, David E.（1965）*History of the National Trust for Historic Preservation, 1947-1963*. Washington, D.C.: National Trust for Historic Preservation.

Firey, Walter（1947）*Land Use in Central Boston*（Harvard Sociological Studies 4）. Cambridge, MA: Harvard University Press.

Franzoi, Umberto, and Mark Smith（1993）*Canal Grande*. Venezia: Arsenale Editrice srl.＝1994　陣内秀信・中山悦子訳『ヴェネツィア　大運河』洋泉社。

藤井恵介（1991）「保存と開発に期待されるいくつかの局面」『建築雑誌』1321：58-59，日本建築学会。

藤森照信（1982）『明治の東京計画』岩波書店。

藤森照信校注（1990）『都市・建築』（日本近代思想大系19）岩波書店。

藤本哲哉（1985）「歴史・文化活用型の地域振興：小樽市」『地域開発』249：1-8，日本地域開発センター。
藤村美穂（1996）「社会学とエコロジー：R.E. ダンラップの理論の検討」『環境社会学研究』2：77-90.
藤岡謙二郎（1972）『訂正増補　歴史的景観の美：日本の歴史的景観の変遷，古文化財の保存と都市再開発問題』（日本の美と教養 4），京都：河原書店。
藤田治彦（1994）『ナショナル・トラストの国：イギリスの自然と文化』，京都：淡交社。
藤田弘夫（1982）『日本都市の社会学的特質』時潮社。
藤田弘夫（1990）『都市と国家：都市社会学を越えて』，京都：ミネルヴァ書房。
藤田弘夫（1994）「日本都市の『計画』と『無計画』」『創文』356：14-17，創文社。
藤田弘夫（1995）「日本の都市と街並み：『計画』と『無計画』のはざまで」，笠原清志・西原和久・宮内正編『社会構造の探究：現実と理論のインターフェイス』（故下田直春教授追悼論文集）：205-227，新泉社。
藤田弘夫（1998）「都市の共同性と町並み：都市計画の比較社会学」，歴史と方法編集委員会編『都市と言語』（歴史と方法 2）：119-146，青木書店。
藤田弘夫（2003）『都市と文明の比較社会学：環境・リスク・公共性』（社会学シリーズ）東京大学出版会。
藤田弘夫（2005）「都市と社会の論理：批判の営みとしての社会学と主体への問い」，藤田・浦野編『都市社会とリスク：豊かな生活を求めて』（シリーズ社会学のアクチュアリティ：批判と創造 8）：3-30，東信堂。
藤田弘夫・浦野正樹編（2005）『都市社会とリスク：豊かな生活を求めて』（シリーズ社会学のアクチュアリティ：批判と創造 8）東信堂。
藤田弘夫・吉原直樹編（1995）『都市とモダニティ：都市社会学コメンタール』，京都：ミネルヴァ書房。
藤田弘夫・吉原直樹編（1999）『都市社会学』（有斐閣ブックス 671）有斐閣。
深瀬清（2003）「おたる〔小樽〕」，丸山雍成・小風秀雅・中村尚史編『日本交通史辞典』：157-158，吉川弘文館。
福川裕一（1983）「視野を広げる町並み運動：現代都市の変革と町づくりをめざして」『公害研究』13-2：26-33，岩波書店。
福川裕一（2003）「都市コミュニティの保全」，西村幸夫・大西隆・大垣真一郎・岸井隆幸・小出和郎編『［都市工学講座］都市を保全する』：第 5 章，鹿島出版会。
福川裕一・青山邦彦（1999）『ぼくたちのまち　世界のまち』（ぼくたちのまちづくり 1）岩波書店。
福川裕一・西村幸夫（1981）「町並みと住空間の再生」，観光資源保護財団編『歴史的町並み事典：ふるさとの町・その保存と再生のために』：72-81，柏書房。
福川裕一・矢作弘・岡部明子（2005）『持続可能な都市：欧米の試みから何を学ぶか』岩波書店。
福本佳世・土肥博至（1998）「地方小都市の歴史的市街地における空間変容に関する研究」『日本建築学会計画系論文集』514：163-169，日本建築学会。
舩橋晴俊（1989）「『社会的ジレンマ』としての環境問題」『社会労働研究』35-3・4：23-50，法政大学社会学部学会。
舩橋晴俊（2006）「『理論形成はいかにして可能か』を問う諸視点」『社会学評』57-1：4-24.
舩橋晴俊・舩橋惠子（1976）「対抗的分業の理論」『現代社会学』3-2：114-129.
舩橋晴俊・古川彰編（1999）『環境社会学入門：環境問題研究の理論と技法』（社会学研究シリーズ：理論と技法 25）文化書房博文社。
舩橋晴俊・長谷川公一・畠中宗一・勝田晴美（1985）『新幹線公害：高速文明の社会問題』（有斐閣双書 749）有斐閣。
舩橋晴俊・飯島伸子編（1998）『環境』（講座社会学 12）東京大学出版会。
舩橋晴俊・宮内泰介編（2003）『新訂環境社会学』（放送大学印刷教材 1837613-1-0311）放送大学教育振興会。
古川彰（1999a）「環境問題の変化と環境社会学の研究課題」，舩橋・古川編（1999：55-90）。
古川彰（1999b）「環境の社会史研究の視点と方法：生活環境主義という方法」，舩橋・古川編（1999：125-152）。
古川彰（2004）『村の生活環境史』，京都：世界思想社。
古村春樹（1991）『地方都市の普通の人々：小樽運河保存運動に現われた人物群像』，札幌：古村製麺株式会社。
Gallagher, Winifred（1993）*The Power of Place: How our Surroundings Shape our Thoughts, Emotions, and Actions*. New York, NY: Poseidon Press.→1993 Harper Collins Edition. New York, NY: Harper Collins.→1994 Harper Perennial Edition. New York, NY: Harper Perennial.
Gans, Herbert J.（1962）*The Urban Villagers: Group and Class in the Life of Italian-Americans*. New York, NY: Free Press.
Gans, Herbert J.（1968）*People and Plans: Essays on Urban Problems and Solutions*. New York, NY: Basic Books.
Gaze, John（1988）*Figures in a Landscape: A History of the National Trust*. London: Barrie and Jenkins.
月刊おたる編集部（1999）「〈クローズアップ　人〉小樽市雪あかりの路実行委員会事務局長　山口保」『月刊おたる』416：31，小樽：月刊おたる。
George, Timothy S.（2013）“Furusato-zukuri: Saving Home Towns by Reinventing Them.” In: Gerteis, Christopher, and Timothy S. George, eds., *Japan Since 1945: From Postwar to Post-Bubble*: 27-46. London: Bloomsbury.
Gieryn, Thomas F.（2000）“A Place for Place in Sociology.” *Annual Review of Sociology* 26: 463-496.
後藤春彦・早稲田大学後藤春彦研究室編（2000）『まちづくり批評：愛知県足助町の地域遺伝子を読む』（fb Books）ビオシティ。
Gratz, Roberta Brandes（1989）*The Living City*. New York, NY: Simon and Schuster.＝1993　林泰義監訳・富田靭彦・宮路真知子訳『都市再生』晶文社。
葉上太郎（2013）『瓦礫にあらず：石巻「津波拾得物」の物語』岩波書店。
函館市史編纂室編（1987）『函館市史統計史料篇』，函館：函館市。
Halbwachs, Maurice（1950）*La mémoire collective*（Bibliothèque de sociologie contemporaine）. Paris: Presses Universitaires de France.→1968 2e édition（revue et augmentée）.＝1989　小関藤一郎訳『集合的記

憶』，京都：行路社。
Hall, Colin Michael（1994）*Tourism and Politics: Policy, Power and Place*. Chichester, UK: John Wiley and Sons.
浜日出夫（2000）「記憶のトポグラフィー」『三田社会学』5：4-16.
浜日出夫（2002）「歴史と集合的記憶：飛行船グラーフ・ツェッペリーン号の飛来」『年報社会学論集』15：3-15.
浜日出夫（2007）「歴史と記憶」，長谷川公一・浜日出夫・藤村正之・町村敬志『社会学』（New Liberal Arts Selection）：第6章，有斐閣。
浜日出夫（2010）「記憶と場所：近代的時間・空間の変容」『社会学評論』60-4：465-480.
浜日出夫・有末賢・竹村英樹編（2013）『被爆者調査を読む：ヒロシマ・ナガサキの継承』慶應義塾大学出版会。
浜田剛徳（1981）「歴史的環境の整備に関する研究：小樽市色内地区をケーススタディとして」，北海道大学工学部卒業論文。
浜田剛徳・石塚雅明・森下満・柳田良造・倉本伸一（1982）「小樽の歴史的環境の再生に関する研究：その6・建物所有者の意向調査を通じて」『日本建築学会北海道支部研究報告集（計画系）』55：149-152，札幌：日本建築学会北海道支部。
花崎皋平（1984）「風景の創造：小樽運河を守る思想」『新日本文学』39-4：67-75.
羽田耕治（1999）「〈連載・観光と交流の現在第4回〉雰囲気に浸る：都市づくりと観光」『地域開発』415：80-82，日本地域開発センター。
八甫谷邦明（1996）「まちをつくる人々-3・近江八幡のハートランドまちづくり」『造景』4：182-185，建築資料研究社。
原広司（1987）『空間〈機能から様相へ〉』岩波書店。
原広司（1985）「空間の意味構造」，大森荘蔵・滝浦静雄・中村雄二郎・藤沢令夫編『トポス　空間　時間』（新岩波講座哲学7）：152-179，岩波書店。
原広司（1987）『集落への旅』（岩波新書黄版374）岩波書店。
原実（1989）『歴史的風土の保存：「鎌倉市民」の日々』（アカンサス建築叢書2），大田原：アカンサス建築工房（新書版，256頁）。
原田裕行（1986）「小樽運河の上をクルマが走りだした」『技術と人間』15-3：7-15，技術と人間。
原田純孝編（2001）『日本の都市法I：構造と展開』東京大学出版会。
原田純孝編（2001）『日本の都市法II：諸相と動態』東京大学出版会。
Harvey, David（1985）*The Urbanization of Capital: Studies in the History and Theory of Capitalist Urbanization*. Baltimore and Oxford: The Johns Hopkins University Press and Basil Blackwell.＝1991　水岡不二雄監訳『都市の資本論：都市空間形成の歴史と理論』青木書店。
Harvey, David（1989）*The Condition of Postmodernity*. Oxford, UK: Basil Blackwell.＝1999　吉原直樹監訳『ポストモダニティの条件』（社会学の思想3）青木書店。
長谷川公一（2003）『環境運動と新しい公共圏：環境社会学のパースペクティブ』有斐閣。
長谷川伸三（1989）「港湾都市小樽の成長と市街地の形成：明治初年より第二次世界大戦後まで」，篠崎恒夫編（1989：11-24）。

長谷川堯（1978）『建築の生と死』新建築社。

長谷川堯（1985）『都市廻廊：あるいは建築の中世主義』（中公文庫）中央公論社。

長谷川堯（1987）「ファサードの復権」『学燈』84-7：28-31，丸善。

蓮見音彦・奥田道大編（1993）『21 世紀日本のネオ・コミュニティ』東京大学出版会。

畠山弘文（1987）「政治学研究における参与観察の方法的意義：実践的考察」『法と政治の現代的課題：明治学院大学法学部 20 周年論文集』：637-675，第一法規出版。

早川和男（1973）『空間価値論：都市開発と地価の構造』勁草書房。

早川和男（1997）『居住福祉』（岩波新書新赤版 527）岩波書店。

早川和男・児玉善郎編（1995）『住まいの論理：安全と豊かさを求めて』，京都：嵯峨野書院。

林迪廣（1995）『歴史的文化財と生きがい』，京都：法律文化社。

Hayden, Dolores（1995）*The Power of Place: Urban Landscapes as Public History*. Cambridge, MA: MIT Press.

樋口忠次郎（1972）『祝津町史』祝津郷知会。

平山洋介（2006）『東京の果てに』（日本の〈現代〉15）NTT 出版。

廣井勇（1914）『築港：後編〔再訂版〕』丸善。

廣井勇（1919）『築港：前編〔増補改訂第三版〕』丸善。

廣井勇（1927）『日本築港史』丸善。

廣井勇・伊藤長右衛門両先生胸像帰還実行委員会編（1999）『小樽築民：廣井勇・伊藤長右衛門両先生胸像帰還報告書』（CD-ROM 版），小樽：廣井勇・伊藤長右衛門両先生胸像帰還実行委員会。

広松伝・森俊介・宮本智恵子・宇根豊・渋谷忠男（1990）『地域が動きだすとき：まちづくり五つの原点』（人間選書 150）農山漁村文化協会。

Hobsbawm, Eric, and Terence Rager, eds.（1983）*The Invention of Tradition*. Cambridge, UK: Cambridge University Press.＝1992 前川啓治・梶原景昭・長尾史郎・辻みどり・三宅良美・多和田裕司・中林伸浩・亀井哲也訳『創られた伝統』（文化人類学叢書）紀伊國屋書店

Hoffman, Michael（1995a）"Otaru: The River in the Sands," *Japan Quarterly* 42-3: 298-305, Tokyo: Asahi Shinbun Publishing.

Hoffman, Michael（1995b）"Otaru: Glass Wires, Stone Circles, and All That Jazz." *Japan Quarterly* 42-4: 451-462, Tokyo: Asahi Shinbun Publishing.

Hoffman, Michael（1996a）"Otaru: Suffering Skies." *Japan Quarterly* 43-1: 78-84, Tokyo: Asahi Shinbun Publishing.

Hoffman, Michael（1996b）"Otaru: Ocean's Bounty." *Japan Quarterly* 43-2: 208-213, Tokyo: Asahi Shinbun Publishing.

北海道編（1989）『新北海道史年表』，札幌：北海道出版企画センター。

北海道文化通信社編（1949）『小樽大鑑：開港五十周年記念（付録別葉冊子・小樽変遷図鑑）』，札幌：北海道文化通信社。

北海道地域計画・建築研究所（1980）『小樽運河とその周辺地区環境整備基本計画の実施計画報告書』，小樽：北海道地域計画・建築研究所（B4 判，177 頁）。

北海道地域計画・建築研究所編（1985）『小樽の歴史的環境活用による地域振興の研究』（総合研究開発機構助成研究 NRS-83-35），小樽：北海道地域計画・建築研究所。
北海道廳土木部港灣課（1931）『港灣要覧』，札幌：北海道廳。
北海道大学附属図書館編（1992）『明治大正期の北海道：写真と目録〔写真編〕〔目録編〕』，札幌：北海道大学図書刊行会。
北海道本部小樽市職（1989）「小樽運河を中心としたまちづくりについて」『第23回地方自治研究全国集会・自治研報告書集』：367-371，自治労自治研中央推進委員会。
北海道住宅都市部都市整備課監修（1989）『街の再生をめざして：小樽臨港線建設の記録』，札幌：北海道土木協会。
北海道開発局小樽開発建設部小樽港湾建設事務所（1997）『写真集小樽築港100年のあゆみ：小樽港湾建設事務所開設100周年記念』，札幌：北海道開発局小樽開発建設部小樽港湾建設事務所（非売品，A4判，135頁）。
北海道建築士会編（1979）『北海道の古建築と街並み』，札幌：北海道建築士会。
北海道建築士会編（1987）『北海道の開拓と建築（上）（下）』，札幌：北海道建築士会。
北海道立勞働科學研究所編（1951）『小樽港の經濟的調査』（研究調査報告37），札幌：北海道立勞働科學研究所。
北海道立総合経済研究所編（1964）『港湾労働』，札幌：北海道立総合経済研究所。
北海道新聞社編（1966）『都市診断：北海道篇』誠信書房。
北海道新聞社編（1979）『北海道道路53話』，札幌：北海道新聞社。
北海道新聞社編（1984）『おたる再発見』，札幌：北海道新聞社。
北海道新聞社編（1992）『北海道の文化財』，札幌：北海道新聞社。
北海道拓殖銀行調査部編（1980）『北海道80年代の可能性』，札幌：北海道新聞社。
Holleran, Michael（1998）*Boston's "Changeful Times": Origins of Preservation and Planning in America*（Creating the North American Landscape）. Baltimore, MD: The Johns Hopkins University Press.
本多昭一（1987）『私たちのまちづくり運動』（新日本新書375）新日本出版社。
本間喜代人（1985）「小樽運河保存問題の攻防」『文化評論』287：168-174，新日本出版社。
本間義人（1980）「小樽運河を埋立ててよいのか：文化を切り捨てる安易な開発」『エコノミスト』58-6（1980年2月12日号）：76-79，毎日新聞社。
本間義人（1986）『官の都市・民の都市』（都市叢書）日本経済評論社。
本間義人（1996）『土木国家の思想：都市論の系譜』（都市叢書）日本経済評論社。
本間義人（2002）『都市改革の思想：都市論の系譜』（都市叢書）日本経済評論社。
本間義人（2007）『地域再生の条件』（岩波新書新赤版1059）岩波書店。
本間義人・五十嵐敬喜・原田純孝編（1990）『土地基本法を読む：都市・土地・住宅問題のゆくえ』（都市叢書）日本経済評論社。
堀井清孝（2009）『Designare ― デジナーレ：ふるさと小樽を愛したデザイナー藤森茂男』，奈良県桜井市：やまとびと編集部。
堀川三郎（1989）「小樽運河保存運動の分裂過程：運動理念の変遷と展開」『法学研究科論文集』30：111-128，慶應義塾大学法学研究会。

堀川三郎（1990）「戦後日本における〈町並み保存〉運動の展開：小樽運河保存運動を事例として」，慶應義塾大学大学院法学研究科 1989 年度修士論文（A4 判，216 頁）。

堀川三郎（1991a）「戦後日本の環境問題と社会運動：被害構造の変化と〈新しい社会運動〉の台頭」『社会学研究科紀要』31：21-28，慶應義塾大学大学院。

堀川三郎（1991b）「大正期文化財保存をめぐる行政と民家調査：『点』としての文化財保存」，川合隆男編『近代日本社会調査史（II）』：243-278，慶應通信。

Horikawa, Saburo（1992）"Townscape Conservation as an Agendum of Urban-oriented Environmental Sociology in Japan: A Study from the Otaru Canal Conservation Case, 1973-1991." Paper presented at the symposium "Recent Developments in Environmental Sociology," organized by the Thematic Group "Environment and Society" of the International Sociological Association [ISA], Zeist, the Netherlands, June 17th-21st.

堀川三郎（1993a）「『文化財保存』から『都市再生』へ：小樽市再開発地区をめぐる『保存の論理』の展開」，『日本都市社会学会年報』11：61-62，日本都市社会学会。

堀川三郎（1993b）「まちづくり運動」，飯島伸子編『環境社会学』（有斐ブックス 660）：133，有斐閣。

堀川三郎（1994a）「地域社会の再生としての町並み保存：小樽市再開発地区をめぐる運動と行政の論理構築過程」，社会運動論研究会編『社会運動の現代的位相』：95-143，成文堂。

堀川三郎（1994b）「昭和戦前期のまちづくりをめぐる調査と実践：同潤会の住宅建設と調査を中心に」，川合隆男編『近代日本社会調査史（III）』：119-157，慶應通信。

堀川三郎（1998a）「都市空間と生活者のまなざし」，石川淳志・佐藤健二・山田一成編『見えないものを見る力：社会調査という認識』：133-149，八千代出版。

堀川三郎（1998b）「歴史的環境保存と地域再生：町並み保存における『場所性』の争点化」，船橋晴俊・飯島伸子編『環境』（講座社会学 12）：103-132，東京大学出版会。

堀川三郎（1999）「戦後日本の社会学的環境問題研究の軌跡：環境社会学の制度化と今後の課題」『環境社会学研究』5：211-223.

堀川三郎（2000a）「歴史的環境保存と観光開発：小樽市における社会学的実証研究（1997〜1999 年）」『研究年報』4：21-36，法政大学多摩地域社会研究センター。

堀川三郎（2000b）「トラスト運動」，地域社会学会編『キーワード地域社会学』：318-319，ハーベスト社。

堀川三郎（2000c）「運河保存と観光開発：小樽における都市の思想」，片桐新自編『歴史的環境の社会学』（シリーズ環境社会学 3）：107-129，新曜社。

堀川三郎（2001）「景観とナショナル・トラスト：景観は所有できるか」，鳥越皓之編『自然環境と環境文化』（講座環境社会学第 3 巻）：159-189，有斐閣。

堀川三郎（2003）「都市と保存のフィールドワーク：『コミュニケーションとしての調査』へのスケッチ」，渡戸一郎・広田康生・田嶋淳子編『都市的世界／コミュニティ／エスニシティ：ポストメトロポリス期の都市エスノグラフィ集成』：189-211，明石書店。

堀川三郎（2004a）「景観保存と観光開発：社会学の視点から」，法政大学大学院エコ地域デザイン研究所編『エコロジーと歴史にもとづく地域デザイン』：40-41，京都：学芸出版社。

Horikawa, Saburo (2004b) "Why 'Place' Matters: Townscape Preservation Movements and Community Regeneration in Postwar Japan." Paper read at "History 1851: 20th Century Japan" Course, Fall 2004 Semester, Department of History, Harvard University, Cambridge, MA, December 9th.

堀川三郎（2005）「都市生活と生活環境変動：ローカルな空間制御システム・再考」，藤田弘夫・浦野正樹編『都市社会とリスク：豊かな生活をもとめて』（シリーズ社会学のアクチュアリティ：批判と創造 8）：173-204，東信堂。

Horikawa, Saburo (2006a) "'It Wasn't a Matter of Length': Historic Preservation Movements in Japan." Paper read at Department Colloquium (invitational), Department of Sociology, State University of New York at Stony Brook, Stony Brook, NY: January 31st.

Horikawa, Saburo (2006b) "Place of Historic Preservation Movements in Sociology: A Case of Japanese Urban Sociology." Paper read at the Regular Paper Session 235: "Why Does Place Matter?", 76th Annual Meeting of the Eastern Sociological Society, Boston, MA, February 26th.

堀川三郎（2007）「都市を記憶するのは誰か：『歴史的環境保存の社会学』へ向けてのスケッチ」『哲學』117：177-218，慶應義塾大学三田哲學会。

堀川三郎（2008a）「観光開発と土地所有の変遷過程に関する研究ノート」，法政大学大学院エコ地域デザイン研究所編『文部科学省学術フロンティア推進事業・法政大学大学院エコ地域デザイン研究所 2007 年度報告書』：379-387，法政大学大学院エコ地域デザイン研究所。

堀川三郎（2008b）「[巻頭エッセイ]『言葉』と環境社会学の革新」『環境社会学研究』14：1.

堀川三郎（2009a）「基調報告『保存運動の経過と成果』」，小樽シンポジウム実行委員会編『小樽運河と石造倉庫群の保存運動から何を受け継ぐか：地域に生き，地域を守る……まちづくり運動の先駆者 峯山冨美氏が伝えること　シンポジウム開催報告』：9-30，札幌：日本建築学会北海道支部（A4 判，76 頁）。

堀川三郎（2009b）「アメリカにおける歴史的環境保存運動の一断面」，法政大学大学院エコ地域デザイン研究所編『文部科学省学術フロンティア推進事業・法政大学大学院エコ地域デザイン研究所 2008 年度報告書』：199-202，法政大学大学院エコ地域デザイン研究所。

堀川三郎（2009c）「コラム 4　環境社会学の略史」，鳥越皓之・帯谷博明編『よくわかる環境社会学』（やわらかアカデミズム〈わかる〉シリーズ）：17，京都：ミネルヴァ書房。

堀川三郎（2009d）「景観の保存と保全」，鳥越皓之・帯谷博明編『よくわかる環境社会学』（やわらかアカデミズム〈わかる〉シリーズ）：130-132，京都：ミネルヴァ書房。

堀川三郎（2010a）「場所と空間の社会学：都市空間の保存運動は何を意味するのか」『社会学評論』60-4：517-534.

堀川三郎（2010b）「観光開発」，日本社会学会社会学事典刊行委員会編『社会学事典』：614-615，丸善。

堀川三郎（2010c）「歴史的環境」，日本社会学会社会学事典刊行委員会編『社会学事典』：764-765，丸善。

堀川三郎（2011）「近代都市の水辺と公共圏：都市の水辺は誰のものか」『関東都市学会年報』13：50-59.

堀川三郎（2012a）「環境社会学にとって『被害』とは何か：ポスト 3.11 の環境社会学を考える

ための一素材として」『環境社会学研究』18：5-26.

堀川三郎（2012b）「アメニティ」，大澤真幸・吉見俊哉・鷲田清一編『現代社会学事典』：26L，弘文堂。

堀川三郎（2012c）「景観」，大澤真幸・吉見俊哉・鷲田清一編『現代社会学事典』：336L，弘文堂。

堀川三郎（2012d）「町並み保存」，大澤真幸・吉見俊哉・鷲田清一編『現代社会学事典』：1205R，弘文堂。

堀川三郎（2013a）「景観に埋め込まれた公私観念：ある都市神話の解読・試論」田中重好編『都市環境における生活公共性に関する比較社会学的研究』（2007-2012 年度科研費基盤研究 A［研究課題番号 20243030］研究成果報告書）：138-157，名古屋大学大学院環境学研究科田中重好研究室（A4 判，429 頁）。

Horikawa, Saburo（2013b）"Townscape Preservation at the Grassroots: Who Are the Preservationists?" Paper read（invitational）at the workshop "Cultural Preservation at the Grass Roots," the Sainsubury Institute for the Study of Japanese Arts and Cultures, Norwich（England）, U.K., July 2nd.

Horikawa, Saburo（2013c）"A Turning Point or Another Forgotten Piece of History?: Lessons Learned in the Bucheon Symposium and the Agenda for Nanjing." Paper read at the 4th International Symposium on Environmental Sociology in East Asia, Hohai University, Nanjing, P.R.C., November 3rd.

堀川三郎（2014）「歴史的環境保存の社会学的研究：保存運動の論理と変化の制御」，慶應義塾大学大学院社会学研究科博士論文（A4 判 2 段組，361 頁）。

堀川三郎（2015a）『アメリカにおける景観保護運動の社会学的研究とその日本の都市政策への示唆』（第一生命財団研究助成報告書；A4 判，63 頁），第一生命財団。

堀川三郎（2015b）「年表による問題構造の把握：『環境総合年表』の試み」，佐藤寛・浜本篤史・佐野麻由子・滝村卓司編『開発社会学を学ぶための 60 冊』：119-120，明石書店。

Horikawa, Saburo（2015c）"To Preserve 'Katachi' is to Protect Post-War Democracy: The Rise and Irony of Historic Preservation Movements in Japan." Paper read（invitational）at the 1st Keio-Raischauer Workshop "History, Historians, and Public Issues," A Joint Research Project of Keio University and Harvard University on "The 'Constitution' of Postwar Japan," Keio University, Tokyo, Japan, December 16th.

堀川三郎（2017a）「日本における環境社会学の勃興と『制度化』：ひとつの試論」慶應義塾大学法学研究会『法学研究』90-1：379-406.

堀川三郎（2017b）「受益圏と受苦圏」，友枝敏雄・浜日出夫・山田真茂留編『社会学の力：最重要概念・命題集』：132-135，有斐閣。

堀川三郎・江上渉（2002）「環境とコミュニティ：日本」，倉沢進編『改訂版コミュニティ論』（放送大学印刷教材 83081-1-0211）：102-115，放送大学教育振興会。

堀川三郎編（1998）『小樽市における歴史的環境保存と観光開発：1997 年度法政大学社会学部社会調査実習報告書』法政大学社会学部社会調査実習室（A4 判，239 頁）。

堀川三郎編（1999）『小樽市における歴史的環境保存と観光開発（2）：1998 年度法政大学社会学部社会調査実習報告書』法政大学社会学部社会調査実習室（A4 判，285 頁）。

堀川三郎編（2000）『小樽市における歴史的環境保存と観光開発（3）：1999 年度法政大学社会学部社会調査実習報告書』法政大学社会学部社会調査実習室（A4 判，367 頁）。

堀川三郎編（2009）『都市再開発における景観保護問題の社会学的実証研究：2001–2003 年度科学研究費補助金基盤研究 C-2（研究課題番号：13610236）研究成果報告書』法政大学社会学部堀川三郎研究室（A4 判，214 頁）。

堀川三郎・深谷直弘編（2012）『都市ガヴァナンスの社会学的実証研究（3）：2011 年度法政大学社会学部社会調査実習報告書』法政大学社会学部社会調査実習室（A4 判，192 頁）。

堀川三郎・深谷直弘編（2013）『都市ガヴァナンスの社会学的実証研究（4）：2012 年度法政大学社会学部社会調査実習報告書』法政大学社会学部社会調査実習室（A4 判，194 頁）。

堀川三郎・松山雄大編（2016）『都市ガヴァナンスの社会学的実証研究（5）：2015 年度法政大学社会学部社会調査実習報告書』法政大学社会学部社会調査実習室（A4 判，168 頁）。

堀川三郎・松山雄大編（2017）『都市ガヴァナンスの社会学的実証研究（6）：2016 年度法政大学社会学部社会調査実習報告書』法政大学社会学部社会調査実習室（A4 判，186 頁）。

堀川三郎・森下満・柳田良造・PRAHA まちづくり情報センター編（1995）『小樽運河問題の 20 年』，小樽：小樽再生フォーラム（A4 判，157 頁）。

堀川三郎・森久聡編（2008a）『都市ガヴァナンスの社会学的実証研究：2007 年度法政大学社会学部社会調査実習報告書』法政大学社会学部社会調査実習室（A4 判，202 頁）。

堀川三郎・森久聡編（2008b）『小樽運河保存問題関連年表：1959–2006』（法政大学社会学部科研費プロジェクト「公共圏と規範理論」資料集・年表 6）法政大学社会学部（A4 判，86 頁）。

堀川三郎・森久聡編（2009）『都市ガヴァナンスの社会学的実証研究（2）：2008 年度法政大学社会学部社会調査実習報告書』法政大学社会学部社会調査実習室（A4 判，220 頁）。

法政大学大学院エコ地域デザイン研究所編（2004）『エコロジーと歴史にもとづく地域デザイン』，京都：学芸出版社。

法政大学大学院エコ地域デザイン研究所・日本の港町研究会編（2005）『日本の近代港町：その基層と空間形成原理の発見』法政大学大学院エコ地域デザイン研究所・日本の港町研究会（A4 横判，177 頁）。

星野光男（1986）「小樽（北海道）と敦賀（福井県）：人口からみた素描」，『都市問題』77–5：3–15.

Hosmer, Charles B., Jr.（1965）*Presence of the Past: A History of the Preservation Movement in the United States Before Williamsburg*. New York, NY: Putnam's Sons.

Hosmer, Charles B., Jr.（1981）*Preservation Comes of Age: From Williamsburg to the National Trust, 1926–1949*（2 Vols.）. Charlottesville, VA: University Press of Virginia.

Hunter, Albert（1974）*Symbolic Communities: The Persistence and Change of Chicago's Local Communities*. Chicago, IL: University of Chicago Press.

Hunter, Floyd（1953）*Community Power Structure: A Study of Decision Makers*. Chapel Hill, NC: University of North Carolina Press.→1963 Anchor Books.＝1998　鈴木広訳『コミュニティの権力構造：政策決定者の研究』恒星社厚生閣。

Hurley, Andrew（2010）*Beyond Preservation: Using Public History to Revitalize Inner Cities*（Urban Life, Landscape and Policy series）. Philadelphia, PA: Temple University Press.

五十嵐日出夫（2005）「〔まちづくり一期一会〕小樽運河と井上孝先生」『都市計画』253：2.

五十嵐敬喜（1980）『現代都市法の生成』三省堂。
五十嵐敬喜（1987）『都市法』（現代行政法学全集16）ぎょうせい。
五十嵐敬喜（1990）『検証・土地基本法：特異な日本の土地所有権』三省堂。
五十嵐敬喜（1991）『土地改革のプログラム：都市への権利』日本評論社。
五十嵐敬喜（2002）『美しい都市をつくる権利』，京都：学芸出版社。
五十嵐敬喜・小川明雄（1993）『都市計画：利権の構図を超えて』（岩波新書新赤版294）岩波書店。
五十嵐敬喜・小川明雄（1997）『公共事業をどうするか』（岩波新書新赤版492）岩波書店。
五十嵐敬喜・小川明雄（2003）『「都市再生」を問う：建築無制限時代の到来』（岩波新書新赤版832）岩波書店。
五十嵐敬喜・野口和雄編（1990）『図説・日本土地事情'90』自治体研究社。
五十嵐敬喜・野口和雄・池上修一（1996）『美の条例：いきづく町をつくる』，京都：学芸出版社。
五十嵐義倫（1978）「小樽運河を守る運動」『教育』359：74-77.
井口勝文（2002）「〈きわだつ〉デザインから〈おさまる〉デザインへ」，都市美研究会編『都市のデザイン：〈きわだつ〉から〈おさまる〉へ』：7-28，京都：学芸出版社。
飯田勝幸（1983）「二十一世紀札幌の都市像」『都市問題調査報』5：16-32，札幌市企画調整局審議室。
飯田勝幸（1993）「劇場都市—小樽：個性的な景観資源を甦らせる街へ」，『Tomorrow's』30：13-14，大日本土木株式会社企画室広報課。
飯島伸子（1995）『環境社会学のすすめ』（丸善ライブラリー161）丸善。
飯島伸子（1998）「総論 環境問題の歴史と環境社会学」，舩橋・飯島編（1998：1-42）。
飯島伸子（2000）『環境問題の社会史』（有斐閣アルマ）有斐閣。
飯島伸子（2001）「環境社会学の成立と発展」，飯島・鳥越・長谷川・舩橋編（2001：1-28）。
飯島伸子編（1993）『環境社会学』（有斐閣ブックス660）有斐閣。
飯島伸子編著（[1977] 2007）『新版　公害・労災・職業病年表　索引付』すいれん舎。
飯島伸子・鳥越皓之・長谷川公一・舩橋晴俊編（2001）『環境社会学の視点』（講座環境社会学1）有斐閣。
五十川嗣高・小林均・大方潤一郎（1989）「歴史的環境を活かした都心再生の計画手法に関する研究：小樽，函館，横浜，神戸の4都心の比較を通して」『日本建築学会大会学術講演梗概集（九州）』1989年度F：113-114.
池田寛二・堀川三郎（2012）「規範の深度：環境と公共圏を論じるために」，池田寛二・堀川三郎・長谷部俊治編『環境をめぐる公共圏のダイナミズム』（現代社会研究叢書8）：3-12，法政大学出版局。
稲垣栄三（1976）「歴史的環境の保全：その意味とにない手」『開発と保全：自然・文化財・歴史的環境』（ジュリスト増刊総合特集4）：234-238，有斐閣。
稲垣栄三（1979）『日本の近代建築：その成立過程（上）（下）』（SD選書152-153）鹿島出版会。
稲垣栄三（1984）『文化遺産をどう受け継ぐか』（都市のジャーナリズム）三省堂。
稲垣栄三（1991）「モニュメント保存の方法はどこまで有効か」『建築雑誌』1321：24-25.

稲垣栄三（1995）「〈特別寄稿〉文化遺産のオーセンティシティをめぐる素描」『建築史学』24：83-90.
稲吉晃（2014）『海港の政治史：明治から戦後へ』名古屋大学出版会。
猪股弘貴（1989）「地方都市開発と住民意識：住民意識アンケート調査を中心として」，篠崎恒夫編（1989：61-74）。
井上真・宮内泰介編（2001）『コモンズの社会学：森・川・海の資源共同管理を考える』新曜社。
井上俊・上野千鶴子・大澤真幸・見田宗介・吉見俊哉編（1996）『都市と都市化の社会学』（岩波講座現代社会学 18）岩波書店。
井上孝（1981）「投稿・小樽運河保存に関する意見」『輸送展望』178：44，日通総合研究所。
井上孝（1989）『都市計画の回顧と展望』井上孝先生講演集刊行会。
いろは堂書店（1931）『小樽市全圖』，小樽：いろは堂書店。
石田頼房（1987a）『日本近代都市計画の百年』（現代自治選書）自治体研究社。
石田頼房（1987b）『日本近代都市計画史研究』柏書房。
石原一子（2007）『景観にかける：国立マンション訴訟を闘って』新評論。
石狩湾新港史編集委員会編（1991）『石狩湾新港史』，札幌：北海道開発協会。
石川淳志・佐藤健二・山田一成編（1998）『見えないものを見る力：社会調査という認識』八千代出版。
石川忠臣（1981）「町並み保存の住民運動」，観光資源保護財団編（1981：23-29）。
石塚雅明（1975）「〔資料篇〕インタビュー」（1974 年度北海道大学工学部卒業論文・別冊資料篇（A4 判青焼，227 頁）。
石塚雅明（1978）「小樽の街と小樽運河：その再開発をめぐって」『日本ナショナルトラスト報』103：（原著ページ名不明）観光資源保護財団。→1986（再録），小樽運河問題を考える会編（1986a：250-254）。
石塚雅明（1980）「〈小樽報告会〉小樽、運河、そして私達の歩み」『環境文化』47：16-18，環境文化研究所。
石塚雅明（1985）「小樽市の歴史的環境の整備：コンピュータグラフィックスによるシミュレーションの試み」『環境文化』68：24-25，環境文化研究所。
石塚雅明（1986）「〔樹林帯〕都市空間の意味を考える」，『五大都市サッポロはいま』（札幌都市研究 1）：182，札幌都市研究センター。
石塚雅明（1993）「小樽のトポスと歴史」，『Tomorrow's』30：5-6，大日本土木株式会社企画室広報課。
石塚雅明（1997）「地理情報システム（Geographical Information System）を都市計画に活用する：横浜市の試み」『造景』10：133-144，建築資料研究社。
石塚雅明（2004）『参加の「場」をデザインする：まちづくりの合意形成・壁への挑戦』，京都：学芸出版社。
石塚雅明・村上裕道・柳田良造（1978）「小樽の船入澗と石造倉庫群：2・その形成と保存：色内・運河地区」『日本建築学会大会学術講演梗概集』（都市計画）：1495-1496.
石塚雅明・森下満・柳田良造・遠上尚一・木村仁・工藤一郎・倉本伸一（1981）「小樽の歴史的

環境の再生に関する研究：その5・市民意識と保存運動」『日本建築学会大会学術講演梗概集』（都市計画）：1655-1656.

石塚雅明・柳田良造・森下満（1982）「小樽の歴史的環境の再生に関する研究：その8・市民意識と保存運動（2）（「環境学習型」イベントの試みをつうじて）」『日本建築学会大会学術講演梗概集』（都市計画）：1861-1862.

石塚雅明・柳田良造・森下満（1983）「小樽の歴史的環境の再生に関する研究：その11・市民意識と保存運動（3）（保存運動の展開過程と市民意識の変化）」『日本建築学会北海道支部研究報告集（計画系）』56：177-180.

石塚雅明・柳田良造・森下満（1983）「小樽の歴史的環境の再生に関する研究：その14・市民意識と保存運動（5）（「環境学習型」イベントと「環境の教育力」）」『日本建築学会大会学術講演梗概集』（都市計画）：2299-2300.

石塚雅明・森下満・柳田良造（1982）「釧路と小樽：自前精神によるまちづくりの試み」『都市の魅力：創造と再発見』（ジュリスト増刊総合特集27）：209-213，有斐閣。

磯田尚子（1997）「ナショナルトラストの思想史的基盤：何を，なぜ，いかに保存するか」，加藤一郎・野村好弘編『歴史的遺産の保護』：2-12，信山社。

磯村英一・鵜飼信成・川野重任編（1971）『都市形成の論理と住民』東京大学出版会。

磯崎新編（1998）『建物が残った：近代建築の保存と転生』岩波書店。

板谷宮吉（1937）「北門の商港『小樽市』」『都市公論〔北海道特輯號〕』20-7：39-45，都市研究會。

伊藤敦（1984）「埋め立てか，保存か：北海道・小樽運河」『新聞研究』399：34-36.

伊藤文夫・風間龍・滝沢正樹・山田宗睦・清水嘉治（1979）「苫小牧東部開発と小樽運河問題についての中間報告の総括：現地座談会（小樽にて）」『經濟系』122：125-134，関東学院大学経済学会。

伊藤延男（1976）「町並み保存の動向」『開発と保全：自然・文化財・歴史的環境』（ジュリスト増刊総合特集4）：152-155，有斐閣。

伊藤修一郎（2006）『自治体発の政策革新：景観条例から景観法へ』木鐸社。

伊東孝（2000）『日本の近代化遺産：新しい文化財と地域の活性化』（岩波新書新赤版695）岩波書店。

Jackson, John Brinckerhoff（1994）*A Sense of Place, A Sense of Time*. New Haven, CT: Yale University Press.

Jacobs, Allan B.（1980）*Making City Planning Work*. Chicago, IL: American Planning Association.＝1998 蓑原敬他訳『サンフランシスコ都市計画局長の闘い：都市デザインと住民参加』，京都：学芸出版社。

Jacobs, Jane（1961）*The Death and Life of Great American Cities*. New York, NY: Random House.＝1977 黒川紀章訳『アメリカ大都市の死と生』（SD選書118）鹿島出版会。

Jenkins, Jennifer, and Patrick James（1994）*From Acorn to Oak Tree: The Growth of the National Trust, 1895-1994*. London: Macmillan.

陣内秀信（1976）「都市の思想の転換」『都市住宅』7607：2-3，鹿島出版会。

陣内秀信（1978a）『都市のルネサンス：イタリア建築の現在』（中公新書504）中央公論社。

陣内秀信（1978b）『イタリア都市再生の論理』（SD 選書 147）鹿島出版会。
陣内秀信（1985）『東京の空間人類学』筑摩書房。
陣内秀信（1985）『東京の空間人類学』筑摩書房。＝1995 Nishimura Kimiko（tr.）*Tokyo: A Spatial Anthropology*. Berkeley, CA: University of California Press.
陣内秀信（1986）『ヴェネツィア：都市のコンテクストを読む』（SD 選書 200）鹿島出版会。
陣内秀信（1988）『わたしの東京学』（都市叢書）日本経済評論社。
陣内秀信（1988）『都市を読む＊イタリア』法政大学出版局。
陣内秀信（1992）『ヴェネツィア：水上の迷宮都市』（講談社現代新書 1111）講談社。
陣内秀信（1993）『都市と人間』（岩波市民大学「人間の歴史を考える」6）岩波書店。
陣内秀信（1999）『南イタリアへ！：地中海都市と文化の旅』（講談社現代新書 1446）講談社。
陣内秀信（2001）『イタリア　都市と建築を読む』（講談社プラスα文庫 E-29-1）講談社。
陣内秀信編（2009）『歴史的環境保存論』（稲垣栄三著作集 7）中央公論美術出版。
陣内秀信・法政大学・東京のまち研究会（1989）『水辺都市：江戸東京のウォーターフロント探検』（朝日選書 390）朝日新聞社。
陣内秀信・中山繁信編（2001）『実測術：サーベイで都市を読む・建築を学ぶ』，京都：学芸出版社。
陣内秀信・岡本哲志編（2002）『水辺から都市を読む：舟運で栄えた港町』法政大学出版局。
Jordan, Jennifer A.（2006）*Structures of Memory: Understanding Urban Change in Berlin and Beyond*（Cultural Memory in the Present）. Stanford, CA: Stanford University Press.
ジュリスト編集部編（1976）『開発と保全：自然・文化財・歴史的環境』（ジュリスト増刊総合特集 4）有斐閣。
ジュリスト編集部編（1977）『全国まちづくり集覧』（ジュリスト増刊総合特集 9）有斐閣。
嘉田由起子（1995）『生活世界の環境学：琵琶湖からのメッセージ』農文協。
嘉田由起子（2002）『環境社会学』岩波書店。
梶田孝道（1976a）「社会問題の新しい特質とテクノクラシー」『現代社会学』6：99-113.
梶田孝道（1976b）「対抗的相補性の社会学：A. トゥレーヌ〈社会の生産〉論にみるパラダイム革新（上）（下）」『思想』627：38-61；628：106-120.
梶田孝道（1979）「紛争の社会学―『受益圏』と『受苦圏』:『大規模開発問題』におけるテクノクラートと生活者」『経済評論』28-5：101-120，日本評論社。
梶田孝道（1982）「受益圏・受苦圏とコミュニティ」，奥田道大・大森彌・越智昇・金子勇・梶田孝道『コミュニティの社会設計：新しい《まちづくり》の思想』（有斐閣双書 675）：第 5 章，有斐閣。
梶田孝道（1988）『テクノクラシーと社会運動：対抗的相補性の社会学』（現代社会学叢書 15）東京大学出版会。
神原良（2000）『小樽運河』書肆山田。
金子勇・園部雅久編（1992）『変動・居住・計画』（都市社会学のフロンティア 3）日本評論社。
金倉忠夫（1986）「港湾経済の変化と課題」『都市問題』77-5：88-106.
観光資源保護財団編（1979）『小樽運河と石造倉庫群』（観光資源調査報告 7）観光資源保護財団。

観光資源保護財団編（1981）『歴史的町並み事典：ふるさとの町・その保存と再生のために』柏書房。
環境文化研究所編（1978）『歴史的町並みのすべて』若樹書房。
柄谷行人（1996）『差異としての場所』（講談社学術文庫 1230）講談社。
苅谷勇雅（2000）「伝統的建造物群保存地区制度について」，文化庁編『歴史的集落・町並みの保存：重要伝統的建造物群保存地区ガイドブック』：228-246，第一法規。
片方信也（1992）『景観：くらし息づくまちをつくる』つむぎ出版。
片桐誠士（1989）「地域卸売商業の構造的変容」，篠崎恒夫編（1989：38-47）。
片桐新自編（2000）『歴史的環境の社会学』（シリーズ環境社会学 3）新曜社。
片寄俊秀（1971）「保存問題の視点」，文化財保存全国協議会編『文化遺産の危機と保存運動』：45-59，青木書店。
加藤一郎・野村好弘編（1997）『歴史的遺産の保護』信山社。
加藤嶺夫（1999）『東京　消えた街角』河出書房新社。
かわばたごへえ［川端五兵衛］（1991）『まちづくりはノーサイド』ぎょうせい。
川鰭実稀子（1986）「古い街に新しい文化を：小樽運河の再生をめぐって」，姫田忠義編『伝える(2)：混沌のなかから』：121-144，未來社。
川越一番街商店街活性化モデル事業推進委員会編（1986）『川越一番街商店街活性化モデル事業報告書―コミュニティ・マート構想モデル事業―』川越一番街商店街活性化モデル事業推進委員会（A4 判 297 頁）。
川越一番街町並み委員会編（1988）『川越一番街町づくり規範』川越一番街町並み委員会。→1999　増刷版（A4 判リング綴 152 頁）。
川合隆男編（1989）『近代日本社会調査史（1）』慶應通信。
川合隆男編（1991）『近代日本社会調査史（2）』慶應通信。
川合隆男編（1994）『近代日本社会調査史（3）』慶應通信。
川合隆男・藤田弘夫編（1999）『都市論と生活論の祖型：奥井復太郎研究』慶應義塾大学出版会。
川合隆男・竹村英樹編（1998）『近代日本社会学者小伝：書誌的考察』勁草書房。
川合隆男・山岸健・藤田弘夫監修（1996）『都市論（2）：都市社会調査』（奥井復太郎著作集 4）大空社。
川向正人（2010）『小布施：まちづくりの奇跡』（新潮新書 354）新潮社。
川島和彦・小嶋勝衛・根上彰生・宇於崎勝也（2000）「街並み景観整備による建築更新の誘導効果に関する研究：北海道小樽市を対象として」『日本建築学会計画系論文集』537：203-209.
建築・まちなみ景観研究会（1994）『建築・まちなみ景観の創造』技報堂出版。
木原啓吉（1982）『歴史的環境：保存と再生』（岩波新書黄版 216）岩波書店。
木原啓吉（1984）『ナショナル・トラスト』（都市のジャーナリズム）三省堂。→1992『ナショナル・トラスト』（三省堂選書 168）三省堂。→1998　新版。
木原啓吉（1992）『暮らしの環境を守る：アメニティと住民運動』（朝日選書 452）朝日新聞社。
木原啓吉編（1978）『環境の思想を求めて』（争点シリーズ 1）核心評論社。
木原啓吉編（1983）『歴史的環境』（事例地方自治 7）ほるぷ出版。

木原啓吉編（1983）『環境保全』（事例・地方自治 6）ほるぷ出版。
吉川徹（2001）「『量』から『質』へ：方法論の橋を渡る」『ソシオロジ』46-2：105-110.
菊地達夫（2012）「地域環境・地域資源の活用を重視する地域開発政策の展開：北海道石狩湾新港地域を事例として」『経済地理学年報』58：299-308.
木村仁・森下満・柳田良造・石塚雅明・遠上尚一・工藤一郎・倉本伸一（1981）「小樽の歴史的環境の再生に関する研究：その 4・歴史的建築物の取り壊しの経緯（最近の事例を通じて）」『日本建築学会大会学術講演梗概集』（都市計画）：1653-1654.
King, Thomas F., Patricia Parker Hickman, and Gary Berg（1977）*Anthropology in Historic Preservation: Caring for Culture's Clutter*（Studies in Archeology）. New York, NY: Academic Press.
北川佳枝（1992）『近代商業建築を観る：旧日本郵船株式会社小樽支店の再生』（INAX Album 3）株式会社 INAX。
北見俊郎（1976）『都市と港：港湾都市研究序説』（青山学院大学経営研究所研究叢書）同文館。
北野義紀（2008）「小樽運河の再生と課題」『住宅会議』74：7-9.
鬼頭秀一（1996）『自然保護を問いなおす：環境倫理とネットワーク』（ちくま新書 68）筑摩書房。
鬼頭秀一編（1999）『環境の豊かさをもとめて：理念と運動』（講座人間と環境 12）昭和堂。
小林金三・十亀昭雄・富岡秀義・蓮池穰・石塚雅明・峰山富美・辻井達一・小関隆棋（1986）「〔討論〕『小樽活性化の条件』とは何か：小樽再生とさっぽろ（第 15 回研究例会）」『五大都市サッポロはいま』（札幌都市研究 1）：234-239，札幌都市研究センター。
小寺武久（1989）『妻籠宿』中央公論美術出版。
小泉秀樹・西浦定継編（2003）『スマートグロース：アメリカのサスティナブルな都市圏政策』，京都：学芸出版社。
駒木定正（1979）「飯田『小樽運河地区公園化構想』批判」，『ふぃぇすた・小樽』3：11-13，小樽夢の街づくり実行委員会。
駒木定正（2011）「北海製罐小樽工場と小樽運河創設の関連について」『日本建築学会大会学術講演梗概集』（関東，2011 年 8 月）：389-390.
今野裕昭（2001）『インナーシティのコミュニティ形成：神戸市真野住民のまちづくり』（現代社会学叢書）東信堂。
高坂健次（1998）「社会学理論の理論構造」，高坂健次・厚東洋輔編『理論と方法』（講座社会学 1）：42-64，東京大学出版会。
越野武（1993）『北海道における初期洋風建築の研究』北海道大学図書刊行会。
越崎宗一（1974）「〔随想〕小樽運河と市民」『北海道史研究』2：46-47，札幌：北海道史研究会。
越崎宗一（1978）『郷土史的自叙伝：わが人生』，札幌：弘南堂書店。
小杉八朗（1990）『地方都市の町並み景観』ぎょうせい。
小谷慎二郎・大森彩子（2005）「特異な地形の上に成り立つ二極構造の近代港町・小樽」，法政大学大学院エコ地域デザイン研究所・日本の港町研究会編『日本の近代港町：その基層と空間形成原理の発見』：97-139，法政大学大学院エコ地域デザイン研究所・日本の港町研究会。
琴坂守尚編（1990）『磯野小作争議・小樽港湾争議資料集』不二出版。

窪田亜矢（2002）『界隈が活きるニューヨークのまちづくり：歴史・生活環境の動態的保全』，京都：学芸出版社。
神代方雅（1975）「小樽港の特性，その現状と将来」，宮野政雄編（1975：79-85）。
神代方雅（1981）「小樽運河と地方自治：小樽市内幹線道路計画の推進について」『輸送展望』178：38-43，日通総合研究所。
神代方雅（1989）「小樽市港湾経済の諸問題」，篠崎恒夫編（1989：25-37）。
神代方雅（1992）「広井勇の夢とウォーターフロント」『港湾』774：14-23.
神代方雅・神代順平・長内戦治・田中実・戸巻昭三（2011）「小樽運河における倉庫群と艀荷役にみる港湾労働の実態に関する考察」『土木史研究講演集』31：233-244.
久野光朗・鈴木智弘・川村尚也（1994）「組織間知識創造の場としての港町：港町小樽の再生への提言」『商学討究』44-4：31-67，小樽商科大学。
倉沢進・町村敬志編（1992）『構造・空間・方法』（都市社会学のフロンティア 1）日本評論社。
桑原真人（1993）『戦前期北海道の史的研究』，札幌：北海道大学図書刊行会。
桑子敏雄（1999）『環境の哲学：日本思想を現代に活かす』（講談社学術文庫 1410）講談社。
京都大学西山研究室編（1974）『建築・都市』（現代の生活空間論・下）勁草書房。
Larkham, Peter J.（1996）*Conservation and the City*. London, UK: Routledge.
Lefebvre, Henri（1968）*Le droit à la ville*. Paris: Éditions Anthropos.＝1969 松本和夫訳『都市への権利』（筑摩叢書 143）筑摩書房。
Lefebvre, Henri（1970）*La révolution urbaine*（Collection Idees）. Paris: Gallimard.＝1974 今井成美訳『都市革命』晶文社。
Lefebvre, Henri（1972）*Espace et Politique*（le droit à la ville）. Paris: Éditions Anthropos.＝1975 今井成美訳『空間と政治』晶文社。
Lindgren, James Michael（1993）*Preserving the Old Dominion: Historic Preservation and Virginia Traditionalism*. Carlottesville, VA: University Press of Virginia.
Lindgren, James Michael（1995）*Preserving Historic New England: Preservation, Progressivism, and the Remaking of Memory*. New York, NY: Oxford University Press.
Lowenthal, David（1985）*The Past is a Foreign Country*. Cambridge, U.K.: Cambridge University Press.
Lynch, Kevin（1960）*The Image of the City*. Cambridge, MA: MIT Press.
Lynch, Kevin（1972）*What Time Is This Place?* Cambridge, MA: MIT Press.
町村敬志（1994）『「世界都市」東京の構造転換：都市リストラクチュアリングの社会学』（社会学シリーズ）東京大学出版会。
町村敬志（1999）「『豊かさ』の語りの行方：『地域開発』という思考の転機」『都市問題研究』578：78-108.
まちづくり公益信託研究会編（1994）『まちづくり公益信託研究』（トラスト 60 研究叢書），函館：財団法人トラスト 60。
牧野厚史（1999）「〈研究ノート〉歴史的環境保全における『歴史』の位置づけ：町並み保全を中心として」『環境社会学研究』5：232-239.
間宮陽介（1989）「都市の思想：都市の計画と反計画」，宇沢弘文・河合隼雄・藤沢令夫・渡辺慧

編『都市とは』（岩波講座・転換期における人間 4）：205-235，岩波書店。

間宮陽介（1992）「都市の思想」，宇沢弘文・堀内行蔵編『最適都市を考える』（Economic Affairs 2）：15-43，東京大学出版会。

丸藤宇三郎・若松貞朗編（1920）『最新小樽區土地臺帳（附熊碓村高嶋村鹽谷村）・小樽區土地連絡全圖』渡邊久太郎（台帳 496 頁，図面全 8 葉〔53×78 cm〕）。

丸谷才一・山崎正和（1987）『日本の町』文藝春秋。

増田彰久・清水慶一（2002）『ニッポン近代化遺産の旅』朝日新聞社。

増田又喜（1980a）「小樽運河保存問題：保存の意義」『ジュリスト』（特集・文化財の保存と再生）710：73-76，有斐閣。

増田又喜（1980b）「よみがえれ小樽運河：新しい町づくりをめざして」『地方史研究』30-4：57-62，地方史研究協議会。

増田又喜（1982）「個性ある町づくりのために：小樽運河と倉庫群を生かそう」，地方史研究協議会編『日本の都市と町：その歴史と現状』：311-328，雄山閣。

松原治郎・似田貝香門編（1976）『住民運動の論理：運動の展開過程・課題と展望』学陽書房。

松下重雄（1986）「歴史的町並みにおける景観整備手法に関する研究：小樽市色内通り・緑山手通りの場合」北海道大学工学部卒業論文。

松下重雄・足達富士夫・森下満・柳田良造・石塚雅明・藤田衛・吉原秀和（1987）「歴史的町並みにおける景観整備手法に関する研究：小樽市色内通り・緑山手通りの場合」『日本建築学会北海道支部研究報告集』60：189-192.

Merton, Robert K.（1968）*Social Theory and Social Structure* [Enlarged Edition]. New York, NY: Free Press.

三船康道・まちづくりコラボレーション（1997）『まちづくりキーワード事典』，京都：学芸出版社。

御厨貴（2002）『オーラル・ヒストリー：現代史のための口述記録』（中公新書 1636）中央公論新社。

みねひろし（1979）「小樽運河の保存を訴える」『北海道史研究』19：73，札幌：北海道史研究会。

峰山冨美（1979）「かけがえのない歴史的環境：小樽運河・倉庫群を守る」『環境文化』41：44-46，環境文化研究所。

峰山冨美（1985）『母のおもいで』〔没後一周年，故人を偲ぶ礼拝時に配布したパンフレット，B5 判全 6 頁〕私家版。

峰山冨美（1993）『扉は閉じられて』，札幌：北海道機関誌印刷所。

峰山冨美（1995a）「運河運動を振り返って」『北海道自治研究』321：18-19，札幌：北海道地方自治研究所。

峰山冨美（1995b）『地域に生きる：小樽運河と共に』，札幌：北海道新聞社出版局。

峰山冨美・坪谷俊雄・大場賢治（1985）「〔座談会〕小樽運河問題を考える：新しい住民運動の芽（上）（下）」『地方政治』298：18-30；299：26-37，自治体問題研究会。

満田久義（1995）「環境社会学とはなにか：米国でのパラダイム論争再考」『環境社会学研究』1：53-71.

宮丸吉衛（1983）「心に杭は打たれない・小樽運河の 10 年」『環境文化』60：49-59，環境文化研究所。
宮丸吉衛（1984）「好転，そして反転，波さわぐ小樽運河」『環境文化』61：63，環境文化研究所。
宮丸吉衛（1985）「いのちふたたび小樽運河：町並み龍野ゼミから・5」，『環境文化』67 号，環境文化研究所。→1986（再録），小樽運河問題を考える会編（1986b：111-119）。
宮本憲一（1984）『都市をどう生きるか：アメニティへの招待』小学館。→1995 改訂文庫版（小学館ライブラリー 72）小学館。
宮本憲一（1989）『環境経済学』岩波書店。
宮野政雄編（1975）『道道臨港線・小樽運河付小樽港百年の歩み』，札幌：北苑社。
宮内泰介編（2006）『コモンズをささえるしくみ：レジティマシーの環境社会学』新曜社。
宮脇勝（2002）「ランドスケープ保全と都市景観デザイン」『科学』72-5：537-544.
宮脇勝（2003）「風景計画とデザインガイドライン行政」，西村幸夫・大西隆・大垣真一郎・岸井隆幸・小出和郎編『［都市工学講座］都市を保全する』：99-120，鹿島出版会。
宮崎良夫（1976）「文化財保護法と古都保存法」『開発と保全：自然・文化財・歴史的環境』（ジュリスト増刊総合特集 4）：129-134，有斐閣。
宮澤智士（1990）『民家と町並：東北・北海道』（日本の美術 286）至文堂。
水野節夫（1986）「生活史研究とその多様な展開」，宮島喬編『社会学の歴史的展開』（ライブラリ社会学 10）：147-208，サイエンス社。
水野祥子（1998）「世紀転換期イギリスの環境保護活動：ナショナル・トラスト創設をめぐる新たな展開」『西洋史学』191：22-41.
森久聡（2005）「地域社会の紐帯と歴史的環境：鞆港保存運動における〈保存する根拠〉と〈保存のための戦略〉」『環境社会学研究』11：145-159.
森久聡（2008）「地域政治における空間の刷新と存続：福山市・鞆の浦『鞆港保存問題』に関する空間と政治のモノグラフ」『社会学評論』59-2：349-368.
森久聡（2011）「伝統港湾都市・鞆における社会統合の編成原理と地域開発問題：年齢階梯制社会からみた「鞆港保存問題」の試論的考察」『社会学評論』62-3：390-410.
森久聡（2016）『〈鞆の浦〉の歴史保存とまちづくり：環境と記憶のローカル・ポリティクス』新曜社。
森本光子（1975）『雪の街で：絵のない写生帖』（かおる文庫）札幌時計台文化協会。
森本三郎（1979）『森本三郎素描集』，札幌：北海道新聞社。
森岡清志・松本康編（1992）『生活・関係・文化』（都市社会学のフロンティア 2）日本評論社。
森下満・柳田良造・石塚雅明・遠上尚一・木村仁・工藤一郎・倉本伸一（1981）「小樽の歴史的環境の再生に関する研究：その 3・歴史的環境の変容実態（色内・緑山手・運河地区の昭和 40 年代を中心に）」『日本建築学会大会学術講演梗概集』（都市計画）：1651-1652.
森下満・柳田良造・石塚雅明（1982）「小樽の歴史的環境の再生に関する研究：その 7・運河・色内・緑山手地区の変動要因と建物所有者の意向」『日本建築学会大会学術講演梗概集』（都市計画）：1859-1860.
森下満・柳田良造・石塚雅明（1983a）「小樽の歴史的環境の再生に関する研究：その 10・歴史的環境の変容実態（2）（戦後における色内地区の衰退過程）」『日本建築学会北海道支部研究報

告集（計画系）』56：173-176.

森下満・柳田良造・石塚雅明（1983b）「小樽の歴史的環境の再生に関する研究：その 12・歴史的環境の変容実態（3）」『日本建築学会大会学術講演梗概集』（都市計画）：2295-2296.

森下満・原田慎一・柳田良造・石塚雅明（1984）「邸宅の立地からみた住宅地景観の構造に関する研究：小樽をケース・スタディとして」『日本建築学会北海道支部研究報告集（計画系）』57：269-272.

向井清史（1995）「参加と交流による地域資源の保全と創造：イギリスのナショナル・トラスト運動」，今村奈良臣・永田恵十郎編『地域資源の保全と創造―景観をつくるとはどういうことか』（全集世界の食料・世界の農村 9）：第 1 章，農山漁村文化協会。

Mulloy, Elizabeth D.（1976）*The History of the National Trust for Historic Preservation, 1963-1973*. Washington, D.C.: Preservation Press.

棟方虎夫（1914）『小樽』北海旬報社小樽発行所。

村上裕道・石塚雅明・柳田良造（1978）「小樽の船入澗と石造倉庫群：1・その形成と消滅：有幌地区」『日本建築学会大会学術講演梗概集』（都市計画）：1493-1494.

村上光彦編（1996）『人間と文明を考える：水の音』（大佛次郎エッセイ・セレクション 2）小学館。

村田明久（1983）「住民主体の町づくり運動論」『長崎総合科学大学紀要』23-2：223-229.

Murphy, Graham（1987）*Founders of the National Trust*. London: Christopher Helm.＝1992 四元忠博訳『ナショナル・トラストの誕生』緑風出版。

明円孝一（1992）「小樽における景観の変容構造に関する研究：運河周辺地区をめぐって」（1992 年度北海道大学大学院工学研究科居住地計画学講座修士論文；A4 判 96 頁）。

明円孝一・足達富士夫・森下満・佐藤邦明・佐伯聡之・柳田良造・石塚雅明（1993）「小樽の歴史的環境の変容構造に関する研究：運河・色内・堺町地区の場合」『日本建築学会北海道支部研究報告集』66：529-532.

長野啓太・丸藤宇三郎編（1916）『小樽區改正地番土地臺帳・小樽區土地連絡全図』，札幌：丸藤測量事務所（台帳 371 頁，図面全 8 葉〔53×78 cm〕）。

内藤辰美（2015）『北の商都「小樽」の近代：ある都市の伝記』春風社。

内藤辰美・佐久間美穂（2017）『戦後小樽の軌跡：地方都市の衰退と再生』春風社。

中川理（1996）『偽装するニッポン：公共施設のディズニーランダゼイション』彰国社。

中村昇（1988）「小樽運河の再生」『港湾』65-8：61-64.

中村信之・木村克俊（1991）「小樽港の百年コンクリート：広井勇博士とその偉業」『セメント・コンクリート』527：8-17，社団法人セメント協会。

中村廉次（1960）『北海道港湾変遷史』札幌：北海道港湾変遷史後援会。

中西聡（2013）『北前船の近代史：海の豪商たちが遺したもの』（交通ブックス 219）公益財団法人交通研究協会。

中西正司・上野千鶴子（2003）『当事者主権』（岩波新書新赤版 860）岩波書店。

中野卓（1975）「社会学的調査と『共同行為』：水島工業地帯に包み込まれた村々で」『UP』33：1-6，東京大学出版会。

中野卓（2003）『生活史の研究』（中野卓著作集生活史シリーズ 1）東信堂。
中野卓編（1977）『口述の生活史：或る女の愛と呪いの日本近代』（叢書ライフ・ヒストリー 1）御茶の水書房。
中野卓・桜井厚編（1995）『ライフヒストリーの社会学』弘文堂。
中澤秀雄（2005）『住民投票運動とローカルレジーム：新潟県巻町と根源的民主主義の細道，1994-2004』ハーベスト社。
鳴海邦碩編（1999）『都市のリ・デザイン：持続と再生のまちづくり』，京都：学芸出版社。
名武なつ紀（2007）『都市の展開と土地所有：明治維新から高度成長期までの大阪都心』日本経済評論社。
夏堀正元（1980）「小樽運河をつぶすな」『中央公論』95-3（通巻 1117）：345-360.
夏堀正元（1992）「病める故郷：運河戦争の町」『別冊文藝春秋』201：428-468.
夏堀正元（1997）『裸の港市』新潮社。
Newby, Howard, ed.（1995）*The National Trust: The Next Hundred Years*. London: the National Trust.
新川達郎（1986）「都市行政の動向と課題：都市計画をめぐって」『都市問題』77-5：16-37.
新谷洋二編（1987）『交通計画における予測の事後評価に関する研究』（トヨタ財団助成研究報告書 I-022；助成番号 83-1-III-053），トヨタ財団。
日本弁護士連合会公害対策・環境保全委員会編（1995）『変えてみませんか　まちづくり』（J-JEC 環境叢書シリーズ 5）実教出版。
日本銀行調査局（1913）『小樽區ニ於ケル小商工業者ノ金融調査』日本銀行小樽支店。
日本建築学会北海道支部編（1994）『小樽市の歴史的建造物：歴史的建造物の実態調査（1992年）から』小樽市教育委員会。
日本建築学会近畿支部環境保全部会編（1993）『近代建築物の保存と再生』都市文化社。
西川幸治（1972）『日本都市史研究』日本放送出版協会。
西川幸治（1973）『都市の思想：保存修景への指標』（NHK ブックス 190）日本放送出版協会。
西川幸治（1979）「町なみ保存とこれからの町づくり」『環境文化』41：12-19，環境文化研究所。
西川幸治（1994）『都市の思想（上）（下）』（NHK ブックス 694-695）日本放送出版協会。
西村幸夫（1984）「建造物の保存に至る明治前期の文化財保護行政の展開：『歴史的環境』概念の生成史　その 1」『日本建築学会論文報告集』340：101-110.
西村幸夫（1985a）「古社寺保存法第 1～4 条の成立過程に関する研究」『工学部研究報告』48：183-188，明治大学工学部。
西村幸夫（1985b）「明治中期以降戦前における建造物を中心とする文化財保護行政の展開：『歴史的環境』概念の生成史　その 2」『日本建築学会論文報告集』351：38-47.
西村幸夫（1985c）「土地にまつわる明治前期の文化財保護行政の展開：『歴史的環境』概念の生成史　その 3」『日本建築学会論文報告集』358：65-74.
西村幸夫（1988）「英国ナショナルトラストの道程と環境保全運動の展開（1）～（4）」『都市問題』79-9：87-100；79-10：85-99；79-11：83-99；79-12：69-90.
西村幸夫（1992）「都市計画と建築保存」『建築雑誌』1330：120-121.
西村幸夫（1993a）「アメリカにおける歴史的環境保全の歩み」『環境と公害』23-1：27-31.

西村幸夫（1993b）『歴史を生かしたまちづくり：英国シビック・デザイン運動から』古今書院。
西村幸夫（1994a）「日本の歴史的町並みの課題」，渡辺定夫編『今井の町並み』：171-176，京都：同朋舎出版。
西村幸夫（1994b）『アメリカの歴史的環境保全』（J-JEC 環境シリーズ）実教出版。
西村幸夫（1995）「町並みまちづくり最前線第 11 回・北海道小樽市：十年後の小樽運河」『地理』40-11：110-115.
西村幸夫（1997a）『町並みまちづくり物語』古今書院。
西村幸夫（1997b）『環境保全と景観創造：これからの都市風景へ向けて』鹿島出版会。
西村幸夫（2000）『西村幸夫都市論ノート：景観・まちづくり・都市デザイン』鹿島出版会。
西村幸夫（2004）『都市保全計画：歴史・文化・自然を活かしたまちづくり』東京大学出版会。
西村幸夫・町並み研究会編（2000）『都市の風景計画：欧米の景観コントロール　手法と実際』，京都：学芸出版社。
西村幸夫・大西隆・大垣真一郎・岸井隆幸・小出和郎編（2003）『［都市工学講座］都市を保全する』鹿島出版会。
西村幸夫・埒正浩編（2007）『証言・町並み保存』，京都：学芸出版社。
西尾章（1992）「小樽運河」『港湾』774：24-29.
西尾将興（2009）「小樽雪あかりの路：真冬の夜の幻想的なイベント」『照明学会誌』93-7：405-410.
西尾勝（1975a）「行政過程における対抗運動：住民運動についての一考察」『政治参加の理論と現実』（年報政治学 1974）：69-95，岩波書店。
西尾勝（1975b）『権力と参加：現代アメリカの都市行政』（東京大学社会科学研究叢書 47）東京大学出版会。
西山夘三（1971）「歴史的都市の保存と開発：京都を中心として」，文化財保存全国協議会編『文化遺産の危機と保存運動』：60-71，青木書店。
西山夘三（1978）『住み方の記：増補新版』（筑摩叢書 255）筑摩書房。
西山夘三（1981）「小樽運河保存の問題」『輸送展望』177：40-45，日通総合研究所。
西山夘三（1990）『歴史的景観とまちづくり』都市文化社。
西山夘三（1994）『京都の景観　私の遺言』（かもがわブックレット 70），京都：かもがわ出版。
西山夘三（1998）『新編・まちづくりの構想』（都市文化社選書）都市文化社。
西山夘三編（1971）『都市計画と町づくり』（講座　現代日本の都市問題 2）汐文社。
西山八重子（1993）「住宅・まちづくり政策と市民参加」『都市問題』84-1：49-60.
Nolan, Jr., James L., and Ty F. Buckman（1998）“Preserving the Postmodern, Restoring the Past: The Case of Monticello and Montpelier.” *The Sociological Quarterly* 39-2: 253-269.
小田桐誠（1982）「〈集団の発見 22〉小樽運河を守る会」『現代の眼』23-8：204-209，現代評論社。
小笠原克（1986a）『小樽運河戦争始末』朝日新聞社。
小笠原克（1986b）『《「小樽運河問題」を考える会》と私：「小樽運河保存の運動・歴史篇・資料篇」別刷』小笠原克（自費出版；B5 判，111 頁）。

小笠原克（1986c）「〔発言〕小樽運河保存運動の教訓」『総評新聞』1986年12月12日（第1649号）：第8面，日本労働組合総評議会。
小笠原克（1991）「小樽：運河と倉庫群を守る住民運動」『建築雑誌』1321：54.
荻野昌弘編（2002）『文化遺産の社会学：ルーヴル美術館から原爆ドームまで』新曜社。
大石章（2000a）「港の文化誌・小樽（7）：小樽運河」『本郷』28：16–18，吉川弘文館。
大石章（2000b）「港の文化誌・小樽（8）：再び北方航路の拠点へ」『本郷』29：24–26，吉川弘文館。
大石章（2002）『小樽　街並み今・昔』，札幌：北海道新聞社。
大蔵省（1885）『開拓使事業報告 第二編』大蔵省。→1983　復刻版，札幌：北海道出版企画センター。
岡真理（2000）『記憶／物語』（思考のフロンティア）岩波書店。
岡田明彦（2010）『記憶の小樽：岡田明彦写真集』知泉書館。
岡本哲志（2003）『銀座：土地と建物が語る街の歴史』法政大学出版局。
岡本哲志（2005）「はじめに」，法政大学大学院エコ地域デザイン研究所・日本の港町研究会編『日本の近代港町：その基層と空間形成原理の発見』：2–11，法政大学大学院エコ地域デザイン研究所・日本の港町研究会。
岡本哲志・日本の港町研究会（2008）『港町の近代：門司・小樽・横浜・函館を読む』，京都：学芸出版社。
奥田道大（1970）「都市における住民運動の構造と展開：地域再編成と住民の対応をめぐって」『日本労働協会雑誌』133：2–12.
奥田道大（1981）「都市の再生と都市社会学」『UP』103：10–14，東京大学出版会。
奥田道大（1983）『都市コミュニティの理論』（現代社会学叢書11）東京大学出版会。
奥田道大（1985）『大都市の再生：都市社会学の現代的視点』有斐閣。
奥田道大（1987）「戦後日本の都市社会学と地域社会」『社会学評論』150：53–71.
奥田道大（1989）「ハーバードG.S.D.セミナーを終えて」『SD』8908：74.
奥田道大（1993a）『都市と地域の文脈を求めて：21世紀システムとしての都市社会学』有信堂。
奥田道大（1993b）『都市型社会のコミュニティ』（社会心理学選書9）勁草書房。
奥田道大（2000）『都市社会学の眼』ハーベスト社。
奥田道大編（1998）『都市』（講座社会学4）東京大学出版会。
奥田道大・広田康夫編訳（1983）『都市の理論のために：現代都市社会学の再検討』多賀出版。
奥田道大・大森彌・越智昇・金子勇・梶田孝道（1982）『コミュニティの社会設計：新しい《まちづくり》の思想』（有斐閣双書675）有斐閣。
奥井復太郎（1937）「都市生活と景觀・都市美」，都市美協會編『現代之都市美：第一回全國都市美協議會研究報告』：7–15，都市美協會。
奥井復太郎（1940）『現代大都市論』有斐閣。→1985　復刻版。
奥井復太郎（1953）「都市計畫」，田辺壽利編『都市と村落』（社会学大系）：61–108，石泉社。
大橋達（1980）「小樽運河と地区労運動：『全面保存か地域再開発か』の短絡的選択を排して」『月刊労働問題』272：68–74，日本評論社。

大平一典（1985）「〈都市の動き 1〉地方都市中心市街地活性化計画について：シェイプ・アップ・マイタウン計画」『新都市』39-1：50-55，都市計画協会。
大河直躬編（1995）『都市の歴史とまちづくり』，京都：学芸出版社。
大河直躬編（1997）『歴史的遺産の保存・活用とまちづくり』，京都：学芸出版社。
大河直躬・三舩康道編（2006）『歴史的遺産の保存・活用とまちづくり〈改訂版〉』，京都：学芸出版社。
大野輝之・レイコ＝ハベ＝エバンス（1992）『都市開発を考える：アメリカと日本』（岩波新書新赤版 215）岩波書店。
大野友暢（1986）「小樽経済今昔考：センイ卸売業の盛衰を中心に」『五大都市サッポロはいま』（札幌都市研究 1）：227-229，札幌都市研究センター。
太田博太郎（1981）『歴史的風土の保存』彰国社。
太田博太郎・小寺武久（1984）『妻籠宿：保存・再生のあゆみ』彰国社。
大谷幸夫編（1988）『都市にとって土地とは何か：まちづくりから土地問題を考える』（ちくまライブラリー 18）筑摩書房。
大和田徹（1986）「ドキュメント小樽運河（1）：運河論争の前史」『技術と人間』15-12：30-39.
大和田徹（1987a）「ドキュメント小樽運河（2）：クイ打ち前夜の保存論争」『技術と人間』16-2：94-107.
大和田徹（1987b）「ドキュメント小樽運河（3）：クイが打たれる」『技術と人間』16-3：96-105.
大和田徹（1987c）「ドキュメント小樽運河（4）：小樽博と革新知事の動き」『技術と人間』16-6：101-111.
大和田徹（1987d）「ドキュメント小樽運河（5）：知事の小樽入りとその波紋」『技術と人間』16-8：112-119.
大和田徹（1987e）「ドキュメント小樽運河（6）：リコール宣言」『技術と人間』16-12：99-109.
大和田徹（1988a）「ドキュメント小樽運河（7）：リコール宣言の波紋」『技術と人間』17-1：95-101.
大和田徹（1988b）「ドキュメント小樽運河（8）：工事再開へ」『技術と人間』17-2：96-103.
大和田徹（1988c）「ドキュメント小樽運河（9）：終幕へ」『技術と人間』17-3：104-119.
大和田徹（1988d）「ドキュメント小樽運河（10）：S 君への手紙」『技術と人間』17-6：98-113.
大矢根淳（1997）「被災地調査の現場をふりかえって」『三田社会学』2：10-15，三田社会学会。
オリザ編集部（2000）「特集（2）—未知国見聞録　文化遺産を活かす：北海道小樽市を訪ねて」『いわて地域づくり情報誌 ORYZA』51：13-19，岩手県企画振興部市町村課。
小樽土木現業所（1989）『小樽運河ふれあいの散歩道：3.2.4 臨港線事業概要』小樽土木現業所（四六判カラー・パンフレット，8 頁）。
小樽郡朝里村役場（1934）『札樽國道小樽銭函間改良工事寫真眞帖』北海道廳札幌土木事務所。
小樽開発建設部小樽道路事務所 10 年のあゆみ編集委員会編（1984）『小樽道路事務所 10 年のあゆみ』小樽開発建設部小樽道路事務所。
小樽開発建設部小樽港湾建設事務所編（1987）『石狩湾新港建設のあゆみ：第 1 船入港まで』北海道開発局小樽開発建設部小樽港湾建設事務所。

小樽觀光協會（c. 1952）『港おたる』小樽觀光協會。
小樽観光誘致促進協議会調査研究部会編（1998）『小樽観光を考える：小樽観光の現状とこれから』小樽観光誘致促進協議会（A4 判，22 頁）。
小樽活性化委員会（1986）「小樽運河港湾地域整備調査報告書」，未刊内部資料（B4 判）。
小樽活性化委員会（1987）『小樽運河港湾地域整備活性化構想　ウォーター・フロンティア 21：「交・遊」の水辺・「技・芸」の町』財団法人環境文化研究所。
小樽建設協会（1983）『建設闘魂：三十年の歩み』小樽建設協会。
小樽港港湾管理者（1980）『小樽港港湾計画（再開発）基礎調査』小樽市港湾部。
小樽港港湾管理者（1985）『小樽港港湾計画書：改訂』小樽港港湾管理者（B5 判，18 頁）。
小樽港湾事務所（1932）『小樽市第二期港湾修築工事概要』小樽港湾事務所（A5 判，18 頁）。
小樽港湾事務所（1935）『小樽港（昭和 10 年版）』小樽港湾事務所（A5 判，38 頁）。
小樽港湾灣修築事務所編（1922）『小樽港案内』小樽港湾灣修築事務所（折り込み市街図付，A5 判，14 頁）。
小樽くらしとまちづくり調査会編（1996）『「築港」再開発を考える』小樽くらしとまちづくり調査会（自費出版パンフレット，52＋iii 頁）。
小樽區役所（1911）『東宮行啓記念小樽區寫眞帖』小樽區役所。
小樽郷土研究会編（1949）『小樽産業経済史』小樽市役所。
小樽郷土研究会編（1953）『小樽市史年表』，小樽：新星社。
小樽協賛會（1918）『小樽案内』小樽協賛會（折り込み市街図付パンフレット，18.3 cm × 10.7 cm, 20 頁）。
小樽再生フォーラム編（1995）『小樽の建築探訪』，札幌：北海道新聞社。
小樽市（1924）『小樽港湾修築誌』小樽市。
小樽市（1926）『小樽市都市計畫參考資料』小樽市役所（B5 判，12 頁）。
小樽市（1958）『小樽市史第一巻』小樽市。
小樽市（1963）『小樽市史第二巻』小樽市。
小樽市（1964）『小樽市史第三巻』小樽市。
小樽市（1970）『小樽駅前地区市街地再開発事業計画調査報告書』小樽市（A4 判，253 頁）。
小樽市（2001）『小樽市観光経済波及効果調査報告書』小樽市（A4 判，67 頁）。
小樽市編（c. 1955）『市政四年間の歩み：小樽市長安達与五郎』小樽市役所。
小樽市編（c. 1967）『市政の歩み：その 4（昭和 38–昭和 42 年 4 月）』小樽市役所。
小樽市・北大飯田研究室（1979）『小樽運河とその周辺地区環境整備構想：概要』小樽市（B4 判，24 頁）。
小樽市・小樽市観光協会編（c. 1959）『観光小樽：資源と施設の総覧』小樽市役所。
小樽市・小樽市教育委員会（1985）『歴史的都市景観の保全をはかるために：〈小樽市歴史的建造物及び景観地区保全条例のあらまし〉』小樽市・小樽市教育委員会（B5 判，17 頁）。
小樽市・小樽市教育委員会（1993）『おたるらしい魅力あるまちづくりに向けて：歴史と自然を生かして・小樽市都市景観形成基本計画〈概要版〉』小樽市（A4 判カラーパンフレット，30 頁）。

小樽市・小樽商工会議所・小樽市商店街振興組合連合会・小樽商工振興連絡会（1995）「歩行者通行量調査結果」小樽市商工課（A4 判コピー綴じ込み資料，26 頁）。
小樽市土木部（c. 1986）「都市計画道路 ── 臨港線：小樽運河とその周辺地区環境整備計画」小樽市（カラー刷りパンフレット，7 頁）。
小樽市土木部（1992）『坂の街おたる冬プラン』小樽市（B5 判カラー冊子，55 頁）。
小樽市土木部都市計画課（1968）『小樽の都市計画』小樽市土木部都市計画課（B5 判，16 頁）。
小樽市議会（1966）『昭和 41 年小樽市議会会議録（1）：第 1 回定例会』小樽市。
小樽市経済部（c. 1998）「小樽市商工業振興施策のご案内」小樽市経済部（A4 判パンフレット，8 頁）。
小樽市経済部（1998）「小樽市企業経営動向調査報告書」小樽市経済部（A4 判綴じ込み冊子，48 頁）。
小樽市建築都市部都市デザイン課（1993）『Guide to Otaru Townscape：歴史的景観地区ガイド』（A4 判カラーパンフレット，8 頁）小樽市。
小樽市建築都市部都市デザイン課編（1993）「景観形成の取り組み」『まちなみ：小樽市景観ニュース』1：2–3，小樽市。
小樽市建築都市部都市デザイン課編（1995）「特別景観形成地区ガイド」『まちなみ：小樽市景観ニュース』2：2–3，小樽市。
小樽市企画推進室編（1989）『市民が創る・小樽未来 21：小樽市新総合計画普及版』小樽市企画推進室（A4 判カラー，29 頁）。
小樽市教育委員会（1993）『小樽市指定歴史的建造物を訪ねて』小樽市（A4 判カラーパンフレット，4 頁）。
小樽市教育課編（1937）『小樽市の史蹟名勝天然記念物』小樽市教育課（A5 判，30 頁）。
小樽シンポジウム実行委員会編（2009）『小樽運河と石造倉庫群の保存運動から何を受け継ぐか：地域に生き，地域を守る……まちづくり運動の先駆者 峯山冨美氏が伝えること　シンポジウム開催報告』，札幌：日本建築学会北海道支部（A4 判，76 頁）。
小樽市歴史的建造物等保全審議会（1985）『答申書：小樽市指定歴史的建造物として歴史的・文化的に価値が高い代表的建築物の選定について』小樽市歴史的建造物等保全審議会（B5 判，8 頁）。
小樽市歴史的建造物等保全審議会（1986）『答申書：小樽らしい歴史的都市景観を形成している地区（景観地区）の選定並びにその保全にかかわる計画について』小樽市歴史的建造物等保全審議会（B5 判，15 頁）。
小樽市社会科副読本編集委員会編（1982）『わたしたちの小樽』小樽市教育委員会。
小樽市社会科副読本編集委員会編（1992）『わたしたちの小樽』（改訂版）小樽市教育委員会。
小樽市史編纂委員会編（1993）『行政編（上）』（小樽市史第 7 巻）小樽市。
小樽市史編纂委員会編（1994）『行政編（中）』（小樽市史第 8 巻）小樽市。
小樽市史編纂委員会編（c. 1994a）『小樽市史行政編資料　第九巻第五編第八章　道道小樽臨港線と小樽運河（1）：広報・報道』小樽市史編纂委員会（B4 横判，紐綴）。
小樽市史編纂委員会編（c. 1994b）『小樽市史稿本　第九巻行政編（下）　道道小樽臨港線と小樽

運河（1）』小樽市史編纂委員会（B4 横判，紐綴）。
小樽市史編纂委員会編（1995）『行政編（下）』（小樽市史第 9 巻）小樽市。
小樽市総務部（c. 1998）『平成 9 年度事務執行状況説明書』小樽市総務部部（A4 判冊子，142 頁）。
小樽市総務部広報課（1983）「道道臨港線の建設にあわせて運河の浄化と散策路や公園などを造成：小樽運河とその周辺地区環境整備計画のあらまし」『広報おたる』414（昭和 58 年 3 月号）：2-5，小樽市総務部広報課。
小樽市役所編（1926）『小樽港大觀』小樽市役所。
小樽商業會議所編（1898）『明治三十年小樽商業統計一斑（第一回）』小樽商業會議所。
小樽商業會議所編（1900）『小樽港修築意見書』（小樽商業會議所月報號外）小樽商業會議所。
小樽商業會議所編（1918）『小樽港勢一班』小樽商業會議所。
小樽商業會議所編（1929）『小樽名所圖繪』日本名所圖繪社。
小樽商業會議所編（1932）『小樽海港博覽會誌：附小樽海港博覽會協賛會記録』小樽商業會議所。
小樽商工会議所（1996）『小樽商工会議所百年史』小樽商工会議所。
小樽商工會議所編（1928）『小樽港に関する調査書』小樽商工會議所。
小樽都市整備懇談会（1985）『おたる街づくり計画〈中心市街地〉』小樽都市整備懇談会（B5 判，30 頁）。
小樽運河研究講座実行委員会編（1979）『運河の歴史から町づくりまで』（小樽運河研究講座全 10 回記録）小樽運河研究講座実行委員会（自費出版；B5 判，125 頁）。
小樽運河研究講座実行委員会編（1981）『「歴史的町なみの再生」と「交通」から小樽の町づくりを考える』（第 2 期小樽運河研究講座全 10 回記録）小樽運河研究講座実行委員会（自費出版；B5 判，153 頁）。
小樽運河研究講座実行委員会編（1983）『どのように小樽運河の再生をすすめるか』（第 3 期小樽運河研究講座全 7 回記録）小樽運河研究講座実行委員会（自費出版；B5 判，126 頁）。
小樽運河問題を考える会編（1986a）『小樽運河保存の運動・歴史篇』小樽運河保存の運動刊行会。
小樽運河問題を考える会編（1986b）『小樽運河保存の運動・資料篇』小樽運河保存の運動刊行会。
小樽運河を守る会（1974）『小樽運河を守りましょう！：運動の手引き』小樽運河を守る会（B5 判，12 頁）。
小樽運河を守る会編（1977）『小樽運河総合調査報告書：中間報告』，札幌：都市遺産研究所（A4 判，185 頁）。
小樽運河を守る会編（1981）『運河を埋めるな：保存要望意見集』小樽運河を守る会（自費出版；B5 判，114 頁）。
小樽雪あかりの路実行委員会（c. 1998）『小樽雪あかりの路』小樽雪あかりの路実行委員会（企画書，A4 判，24 頁）。
Otero-Pailos, Jorge（2004）“Now is the *Future Anterior* for Advancing Historic Preservation Scholarship.” *Future Anterior* 1-1 : 8-10.
大山信義（2001）『コミュニティ社会学の転換：持続可能な地域発展に向けて』多賀出版。
尾崎康雄（1989）「地域通信〈北海道地方〉小樽再生へのシナリオ」『水資源・環境研究』3：72-73.

Page, Max（2016）*Why Preservation Matters*（Why X Matters series）. New Haven, CT: Yale University Press.

Page, Max, and Randall Mason, eds.（2004）*Giving Preservation a History: Histories of Historic Preservation in the United States*. New York, NY: Routledge.

Pedler, Mike, Paul Banfield, Ian Boraston, John Gill, and John Shipton（1990）*The Community Development Initiative: A Story of the Manor Employment Project in Sheffield*. Aldershot, U.K.: Avebury.

Pevsner, Nikolaus（1969）*Ruskin and Viollet-le-Duc: Englishness and Frenchness in the Appreciation of Gothic Architecture*. London: Thames and Hudson.＝1990　鈴木博之訳『ラスキンとヴィオレ・ル・デュク：ゴシック建築評価における英国性とフランス性』中央公論美術出版。

Ravetz, Alison（1986）*The Government of Space: Town Planning in Modern Society*（Historical Handbooks 2）. London: Faber and Faber.

歴史学研究会編（1991）『遺跡が消える：研究と保存運動の現場から』（歴研アカデミー）青木書店。

Relph, Edward（1976）*Place and Placelessness*. London: Pion.＝1991　高野岳彦・阿部隆・石山美也子訳『場所の現象学：没場所性を越えて』筑摩書房。

Relph, Edward（1987）*The Modern Landscape*. London: Croom Helm.＝1999　高野岳彦・神谷浩夫・岩瀬寛之訳『都市景観の 20 世紀：モダンとポストモダンのトータルウォッチング』筑摩書房。

Ren, Xuefei（2008）"Forward to the Past: Historical Preservation in Globalizing Shanghai," *City & Community* 7-1: 23-43.

Rosenfeld, Gavriel David, and Paul B. Jaskot, eds.（2008）*Beyond Berlin: Twelve German Cities Confront the Nazi Past*（Social History, Popular Culture, and Politics in Germany）. Ann Arbor, MI: University of Michigan Press.

Rossi, Peter H., and Robert A. Dentler（1961）*The Politics of Urban Renewal: The Chicago Findings*. New York, NY: Free Press.

Ruskin, John（1849）*The Seven Lamps of Architecture*. London: Smith and Elder.→1880 New Edition. Kent, England: George Allen.＝1930　高橋松川訳『建築の七灯』（岩波文庫青 670-4）岩波書店。

Ruskin, John（1851-1853）*The Stones of Venice*（3 vols.）. London: Smith and Elder.＝2006　内藤史朗編訳『ヴェネツィアの石：建築・装飾とゴシック精神』，京都：法藏館。

Rypkema, Donovan D.（2006）"The American Contrast," *Architectural Conservation: Issues and Development* 12-3: 67-81.

境一郎（1981）「小樽運河保存運動に取り組んで」『月刊社会教育』291：32-40，国土社。

佐々木興次郎編（1982）「まちづくりにおける環境の教育力と環境イベント型市民運動の展開に関する研究：小樽運河問題を通して」（第 2 回トヨタ財団研究コンクール準備段階研究報告書）トヨタ財団。

佐々木興次郎編（1983）「まちづくりにおける環境の教育力と環境イベント型市民運動の展開に関する研究：小樽運河問題を通して」（第 2 回トヨタ財団研究コンクール中間研究報告書）トヨタ財団。

佐々木昌利（1994）「運河のまち小樽」『新都市』48-2：74-82，都市計画協会。

佐藤郁哉（1992）『フィールドワーク：書を持って街へ出よう』（ワードマップ）新曜社。→2006

増訂版。
佐藤郁哉（2002）『フィールドワークの技法：問いを育てる，仮説をきたえる』新曜社。
佐藤郁哉（2006）『定性データ分析入門：QDA ソフトウェア・マニュアル』新曜社。
佐藤郁哉（2008）『QDA ソフトを活用する・実践質的データ分析入門』新曜社。
佐藤一子（1998）『生涯学習と社会参加：おとなが学ぶことの意味』東京大学出版会。
佐藤馨一（1990）「小樽運河の保存と改修」『土木学会誌別冊増刊・近代土木の保存と再生』75-14：41-47.
佐藤健二（1993）「コミュニティ調査のなかの『コミュニティ』」，蓮見音彦・奥田道大編『21 世紀日本のネオ・コミュニティ』：153-176，東京大学出版会。
佐藤健二（1994）『風景の生産・風景の解放：メディアのアルケオロジー』（講談社選書メチエ 5）講談社。
佐藤邦昭・佐伯聡之（1992）「小樽市運河周辺地区の町並み変化に関する研究」（1992 年度北海道大学大学院工学研究科居住地計画学講座卒業論文；A4 判）。
佐藤定編（1927）『最新小樽市及郊外土地臺帳・最新小樽市及郊外土地實測連絡全圖』（3 分冊＋図葉函），小樽：産業奬勵會（614 頁，図面全 41 葉〔55×77 cm〕）。
佐藤成基（1993）「象徴闘争の市場メカニズム」，厚東洋輔・今田高俊・友枝敏雄編『社会理論の新領域』：55-75，東京大学出版会。
佐藤滋（1989）「保存修復型再開発の流れと都市構造の再編を目指す都市計画」『都市計画』156：60-64，日本都市計画学会。
Savitch, H. V.（1988）*Post-Industrial Cities: Politics and Planning in New York, Paris, and London*. Princeton, NJ: Princeton University Press.
政策研究院政策情報プロジェクト編（1998）『政策とオーラルヒストリー』中央公論社。
関秀志・桑原真人（1995）『北海道民のなりたち』（北の生活文庫 1），札幌：北海道新聞社。
関礼子（2005）「環境社会学の研究動向：2001 年から 2003 年を中心に」『社会学評論』55-4：514-529.
関礼子・中澤秀雄・丸山康司・田中求（2009）『環境の社会学』（有斐閣アルマ）有斐閣。
社会移動研究会編（2005）『近代都市の創出と再生産：小樽市における階層構成を中心に』（文部科学省科学研究費〔基盤研究 B2〕成果報告書）日本女子大学人間社会学部・社会移動研究会（A4 判，419 頁）。
社会運動論研究会編（1990）『社会運動論の統合をめざして：理論と分析』成文堂。
社会運動論研究会編（1994）『社会運動の現代的位相』成文堂。
芝工大闘争史を語る会（2010）『もうひとつの全共闘：芝浦工大全学闘 1968-1972』柘植書房新社。
渋谷睦三（1985）「うるおいのあるまちづくり・小樽市：活力に満ちた魅力ある都市をめざして」『新都市』39-1：44-49，都市計画協会。
渋谷睦三（1990）「小樽運河その後」『地域情報誌・シナジー』12：10-13，国土地理協会。
渋谷睦三（2002）「小樽運河曇り後晴れ」『Civil Engineering Consultant』216：32-35.
島本虎三（1988）『島虎の町おこし奮戦記：北海道・仁木町長の八年』第一書林。

島崎稔編（1978）『現代日本の都市と農村』（現代資本主義叢書 7）大月書店。

島崎稔・安原茂編（1987）『重化学工業都市の構造分析』東京大学出版会。

清水昭典（1990）「明治中期地方政治の一例：小樽港埋立をめぐって」『法学論集』40：1929-1957，札幌：北海道大学。

清水重敦（2013）『建築保存概念の生成史』中央公論美術出版。

下出育生（1990）「プロジェクト・ノート 5　小樽臨港線“小樽運河ふれあいの散歩道”」『都市計画』165：122-123，日本都市計画学会。

下崎明久・越野武・角幸博・長尾充（1992）「大正中期および昭和戦前期の小樽色内通り街並みの復原：〔その 1〕街並みの特徴」『日本建築学会北海道支部研究報告集』65：421-424.

進地三雄（1983-1985）「運河問題 10 年のあゆみ（連載記事）」『朝日新聞』（小樽版朝刊）：1983 年 11 月 25 日―1985 年 3 月 30 日，朝日新聞社。

進地三雄（1983）「運河保存運動と市当局の対応」，木原啓吉編『歴史的環境』（事例・地方自治 7）：159-184，ほるぷ出版。

篠原一（1977）『市民参加』（現代都市政策叢書）岩波書店。

篠崎恒夫編（1989）『地方都市再開発政策の総合科学的研究：小樽市運河地区再開発をめぐって』（昭和 63 年度科学研究費補助金〔一般研究 A　60410012〕研究成果報告書），小樽商科大学篠崎恒夫研究室。

塩路有子（1999）「ヘリテージと生きる：29・イングランド・カントリーサイドを指向する社会・イギリス」，佐藤浩司編『住まいはかたる』（シリーズ建築人類学・世界の住まいを読む 3）：63-80，京都：学芸出版社。

白石克孝・富野暉一郎・広原盛明（2002）『現代のまちづくりと地域社会の変革』，京都：学芸出版社。

市政の歩み編纂委員会編（1975）『市政の歩み：稲垣市政・2 期 8 年（昭和 42 年 4 月～50 年 4 月）』小樽市。

市政の歩み編集委員会（1988）『十二年：三期志村市政のあしおと』小樽市（非売品）。

Siegenthaler, Peter David（2004）“Looking to the Past, Looking to the Future: The Localization of Japanese Historic Preservation, 1950-1975.” Unpublished Ph.D. dissertation, Austin, TX: The University of Texas at Austin.

須藤慶子（1998）「小樽運河の修景で観光客が急増」『月刊観光』1998 年 6 月号：24-28，日本観光協会。

須藤慶子（1999）「ライトアップで美しく蘇った建造物：運河もガス灯，浮玉が夜景演出」『地域づくり』1999 年 10 月号：8-9，財団法人地域活性化センター。

Suttles, Gerald D.（1972）*The Social Construction of Communities*（Studies of urban Society Series）. Chicago, IL: University of Chicago Press.

鈴木栄太郎（1957）『都市社会学原理』有斐閣。→1965　増補版。→1969（鈴木栄太郎著作集 6）未來社。

鈴木博之（1990）『東京の［地霊］』文藝春秋。→1998（文春文庫す-10-1）文藝春秋。

鈴木博之（1996a）『ロンドン：地主と都市デザイン』（ちくま新書 57）筑摩書房。

鈴木博之（1996b）『ヴィクトリアン・ゴシックの崩壊』中央公論美術出版。
鈴木博之（1996c）『見える都市／見えない都市：まちづくり・建築・モニュメント』（岩波近代日本の美術 3）岩波書店。
鈴木博之（1999）『都市へ』（日本の近代 10）中央公論新社。
鈴木博之（2001）『現代の建築保存論』，千葉：王国社。
鈴木智之（2013）『「心の闇」と動機の語彙：犯罪報道の 1990 年代』（青弓社ライブラリー 78）青弓社。
Sztompka, Piotr（1986）*Robert K. Merton: An Intellectual Profile*. London: Macmillan.
橘木俊詔（2012）『三商大 東京・大阪・神戸：日本のビジネス教育の源流』岩波書店。
高田昇（1982）「水都再生にむけての連帯：大阪・小樽シンポジウムから」『公害研究』12-2：20-26.
高垣泰雄（1992）「港湾再開発への提言：港湾空間利用の今昔」『港湾』774：85-87，日本港湾協会。
高橋里香（2002）「歴史的環境の法的保護の可能性：序説」『早稲田法学会誌』52：195-249.
高橋里香（2008）「歴史的環境保全の法的考察：人間と環境の相互関係的側面から」『現代人間学部紀要』1：143-158，和光大学現代人間学部。
高橋康夫・吉田伸之編（1989）『空間』（日本都市史入門 1）東京大学出版会。
高畑宜一（1899）『小樽港史・小樽岩内間九郡史』石狩國空知郡：高畑利宜（自費出版）。
高井敏樹（1987）「新観光名所になった小樽運河・臨港線」『新都市』41-11：103-105，都市計画協会。
多木浩二（1994）『都市の政治学』（岩波新書新赤版 366）岩波書店。
多木浩二（2001）『生きられた家：経験と象徴』（岩波現代文庫　学術 45）岩波書店。
玉野和志（1993）『近代日本の都市化と町内会の成立』行人社。
玉野和志（1997）「都市社会運動と生きられた空間：生活史調査の知見から」『流通経済大学社会学部論叢』7-2：71-107.
玉野和志（2005）『東京のローカル・コミュニティ：ある町の物語　一九〇〇－八〇』東京大学出版会。
玉野井芳郎（1990a）『地域主義からの出発』（玉野井芳郎著作集 3）学陽書房。
玉野井芳郎（1990b）『等身大の生活世界』（玉野井芳郎著作集 4）学陽書房。
田村明（1977）『都市を計画する』（現代都市政策叢書）岩波書店。
田村明（1997）『美しい都市景観をつくるアーバンデザイン』（朝日選書 573）朝日新聞社。
田村明（1999）『まちづくりの実践』（岩波新書新赤版 615）岩波書店。
田村喜子（2009）『小樽運河ものがたり』鹿島出版会。
棚田誠哉（1977）『野火焼不盡：小樽駅前地区再開発事業の断面』，札幌：毎日新聞北海道発行所。
棚田誠哉（1996）「小樽港・歴史と文化の創造」『港湾』823：34-36，日本港湾協会。
田中昭雄（1992）「はじめて来ても懐しい，何度来ても新しい街・小樽」『港湾』774：42-45，日本港湾協会
田中彰・桑原真人（1996）『北海道開拓と移民』吉川弘文館。

谷沢明（1991）『瀬戸内の町並み：港町形成の研究』未來社。
谷口吉光（1998）「アメリカ環境社会学とパラダイム論争：『パラダイム転換としての環境社会学』再考」『環境社会学研究』4：174-187.
田沼武能編（1990）『木村伊兵衛の昭和』（ちくまライブラリー 39）筑摩書房。
寺田良一（1983）「脱産業社会論の変容と分析軸」『社会学評論』33-3：44-62.
寺田良一（1984）「産業社会の論理と地域社会の論理：対案提示型社会運動の今日的意味」『佐賀大学教養部研究紀要』16：111-145.
寺田良一（1989）「新しい社会運動の争点としての環境・生活・地域：環境運動を中心として」『国民生活研究』29-1：22-34.
寺田良一（1990）「環境運動の類型と環境社会学：『新しい社会運動』の制度化，政策化を展望して」，社会運動論研究会編『社会運動論の統合を目指して：理論と分析』：63-93，成文堂。
寺田良一（1998a）「環境 NPO（民間非営利組織）の制度化と環境運動の変容」『環境社会学研究』4：7-23.
寺田良一（1998b）「環境運動と環境政策：環境運動の制度化と草の根民主主義の日米比較」，舩橋晴俊・飯島伸子編『環境』（講座社会学 12）：133-162，東京大学出版会。
寺田良一（2009）「臨床社会学と環境社会学」『心理社会学研究』4：15-26，明治大学文学部。
寺尾美子（1997）「都市基盤整備にみるわが国近代法の限界：土地の公共性認識主体としての公衆の不在」，岩村正彦・碓井光明・江橋崇・落合誠一・鎌田薫・来生新・小早川光郎・菅野和夫・高橋和之・田中成明・中山信弘・西田典之・最上敏樹編『都市と法』（岩波講座現代の法 9）：99-146，岩波書店。
豊島忠（1986）「都市経済の構造と課題」『都市問題』77-5：65-87.
東京大學社會科學研究所編（1952）『戰後宅地住宅の實態：宅地住宅綜合研究 1』東京大學出版會。
東京大学社会科学研究所編（1968）『都心地における宅地住宅の変遷：東京都台東区竹町の場合』（東京大学社会科学研究所調査報告第 9 集）東京大学社会科学研究所（B5 判，216 頁／非売品）。
東京商工会議所商工相談所（1942）『商店街の変貌：附・都下商店街実情調査』東京商工会議所。
鳥越皓之（1997）『環境社会学の理論と実践：生活環境主義の立場から』有斐閣。
鳥越皓之（1999）『環境社会学』（放送大学教材 12486-1-9911）放送大学教育振興会。
鳥越皓之編（1989）『環境問題の社会理論：生活環境主義の立場から』御茶の水書房。
鳥越皓之編（1994）『試みとしての環境民俗学：琵琶湖のフィールドから』雄山閣出版。
鳥越皓之編（1996）『環境とライフスタイル』（有斐閣アルマ）有斐閣。
鳥越皓之編（1999）『景観の創造：民俗学からのアプローチ』（講座人間と環境 4），京都：昭和堂。
鳥越皓之編（2000）『環境ボランティア・NPO の社会学』（シリーズ環境社会学 1）新曜社。
鳥越皓之編（2001）『自然環境と環境文化』（講座環境社会学第 3 巻）有斐閣。
鳥越皓之・嘉田由起子編（1984）『水と人の環境史：琵琶湖報告書』御茶の水書房。→1991　増補版。

鳥越皓之・家中茂・藤村美穂（2009）『景観形成と地域コミュニティ：地域資本を増やす景観政策』農山漁村文化協会。
戸崎繁（1979）『小樽運河問題全解』（北の自治特集 7），札幌：北の自治社。
都市環境デザイン会議北海道ブロック（2001）「小樽：運河保存から観光都市へ」（日本の都市環境デザイン：北海道の風土が育む都市のかたち 2）『造景』31：115-130，建築資料研究社。
都市計畫北海道地方委員會（1926）『小樽都市計畫區域設定參考資料』，詳細不明（B5 判，18 頁）。
遠上尚一・森下満・柳田良造・石塚雅明・木村仁・工藤一郎・倉本伸一（1981）「小樽の歴史的環境の再生に関する研究：その 2・歴史的環境の動向（色内・運河・緑山手地区を中心に）」『日本建築学会大会学術講演梗概集』（都市計画）：1649-1650.
佃信雄（2004）「小樽のまちづくり」『日本不動産学会誌』18-2：56-61.
Tuan, Yi-Fu（1977）*Space and Place: The Perspective of Experience*. Minneapolis, MN: University of Minnesota Press. ＝1988 山本浩訳『空間の経験：身体から都市へ』筑摩書房。
内田新（1976）「文化財保護行政の現状と課題」『開発と保全：自然・文化財・歴史的環境』（ジュリスト増刊総合特集 4）：145-151，有斐閣。
内山節（1980）『山里の釣りから』日本経済評論社。
上田篤・土屋敦夫編（1975）『町家：共同研究』鹿島出版会。
植田和弘・神野直彦・西村幸夫・間宮陽介編（2005a）『公共空間としての都市』（岩波講座都市の再生を考える 7）岩波書店。
植田和弘・神野直彦・西村幸夫・間宮陽介編（2005b）『都市のアメニティとエコロジー』（岩波講座都市の再生を考える 5）岩波書店。
植田和弘・神野直彦・西村幸夫・間宮陽介編（2005c）『都市のガバナンス』（岩波講座都市の再生を考える 2）岩波書店。
植田今日子（2016）『存続の岐路に立つむら：ダム・災害・限界集落の先に』，京都：昭和堂。
海野道郎（1993）「環境破壊の社会的メカニズム」，飯島伸子編『環境社会学』：33-53.
海野道郎（2001）「現代社会学と環境社会学を繋ぐもの：相互交流の現状と可能性」飯島・鳥越・長谷川・舩橋編（2001：155-186）。
Urry, John（1990）*The Tourist Gaze: Leisure and Travel in Contemporary Societies*. London: Sage. ＝1995 加太宏邦訳『観光のまなざし：現代社会におけるレジャーと旅行』（りぶらりあ選書）法政大学出版局。
Urry, John（1995）*Consuming Places*（The International Library of Sociology）. London: Routledge.
宇沢弘文・堀内行蔵編（1992）『最適都市を考える』（Economic Affairs 2）東京大学出版会。
宇沢弘文・河合隼雄・藤沢令夫・渡辺慧編（1989）『都市とは』（岩波講座・転換期における人間 4）岩波書店。
宇沢弘文・茂木愛一郎編（1994）『社会的共通資本：コモンズと都市』（Economic Affairs 4）東京大学出版会。
Vittorini, Marcello（1976）"Il Problema dei Centri Storici in Italia." ＝1976 陣内秀信訳「都市の思想の転換」『都市住宅』7607：5-40，鹿島出版会。

若林幹夫（1996a）「空間・近代・都市：日本における〈近代空間〉の誕生」，吉見俊哉編『都市の空間・都市の身体』（21 世紀の都市社会学 4）：1-26，勁草書房。

若林幹夫（1996b）「社会学的対象としての都市」，井上俊・上野千鶴子・大澤真幸・見田宗介・吉見俊哉編『都市と都市化の社会学』（岩波講座現代社会学 18）：1-28，岩波書店。

若林幹夫（2000）『都市の比較社会学：都市はなぜ都市であるのか』（現代社会学選書）岩波書店。

若林幹夫（2007）『郊外の社会学：現代を生きる形』（ちくま新書 649）筑摩書房。

若林幹夫（2012）『社会〈学〉を読む』（現代社会学ライブラリー）弘文堂。

脇田武光（1993）「小樽市の産業と土地経済からみた地域診断」『大東文化大学紀要〈社会科学〉』31：227-254.

渡部義顕（1914）『小樽區史・完』，小樽：左文字書房。

渡辺定夫編（1994）『今井の町並み』，京都：同朋舎出版。

渡辺俊一（1988）「わが国都市計画制度の史的特徴」『都市問題研究』448：3-18.

渡辺俊一（1993）『「都市計画」の誕生：国際比較からみた日本近代都市計画』（ポテンティア叢書 23）柏書房。

渡辺悌之助（1974）『小樽文化史：市制施行五十周年記念』小樽市。→ 1975　再版。

渡辺悌之助（1979）『小樽運河史』小樽市。

亘理格（1993）「都市計画と景観保全法制：歴史的街並み景観の保存を中心に」，山下健次編『都市の環境管理と財産権』：34-58，法律文化社。

Waterson, Merlin, and Samantha Wyndham（1994）*The National Trust: The First Hundred Years*. London: the National Trust and BBC Books.

Weideger, Paula（1994）*Gilding the Acorn: Behind the Facade of the National Trust*. London: Simon and Schuster.

Weinberg, Nathan G.（1979）*Preservation in American Towns and Cities*. Boulder, CO: Westview Press.

Whyte, William Foote（1955）*Street Corner Society: The Social Structure of an Italian Slum*（Enlarged Edition）. Chicago, IL: University of Chicago Press.

Whyte, William Foote（1964）"On Street Corner Society." In: Earnest W. Burgess and Donald J. Bogue, eds, *Contributions to Urban Sociology*: 256-268, Chicago, IL: University of Chicago Press.

Whyte, William Foote（1984）*Learning from the Field: A Guide from Experience*. Beverly Hills, CA: Sage.

Whyte, William Foote（1992）"In Defense of *Street Corner Society*." *Journal of Contemporary Ethnography* 21-1: 52-68.

Whyte, William Foote（1994）*Participant Observer: An Autobiography*. Ithaca, NY: ILR Press.

Whyte, William H.（1968）*The Last Landscape*. New York, NY: Doubleday. = 1971　華山謙訳『都市とオープンスペース』鹿島出版会。

Whyte, William H.（1980）*The Social Life of Small Urban Spaces*. Washington, D.C.: The Conservation Foundation.

Williams, Norman Jr., Edmund H. Kellogg, and Frank B. Gilbert, eds.（1983）*Readings in Historic Preservation: Why? What? How?* Piscataway, NJ: the Center for Urban Policy Research, Rutgers University.

Wilson, James Q., ed.（1966）*Urban Renewal: The Record and the Controversy*. Cambridge, MA: MIT Press.

矢作弘（1989）『町並み保存運動 in U.S.A.』，京都：学芸出版社。
矢作弘（1997）『都市はよみがえるか：地域商業とまちづくり』岩波書店。
矢作弘（1999）『地方都市再生の条件』（岩波ブックレット 479）岩波書店。
山口八壽夫（c. 1982）『写真集　小樽／運河と港の風色』財界さっぽろ。
山根寛・駒木定正（1992）「大正初期の小樽区色内町の産業分布と建築配置：棟方虎夫『小樽』（大正 3 年）を基本史料として」『日本建築学会北海道支部研究報告集』65：413-416.
山崎正史（2002）「町並みをまもり，育て，つくる」，都市美研究会編『都市のデザイン：〈きわだつ〉から〈おさまる〉へ』：123-148，京都：学芸出版社。
山下晋司編（1996）『観光人類学』新曜社。
柳田良造（1979）「歴史的遺産：まちのシンボルの復活」，『日本ナショナルトラスト報』（原著データ不明）観光資源保護財団。→1986（再録），小樽運河問題を考える会編（1986a：256-257）。
柳田良造（1985）「アメリカのナショナル・トラストの環境学習プログラム」『環境文化』68：50-51，環境文化研究所。
柳田良造（1986）「都市構造から見た小樽とさっぽろ」『五大都市サッポロはいま』（札幌都市研究 1）：230-233，札幌都市研究センター。
柳田良造（1993）「〔ライナス誌上キャンペーン 5：小樽ルネッサンス〕小樽の都市空間とまちづくりの視点」『Linus』10：28-29，小樽：オープラン・ライナス編集部。
柳田良造・石塚雅明・森下満・遠上尚一・木村仁・工藤一郎・倉本伸一（1981）「小樽の歴史的環境の再生に関する研究：その 1・研究の目的と方法」『日本建築学会大会学術講演梗概集』（都市計画）：1647-1648.
柳田良造・石塚雅明・森下満（1982）「小樽の歴史的環境の再生に関する研究：その 9・環境再生計画の考え方」『日本建築学会大会学術講演梗概集』（都市計画）：1863-1864.
柳田良造・石塚雅明・森下満（1983）「小樽の歴史的環境の再生に関する研究：その 13・市民意識と保存運動（4）（論争の構造とまちづくり運動への可能性）」『日本建築学会大会学術講演梗概集』（都市計画）：2297-2298.
柳田良造・石塚雅明・森下満（1984）「まちづくり論争の展開と環境の教育力に関する研究」『日本建築学会北海道支部研究報告集』57：265-268.
柳田良造・森下満・石塚雅明（1981）「石造倉庫の再生から新しい拠点づくりを：小樽運河保存運動　現地からの報告」『建築文化』1981 年 4 月号，彰国社。
安田三郎・原純輔（1982）『社会調査ハンドブック〔第 3 版〕』（有斐閣双書 619）有斐閣。
安田八十五（1985）「港湾都市の再生と活性化：小樽と横浜からの教訓」『港湾活性化と都市再開発』（日本港湾経済学会年報 23）：29-36.
安田八十五（1989）「都市の成長と衰退の要因分析：北海道における都市の成長・衰退の要因分析と小樽市の活性化への課題」，篠崎恒夫編（1989：114-139）。
矢崎武夫（1962）『日本都市の発展過程』弘文堂新社。
米谷祐司（1993）「波のひも」，『Tomorrow's』30：29，大日本土木株式会社企画室広報課。
米沢慧（1982）『〈住む〉という思想』冬樹社。
吉田桂二（1995）『歴史の町並み事典：重要伝統的建造物群保存地区総集』東京堂出版。

吉田桂二（1997）『保存と創造をむすぶ』（建築ライブラリー 1）建築資料研究社。
吉田桂二（2001）『歴史遺産：日本の町並み 108 選を歩く』（講談社プラスα新書　50-2 D）講談社。
吉原直樹（1999）「都市社会学の新しい課題：新たな空間認識をもとめて」，藤田弘夫・吉原直樹編『都市社会学』（有斐閣ブックス 671）：235-251，有斐閣。
吉原直樹（2002）『都市とモダニティの理論』東京大学出版会。
吉原直樹編（1996）『都市空間の構想力』（21 世紀の都市社会学 5）勁草書房。
吉原直樹・岩崎信彦編（1986）『都市論のフロンティア：《新都市社会学》の挑戦』（有斐閣選書 760）有斐閣。
吉見俊哉（1987）『都市のドラマトゥルギー：東京・盛り場の社会史』弘文堂。
吉見俊哉（1992）「空間の実践：都市社会学における空間概念の革新にむけて」，倉沢進・町村敬志編『構造・空間・方法』（都市社会学のフロンティア 1）：111-139，日本評論社。
吉見俊哉編（1996）『都市の空間　都市の身体』（21 世紀の都市社会学 4）勁草書房。
吉阪隆正（1975）「不連続統一体」『都市住宅』94：10-11.
吉阪隆正（1984）『住居の発見』（吉阪隆正集 1）勁草書房。
全国町並み保存連盟編（1999）『新・町並み時代：まちづくりへの提案』，京都：学芸出版社。
Zerubavel, Eviatar（2003）*Time Maps: Collective Memory and the Social Shape of the Past.* Chicago, IL: University of Chicago Press.
造景編集部（1997）「まちづくり最前線：20 回を迎えた全国町並みゼミ」『造景』10：28-29，建築資料研究社。
Zukin, Sharon（1991）*Landscapes of Power: From Detroit to Disney World.* Berkeley, CA: University of California Press.
Zukin, Sharon（2010）*Naked City: The Death and Life of Authentic Urban Places.* Oxford: Oxford University Press.

資料篇

現地調査実施記録

以下は，北海道小樽市内における現地調査実施の記録である。基本的には筆者単独の調査であるが，1997年以降は，法政大学社会学部の授業「社会調査実習」などを兼ねて実施した場合もある。「協力者」とは，実習などで調査に同行し，その完遂に協力あるいは補助した者を指す（敬称略，所属・身分は当時のもの；氏名の肩の*は調査実習の正規Teaching Assistant［T.A.］を，**はインフォーマルなT.A.であることを，それぞれ意味する）。ここに記して心からの謝意を表したい。協力者等の記載がない場合は，筆者単独の調査である。東京など，小樽以外で実施したものに関しては記載を省略した。

回	調査期間（年月日）	日数
1	1984年3月27日～3月31日	5
2	1984年8月28日～9月3日	7
3	1985年8月8日～8月17日	10
4	1988年9月13日～9月21日	9
5	1989年11月29日～12月6日	8
6	1990年6月1日～6月7日	7
7	1993年3月11日～3月18日	8
8	1994年12月7日～12月12日	6
9	1995年1月25日～2月1日	8
10	1995年5月22日～5月24日	3
11	1995年8月18日～8月26日	9
12	1996年2月19日～2月23日	5
13	1996年8月31日～9月4日	5
14	1997年7月12日～7月16日	5
15	1997年8月31日～9月6日	7
	協力者：水品唯，御郷文，野本裕子，小澤香緒里，横田香穂梨，中里明子，中島健，柳希，開発鹿の子，原山大也，林隆史*（1997年度社会調査実習履修生）	
16	1997年11月3日～11月6日	4

17	1998年7月17日〜7月19日	3
18	1998年8月31日〜9月7日	8
	協力者：賀川季代子，羽賀和紀，部屋伸仁，古宮明里，森久聡，山本愛（1998年度社会調査実習履修生）	
19	1999年2月24日〜2月26日	3
20	1999年8月30日〜9月6日	8
	協力者：高瀬博之，鍋田芙紗子，菊地雄太，大倉季久，中澤朗子，正根寺明子，大村悠子，佐々木大輔，森久聡**，賀川季代子**（1999年度社会調査実習履修生）	
21	2000年2月23日〜2月26日	4
22	2000年8月29日〜9月6日	9
	協力者：森久聡，大倉季久（法政大学大学院生）	
23	2001年2月16日〜2月19日	4
24	2001年7月5日〜7月9日	5
25	2001年8月29日〜9月5日	8
	協力者：森久聡（法政大学大学院生）	
26	2001年9月27日〜10月1日	5
27	2001年10月25日〜10月26日	2
	（放送大学「コミュニティ論」現地ロケ収録を兼ねる）	
28	2002年9月5日〜9月10日	6
	協力者：森久聡（法政大学大学院生），佐々木大輔（1999年度調査実習O.B.；讀売新聞記者），田口由美（法政大学社会学部生）	
29	2003年4月23日〜4月26日	4
30	2003年9月4日〜9月9日	6
	協力者：森久聡，大倉季久（法政大学大学院生），田口由美，高橋真琴（法政大学社会学部生）	
31	2006年9月11日〜9月16日	6
32	2007年4月20日〜4月23日	4
33	2007年9月7日〜9月14日	8
	協力者：荒井健一，峯岸麻衣，星侑子，竹内瑛美，鈴木理紗，北野翔平，中村めぐみ，須摩陽子，森久聡*（2007年度社会調査実習履修生）	
34	2008年6月13日〜6月15日	3
	協力者：Timothy S. George (Professor, University of Rhode Island)	
35	2008年9月5日〜9月12日	8
	協力者：蔵本侑里恵，和田まり恵，鷹田和子，塩野史江，鈴木穂，森久聡*	

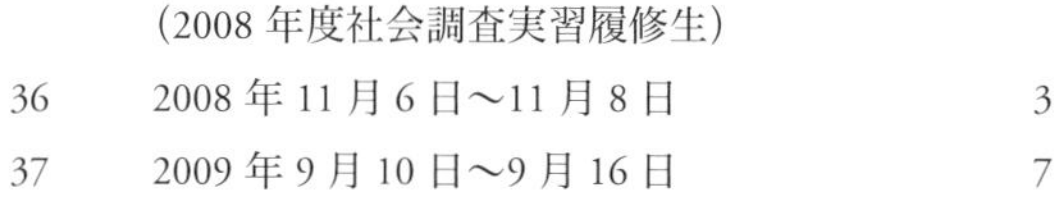

（2008 年度社会調査実習履修生）

36　2008 年 11 月 6 日〜11 月 8 日　3

37　2009 年 9 月 10 日〜9 月 16 日　7

協力者：森久聡（法政大学大学院生），塩野史江，薦田和子（2008 年度調査実習 O.G.；法政大学社会学部生）

38　2010 年 9 月 2 日〜9 月 9 日　8

協力者：森久聡，山下貴子，蓮見朱加，宇田和子（法政大学大学院生），蔵本侑里恵（2008 年度調査実習 O.G.；法政大学社会学部生）

39　2010 年 12 月 30 日〜12 月 31 日　2

40　2011 年 4 月 22 日〜4 月 25 日　4

41　2011 年 9 月 6 日〜9 月 13 日　8

協力者：可知友，小黒洋樹，藤原緑，福留知佳，佐藤好，深谷直弘 *，蓮見朱加 **（2011 年度社会調査実習履修生）

42　2012 年 9 月 1 日〜9 月 7 日　7

協力者：向中野一樹，佐々木健太，深谷直弘*，森久聡**（2012 年度社会調査実習履修生）

43　2012 年 11 月 2 日〜11 月 4 日　3

44　2013 年 9 月 4 日〜9 月 8 日　5

協力者：向中野一樹（2012 年度調査実習 O.B.），森久聡（法政大学非常勤講師）

45　2014 年 9 月 3 日〜9 月 8 日　6

協力者：深谷直弘，羽深貴子（旧姓山下），向中野一樹（2012 年度調査実習 O.B.），佐々木健太（2012 年度調査実習 O.B.）

46　2015 年 9 月 9 日〜9 月 14 日　6

協力者：正田亜海，高橋春香，下大迫瞳，松山雄大 *（2015 年度社会調査実習履修生）

47　2016 年 9 月 6 日〜9 月 11 日　6

協力者：高田実咲，宝辺奈穂，加藤誉章，下大迫瞳，松山雄大*（2016 年度社会調査実習履修生），向中野一樹（2012 年度調査実習 O.B.），西山美恵子（京都女子大学 4 年），森久聡（京都女子大学准教授）

第 1 次〜第 47 次現地調査までの小樽総滞在日数＝275 日

小樽運河問題関連年表：1959-2016

（備考）各項目の末尾に典拠を示したが，ページ名などの詳細情報は省略した。［峯山ヒア］は峯山冨美氏へのヒアリングに基づくことを意味している。

年	月日	運動・地元	小樽市	北海道・国
1959	8.12		小樽市港湾審議会，国の港湾審議会に対して「港湾10ヶ年計画（昭和33〜42年）」を承認するよう求める。計画中には小樽運河の埋立とその跡地への鉄道敷設の計画が含まれていた［朝日新聞，小笠原（1986a）］	
1964	12.15			第47回国会衆議院運輸委員会において，壽原正一議員が札樽バイパス，札樽新港等について質問，「札樽新港というものは基本的には小樽の港を完全に整備する，あるいは石狩河口を完全に整備した上での構想に」すべきだとして，札樽新港計画（後の石狩湾新港）に疑義を提起［朝日新聞，小笠原（1986a）］
1966	8.25			〈道道臨港線〉都市計画決定（建設省告示2912号）［官報］
1967	4			〈道道臨港線〉工事着工［小樽市資料］
1970	1	日本建築学会明治建築小委員会，小樽運河と周辺の石造倉庫群を三大景観地のひとつであるとの見解を発表。他の二つは長崎と神戸［観光資源保護財団編（1979）］		
1971		有幌地区の倉庫群，〈道道臨港線〉工事進捗につれて取り壊し（1973年まで）［朝日新聞，小笠原（1986a）］		
1973	12.4	《小樽運河を守る会》発起人会結成，第1回発起人会を開く（於海員会館）。この時点でのメンバー24名，会長に越崎宗一，事務局長に藤森茂男を選出［朝日新聞，小笠原（1986a）峯山ヒア］		

年	月日	運動・地元	小樽市	北海道・国
1974	5.17	《守る会》事務局長の藤森茂男，町並み保存の先進各地を歴訪する旅に出発。倉敷や妻籠など12箇所を訪問して現地の運動団体と交流し，文化庁と建設省で陳情も行う。約2週間後に帰樽［朝日新聞，小笠原（1986a）］		
1975	8	市理事者と《守る会》代表による，第1回懇談会開催。以後，1976年9月まで計7回開催された［北海道新聞，小笠原（1986a）］		
1976	7.9-7.14	北大建築科OBらによる「運河再利用計画展」，小樽市内のデパート5階で開催される。主催：都市遺産研究所，後援：守る会，北大工学部，建築史研究室，小樽文芸，日本科学者会議北海道支部［北海道新聞，小笠原（1986a）］		
1977	11.1	商工会議所を中心にした，37の経済団体・町内会が《小樽臨港線整備促進期成会》を結成［北海道新聞，小笠原（1986a）］		
1978	5.25	《守る会》総会，会長に峯山冨美を選出（2代目会長）［北海道新聞，小笠原（1986a）］		
	6.5		市土木部長，市議会建設常任委員会にて「原案のルート以外に適当なルートはない」と言明［小樽市議事録］	
	6.24	道内の学者・文化人10人を中心に札幌で《小樽運河問題を考える会》が正式発足［小笠原（1986a）］		
	7.8	第1回ポート・フェスティバル開催，約10万人の人出［北海道新聞，小笠原（1986a）］		
	8.13	《小樽夢の街づくり実行委員会》発足［佐々木ヒア］		
	10	《守る会》，《考える会》，《愛する会》の三団体，文化庁，環境庁，建設省に運河保存を陳情［小笠原（1986a）］		

年	月日	運動・地元	小樽市	北海道・国
1979	2.24		市長,《守る会》など保存4団体に文書で回答（54管庶第17号),《守る会》の代案を実現困難とした［小樽市議事録］	
1979	6.29		市が飯田勝幸北大助教授に委託した「小樽運河とその周辺地区環境整備構想」が市建設常任委員会で公表され，運河埋め立て幅の縮小等が報告される［小樽市議事録］	
	7		市関係部局で「小樽市歴史的建造物対策会議」を設置，歴史的建造物と歴史的都市景観の保全事業に着手［小樽市資料］	
	12.4		市，運河部分の幅員を縮小する都市計画変更原案を道に提出［朝日新聞，小樽市資料］	
1980	5.24-5.27	全国町並み保存連盟「第3回全国町並みゼミ」を小樽と函館で開催，「歴史的環境の保存・再生の事業こそ，80年代の都市計画事業の中心にすえられるべき課題だ」とする「小樽・函館宣言」が採択される［朝日新聞，北海道新聞，峯山ヒア］		
	9.20			〈道道臨港線〉の変更案（運河部分の一部幅員変更）が都市計画決定（北海道告示2361号）［小樽市資料］
1981	12		「小樽運河とその周辺地区環境整備計画実施計画」，市議会で了承［小樽市議事録］	
1982	3.24		市議会，埋め立て同意を決議。同月末，〈道道臨港線〉運河部までの2,350 mの工事が完了［小樽市資料］	
	9.30	西武流通グループ代表の堤清二，「運河を埋め立てるなら，運河地区再開発には協力できない」と発言［朝日新聞］		

年	月日	運動・地元	小樽市	北海道・国
1983	3		市，歴史的建造物として保存・再活用するため「小樽倉庫」を買収（土地1億5千9百万円，建物7千万円）［小樽市議事録］	
	8.17	商工会議所会頭，「埋め立ての見直しを」声明［朝日新聞，北海道新聞］		
1983	8.28	「第6回ポートフェスティバル実行委員会」が運河保存を明言する緊急アピールを採択［小川原ヒア，朝日新聞］		
1983	9.12	《小樽運河百人委員会》結成，運河保存の署名運動を開始し，市内に「アピール」を配付［朝日新聞］		
	11.19		市，《百人委員会》の提出した公開質問状に対し，「現行の計画が最善」であり，また「充分論議され，行政決定されたものである」と回答［小樽市議事録］	
	12.22		市，「歴史的建造物及び景観地区保全条例」（条例第25号）制定［小樽市資料］	
1984	1.17	《百人委員会》，水野建設大臣と田川自治大臣と会談，運河保存を陳情し，9万8千人分の保存要望署名を提出［山口保ヒア，朝日新聞］		
	1.27	《百人委員会》「市長リコール請求のための準備委員会」設立を表明［朝日新聞，小笠原（1986a）］		
	1.31			横路孝弘北海道知事，記者会見で「状況が少しずつ動きつつあり，新しいコンセンサスを得るため私も努力したい」と発言，埋め立て見直しを示唆［北海道新聞，小笠原（1986a）］
	3.26			水野建設大臣，横路道知事と会談し「小樽博覧会の期間中は運河埋め立て工事の一時凍結を」と発言。同日，志村市長は記者会見で

年	月日	運動・地元	小樽市	北海道・国
				「計画を変更する考えはない。今後，道から具体的なことを聞き，対処を考える」と発言［北海道新聞，小笠原（1986a）］
	5.24			横路孝弘北海道知事を調停役に，第1回《五者会談》開催［朝日新聞，北海道新聞，志村ヒア］
	6.28	《百人委員会》の一部メンバーがリコール請求手続をとると会見。これを機に保存運動内部で論争激化［峯山ヒア，北海タイムス］		
1984	8.18			前17日開催の第4回《五者会談》でも合意に達せず，知事は記者会見で「行政手続に従って埋め立て作業を進める」と語り，《小樽市活性化委員会》構想を「調停案」として提示［小樽市資料，朝日新聞，志村ヒア，峯山ヒア］
	8.24	《守る会》会長の峯山冨美が辞任，保存運動の内部分裂は決定的に［朝日新聞，峯山ヒア］		
	9.1	《百人委員会》総会開催。アンケートの結果（回答59，解散に賛成＝41，反対＝8，保留＝7，無効＝3）をもとに今後の方針について話し合ったが紛糾。「本総会出席者で解散するかどうかの採決を」との動議が成立，それにしたがった採決（賛成＝17，反対＝0，保留＝0，残りは棄権）により《百人委員会》は解散と決定（一部のメンバーは「この議決は無効」と主張）［朝日新聞］		
	11.20		《小樽市活性化委員会》設立，1987年まで本委員会20回，小委員会6回を開催［小樽市資料］	

年	月日	運動・地元	小樽市	北海道・国
1985	10.29	保存派の市民が《小樽再生フォーラム》を結成［小樽再生フォーラム資料］		
1986	3		〈道道臨港線〉の運河に係る部分が竣工，公有水面埋め立ても竣工認可［小樽市資料］	
	4		〈道道臨港線〉一部供用開始［小樽市資料］	
1987	1		《活性化委員会》が最終報告書『小樽運河港湾地域整備活性化構想　ウォーター・フロンティア21』を発表，「交・遊・技・芸」構想を提案［小樽市資料］	
1988	1		市の総合計画策定にあたり市が「小樽まちづくり市民懇談会」を設置し，110人の委員を任命［小樽市資料］	
1988	7.23	運河沿いの倉庫を再利用したクラフト店舗「グラスシップ」が開店［朝日新聞］		
	10		〈道道臨港線〉全線が竣工［小樽市資料］	
1989	1.27		市内で「道道小樽臨港線の完成を祝う会」開催され，約120人が出席。併せて「21世紀の街づくり」講演会を開催［小樽市資料］	
	5.30			建設省，「都市景観形成モデル都市」に小樽市を指定［朝日新聞］
1990	5.26	運河沿い観光関連業者21社，《小樽海岸道り連絡会》を発展的に解消し，運河地区の観光PRを目的とした《小樽海岸道り21》を設立［同会資料］		
	12		運河北端部の散策路完成［小樽市資料］	
1991	10		市，《小樽再生フォーラム》など関連12団体と懇談会を開催，景観条例に関する説明と意見交換を行う（1992年2月まで）［小樽再生フォーラム資料］	

年	月日	運動・地元	小樽市	北海道・国
1992	3.31		「小樽の歴史と自然を生かしたまちづくり景観条例」公布［小樽市資料］	
1993	12		市建築都市部都市デザイン課，『まちなみ：小樽市景観ニュース』第1号を発行［小樽市資料］	
1994	8.6	第17回ポート・フェスティバル開催され，17年の歴史を閉じる（翌7日まで）［同実行委員会資料，朝日新聞］		
1995	1.31	小樽再生フォーラム，連続セミナー「築港ヤード再開発を考える」第1回を開催（2月までに合計3回を開催）［小樽再生フォーラム資料］		
	3.24		小樽市史第9巻『行政篇・下』刊行。第8章（pp. 1293-1464）は「道道臨港線と小樽運河」と題され，市が本格的に運河保存運動に言及［小樽市市史編纂委員会編（1995）］	
1995	5.22	小樽塾，市内で「小樽塾まちづくりフォーラム」シンポジウムを開催，講師は元〈北大三人組〉の柳田良造［小樽塾資料］		
	8.20	小樽再生フォーラム・小樽塾，まちなみゼミ「小樽まちづくり第2章」を市内で開催［小樽再生フォーラム資料］		
1996	3.2	《築港再開発差し止め春を呼ぶ会》，市内で結成集会・事務所開きを開催［同会資料］		
	9.2		築港ヤード跡地再開発特別委員会が開催される［小樽市資料］	

年	月日	運動・地元	小樽市	北海道・国
1997	3.2	小樽まちづくり協議会，連続シンポジウム「手宮線・Open A Way・小樽」第1回「小樽のまちづくりを振り返る」を開催。講師は西村幸夫東大教授［同協議会資料］		
	11.27		市・小樽の歴史と自然を生かしたまちづくり景観審議会，市内ホテルで「小樽八区八景」を発表，あわせて第10回都市景観賞表彰式を行う［小樽市資料］	
1998	1	小樽観光誘致促進協議会，『小樽観光を考える』を刊行［小樽観光誘致促進協議会調査研究部会編（1998）］		
	3.1	小樽まちづくり協議会，『手宮線・Open a Way・小樽：手宮線プラン小樽まちづくり連続シンポジウム報告書』（A4版，243 pp.）を刊行［同協議会資料］		
1999	2.11-2.21	第1回「小樽雪あかりの路」開催。総来場者数は約18万人［小樽市資料］	この年の観光客入り込み数は972万人を記録，これをピークに以後減少［小樽市資料］	
	3.11	小樽ベイシティ開発による「マイカル小樽」正式オープン［北海道新聞］		
2000	2.1-2.22	元小樽運河を守る会会長・峯山冨美，『北海道新聞』夕刊「私のなかの歴史」欄に，「地域に生きる」と題して保存運動の回顧録を連載（全15回）［北海道新聞］		
2001	9.28-9.30	市内で「第24回全国町並みゼミ小樽大会」開催［同実行委員会資料，北海道新聞］		
2002	9.2	市歴史的建造物・北洋銀行旧小樽支店（「おたる無尽」）を買い取った市民有志団体「小樽トラスト協議会」がNPO法人に認定される［内閣府資料］		

年	月日	運動・地元	小樽市	北海道・国
2003	4.28	運河保存運動で中心的役割を担った山口保，統一地方選挙で小樽市議に初当選［北海道新聞，選管資料］		
2004	6.30	山田勝麿市長と市民の「語る会」開催。小樽運河を中心に街づくりを進める「小樽再生フォーラム」が［運河の保存の経緯をもっと広めてほしい」と提言［同フォーラム資料］		
	12		観光客入り込み数，750万人台まで減少［小樽市資料］	
2005	2.8		市の「小樽の歴史と自然を生かしたまちづくり景観審議会」，罰則付きの景観条例などを制定する方向で検討を開始［朝日新聞］	
	9.7	色内に建設中の高層マンションについて，《小樽再生フォーラム》が緊急市民集会を開き，業者に景観への配慮を求める要望書を採択［小樽再生フォーラム資料］		
	9.16-9.18	岐阜県美濃市で開催された「全国町並みゼミ」で、小樽運河地区の景観保存のための特別決議が採択される［全国町並み保存連盟資料］		
2006	5.16	小樽観光大学校が設立される［同校資料，北海道新聞］		
	11.1		小樽市，景観法に基づく「景観行政団体」となる［小樽市資料］	
2007	3.29		小樽観光協会と小樽観光誘致促進協議会が統合［北海道新聞］	
2008	5.30	峯山冨美，「小樽運河と石造倉庫群の保存に関わる市民運動を通して小樽都心部の復興・再生に貢献した業績」により，2008年日本建築学会文化賞を受賞［建築学会資料］		

年	月日	運動・地元	小樽市	北海道・国
2008	10.2		市議会,「小樽観光都市宣言:“今こそ”の心意気」を決議［小樽市資料］	
	11.7	日本建築学会北海道支部・日本都市計画学会北海道支部の主催で「小樽運河と石造倉庫群の保存運動から何を受け継ぐか」シンポジウム開催,約450名が来場［同シンポジウム実行委員会資料］		
	11	観光客が集中する堺町に「堺町にぎわい協議会」が結成される［協議会資料・ヒア］		
2009	10.28	帝国データバンク札幌支店の調査が公表され,20年前と比較すると,石造倉庫群の約3分の1が解体されたと報告［朝日新聞］		
2010	8.14-8.15	第1回小樽堺町ゆかた提灯祭りが開催される［同実行委員会資料］		
2011	6.6		「小樽にカジノを誘致する会」が「カジノ・フォーラム」を開催［北海道新聞］	
2012	3	堺町の商業者が「小樽堺町通り商店街振興組合」を設立(法人認可は7月)［同組合資料］		
	6		市の人口,13万人台を割る［小樽市資料］	
2013	9.9		中松義治小樽市長,第3回定例市議会の答弁でカジノ誘致を明言［北海道新聞］	
2014	5.11	「カジノ誘致に反対する小樽市民の会」結成される。主要メンバーに元保存運動参加者［渡辺ヒア］		
	9.5	日本青年会議所北海道地区協議会,市内で大会を開催,運河保存運動とまちづくりのトークセッション［同会議所資料］		

年	月日	運動・地元	小樽市	北海道・国
2015	9.13	NPO 法人「小樽民家再生プロジェクト」が市内で「小樽歴史的建造物再利用コンテスト・パネル展」を開催［同法人資料］		
2016	9.10		「潮まつり」50 周年を回顧する「おたる潮まつりの歩み，そして未来」が開催される（市立文学館）［小樽市資料，小川原ヒア］	

調査対象地区図面

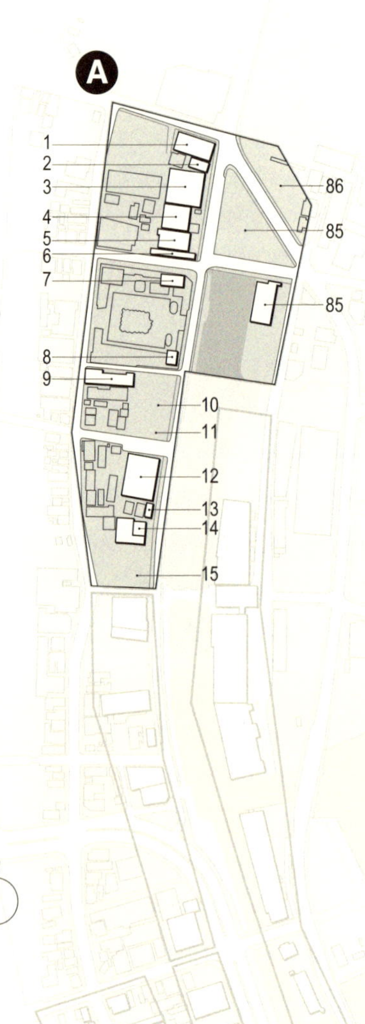

A 地区

0 20 50 100 meters

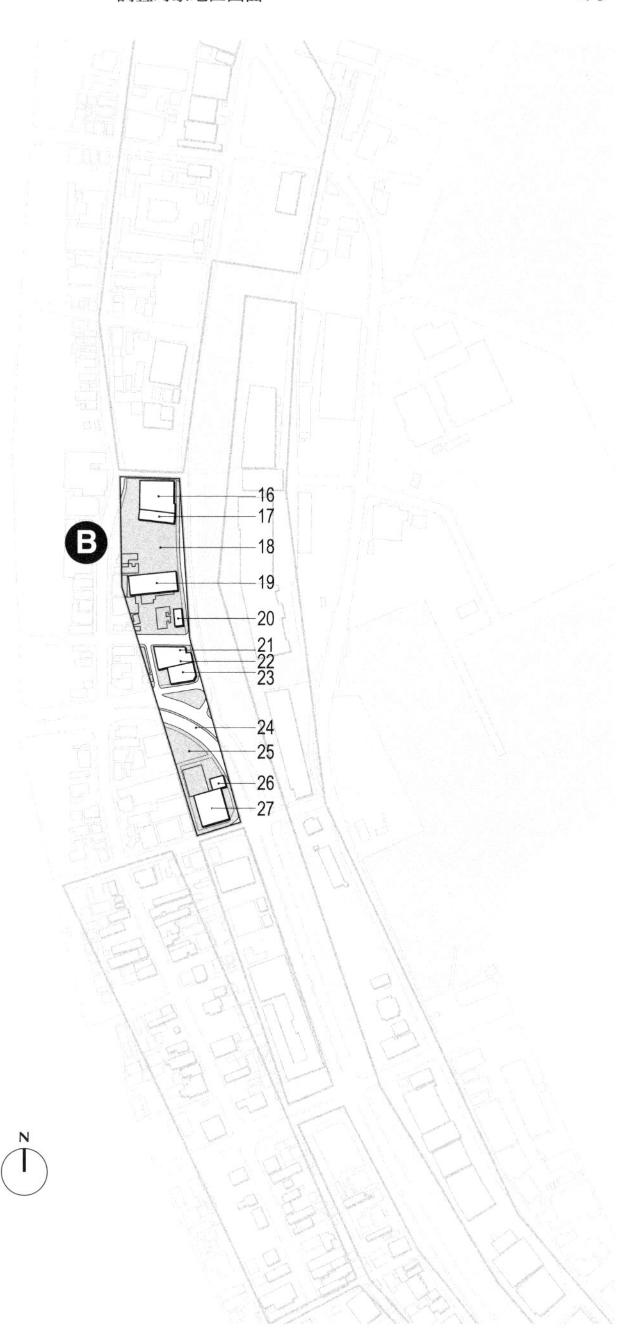

B 地区

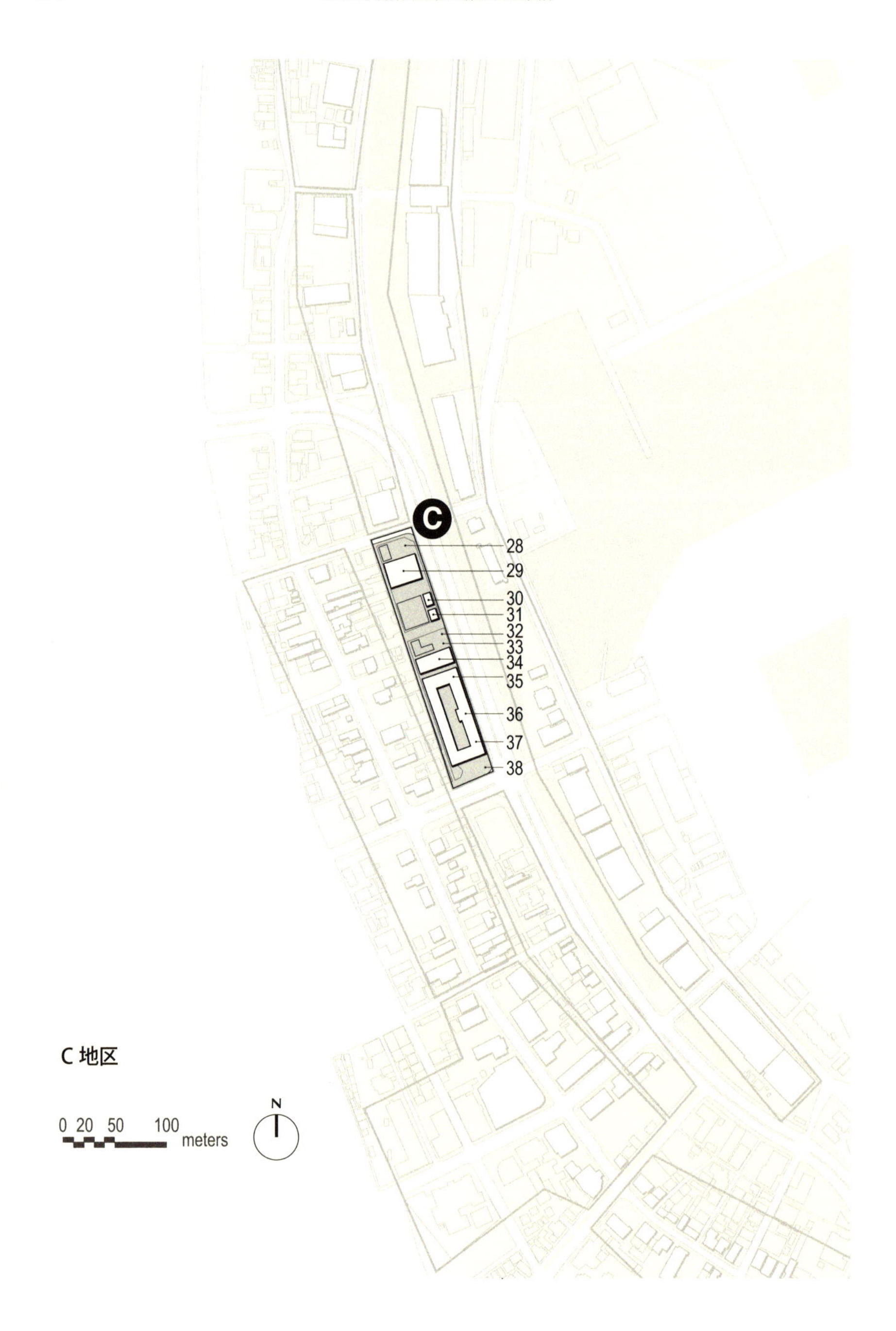
C
28
29
30
31
32
33
34
35
36
37
38
C 地区
0 20 50 100
meters
N

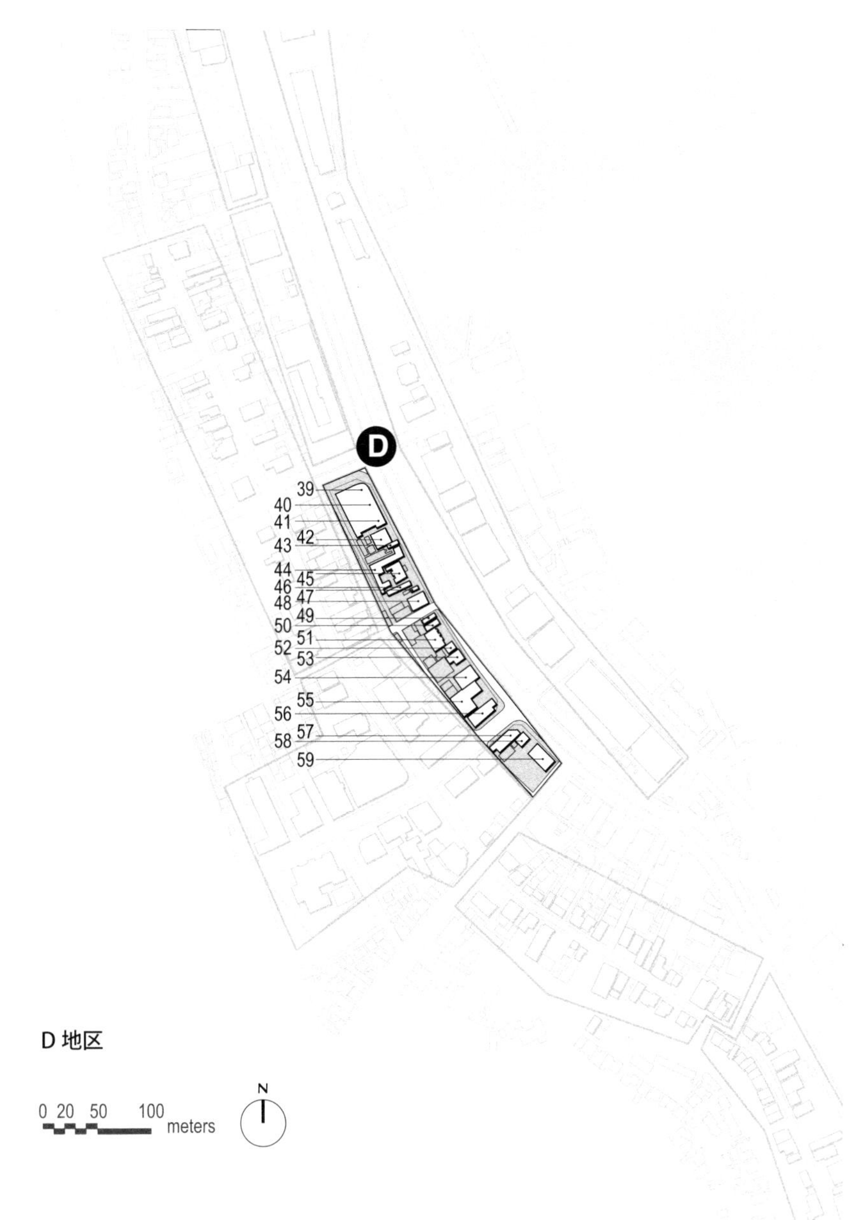
D
39
40
41
42
43
44
45
46
47
48
49
50
51
52
53
54
55
56
57
58
59
0 20 50 100
meters
N

D 地区

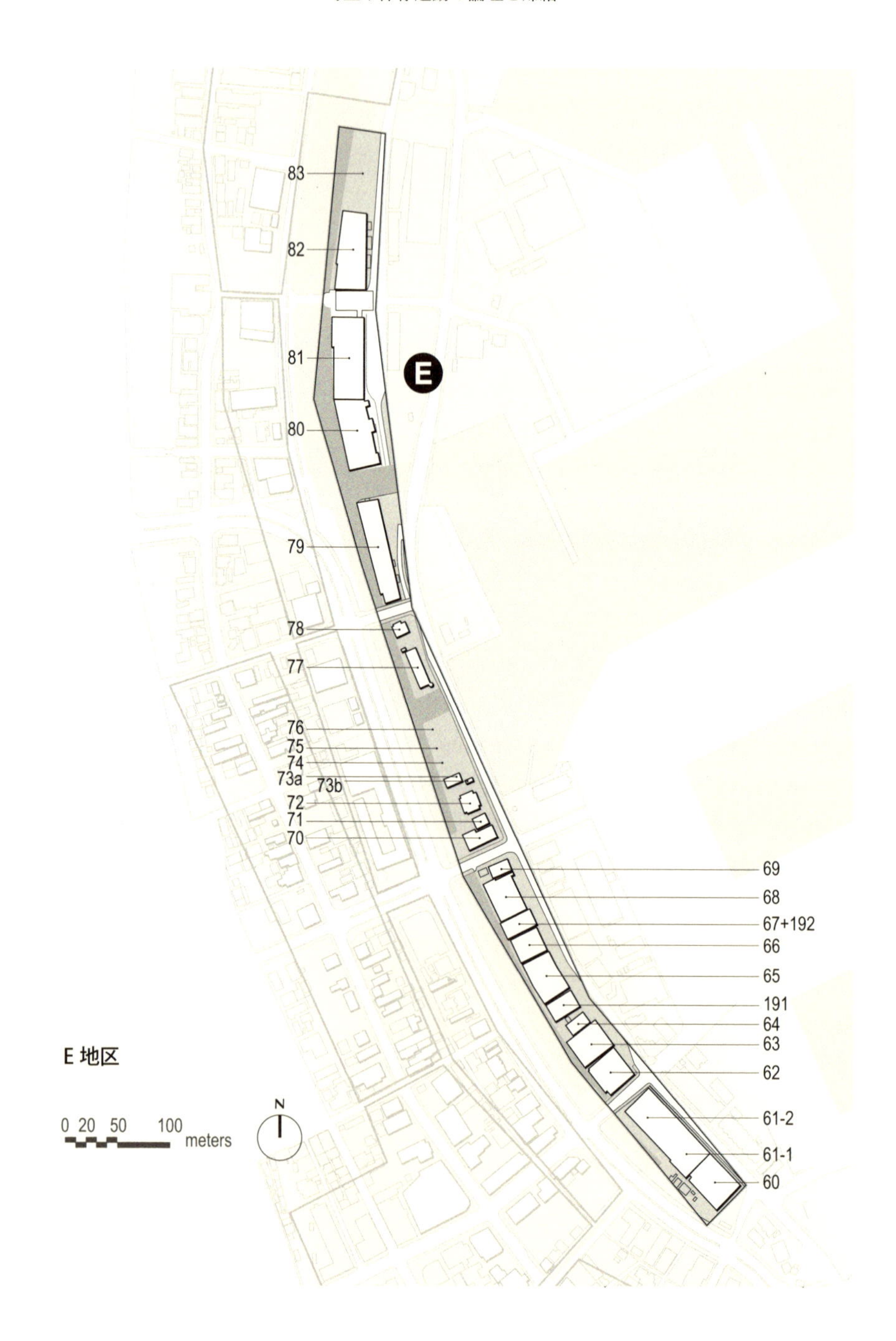
83
82
81
E
80
79
78
77
76
75
74
73a
73b
72
71
70
69
68
67+192
66
65
191
64
63
62
61-2
61-1
60
E 地区
0 20 50 100 meters
N

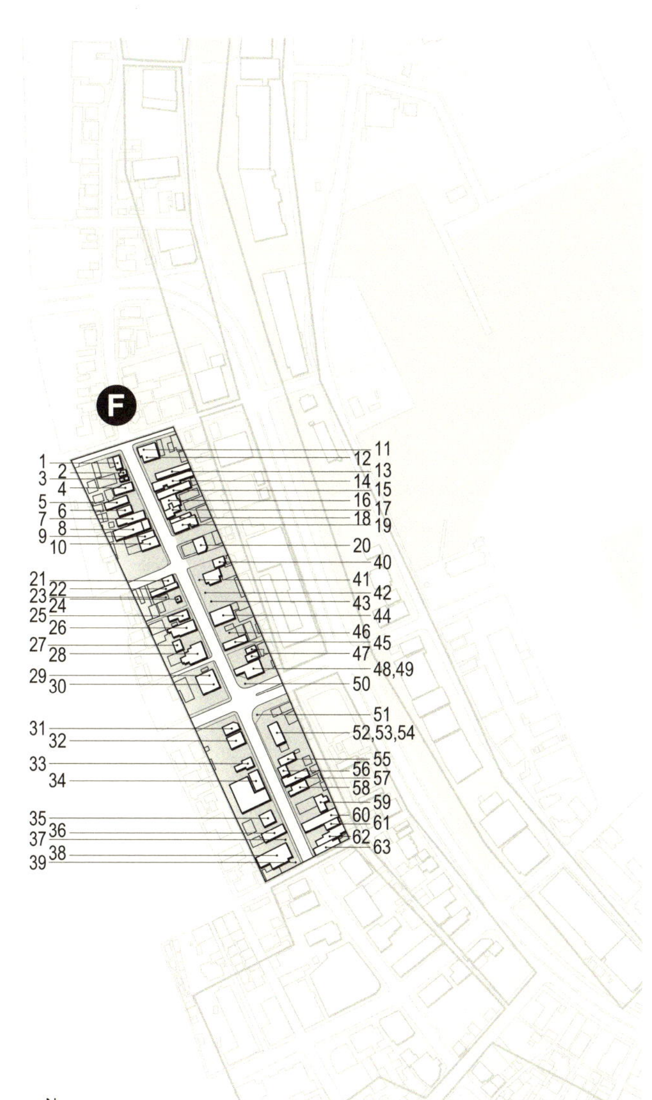

F 地区

0 20 50 100 meters

N

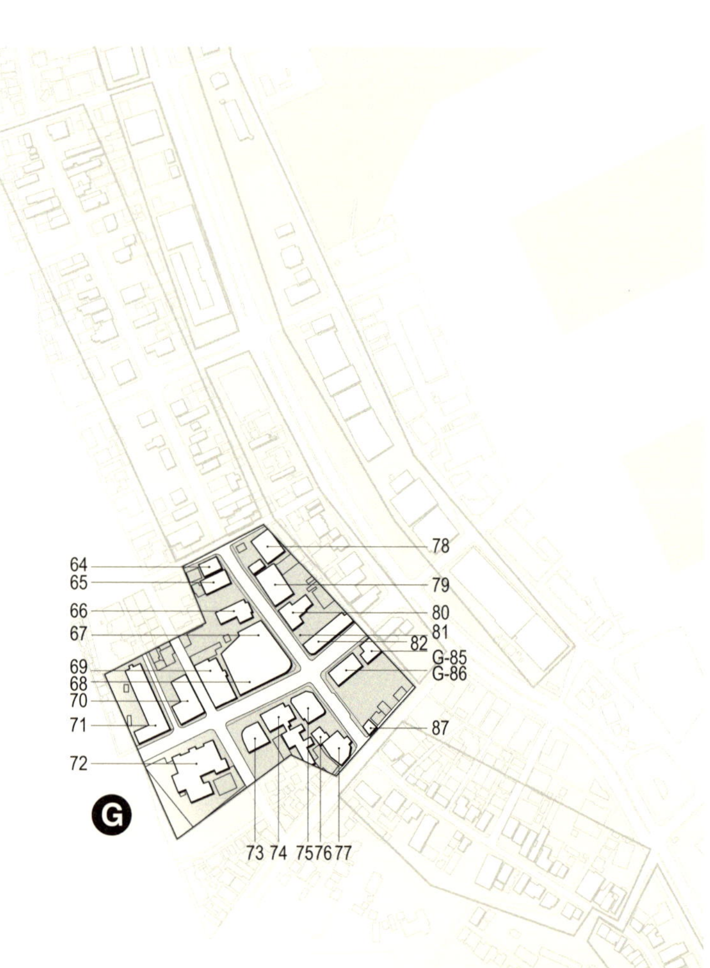
64
65
66
67
69
68
70
71
72
78
79
80
81
82
G-85
G-86
87
73 74 75 76 77
G

G 地区

0 20 50 100
meters
N

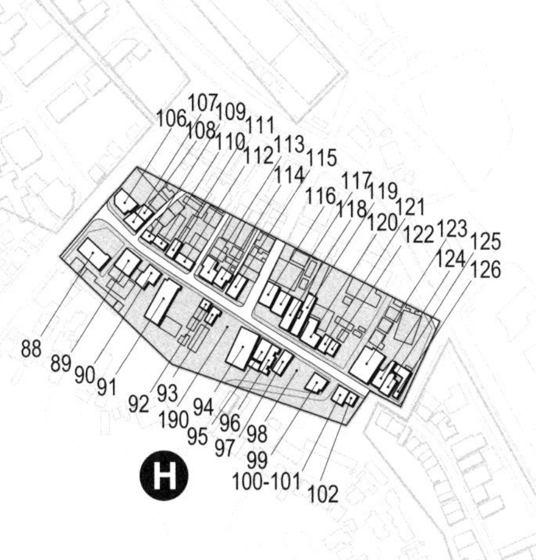
106
107
108
109
110
111
112
113
114
115
116
117
118
119
120
121
122
123
124
125
126
88
89
90
91
92
93
190
94
95
96
97
98
99
100-101
102
H

H 地区

0 20 50 100 meters
N

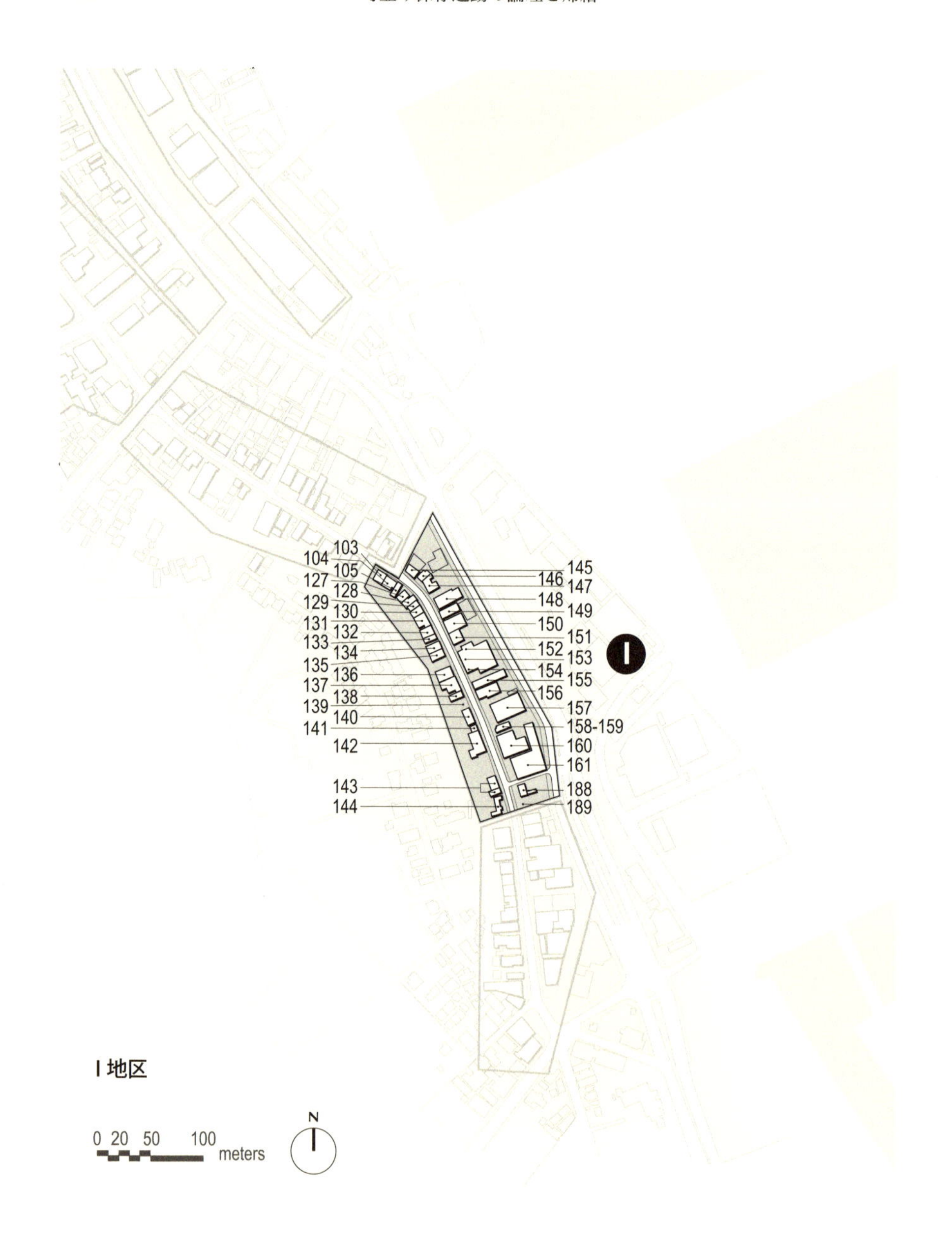
103
104
105
127
128
129
130
131
132
133
134
135
136
137
138
139
140
141
142
143
144
145
146
147
148
149
150
151
152
153
154
155
156
157
158-159
160
161
188
189
I
I 地区
0 20 50 100
meters
N

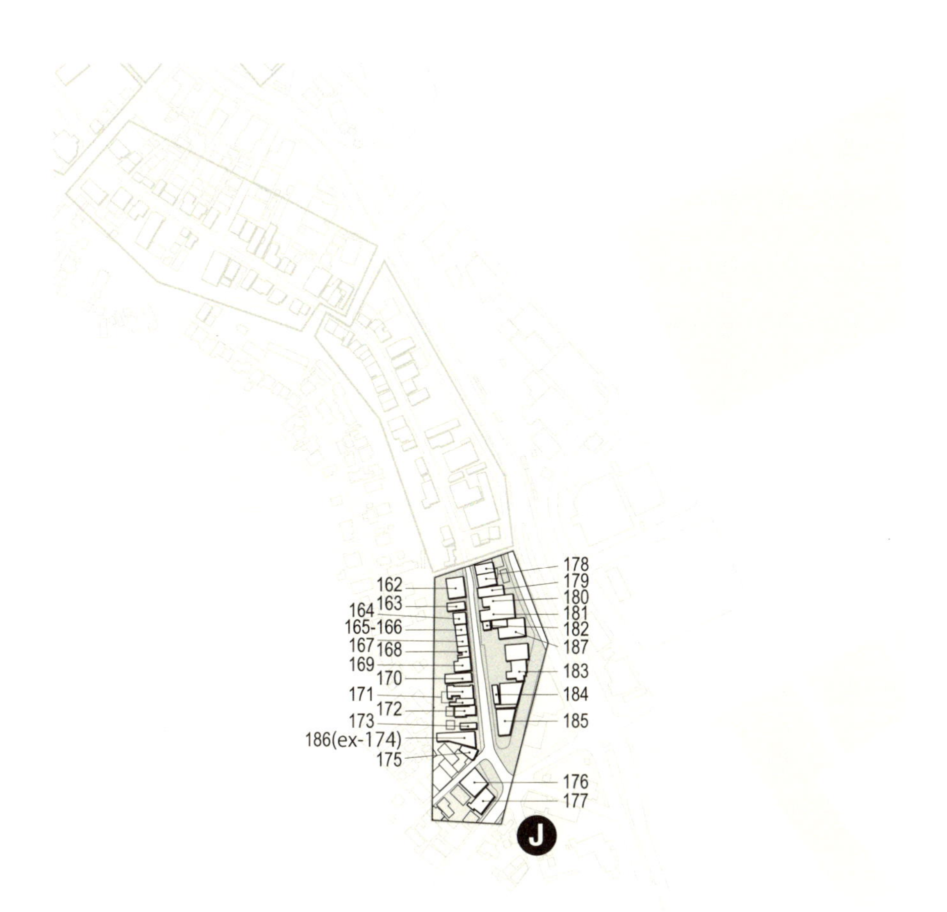
162
163
164
165-166
167
168
169
170
171
172
173
186(ex-174)
175
178
179
180
181
182
187
183
184
185
176
177
J

J 地区

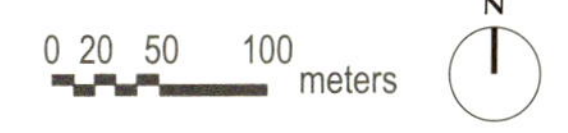
0 20 50 100
meters
N

小樽景観変化定点観測調査・集計一覧：1986年，98年，2006年，16年

地区	番号	北大調査(86年)	法政98調査	法政06調査	法政16調査
A	1	小樽鱗友協同組合	鱗友朝市	←	鱗友朝市
	2	村井家	←	←	村井家
	3	フタバ倉庫(旧右近倉庫)	北一硝子在庫倉庫	←	北一硝子在庫倉庫
	4	日本通運(旧広海倉庫)	北一硝子在庫倉庫	左　北一硝子商品センター　右　北一硝子在庫倉庫	左　物置　右　北一硝子在庫倉庫
	5	ニチモウ(旧増田倉庫)	北一硝子在庫倉庫	←	北一硝子在庫倉庫
	6	大同倉庫	三宅ボデー	表　──　裏　三宅ボデー	表　札幌村スイートポテト　裏　三宅ボデー
	7	トンボハイヤー(旧郵船倉庫)	(運河公園予定地)	運河公園(木製遊具)	運河公園(木製遊具)
	8	トンボハイヤー	(運河公園予定地)	運河公園(トイレ)	運河公園(トイレ)
	9	小樽冷凍製氷	酒えびすや	←	空き
	10	木村水産冷凍製氷工場	カープラザ(株)ワールド企画	鈴木運輸有限会社	石原運輸有限会社
	11	漁業組合市場	駐車場(組合所有地)	←	駐車場(組合所有地)
	12	小樽市漁業協同組合冷凍製氷工場	小樽市漁業協同組合地方卸売市場	←	小樽市漁業共同組合地方卸売市場
	13	ダンロップ桐山タイヤ商会	←	←	Toyo Tires(有)桐山タイヤ商会
	14	ニップン飼料小樽工場	トンボハイヤー(株)	←	トンボハイヤー(株)
	15	ニップン飼料小樽工場(旧澁澤倉庫)	空き地	右　工事現場／日本製粉(株)〈左側〉の工事現場	㈱クロモリ所有地(更地)
	84	キタハマ自動車工業(旧日本郵船倉庫)	小樽運河屋赤煉瓦館	北一硝子商品センター	システム物流センター
	85	日本冷蔵(旧専売局小樽出張所)	…………(駐車場)	不明	ローソン
	86	日本冷蔵小樽工場	…………(駐車場)	月極駐車場(株式会社エッセ)	Hotto Motto
B	16	フタバ北浜2号倉庫(旧澁澤倉庫)	小樽歴史村博物館	空き倉庫／Crazy Spice／calm	GOLD STONE(OTARU NORTH CANAL LIVE THEATER)／PRESS CAFE
	17	木村北浜2号倉庫	←	不明	倉庫證券發行許可倉庫
	18	大同北浜2号倉庫(旧佐藤倉庫)	駐車場(パチンコニューオタル)	左　駐車場　右　不明	左　工事車両置場　右　駐車場
	19	大同北浜1号倉庫(旧佐藤倉庫)	北一硝子倉庫	北一硝子倉庫(取り壊し中)	ツウセン(株)青の洞窟駐車場
	20	フタバ倉庫(旧角三倉庫)	コスモ石油サービスステーション	←	北日本燃料(株)小樽営業所オートガススタンド
	21	小樽電解工業	←	北海製缶(株)小樽スクラップ工場	北海製缶　(株)　小樽小樽工場

地区	番号	北大調査(86年)	法政98調査	法政06調査	法政16調査
B	22	小樽電解工業(旧藤山倉庫)	←	北海製缶(株)小樽スクラップ工場	北海製缶 (株) 小樽小樽工場スクラッププレス工場
	23	板谷商船(旧板谷倉庫)	協栄生命小樽ビル	ジブラルタ生命小樽ビル	ジブラルタ生命小樽ビル
	24	板谷商船(旧板谷倉庫)	…………(臨港線)	←	(臨港線)
	25	フタバ倉庫(旧澁澤倉庫)	…………(臨港線)	臨港線＋駐車場	臨港線＋駐車場
	26	昭和製器(旧旭硝子倉庫)	←	←	北海製罐(株)
	27	昭和製器(旧井尻倉庫)	昭和製器(建て替え)	(昭和製器株式会社) ダスキン レントオール／リサイクルショップ ねくすと	東都成型株式会社北海道営業所
C	28	前野商店株式会社	(Otaru Toys 倒産により非使用)	不明	不明
	29	大家倉庫	(Otaru Toys 倒産により非使用)	(北一所有の倉庫)	旧大家倉庫(北一所有の倉庫)
	30	熊谷テント(旧塩田倉庫)	海鳴楼ギャラリー	(非使用)	小樽市総合博物館, 運河館駐車場
	31	前川金網(旧塩田倉庫)	工事中(海鳴楼所有)	空＋事務所(2 F)	左 ル・キャトリエム 右 三井のリパーク駐車場
	32	高木商事(旧岡田倉庫)	…………(小樽運河工芸館駐車場)	←	Times 小樽色内第二Parking
	33	高木商事(旧岡田倉庫)	…………(小樽運河工芸館駐車場)	←	Times 小樽色内第二Parking
	34	小松鉄鋼所(旧斎藤倉庫)	小樽運河工芸館	←	体験工房—OTARU—IL PONTE
	35	小松鉄鋼所(旧斎藤倉庫)	小樽運河工芸館	←	体験工房—OTARU—IL PONTE
	36	小樽倉庫事務所	小樽倶楽部・小樽観光協会	←	小樽倶楽部・小樽観光協会
	37	小樽倉庫	小樽市博物館・小樽市観光物産プラザ	←	運河館・小樽市観光物産プラザ
	38	北海道信漁連小樽支店	…………(オープンスペース)	←	……(オープンスペース)
D	39	信漁連大阪商船ビル	Hotel Nord Otaru	←	Hotel Nord Otaru
	40	山本鉄工所	Hotel Nord Otaru	←	Hotel Nord Otaru
	41	日本貨物検数協会	Hotel Nord Otaru	←	Hotel Nord Otaru
	42	ニチモウ(株)小樽工場	ホテル ソニアII	ホテル ソニアII(一階に「きた浜」)	ホテル ソニアII(一階に「おたる海鮮すしきた浜」)
	43	小樽船舶用品(株)	←	←	(小樽船用品駐車スペース屋根付き)
	44	小樽船舶用品(株)(旧牧野倉庫)	←	←	小樽船用品
	45	第二合同化成倉庫	ホテル ソニアI	←	Hotel Sonia
	46	警察南浜寮	←	←	警察南浜寮

地区	番号	北大調査(86 年)	法政 98 調査	法政 06 調査	法政 16 調査
D	47	函館製網船具(旧青木倉庫)	オリックスレンタカー	←	タイムズ小樽色内第 3
	48	久野回漕店	久野回漕店倉庫	Art and Entertainment Gypsy mart／Cafe Restanrant Bronco's／Digital Photo Studio Koohp／Silver Acc. Joker Trap	空き家／Terrazzetta sul CANALE
	49	本間	福鮨	←	おたる栄六
	50	関光汽船	←	←	運河の宿おたる　ふる川
	51	小樽自動車興業	Canal J.B. Inn	ホテルふる川	運河の宿おたる　ふる川
	52	夕張運送 K.K. 小樽営業所(旧犬上商事)	グランディ	手づくり硝子＆とんぼ玉のお店　小樽運河の灯り	NATURAL HONAY
	53	太平工業	太平産業・グラスシップ・異人館(借用)	海鳴楼	ニトリ 小樽芸術村 ステンドガラス芸術村
	54	通信電設浜ビル	協和浜ビル・カフェレストランハオ	←	協和浜ビル・カフェレストランハオ
	55	小樽重機センター	mara ЗИН 928	空店舗	タイムズ小樽運河
	56	カービューティオタル	おたる政寿司運河店	おたる政寿司 2F／ひより 1F	おたる政寿司　ぜん庵　2F／ひより 1F
	57	小樽銀行協会	←	小樽出抜小路	小樽出抜小路
	58	すずらん食堂	まちの寿司運河店	洋服の青山	洋服の青山
	59	トヨタカローラ道都小樽支店	←	洋服の青山	洋服の青山(58 と同じ)
E	60	大同冷蔵・第二冷蔵部	←	←	大同冷蔵・第二冷蔵部
	61	大同倉庫(旧浪華倉庫)	←	小樽運河食堂(ラーメン工房・浅草橋ビヤホール)	小樽運河食堂(ラーメン工房・浅草橋ビヤホール)
	62	清水倉庫	イタリアンキッチン「ぺペサレ」	ハンバーグレストラン「びっくりドンキー」小樽運河店／清水鋼機株式会社(事務所)	北海道グルメ回転寿司　函太郎／Laox
	63	渋沢倉庫 C 号	北海あぶりやき「運河倉庫」・Cafe Bar “A Canal”	北海あぶりやき「運河倉庫」・花畑牧場	北海あぶりやき「運河倉庫」
	64	渋沢倉庫 B 号	小樽海鮮工房「バンキーナ」	UOMARU 小樽・ほとり(横にある甘味バー)	屋内駐車場　三井のリパーク
	65	小樽倉庫	ハンバーグレストランびっくりドンキー小樽運河店□1	ビアパブ＆ギャラリー小樽倉庫 No. 1(小樽ビール)＋仮面堂	ビアパブ＆ギャラリー小樽倉庫 No. 1(小樽ビール), No. 2(びっくりドンキー)
	66	大同倉庫埠頭 B 号(旧篠田倉庫)	亜細亜海鮮料理「小樽海鮮省」	空き店舗	小樽運河レストラン「輝」(ひかり)
	67	大同倉庫埠頭 C 号	亜細亜海鮮料理「小樽海鮮省」機械室・従業員員屋内駐車場	空き倉庫	駐車場　カナルサイドパーキング

地区	番号	北大調査(86年)	法政98調査	法政06調査	法政16調査
E	68	北日本倉庫港運(旧北日本汽船倉庫)	「おれの小樽」運河店	←	空店舗／人力車「えびす屋」駐車場(一部)
	69	郵船海陸運輸(株)	郵船海陸運輸(株)(建て替え)	←	ノーストランスポート株式会社
	70	小樽警察所水上警部補派出所	しんぎょれん(北海道信用漁業協同組合連合会小樽支部)	←	しんぎょれん(北海道信用漁業協同組合連合会小樽支部)
	71	日本穀物検定協会小樽事務所	←	←	日本穀物検定協会小樽事務所＋株式会社コッケン
	72	農林省北海道食糧事務所小樽支店	←	農林省北海道農政事務所小樽庁舎	空き事務所
	73a	遠藤勘一氏自宅	←	←	空き地
	73b	(不明)	株式会社ムトウ小樽支店	←	株式会社ムトウ小樽支店
	74	北日本倉庫港運株式会社現業所	←	駐車場	空き地
	75	協精工業	北一倉庫	駐車場	空き地
	76	北倉作業課	北一倉庫	駐車場	空き地
	77	小樽港湾労働者福祉センター	←	小樽港湾センター／シーサイドイン	小樽港湾センター／シーサイドイン
	78	全港湾小樽市部	←	駐車場(小樽港湾センター管理用地)	駐車場(小樽港湾センター管理用地)
	79	北海製缶株式会社■	昭和製器株式会社■	←	昭和製器株式会社■第三倉庫
	80	北海製缶株式会社	←	←	北海製罐株式会社
	81	北海製缶株式会社	←	←	北海製罐株式会社
	82	北海製缶第一倉庫	←	(台風により倒壊)	北海製罐第一倉庫
	83	昭和製器株式会社■	北海製罐倉庫■	工場(北海製缶敷地内)	工場(北海製缶敷地内)
F	F-1		(株)飯坂冨士商店	←	(株)飯坂冨士商店
	F-2		有限会社共和工機商会	←	更地
	F-3		荒木邸	←	荒木邸
	F-4		共立村上水産	村上活利氏自宅(釣具・漁具　製造・販売)	村上活利氏自宅(「詹公」　釣具・漁具　製造・販売)
	F-5		(株)豊産設備・(有)ナサフーズ販売倉庫	佐藤氏自宅	三洋石油株式会社
	F-6		マルコシ小樽支店	(株)マルコシ小樽店・貸店舗(空)	貸店舗
	F-7		藤松魚網店	藤松氏自宅	藤松氏
	F-8		オルゴールホール海鳴楼	Royal Performance BBC	古道具やi(1F)・KUMON(2F)
	F-9		大一ソーイング	←	大一ソーイング
	F-10		理美容機材卸　ピース車庫	←	ピース車庫
	F-11		伊藤自転車商会	←	伊藤自転車商会
	F-12		北海道島の香物産	不明	有限会社　サイトー商会

地区	番号	北大調査(86年)	法政98調査	法政06調査	法政16調査
	F-13		京友マンション	大聖ビル(3F(株)ウィザード 2F(株)丸大大聖商店／(合資)うまいべや 1F駐車場／倉庫)	大聖ビル(3F(株)ウィザード 2F(株)丸大大聖商店／(合資)うまいべや 1F駐車場／倉庫)
	F-14		Gift Shop SANTA SHIP	大聖ビル(3F(株)ウィザード 2F(株)丸大大聖商店／(合資)うまいべや 1F駐車場／倉庫)	大聖ビル(3F(株)ウィザード 2F(株)丸大大聖商店／(合資)うまいべや 1F駐車場／倉庫)
	F-15		滝本商事株式会社	マンション「ジェルム小樽運河」	マンション「ジェルム小樽運河」
	F-16		大聖商店	大聖商店(1F)・マンション	マンション
	F-17		千葉魚網店／小樽黒船屋	←	OLDECO
	F-18		川又商店車庫	(倒産のため不使用)	Vivre sa vie＋mi-yyu
	F-19		川又商店	(倒産のため不使用)	Vivre sa vie＋mi-yyu
	F-20		出光小樽サービスステーション	←	出光小樽サービスステーション
	F-21		(無表示)	←	飯坂の倉庫
	F-22		(株)ヌクイ	←	(株)ヌクイ
	F-23		(放火で焼失)	白衣の野沢屋	Dia Park 色内2丁目(運営会社ダイヤ電子工業株式会社)
	F-24		(放火で焼失)	久慈氏宅	久慈信子氏宅
	F-25		(株)栄和商会	←	實川雅治・元規氏宅
	F-26		(有)ピース商会	←	(有)ピース商会
	F-27		宗形商店	Orange Sun Shine(1F)／Colony(2F)	orange OTARU／Hair Make Colony(2F)
	F-28		三立機電株式会社	←	三立機電株式会社[(株)北海道日立システムズ，日立電子サービス(株)]
	F-29		(空き地／市有地)	駐車場(新聞社用？)	駐車場＋賃貸駐車場
	F-30		北海道経済新聞社	北海道経済新聞社(移転完了)	花ごころ Wa.Bi.Sai
	F-31		空き地	運河丼 千春・Hair salon 小樽モトヤマ・モトヤマ用駐車場	硝子と雑貨のお店　ゆず工房・Hair salon 小樽モトヤマ・本山宅・モトヤマ用駐車場
	F-32		(株)北海道紙商事	←	空き店舗
	F-33		アリババ・コレクション	イスファハン(喫茶)／2F アリババ・コレクション	小樽硝子屋本舗「和蔵　WAKURA」／2F 作業場
F	F-34		ウォーキーセレクション(WALKIE SELECTION)	←	Cafe 色内食堂
	F-35		北海道信用保証協会小樽支所	←	タイムズ色内1丁目

地区	番号	北大調査(86年)	法政98調査	法政06調査	法政16調査
F	F-36		(株)ガラスサッシテラモト	←	空き店舗
	F-37		月極駐車場	←	月極駐車場
	F-38		小樽商工会議所	←	空き
	F-39		駐車場	だいしょう歯科駐車場	だいしょう歯科駐車場
	F-40		海猫屋	←	後・海猫屋　前・株式会社ジルコン　カーバンクル
	F-41		(株)吉村塗料店	←	(株)吉村塗料店
	F-42		売却地	「グリーンリバーフィネス小樽中央通マンションギャラリー」	「クリーンリバーフィネス小樽中央通駐車場」
	F-43		売却地	「グリーンリバーフィネス小樽」(建築中マンション)(No. F-44と同じ)	「クリーンリバーフィネス小樽中央通」(マンション)(F-44と同じ)
	F-44		売却地	「グリーンリバーフィネス小樽」(建築中マンション)	「クリーンリバーフィネス小樽中央通」(マンション)
	F-45		(株)鐵屋(テツヤ・クロガネヤ)工作所	←	(株)鐵屋(テツヤ・クロガネヤ)工作所
	F-46		売却地	工事用(駐車場)	空き地
	F-47		硝屋(しょうや), 蔵寿司	(A)すし耕(B)蔵寿司	(A)すし耕(B)空き店舗
	F-48		北海道中央食糧株式会社　小樽支店	「Music House OTARUスリラーカラオケ」	「Music House OTARUスリラーカラオケ」
	F-49		北海道中央食糧株式会社　小樽支店	「Music House OTARUスリラーカラオケ」	「Music House OTARUスリラーカラオケ」
	F-50		中央通拡張のため歩道	←	中央通拡張のため歩道
	F-51		中央通拡張のため歩道	歩道	歩道
	F-52		(1F)TAX FREE SHOP “AURORA”(2F)清水博文ダンススタジオ	COSMO北日本石油(株)小樽運河SS	COSMO北日本石油(株)小樽運河SS
	F-53		(株)サンエス	COSMO北日本石油(株)小樽運河SS	COSMO北日本石油(株)小樽運河SS
	F-54		(株)サンエス	COSMO北日本石油(株)小樽運河SS	COSMO北日本石油(株)小樽運河SS
	F-55		合同化成(株)色内PS	千春鮨	千春鮨
	F-56		なし　空家	小樽ADVANCE倶楽部	小樽ADVANCE倶楽部
	F-57		潮(うしお)物産(物)小樽営業所	空き家	「釣具　カメヤフィッシングタックル」+駐車場
	F-58		千春寿司　運河店	「手打ちそば　いろない」	「手打ちそば　いろない」
	F-59		JOMO　共同石油　色内SS	←	空き地
	F-60		高木商事株式会社	←	ラ・グラッセ小樽ステーションスクエア

地区	番号	北大調査(86年)	法政98調査	法政06調査	法政16調査
F	F-61		マツダ・レンタリース小樽店	←	ラ・グラッセ小樽ステーションスクエア
	F-62		池田邸	←	管理地　ミズホ商事
	F-63		板谷商船(株)＋系列会社	←	駐車場
G	G-64		杉野商事株式会社小樽営業所	空き地	Plam 運河
	G-65		三箇株式会社小樽支店	A：倒産　B：エッセ小樽色内パーキング	倉庫(1F)／三箇株式会社(1F〜3F)
	G-66		小樽グランドホテル・クラシック	←	空き家
	G-67		小樽郵便局	←	小樽郵便局(本局)
	G-68		小樽郵便局(G-67と一体)	小樽郵便局(本局)	小樽郵便局(本局)
	G-69		小樽バイン(OTARU BINE)	←	小樽バイン(OTARU BINE)
	G-70		松田ビル	←	松田ビル
	G-71		小樽市分庁舎(文学館，美術館)	←	文学館，美術館
	G-72		日本銀行小樽支店	日本銀行金融資料館	日本銀行金融資料館
	G-73		ハローワークおたる小樽公共職業安定所	←	ハローワークおたる小樽公共職業安定所
	G-74		小樽掖済会病院	←	更地
	G-75		TFC(株)トップジェント・ファッション・コア	←	TFC(株)トップジェント・ファッション・コア
	G-76		染織アトリエ KAZU	染織アトリエ KAZU(1F工房　2Fショップ)	染織アトリエ KAZU(1F工房　2Fショップ)
	G-77		……(駐車場)	色内壱番館(1F＝すしなか一・2F＝サッポロビール苑小樽北羊亭)	更地
	G-78		日本たばこ産業(株)小樽営業所	←	(コンビニ)小樽色内1丁目店新築工事現場
	G-79		さくら銀行小樽支店	空き家	ニトリ小樽芸術村　日本近代絵画美術館
	G-80		石油海運(株)	マガジーン 928	ネクステップ小樽色内パーキング
	G-81		ペテルブルグ美術館専用駐車場	HOTEL VOBRANT OTARU＋円舞曲(ワルツ)＋オルゴールの小樽円舞曲(ワルツ)喫茶室	HOTEL VIBRANT OTARU のパーキング
	G-82		ペテルブルグ美術館	HOTEL VOBRANT OTARU＋円舞曲(ワルツ)＋オルゴールの小樽円舞曲(ワルツ)喫茶室	HOTEL VIBRANT OTARU
	G-85		北海道中央バス・ビルメンテナンス	1F小樽運河ターミナル＋2F北海道中央バス・ビルメンテナンス	北海道中央　色内営業所＋中央ビルメンテナンス(株)小樽支店＋中央バスビジネスサービス

地区	番号	北大調査(86年)	法政98調査	法政06調査	法政16調査
G	G-86		北海道中央バス・ビルメンテナンス第二ビル	色内営業所	1F小樽運河ターミナル＋2F北海道中央バス・ビルメンテナンス
	G-87		ナトリ株式会社小樽支店	大正硝子館	大正硝子館(1F)／ナトリ株式会社(2F)
H	88	日本石油GS	太平洋石油バーパーク堺町	樽石堺町駐車場	ローソン小樽堺町店
	89	モリカワビル	←	←	モリカワビル＋大正硝子　うつわ屋
	90	田口商店・目時薬局・森川商店	(1)寿し処一新／(2)目時薬局／(3)車庫	(1)←／(2)←／(3)鮨処西功	(1)ラーメン　利久亭　(2)目時薬局／　(3)鮨処西功
	91	(株)秋山愛生館	駐車場	「出世前広場」＋駐車場	出世前広場
	92	田口商店	クラフトショップ水芭蕉	←	道産クラフトショップ水芭蕉
	93	エース産業(有)	←	万次郎	万次郎
	94	北海道中央ナショナル家電販売(株)	モリカワ産業(株)第2配送センター	(1)K's BLOWING(2)PONTE	(1)The UROKO・(2)うろこ亭・(3)海鮮焼
	95	(株)北海道ナショナルサービス小樽S.S.	小樽石の蔵	←	小樽石の蔵
	96	(有)小鎌商店	不明	「小樽オルゴール堂飾屋」	GLASS GALLERY
	97	小樽電装(株)	←	利尻屋みのや(大正クープ館)	利尻屋みのや(大正クープ館)
	98	北海道郵便逓送	月極駐車場□2	←(利尻屋みのや専用駐車場)	(利尻屋みのや専用駐車場)
	99	深谷電機(株)	おたる寿し処多喜二	←	小樽たけの寿司・おたる蝦夷屋
	100	深谷電機(株)倉庫	養老乃瀧	磯鮨	磯鮨
	101	深谷電機(株)倉庫	養老乃瀧	磯鮨	磯鮨
	102	伊勢商店・個人伊勢タクシー	←	「クラフトハウス」・伊勢商店	伊勢商店
	106	千秋庵	(空き家)	小樽浪漫館／Cafe Deco	小樽浪漫館／Cafe Deco
	107	三立機電(株)車庫	ファミリーレストラン楽	空家	瑠璃工房
	108	倉庫	←	空家	駐車場(瑠璃工房)
	109	殖産商会	小樽豆処丸二	CRAFT工房小樽倶楽部	大正硝子　宇宙(そら)
	110	岩永時計店	←	岩永時計店＋Café	小樽オルゴール堂　堺町店
	111	北海道林屋製茶(株)	北海道林屋製茶(株)	利尻屋みのや・不老館／昔生活道具館	利尻屋みのや・不老館
	112	北海道林屋製茶(株)	北海道林屋製茶(株)倉庫	KAGETSUDO・Cafe F MOON	オルゴール堂　海鳴楼　＋　かふぇ自鳴琴
	113	(有)美宣	片岡英二宅	光と香りの館OTARU／住居	てづくり硝子小樽彩や　＋　小樽硝子の灯
	114	辻忠織物加工店	←	左・イタリアンカフェ欧璃葡　右・辻忠織物加工店	左・HOKKAIDO CREAMY'S　右・辻忠織物加工店

地区	番号	北大調査(86年)	法政98調査	法政06調査	法政16調査
H	115	藤田商店(貸家)	八百屋⇒丸山酒屋⇒車庫	←	左・七福　右・月極有料駐車場
	116	日進貿易(株)	←	小樽ガラスの灯	左・海鮮専門どんぶり茶屋　右・馳走もの彦蔵
	117	(株)ホシ伊藤	←	「(株)竹山　小樽支店」	「(株)竹山　小樽支店」
	118	アルミの建築	1F 前川商店　2F 空き	1F 小樽かに道場・2F DEFY STORE	1F 俺のジンギスカン／2F 俺のカレーライス
	119	北斗物産	石谷誠二　宅	←	石谷誠二　宅　(一部倉庫)
	120	奥野株式会社	←	←	奥野株式会社
	121	奥野株式会社	←	←	奥野株式会社
	122	札樽自動車工業	Asia Club 小樽店	おみやげ　paw pads	おみやげ KAMUY paw pads
	123	ホクレン小樽支店	ホクレンふうど館	←	ホクレンふうど館／小樽ビール
	124	岩谷商事(株)	小樽自然工房	←	大正硝子　酒器蔵
	125	(有)タケヤ巧芸	カサ・デ・パンチョ・ヴィラ	おたる家―ISLAND SPIRIT―／Art Gallery 北紀行	おたる家―ISLAND SPIRIT―／Art Gallery 北紀行
	126	車庫	おみやげ処運河まんじゅう	巽鮨	おたる巽鮨堺町店
	190		ホシ伊藤	株式会社ほくやく専用駐車場「ネクステップパーキング」	ネクステップ月決パーキング(中央ビルメンテナンス株式会社，月決)
I	103	神谷商事(有)	香り工房フィトン／遊亀堂	香り工房フィトン／ガス燈	香り工房フィトン／ガス燈
	104	さかい屋	←	←	さかい屋
	105	さかい屋倉庫	←	←	サンフレスコ
	127	住宅	ホラ吹き昆布館	←	ホラ吹き昆布館
	128	小山屋商会	利尻屋みのや小樽館	←	利尻屋みのや
	129	共和電設(株)	(有)利尻屋みのや	←	高橋水産
	130	石造倉庫	←	「おたる菊鮨」	「おたる菊鮨」
	131	壁の大きな倉庫	←	←	3Ring
	132	宮下商事(株)	←	←	大正硝子　かんざし屋／3 STONES
	133	内田商事堺町倉庫	小樽遊遊船	F.O.B.OTARU	杉養蜂園
	134	橋谷(株)小樽出張所	←	←	海鮮丼屋ポセイ丼「鮮」
	135	住宅(佐藤秀行邸)	佐藤商店	佐藤商店	佐藤商店
	136	田中商店・河村薬局倉庫	←	雪印パーラーおたる	雪印パーラーおたる
	137	テツヤ機材倉庫	小樽海鮮亭・山吹商店・(有)晃進堺町直売店	山吹商店(1F)／空店舗(2F)	山吹商店(1F)／倉庫(2F)
	138	(有)北龍塗装工業	小樽運河らぁーめん館	←	ラーメンみそら
	139	木造の倉庫	………(らぁーめん館の駐車場)	北海道限定「ファンシーショップ」(プレファブファブ店舗)	抹茶スイーツ処　茶和々
	140	コーヨー商事株式会社	コーヨー・チャンネル・もく	←	コーヨー・チャンネル・もく

地区	番号	北大調査(86年)	法政98調査	法政06調査	法政16調査
I	141	住宅(佐々木幸夫)	OTARU GREEN FARM	「うに家真吉」(1F+2F)	大正硝子　ほっこり家
	142	第一自動車工業(株)	←	空き?不明	ISLAND SPIRIT
	143	札幌小松フォークリフト	海道屋	工事中(ルタオ2号館増改築)	
	144	サカイ商会	←	「握り　すし横丁」	手作り箸　遊膳
	145	(有)イマイカンパニー	Fine Craft・活蟹処おたる/高橋水産(1F),イマイカンパニー(2F)	←	Fine Craft/souvenir gallery OTARU
	146	信栄バネ・稲積倉庫	ふじ鮨	ふじ鮨+プレハブ店舗	ふじ鮨+蔵
	147	信栄バネ	ふじ鮨	←	ふじ鮨
	148	志ん家	←	←	ヤン衆北の漁場おたる運河店
	149	中沢魚網の石造倉庫	おれの小樽	北の漁場	北の漁場　おたる運河店
	150	鉄板切妻の倉庫	小樽海鮮問屋(網走水産(株))	北の漁場	北の漁場　おたる運河店
	151	白石工業(株)	←	「おたる　瑠璃工房」	「おたる　瑠璃工房」
	152	喫茶アトリエ	←	可否茶館搬出入口	可否茶館搬出入口
	153	(株)荒田商会配送部	空き地	可否茶館(かひさかん)	可否茶館(かひさかん)
	154	三木商店	空き地	可否茶館(かひさかん)	
	155	小樽急便組合共同センター	ヴェネツィア料理マルコポーロ	←	おみやげの店こぶしや　小樽店
	156	ヤマフク物産(株)	Gallery Venini	←	Venini
	157	かねもり小樽営業所	ヴェネツィア美術館	←	ヴェネツィア美術館(財団法人　北一ヴェネツィア美術館)
	158	住宅(佐野清一)	ヴェネツィア美術館	福ずし	福鮨　本店
	159	(株)藤山工作所	民家	すし蝶橋/2階民家	海鮮丼エン
	160	異形ペイントの建築	鱗(Uroko)	←	鱗商会
	161	三洋電気	北一硝子5号館	←	PATHOS
	188		お蔵ガレリア	千円工房　夢蔵人/奥ガレリア	和雑貨工房　夢蔵人
	189		北一硝子駐車場	←	さしすせそ2　+　港堺町パーキング
J	162	北日本包装	(移転)	銀の鐘6号館	創作ちりめん和小物布遊舎/小樽武将館
	163	北日本包装	小樽物産・黒澤商店	(有)丸安商事	(有)丸安商事
	164	貿易商館ONZCO	(有)丸安商事	←	(有)丸安商事
	165	昭産商事(株)小樽支店	北一硝子クリスタル館	←	北一硝子クリスタル館
	166	昭産商事(株)小樽支店	北一硝子クリスタル館	←	北一硝子クリスタル館
	167	昭産商事(株)小樽支店	北一硝子クリスタル館工房	←	北一硝子クリスタル館工房(“北一硝子見学工場”)
	168	北海道塩業(株)小樽営業所	←	味政	ぬくもり工房　小樽福廊
	169	北海道塩業倉庫	←	ぬくもり工房　小樽福廊	ぬくもり工房　小樽福廊

地区	番号	北大調査(86年)	法政98調査	法政06調査	法政16調査
J	170	北海道塩業倉庫	←	北海マルマサ商店	ぬくもり工房　小樽福廊
	171	吉川商事株式会社	からくり動物園	からくり動物園＋ぎやまん倉庫	小樽大正硝子館＋観光案内所(堺町通り振興組合)
	172	頭師商事(株)	(有)小樽物産黒澤商店・大地のめぐみ・北海道の味市場	左A硝屋／右　B(有)小樽物産黒澤商店・大地のめぐみ・北海道の味市場	左A硝屋
	173	(株)福川	小樽堂	←	Créme Glacée Letao
	174	高速洗車東伸	小樽オルゴール堂2号館□3	#186 小樽オルゴール堂2号館	小樽オルゴール堂2号館
	175	小樽堺町郵便局	←	←	小樽堺町郵便局
	176	北海道通信電設ビル	小樽メセナ	スーベニール　オタルカン	スーベニール　オタルカン
	177	戸出物産(株)	CAKE 銀の鐘 COFFEE 1号館	←	CAKE 銀の鐘 COFFEE 1号館
	178	北一硝子カントリー	←	←	北一硝子3号館 カントリーフロア
	179	北一硝子ギャラリー	←	←	北一硝子3号館 和のフロア
	180	北一硝子三号館	←	←	北一硝子三号館
	181	北一硝子三号館事務所	←	←	北一硝子三号館・事務所棟
	182	みゆき商事(株)	移転・その後の用途不明	北一ガラスランプホール サテライトショップ	KITAICHI ワインショップ　ヴィノテカ
	183	日藤(株)	←	右　北菓楼(KITAKARO)／左　六花亭北の大地美術館	右　北菓楼(KITAKARO)／左　六花亭北の大地美術館＋シューショップ
	184	北一硝子商品センター	地酒屋北一(右側)・北一硝子アウトレット(左側)	←	地酒屋北一(右側)・北一硝子アウトレット(左側)
	185	(株)荒田商会	ルタオ	←	ルタオ
	186	フジヤ家具センター	小樽オルゴール堂2号館	←	小樽オルゴール堂2号館
	187		北一硝子本部事務所(3F)＋ロアール(前)／北一硝子駐車場(1F)・FMおたる放送局(3F)	←	北一硝子本部事務所(3F)／北一プラザ(1F)・FMおたる放送局(3F)
			E 191	小樽フェリス教会□4	petit wedding
			E 192	空き倉庫□5	駐車場　カナルサイドパーキング
				F F-34	ジェルム小樽中央通
				142(新築追加)	小樽堺町名店七舗
				142(新築追加)	パワーストーン ROP／金賞コロッケ＆手作りの店　堺町店
				J 189	さしすせそ

（備考）■＝誤りがあることが確認されているが，原因が特定できず，修正していない。

□1＝(正式名称) 小樽ビール：ハンバーグレストランびっくりドンキー小樽

□2＝ただのスペースと化しているように見える

□3＝See#186 北大の調査に誤りがあると思われる

□4＝E-64 と 65 の間の建物

□5＝E-67 と 68 の間の建物

1986 年の北大調査における F および G 地区は原票が失われているため，データが不明である。

建物利用状況経年変化調査（2011〜16年）　H地区

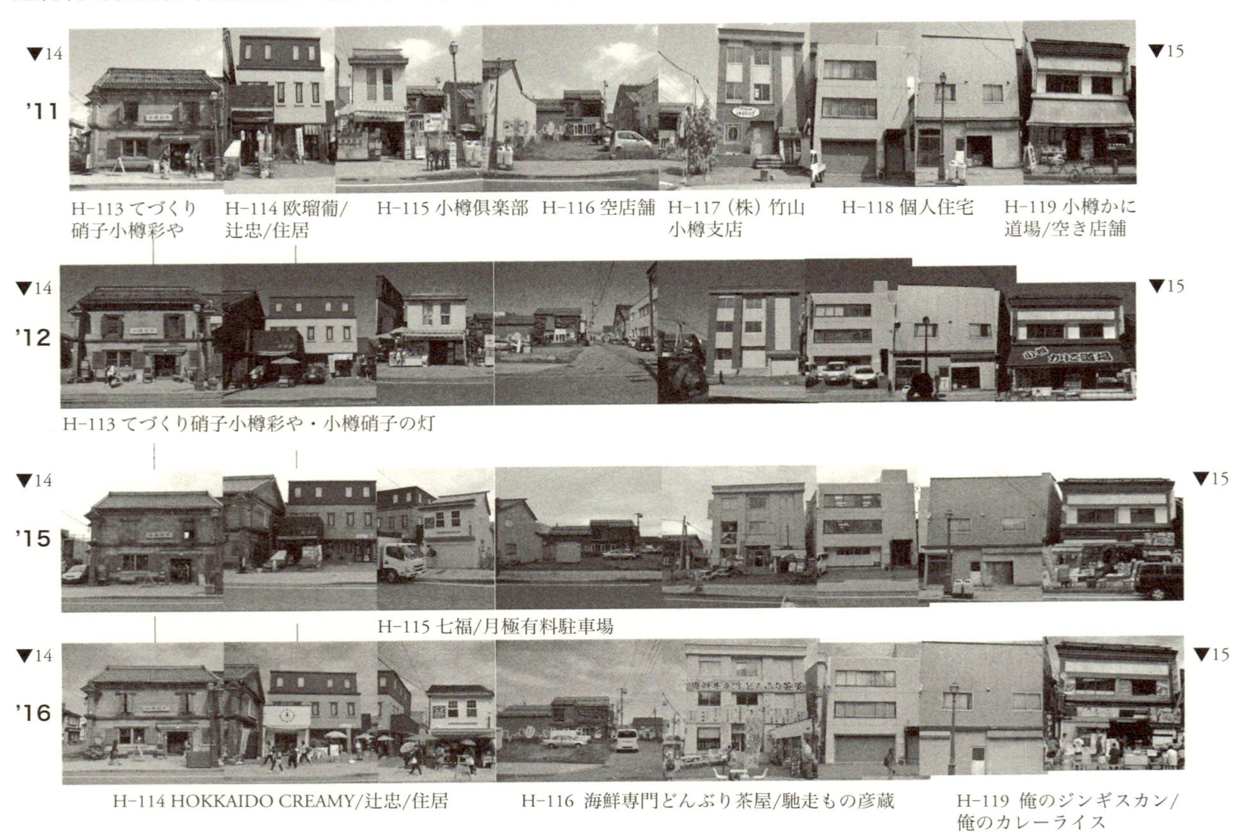

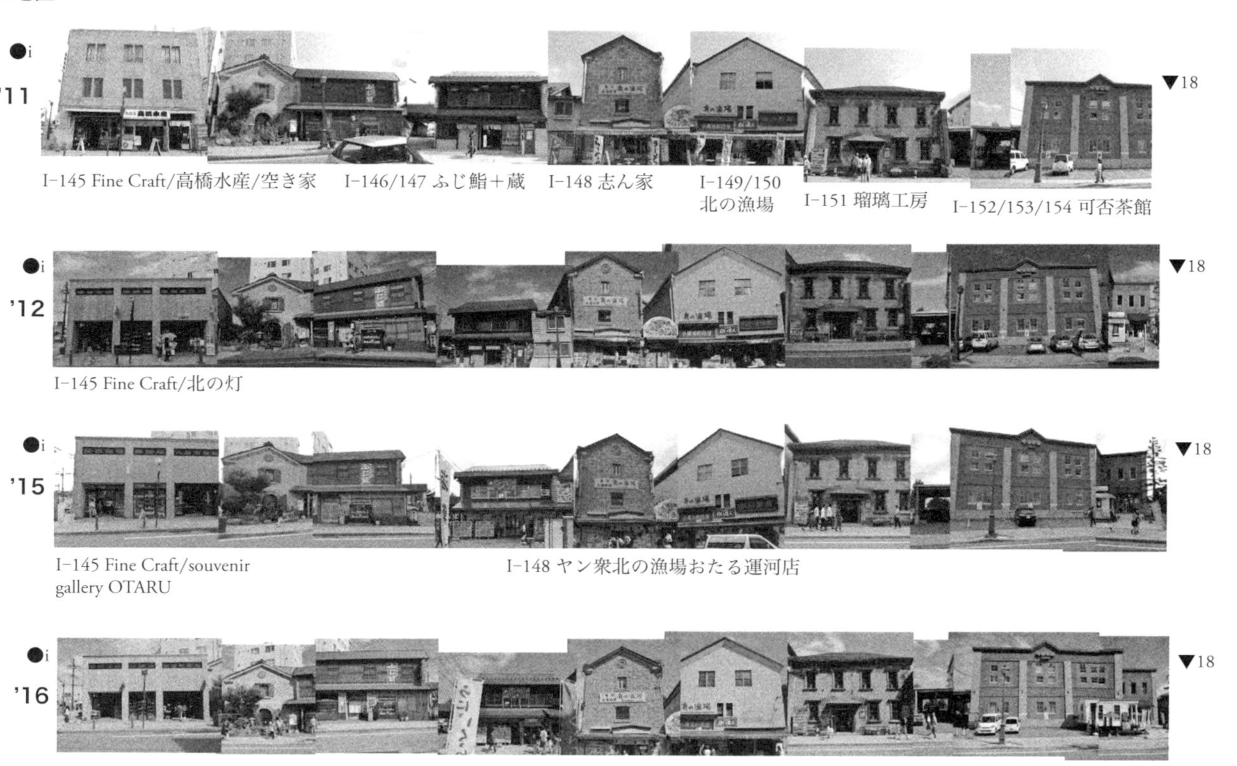
I地区
'11
I-145 Fine Craft/高橋水産/空き家
I-146/147 ふじ鮨＋蔵
I-148 志ん家
I-149/150
北の漁場
I-151 瑠璃工房
I-152/153/154 可否茶館
▼18
'12
I-145 Fine Craft/北の灯
▼18
'15
I-145 Fine Craft/souvenir
gallery OTARU
I-148 ヤン衆北の漁場おたる運河店
▼18
'16
▼18

H 地区
'11
'12
'15
'16
▼13
H−102 伊勢商店
H−100/101 磯鮨
H−99 空き・売り物件
H−98 利尻屋みのや専用駐車場
H−97 利尻屋みのや（大正クーブ館）
H−96 GLASS GALLEY
H−95 石の蔵
H−94 The UROKO/K's Blowing
H−94 The UROKO/うろこ亭、海鮮焼き
H−99 小樽たけの寿司・おたる蝦夷屋

J 地区

●k '11

J-178 北一硝子３号館カントリーフロア　J-180 北一硝子３号館　J-182 ヴィノテカ　J-183 北菓楼/北の大地　J-184 地酒屋北一/硝子
J-179 北一硝子３号館和のフロア　J-181 事務所棟　J-187 北一プラザ　美術館＋シューショップ　アウトレット
J-185 ルタオ

●k '12

●k '15

●k '16

人名索引

あ 行

か 行

さ 行

た 行

な 行

は 行

ま 行

や 行

わ 行

事項索引

あ　行

か　行

さ　行

た　行

な　行

は 行

ま 行

や 行

ら 行

堀川 三郎（ほりかわ　さぶろう）

1962年生まれ。法政大学社会学部教授。
慶應義塾大学大学院社会学研究科後期博士課程修了，博士（社会学）。
日本学術振興会特別研究員，千葉大学文学部社会学講座助手を経て，1997年，法政大学社会学部専任講師に着任。2007年，同教授。この間，東京大学大学院人文社会系研究科客員助教授（2001～2002年度），ハーヴァード大学ライシャワー研究所客員研究員（2004～2005年度），慶應義塾大学大学院社会学研究科訪問教授（2013年度），ハーヴァード大学ライシャワー研究所連携研究員（2013年～現在）を歴任。本書の英語版 *Why Place Matters* (Springer Nature) が近刊。専門は環境社会学，都市社会学。本書により「2018年度日本都市計画学会石川奨励賞」「第11回日本都市社会学会賞（磯村記念賞）」「2019年度日本都市学会賞（奥井記念賞）」の3賞を受賞。

町並み保存運動の論理と帰結
小樽運河問題の社会学的分析

2018年2月20日　初　版
2020年3月5日　第2刷

［検印廃止］

著　者　堀川三郎（ほりかわさぶろう）
発行所　一般財団法人　東京大学出版会
代表者　吉見俊哉
153-0041 東京都目黒区駒場4-5-29
http://www.utp.or.jp/
電話 03-6407-1069　FAX 03-6407-1991
振替 00160-6-59964
印刷所　株式会社精興社
製本所　誠製本株式会社

ISBN 978-4-13-056114-3　Printed in Japan